北海道全島之圖

大日

365日でわかる日本史

時代・地域・文化、
3つの視点で「読む年表」

八幡和郎
Kazuo Yawata

小笠原島

琉球全島之圖

清談社
Publico

日本人に欠かせない「日本史」の教養

　宇宙から見る日本列島は、ユーラシア大陸の東の果てに沿って、太平洋の青い海の上に美しい弓のような弧を描いている。日本は実はそれほど狭くなく、東京と大阪はロンドンとパリより離れているし、北海道と沖縄はイギリスとギリシャに匹敵する距離がある。

　であれば、日本史を語るなら、時系列だけでなく、47都道府県と1700の市区町村ごとの地方史からなるモザイクとして見る視点も必要だ。自分の故郷の歴史は知っていても、ほかの地域を知らなければ、自分の地域への理解も浅薄になる。

　また、歴史の教科書では、文化や経済などが政治史上の区分である各時代の末尾におまけのように記されているが、中断されることなく連続して俯瞰されるべきではないか。

　いうまでもなく、海の彼方の世界との交流も知るべきだ。鎖国をしていた江戸時代ですら、世界の変化は長崎などの"針の穴"からそれなりに及んできていたのである。

　本書は、『365日でわかる世界史　世界200カ国の歴史を「読む事典」』の姉妹編である。本書も世界史との関わりから始め、「日本史の論点」というべきテーマの解説につなげている。そこでは国際的な常識を踏まえつつ、日本人が世界に発信すべき視点を重視している。国を愛することと国際人であることは両立すべきだ。

　その一方で、地方史を非常に重視して、全体の約3分の1をそれに

あてている。日本や日本人を理解するためには、地方の人々がどう生きてきたかをもっと知らねばならないと思う。時代劇で描かれる江戸時代の日本は、ほとんどが江戸か大きな藩の城下町だし、登場したとしても江戸や上方（かみがた）の風俗と同じように描かれているからだ。

　さらに、分野ごとの歴史においては、できるだけ100選とか10選といったミシュラン風のセレクションを試みている。意外にそういう試みは少なく、かなりの分野で日本の出版史上初のものである。

　構成は、まず10項目で東洋や西洋の同時代との対応を語る。そして、100ページで日本史の論点を整理している。次に皇室や名門の歴史と日本の領土の概観を扱う。

　続いて、平成時代まで存在した全市町村を歴史的な郡ごとに紹介している。あまり知られていないが、郡はかつては大都市の中心部にすら設定されていて、たとえば東京都千代田区（ちよだ）は豊島郡（としま）であった。

　そして、そのあと、科学技術、金融、現代経済、祭り、芸能、音楽、映画、スポーツ、建築、美術・工芸、寺社仏閣、城郭、観光、宗教、教育、文学・思想などといった分野ごとに、主として**日本史に残る100**を選ぶことを通じて、単なる有名なものを列挙するという単純作業とは一線を画した主張をしたつもりだ。

　そうした内容を1日1ページ読むことによって、「大人として恥ずかしくない」教養を1冊で身につくようにしている。

八幡和郎（やわたかずお）

３６５日でわかる日本史　contents

歴代天皇の宮都

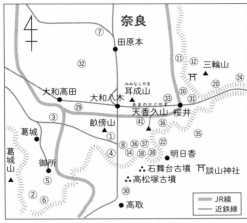

位置	宮都名	読み	天皇
①	橿原宮	かしはら	神武
②	葛城高丘宮	かづらきのたかおか	綏靖
③	片塩浮孔宮	かたしおのうきあな	安寧
④	軽曲峡宮	かるのまがりお	懿徳
⑤	掖上池心宮	わきのかみのいけごころ	孝昭
⑥	室秋津嶋宮	むろのあきづしま	孝安
⑦	黒田廬戸宮	くろだのいおと	孝霊
⑧	軽境原宮	かるのさかいはら	孝元
⑨	春日率川宮	かすがのいざかわ	開化
⑩	磯城瑞籬宮	しきのみずかき	崇神
⑪	纒向珠城宮	まきむくたまき	垂仁
⑫	纒向日代宮	まきむくひしろ	景行
⑬	高穴穂宮	たかあなほ	景行～仲哀
⑭	軽島豊明宮	かるしまのとよあきら	応神
⑮	難波高津宮**	なにわのたかつ	仁徳
⑯	磐余稚桜宮	いわれのわかざくら	履中
⑰	丹比柴籬宮	たじひのしばがき	反正
⑱	遠飛鳥宮	とおつあすか	允恭
⑲	石上穴穂宮	いそのかみのあなほ	安康
⑳	泊瀬朝倉宮	はつせのあさくら	雄略
㉑	磐余甕栗宮*	いわれのみかくり	清寧
㉒	近飛鳥八釣宮	ちかつあすかやつり	顕宗
㉓	石上広高宮	いそのかみのひろたか	仁賢
㉔	泊瀬列城宮	はつせのなみき	武烈
㉕	樟葉宮	くずは	継体
㉖	筒城宮	つつき	継体
㉗	弟国宮	おとくに	継体
㉘	磐余玉穂宮*	いわれのたまほ	継体
㉙	勾金橋宮	まがりのかなはし	安閑
㉚	檜隈廬入野宮	ひのくまのいおり	宣化
㉛	磯城島金刺宮	しきしまのかなさし	欽明
㉜	百済大井宮	くだらのおおい	敏達
㉝	訳語田幸玉宮	おさたのさきたま	敏達
㉞	磐余池辺双槻宮*	いわれのいけのべのなみつき	用明
㉟	倉梯柴垣宮	くらはしのしばがき	崇峻
㊱	豊浦宮	とゆら	推古
㊲	小墾田宮	おはりだ	推古、皇極
㊳	飛鳥京	あすかきょう	舒明、皇極、斉明、天武、持統
㊴	難波長柄豊碕宮**	なにわのながらのとよさき	孝徳、斉明
㊵	志賀大津宮	しがのおおつ	天智、弘文
㊶	藤原宮	ふじわら	持統～元明
㊷	平城宮	へいじょうきゅう	元明～桓武
㊸	恭仁宮	くに	聖武
㊹	難波宮**	なにわ	聖武
㊺	紫香楽宮	しがらき	聖武
㊻	保良宮	ほら	淳仁
㊼	長岡京	ながおかきょう	桓武
㊽	平安京	へいあんきょう	桓武～明治
㊾	福原京	ふくはらきょう	安徳
㊿	東京***	とうきょう	明治～今上

● 「宮」の読みは㊷以外は「のみや」。
● *は、いずれも磐余池（いわれのいけ）の畔にあったといい、
　⑯と近接だったと推定される。
● **は、いずれも大阪城の南側。
● ***は地図の範囲外。
なお、場所に異説があるものもあるが、有力説のみ記した。
また、南朝の宮都や、短期間のみ宮が置かれた田中宮、
百済宮などは省略した。

令制国と都道府県の変遷

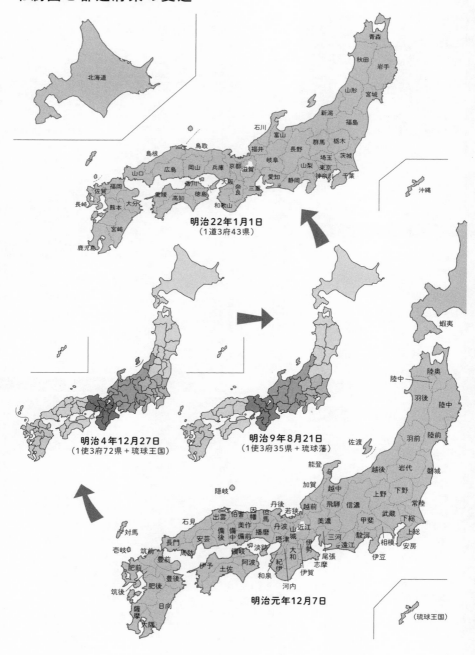

北海道

青森
秋田　岩手
山形　宮城
新潟
石川　福島
富山
福井　岐阜　長野　群馬　栃木
滋賀　　山梨　埼玉　茨城
鳥取　京都　　　　愛知　東京
島根　　兵庫　　　　　神奈川　千葉
山口　広島　岡山　大阪　奈良　静岡
　　愛媛　香川　徳島　三重
福岡　　　　和歌山
佐賀　　高知
長崎　大分
熊本
宮崎
鹿児島

明治22年1月1日
（1道3府43県）

沖縄

蝦夷

陸奥
陸中
羽後
陸中
羽前　陸前
佐渡
能登
加賀　越後　岩代　磐城
越中
越前　飛騨　信濃　上野　下野　常陸
丹後　若狭　美濃　甲斐　武蔵
隠岐　丹波　近江　　　下総
　　　　山城　　三河　駿河　上総
出雲　伯耆　因幡　　伊勢　遠江　相模　安房
石見　美作　播磨　大和　志摩　伊豆
　　備後　備中　摂津　伊賀
安芸　備前　淡路　紀伊
長門　　　讃岐　阿波
　壱岐　周防　伊予　土佐　和泉
対馬　　　　　河内
筑前
豊前
肥前　豊後
筑後
肥後
日向
薩摩
大隅

明治4年12月27日
（1使3府72県＋琉球王国）

明治9年8月21日
（1使3府35県＋琉球藩）

明治元年12月7日

（琉球王国）

奄美群島は、明治12年に大隅国の所属となる。
離島については主要なものにとどめ、令制国や都道府県の変遷に関係のないものは割愛した。

年号と日本史重大事件の年表

縄文時代開始	（1万年前ごろ）	
稲作が伝来	（3000年前ごろ）	
弥生文化が本格化	（前4世紀ごろ）	
卑弥呼、崇神天皇	（3世紀）	
統一国家と半島進出	（4世紀）	
倭の五王が中国と国交	（5世紀）	
任那が滅亡		562
飛鳥時代の開始		592
遣隋使の派遣		607
大化	たいか	645〜650
白雉	はくち	650〜654
朱鳥	しゅちょう	686のみ
大宝	たいほう	701
慶雲	けいうん	704
和銅	わどう	708
奈良時代		710
霊亀	れいき	715
養老	ようろう	717
神亀	じんき	724
天平	てんぴょう	729
天平感宝	てんぴょうかんぽう	749
天平勝宝	てんぴょうしょうほう	749
天平宝字	てんぴょうほうじ	757
天平神護	てんぴょうじんご	765
神護景雲	じんごけいうん	767
宝亀	ほうき	770
天応	てんおう	781
延暦	えんりゃく	782
平安時代		794
大同	だいどう	806
弘仁	こうにん	810
天長	てんちょう	824
承和	じょうわ	834
嘉祥	かしょう	848
仁寿	にんじゅ	851
斉衡	さいこう	854
天安	てんあん	857
貞観	じょうがん	859
元慶	がんぎょう	877
仁和	にんな	885
寛平	かんぴょう	889
遣唐使停止		894
昌泰	しょうたい	898
延喜	えんぎ	901
延長	えんちょう	923
承平	じょうへい	931
天慶	てんぎょう	938
天暦	てんりゃく	947

天徳	てんとく	957
応和	おうわ	961
康保	こうほう	964
安和	あんな	968
天禄	てんろく	970
天延	てんえん	973
貞元	じょうげん	976
天元	てんげん	978
永観	えいかん	983
寛和	かんな	985
永延	えいえん	987
永祚	えいそ	989
正暦	しょうりゃく	990
長徳	ちょうとく	995
長保	ちょうほう	999
寛弘	かんこう	1004
長和	ちょうわ	1012
藤原道長が摂政に		1016
寛仁	かんにん	1017
治安	じあん	1021
万寿	まんじゅ	1024
長元	ちょうげん	1028
長暦	ちょうりゃく	1037
長久	ちょうきゅう	1040
寛徳	かんとく	1044
永承	えいしょう	1046
天喜	てんぎ	1053
康平	こうへい	1058
治暦	じりゃく	1065
延久	えんきゅう	1069
承保	じょうほう	1074
承暦	じょうりゃく	1077
永保	えいほう	1081
応徳	おうとく	1084
白河上皇の院政開始		1086
寛治	かんじ	1087
嘉保	かほう	1094
永長	えいちょう	1096
承徳	じょうとく	1097
康和	こうわ	1099
長治	ちょうじ	1104
嘉承	かしょう	1106
天仁	てんにん	1108
天永	てんえい	1110
永久	えいきゅう	1113
元永	げんえい	1118
保安	ほうあん	1120
天治	てんじ	1124

大治	だいじ	1126
天承	てんしょう	1131
長承	ちょうしょう	1132
保延	ほうえん	1135
永治	えいじ	1141
康治	こうじ	1142
天養	てんよう	1144
久安	きゅうあん	1145
仁平	にんぴょう	1151
久寿	きゅうじゅ	1154
保元	ほうげん	1156
平治	へいじ	1159
永暦	えいりゃく	1160
応保	おうほう	1161
長寛	ちょうかん	1163
永万	えいまん	1165
仁安	にんあん	1166
平清盛が太政大臣に		1167
嘉応	かおう	1169
承安	じょうあん	1171
安元	あんげん	1175
治承	じしょう	1177
養和	ようわ	1181
寿永	じゅえい	1182
元暦	げんりゃく	1184
文治	ぶんじ	1185
鎌倉時代		1185
建久	けんきゅう	1190
正治	しょうじ	1199
建仁	けんにん	1201
元久	げんきゅう	1204
建永	けんえい	1206
承元	じょうげん	1207
建暦	けんりゃく	1211
建保	けんぽう	1213
承久	じょうきゅう	1219
貞応	じょうおう	1222
元仁	げんにん	1224
嘉禄	かろく	1225
安貞	あんてい	1227
寛喜	かんぎ	1229
貞永	じょうえい	1232
天福	てんぷく	1233
文暦	ぶんりゃく	1234
嘉禎	かてい	1235
暦仁	りゃくにん	1238
延応	えんおう	1239
仁治	にんじ	1240

寛元	かんげん	1243
宝治	ほうじ	1247
建長	けんちょう	1249
康元	こうげん	1256
正嘉	しょうか	1257
正元	しょうげん	1259
文応	ぶんおう	1260
弘長	こうちょう	1261
文永	ぶんえい	1264
元寇襲来		1274
建治	けんじ	1275
弘安	こうあん	1278
正応	しょうおう	1288
永仁	えいにん	1293
正安	しょうあん	1299
乾元	けんげん	1302
嘉元	かげん	1303
徳治	とくじ	1306
延慶	えんきょう	1308
応長	おうちょう	1311
正和	しょうわ	1312
文保	ぶんぽう	1317
元応	げんおう	1319
元亨	げんこう	1321
正中	しょうちゅう	1324
嘉暦	かりゃく	1326
元徳	げんとく	1329
元弘	げんこう	1331
元徳*	げんとく	1331
正慶*	しょうきょう	1332
建武	けんむ	1334
建武*	けんむ	1334
室町時代		1336
延元	えんげん	1336
暦応*	りゃくおう	1338
興国	こうこく	1340
康永*	こうえい	1342
貞和*	じょうわ	1345
正平	しょうへい	1346
観応*	かんのう	1350
文和*	ぶんな	1352
延文*	えんぶん	1356
康安*	こうあん	1361
貞治*	じょうじ	1362
応安*	おうあん	1368
建徳	けんとく	1370
文中	ぶんちゅう	1372
天授	てんじゅ	1375
永和*	えいわ	1375
康暦*	こうりゃく	1379
弘和	こうわ	1381
永徳*	えいとく	1381
元中	げんちゅう	1384
至徳*	しとく	1384
嘉慶*	かけい	1387
康応*	こうおう	1389
明徳*	めいとく	1390
南北朝合一		1392
明徳	めいとく	1393
応永	おうえい	1394
正長	しょうちょう	1428
永享	えいきょう	1429
嘉吉	かきつ	1441
文安	ぶんあん	1444
宝徳	ほうとく	1449
享徳	きょうとく	1452
康正	こうしょう	1455
長禄	ちょうろく	1457
寛正	かんしょう	1460
文正	ぶんしょう	1466
応仁	おうにん	1467
応仁の乱		1467
文明	ぶんめい	1469
長享	ちょうきょう	1487
延徳	えんとく	1489
明応	めいおう	1492
文亀	ぶんき	1501
永正	えいしょう	1504
大永	たいえい	1521
享禄	きょうろく	1528
天文	てんぶん	1532
鉄砲伝来		1543
弘治	こうじ	1555
永禄	えいろく	1558
元亀	げんき	1570
天正	てんしょう	1573
安土桃山時代		1573
天下統一		1590
文禄	ぶんろく	1592
慶長	けいちょう	1596
江戸時代		1603
元和	げんな	1615
寛永	かんえい	1624
鎖国の完成		1639
正保	しょうほう	1644
慶安	けいあん	1648
承応	じょうおう	1652
明暦	めいれき	1655
万治	まんじ	1658
寛文	かんぶん	1661
延宝	えんぽう	1673
天和	てんな	1681
貞享	じょうきょう	1684
元禄	げんろく	1688
宝永	ほうえい	1704
正徳	しょうとく	1711
享保	きょうほう	1716
8代将軍・吉宗就任		1716
元文	げんぶん	1736
寛保	かんぽう	1741
延享	えんきょう	1744
寛延	かんえん	1748
宝暦	ほうれき	1751
明和	めいわ	1764
安永	あんえい	1772
天明	てんめい	1781
田沼意次が失脚		1786
寛政	かんせい	1789
享和	きょうわ	1801
文化	ぶんか	1804
文政	ぶんせい	1818
天保	てんぽう	1830
天保の改革		1841
弘化	こうか	1844
嘉永	かえい	1848
マシュー・ペリー来航		1853
安政	あんせい	1854
万延	まんえん	1860
文久	ぶんきゅう	1861
元治	げんじ	1864
慶応	けいおう	1865
大政奉還		1867
近現代		1868
明治	めいじ	1868
大日本帝国憲法公布		1889
日韓併合		1910
大正	たいしょう	1912
昭和	しょうわ	1926
太平洋戦争終戦		1945
所得倍増計画（高度成長）		1960
平成	へいせい	1989
GDP 世界3位に転落		2010
令和	れいわ	2019

＊は北朝の年号

　日本列島の国生み神話の主人公は、イザナギ（伊邪那岐命）、イザナミ（伊邪那美命）である。2人は天の浮橋に立って海中を矛でかき混ぜて磤馭慮島（淡路島に近い沼島などが比定される）を出現させ、2人はこの島で交わり、日本列島を生んだという。

　『日本書紀』によれば、その最初は淡路島で、大日本豊秋津洲、伊予二名洲（四国）、筑紫洲（九州）、億歧洲（隠岐島）、佐度洲（佐渡島）、越洲（北陸）、大洲（山口県大島郡周防大島町）、吉備子洲（岡山県倉敷市児島）が続いた。これが大八洲国である。一方、『古事記』によれば、淡路、四国、隠岐、九州、壱岐、対馬、佐渡、本州の順だとする。

　この伝説は飛鳥時代から奈良時代（7〜8世紀）にかけての日本人の国土形成観を反映しているのだが、その起源はもっと古い時代にあると思われる。

　イザナギは、『古事記』では淡海（近江国）の多賀（滋賀県犬上郡多賀町）、『日本書紀』では淡路に祀られたとされ、淡路市（旧・一宮町）には伊弉諾神宮、多賀町には多賀大社があり、現代でも信仰を集めている。

　「秋津島」は、『日本書紀』の第6代・孝安天皇の項に「葛城室之秋津島宮」の記事があり、この地名が大和や日本の総称だとか、大和の枕詞となったと説いている。

　次いで山川草木水火などの神々が生じ、最後に三貴子と呼ばれるアマテラス（天照大神）、ツクヨミ（月読尊）、スサノオ（素戔嗚尊）が生まれた。

　しかし、アマテラスの弟であるスサノオが高天原で乱暴を働き、アマテラスは天岩戸に隠れてしまった。世の中は闇になり、さまざまな禍が発生した。そこで、八百万の神々はアマテラスを騙して岩戸から出すことに成功し、スサノオは高天原から追放され地上に下ってこれを治めた。

　のちになって、アマテラスは孫のニニギ（瓊々杵尊）に地上を治めさせるために、スサノオの子孫で出雲国（島根県）にあった大国主命と交渉をした結果、大国主命は引退して代償として出雲大社が創建された。これが、いわゆる「国譲り」である。

　日本神話で最大の謎は、出雲神話の比重が大きいことである。皇室の先祖が日向（宮崎県）から来る前の大和の支配者たちは、出雲と深いつながりを持っていた可能性がある。

　ただし、『古事記』では圧倒的な地位を占めているのだが、『日本書紀』ではほとんどが「一書に言う」という最終的に信頼に足るものとして編纂委員会で本文に採用されず、いわば却下された扱いになっている。『古事記』は魅力あふれる古代人の肉声ではあるが、国家の正史編纂過程での参考資料にすぎない（写真は天皇即位の儀式である大嘗祭が行われた皇居の大嘗宮）。

教養への扉　大和土着の豪族たちの先祖が出雲から来たのか、あるいは出雲人たちの先祖が大和か第3の場所から出たとか、西日本の広い地域の弥生人のあいだで出雲が聖地だという認識があった可能性もある。しかし、ローマがギリシャ神話を借用したように、面白かったので借用することも珍しくないといえば身も蓋もなくなってしまうが、ひとつの可能性だ。

現代日本人の先祖として縄文人と弥生人とどちらが重要かは諸説あるが、私は稲作の技術とともに、中国の江南地方から半島沿岸経由でやってきた弥生人のほうが優勢だと考えている。

　人類の歴史で最大の謎は、全人類は共通の祖先を持つのかどうかである。古代の人々は、民族ごとに先祖伝説を持っていることが多かったが、キリスト教やイスラム教など一神教が盛んになると、アダムとイブのような共通の先祖から全人類が出たという考えが盛んになった。

　近代には、考古学や人類学が発展して、人類もほかの動物と同じように進化してきたと考えられるようになった。ジャワ原人とか北京原人が世界最古の人類と考えられ、中国人は北京原人が先祖であることを誇りにした。しかし、DNAなどの分析が進歩すると、原人たちは子孫を残すことなく絶滅したといわれるようになった。

　人類の誕生は数百万年前のこととされている。アフリカ東部、タンザニアあたりにある大陸の裂け目である大地溝帯に住んでいた人類と類人猿の先祖のうち、西のサバンナに向かった者は、二本足で歩き始めて人類になったと大雑把にはいわれている。

　その人類の祖先は世界のあちこちに散らばっていって、ジャワ原人、北京原人、ネアンデルタール人などになったが、彼らは滅びてしまって、15万年前ごろにアフリカで誕生し、5万年から8万年くらい前にアラビア半島に渡った種族にすべて取って代わられたらしい（アフリカだけには、ほかの3つの集団も残る）。もっとも、混血によってネアンデルタール人の遺伝子も少しは残っているという説もないわけでもない。

　アジア人の多くは3万〜5万年ほど前に東南アジアに達した種族から出ているらしい（ヒマラヤの北を通ってアジアに入った集団もいたかもしれない）。

　いずれにせよ、たとえ10万年前とかそれ以前に日本列島に人類が住んでいたとしても、彼らは滅んでしまい、新しい種族に取って代わられた。つまり、彼らは縄文人とすら血縁関係がないようだ。

　2万年ほど前から日本列島にさまざまな方向から現生人類が到着し始め、土器や磨いた石器を使う縄文文化を栄えさせた。

　農耕は3000年ほど前から日本列島に伝えられ始めたが、中国が春秋戦国時代から秦・漢帝国成立の混乱期にあった2300〜2400年前になって稲作の本格的な導入が始まり、クニが成立し始めたようだ。そして、4世紀には大和から出た勢力による統一国家が成立し、大陸にも進出し始めた。

教養への扉　同時代の西洋史……メソポタミアでは前4200年ごろから灌漑農業が行われていた。前3500年ごろからシュメール人の都市国家ができ始め、楔形文字や青銅器を持つ都市文明が栄えた。エジプト文明は、前2700年から前3000年くらいに統一王国が成立し、外部から遮断されたナイル渓谷の地形のおかげで安定した繁栄を続けた。

　稲作が伝来したのは3000年ほど前といわれるが、本格的に普及し、クニなどができたのは2300〜2400年くらい前のことだといわれる。秦の始皇帝による統一の少し前からである。それまでに中国では何があったのか。

　黄色人種とかつていわれたモンゴロイドでも、南方系の人々と北方系の人々がいる。北方系の人々は、バイカル湖周辺に北上し、寒さに強い小さな目、低い鼻、薄い体毛などの特徴を獲得し、あるいは家畜に由来するウイルスにも強くなった新モンゴロイドとなって再び南下し、黄河文明の主役になった。

　新モンゴロイドの南下は数千年前からだが、中国の新石器時代の遺跡としては、1921年に彩陶（赤地に彩色した土器）を特色とする遺跡が、河南省の仰韶村で発見され、1928年には山東省章丘市龍山鎮で黒陶を特色とする遺跡が出土して、それぞれ6000年前、4500年ほど前のものである。

　文化大革命の終焉とともに次々と遺跡が見つかり、とくに長江流域でむしろ黄河流域より古い遺跡が出たりした。そこで、黄河文明に対抗する長江文明という位置づけも流行ったのだが、このごろは2つは明確に分けられるようなものでないといわれている。

　そんななかで、『魏略』逸文や『梁書』東夷伝など中国の古代の史書には、日本人の先祖は、周の文王の伯父である呉の太伯の末だと書かれている。果たして当時の日本人がそう名乗っていたのか、中国人のほうが日本の風俗などを見て江南地方に似ていると思ってそのような想像をしたのかわからないが、当時の人々がそういう類似性を感じたということは、大変重要な証言である。

　中国の歴代王朝のうち実在が確認されている最古のものは、紀元前1766年ごろに建国された殷（商）であるが、それに先行していたと『史記』でもされている夏も存在していた可能性が高いと見られている。

　そして、紀元前1122年ごろに成立したのが、陝西省西部の岐山から出た周王朝である。その創始者は武王であるが、実質的に基盤をつくったのは、聖君といわれる文王である。そして、その文王の祖父である古公亶父には、太伯、虞仲、季歴という3人の息子がいたが、季歴の子の文王が生まれたときによい前兆があったので期待し、季歴を後継者にした。そこで、太伯と虞仲は南方に移り、呉の国を建てた。

　その子孫がのちに日本列島に渡ったというのだが、それはもう少しあとの戦国時代（前403年から）になってからのことである。

教養への扉　同時代の西洋史……紀元前539年にアケメネス朝ペルシャのキュロス2世が新バビロニアを滅ぼし、ユダヤ人は解放されて帰還し、ペルシャ帝国の庇護のもとでユダヤも栄えた。このペルシャの支配に屈せず、独自の文明を発展させたギリシャ世界から出たアレクサンドロス大王は紀元前333年にアケメネス朝ペルシャを滅ぼした。

統一国家を樹立し、半島に進出していた日本は、5世紀に中国南朝との交流を開始したが成果はなく、百済を通じての大陸文明の受容に甘んじた。その後、任那の維持と百済の救援に失敗し、半島への影響力を失うが、隋による中国統一を受けて遣隋使を派遣した。

『日本書紀』によると、紀元前660年に、日向にいた磐余彦（神武天皇）が大和に移り、そこに小さな国を建国し、それから第10代の崇神天皇のときに大和を統一し、吉備（岡山県）や出雲あたりまで支配下に入れた。ただし、帝王の寿命が長すぎ、それを補正すると神武天皇の建国が史実とすれば、紀元前後のことであろう。

そして、第14代の仲哀天皇のときに北九州を支配下に置いて日本列島を統一し、さらに大陸にも進出したとある。6世紀の前半にいたるまで、日本は朝鮮半島南部において任那という領土を持ち、北の高句麗に対抗していたが、そのことは、高句麗王・好太王（広開土王）の顕彰碑などに記されており、間違いのないことである。

中国とは、紀元前1世紀の前漢の時代から、日本列島にあったクニの王たちが誼を通じ、とくに西暦57年に後漢の光武帝から金印を授かった奴国王はよく知られている。西洋ではローマ帝国が全盛期を迎え、イエス・キリストが生まれた時期だ。また、3世紀には邪馬台国の女王・卑弥呼が、三国時代の魏と国交を結んでいるが、邪馬台国が九州か畿内のどちらに存在したかは論争が続いている。

しかし、『日本書紀』など日本側の文書にはまったく痕跡がなく、少なくとも政治史的には九州説に合理性がある。このころは崇神天皇による大和統一より前であって、大和地方は経済的には栄えていたが、統一政権はなかったはずなのである。

魏は西晋に取って代わられ、さらに西晋は北方民族の圧迫に負けて江南の地に移り、建康（南京）を首都とするようになって南北朝の時代となった。また、朝鮮半島では前漢の武帝から存在した楽浪郡などの直轄地を中国は失った。

こうしたなかで、5世紀には統一国家となっていた大和朝廷が、南朝の宋に対してしばしば使節を送り、朝鮮半島南部における支配を公認させようとした。しかし、南朝に行動を起こせる力はなかった。

半島では任那が瓦解し、高句麗、百済、新羅の三つ巴となり、日本は百済を援助し、その見返りに半島在住の漢族技術者や文化人を多く受け入れ、大陸文明の導入に成功した。しかし、最終的には、唐が高句麗と百済を滅ぼし領土を併合したが、新羅は渤海への攻撃に協力する条件で、百済の旧領と高句麗領の一部を獲得した。

教養への扉　同時代の西洋史……紀元前3世紀から前2世紀までローマはカルタゴとポエニ戦役を繰り広げて地中海の支配者となり、紀元前1世紀にはアレクサンドロス大王の帝国の系譜を引くプトレマイオス朝エジプトを滅ぼし、大帝国の建設に成功する。そのうち西ローマ帝国は476年に滅びたが、東ローマ帝国は維持された。インドではアショーカ王が紀元前3世紀にインド亜大陸をほぼ統一し、仏教を国教として採用した。

　長安を都にした唐という王朝は、中国の歴代王朝で最高の時代だったと思う。公明正大で周辺民族に対しても開かれ、前向きな気風に満ちていた。遣唐使を派遣した日本も卑屈な気分を味わうことなく、仏教など世界最高水準の制度や文化を取り入れることができた。しかし、唐が衰えると、日本もまた停滞の時代に入っていく。

　唐代を時代区分すると、初唐は建国から則天武后が武周を建てたときを含む玄宗の即位のころまでである。盛唐は712年に玄宗が即位してからの時期で、安史の乱などで統治は少し揺らいだが、文化的には最も栄えたときであり、李白や杜甫が活躍した時期である。中唐は安史の乱ののちで、宦官などとの争いに手こずった。晩唐は9世紀の半ばから907年の滅亡までをいう。

　西洋に目を向けると、イスラム（サラセン）帝国の全盛期であり、東ローマ帝国も繁栄を続け、カロリング朝フランク王国が成立したのと同時代だ。

　隋や唐では官僚の採用試験を公正明大な試験で決める「科挙」が始まり、貨幣の統一、府兵制や均田制などを充実させて、強固な中央集権体制を築き、科挙を除いて日本でもよく似た制度が採用されることになった。

　この時代には世界3大宗教が形を整え、文明の拡散にも貢献した。日本も仏教を受け入れることによって文字が普及し、建築、土木、鉱工業、美術、工芸、音楽などすべての部門でワンセットとして文明が進化したのである。とくに国分寺、国分尼寺の建設の効果は大きかった。

　しかし、こうした中央集権システムは高コストだった。そこで、唐でも傭兵軍団を基礎にした節度使制度とか、両税法という現実に合わせた税法が導入されたのだが、日本でも実情に合わせて簡易化した小さな政府システムに移行していった。

　こうしたお手軽システムのおかげで唐は寿命を延ばしたが、後ろ向きの延命策にすぎなかったのも事実だ。日本も世襲制の徹底、受領制、荘園制、武士の勃興といった現象が見られた。

　また、ローコストで風土に合った国風文化が発展していった。しかし、世の中の進歩は止まったし、常備軍の弱体化は防衛力、外交力の低下という結果をもたらした。

　唐が滅びてから宋が建国されるまでの時代を五代十国時代（907〜960年）と呼ぶが、やがて北宋が中国を統一した（写真は唐の長安にある大雁塔）。

教養への扉　同時代の西洋史……ムハンマドが生まれたころの中東では、東ローマ帝国とササン朝ペルシャが激しく争っていた。イスラム帝国はササン朝ペルシャを滅ぼして中東や北アフリカを支配し、さらに東ローマ帝国を攻撃したが征服できなかった。また、西欧ではゲルマン族のフランク王国がイスラムを阻止してローマ教会と協力して支配した。

10ページでわかる
世界史の中の日本史⑤

武士の世になったが、宋とはあまり交流せず

　日本は北宋や高麗とは没交渉だったし、南宋とも平家が貿易で富をなしたくらいで、低調な交流にとどまった。モンゴルは高麗との連合で日本侵略を実行に移したが、渡海しての軍事行動に慣れておらず、鎌倉武士の奮戦もあって敗れた。しかし、日本人は神風で勝ったと誤解し、かえって実質的な防衛力を軽視する風潮を近代にまで残した。

　宋は中国人にはあまり尊ばれていないが、最も経済が栄え、圧政は行われず、文化的にも最高水準の活動が行われていた。現代の中国人だけでなく、日本の生活文化も室町時代に宋の遺産を輸入し、消化し、成立した。

　北宋は高度な官僚国家で、地主層が競って子弟を勉学させて科挙を目指させ、士太夫層（戦前の地主層のようなもの）が政治と経済の支配階級となった。

　「社会の秩序を大事にし、自分の役目を良心的に果たしていく」という考え方を南宋の朱熹が整理した朱子学が成立し、絶対的な権威を持って朝鮮や日本にも大きな影響を与えた。「教育勅語」なども基本的には朱子学的な世界の産物である。

　この思想が及ぼしたよい影響も多いが、世の中の進歩の抑制要因ともなり、男尊女卑を正当化したし、文官の地位を高めすぎて軍人を軽視する弊害もあった。

　それがたたって北方民族の脅威に十分に対抗できずに悩んだ。この時代、新羅と渤海（926年）が滅び、朝鮮半島では高麗、満洲方面では契丹（遼）が覇者となった。遼は万里の長城の南に進出して漢民族的になり、渤海の残党のなかから出た金に滅ぼされ（1125年）、その金は華北を統一し、北宋は江南に移って南宋となった（1127年）。しかし、金もモンゴル（元）に滅ぼされ（1206年）、やがてモンゴルは南宋も滅ぼすとともに（1276年）、ロシアやメソポタミアまでを支配する大帝国を築いた。

　日本では、荘園を多く所有し寺社や文化の保護者でもあった藤原摂関家が天皇の外戚をほとんど独占的に占めて朝廷を牛耳った。しかし、天皇の父親が上皇として権力を行使する院政の開始により、力に陰りが出た。

　院や摂関家は源平など武士を傭兵として使って、上皇同士や摂関家の内紛で有利にしようとしたが、結局は庇を貸して母屋を取られ武士の世となった。太政大臣となった平清盛と、鎌倉幕府を開いた源頼朝は京都の軍事貴族だった。

　しかし、幕府の実権を握り、承久の変で院の権威すら否定した北条氏は純粋の関東武士で、自分たちの権利の追求が政権の論理となり、ヨーロッパの封建制に近いものになった。だが、それが行きすぎて統治が成り立たなくなり瓦解した。

教養への扉　同時代の西洋史……フランク王国は分裂してフランス、ドイツ、イタリアが誕生し、イギリスもノルマン人のもとで発展した。やがて彼らは十字軍を組織して聖地奪還を試みる。

　モンゴル支配を脱した明は海洋政策で迷走し、海禁して貿易を最小限にしたが、これが倭寇の跋扈、南蛮船による制海権奪取、豊臣政権の大陸出兵などを招き、弱体化した隙に勢力拡大に成功した満洲族に取って代わられた。

　フビライは国号を1271年に元とし、北京を大改造して大都とし、華北と江南を一体化し、大運河も揚州から北京に直行させ、経済発展に貢献した。しかし、北方民族優先の人種差別があり、科挙も廃止されて、行政官の質は低下した。

　さらに無理な外征もあり、約1世紀のち、フビライが死んだあとではわずか60年ほどで明によって万里の長城の北に追われた。

　中国人の土木技術の才能が最大限に発揮された時代で、万里の長城が現在のような堅牢なものになったのも、北京や紫禁城を今日のようなものにしたのもこの時代だ。

　南蛮人が来る前に、鄭和の艦隊をアフリカにまで派遣したのに、南蛮人に主導権を取られ、倭寇にもやりたい放題されたが、これは鄭和の艦隊でも超大型船で大船団を組むコスト無視なものなので長続きするはずなかったからだ。そして、中国人の出国を禁じる海禁政策を取って限定された勘合貿易だけに特化し、半ば鎖国体制に入った。

　日本は足利義満が勘合貿易に積極的で、その結果として宋以降の中国文明が輸入され、経済も文化も大発展した。しかし、明が貿易の拡大を嫌ったことから、各国における旺盛な貿易需要を満たすべく中国人も含めた第2次倭寇が跋扈して明の体制を揺るがした。また、このころ大航海時代が始まり、南蛮船もやってきた。

　日本の室町幕府は、南北朝の対立や有力大名との対立もあって強力な統一国家を実現できないまま後半は戦国時代となった。この争乱を制して天下統一と近代的な国家体制の構築に成功した豊臣秀吉は大航海時代にふさわしい貿易の拡大を望んだが、明がこれを拒絶したために征明を企て、朝鮮半島で明軍と正面衝突した（文禄の役）。

　膠着状態ののちにいったん停戦したものの、半島における権益と明との貿易を確保したい日本の要求を明が拒絶したために、再び戦端が開かれ（慶長の役）、日本軍有利に展開していたが、秀吉の死によって一時的な撤兵が行われた。

　その後、江戸幕府が成立したことによって朝鮮通信使を派遣することを条件に和平が成立したが、この戦争の余波で明は滅亡に追い込まれた。

教養への扉　明の3代目の永楽帝は習近平のような皇帝で、皇帝独裁や対外拡大路線を試みた。商業も発展し、銀貨が普及した。日本も銅銭を大量に輸入し、本格的な貨幣経済になった。

　豊臣秀吉の時代に、絶対主義的国家の樹立に成功し、世界最先進国として発展した日本だが、江戸幕府のもとで封建制への後戻りと鎖国によって世界文明に後れを取った。中国では清のもとで3人の英明な君主が出て発展したが、やがて停滞していった。

　「大清帝国」という言葉がある。ドラマで西太后が「われらが大清帝国の行く末は」などというととても似合っているが、「帝国」という言葉は日本でエンパイアの訳語としてつくられた外来語である。「大日本帝国」にならって使われた。

　日本軍が朝鮮半島に侵攻したので、明では満洲の治安維持が手薄になった。この隙に勢力を拡大して独立したのが女真族改め満洲族のヌルハチであった。2代目のホンタイジは清への攻勢を強める一方、モンゴルが保持していた中国皇帝伝来の玉璽を手に入れ、満漢蒙の連合帝国である清を樹立し、朝鮮も屈服させた。

　弱体化していた明で反乱が起きて皇帝は自殺し、平和裏に清軍は北京に入城し、中国全土を制圧した。明の残党は華南で抵抗を続け、鄭成功は台湾のオランダ人を追い出して日本に救援を求めたが、江戸幕府は逡巡ののち、派兵しないことを決めた。

　日本では豊臣政権の大老だった徳川家康が征夷大将軍となり、徐々に豊臣政権を形骸化させ天下を掌握した。徳川政権は保守的で海外貿易にも熱心でなかったし、キリスト教の浸透を恐れ、1636年に対外貿易を小規模なオランダとの貿易などに限定し、日本人の出国を禁止するなどの「鎖国」を行った。

　日本は世界的な文明の発展から孤立し、軍事、交通、産業、農業、学問、人権思想など多くの分野で2世紀半の進歩を享受できなかった。まったく文物が入らなかったわけでないが、豊臣時代の水準から低下した分野も多かった。

　清では1661〜1796年に康熙帝、雍正帝、乾隆帝という3人の偉大な君主が君臨し、領土は現在の中華人民共和国の領土に台湾、旧ソ連諸国の領地のうち極東や中央アジアを加えた広い範囲に及んだ。また、農業生産や商工業も発展し、人口も大幅に増加した。

　おおむね善政であったが、満洲族優位を維持するために有能な官吏などを十分に確保できず、きめ細かさに欠けた。また、西洋に対しても徐々に閉鎖的になり、さらに自国の優位を過信したために、西洋文明の進化に鈍感になった。

　イギリスは17世紀にオランダに敗れて東アジアから撤退していたが、インドでの支配を18世紀に確立し、中国への進出を狙い始め、ロシアと清の力の差も極東や中央アジアで逆転し始めていた。

教養への扉　同時代の西洋史……オスマン帝国がイスラム世界の王者となり、1453年には東ローマ帝国を滅ぼした。イベリア半島ではスペインがイスラム勢力を逐い、やがて大航海時代が始まり、アメリカ大陸が発見された。

通史

10ページでわかる
世界史の中の日本史⑧
日本の文明開化と清の断末魔

　日本では明治維新により、廃藩置県と徴兵制で封建制と決別し、憲法を制定し、自由選挙による国会を開き、富国強兵に成功し、近代国家となった。清では日本を手本とした改革を進めようとしたが、満洲族の優位を維持することとの両立が難しかった。

　イギリスは乾隆帝時代の末期から中国に狙いを定め、ナポレオン戦争でしばらく圧力を弱めたが、ヨーロッパがウィーン体制のもとで平和になると、帝国主義の時代が始まった。イギリスは中国から茶、絹織物、陶磁器などを輸入したが、輸出できるものがなかったため中国に大量の銀が流出したので、インドのアヘンを中国に売り始めた。

　逆に銀が流出するので困った中国が輸入を禁止したので、イギリスはアヘン戦争に踏み切り（1840年）、賠償金支払い、香港の割譲、上海などの開港、治外法権、関税自主権放棄を押しつけ、さらに太平天国の乱に乗じてアロー号事件を機に再び介入し、1860年の北京条約で半植民地化を進め、仲介をしたロシアは沿海州を獲得した。

　一方、日本は矛先が中国に向かっているあいだは安泰だったが、新興国アメリカのマシュー・ペリー艦隊がやってきて弱腰の幕府に日米和親条約、次いで修好通商条約を強要して開国させた。このあとアメリカは南北戦争でいったん舞台から消え、英仏の圧力が強まった。

　幕府はその場しのぎの糊塗策に終始して中国と同じようになりそうだった。そこで、薩長土肥など自藩の富国強兵に成功していた南西日本の雄藩が主導して、摂関政と幕府を廃止して、天皇を中心とした中央集権型の政府を樹立した。

　やがて朝鮮半島での主導権をめぐる争いが原因で起きた日清戦争は日本の勝利に終わり、台湾などの割譲が決まり、沖縄の日本への完全併合、朝鮮の冊封体制からの離脱も承認された。日本はさらに日露戦争にも勝利し、その結果、中国から独立して大韓帝国となっていた朝鮮半島も併合した。

　中国で辛亥革命を主導した孫文らは、満洲族支配からの解放と民族自決を主張して多くの日本人の支援を取りつけていたが、できあがった中華民国は、袁世凱ら清の残党も多く、清の領地をそのまま引き継ぎ、漢民族がほかの民族を支配する国になった。

　また、清時代には満洲族の内地移住で人口が過疎になった満洲に漢族の入植は禁じられていたが、徹底されていなかった。このことが中国と朝鮮の中間地域である満洲に権益を得ていた日本との対決を不可避なものにした。

　このころアメリカで日本人排斥問題が起きて、日本人や中国人が満洲のような限られたフロンティアに殺到する原因になり、それが日中戦争のひとつの遠因である。

教養への扉　同時代の西洋史……フランスとイギリスが発展し、フランス革命と産業革命を通じて近代社会が誕生した。19世紀には彼らは世界全体に支配を及ぼすことになり、帝国主義の時代となり1914～1918年には第1次世界大戦が戦われた。

10ページでわかる
世界史の中の日本史⑨
中国との外交戦争の敗北が招いた日米戦争

アメリカをめぐる外交戦は宋美齢などの活躍で中国が勝利した。リヒャルト・ゾルゲなどのコミンテルンのスパイ網は日本を対蔣介石、対米強硬策に導いた。

「日露戦争で日本が勝ったのちにアメリカが警戒し始めた」というが、単純すぎる。大正時代になり、辛亥革命とアジア諸民族の覚醒、第1次世界大戦、アメリカの国力充実と日本移民排斥、日本での薩長閥の衰退と国粋主義的な傾向の進展といった動きが複合的に影響し合って、日米蜜月が継続することが難しくなったというのが正しい。

アメリカのペリー艦隊の圧力で開国し、アメリカに見習って文明開化を進めた日本はかわいい存在だった。ところが、中国が共和国になったので、けなげに頑張っているので助けてやりたいという気持ちが出てきた。キリスト教が中国で多くの信者を獲得したことも好感度を増し、中国のことをシスター・カントリーだという意識も生まれた。

第1次世界大戦後のアメリカは軍縮で財政再建を目指し、ワシントン会議で海軍軍備制限条約、九カ国条約、四カ国条約の3条約が成立した。中国の主権尊重・領土保全、太平洋の現状維持を決め、日英同盟は破棄されたが、多国間の安全保障は無力だった。

日本では幣原喜重郎外務大臣が対英米協調を貫き、中国にも柔軟だったが、中国は容赦なく日本の正当な権益も攻撃し、蔣介石が北伐で政権を取るとそれがエスカレートし、その結果として起きたのが満洲事変であり、満洲国の建国である。

満洲国の国づくりは大成功したが、石原莞爾は万里の長城以南への進出には消極的だった。しかし、命令違反をした軍人が英雄になったので後輩たちは同じことを夢見た。中国も日本人の虐殺などで挑発し、西安事件で中国共産党が蔣介石に対日強硬策を強制した。その結果起きたのが日華事変であって、どっちもどっちだったのである。

ドイツとの早期開戦を望むフランクリン・ルーズベルト大統領は、その手段として日本を真珠湾攻撃に追い込んだ。しかし、最後に暴発したのが日本であることの言い訳にはならなかった。

日本は緒戦で勝利を収め、有利な講和を結ぶチャンスもあるかと思われたが、ミッドウェーやサイパンの完敗で敗戦濃厚になった。だが、無理な戦争を続け、半数以上の戦死者と民間人死者のほとんどを最後の1年に出し、沖縄の地上戦、広島と長崎への原爆投下など主要都市の壊滅的被害、ソ連参戦による領土の喪失を招いた。

日本は国体（国家統一と天皇制）の維持を得るために、東京裁判による戦犯処罰と、第9条の制定を含む憲法の改正を受け入れた。さらに、冷戦の開始を受けて、アメリカの希望で自衛隊の創設と日米安保条約による米軍基地を受け入れてサンフランシスコ講和条約を結んだ（写真は日中戦争時の中国の首都・南京）。

教養への扉 同時代の西洋史……第1次世界大戦中にロシア革命によってソ連が成立した。また、イタリアとドイツにおいてベニート・ムッソリーニとアドルフ・ヒトラーが政権を取り、それは第2次世界大戦につながった。戦後は東西冷戦となった。

　日本の高度成長は、世界の発展途上国に世界革命や社会主義路線を取ることなく、計画性を加味した混合経済路線で先進国となることが可能であることを証明した。このモデルは韓国や台湾でまず模倣され、東南アジアや中国も追随した。日本の安全保障面での貢献は十分ではなかったが、それに余る貢献を日本は自由世界のためにした。

　占領時代に総理大臣だった吉田茂は、経済への悪影響と、旧軍人の政治的復活をもたらすことを危惧して本格的再軍備に抵抗した。そののち、鳩山一郎や石橋湛山は、再軍備論者だったが、反米的色彩が強くアジアの混乱要因になりかねなかった。

　それに対して、岸信介は親米路線を維持しつつ、日本が独自の国際的責任を果たすことをアメリカに提案し、日米安保条約の改正に持ち込んだ。そのまま政治・軍事上のプレゼンスを強化する道もあったが、池田勇人は経済重視路線を打ち出した。

　アメリカに対して軍事貢献は控えめだが、「所得倍増計画」で経済成長を実現し、貿易と資本の自由化で市場の開放を進めることでアメリカを満足させた。

　日本は1968年に西ドイツを抜いて世界で2番目の経済大国になり、中国に抜かれる2010年まで42年間、2位をキープした。しかし、オイルショックで高度経済成長が止まり、バブル崩壊で経済破綻したのちは不調なままである。

　何しろ経済成長への努力を否定的に見なしてきたのである。平成の30年間（1989〜2019年）における経済成長率は最低クラスで、北朝鮮や内戦に苦しむ国・地域などを除いて世界最低である。この間、日本は奇抜なマクロ経済政策をその時期ごとに採用し、まじめに産業の競争力や効率的な社会インフラの建設、財政健全化に取り組まなかった。また、少子化も進んだ。一方、平均寿命だけは世界最高クラスである。

　この状況のもと、資金の拠出だけで世界平和に貢献すると強弁するのにも限界が生じ、軍事的貢献を拡大することは不可避となっている。

　2012年に成立した第2次安倍晋三政権のもとで、外交と安全保障については集団的自衛権の行使への道が開け、また、価値観外交で人権、民主主義、市場経済を基調とするアメリカ、ヨーロッパ、インド、オーストラリアといった国々との連携も確保された。しかし、中国の台頭や北朝鮮の核保有のなかで十分な対応とはいえない。

　経済については、アベノミクス3本の矢のうち金融と財政はそれなりの効果を発揮したが、産業の競争力向上を図る第3の矢は不発に終わったし、地方の不振も解消していない。日がまた昇るめどが立ったとはいいがたい状況である。

教養への扉　同時代の西洋史……東西冷戦は自由主義経済の成功によって西側の勝利となった。ヨーロッパでは欧州統合が進展した。植民地支配から脱した諸国は日本を真似て経済発展し、中国が2010年に世界第2の経済大国となったことに欧米は警戒を強めている。

日本史の時代区分

平安時代は「古代」か「中世」か

　時代区分は、文化史の区切り、政治の中心があった場所、将軍や天皇陛下の治世などいくつもの物差しで分類されるので論理的ではないが、普通は区分は以下のようにされる。

　①旧石器時代（紀元前1万年ごろまで）……石器が主だった時代。発展した。
　②縄文時代（紀元前1万年〜紀元前3世紀まで）……縄文土器が使われ、狩猟や採集を行った。
　③弥生時代（紀元前3世紀〜3世紀ごろ）……稲作が発展し、集落やクニができた。
　縄文時代の始まりは紀元前1万6000年あたりから諸説あり。稲作は紀元前1000年あたりには伝わったが、農業社会の本格化は紀元前300〜400年ごろ。
　④古墳時代（3〜7世紀）……大和朝廷が成長して統一国家をなし、半島に進出。
　⑤飛鳥時代（592〜710年）……飛鳥などに都が置かれ、律令制ができあがっていく時代。
　⑥奈良時代（710〜794年）……平城京に都が置かれ、律令に沿って政治が行われた。
　古墳は3世紀からともいうが、最盛期は4世紀後半以降。大和朝廷は3世紀に大和を統一し、4世紀に列島統一と半島進出をしたと見られる。飛鳥時代には仏教伝来、遣隋使の派遣、大化の改新、律令の制定などが転機としてある。
　⑦平安時代（794〜1185年）……平安京に都が置かれ、摂関で、次いで院政の時代になる。
　⑧鎌倉時代（1185〜1333年）……鎌倉に武士政権が置かれ、元寇が襲来する。
　光仁天皇の即位あたりから新時代に。平安時代は親政期、藤原時代、院政の時代、平家の時代などに分けられる。
　⑨南北朝時代（1337〜1392年）……「北朝」と「南朝」の2つに分裂。
　⑩室町時代（1336〜1573年）……京都室町に足利幕府が置かれた。
　⑪安土桃山時代（1573〜1603年）……織田信長と豊臣秀吉が政権を取った。
　⑩⑪にまたがる戦乱期を戦国時代（1467〜1590年）ともいう。
　⑫江戸時代（1603〜1868年）……江戸に徳川幕府が置かれた。
　始まりを関ヶ原の戦いと見るか、将軍就任と見るか。ペリー来航以降は「幕末」と呼ばれる。
　⑬明治時代（1868〜1912年）、⑭大正時代（1912〜1926年）、⑮昭和時代（1926〜1989年）、⑯平成時代（1989〜2019年）、⑰令和時代（2019年〜）。
　時代区分としては、終戦（1945年）を機に、「戦前」「戦後」というほうが適切かもしれない。

教養への扉　豊臣時代の政治的中心は京都、大坂（大阪）、伏見のあいだで動いており、伏見の別名である桃山で代表されるのが適切かは疑問。大化の改新から平城遷都直後までを文化史的には白鳳時代ということもある。

縄文文化は温暖だった1万2000年くらい前から栄えたが、寒冷化などによって、3000年前に弥生時代の萌芽が見られるころには、日本列島の人口は8万人ぐらいにまで減っており、縄文文化が栄えていたところに弥生人がやってきたのではない。

縄文時代より前の時代を旧石器時代という。打製石器しかなかった時代のことである。旧石器時代が日本にあったことは、群馬県の岩宿遺跡の発見以来、認められているが、「神の手（ゴッド・ハンド）」の持ち主といわれた考古学者がそれ以前の世界最古クラスの遺物を次々と「発見」して学界でも認められた時期もある。

だが、捏造が発覚して、3万〜4万年前以前に人が住んだ痕跡はあるが、酸性土壌で人骨が発掘されておらず、縄文人の先祖だったかも不明だ。2万数千年前には、鹿児島湾の桜島より北の部分全体である姶良カルデラが大爆発した。関西でも降灰が圧縮された地層が40cmほど確認され、西日本で人類はほとんど死滅したと見られる。

このあと旧石器文化が栄えたのはたしかだが、最後の氷期のために寒冷化が進み、2万年前には宗谷海峡は陸続きになった。津軽海峡や対馬海峡も浅く狭くなり、暖流が日本海に入らなくなり、日本列島は寒冷化し、針葉樹林で覆われた。

1万数千年前あたりから温暖になって、旧石器人の生き残りか新たにやってきたかはわからないが、人口が増え始め、縄文時代の曙ともいうべき時代になった（草創期）。そして、1万2000年前から土器、土偶、弓矢、磨製石器、貝塚、住居など縄文時代らしい文化が出てきた（早期）。人口は日本列島全体で2万人ほどだったが、温暖になった5000年前には約26万人だったと推定されている。

縄文人たちはクリ、ナラ、ブナといった森で採集をし、シカやイノシシなど小動物を狩猟し、サケやマス、タイなどの魚を取り、原始的な農業も始めた。住居も旧石器時代の洞窟や岩陰から竪穴式にわら屋根をかけたようなものになった。

数十人の集落もできて、青森県の三内丸山遺跡には、人口が数百人もいたという説もある。当時としては大きな集落であることは間違いないが、推計のうち最大限でしかないし、復元されている豪壮な建物に現実性はないと思う。ここには5900年ぐらい前に人が住み始めたが、継続的に人が住んだかどうかは不明だ。そして、気候が少し寒冷になった4200年前ごろよりあとの遺物はない。海が遠くなったのかもしれない。

西日本では、7300年前に鬼界カルデラ（鹿児島県硫黄島）爆発で南九州全体が火砕流に呑み込まれ、琵琶湖にも5cmほどの灰が積もっている。

教養への扉 東日本では、コナラやクリなど生産力の高い暖温帯落葉樹林が広がって、魚やシカやイノシシといった獲物も豊富だった。西日本はカシ、シイの常緑照葉樹林で、あまり人口を養えなかった。縄文文化を世界に誇るべき高水準という人もいるが、同時期に4大文明が栄えており、縄文文明はユニークな原始文明以上のものではない。

弥生人の渡来
江南地方から朝鮮半島の沿岸を素通りして日本へ

現在の日本人に流れる血に占める割合としては、縄文人25%、弥生人（帰化人を除く）55%、帰化人20%くらいではないか。

　日本人の祖先についてさまざまな論争があるが、縄文人と弥生人という二分法で論じられることが多い。DNAなどでの分析が進んだので、分析方法にもよるが、その7割から8割がいわゆる弥生人で、残りが縄文人だという人が多いようだ。

　いわゆる保守派の人のなかには、中国人や韓国人とは別系統であってほしいという願望で縄文人だという人が多い。人種的特徴も生活の変化の結果だというが、それなら、なぜ2000年ほども前から同じ稲作農民なのに、南西と北東日本の人々が縄文人的なのか説明できない。縄文人がいたところに弥生人がやってきたが、南西と北東には縄文人の子孫が多いと見るほうが自然だ。

　弥生人の渡来については、かつては前300年とか前400年くらいとかいっていたのが、最近は稲作技術は前1000年くらいから入っているという。ただし、大きな社会変革をもたらすのは、もともと弥生時代の始まりといわれる紀元前4世紀あたりだ。

　また、縄文時代のどこかで、比較的大きい大陸からの移住の波があったのかもしれないという三重構造説とかいわれるものもあるが、たしかに、そういうことなら、いろいろ謎を上手に説明できるので今後の研究の発展に期待したい。

　弥生人と帰化人を混同している人も多いが、帰化人は統一国家ができたあとに来た人たちだ。帰化人という言葉を反天皇制の立場から嫌う歴史学者が多く、渡来人と呼びたがるが、帰化は現在の法律用語としても使われているのだから、適切でない。

　弥生人や稲作技術は江南地方の稲作農民が半島の沿岸地方を経由して、あるいは素通りして日本にやってきたと考えると辻褄が合う。半島南部における稲作の本格発展は日本列島よりあとだし、米の品種からしても江南と日本のつながりは明らかだ。

　東シナ海を横切るようなルートだったと勘違いする人が多いが、当時の航海術では、東シナ海を横断して直行するのは難しかった。春秋戦国時代の江南地方では開発が進み、華南方面にも稲作農民が進出した。しかし、なかには東シナ海沿岸を北に進み、さらには朝鮮半島を経由して日本列島に渡ってくる人々もいた。稲作には寒冷な半島より日本のほうが向いているから自然とそうなる（写真は弥生時代に製作された銅鏡）。

教養への扉　平安時代以来、日本文化の主流とされたのは、京都のやさしい四季の移ろいを愛でることを規範とする『古今和歌集』的な世界だし、農耕の神である神道の世界も弥生的である。しかし、東国発祥の武士の気風や戦前の軍国主義的な気分では、軟弱な西日本の文化より、剛毅な東日本の気風をよしとした人が多く、その流れで縄文文化の人気が高くなった。

日本語の由来
北方系の文法+南方系の単語=クレオール言語か

　日本語はアルタイ的言語の文法と、南方系の単語がミックスした謎のクレオール語である。「クレオール言語」とは、異なる言語の商人らなどのあいだで自然につくりあげられたピジン言語が、その子孫によってマザーランゲージとして話されるようになったものである。朝鮮語とは少し似ているが、相互の関係は不明である。

　トルコ語、モンゴル語、満洲語などをアルタイ系の言語という。韓国・朝鮮語も似ているし、日本語の文法構造もそうだ。しかし、単語に着目すると南方のオストラネシア系のものが多いのが不思議だ。

　私はひとつの推測として、アルタイ語系の仲間に属する北方系の言語を話す商人が、南方系の縄文人たちと彼らの単語を交えて取引したのが始まりだと提案している。満洲では日本人と現地の商人は、中国語に日本の単語を交えて買い物をしていた。インドネシア語は、マレー人の商人の言葉が違う種族のあいだのコミュニケーションに便利なので成立した。

　縄文人たちはルーツがさまざまだったので、外から来た人たちの使う言葉が共通語になったのではないか。そして、弥生人たちは一度に人種構成を変えるほどのスピードで移民してきたわけでないので、原日本語を受け入れたのであろう。

　イングランドはノルマン系フランス人に征服され、数世代後の百年戦争のころまでは貴族たちはフランス語だったが、やがてアングロサクソンの言葉にフランス語の単語を組み合わせた英語が成立した。現代の日本の在日コリアンや華僑を見ても、3世になると朝鮮語や中国語がほとんどできない。

　半島の言葉との関係では、朝鮮語は新羅の言葉がルーツだ。日本語と数千年前に分かれたというが、どこで分かれたかは不明だ。新羅人の先祖は日本から移った、半島に倭人集団が住んでいたという可能性もある。

　一方、高句麗語と百済語は、互いに似ていたという以上には手がかりがない。ただ、漢語の文章に交じっている固有名詞などから推定すると、新羅語は子音で音節が終わるのに、高句麗・百済語は、日本語と同じく母音で終わるなど、新羅語よりは日本語に似た言葉だったかもしれない。いずれにせよ、日本と最も関係の深かった百済の言語は、現代の朝鮮語とはまったく関係のない言語だったはずだから、関連を論じてもしかたない。

　また、日本語ではいわゆる書き下し文が成立したが、半島では吏読という書き下し文は日本よりあとになってその影響のもとで少し出てきたが普及せず、漢語はそのまま中国語として読んでいた。詩吟も朝鮮訛りの中国語でやっていた。漢字ハングル交じり文を考案したのは明治以降の日本人だ。

教養への扉　戦後、北朝鮮ではハングルだけを使用することにして民族主義の旗手として振る舞ったので、韓国もそれに対抗するためにハングルだけにして、学校教育からも漢字を排除した。

神武東征について、日向の王だった神武天皇が、大軍勢を率いて日向国の美々津港から船出して東征し、畿内を征服したとは、『日本書紀』や『古事記』に書かれておらず、日向の王ではなかったし、少人数の出発だったようにしか書いてない。

大和朝廷が自分たちの由来を語った最古の記録は、中国の南朝（宋）に対して倭王武（雄略天皇）が出した記述である（478年）。

「わが祖先は、みずから甲冑をつけて、山川を越え、安んじる日もなく、東は毛人を征すること五十五国、西は衆夷を服すること六十六国、北のほうの海を渡って、平らげること九十五国に及ぶ」。つまり、畿内国家である大和朝廷が、東西日本で同じくらいの地域を征服し、また、さらに同程度の土地を朝鮮半島で獲得したというわけである。

九州の王国がなんらかの理由で東遷したとか、「騎馬民族説」のように半島から日本列島を征服したなら、こんなことを書くはずがないのである。

『日本書紀』に書いているのは、日向のどこかにいた神武天皇が、「東に美しい土地があると聞く。青い山に囲まれ、天下を治めるにふさわしい土地であろう」と思って、兄弟や長男の手研耳命、中臣氏の先祖など少人数で美々津港から船出したということだけだ。

大軍を率いての神武東征は南北朝時代の『神皇正統記』あたりに萌芽が見られるものだ。宮崎神宮や日向のほかの神社にしても皇室と関わりを持ったのは明治以降である。全国各地の神社には神話と関連した由来を持つものが多いが、『記紀』に載っていないものは後づけだと思う。

高千穂神楽も江戸時代に仏教の踊りから神話ブームに乗って神楽になったのだし、高天原は天上の話で、地上にあったらおかしい。景行天皇やヤマトタケルは日向に遠征しているが、先祖の地の訪問も墓参りもしていない。しかし、応神天皇のころから、日向出身の多くの女性が天皇の後宮に入っており、皇室にとって大事な土地だった。

神武天皇が日向出身であることは、ウソをつく理由がないのだから本当だと思う。天孫降臨のあとの日向3代については、神武天皇の曽祖父がどこかから日向に移ってきたと言い伝えられていたのだろう。

第2代の綏靖天皇から第9代の開化天皇までは、縁組した大和の豪族の名や、宮があった場所だけしか『日本書紀』にも書いていない。「欠史八代」とかいわれるが不自然ではない。旧家ではその地に移ってきた初代のことはよく伝承されているのに、2代目以降は忘れられているのはよくあることだからだ（写真は宮崎県の高千穂峡）。

教養への扉 宮崎神宮は鎌倉時代の1197年に土豪の土持信綱が社殿を造営したとされ、江戸時代にはこのあたりが延岡藩の飛び地だったので、内藤氏の庇護を受けていた。ところが、1873年に県社となり、1885年には官幣大社、1940年の紀元2600年を機に現在の立派な神社になった。しかし、日向の一宮は大己貴命（大国主命）を祭神とする都農神社である。

　神武天皇と崇神天皇は、どちらも「はつくにしらすすめらみこと」といわれているので、同一人物でないかという人もいるが、企業でも零細企業としての創業者と上場企業にしたような中興の祖がいることは珍しくない。それと同じである。

　崇神天皇は、奈良盆地南西部の葛城地方の小領主だったが、三輪山西麓で纏向遺跡にも近い磯城瑞籬宮に本拠を移し、大和でいちばん栄えていたこの地域の神々を掌握して大和を統一し、そののち吉備や出雲あたりまで勢力圏とした。

　疫病が流行ったので、宮中に祀られていた天照大神を皇居の外に移し、これがのちに伊勢神宮になる。さらに、大物主神が倭迹迹日百襲姫命に乗り移って託宣したので大物主神（大国主神の別名ないしは「和魂」、つまり、同じ紙の別の側面と説明される）の血を引く大田田根子を神主として大神神社（神体は三輪山）をつくったら疫病は終息した。

　これで、出雲ともなんらかの縁がありそうな大和の中核的な支配層と、もともと日向から来たという天皇家が結合した。次に、山城国（京都府）の武埴安彦命を滅ぼし、四道将軍といわれる大彦命を北陸道に、武渟川別を東海道に、吉備津彦命を西道（山陽道）に、丹波道主命を丹波国（山陰道）に派遣して本州中心部に支配を及ぼしたという。

　出雲では、飯入根が神宝を献上したが、筑紫（福岡県）との連合を主張する兄の出雲振根に殺されたので、これを討った。九州勢力に従っていた出雲を自分の勢力圏としたらしい。

　崇神天皇の子は垂仁天皇で、その子である景行天皇の時代になると、皇子であるヤマトタケルがさらに支配地域を広げた。熊襲がいる南九州に続き、東国で活躍したので、吾妻だとか草薙だとか、関東では多くの土地にヤマトタケルの逸話が付されている。

　ヤマトタケルは、「倭は　国の真秀ろば　たたなづく　青垣　山籠れる　倭しうるはし」と故郷を偲んで詠んだが、伊吹山の神の怒りに触れて落命した。景行天皇は都を近江国の志賀高穴穂宮（大津市）に移したが、これは東国の平定に熱心だったゆえだろう。

　高穴穂宮は天智天皇の大津宮の少し北である。架空だという人もいるが、大和のほかの宮と区別して高穴穂宮だけそういう扱いをするのは恣意的だろう。

　そして、ヤマトタケルの弟である成務天皇、子である仲哀天皇が高穴穂宮で天下を治めた。これはだいたい4世紀初頭のころだと推定される。

教養への扉　三輪の大神神社の祭神は大物主神。三輪地方を支配下に入れた崇神天皇のもとで疫病が流行ったとき、大物主神をその子孫で三輪氏の先祖である大田田根子に命じて祀ったところ国内が鎮まり、五穀豊穣となったので、それから大神神社は大和国（奈良県）一宮になった。大和の精神的な中心地だった纏向などの地域を支配下に置いた崇神天皇が、旧領主層の祖先神を崇め、子孫も保護することで大和の支配を確立したと見られる。

神功皇后、朝鮮半島進出
1926年まで天皇として扱われていた神功皇后

　神功皇后（写真）は事実上の女帝として伝統的に扱っていたのに1926年に歴代から外された。これはおかしいと思う。なぜなら、神功皇后こそ、国家統一と半島への進出を成し遂げた大帝だからだ。開化天皇の男系子孫だから資格がないわけでない。

　仲哀天皇と神功皇后は、熊襲が反乱を起こしたと聞いて、天皇は紀伊国（和歌山県）から瀬戸内海を、皇后は敦賀から日本海を通って長門国（山口県）で落ち合った。そして、伊都国王らの北九州の豪族たちが初めて服属したので、ここで日本統一が実現した。

　北九州の豪族たちは、熊襲より新羅を攻めることを求めた。仲哀天皇は山に登って海の彼方を見ても何も見えないというので消極的だったが、琴を弾いていたところ灯りが消えてあたりは暗闇となり、明るくなったときには死んでいた。

　神功皇后（当時は皇太后だが、以下皇后で統一）は熊襲を討ち、次いで臨月の身で渡海して新羅を討ち、百済や高句麗も服従させたという。その後、九州でのちの応神天皇を産み、遠征軍を率いて畿内に戻り、志賀高穴穂宮にいた仲哀天皇の皇子たちと戦って勝ち、都を大和に戻して女帝となった。

　中国でも則天武后が女帝になったのに（武周）、無視して歴代皇帝から省いているが、儒教の男尊女卑ゆえだ。戦後には「三韓征伐」が嫌われて、GHQ（連合国軍最高司令官総司令部）の指導のもとで教科書から削除された。左右から寄ってたかって歴史から抹消されたのである。

　現在の令和の陛下は第126代だが、明治以降に歴代天皇はかなり変更が加えられている。削除されたのが北朝の5人のほか、神功皇后（1926年）、醍醐天皇の重祚、追加されたのが弘文、淳仁、仲恭（1870年）、後亀山、後村上（1911年）、長慶（1926年）である。

　泰和4年（中国南朝東晋の369年）という銘がある大和石上神宮の木の枝のような形をした国宝・七支刀は、百済王が神功皇后に贈ったと『日本書紀』に記されている。高句麗の「好太王碑」には、「新羅や百済は高句麗の属民であり、朝貢していたが、倭が391年に海を渡ってきて百済や加羅や新羅を破り、臣民としてしまった」とある。

　高麗が編纂した正史である『三国史記』には、倭人が紀元前50年を最初として新羅の海岸地帯を侵し、346年と393年には首都・金城（慶州）を包囲したとある。これらを総合したら、仲哀天皇の死、神功皇后の三韓征伐、応神天皇の死は『三国史記』が金城包囲とする346年が有力だ。

教養への扉　福岡市の東部に香椎宮という神社がある。古代には神社ではなく霊廟として扱われ、仲哀天皇、神功皇后の神霊を祀り「香椎廟」または「樫日廟」といわれたようだ。ここは北九州が大和朝廷の支配下に入り、日本統一が成し遂げられた場所でもある。

王朝交代説
応神天皇と継体天皇の新王朝説はありえない

『日本書紀』は神功皇后を特別な女帝として描いているが、応神天皇はそれほどではないし、継体天皇はまるで英雄らしくない。新しい王朝の創始者などありえない。

　戦前の日本では、万世一系が当然とされていた。ところが、戦後は日本が特別な国だと思うとまた戦争を起こすのではないかと心配して、皇統が断絶した可能性があると左派系の学者が勝手気ままな珍説を出している。

　とくに、江上波夫の「応神天皇騎馬民族説」が、東京大学教授らしくないロマンあふれる学説でもてはやされ、韓国での講演で「天皇家は韓国から来た」といって韓国人を舞い上がらせた政治家もいる。

　『日本書紀』は神功皇后を女帝として扱い、長生きしたので応神天皇の在位は短かったとして、それほどの功績を書いてもいない。応神天皇が重要視されたのは、中世になって八幡神と同一視されてからのことだ。

　応神天皇のあとは、子の仁徳天皇が継承し、その子孫が4世代9人帝位についたが、武烈天皇で断絶した。雄略天皇が多くの皇族を殺したので、その子の清寧天皇のあとは、又従兄弟で、播磨国（兵庫県）で牛飼いをして隠れていた顕宗、仁賢天皇の兄弟が見つけ出された。

　継体天皇は応神天皇の5世の孫だというのは遠縁すぎるから、出身地の近江国や妃の出身氏族である尾張氏などを糾合して、大和の王国を倒して政権を取ったと地方連合政権的なイメージまで語る人がいる。

　しかし、仁徳天皇の子孫がほかにいなかったのだから、応神天皇の子孫というのはごく自然だ。しかも、継体天皇の父の従姉妹は允恭天皇の皇后、雄略天皇の母であって、全国からやっと探し出したというのは、顕宗、仁賢天皇のときとの混同だ。

　何より王朝交代なら、継体天皇は『日本書紀』に偉大な英雄として描かれているはずだが、およそ冴えない天皇でしかない。しかも、継体天皇の即位の前に、仲哀天皇の子孫、つまり応神天皇の兄の子孫で丹波国（京都府、兵庫県）の倭彦王に声をかけたが、迎えの軍勢を追討軍と誤解して逃げた。もし、応神天皇が仲哀天皇の子でなければありえないことだ。

　それに、『日本書紀』や『古事記』のもとになった歴史の整理作業が始まったのは、継体天皇の孫の推古天皇のときだから、記憶が薄れていたはずもない。

　詳しい系譜が7世紀に書かれたと見られる『上宮記』逸文にも残っている。九州王朝説などというのもあるが、倭王武の上表文で畿内発祥の大和朝廷が九州や半島まで支配していたことが明確なので、妄想の余地はない。

教養への扉　琵琶湖の西にある近江国高島郡（現・高島市）は、デパートの髙島屋の創業者の出身地だ。ここに三尾というところがあって、ここが継体天皇の出生地である。父親は早く死んで、母の実家である越前国三国の高向（福井県坂井市丸岡町の高向神社付近）で育った。

邪馬台国
卑弥呼は反天皇制プロパガンダのアイドルだった

　邪馬台国は、日本史において重要なテーマではない。日本国家成立や、半島との関係についての『日本書紀』の記述は、好太王碑や南朝の正史『宋書』などとも符合し、考古学的にも不都合はない。邪馬台国の使節が最後に洛陽に現れたのは266年で、その1世紀後に北九州に現れた大和朝廷にその存在が伝承されなくても不思議はない。

　『魏志倭人伝』には、239〜247年にかけて魏とのあいだで使節の交換をしていた邪馬台国の女王・卑弥呼が書かれているが、『日本書紀』では『魏志倭人伝』の記述を見て、「神功皇后のことかも」と一説として書いているだけである。

　崇神天皇は3世紀の中ごろに、卑弥呼の宗女（養女か）・イヨ（壹與）と同じころに在位し、出雲や吉備まで進出した。出雲は北九州の勢力と大和朝廷のあいだで揺れていた。この枠組みに、邪馬台国が大和など畿内にあった可能性を当てはめることは不可能だ。

　『魏志倭人伝』には、ソウルの北にあった帯方郡から、海岸に沿って船で南下し、釜山の西にある狗邪韓国（任那の中心となる金官国）まで七千余里。海を渡り千余里で対馬国に、千余里で一支国（壱岐）、千余里で末盧国（佐賀県唐津市など肥前国松浦郡）、陸路を東南に五百里で伊都国（福岡県糸島市）、東南に百里で金印が有名な奴国、東に百里行くと不弥国（福岡県飯塚市付近か）に着くとある（ここでの1里は100mほど）。

　そのあとは急に大雑把になって、南に水行二十日行くと投馬国、南に向かって水行十日陸行一月で邪馬台国とあるだけだ。一方、「帯方郡から女王国にいたるまで一万二千里」とあり、不弥国までで1万里超だから、残りは100kmあまりで、だいたい隣の県くらいだ。方角では九州、距離では矛盾した数字が並んで意味不明ということだ。

　考古学者には畿内説を取る人が多いが、畿内のほうが栄えていて立派なものが出ているのに、九州ではあまり出ないというだけだ。畿内説の場合の有力候補である纒向遺跡からは、東国のものは多くても九州産のものはあまり出ていないのを無視している。

　不弥国以遠の記述がいい加減なのは、卑弥呼に会えないというので、魏の使節は現地に行かなかったのではないか。卑弥呼の名も狗奴国の男王の名が卑弥弓呼というのだからいい加減なものだ。結局、卑弥呼はアマテラスや神功皇后を霞ませるための古代アイドルとして政治的意図で売り出されたにすぎないと思う。

　具体的な場所は不明だが、斉明天皇が朝倉橘広庭宮を設けた福岡県朝倉市付近、宇佐八幡宮のあたりなどもありそうだし、筑後国山門郡、豊前国京都郡の地名は注目できる。私は畿内はありえないが、出雲や吉備あたりまでは可能性が皆無ではないと思う。

教養への扉　九州では熊本県玉名郡和水町の江田船山古墳から75文字の銀象嵌銘を持つ大刀が出土し雄略天皇の名らしきものが彫られている。福岡県八女市吉田の岩戸山古墳は、継体天皇のときに新羅と結んで反乱を起こしたという磐井の墓だ。

　神功皇后による半島進出は、346年の可能性が高い。しかし、半島支配が確立したのは4世紀の後半のことで、そのころから5世紀にかけての半島では、高句麗と日本のあいだで壮烈な主導権争いがあり、一方、百済や新羅も群小国を支配下に入れていった。

　この時代に朝鮮民族は成立しておらず、日本だけが異民族で侵略者なのではない。朝鮮民族が成立したのは、7〜8世紀にかけて新羅が平壌の南を流れる大同江以南を支配下に入れて新羅の言葉が標準語化してからのことだ。

　高句麗と百済の言葉は失われてほとんど知るよしもないが、互いに似ているものの朝鮮語の母体となった新羅語と同系列の言葉ではなかったと『魏志』東夷伝に書いている。

　「好太王（広開土王、在位391〜412年）碑」は、高句麗全盛期の王の業績を顕彰したもので、吉林省の鴨緑江のほとりにある。半島の学者から改竄説が出されたこともあるが、中国での研究のおかげで完全に否定されている。ここには、日本がこれらの国を服従させたので、好太王はこれと激しく争ったことが書かれている。

　5世紀になると、「倭の五王」が中国南朝に頻繁に遣使したことが正史に記されていることは、すでに紹介したとおりである。そして、彼らは「新羅、任那、加羅、秦韓（辰韓）、慕韓六国」、李氏朝鮮の地方区分に沿っていえば、京畿道、忠清道、全羅道、慶尚道の支配権を承認するように求め、このうち百済は直接に南朝と外交を持っている国なので外して残りの新羅などについてのみ認めている。

　しかし、高句麗は475年に百済の首都・慰礼城を落とし、滅亡させた。百済は日本の勢力圏だった熊津（公州）を雄略天皇から与えられて再建され、そこで通商国家として栄えた。

　百済は日本に中国文明を伝播させる仲介をよくしてくれたが、その代償に、前方後円墳が多く、日本支配が裏づけられている任那4県（全羅道）を割譲することになった。

　この措置に日本支配下にあった任那（伽耶）諸国は動揺し、金官国などは新羅に降った。それでも、大伽耶国や安羅国などは日本とともに抵抗したが、562年になって新羅支配下に入り、これをもって任那滅亡といっている。

　つまり、3世紀ごろには群小国が乱立していた半島では、4世紀に高句麗、百済、新羅、任那（日本）の4勢力に整理され、やがて任那が消えて三国時代となったわけである。日本は友好国百済を支援しつつ任那の回復を図ったが、660年に百済が唐に攻められて吸収され、668年には高句麗も同様となった。

教養への扉　中国吉林省の集安市は、高句麗の首都・丸都山城の故地である。万を超える王陵など古墳群があり、多くが世界遺産に登録されている。好太王碑があるのもここで、好太王が朝鮮半島に攻勢をかけ、半島南部に勢力を伸ばしていた日本と戦ったことが書いてある。捏造説もあったが、中国の学者の努力で否定されている。

古代

古代の日中関係
遣唐使以前の日中交流と朝鮮半島の合従連衡

　日本列島に多くのクニができ、楽浪郡に挨拶に現れたのは前漢の時代である。楽浪郡が設置されたのが前108年だから、本格的には紀元前1世紀からのことだと考えてよかろう。後漢の時代になると、光武帝から漢委奴国王が金印を与えられており（57年）、それとおぼしきものが江戸時代に出土している。

　2世紀には「倭国大乱」があり、楽浪郡が公孫氏という地方政権に支配されていたので、倭人はこの政権と接触していたようだ。黄海道あたりに帯方郡を置いたのは公孫氏である。しかし、3世紀には三国時代の魏がこの地方を回復し、邪馬台国と交流した。

　楽浪郡や帯方郡は313年から高句麗に支配され、華北政権と倭人との接触は難しくなったが、413年から中国南朝との交流が始まった。いわゆる「倭の五王」の時代である。しかし、この交流で日本が得るところは少なく、南朝も衰退したので使節派遣は中断され、中国文明の導入は、百済に帯方郡などが滅亡後も残留していた漢族を通じて行われた。この時代、主に百済が南朝と、高句麗が北朝と交流していたが、両国で読み書きができたり技術を持っていたりしたのはほとんどが漢族だった。

　しかし、北朝から出た隋が589年に統一政権をつくり、しかも、それが高句麗と対立したので、聖徳太子らは小野妹子らを派遣して本格的な国交を結んだが、隋は2代だけで滅び、唐が成立したので、日本は遣唐使の派遣を始めた。

　半島をめぐる合従連衡は、最終的には日本、百済、高句麗連合と、唐とその従属国となった新羅の連合の対立となり、660年に百済は滅び、唐に併合された。日本は滞日中だった王子・豊璋を伴って派兵し再興を目指したが、663年、白村江の戦いで唐に敗れた。

　高句麗も唐に併合され、新羅も唐に併合されそうになったが、新羅は日本に任那についての潜在主権を認めるなど秋波を送りながら抵抗し、元号、服制を唐のものに合わせ、氏名までも唐風に変える屈辱に耐えつつ、大同江以南を獲得したことは先に書いたとおりだ。

　日本は唐からの侵攻に備えつつ、積極的に中国風の律令国家に生まれ変わり、8世紀にあっては、遣唐使を20年に1度くらいのペースで派遣して友好関係を維持した。なかでも、大宝（702年）、養老（717年）、天平（733年）、天平勝宝（752年）、天平宝字（759年）、宝亀（777年）、延暦（804年）のものは大規模だったが、9世紀になると唐の衰退もあって慎重になり、承和（838年）に一度派遣されたが、寛平（894年）の遣唐使は菅原道真の献策で延期され、そのまま唐が滅亡したので、古代における国交は終わった。

教養への扉　空海が乗った船は南に流され、804年8月に福建省に漂着したが、12月に長安に入った。しばらく遣唐使の秘書役のような仕事をし、805年2月に都城の北西地域にあった西明寺に入り、梵語など学んだあと、密教の七祖である青龍寺の恵果に弟子入りし、第八祖に指名された。806年3月になって長安を出発し、4月に越州（会稽）に移り、土木技術や薬学など諸学を学び、8月に明州（寧波）から帰国の途につき、五島列島に着いた。

遣隋使、遣唐使

冊封体制論は虚構だが、完全な対等外交かは微妙

日本は中国への朝貢国でなく対等の関係を遣隋使の時代から維持してきたといわれる。そのとおりかといえば、「100％そうだ」ともいえないし、「近代以前の日本は東アジアの冊封体制のもとにあった」というのも事実に反する。

そもそも冊封体制というと、ウェストファリア体制に匹敵するような秩序があったように戦後日本の媚中派が考え出した言葉で中国では使われていない。時代によって外交のあり方は多様だった。まず、冊封体制論という低級なプロパガンダを忘れてほしい。

小野妹子が607年に隋の煬帝に持っていった国書に、「日出ずる処の天子、書を日没する処の天子に致す。恙無しや」と書いていたので、煬帝は立腹した。そこで、翌年の国書では、「東の天皇が敬いて西の皇帝に白す」とした。「天皇」という言葉が使われていたかは怪しいが、玉虫色の表現にして、双方の顔が立つようにしたようだ。

小野妹子の帰国時に、隋の使者として裴世清がついてきたが、『日本書紀』には、国書を持ち、2度再拝して使いの旨を言上したとしている。日本との良好な関係は隋にとって重要だったので、少なくともことを荒立てるようなことはしなかったのだろう。

第1回の遣唐使は、舒明天皇の630年に近江国出身の犬上君三田耜が遣わされた。唐は高表仁を帰国時に同行させたが、プロトコール（国際儀礼）上のトラブルに巻き込まれ、天皇に面会しないまま帰国した。日本側が唐の使節を新羅や百済と同じく、蕃夷の朝貢使節として扱ったためといわれ、とくに天皇への謁見となると、どちらが上位かが問題になるので、どちらがしかけたかわからないが、あえて会わなかった。

その後、白村江の戦いなどもあったが、702年に則天武后のもとに大宝の遣唐使が派遣され、こちらもことを荒立てるようなことはしなかった。日本という国号を使ったのはこのときが初めてである。

しかし、大宝律令では、唐もあくまでも蕃夷扱いである。新羅と違って天皇は「詔」や「勅」という字も使った。中国を隣邦と呼び、新羅など蕃国と区別したこともあった。

752年の藤原清河を正使とする天平勝宝の遣唐使では、玄宗臨御の朝賀で、席次が西畔（西側）で吐蕃に次ぐ第2席、新羅の東畔第1席より下であったことに抗議し、新羅より上席に変えさせた。朝貢は本来、毎年するものだが、日本は20年に1度くらいということにしたり、唐も日本の立場に配慮したりするおおらかさがあった。

ところが、光仁天皇のときの宝亀の遣唐使の帰路に、代宗が国書を持って使節を派遣してきたので、プロトコール上の問題が生じた。このときは天皇に謁見したが、どのようにしたか不明だ。そのうちに、唐の国威も衰えたので日本側は熱を失い、最澄や空海が参加した806年の延暦の遣唐使が結果的には最後の遣唐使になった。

教養への扉 遣唐使の派遣中止ののち日本の天皇が中国と正式の外交関係を結んだのは、1871年に日清修好条規を結んだときである。このときに、対等の関係が明文化された。清国皇帝への近代的な正式謁見は、副島種臣が諸外国外交使節団を率いて行ったのが最初。

聖徳太子架空説

天智天皇、天武天皇の祖父の仇敵だった「厩戸皇子」

歴史学者はなかなか商売上手で、人を驚かせるようなタイトルの新説を唱えるのが上手だ。「聖徳太子架空説」もそのひとつだ。厩戸皇子という皇族がいたのは事実だが、聖徳太子は死後になって使われたものだし、蘇我馬子の業績だったものを、大化の改新で蘇我氏を滅ぼした天智、天武天皇らが太子の仕事だったように改竄したというものである。

しかし、生前に使われていなかった名前や用語で後世に呼ばれることなどいくらでもある。それに、『日本書紀』が書かれたときには、天智、天武の系統が皇位を独占していたのだが、この2人の祖父である押坂彦人大兄皇子は聖徳太子の仇敵だったはずで、歴史を改竄してまで太子をほめ称える理由がないのである。

越前国から来た継体天皇のあと、最初は越前国時代の皇子である安閑、宣化の兄弟が即位したが、武烈天皇の姉妹を母とする欽明天皇の子孫が嫡流として扱われた。欽明天皇は、宣化天皇の皇女を皇后とし、2人の子である敏達天皇が次の天皇になった。しかし、蘇我氏は多くの妃を入内させ、彼女たちが産んだ用明、崇峻、推古が続いた。

欽明天皇の孫世代では、押坂彦人大兄皇子（敏達天皇の第1皇子）が順当だったが排除され、用明天皇の皇子の聖徳太子が皇太子となった。しかし、推古天皇が75歳まで生きたので、この世代は飛ばされてしまい、押坂彦人大兄皇子の子の舒明天皇が人格的にやや問題があった山背大兄王（聖徳太子の子）を退けて即位した。

舒明の子では、年長の中大兄皇子（天智天皇）か蘇我氏出身の母の古人大兄皇子が候補だったが、若年だったので、皇后が皇極女帝となったが、皇極や中大兄皇子が古人大兄を皇統から排除するために起こしたのが蘇我入鹿暗殺事件だ。天智、天武系の天皇や『日本書紀』の編集長で天武の子である舎人皇子に聖徳太子を顕彰する動機はない。

推古天皇の時代には、仏教に国教的な地位を与えるとともに、「冠位十二階」により氏姓制にとらわれない人材登用を図り、「十七条憲法」で規範を与え、『国記』『天皇記』を編んで国史編纂事業の先鞭をつけた。外交では新羅遠征は総大将だった聖徳太子の弟の急死で中止したが、遣隋使に小野妹子を派遣して中国との本格的な国交を開いた。

推古天皇、聖徳皇子、蘇我馬子のあいだに、意見や利害の相違はもちろんあっただろうが、推古天皇から見ると聖徳太子は、同母兄弟（用明天皇）と異母姉妹の子であり、馬子は母の兄弟であり、太子にとっては、馬子は大叔父、推古は叔母であり、近親同士である。

このトロイカ体制で、東アジア世界の一流国家への脱皮に成功したのである。もちろん、馬子など他人の功績の一部が太子に帰せられたことはあったかもしれないが、それは太子への高い世評がなければ考えにくい。

教養への扉 女帝は、大正時代に歴代天皇から外すことにした神功皇后という前例があり、さらに、顕宗天皇の即位前には一時期、飯豊青皇女が代理を務めたともいわれ、春日山田皇女に即位をという声もあった。未亡人が「女将さん」として主人の代わりをすることはあったが、株式会社化したので社長を名乗るようになったようなものだ。

　光仁天皇から天智男系子孫に皇位が占められたこともあるが、『百人一首』の最初の歌が「秋の田のかりほの庵の苫をあらみ我が衣手は露にぬれつつ」という天智天皇の歌であるように、天智天皇は中世にあって中興の祖として神武天皇以上の扱いを受けていた。

　「大化の改新」のきっかけとなった蘇我入鹿暗殺事件は、皇極女帝から古人大兄皇子への継承を企む蘇我入鹿に対して、皇極女帝の兄弟であるのちの孝徳天皇、息子である中大兄皇子、蘇我一族だが中大兄皇子に娘（遠智娘。持統天皇の母）を嫁がせていた蘇我石川麻呂らが反発して起こしたことで説明は容易だ。

　事件後に古人大兄は殺され、皇極はいったん退位して、孝徳が即位するが、孝徳の死後は、皇極が重祚して斉明女帝となった。その過程で蘇我石川麻呂は殺された。

　このころ、百済滅亡を受けて、総力戦を戦える国家体制をつくるために、難波長柄豊碕宮遷都や大化の改新が行われた。百済の復興を助けるために派兵したが、白村江の戦い（663年）で唐軍に敗れたので、西日本各地に山城をつくり、都を防衛がしやすい近江国の大津宮に移した（667年）。

　「近江令」原文が失われているので、本当にあったか疑問という説もあるが、「公地公民制」「国郡制度」「班田収授の法」「租、庸、調の税制」、さらには官位官職制度などの整備がそれなりに進んだことはありそうで、存在を断定的に否定するのはおかしい。

　『日本書紀』編纂時に実力者になっていた、藤原鎌足の子の不比等が鎌足を顕彰するために大化の改新を持ち上げたという人もいるが、鎌足が改新の中心だったとは書かれておらず、豪族のなかで最高位は左大臣となった蘇我赤兄であって辻褄が合わない。

　天武天皇や藤原不比等を異常に重視する人がいるが根拠薄弱だ。天智天皇の男子がいずれも低い身分の女性を母にしていたので、弟の大海人皇子（天武天皇）が跡継ぎと見られていたが、大友皇子（弘文天皇）が有能だったので、天智は太政大臣という新設ポストをつくって処遇したので、身の危険の感じた大海人皇子は吉野に出奔した。

　天智の死後、大友皇子が即位したかどうかはわからないが（『日本書紀』は記述せず）、壬申の乱が起こり、天武天皇が即位した。このころは、まだ国軍も対外防衛のために構想されたものなので、内戦で政府を守るためには機能しなかったと見られる。

　『日本書紀』でも天智が天武より重視されているし、奈良時代まで天武と持統両帝の子である草壁皇子の子孫であることが皇位継承の第1条件でもあった。壬申の乱も、弘文天皇と持統天皇の姉弟の争いと見たほうが、辻褄がよく合うかもしれない（写真は蘇我馬子の墓とされる石舞台古墳）。

教養への扉　「大化の改新」についての『日本書紀』の位置づけは、誇張されているという人が多い。「改新之詔」の文章は原文が失われて改変されているが、天武天皇や持統天皇の功績とすべきものを孝徳天皇や天智天皇の功績にする動機は舎人親王らになく不自然な主張だ。

　明治以降の日本人は、なんでもかんでも書き言葉も話し言葉も漢字で表現し、漢字から意味を考える。しかし、江戸時代の会話では漢語の使用割合は非常に少なかった。また、江戸時代の教育を論じるときに書くが、武士は漢文（つまり中国語）を学んでいたのだし、庶民は仮名はわかるが漢字はあまり読めなかった。

　「テンノウ」などという言葉は使われず、帝（みかど）、主上（おかみ、しゅじょう）などだった。崩御されたあとも、幕末に諡号が復活するまでは「後陽成院」といったように呼ばれ、なんとかテンノウとも呼ばれなかった。

　古代人も大王を「おおきみ」とか「すめらぎ」「すめらみこと」などと呼んでいた。701年の「大宝律令」で「天皇」という称号が法的に定められたのだが、養老律令では、外交では「皇帝」、臣下が上表するときには「陛下」とするとされている。

　しかし、それは文書における呼称で、読み方は従来どおり「すめらみこと」などだった。文書で表現する必要が出て、スメラミコトの当て字として皇帝だとか大王などと比較して、天皇を選んだだけだ。天皇は唐の3代目の皇帝である高宗が名乗った称号だ。また、「アメノシタシロシメスオオキミ」などともいっていたようだからぴったりだ。

　地名も同じで、奈良県にしろ、日本にせよ、「ヤマト」であった。中国人は倭国と呼んでいた。そして、「大倭」とか「大養徳」とか万葉仮名的当て字の時代があって、さらに奈良県はイメージのよい漢字を採用して大和に、日本は「ヒノモト」とか「ヒイズルクニ」など別称としていわれていたのを意訳して日本にしたのであろう。日本を「ニッポン、ニホン」と読むのはいわゆる呉音である。

　半島でも同じだが、漢字の読み書きができるのは、主に漢族系帰化人だけだった。宮廷で使われ始めたのは応神天皇のころだ。百済から来た阿直岐を皇子のひとりの師とし、さらに、優れた学者として漢族の王仁博士を招聘し、本格的に漢字が伝来したとされている。

　しかし、それだけで広く日本人が読み書きをできるようになったわけではなく、難しい書物を読むとか手紙を書くのはほとんど帰化人たちに任されていたようだ。ようやく聖徳太子のころになって限られた人が読み書きをできるようになり、日本人で中国に留学する人も出てきて、奈良時代になると、支配層では読み書き能力が一般的になった。

　日本人の作として知られる最古の漢詩は、大友皇子（弘文天皇）のものだ。そして、はじめは万葉仮名、次いで仮名も現れたのであって、自分たちの言葉を書き言葉にすることなく、中国語で間に合わせていた朝鮮半島とは違う。

教養への扉　養老令では、祭祀においては「天子」、詔書においては「天皇」、外交的には「皇帝」、臣下が天皇に文書を奉るときには「陛下」と呼ぶとあるが、いずれも文書のうえでのことで、会話でそんな称号では呼ばれていない。

道鏡事件
眞子さま婚約者問題で引き合いに出された皇統の危機

　律令制度の確立で、天皇を中心とした中央集権国家が制度としては完成したのだが、皮肉にも、天智、天武以降の男帝は文武、聖武、淳仁といずれも有能とはいえなかったし、光仁は高齢だった。それに対して、桓武天皇は、働き盛りで知力体力ともに優れていたし、藤原氏などにもこれといった実力者がいなかったので独裁君主になった。

　称徳女帝は、道鏡（写真は西大寺に奉納された道鏡像）を天皇にしようとした。壬申の乱ののち、皇位は天武、持統の男系子孫で継承させるべきと意識されてきたが、聖武天皇で終わってしまった。しかし、僧侶である道鏡に子どもはいないので、適当な皇族が見つかるまでのつなぎだったはずだ。

　このころ、皇族であれば女系でもいいからその流れでとするか、仏教の教えに忠実な有徳の人をという考え方が交差していた。そのなかで、後者の考え方を重視する称徳が、適当な皇族を見いだせず道鏡天皇に託すことを思いついたのではないか。しかし、宇佐八幡宮のお告げと称したものの、無理があり、和気清麻呂に阻止された。

　称徳の死後、その妹である井上内親王を妃とする光仁天皇（天智天皇の孫の白壁王）が即位したが、両者の子である他戸親王（9歳）が成長するまでの中継ぎだったのだろう（770年）。しかし、2年後に皇后が夫の光仁天皇を呪詛したとして廃され、他戸親王も連座した。人妻では天皇になれないので、夫を呪い殺そうとしたのではないかと思うが、称徳女帝の迷走で、人々は女帝には懲りていたので支持は集まらなかった。

　支援者だった藤原永手（北家）が没し、藤原良継、百川、種継という式家が中心になった状況もあって、皇后があせって軽率な行動をしたのだろう。そして、他戸親王に代わって皇太子となったのが、のちの桓武天皇である。

　この桓武天皇に匹敵する強力な君主は、崇神、雄略、天智、桓武の子の嵯峨、白河、そして成功したとはいいがたいが後醍醐くらいだろう。

　桓武のあとは、第1皇子の平城天皇が即位したが、病気のために第2皇子の嵯峨に交代し、この嵯峨が14年間在位し、その後も19年間、上皇として君臨した。この時代に活躍したのが空海や最澄である。

　平安時代というと、国風文化や律令制が弛緩した時代といわれるが、桓武や嵯峨の時代は、唐の文化や制度が最も純粋な形で取り入れられたともいえ、空海はその象徴的な人物だ。中国人からも称賛される中国語や書道の能力を身につけてから唐に渡り、高い名声を得た。嵯峨天皇も三筆のひとりといわれ、すばらしい能筆家であった。

教養への扉　上皇となった嵯峨天皇が隠棲したのが嵯峨で、いまの大覚寺はそれを寺院にしたものだ。この嵯峨という地名も長安郊外の景勝地に似ているとしてつけられたものである。桓武天皇には30人以上、嵯峨天皇には50人ほどの子があったので、これ以降、その子孫が安定的に帝位についている。

古代の都
飛鳥時代には同じ場所に何度も「倭京」が営まれた

飛鳥時代以前には、宮都といっても立派な邸宅があっただけである。しかも、なぜか代替わりごとに引っ越ししていた。掘っ立て柱の建物だったので、伊勢神宮の遷宮と同じで、20年くらいしか持たなかったともいえるが、豪族の屋敷が引っ越しを繰り返していたわけでもないので、宮都には宗教的な気分もあったのだろうか。

このころの奈良盆地は、大和川（上流は初瀬川と佐保川）で小舟が遡上できた。小野妹子が旅立ち、隋の使節が着いたのは、桜井市の海柘榴市である。宮都は小高い山の麓などが一般的だが、雄略天皇の泊瀬朝倉宮のように、防御に向いた谷間もあった。

豪族たちは、自分の屋敷から通勤したのだが、宮都が大和を離れると、豪族たちも屋敷をその近くに置く必要が出てくる。

ならば、そこでは、ある程度は計画的な都づくりが必要で、難波宮とか大津宮とかでは、都市的なものが成立していたはずだ（碁盤の目の条坊制でないから「大津京」というのはおかしいという人もいるが、都市らしい形になっていれば「京」というべきだ）。

宮都が大和を離れたのは、景行、成務、仲哀帝の志賀高穴穂宮が最初だが、仁徳天皇は難波高津宮にあり、継体天皇もしばらく枚方周辺にあった。

遣唐使の時代になると、外国の都に負けないものをということで、中国風の都城が建設されるようになった。飛鳥では、蘇我入鹿暗殺事件の舞台となった飛鳥板蓋宮と、天武天皇や持統天皇の飛鳥浄御原宮が同じ場所に営まれていた。

最初の本格的な都城は持統天皇の藤原京だ。都城の中心に宮があるもので、北魏時代の洛陽とか、明代以降の北京と同じプラン。だが、測量が未熟だったし、排水が不良だったらしいので、16年だけで平城京に移った。長安城と同じように皇宮が北端にあるプランだった。

同じ時期に、全国に国府が建設された。いま、重要都市としてそのまま残っているものはほとんどない。当時は治水技術が発展してなかったし、北側に国衙を置いて碁盤の目のプランにしたかったので、緩やかな南向きの傾斜地が好まれた、ただ、これは防衛には適さなかったので中世に廃れたからだ。城下町は治水技術の進歩で、低湿地や河川の合流点など交通が重視された。

副首都的な大宰府や多賀城、あるいは、山口県の防府市や下関市の長府など地名として残っているところの地形から、だいたいイメージが湧くと思う。

教養への扉 藤原鎌足を茨城県鹿嶋の生まれとする平安時代後期の伝承もあるが、奈良時代に編纂された藤原氏の正史である『藤氏家伝』には、大和国高市郡藤原（橿原市）の生まれとしており、それを姓とするように天智天皇がしただけだ。藤原京という名も近世になってからの呼び方で、新益京という名が『日本書紀』で使われている。

平城京、平安京

本当は仏教勢力の排除ではなかった遷都の理由

平城京の弱点は水運だった。佐保川という大和川の支流では、人口も増え、物資の流入、廃棄物の搬出にも無理があった。そこで浮上したのが、山城国北部である。

長安を模した平城京は、国際水準から見ても立派な都だった。それを放棄したのは、道鏡事件に見られるように、仏教が強くなりすぎたからという人がいる。しかし、道鏡の即位を仏教界を挙げて推したわけでもないからそれはおかしい。

ただ、仏教は金食い虫の宗教だし、貴族たちが屋敷を寺にしたりするので、都市計画の観点からも面倒なことになっていた。これは、中国の都でも悩みの種だった。

しかし、主因はやはり水運の便だった。そこで、北側の奈良坂を越えた山城国の木津川の船着き場に、聖武天皇が一時期、遷都した恭仁宮が建設された。奈良を維持しつつ、併用するつもりだったようだ。近江国甲賀郡の山中に紫香楽宮を営んだが、大仏をここで建立する予定で鋳造を試みたことでもわかるとおり、洛陽郊外の龍門に似た仏教の別天地という意識もあった。

また、大津市石山に保良宮を営んだが、淀川水系の瀬田川が山城国との国境の急流で遡れないし、難波宮は交通の便はよいが、国防上は無防備だった。

桓武天皇は大阪との府境に近い長岡に都を建設し、大極殿は難波宮から移したが、洪水には弱かったので、交通の便は少し犠牲にして（といっても桂川や鴨川は佐保川よりは上等だ）、帰化人の秦氏が開発していた葛野郡とその周辺の愛宕郡に平安京を建設した。

メインストリートは朱雀大路（千本通）で、幅が82m。現在の市場周辺の繁華街では、平安京の建設時には、二条大路と三条大路とか西洞院大路と東洞院大路のあいだは550mほどだ。さらに南北は押小路、御池、姉小路、東西は烏丸、室町、新町の各通りで区切り、16区画に分割した（現在の通りの名前で説明した。豊臣秀吉は商業に便利なように南北にもう1本の通りを通し、短冊形の街区にして現在の京都の町並みは、それを踏襲している）。

ただし、『源氏物語』には源融の河原院をモデルにしたといわれる光源氏の六条殿は、4区画を占めていたと描かれている。

天皇や貴族たちは、郊外の風光明媚な場所にある別荘を好んだ。嵯峨天皇の嵯峨殿（大覚寺）や宇多天皇の宇多殿（仁和寺）は、狩猟を楽しめるところである。藤原時代になると、水辺での雅やかな生活が送れ、気候も温暖な白河、法住寺、鳥羽など宮廷生活の場となった（写真は王朝文化を伝える葵祭）。

教養への扉 現在の京都御所は、平安時代に堀河天皇が即位前に住んでいた土御門東洞院殿で、里内裏としてしばしば使われていた。とくに持明院統（北朝）の本拠となり、足利義満がほかの貴族の邸宅と区別がつかないと憂慮して、大幅に拡張したのが原型である。

摂関政治
『源氏物語』が伝える平安時代の権力の源泉

摂関政治は、藤原氏出身の妃が皇子を産み、それが天皇になってこそ成立していたので、藤原氏が外祖父でない天皇が出現したとたんに崩れて、「院政」の時代に移行した。

嵯峨天皇の皇后である 橘 嘉智子（檀林皇后。786〜850年）の曽祖父は橘諸兄で、祖父の橘奈良麻呂が藤原仲麻呂に敵対して大粛清にあった「奈良麻呂の乱」（757年）で獄死し、嘉智子の父はその死後に誕生した。

法華寺の十一面観音 立 像のモデルなどといわれる美貌で嵯峨天皇の皇后となったが、息子の仁 明 天皇とその子孫に皇位を独占させようと、藤原良房を操って承和の変（842年）を起こし、伴健岑と橘逸勢などを排斥し、文徳天皇を立てた。文徳天皇は藤原良房の娘の 明子とのあいだに生まれた清和天皇を生まれた年に立太子させた。

藤原氏の娘が産んだ皇子がほとんど独占的に帝位を継ぐようになり、藤原氏は外戚として重責を担ったし、藤原氏と関係のない皇子は出家させられたり臣籍降下したりした。藤原氏以外の貴族も排除されていった。朝廷の官職には定員があるので、藤原薬子の乱ののち、死刑が行われなくなって世の中が平和になると、官職からあぶれる者が多くなった。

そうして、藤原北家（五摂家など）と村上源氏（久我、北畠など）など以外は、古代からの名門の人々も、世代を下るにつれて官位も低下し、武士になったり神社の社家として生き残ったりすることになった。

奈良時代や平安時代のはじめには、吉備真備に代表される学者官僚が高い地位につくこともあったが、菅原道真を最後に下級貴族として生き残るのが精いっぱいになった。道真は宇多天皇に気に入られて右大臣にまでのぼりつめたが、ライバルで左大臣の藤原時平は、醍醐天皇の信頼を背景に道真を大宰府に左遷させ、これ以降、門閥を背景にしない官僚が大臣などになることはなくなった。

この時代以降は、天皇は幼児だったことも多い。そして、母が藤原氏出身の皇子が即位し、藤原氏の摂関が外祖父として権力を振るうようになった。

その栄華の頂点に立ったのが御堂関白・藤原道長で、3人の孫を天皇にしたり、皇太后、皇后、中宮の三后を同時に独占したりした。

教養への扉 『源氏物語』は、大津市の石山寺に参籠し、「須磨」の巻の「今宵は十五夜なりけりとおぼし出でて」とあるところから書き始めたという。『紫式部日記』に1008年にこの物語が話題になっていたという記述があるので少なくとも成立していたことがわかり、2008年に1000年ということで行事が行われた。

皇室と帰化人
秦、百済、高句麗王家のDNAを受け継ぐ今上陛下

　平安時代には、百済が復興したら王になるべき百済王氏も、鎮守府将軍陸奥守あたりが限度で、明治体制での李氏（準皇族）より琉球王家である尚氏（侯爵）に近い扱いだ。ただし、今上陛下は曽祖母が秦氏の末裔である島津家出身で、百済王家は高句麗王家の分家だから、日本の皇室は秦、高句麗、百済の王家の血を引いている。

　平成の陛下が「私自身としては、桓武天皇の生母が百済の武寧王の子孫であると『続日本紀』に記されていることに韓国とのゆかりを感じています」とおっしゃったのは、サッカーの日韓共催W杯（2002年）のときだった。

　そうしたところ、「日王、王室の根、百済王室から起こると是認」という珍解釈を主張する愚か者も出た。光仁天皇が即位前から囲っていた側室のひとりに百済王を先祖に持つ渡来人系の下級官吏の娘がいた。それが桓武天皇の母だというだけだ（高野新笠の母方は野見宿禰を祖とする土師氏で、大江朝臣とされ、毛利家の先祖である）。

　平安京の建設に秦氏ら帰化人の果たした役割も大きいが、彼らが、政権中枢を握ったわけではないから過大評価してはいけない。

　桓武天皇の時代に活躍した帰化人の出世頭は、蝦夷討伐に活躍した坂上田村麻呂で、漢の霊帝の子孫の末裔である。鎮守府将軍や征夷大将軍として民政にも手腕を見せた。東北地方でも英雄とされ、青森の「ねぶた」や福島県三春市の名物で東北を代表する民芸品のひとつ「三春駒」はいずれも田村麻呂ゆかりだ。

　東北ナショナリズムで、田村麻呂を「敵」、蝦夷の族長アテルイ（802年没）を英雄と見る風潮もあるが、東北人の先祖は入植者のほうが主流なのだからおかしい。①坂上田村麻呂の征服、②源頼朝による奥州藤原氏の討伐、③豊臣秀吉の東北仕置き、④戊辰戦争をもって「4度も征服された」ともいう。

　だが、戊辰戦争で反新政府軍の側で負けた殿様はすべて源頼朝や豊臣秀吉によって送り込まれた大名たちで、ただひとつ、蝦夷の子孫という秋田氏の三春藩は官軍だ。

　古代の律令制の時代は、瑞穂の国である。狩猟採集生活をしている人たちを服属させて農民にし、律令制や封建制を適用した。『平家物語』で平宗盛は「夷が栖なる千島なりとも、甲斐なき命だにもあらばと思ひ給ふ」といっているが、沖縄や北海道を当時の日本人は国内であるような、ないような漠然たる意識で見ていた。

　東北統治の拠点は、奈良時代までは、宮城県の多賀城だったが、岩手県の胆沢城に進ませ、岩手県までが支配下になった。青森県八戸市周辺に及ぶのは鎌倉時代、青森県全域までだと戦国時代末期以降の津軽氏の時代を待つことになる。

教養への扉　島津氏は源頼朝の子孫と称するが、室町時代になって初代・島津（惟宗）忠久の祖母が頼朝の乳母で、その娘が惟宗家に嫁す前にすでに頼朝の手がついて子どもを身ごもっていたと称しただけで、たとえそれが真実でも、戸籍上の実父は惟宗氏（平安時代に秦氏が改姓）である。

比叡山延暦寺とライバルである園城寺の争いは、荘園の支配権や、天台座主の地位が原因だった。僧兵は借金を取り立て、春日大社の神木や日吉神社の神輿を盾にして暴虐を働き、矢でも当たろうものなら武士たちも流刑にされた。律令制が崩れて正規軍、警察が弱体化したので、京都で最強の武装集団は延暦寺と興福寺の僧兵となった。一方、摂関や院が対抗するために育てたのが源平の武士だったといえる。

奈良時代の仏教は、飢饉や疫病や戦乱をなくし、国家の安定を図る国家鎮護を祈願した。また、民衆を教化した行基や悲田院を設立した光明皇后のように、慈善事業に熱心だった。

しかし、寺院や僧侶への優遇策の結果、僧侶が増えすぎたり、平城京が寺院に占拠されたりしたが、これは中国でも見られた仏教にありがちの弊害だった。

桓武天皇は新しい都には主要寺院の移転を認めず、東寺（写真）と西寺（廃絶）しか開設させなかった。そして、桓武天皇や嵯峨天皇の意に沿った仏教が、最澄（伝教大師）や空海（弘法大師）が唐に留学して持ち帰った天台宗や真言宗だった。

2人は、比叡山、高野山という山岳を本拠にした。最澄は大乗仏教的な経典である法華経の優位性を主張し、修行する人自身の成仏（仏の境地になること）より、「万人の成仏」を目指した。また、最澄は、死後の幸福を期待する浄土思想や、瞑想から真理に近づこうという禅に近い考え方も紹介し、密教にも興味を示した。

「密教」は、秘密の教義と儀礼に基づいた加持祈禱などにより現実を変えるといい、護摩などを使う儀式や所作が神秘的で魅力的だった。個人の悩みに個別的に対処し、雨を降らせるとか、病気を治して人気を得た。本地垂迹説に基づき、日本の神様は仏の生まれ変わりで、大日如来と日吉権現と天照大神が同一だなどといった。

比叡山延暦寺の中興の祖といわれる10世紀の良源（元三大師）は、関白・藤原師輔と雅子内親王のあいだに生まれた尋禅を弟子にして天台座主を継がせた。摂関家や皇室では余った子どもの行き先に困っていたが、寺院に荘園を与え、そこに僧侶として送り込み、贅沢はできるが1代限りでまた新しい貴公子に引き継げるシステムをつくったのである。

室町時代になっても京都の金融業者はほとんど坂本（大津市。延暦寺の僧侶たちが日常生活を送る里坊の所在地）の住人だった。結婚して家族を持った大衆とか神人が金融業などを営んで莫大な利益を上げた。ただし、彼らが地域経営、治安維持、教育などのインフラを供給するコングロマリットだったことは、中世ヨーロッパの教会と同じだ。

教養への扉 園城寺が三井寺とも呼ばれるのは、天智、天武、持統の3天皇の御産湯に用いられたとされる霊泉があることにちなむ。国宝の金堂をはじめ、西国第14番札所の観音堂・新羅善神堂などがあるが、織田信長も泊まった光浄院客殿は戦国時代の住宅が残った希有なもの。長等の桜として知られる桜の名所でもある。

桓武平氏

中国の五代十国を参考に関東を統治した平将門

しばしば誤解があるのだが、朝廷で使われていた姓は「源平藤橘」だけではない。たとえば、古代豪族の土師氏からは、大江朝臣や菅原朝臣が出ている。皇族の身分を離れるとき姓を賜る習慣も源平以外に、舎人親王系の清原、長屋王系の高階などがある。それが嵯峨天皇からあとは、源平のいずれかに統一された。

桓武天皇の葛原親王の子孫に平姓が与えられたので、仁明、文徳、光孝天皇のときにもそれにならったが、嵯峨天皇が庶子たちに大量に源姓を与えて、あとはそれにならったというのが正しそうである。嵯峨源氏、清和源氏、宇多源氏、村上源氏などが有名である。一方、平氏は桓武平氏以外、重要でない。

関東武士では、桓武平氏が先行した。平将門などその典型である。889年に臣籍降下した高望王は上総介となって関東に下向し、子の国香、良兼、良将は関東に定着した。

このころ、関東に定着した者など地元有力者が京都出身の貴公子を婿にすることが多かったが、国香も常陸国（茨城県）の源護（嵯峨源氏）の婿となった。平国香の甥に将門があり、財産を横領した源護、平国香らと争い殺してしまった。

さらに、将門は清和源氏の祖である武蔵介源経基（六孫王）と争ったり、常陸国府を襲撃して印璽を奪ったりした。そこに、武蔵守・百済貞連（百済王家の子孫）と争っていた権守・興世王が「関東を制圧してから朝廷と交渉したほうが得だ」といったので、将門は「新皇」を名乗った。

五代十国時代の中国での地方政権のように、朝廷の権威のもとで関東を自分に任せてほしいということだったようだ。別に朝廷に対抗する意味ではなかった。朝廷は、平国香の子である貞盛や藤原秀郷など関東武士に恩賞や官位を餌に提供して将門を討たせた。

また、一方、高望王の庶子である良文の子孫は、畠山、河越、江戸、稲毛、上総、千葉、土肥、三浦、和田、大庭、梶原、長尾（米沢藩上杉家）などの各家になった。

そのうち、平忠常が、1028年に起こした反乱を鎮圧したのが清和源氏の源頼信で、源氏の関東進出のきっかけとなった。平国香の系統からは、北条氏や熊谷氏が出た。

同じく、平惟衡は、藤原道長の時代に活躍し、伊勢国（三重県）の津付近に勢力を張って伊勢平氏の祖となった。

教養への扉　常陸国、上総国（千葉県）、上野国（群馬県）は親王任国で国司の代わりに太守が置かれ、実務は介が行ったので国司と同格である。吉良義央が上野介、織田信長が上総介、木村重茲（豊臣秀次重臣で大阪中津の陣で活躍した重成の父か）が常陸介であるのは、そのためである。

清和源氏、奥州藤原氏
源頼朝の「本籍」は大阪府羽曳野市

後三年の役での八幡太郎義家の行動は、「私闘」とされて恩賞は出ず、義家は関東武士に私財で報いて関東武士の信頼を維持した。だが、不祥事が相次ぎ、院の命令で制したのが伊勢平氏の平正盛で、安芸国（広島県）や大宰府に勢力を張って日宋貿易で財をなした。

　清和源氏は清和天皇の貞純親王の子の六孫王が臣籍降下して源経基となったのが始まりで、東寺の裏の屋敷は六孫王神社となっている。経基の子の源満仲は、摂関家の手先として汚れ役に徹した。花山天皇を騙して出家させたのも彼の差配だ。

　各国の受領（国司）を歴任して摂津国多田（兵庫県川西市）を本拠とした。子が大江山の鬼退治で有名な頼光で、子孫が摂津（多田）源氏で源三位頼政や美濃国（岐阜県）の土岐氏が子孫だから、明智光秀もそのひとりだ。

　満仲の子のひとりの頼信は、河内国壺井（大阪府羽曳野市）の香炉峰の館を本拠とした。羽曳野市はMLBダルビッシュ有投手の出身地で、これが河内源氏である。平忠常の乱（1028〜1030年）があり、平直方が鎮圧を命じられたが手こずり、甲斐守だった頼信と子の頼義が収めた。この活躍を見て直方は娘を頼義と結婚させ鎌倉を婚資とした。河内源氏と鎌倉の縁がこれでできた。また、直方は北条氏の祖先である。

　東北では、陸奥国の衣川柵（岩手県奥州市）以北では、帰順した蝦夷の族長らによる自治が認められていたが、蝦夷から出たといわれる安倍頼良の勢力伸長を抑えようとした陸奥守・源頼義が、出羽国（秋田県）仙北の俘囚（朝廷の捕虜となった蝦夷）である清原光頼の力を借り、頼良の子である貞任や、藤原経清を厨川柵（盛岡）で滅ぼした前九年の役が起きた（1051〜1062年）。

　そののち、清原氏の内紛に、陸奥守になった頼義の子の八幡太郎義家がつけ込み、清原氏を滅ぼし、藤原清衡の覇権を助けたのが、後三年の役である（1083〜1087年）。

　現在の岩手県は、砂金と軍馬、鷹の羽根（矢に使う）を産して京都との往来も盛んで、藤原3代の栄華を花開かせた。

　宮城県南部・亘理郡司の官人だった藤原経清は、前九年の役で源頼義に殺されたが、子の清衡は母が清原武貞の夫人として与えられたので、清原家の子として育てられ、後三年の役では八幡太郎義家に協力して奥州一の実力者となった。

　3代目の秀衡は、陸奥守や鎮守府将軍を歴任した藤原基成の娘と結婚した。いったん京都に帰任した基成は、平治の乱で処刑された藤原信頼の兄だったのでまた平泉に流され、秀衡の黒幕として一連の動きを演出した。

　一方、基成の父の従兄弟に一条長成があり、その妻が源義経の母である常盤御前だった。鞍馬寺を脱出した牛若丸義経がここにやってきたのも偶然ではない。世界遺産である平泉の中尊寺金色堂が栄華をいまに伝える。

教養への扉　源頼義は前三年の役で安倍頼良の子である貞任や、藤原経清を厨川柵で滅ぼしたが、このあと、頼義は伊予守に転出した。このとき、貞任の子である宗任を同行した。その宗任の子孫は西日本各地に散っていって長門国にも定住し、安倍晋三はその子孫らしい。

院政
私が「日本の中世は平安時代から」と考える理由

　律令制は、中国の制度をそのまま輸入したい、唐や新羅の軍事的脅威に対処する、朝鮮半島の領土を取り戻したい、国内にも東北というフロンティアがあるというニーズに合わせて採用された制度である。しかし、そういう状況がなくなった10世紀からは、小さな政府の時代になった。それが日本の中世である。

　この変化には過渡期があった。平安時代の前半までは、制度を現実に合わせる改革をした。後半から鎌倉時代は、究極のローコスト経営の時代で、大規模な軍隊や中央集権制を維持する努力を放棄し、税収もそれほど必要でなくなった。

　ヨーロッパにも徴税請負人と同じように、あらかじめ決められた上納金を国庫に納めるなら、国司が好きなように税金を取り扱える受領制が普及した。税収を放棄する代わりに、治安維持やインフラ整備などの地域経営もまとめて民間委託する荘園制も普及した。

　貴族たちや寺社は荘園を持って給与の代わりとしたが、これら荘園は国司の支配から外れたので、天皇の実入りは減った。そこで、天皇を辞めたら私有地も持てるし、贅沢な生活もし放題というのが院政の経済的な側面である。

　藤原摂関家の権力の源は、天皇の生母を出すことにあった。しかし、藤原氏を母としない後三条天皇の即位で様相が変わり、その子の白河天皇は譲位後も上皇として実権を振るった。つまり、母方の祖父である藤原摂関家と同じように院が荘園を持ち、息子である天皇を操りながら、贅沢三昧をし始めたのである。

　院はやがて「治天の君」と呼ばれ、中級貴族の異才や新興の武士たち、美しく頭も切れる寵姫たちが周囲に彩りを添えた。革命前のベルサイユ宮殿に似ている。ただ、複数の上皇が現れると、その間の権力闘争が激化した。

　白河院は、「天下の三不如意」として鴨川の水、双六の賽、山法師（比叡山僧兵）を挙げた。中宮であった藤原賢子を深く愛し、重病となっても御所からの退出を許さず、遺骸を抱いて号泣した。天皇が穢れに触れてはならないと注意されても「例はこれよりこそ始まらめ」と聞かなかった。孫の鳥羽天皇に自分の子を孕んだ待賢門院を押しつけ、生まれた子が崇徳天皇だが、鳥羽天皇からは疎まれた。

　一方、摂関家では藤原忠実の嫡男・忠通と弟の頼長が争った。そして、鳥羽院の崩御に際して、崇徳院が藤原頼長や源為義と組んで権力掌握を狙おうとしたのが保元の乱（1156年）である。鳥羽院の遺志に従い、後白河天皇の傍らで平清盛や源義朝を使って崇徳院排除の根回しをしたのは、藤原南家出身の中級貴族で学者でもあった藤原信西だ。

教養への扉　平安時代には、『日本三代実録』を最後に正史の編纂は終わり、日記がその代わりとなっていた。摂関家の跡目争いでも、藤原道長の『御堂関白記』などを相続し、前例に従って行事を執り行うことが焦点になったほどだ。保元の乱で滅びた頼長は同性愛の対象にした相手の評価まで書き残している。

　平清盛（写真）は後世のイメージと違って大変な気配りの人だった。後白河院と対立していた比叡山延暦寺の保護者で、妻は後白河院と対立していた二条天皇の乳母であり、妻である平時子の妹・滋子は後白河院の寵愛を独占して後白河院と清盛のあいだを取り持っていた。

　保元の乱ののち藤原信西は改革を急ぎすぎて、藤原信頼や源義朝らに平治の乱（1159〜1160年）で殺された。平清盛は熊野詣から帰洛して、義朝らを制圧し、平家の世になった。

　後白河院は無能でわがままで、今様という音曲に熱中する暗君だったが、美人で教養があり、ルイ15世の寵姫ポンパドゥール夫人を彷彿させる平滋子（高倉天皇の母）が、清盛との仲をうまく取り持っていた。しかし、その死後、後白河院は暴走し、清盛周辺に与えていた領地を取り上げて側近に与え対立が深まった。

　このころ起きたのが、源頼政と以仁王の反乱で、以仁王の令旨が全国の不満分子の蜂起を誘った。福原（神戸）遷都は、都の鬼門を守る比叡山から国家鎮護の役割を奪うことであり、東大寺の大仏殿を焼いたので、宗教界の支持を失った。

　清盛は後白河院を軟禁し、孫の安徳天皇を即位させて人望を失った。「平家にあらねば人にあらず」というほどの栄華を極めたが、「驕れる平家久しからず」の四面楚歌のなかで死去した（1181年）。

　関東では源頼朝が挙兵したものの上洛に慎重だった。しかし、信濃国（長野県）で木曽義仲が蜂起して倶利伽羅峠の戦いに勝って、一気に上洛して征夷大将軍となったが、野卑な行動が目立った。そこで、後白河院は頼朝に救援を求め、頼朝は弟の範頼や義経を派遣した。

　義仲が粟津ヶ原（大津市石山駅付近）で戦死する場面は『平家物語』の白眉であり、その墓は義仲寺（同膳所駅付近）に松尾芭蕉の墓と並んでいる。

　この源氏の同士討ちを見て平家が力を取り戻し、福原に近い一ノ谷に布陣したが、鵯越を通って背後からの奇襲をかけた源義経軍に敗れて逃走した。そののち、義経は屋島と壇ノ浦の戦いでも斬新で相手につけいる隙を与えない奇襲で勝利し、平家を滅ぼした。

　しかし、義経は頼朝に無断で後白河院から官職を受けるなどして頼朝の不信を買い、頼朝に対して挙兵したが、敗れて奥州藤原氏のもとに逃れた。頼朝は木曽義仲や平家を討つときには出陣しなかったのに、今度はみずから出征し、藤原氏を滅ぼした。

　ようやく頼朝は上洛して後白河院に征夷大将軍になることなどを交渉したが、埒が明かず、その死後になってやっと望みをかなえた。

教養への扉　平家滅亡後の日本史は突然、鎌倉が主たる舞台になって語られてしまう。それは江戸時代の武家史観から抜け出ていないためだ。もちろん、関東の重要性が高まったが、京都も引き続き主要な舞台だった。

　以仁王の乱は粗雑であっさり鎮圧されたが、源氏の決起を促す令旨は意外なほどインパクトがあり全国に広まった。伊豆国（静岡県）が平家の任国となり、流人ながら自由にさせてもらっていた源頼朝（写真）に対しても締めつけが厳しくなることが予想された。そこで、頼朝は追い詰められる前に自衛的に挙兵したら、多くの関東武士が集まって大勢力になった。

　木曽義仲の天下とその自滅、壇ノ浦の合戦での平家の滅亡（1185年）、義経の離反と奥州藤原氏のもとへの逃亡と敗北（1189年）を経て頼朝の覇権は確立した。
　頼朝は東大寺大仏の開眼供養を口実に上洛して後白河院と対峙したが（1185年）、ひと筋縄ではいかないことを思い知らされた。そこで、九条兼実、源通親（曹洞宗の始祖・道元の父）、丹後局（後白河院晩年の愛妾）らを仲立ちに慎重な交渉を展開した。

　結果、後白河院が死んでから征夷大将軍となり、娘の大姫の後鳥羽天皇のもとへの入内も話し合ったが、許嫁だった木曽義仲の子・義高が忘れられないで悩んでいた大姫の死去や、頼朝の事故死で京都と鎌倉の折り合いをどうつけるかは懸案のままになった。頼朝が長生きしたら、もっと京都への傾斜が強まった可能性がある。

　鎌倉では2代将軍の頼家が暗愚で、おまけに夫人の実家である比企家と母である政子の実家・北条家の対立に巻き込まれて失脚し、変死した。あとを継いだ実朝は、京都の文化に憧れたうえに厭世観に取りつかれて政務を疎かにし、甥でもともと園城寺の僧だった公暁によって鶴岡八幡宮で暗殺された（1219年）。

　北条政子は親王を将軍にもらい受けたいと申し出たが、後鳥羽院は東西分裂を恐れて断り、代わりに九条頼経が4代将軍になった。東福寺の創建者である九条道家（兼実の孫）の子であるが、祖母は一条能保と源義朝の娘・坊門姫との娘、外祖父は西園寺公経、外祖母は祖母の妹なので義朝の血を二重に引き継いでいた。

　さらに、将軍・頼家の娘である竹御所と結婚した。

　しかし、鎌倉の混乱を見て、幕府を廃して東西2極を解消できると見た後鳥羽院が起こしたのが承久の変である（1221年）。これが無謀だというのは結果論だ。ただ、幕府創建の前のように、京都の貴人たちにいいようにこき使われるのはいやだという関東武士の危機感が素早い軍事行動を可能にした。

　後鳥羽院は、知らぬ存ぜぬを通せば自分の身は安泰と見たが、純粋の関東武士である北条義時とその子の泰時は京都の空気など読まなかった。後鳥羽院は隠岐国に、順徳院は佐渡国に、土御門院は土佐国（高知県。のちに阿波国＝徳島県）に流され、そこで死んだ。

教養への扉　源頼朝のキャラクターということについていえば、苦労しただけに、周囲の人間によく配慮し、古い恩には手厚く報いた。とくに、流人時代に世話になった人々や平治の乱ののち助命に協力してくれた人やその子孫への義理堅さは格別だ。

鎌倉殿の13人
民衆に支持された北条氏ら鎌倉武士のストイックさ

　頼朝の死後、2代将軍・頼家は独裁政治に傾いたので、夫人の実家の比企一族を追放し、三善康信を執事とし、北条時政、義時、大江広元、三浦義澄、八田知家、和田義盛、比企能員、安達盛長、足立遠元、梶原景時、中原親能、二階堂行政が談合して裁断することにした。これが2022年のNHK大河ドラマ『鎌倉殿の13人』の由来である。

　源頼朝の在世中には、北条時政の地位はそれほど高くなかったが、時政と義時の父子は、梶原景時を追放し、頼家に代えて3代将軍・実朝を擁立した。時政は後妻の牧の方（平忠盛の正室である池禅尼の姪ともいわれる）との子・政範を後継者としようとしたが急死し、娘婿の平賀朝雅を将軍としようとして隠居し、義時の主導権が確立した。

　義時の正室は比企氏出身で頼朝の側近だった「姫の前」で、その子である朝時も有力だったが、実力で勝る泰時が後継者となり、その子孫が執権となった。承久の変ののち、泰時はそのまま京都にとどまり、六波羅探題を設けた。執権となった泰時は「評定衆」を組織し、「御成敗式目」（貞永式目。1232年）を制定して体制を安定させた。

　弟の重時は、ナンバーツーとして時頼を補佐した。時頼と重時の娘の子が元寇のときの執権・時宗だった。泰時、重時、時頼、さらには時頼の母である松下禅尼（安達景盛の娘）は質素でストイックな生活で日本の武家政治の歴史でも屈指の評価が高い人物だ。

　重時は「生命を大事にして生ある者への憐れみを持て」とし、松下禅尼は障子紙を丸ごと取り替えずに破れたところだけ張り替え、時頼が家来と味噌だけを肴に酒を酌み交わしたなどと、戦前の修身の教科書に載ったような美談を残している。そして、農民が安心して暮らせることを心がけ、過度の連座制の適用を慎んだ。

　もともと武士というのは、自分の利益のために戦うのであって民衆のことなど考えるという倫理を持ち合わせていない。国宝の「男衾三郎絵詞」（鎌倉中期、東京国立博物館）には、「馬庭の末に生首絶やすな、切り懸けよ。此の門外通らん乞食・修行者めらは、益ある物ぞ、蟇目鏑にて、駆け立て追物射にせよ」とあるが、そのあたりを歩いている庶民を鏑矢で武芸の練習のために殺して生首を庭の隅にかけておくのが武士らしい武士だと書いてあるほどで、明治以降の日本人が夢見る武士道とはほど遠い。

　ところが、守護や地頭になって治安維持にあたり、承久の変のあと政治家、官僚として民の生活を考える立場になったので意識が変化した。その変化に、自分を律することを求める禅の思想や、来世を気にする浄土思想の影響を見いだす人もいる。

教養への扉　4代将軍・頼経の正室・竹御所は源頼家の娘だが、頼経の男の子を死産して死んでしまった。33歳だった。ついに、頼朝の血筋はいなくなった。六波羅にいた御家人までみんな鎌倉に戻り追悼したという。人々は平家の人たちを多く殺した報いだと噂した。

元寇、高麗寇
本当は元をけしかけて一緒に攻めてきていた高麗

　元寇に高麗軍も加わっていたことは、あまりよく知られていない。愚かな日本人には、高麗が元に抵抗したので元の襲来は遅れて準備もできたのだから感謝すべきだという人がいるが、一緒に攻めてきたのにふざけている。

　チンギス・ハンは、モンゴル諸部族を服属させて、1206年に大モンゴル帝国を建国した。そして、5代目のフビライは日本に侵攻したのである。文永の役が1274年で統一の直前、弘安の役が1281年で南宋攻略の直後だった。

　高麗がモンゴルの支配を進んで受けたわけではない。国王は、国土と人民をモンゴルの収奪に任せる一方、モンゴル人は海が苦手だろうと、開京（開城）から江華島に逃げ込んで時間を稼いだ。また、降伏ののちも「三別抄の乱」という地域的抵抗もあった。さらに、高麗王は、はじめ戦費の負担を嫌って「風浪が厳しい」といったこともあるが、フビライの宮廷にいた忠烈王という高麗の世子は日本攻撃をけしかけた。

　高麗の使節は大宰府で「願わくは通交と親睦を深めようではないか。兵を用いることは誰も好まない」と臣従を迫る脅迫的な文面で迫ったが、日本側が無視したところ、文永の役が始まった。名乗りを上げて一騎打ちを求めた武士たちは、集団で襲いかかる敵兵に簡単に討ち取られた。爆弾が登場したのはこのときだ。

　このときは、ほとんど1日の戦闘だけで元・高麗軍は引き揚げたが、最初から本格的に占領を継続できるだけの兵力でなかったと見られる。そして、南宋を滅ぼしたあと（1279年）、南宋残党も一緒になって九州を攻めたが、石塁や逆茂木も設置されており、関東武士なども加わって互角の戦いをしているうちに台風が来襲。軍船が破損したところに日本軍の攻撃を受けて、総勢14万人のうち3万3000人しか帰還できなかった。

　フビライは高麗にけしかけられて再征を意図したが、ベトナムが元を痛めつけたりしたので実行されなかった。日本も高麗征伐を検討したものの、同様だった。

　政治家で「韓国は日本に小石ひとつ投げてきたことすらない」と放言している者がいるが、大ウソである。新羅が滅亡したのちの近世以降の日本と半島の関係の始まりは、高麗による日本侵略であることをしっかり覚えておきたい。

　しかし、神風によって日本が救われたという「神国思想」が広がり、これが国民統合を強めたものの、現実的な国防体制の充実を軽視する風潮を生んだ。それは、両刃の剣として近代に至るまで影響している。現代における憲法第9条があれば平和が守れるという信仰も形を変えた神国思想なのではないか。

教養への扉　モンゴル軍が、「日本は広いし、武士は勇敢で死を恐れず、あとからどんどん救援が来るのに対して、モンゴル側は援兵を求めるのも撤退するのも海があるので困難だ」と報告しているように、陸地も地形が複雑だから砂漠の戦いとは違う。日本が堅い姿勢を崩さなかったのは十分に軍事的な裏づけがあったということもできよう。

両統迭立
皇位継承に口を挟んで墓穴を掘った北条氏

花園天皇（御所の跡が現在の妙心寺）は、長雨が続くと民の苦しみに思いをはせ天候に一喜一憂したり、火事が多いのは「朕の不徳であろうか」と気に病んだりしたのは、「紅旗征戎 吾が事に非ず」とし、寛喜の飢饉にあって死臭が屋敷に漂ってくることを嘆いた。自分で何かしなくてはなどとは考えなかった藤原定家の時代とは様変わりだった。

承久の変のあと、後鳥羽院の系統を廃するために、甥の後堀河天皇を立てたが、四条天皇に子がなく断絶した。後鳥羽院の子ではあるが、承久の変での穏健派で土佐国、阿波国に流されて死んだ土御門院の子である後嵯峨天皇が即位した。

九条道家と西園寺公経は順徳院の子の忠成王（足利義満の母親の祖先）を推したが、後嵯峨を推す勢力を押し切るために、幕府の賛同を得ようと意向を聞いた。北条泰時は鶴岡八幡宮の神意は後嵯峨だと回答したので目論見は外れ、幕府が口を出す前例になった。

後嵯峨天皇は第1皇子の後深草天皇に譲ったが、やがて第2皇子の亀山天皇に譲位した。後深草院と両者の母の西園寺姞子（大宮院）は亀山天皇の明るく賢い性格を好み、後深草院には長講堂領という広大な領地を与え、亀山天皇の系統に皇位は継がせようとした。

しかし、北条時宗が後深草院系の持明院統（北朝）と、亀山院系の大覚寺統（南朝）の両統迭立（交代で即位すること）としたのが大混乱を引き起こした。

また、世代が下ると、それぞれの統でさらに兄弟が争った。そして、北朝の花園天皇が即位したとき、皇太子に9歳上の後醍醐天皇がなって最初から波乱含みだった。

花園天皇は、歴代天皇のなかでも最高の読書家のひとりであった。後嵯峨院以来の貴族社会は、儀式や、競馬などにばかり熱心で堕落し切っていた。寺社の衆徒たちの争いも相変わらずだったが、撫民思想は徐々に宮廷にも浸透していた。

この時代、摂関家では、1252年に九条道家が死んでから、一門で摂関をたらい回しにするようになり、近衛と分家の鷹司、九条と分家の一条、二条という五摂家が成立した。すべて保元の乱の主人公のひとりである藤原忠通の子孫である。

このころ、藤原とか源といった姓では区別がつきにくいというので、屋敷の場所による名字が使われるようになった。近衛家があったから近衛通ではなく、近衛通に住んでいたから近衛家なのである。

武士でも同様で、足利、武田、松平は源、織田や北条は平、伊達や上杉は藤原、毛利は大江、前田や久松は菅原、島津は惟宗（秦氏）、大内は多々良が姓だった。

教養への扉 後嵯峨天皇は、2人の息子を帝位につけて大満足で、亀山天皇の即位のときには、「いろいろに枝を重ねて咲きにけり　花も我が世もいまさかりかも」と詠んだ。また、後嵯峨院は皇后の西園寺姞子と仲睦まじかったことでも知られている。ほかの妃も多かったが、皇后と競うような存在はいなかった。

後醍醐天皇、建武の新政
永仁の徳政令による金利の上昇で大失敗

足利尊氏が六波羅探題を攻略したので関係者は関東を目指して逃げたが、近江国の番場宿（米原市）で400人以上が自決した。鎌倉は新田義貞が攻略したが、東勝寺で北条高時（前執権）や守時（最後の執権。尊氏夫人の兄弟）など約870名が自決した。六波羅探題も上皇や天皇を連れて逃げた番場宿で集団自決した。あの「番場の忠太郎」で知られる街道町である。

北条家では、元寇の時代の時宗が34歳で没したあと（1284年）、あとを継いだのは北条貞時であるが、外祖父である安達泰盛一族が、御内人という北条家の私的な家臣のひとりである平頼綱（のちに一族が長崎氏を名乗る）との権力闘争に敗れて滅ぼされた霜月騒動（1285年）が起きた。

成人した北条貞時は、大仏殿が流されたことで知られる永仁の大地震ののち平頼綱を討ち、「永仁の徳政令」（1297年）を出した。御家人が無条件で土地を取り戻せるということであるが、これ以降、室町時代にかけてしばしば徳政令が要求された。コロナの一時金と一緒で、一度味を占めると節度がなくなる。そして、借金が踏み倒された。しかし、その対価は金利の上昇だった。リスクが高まればそうならざるをえない。

後醍醐天皇（写真）の時代、幕府では北条高時が執権だったが、内管領の長崎高資の専横が、御家人たちの不満を増大させていた。

一方、後醍醐天皇はその有能さを遺憾なく発揮し、英明な君主であることで評判を高めていたが、幕府や持明院統、さらには大覚寺統の内部でも早期の退位を望まれ、打開策として「正中の変」（1324年）を起こしたが失敗した。ただ、このときは自分は無関係であると主張して、なんとか逃げることに成功した。

しかし、「元弘の変」（1331年）でも陰謀が発覚し、天皇は三種の神器を持ったまま、京都府南部にある笠置山に逃げ込んだが、笠置山も落ちて、天皇は譲位させられた（1331年）。後醍醐天皇は、持明院統の光厳天皇に三種の神器を渡し、隠岐国に流された。

ところが、護良親王や「悪党（荘園領主と対立している武士）」といわれた楠木正成、播磨国の赤松則村らが暴れ回り、騒然としたので、後醍醐天皇は隠岐国を小舟で脱出し、伯耆国（鳥取県）の船上山城から名和長年とともに各地の武士に綸旨を下して倒幕を呼びかけた（1333年）。

幕府は源氏の有力者である足利尊氏を派遣したが、尊氏は京都を通過し、山陰に向かう途中、丹波国の篠村八幡宮（京都府亀岡市）の社前で寝返りを宣言して六波羅を攻撃した。

教養への扉 後醍醐天皇は、後宇多天皇の第2皇子で、祖父・亀山院のもとで育てられたが、生母の出自が中級貴族の五辻家で、重んじられる立場でなかった。しかし、兄の後二条天皇が若くして死んだので、甥の邦良親王までのショートリリーフで皇太子になったので立場が弱かった。

42

中世

足利尊氏

源氏のなかで奇跡的に鎌倉時代を乗り切った足利氏

後醍醐天皇は光厳天皇を廃し、「建武の中興（新政）」（1333年）が始まったが、不手際が多く、また、武士たちへの配慮を欠き、信頼を獲得できなかった。天皇とその側近は京都府知事の仕事くらいまではこなせたが、全国的に複雑な配慮など無理だった。

北条高時の遺子・時行が挙兵し、足利尊氏（写真）の弟・直義が守る鎌倉を攻めた「中先代の乱」（1335年）のために、尊氏は天皇の了解なしに救援に東下したら、天皇は尊氏追討の軍を送った。尊氏はこれを討って上洛したが、北畠顕家に敗れ、西国に逃れた。しかし、ここで尊氏は光厳院を担ぐことに成功し、再び東上して楠木正成を神戸の湊川で敗死させた。

後醍醐天皇は比叡山に逃れ、神器不在のまま北朝の光明天皇が即位した（1336年）。後醍醐天皇は京都から吉野に逃れ、形勢は一進一退となった。

後醍醐天皇は、「ただ生き変わり死に変わっても続く妄念ともなるべきは、朝敵をことごとく滅ぼして、四海を太平ならしめんと思うばかりなり。これを思うゆえ王骨はたとひ南山の苔に埋るとも魂魄は常に北闕（宮中）の天を望まん」と遺言して崩御した（1339年）。

後村上天皇は、さらに南の賀名生（奈良県五條市）に逃れた。北朝では尊氏が征夷大将軍となった（1338年）。尊氏は、積極性はないが、褒賞の気前のよさや人情味で人気はあり、非情に徹するタイプではなかった。

先祖である八幡太郎義家の4男の義国は、下野国（栃木県）足利荘と上野国新田荘を開発し、次男の義康と長男の義重に相続させたのが足利氏と新田氏の始まりである。足利氏は3代目・義兼の母親が源頼朝の母と同じ熱田神宮の社家・藤原季範の娘だったので、早くから頼朝のもとに参じ重んじられたが、新田氏は遅れたので主流から外れた。

尊氏は有力御家人が常駐していた鎌倉生まれと考えるのが普通だが、母親の実家である上杉家の荘園・上杉荘があった丹波国の綾部という伝承もある。栃木県は発祥の地だというだけで、足を踏み入れたこともないはずだ。

足利氏は正室を北条一門から迎えていたが、尊氏の母は、上杉家出身の側室である。上杉家は藤原一門の勧修寺家の重房が、宗尊親王が鎌倉将軍となったときに同行して下向したものである。足利家は三河国（愛知県）守護をたびたび務めたので、多くの子弟が土着し、そのなかに、吉良、今川、細川、一色などの各氏がいて、尊氏の主力部隊となった。

頼朝の子孫が3代で滅びたあと、足利氏が河内源氏の宗家だったわけではない。頼朝の時代には源氏一門で最上席は信濃源氏の平賀氏だった。北条氏との関係では執権の正室を出すことが多かった安達氏が格上だった。しかし、比企、梶原、平賀、三浦、和田、安達などの各家が没落したので、結果的に生き残り、第一の名門ということになった。

教養への扉 後醍醐天皇とその側近は、貴族同士や寺社の仲裁などしている分には、水準の高い仕事をしていたのだが、幕府に代わる中央政府として機能する官僚組織を持たなかった。

　幕末まで朝廷では、北朝をもって正統としていたが、戦国時代になると『太平記』などを通じて南朝への同情も広がった。さらに、新田氏一門と称する徳川氏の天下となると、林羅山が南北並列扱いを始め、水戸光圀が『大日本史』で南朝を正統とした。

　南北朝時代（戦前は吉野朝時代といった）が長引いたのは、尊氏と直義兄弟が対立し、「観応の擾乱」（1350〜1352年）が起きたことだ。尊氏は南朝に降伏し、北朝は廃され、光厳、光明、崇光の北朝3上皇は南朝側に拉致され、幽閉された。

　尊氏は西園寺氏出身の広義門院（光厳、光明天皇の母）を治天の君とし、崇光天皇の同母弟である後光厳天皇が即位した。これが、3上皇の京都への復帰ののち、北朝のなかで崇光天皇と後光厳天皇の系統が対立する原因になった。

　しかし、のちに、伏見宮となっていた崇光天皇の曽孫が後花園天皇となって現在の皇室につながり、天皇の弟の貞常親王が伏見宮家を継ぎ（1456年）、その子孫が戦後廃止された11宮家である。いずれにしろ、現在の皇室は崇光天皇の子孫だ。

　後小松天皇は、6歳で即位し（1382年）、吉野では後亀山天皇が即位した。足利義満が増長した美濃国の土岐氏と山陰の山名氏を討ったのち（明徳の乱）、後亀山天皇が吉野から京都の大覚寺に入り、三種の神器が後小松天皇の手に渡った（1392年）。

　義満の裁定では、南北朝で迭立するはずだったが（明徳の和約）、後小松天皇は、自分は了解していないとした。義満が騙したのではなく、義満のすることに反感を持っていた後継者の義持が反故にしたというほうが自然かもしれない。

　しかし、明治維新後の1877年、元老院がそれまで皇統譜として扱われていた『本朝皇胤紹運録』に代えて『纂輯御系図』を制定し、南朝の天皇が歴代に加えられた。

　国定教科書では南北両朝が並立されていたが、1911年に帝国議会で南朝を正統とする決議を行い、明治天皇は不本意だっただろうが、南朝が正統であるとしつつ、北朝の五帝の祭祀については従前どおり行うことを受け入れることを決断された。

　皇室の問題について、最近は天皇陛下の意見のとおりにすればいいという人がいるが、明治体制下ですら、何ごとも天皇ひとりの意見で決まったわけでないことがわかる。勘違いしている人が多いが、そのときどきの天皇の意向が絶対視された時代などない。

　それなら、いまの皇室に正統性がないのかといえば、後亀山天皇から後小松天皇への神器の譲渡は有効であるので、現在の皇室の正統性には問題は生じない。

教養への扉　「明徳の和約」ののちも、南朝の子孫たちが、復帰運動を続け、それは応仁の乱のさなかまで続いた。いわゆる「後南朝」である。最後は、応仁の乱で南朝の末裔と称する人物が山名宗全に担がれたが、支持されず、姿を消したのが最後だった。

足利義満の皇位簒奪

朝廷軽視ではなく、むしろ取り込まれていた室町幕府

足利義満の独裁的体制は、同時期に成立した明が、皇帝の独裁が極端だった時代だったことの影響もあったのではないか。南北朝合一の前後からの1408年の死に至るまで20年ほどの時代は、「日本国王」を名乗った足利義満の絶頂期である。

准三后の処遇に加え、太政大臣に昇進した1394年の暮れには将軍職を息子の義持に譲り、出家し、儀礼のうえでも法皇と同格の扱いを受けた。

義満がお気に入りの息子である義嗣を天皇にしようとしたという人がいるが、兄の持氏に代わって将軍にさせるための根回しで説明がつく。

後小松天皇の生母が崩御したとき、義満は天皇1代で諒闇（天皇の父母の服喪期間）が2度あるのは不吉であるとして、正室・日野康子を天皇の准母とし、北山院と称させ、自分も女院の夫として法皇に准ずることにした。

しかし、准后には摂関家のほか、平清盛や北畠親房もなっている。この義満は朝廷の権威をないがしろにしたと評判が悪いのだが、私はむしろ、義満が公家社会に取り込まれた、公家化したと見ている。似ているのは平清盛であり、豊臣秀吉だ。

義満は摂関家に並ぶ、あるいは取って代わる気だったのではないか。もともと、母は石清水八幡宮社家の紀氏出身で、後円融天皇の生母の姉妹であるし、教育も公家から受けている。しかし、義満が死んだとき、朝廷は太上法皇の称号を与えようとしたが、4代将軍・義持は辞退し、幕府と朝廷の関係も正常化した。

義満の時代の文化を北山文化というが、これは、古くから名園として知られた西園寺家の別荘を買い取って改造した北山第に住んだことに由来する。金閣を建てて、後小松天皇の行幸を迎えた。御所の北、同志社大学の東隣にある相国寺は、義満が創建し、109mという七重塔がそびえて義満の権力の象徴となった。京都タワーより少し低いが、標高が高いので実質的にはもっと高かった。

義持は、仰々しい政治や生活を排除し、明との勘合貿易もやめた。倹約を好み、称号にも祈禱などにも興味がない現実主義者であった。子の義量に将軍位を譲ったが早死にし、「黒衣の宰相」といわれた三宝院満済の主導でくじ引きが行われ、義持の弟・青蓮院義円が6代将軍・義教となって「万人恐怖」といわれる恐怖政治を行った。

このころから、庶民の政治意識が高まり、徳政令を要求した「正長の土一揆」（1428年）は「日本開闢以来、土民の蜂起これ初めなり」といわれた。戦国時代に入って政治の中心地としては機能しなくなった京都だが、戦乱からの復興が進んでいくなかで、商工業の町・下京では祇園祭が復活し、現在の形に近づくなど、町衆の力強い動きがあって近世社会に近づいていった。そのなかで、法華宗が商人の宗教として広まった。

教養への扉 足利義満の協力者に二条良基という怪物公家がいる。連歌の確立の功労者であり、少年時代の世阿弥に魅了されて大きな影響も与えたが、義満もこの良基によって第一級の貴族的教養を持った傑物に育った。

応仁の乱

史上「最恐」の独裁者だった義満と義教が混乱を招いた

徳川将軍は安定を好んだが、足利将軍は争いの仲介者として権威を保っていた。たとえば、守護の跡目を誰が継ぐかといっても長子相続が制度化されているのではないので頻繁に跡目争いが生じる。そこで初めて将軍の出番があるのである。それに対して、江戸幕府は、出来が良かろうが悪かろうが、早く次を決めて幕府に心配をかけるなと考えた。たしかに安定はしたが、新しいことは何もできなかった。

室町幕府6代将軍だった足利義教は、反抗的だった関東公方の持氏を滅ぼし（永享の乱）、一色義貫、土岐持頼も征伐したが、播磨国の赤松満祐は粛清を恐れて先回りし、「カルガモ親子の見物」を口実に義教を自邸に招き、暗殺した（嘉吉の乱。1441年）。

だが、赤松満祐もあっけなく征伐された。ただ、あとを継いだ7代将軍・義量やその弟の義政は幼少だった。そして義政が成人しても、義政とその側近で「三魔」と呼ばれた、おいま（乳母で年上の愛人だった今参局）、からすま（烏丸資任）、ありま（有馬持家）や母の日野重子、正室の日野富子などが、あちこちの守護や守護代のお家騒動を煽ったのである。

義政が幕政に関心がなかったとはいえないが、主導権を取れなかった。しかも、弟の義視を還俗させて後継者とすることとしたが、そのあと富子が義尚を産み、ややこしいことになった。これに、細川勝元と山名宗全が支援者として絡んだ。まず、義視にやらせて、そのあと義尚が継げばいいのだからなどという人もいるが、そんなにみんな物わかりがよかったら世の中にお家騒動など存在しない。

そのころ、尾張国（愛知県）守護代の織田一族の跡目をめぐる争いで、政権内に対立が起きた。織田家は室町幕府体制でかなりメジャーな存在だったのだ。そして、今度は畠山氏の内紛で両軍が同志社大学の北にある上御霊神社で衝突し、応仁の乱が始まった（1467年）。

将軍家や大名家の内紛では、今日の戦争と違って、親子や兄弟姉妹でも、二股、寝返り、サボタージュ、闇取引、同盟組み替えなどなんでもありだった。この争いは、勝元と宗全の死により6年後に小康状態となったが、ほとんど焼けた京都の町ではその後も放火などが続き、守護たちもだんだんそれぞれの領国などに引き揚げてしまい、公家のなかでも一条氏のように土佐国の荘園に土着する者まで出た。

そして、ついには、将軍までしばしば近江国などに逃げ込んで、甚だしくは年号が代わっても知らないなどというありさまになった。ただし、だからといって、将軍が権威とか権力を失ったとも言い切れないのである。ただ、京都が首都として機能しなくなったことが革命的な変化だったといえる（イラストは足利義政が建てた銀閣）。

教養への扉 日野家は藤原冬嗣の弟から出て、学問の家として生き残り、親鸞もこの一族から出た。日野家出身の醍醐寺の三宝院賢俊が尊氏に光厳院の院宣を渡す仲介をしたことからつながりができ、足利将軍の正室は原則として日野家から迎えられた。大正天皇生母を出した柳原家も日野家の分家である。

遣明船、倭寇
明が義満を「日本国王」として認めた深謀遠慮

元寇を撃退して倭寇で中国を苦しめ、明を滅亡に追い込んだ国という記憶は、日本の安全の確保にどれだけ貢献したか計り知れない。

　元寇ののち、日元の私的な貿易は盛んだったし、寺社造営の費用をひねり出した建長寺船とか天龍寺船は準公的貿易ともいえた。

　倭寇は遣明船の時期を挟んで前期倭寇と後期倭寇に分けられる。前期倭寇は、元寇によって対馬などから拉致された日本人を捜すとか、農地が荒れ果てたことから食料を奪ったり、労働力を得たりするためのものだった。

　このあと、半島では李氏朝鮮が建国され、「応永の外寇」(1419年) という対馬への侵略行動もあったが、対馬の宗氏を仲介にした交易関係をつくった。

　明の洪武帝は1368年に建国したのち、周辺諸国に朝貢を促した。朝貢してくれば献上品の数倍以上の下賜品を与えるが、それ以外には貿易を許さないというのである。そのころ大宰府は南朝の懐良親王が支配しており、洪武帝は懐良親王を日本国王として冊封しようとした。ところが、九州に使節が戻ると、北朝の今川了俊に代わっていた。足利義満は南朝封じ込めも狙いだったかもしれないが、自分が懐良親王に取って代わろうとする。だが、明では自分の尺度で義満を日本国王良懐からの王位簒奪者と見なし、また義満が「持明 (北朝)」の家臣らしいとして交流を拒否した。

　しかし、明も義満が将軍を譲ったあとは、「持明」から独立したという便宜的な理解で、義満を日本国王と認め、勘合貿易が始まったが、朝廷との関係など国内での異論は強く、義満が死ぬと義持は国交を断絶した。義教は貿易を復活させたが、大内氏や細川氏、その下請けである博多や堺の商人が代行するようになった。それを中国側も知っていたが、黙認していたのである。

　のちに寧波の乱で大内、細川が武力衝突し、結果、大内氏が独占したが、陶晴賢の乱で大内義隆が殺され、義長 (大友宗麟の弟) を明がまたもや簒奪者として拒否したので、勘合貿易は終わった。日本との貿易をしたい沿岸部の住民は密貿易に走り、後期倭寇が跋扈し、明の滅亡の遠因になった。ポルトガルも倭寇と組んで東シナ海貿易に参入した。

　明は朝貢貿易に交易を限ったが、強力だったからではない。モンゴルのアルタン・ハンには北京包囲までされたあげく、「順義王に封じて朝貢を許す」という形で和平を得たが、実質的には、明からアルタンへの貢ぎ物の約束だった (1571年、隆慶和議)。冊封されて勘合貿易をすることが従属的な立場に立つことだというわけでもないのである。

教養への扉　鎌倉から室町時代にかけて、日本は貴金属や銅、水銀、硫黄など鉱物資源、刀剣、扇、螺鈿、蒔絵などを輸出し、中国から銅銭、陶磁器、茶、書籍、美術品、文具、薬材、香料、繊維製品を輸入した。日本の製錬技術が遅れて銅鉱石に混じっている銀を取り出せなかったので、銅を輸出して銅銭を輸入し、取り出した銀成分を中国では銀貨にしていた。

　鎌倉新仏教は、釈迦入滅後1500年（1052年と信じられていた）を過ぎて末法の時代に入ったという前提で、戦乱、飢饉のもたらす生き地獄から個人の精神を救済できるような宗教が求められていたことから生まれた。しかし、浄土真宗や日蓮宗が本当に発展したのは、戦国時代になってからのことだ。

　貴族中心の世の中から武士や庶民が主役になった鎌倉時代には、宗教も大衆の支持が必要になった。社寺の建立や寄進など金がかかりすぎたり、難しい勉学を必要としたりするものもよろしくなかった。
　浄土信仰は平安初期に天台宗の円仁がもたらし、源信が発展させた。念仏を唱えることで安らかに死を迎えられるホスピス的な側面もあって、藤原道長や頼通は極楽を再現しようと法成寺や平等院をつくった。
　天台宗の高僧だった法然は、修行をしなくても念仏さえ唱えれば誰でも極楽に行けることを唱え、ファンを広げた。ところが、弟子が院の女房と密通事件を起こして、後鳥羽院を激怒させ、四国に流された。弟子で公家の日野氏出身の親鸞も越後国（新潟県）に流され、親鸞はここで結婚して非僧非俗の世界に生き、「悪人」であっても救われるとさえした。
　ただし、親鸞は新宗派を開くつもりはなく、本願寺が大きく発展するのは戦国時代の蓮如が大衆動員に成功してからである。
　時宗を開いた一遍上人は、伊予国（愛媛県）の河野氏の一族で、信じようが信じまいが念仏を唱えれば救われるとし、救われた喜びを踊りで表現して浄土真宗より勢いがあった。
　日蓮は安房国（千葉県）の生まれで、比叡山で学んだが、天台宗が法華経を究極の教典としながら、浄土、密教、禅なども重視することに疑問を持ち、「南無妙法蓮華経」という題目を唱えることで現世において救われるとした。
　「念仏無間、禅天魔、真言亡国、律国賊」と他宗を厳しく批判し、邪教を保護していると国難がやってくると預言したら、本当に元寇がやってきた。ただし、浄土真宗ほどではないが、日蓮宗が京都周辺で盛んになったのは戦国時代で、京都の町衆に支持された。いまも西陣など京都の古い町を歩くと日蓮宗の寺院が多いのはそのためだ。
　商工業者には、現世での救済のほうが受けはよかったし、現代でも、創価学会など仏教系新興宗教のほとんどが日蓮宗系であり、都市住民に人気があるのも同じ理由だ。浄土真宗は農民に、法華宗は町衆に向いた宗教ということもできる（写真はこの時代に建立された山口県の瑠璃光寺）。

教養への扉　あまりにも蓮如とそれ以前とで浄土真宗の勢いが違うので、明治時代には親鸞は蓮如が創作した人物でないのかという説まで出たが、三重県に本山がある高田派が大量の御真筆を保存していて、やっと実在が証明された。

禅宗と中国文化
明治時代の帝国大学の役割を担った五山と安国寺

　禅宗は武士にぴったりの宗教だが、臨済宗が京都の権力者に人気があったのに対して、曹洞宗は地方の武士に人気があり、現在の仏式の葬式は曹洞宗が編み出したといわれる。スパルタ的な修行や質素さ、土俗信仰、祈禱や葬式を大事にする一方、知的な学習はあまり問わないのは、地方の武士に歓迎された。

　臨済宗の開祖とされる栄西は、備中国（岡山県）の神官出身で、宋から本格的な禅を伝えて、北条政子や将軍・頼家の支援を得て建仁寺を創立した。ただし、旧仏教から決別したのではなかったので、独自の宗派となったのは、中国人の禅僧たちの功績だ。

　遣唐使の廃止以降、大陸文明の組織的な輸入が行われず、宋の文化、経済には学ぶべきものが多かったのに、受け入れが不十分だった。そこで、室町時代になって宋、元、明の文化が、禅を通じてまとめて入ってきた。

　南宋では杭州と寧波の寺院から五山を選んでいたので、これにならって足利義満が南禅寺を「五山の上」とし、京都五山と鎌倉五山を指定していたのである。とくに、五山や全国各地に創建された新しい国分寺ともいうべき安国寺は明治の文明開化の時代における帝国大学と鹿鳴館を合わせたような役割を担った。

　京都五山は、天龍寺、相国寺、建仁寺、東福寺、万寿寺の5カ寺であり、それらの上位に南禅寺が置かれた。万寿寺は現存していないが、五山以外にも千利休が帰依してからは茶道との関わりが深い大徳寺、教団の組織化に成功して勢力を拡大した妙心寺などがある。

　曹洞宗の開祖である道元は、源頼朝も頼りにした公家の源通親の子ないし孫だ。臨済宗の座禅では、禅問答の回答を探るといった難しい思索をするが、曹洞宗では、ひたすら座禅を組めばおのずと悟りは開けるとして、人里離れた禅寺で過酷な修行をした。

　道元は出家者重視で一般への布教には熱心ではなかったが、孫弟子で総持寺の開基である瑩山紹瑾が上記のように、祈禱や祭礼を積極的に取り入れたのである。

　鎌倉新仏教が比叡山から生まれたのは、比叡山は教義の面ではおおらかだったからだ。また、高い地位は貴族出身者が占めたが、学問の実力があればそれなりにのし上がることもできた。それが、鎌倉仏教として開花するきっかけになった。

　天台宗や真言宗はそののちも朝廷の宗教であり続け、上級武士の多くも入信した。徳川家は、本来は浄土宗で増上寺を菩提寺としたが、天台宗の上野寛永寺も菩提寺として認識され、歴代将軍の墓は、2つの寺に半分ずつある。

教養への扉　プロテスタントが出てもカトリックが滅びたわけでないように奈良仏教も健在で、平重衡に焼かれた東大寺や興福寺が再建された。天竺様という豪快な建築様式も採用され、運慶、快慶らの一門が写実的な彫刻を制作して人気を博した。ただし、彼らの彫刻は、明治以降の西洋美術に似ているということでやや過大評価されている気もする。高山寺の明恵上人とか西大寺の叡尊とかが出たが、北条泰時に始まる「道理」の政治は南都六宗のひとつである律宗の考え方から来ているともいう。

戦国時代の始まり
応仁の乱から信長登場までの知られざる100年間

将軍による裁定が機能しなくなったので、全国で紛争がだらだら続いた。徐々に守護大名、さらには戦国大名が育って近世的な地域国家が成立し、そのなかから織田信長による天下統一への戦いが始まったのは、応仁の乱勃発から100年後になってからだ。

8歳で将軍となった足利義尚は成人したのち、意欲満々で「寺社本所荘園領の回復」をうたい、公家や寺社の荘園で横領されたものを取り戻して権威を示そうとした。従わない六角氏を討つため、近江国に出陣することになり、出陣の様子は絵巻物のような美しさであったが、甲賀忍者まで登場して苦しめられ、栗東市にある鈎の陣中で戦没した。

「流れ公方」といわれたのは、将軍になり損ねた義視の子である義稙であるが（義材、義尹ともいう）、義政と和解し、将軍になった。

ところが、日野富子は、のちの義澄（堀越公方・政知の遺児で天龍寺にいた）を後援し、義稙は河内国に出陣中に、細川政元（勝元の子）のクーデターで義澄が将軍となった。そこで、越中国（富山県）を経て、義稙は大内氏の山口に落ち延びた。

細川政元は龍安寺の石庭をつくったともいわれるが、女性を寄せつけず、3人の養子の争いで政元は暗殺され、大内義興とともに京都に戻ってきた義稙に義澄は敗れて近江国に逃れ（1508年）、近江八幡市岡山で死んだ（1511年）。

大内義興は、管領代となって政権を掌握したが、国元の情勢が緊迫して帰国し（1518年）、義稙は一転して阿波系の細川氏を頼ることになるが、敗れて阿波国で死んだ。

義晴は義澄の没年に近江国で生まれた。同じ年に織田信秀と松平清康が生まれ、戦国もセカンドステージに突入する。義晴は義稙を逐った細川高国（典厩家）の援助で将軍となったが、細川晴元（阿波系）は一向宗とも連携して義稙の養子である義維（堺公方）を担いで堺に上陸し、義晴は近江国に逃げた。

晴元は、下京の町人たちに信仰されていた法華宗を利用し、山科本願寺を焼き討ちし石山（大坂）に移転させるなどし、義晴と和睦した。信長、秀吉、家康が生まれたころだ。

義晴は将軍職を子の義輝に譲ったが、晴元は家臣の三好長慶と対立し、長慶が細川氏綱を立てて京都に入り、義晴と義輝は朽木（滋賀県高島市）に逃げた。また、義晴は安土城に近い桑実寺に幕府を本格的に移した時期もある。

後奈良天皇の時代だが、御所の簾に紙と銅銭をくくりつけておけば天皇の宸翰（自筆の文書）がいただけたというのはこの時代だ。ただ、大名たちが都の貴人たちを盛んに招待したので、連歌など高度な教養が地方に伝えられ、地方の文化水準が向上した。

教養への扉　大内氏は応仁の乱では西軍に属し、山口に逃れてきた10代将軍・義稙の京都復帰を支援した義興は、管領・細川高国のもとでの「管領代」となって10年ものあいだ政権を握った。だが、出雲国で京極氏の一族で守護代だった尼子経久が台頭したので帰国し、その子の義隆は山口を西の京として栄えさせた。

　鎌倉の大仏は鎌倉時代のものだが、建築はひとつも残っていない。円覚寺舎利殿も室町時代中期のものだ。1455年に今川範忠が放火、略奪したのである。半世紀後に北条早雲は、「枯るる樹に　また花の木を　植ゑそへて　もとの都に　なしてこそみめ」と詠んだが、賑わいは戻らなかった。

　鎌倉は室町時代にも関東の都として栄え、鎌倉公方が君臨し、関東各国の守護たちも鎌倉に詰め、鎌倉五山も選定された。だが、関東では鎌倉公方・足利持氏と、お目付役である関東管領・上杉氏が対立し、1416年に「上杉禅秀の乱」が起きた。

　越前国の織田常松が斯波氏によって守護代として尾張国に送り込まれ、松平家初代の親忠が、この乱に巻き込まれて関東を離れ、三河国に流れたというのもこのころだ。

　「永享の乱」のあと鎌倉公方は、持氏の遺児・成氏が任命された。ところが、成氏は父親の仇とばかり関東管領・上杉氏など親幕府勢力と争い、幕府から追討を受けた（享徳の乱。1455年）。上杉家には、山内上杉家と扇谷上杉家という2つの流れがあったが、扇谷上杉氏の重臣だったのが太田道灌で、江戸城は古河公方を睨むために築城された。

　幕府は将軍・義政の弟の政知を鎌倉公方として送り込んだが、成氏は下総国（茨城県、千葉県）で抵抗し（古河公方）、政知は伊豆国にとどまった（堀越公方）。鎌倉が略奪されたのはこのときのことだ。

　政知が死んだあと、庶長子の茶々丸が政知の正室と嫡男である弟を殺した（1491年）。正室の子である義澄は京都天龍寺にあり、その2年後に将軍になったので、その意向で茶々丸を討ったのが、今川氏親（義元の父）の叔父の伊勢宗瑞（北条早雲）である。

　伊勢氏は桓武平氏で、代々将軍世子の養育や政所（領地や財政についての裁定機関）の執事を務めていた。宗瑞は備中国に領地を持つ分家の出身だが、将軍・義尚の取次、総理秘書官のような職についていた第一級のエリート官僚だった。

　早雲は伊豆国に移り、そこから、関東に進出していった。1546年の河越夜戦では、古河公方と山内、扇谷両上杉氏という旧勢力連合軍が3代目の北条氏康に敗れ、扇谷上杉は滅亡、山内上杉の憲政は越後国に逃れて長尾政虎（のちに輝虎。出家して謙信）に家督を譲り、上杉謙信は関東管領を名乗って北条氏（後北条氏）と戦うことになった。

　こののち、時期によって変遷はあるが、北条、武田、今川が連合し、上杉は佐竹などと協力関係にあることが多かった。

　一方、古河公方は北条家と婚姻関係を深めて存続し、豊臣秀吉に北条氏が降るまで関東の名目的な支配者であり続け、江戸時代にはその分家が喜連川家として大名となり、明治になると足利に復姓して子爵となり、実質的な足利宗家として扱われた。

教養への扉　河越夜戦のあと、古河公方家では義氏が小田原に移され、北条氏の庇護のもとに置かれた。その一方、上杉謙信は幕府の支持も取りつけ、関東で北条氏に反発する大名を糾合し、義氏の弟である藤氏を擁立し、関東に出陣して小田原城を包囲したり、鶴岡八幡宮で関東管領就任式などしたりしたが、北条氏は持久戦でよく耐えた。

　戦国時代は、応仁の乱（1467年）から始まり、だらだらと続いたが、2つの時期に分けるとすると、織田信長の父親と同世代である12代将軍・義晴の時代である天文年間（1532～1555年）である。

　武田信玄や上杉謙信が生まれたのは、1520年前後だが、このころになると、織田信長（1534年）、足利義昭（1537年）、豊臣秀吉（1537年）、徳川家康（1543年）が誕生した。彼らがまだ子どもだった1540年代は、三好長慶の全盛期である。そして、鉄砲が種子島に伝来し（1543年）、フランシスコ・ザビエルが鹿児島にやってきて（1549年）、川中島の合戦が始まり（1553年）、大内義隆が陶晴賢によって殺された（1551年）。

　こうして信長がスポットライトを浴び始めたとき、京都で最も力があった三好長慶が病死し（1564年）、そのあとの混乱のなかで13代将軍・義輝が三好三人衆（家老たち）や松永久秀に暗殺された（1565年）。

　同母弟で奈良の興福寺にあった義昭は、近江国に脱出し、はじめ甲賀市甲賀町油日に、次いで守山市の矢島に移った。矢島はかつて一休禅師や蓮如上人も住んでいたことがあるところだ。

　義昭はここから越前国を経て、美濃国を攻略したばかりの織田信長のもとに移った。尾張国と越前国はいずれも斯波氏が守護だが、応仁の乱のときに越前国守護は朝倉氏に取られた。尾張国は守護代・織田氏の分家が南北分割して支配していた。余談だが、越前国守護代は甲斐氏であって朝倉氏は織田氏より格下だ。

　しかし、尾張国南部守護代のまた分家から出た信秀が頭角を現し、今川義元や斎藤道三をもしのぐ東海一の実力者になった。その信秀から信長への継承は簡単でなかったが統一も間近になったので、今川義元は、信長がこれ以上強大になる前に先手を打ったつもりだったのが桶狭間の戦いだったが信長に敗れた（1560年）。信長は、この勝利の勢いで尾張国を統一し、さらに、正室だった帰蝶の実家である美濃国を攻略していた。

　織田家初代の親真は、平資盛（重盛の子）の子を連れた女性が近江国の津田庄（近江八幡市）の土豪のもとに身を寄せ、その子が越前国の織田劔神社の神官の養子となったという。この津田庄は安土城から約5kmのところにあり、安土城築城のときそれが意識されなかったと考えるほうが不自然だ（イラストは戦国時代の町衆が育てた祇園祭大船鉾）。

教養への扉　畿内、東海では、三好（阿波国）、六角、浅井（近江国）、松永、筒井（大和国）、朝倉（越前国）、斎藤（美濃国）、織田（尾張国）、今川（駿河国＝静岡県）、西日本では、島津（薩摩国＝鹿児島県）、大友（豊後国＝大分県）、龍造寺（肥前国＝佐賀県、長崎県）、長宗我部（土佐国）、毛利（安芸国）、尼子（出雲国）、宇喜多（備前国＝岡山県）、そして、東日本では、上杉（越後国）、武田（甲斐国＝山梨県）、北条（相模国＝神奈川県）、里見（安房国）、佐竹（常陸国）、伊達、最上（陸奥国）といった戦国大名が勢ぞろいしたのは、1590年代だ。

　織田信長は、足利義昭を迎え入れて上洛した（1568年）。通説では、その直後から将軍・義昭と増長する信長は対立し、義昭は浅井、朝倉をはじめ諸大名に反信長を呼びかけ、最強のライバルだった武田信玄（写真）が上洛すれば、信長も絶体絶命だったが、突然の死で窮地を脱して、室町幕府を滅ぼしたと理解されている。

　信長の上洛から、幕府が滅びるまで5年間あったが、義昭や信玄が完全に信長と敵対したのは、実は最後の半年ほどだけなのである。

　室町幕府が滅亡したのは、義昭と信長のあいだで信長の地位についての解釈に差があって、それが埋まらなかったからだ。2人の権力者が協力して政権について、一緒にやっていく気もあるが、役割分担についての微妙な認識の差で決裂するのは、政治でも企業経営でもよくあることだ。いわば、社長と副社長か、代表権のない会長と社長か、どちらなのかという問題だった。

　義昭は信長を織田家の主君であった管領・斯波家の後継者として扱ったらいいと考えたが、信長は鎌倉幕府における北条氏のような全権掌握が狙いだったと理解している。織田家は北条氏と同じ平氏で、しかも、当時の関東で平氏である伊勢氏が北条氏を名乗り、古河公方を形式的な主君として温存していた。これは当時の流行で、土佐一条氏と長宗我部氏、龍造寺氏と鍋島氏、京極氏と浅井氏もそうだった。

　それでも、信長は浅井、朝倉との和睦などいろいろ義昭に頼み、最大限に利用したのだが、和解条件を反故にして義昭の面子を丸つぶれにした。そこで、義昭は武田信玄などに上洛要請をしたが、信長排除とは限らず、信長と併存して勝手な振る舞いを抑える存在を欲しただけだったようにも見える。

　武田信玄は人生の大半を信濃国制圧に費やしてもたついていたが、死の5年前になって今川領国を徳川家康と山分けし、今川家から正室を迎えていた長男・義信を廃嫡して、勝頼を信長の養女（姪）と結婚させて後継者にした。

　しかし、信長が信玄より家康の肩を持つことが多かったので信玄はいらだち、死の半年前になって、朝倉と呼応して信長に対して旗揚げし、家康を三方原の戦いで破ったが、朝倉が冬になったので越前国に引き揚げ、梯子を外したので、三河国で越冬しているうちに急死した。信玄の死を知らない義昭は、宇治の槇島城に籠もったが孤立し、河内国に追われた。

　「北条モデル」をあきらめた信長は、「平清盛モデル」を追求することにして、あっというまに右大臣にまで昇進した。

教養への扉　信玄は信長の数分の一の領国しかない。最強軍団伝説が生まれたのは、武田旧臣の多くが徳川家に仕官し、軍学の先生も多かったので、『甲陽軍鑑』のような軍記物語が普及したのが理由だ。

　織田信長（写真）が家臣の裏切りで殺されたことが、当時の人にとってそれほど意外な事件だったとは思えない。ただ、あのような軽武装で信長と嫡子の信忠が、同時に京都に滞在していたことは驚くべき不用心さだった。

　明智光秀の謀反の動機は、源平時代の源三位頼政の反乱に似ている。源氏でありながら平清盛に仕えていた頼政は、平氏の専横ぶりと、個人的な侮辱に耐えかねて兵を挙げた。光秀も、信長に仕えていてもいずれ失脚すると心配になり、人前で恥をかかされ憤懣やる方なかったところに、信長と信忠の両方が京都に小兵力だけで滞在し、畿内に自分に近い大名以外の大兵力がいないという絶好のチャンスが一瞬訪れたので、一か八かの行動に出ただけだ。

　何しろ、信忠は徳川家康の堺見物の案内をする予定だったのを、急に京都滞在に予定変更していたのである。四国で光秀が窓口になっていた長宗我部氏を捨てて、三好氏との同盟に方針転換したことは動機のひとつではあっただろうが、斎藤利三にとってはともかく、光秀自身の裏切りの主たる理由としては弱すぎる。

　また、計画性がなかったことは、足利義昭、細川忠興、織田信澄らに事前に漏らさなかったことはしかたないとして、連絡の遅さに象徴的に表れている。

　光秀にとって当て外れは、豊臣秀吉の中国大返しの早さに尽きる。ただし、これは信長が西下するための兵站や連絡網を活用できたからであって、鮮やかではあるが、さほど不思議なことではない。

　本能寺の変がなかったらどうなったか。私が信長だったら、太政大臣にでもなって、足利義満が後小松天皇を北山第に行幸させたのを再現し、早々に辞任して（平清盛も半年だけだった）足利義満のように准后にでもなり、嫡男の信忠を征夷大将軍にして織田家としての立場の安泰を図る。

　信長が京都に信忠を呼び寄せたのは、朝廷になんらかの形で将来の任官を念頭に置いた挨拶でもさせたかったのだろう。「譲位を迫った」のは、中世の天皇は影響力だけ保持し、自由で贅沢な生活ができる上皇になりたかったのだからありえない。

　京都で派手な馬ぞろえをして「弥勒の世が来た」と市民を喜ばせ、正親町天皇もアンコールを所望したことなど、陰謀論では説明がつかない。

教養への扉　なぜ、秀吉が本能寺の変の知らせをいち早く知り、中国大返しが可能だったかについて、秀吉は何か知っていたのでないかという人がいる。しかし、まったく謎はない、信長が援軍のために西下しつつあるのだから、それを援護する兵站を準備し、信長の動向をいち早く知る情報網を秀吉が整えておかないはずがない。それが役立っただけだ。

豊臣から徳川への政権交代は、外様の副社長が、自分がオーナーである別会社に商権を移したのに似ているが、織田から豊臣への移行は、オーナー一族でないサラリーマン専務が社長になったということに近い。

豊臣秀吉は、尾張国の農民の子だが、遠江国（静岡県）で井伊家の親戚にあたる松下加兵衛に仕えたあと、尾張国に戻って信長に仕官した。信長は織田家でなく信長個人に忠誠度の高い家臣を集めた。滝川一益や明智光秀は流れ浪人だし、前田利家は土豪の4男坊であるから、その一環である。

人たらしとして抜群の調略の才を発揮し、美濃攻めや浅井攻めで活躍して長浜城主となり、さらに、中国攻めの司令官となり、佐久間信盛や林秀貞の追放後は、柴田勝家、丹羽長秀、明智光秀、滝川一益とともに主要な宿老のひとりとなった。

山崎の戦いで明智光秀を討ったのちの清州会議では、柴田勝家は信長3男の信孝を後継者に推したといわれるが、信長は生前に信忠に家督を譲っており、遺児の三法師が家督を受け継ぐのが自然で、果たして、家督を信孝が狙ったのか、後見人の地位を信孝と信雄が争ったのかは不明である。

いずれにせよ、三法師が家督を継承し、信雄と信孝が後見役となり、三法師は安土城に移ることになったが、信孝が三法師を岐阜城に軟禁したので、信雄と秀吉が信孝とそれを支持する勝家を討ったのが賤ヶ岳の戦いの基本構図である。

そこで、信孝、勝家を滅ぼすと、いわばどちらが経営権を握るかの争いとなり、信雄は徳川家康と組んで秀吉に対抗した。小牧・長久手の局地戦で信雄・家康連合は勝ったが、自領が戦場となって経済的にも成り立たなくなった信雄は、大納言、次いで内大臣となって豊臣政権のナンバー2の地位を与えられて矛を収めた。

しかし、徳川家康の関東移封後に、その旧領に移ることを指示されたが、これを断って追放された。それに代わって、織田秀信（かつての三法師）が岐阜城主として織田家の当主として位置づけられたが、秀吉も織田家への配慮はせざるをえなかった。当初は信長4男の秀勝が養子だったし、その死後は、淀殿を側室として鶴松、次いで秀頼を得て、織田家への大政奉還論が出ないように手配した。

秀吉死後は、織田旧臣の前田利家が秀吉の傅役とされたし、淀殿の周辺には、復権した信雄や信長の弟の有楽斎長益などがあった。また、徳川秀忠の次男・忠長の正室は信雄の孫娘であった。

教養への扉　信長の長女は徳川信康と結婚したが、次女は蒲生氏郷、3女は前田利長と結婚した。信康の死後、2人の娘は小笠原秀政、本多忠政と結婚してそれぞれ多くの子孫を残している。今上陛下も明智光秀の娘・細川ガラシャの子孫だ。

豊臣秀吉とナポレオン
近代社会の設計者が悪役視される理由

戦国の3英傑といわれる織田信長、豊臣秀吉（写真）、徳川家康のうち、秀吉は江戸時代ですら一番人気だった。ところが、近年は革命的な改革派としての信長の人気が一般には最高で、経営者などへのアンケートだと日本的経営者として家康がトップになり、秀吉はすっかり人気がなくなった。なぜなのか。

理由のひとつは、高度経済成長が終わってから、立身出世を目標とするのが気恥ずかしくなったことがある。そういう意識で秀吉が憧れの対象だったのは、田中角栄が「今太閤」といわれたころかもしれない。

NHKでは、朝鮮出兵がタブーになっているのは、韓国への配慮にうるさいマスメディアでは、韓国で評判の悪い秀吉はほめてはいけないのだ。G20でも大阪城天守閣を背景に集合写真を撮るのさえクレームをつけた新聞があった。

そして、もうひとつは、秀吉には信長や家康に比べて独創性が少ないというのだ。しかし、それは間違っている。

ナポレオン・ボナパルトでも、まったく独自といえるものは少ないが、ナポレオンが近代国家をトータルに設計し直したことが偉大だといわれている。秀吉はそれより200年も前、ルイ14世と比べても100年前に現れて、それと似た仕事をしたのである。

中世にあって地に落ちていた朝廷の権威の回復、東京や大阪を日本の中心的な都市として選定したり、京都や博多を根本改造したりして、多くの城下町を築いた。また、太閤検地などを通じて大名の領国支配の近代化や地方制度の確立をした。さらに、軍備近代化、兵農分離、度量衡の統一、通貨制度の整備、税制改革、商工業の振興、鉱山開発、貿易の拡大などに目覚ましい成果を見せ、日本の近代の生みの親となった。

秀吉の仕事を徳川幕府はかなり引き継いだが、かなりマイルドにした。しかも、3代将軍・家光のときには鎖国などをし、李氏朝鮮から導入した朱子学は差別と社会の停滞をもたらした。

結局、秀吉のときには世界最先進国のひとつだったのに、鎖国が終わったときには、後進的な中進国になってしまっていた。

もし、関ヶ原の戦いで西軍が勝って豊臣の天下が続いたら、日本は20世紀の「ジャパン・アズ・ナンバーワン」の時代を待つことなく世界史の主役になっていたであろう。

教養への扉 信長、秀吉、家康のうち理想の上司は誰かといえば、信長はある日突然クビかもしれないが、とりあえず、一緒に仕事を楽しくやれるボスだ。秀吉は部下を気前よく出世させたりするが、失敗したら突然の左遷もある。しかし、リベンジは可能だ。家康は何も面白いことはないし、抜擢も少ないが、安定している。また、戦死したら遺族に手厚い。

文禄・慶長の役といわれる豊臣秀吉による朝鮮遠征は、緒戦こそ調子がよかったが、やがて苦戦が目立ち、秀吉の死とともに這う這うの体で逃げ帰ったというようなことがいわれる。しかし、明側では秀吉の死によりやっとの思いで窮地から脱したと受け取っていた。

秀吉の朝鮮遠征は、戦前は明治以来の大陸進出の先駆としてほめられ、戦後は20世紀の日韓併合や中国との戦争を否定するついでに、無理やりに「暴挙」と片づけられている。しかし、どちらも公正な見方とはいえない。

明は、はじめのころは、鄭和の大船団をアフリカにまで派遣して海外進出に積極的だったが、もともと採算度外視の国威発揚策だったので長続きせず、やがて、海禁政策という準鎖国状態に入ってしまい、周辺諸国は困ってしまった。

そこで、日本人のみならず、交易をしたい中国人まで参加した倭寇という海賊が横行し、北方民族の動きと並んで明にとって悩みの種となった。「北虜南倭」である。

倭寇が跋扈するので懲罰として貿易を減らしたら、それがまた、倭寇の活躍の場を広げたのだ。しかも、南蛮船が東アジア貿易の中心になり、日本人を奴隷として海外に売ったりもしたので、秀吉がこの状況を打破しようとしたのは当然だ。

秀吉は、貿易の再開を望んだが、明は拒否した。そこで、秀吉は明を征服しようとして諸国の協力を募ったが、朝鮮はこれを拒否したので、秀吉は手始めに半島に出兵した。

朝鮮軍は弱く士気も低かったので、たちまち四散して、首都・漢城（ソウル）では国王が逃亡し、景福宮は朝鮮人暴徒によって略奪放火された。しかし、兵站を伸ばしすぎ、明軍の参戦でソウルに引き揚げたが、碧蹄館での歴史上初めての陸上での日中両軍正面衝突も日本側の圧勝に終わった。

ここで、休戦して交渉に入ったが、秀吉にとっては、明との貿易、領土割譲、半島への駐留あたりは不可欠だった。しかし、明がそこまでの準備ができておらず、決裂して慶長の役が始まった。日本軍は、南部の根拠地を押さえ、万全の体制を整えてから、漢城を攻める構えだったが、秀吉の死でいったん引き揚げることにした。

それを聞いた明・朝鮮軍は元気になって攻勢に出て、引き揚げは困難を極めた。民族的英雄とされる李舜臣も追撃で一矢報いたが、自身も戦死している。秀吉の死がもう少し遅かったら、上記の和平条件は勝ち得ていたと考えられる。

何しろ、日本軍に痛めつけられた明は、満洲を手薄にしたあいだに女真族の台頭を許し、あっさり滅びたのである（写真は文禄・慶長の役の朝鮮兵、明兵の耳を祀った京都・豊国神社の耳塚）。

教養への扉　秀吉は本質的に陸軍軍人だったので、大陸を面で支配することを考え、しかも、倭寇を敵視し、排除した。それに対して、イギリスは拠点確保しかせず、また海賊を海軍に組み入れてスペインに勝った。しかし、秀吉が長生きしていたら、柔軟な頭脳で方針変換に成功していただろう。

関ヶ原の戦い

秀吉の死の段階では前田利家の後塵を拝していた家康

　豊臣秀吉が死んだときの状況からすれば、前田利家のほうがむしろ徳川家康に対して優位にあった。ところが、利家の死、石田三成の追放、前田利長の痛恨のミス、そして、毛利・上杉の2・3位連合の機能不全で家康は天下を取った。

　豊臣秀次が秀吉の命で高野山で切腹させられた「秀次事件」のあと、秀吉は家康と前田利家に秀頼の将来を託した。秀吉が死んで利家が大坂城で秀頼を後見した。織田株式会社のサラリーマンの生き残りとして、織田家の血を引く秀頼の後見には、都合がよかった。

　しかも、嫡男の利長は織田信長の娘婿で、北政所は利家夫人・まつの親友である。石田三成など奉行たちとも親しい存在だった。

　家康は自分の立場が非常に危険だと思い、蜂須賀家政や伊達政宗と無断で婚姻関係を結んだりした。利家が有利な状況で事態は展開していたのだが、利家が先に死んでしまった。そうでなかったら、家康が失脚させられた可能性は高い。

　利家が死ぬと、すぐに加藤清正らが石田三成を誅するとして騒ぎを起こした。家康は、三成を佐和山（滋賀県彦根市）で蟄居させるという裁定をした。長浜城主時代の秀吉に見いだされた石田三成は、いってみれば、成長企業の大卒社員第1号的な存在で、個人商店だった豊臣家中を企業らしくしようとして、コンプライアンス重視路線を推進したが、それゆえに古参社員とは対立していたといったところだ。

　利家の後任として秀頼の傅役となった利長は、「少なくとも3年は大坂を離れるな」という利家の遺言を破って加賀国（石川県）に一時帰国したら、家康は利長に謀反の疑いありとして、母親のまつを江戸に送らせて動きを封じた。関ヶ原の戦い（1600年）のあと、高岡で隠居していた利長が自殺かそれ同然の死を遂げたのは、このためである。

　上杉景勝も、家臣の増員や城の強化をしたとして糾弾された。上杉氏が、関東管領の立場で関東を狙うのを恐れていたのである。そして、家康は会津攻めに出たので、直江兼続が石田三成らに書状などを送って決起を促したのは当然だ。

　毛利氏も、前田や上杉に対する家康の姿勢を見れば、いずれ自分のところも同じ目に遭うと考えた。幕末の征長戦争に薩摩が不安を感じたのと同じだ。毛利氏と上杉氏の連合は2・3位連合だったが、毛利も上杉も持つものすべてをかけた勝負を避け、先に相方が決戦してくれることを望んだので勝機を逸した。

　三成は、信長が天下人としての地位を確立したあとに家臣の秀吉に仕えたので、慎重に「横綱相撲」をする信長や秀吉しか知らなかった。自分より大きな兵力を持つ敵と何度も戦ってきた家康との差が出てしまった。

教養への扉　当時の通信、交通事情を考えれば、上杉、毛利、石田などのあいだで事前に綿密な打ち合わせをすることは難しかっただろうが、三成と上杉の親密さを考えれば、共同の目的意識がなかったとはいえない。

関ヶ原の戦いで勝ち、征夷大将軍となった徳川家康（写真）だが、これで豊臣の天下が終わったのではない。家康が早く死んだら、徳川は東日本の支配者であることだけで満足しただろう。徳川将軍、豊臣関白もありえた。しかし、家康の長寿は豊臣を滅ぼす時間を与えた。

関ヶ原の戦いで北政所が東軍寄りで、淀殿が西軍というのは事実でない。北政所周辺は西軍ばかりであった。加藤清正や福島正則は大政所の縁者であって北政所と特別の関係でない。むしろ、長浜城主夫人になった寧々（北政所）の側近になったのは近江衆が主力だ。さらに石田三成の娘を寧々は養女にしている。

それに対して、妹の江が徳川秀忠夫人である淀殿や、江の娘の京極初姫は東軍との激突を望まなかった。淀殿は家康の会津攻めには資金を出したが、三成には出さなかったほどだ。

戦後の大名配置を見ると、家康とその譜代の諸将は関ヶ原より東と近江国だけを確保している。日本の7分の1ほどだった徳川領が3割ほどになっただけだ。家康は征夷大将軍となったが（1603年）、このとき、公家や大名のあいだでは家康の将軍就任と豊臣秀頼の関白就任が同時になされるとの噂が流れたが、それは両立可能と見られていたのである。

そこで、秀頼の内大臣昇任と秀忠と江の娘・千姫の輿入れも決められ、2年後の秀忠の将軍就任のときも、秀頼の右大臣昇任があり、「徳川の天下が永続することを確定させた」わけではない。淀殿が断固拒否したのは、秀頼の上洛で、母子切り離しを恐れたのである。

そして、秀頼の成人と家康の長寿の時間の競争のなかで、家康は東西両政権のバランスを東の比重が高いものに変質させていった。東西分割論がなぜ成立しなかったかといえば、家康に欲が出たのと、千姫に子どもが生まれなかったからだ。

二条城会見の失敗も痛かった。秀頼が頼りなげに見えれば、家康は安心したが、大柄で姿もよくカリスマ性があって要領よく立ち回るようなタイプでないことを発見したし、京都市民の支持が圧倒的に豊臣にあることを思い知らされた。加藤清正は愚かにも扉を開けて秀頼の姿が見えるようにし、京の市民は豊臣復活の日が近いことに歓喜した。秀頼が賢明に角を隠していれば、妥協が模索されたのにと惜しまれる。

しかも、この会談の直後に加藤清正、浅野幸長、前田利長らが死去したので、家康は「国家安康の鐘銘は家康の名の分断した」と、方広寺鐘銘事件を無理やりに引き起こして大坂の陣を開始した。

この過程で、家康は浅井3姉妹の接触を徹底的に避けた。秀忠側近の大久保忠隣が失脚したのも、その一環であろう。

教養への扉　家康は、蜂須賀家の徳島藩に大坂城海側の砦を先制攻撃させたが、豊臣譜代筆頭の蜂須賀が徳川につくことを鮮明にしたことで、ほかの豊臣恩顧の大名も気が楽になった。この苦渋の攻撃ののち、蜂須賀家はそれまでの阿波国に加えて淡路国を拝領することになった。

江戸を関東の首府に決めたのは家康でなく秀吉であることは、幕府の正史である『徳川実紀』にも書いてある。そもそも、港町である江戸は家康の嫌いなタイプの都市立地だし、家康は江戸を避けて短期間しか住まず、伏見や駿府（静岡市）を好んだ。

　家康の関東入府のころ、利根川は鬼怒川と合流せずに現在の隅田川を河口としていた。その西側の低湿地に武蔵野台地が落ち込んで、江戸、品川、浅草といった小都市が点在していた。秀吉は関八州の地図を見て、大坂と地形が似ているので新しい都市建設に最適な場所であることをたちどころに見抜いたのである。

　家康は大規模な土木工事は趣味でなかったし、自身の居城や息子たちの城下町選びでの家康の選択を見ても、浜松、駿府、伏見、名古屋、高田（新潟県上越市）と海岸から離れたところを選び、海に近い商業都市的な地形は好まなかったのだ。何しろ、関八州の主となってから死ぬまで26年で、江戸に滞在した日数はトータルでも5年間くらいである。

　将軍宣下が行われたのは伏見城で、その伏見から1607年に駿府に引っ越している。将軍宣下は秀忠のときも、3代目の家光のときも伏見城で行われた。

　逆に、2代将軍・秀忠は大坂にとって恩人である。大坂夏の陣が終わったとき、家康はとりあえず、孫（築山殿を母とする長女と奥平信昌との子）の松平忠明を10万石で封じ、留守居にして後始末をさせた。

　このままだと、堺が復興し、大坂は小田原のようになったかもしれない。しかし、秀忠は大坂城の本格再建を決め、伏見城を廃城にして、徳川の西日本統治の中心として大坂、京都屋敷および朝廷の監視拠点は二条城に集約した。

　大坂や江戸のような秀吉好みの港町と一体化したタイプの城下町は全国の県庁所在地でも多く、鹿児島、大分、福岡、高知、徳島、高松、広島、松江、和歌山、大津、津がそうである。松山も城下まで運河を掘る予定だった。

　秀吉が建設した城下町には、もうひとつ特徴がある。それは、城下町を総構えで囲んだことである。そのために、コンパクトに多くの人口を狭い面積に集める必要があり、そのために考え出されたのが、短冊形の区割りである。

　京都では約150の正方形が平安京以来の1区画だったが、これだと真ん中に空閑地ができる。そこで、南北にもう1本通りを通して短冊形にして、そこに35mの奥行きの店舗兼住宅や寺社を建てさせた。これがウナギの寝床である。

教養への扉　江戸については、明暦の大火のあと大改造がされた。両国橋がかけられ、江東区などが市街地化された。また、加賀（現・東京大学）、尾張（現・防衛省）、紀伊（現・赤坂御用地）、水戸（現・後楽園）の屋敷が郊外に移された。

徳川家康の思想

近世

李氏朝鮮流の朱子学が国教化された暗黒時代

戦国時代までは禅僧が秘書、家庭教師、軍師などを兼ねていた。朱子学は禅宗的教養の一部くらいの位置づけだった。それが、江戸時代には李氏朝鮮から導入された本格的な朱子学が国教的地位を占めるようになった。

戦国時代の女性について宣教師ルイス・フロイスは、「日本では娘たちは両親に断りもしないで1日でも数日でも、ひとりで好きなところに出かける」「ヨーロッパでは財産は夫婦のあいだで共有である。日本では各人が自分の分を所有している。ときには妻が夫に高利で貸し付ける」と西洋の女性に比べて日本の女性が自由であることを報告している。

戦国時代には男たちと対等に渡り合っていたのは、NHK大河ドラマでもおなじみだが、江戸時代には「大奥」のような隔離されたところにいたので、NHK大河ドラマでの女性の扱いには苦労することになる。

庶民社会では、隔離は無理だが、影響は及んだ。明治になると、西洋思想の影響から女性解放の機運があった一方、武士のあいだにとどまっていた男尊女卑の考えが庶民にも広がるという困ったことも起きた。女性差別は、徳川家康の生い立ちにも起因する。家康は幼くして母が実家に去り、妻や長男と対立して反逆され、彼らを殺すはめになった。

江戸時代以前にも賤民として扱われた人々はいたが、江戸時代になって固定化され、目に見えるようにされ、差別が強化された。名君といわれ、朱子学の教えに通じている殿様ほど、すぐに見てわかる服装をしろとか、階級によって何をしてはならないとかいう規制を強化したが、こうしたことも、李氏朝鮮から朱子学が入ってきた弊害だった。

慶長の役のときに藤堂高虎が捕虜として連れてきた官僚に姜沆という人がいて、藤原惺窩に李氏朝鮮流の朱子学を伝授した。そして、その弟子の林羅山が家康に仕官した。戦国時代のバブリーな風潮に背を向けて、「厭離穢土欣求浄土」を旗印に変化のない世の中を理想とした家康に気に入られたのだ。藤原惺窩は姜沆から理想化された朝鮮の様子を聞いて、明や朝鮮に日本を攻めて世直しをしてほしいとまでいったのである。朝鮮遠征軍も、はじめはむしろ歓迎されたくらいの朝鮮社会の悲惨な実情を知らなかったのである。

朱子学は、秩序が保たれることが主眼で、変化を嫌い、身分は固定されたほうがよい、男女はできるだけ接触せず女性が男の領分に口を出すべきでない、身分や性別に応じて社会から求められたことをすべきだとした。

明治以降も、官僚には、牧民思想というのがあり、人民を家畜同様に大事にしろということだ。職業的義務を良心的に果たせということだが、社会は停滞した。

教養への扉 家康は信康と築山殿を殺したことを残念に思っていたが、信康の教育に失敗したことを悔いていたのであって、その措置を後悔していたのではない。信康は家康と対立し、武田との協調も模索していたようだ。対立の始まりは、家康が今川から織田に乗り換えたことで、築山殿の両親が死に追い込まれたことだ。

徳川家と松平家
本当は家康の創作ではなかった群馬県発祥説

　戦国時代における三河国の有力一族である松平家は、上野国の新田一族の徳川（あるいは世良田）家の親近者が室町中期に三河国に流れてきて、加茂郡松平郷（愛知県豊田市）の地侍の入り婿になったことに始まるとされる。家康の創作ともいわれたが、祖父の清康の時代も世良田を名乗っていたことが確認されているので、三河国に来た段階ではそう称していた可能性が強い。ただ、系図の詳細は京の神官に頼んでつくってもらった。

　3代目の信光あたりから、子だくさんの松平一族は西三河各地に展開して発展し、14松平といわれる分家に分かれ、江戸時代に小大名や旗本となった。家康の祖父・清康（織田信秀と同世代）は岡崎を本拠に西三河最強の軍団に成長させたが家臣に暗殺され、一族は今川氏に近い広忠と親織田派に分かれた。

　広忠の死後、家康は駿府に住まわせられたが、今川義元の姪と結婚し、今川麾下の有力武将となった。桶狭間の戦いのあと、家康は岡崎城に入り、やがて、徳川を名乗った。しかし、家康の嫡男である信康は、家康と対立し、切腹をさせられた。

　母親の身分が低い次男の秀康は豊臣家、結城家に養子に出され（越前松平）、3男の秀忠が後継者となった。また、多くの息子たちの家のうち、尾張、紀伊、水戸が御三家とされ、宗家断絶のときは、尾張あるいは紀伊から継承者を出すように定められた。

　秀忠と江には家光、忠長の2人の男子があり、忠長のほうが出来がよいといわれたが、家康の指示で家光が3代将軍となり、反抗した忠長は切腹させられた。

　家光のあとは、長男・家綱が4代将軍となり、次いで4男・綱吉が続き、いずれも男子がなかったので、次男の子である家宣が6代将軍、その子の家継が7代将軍となったが、これも嫡男なく死に、秀忠系の継承者はなくなった。

　このころは、尾張家に適任者がなかったので、紀伊藩主としての能力を買われていた吉宗が8代将軍となった。その子のうち、家重は言語が不明瞭で継承が危ぶまれたが、順序どおりの9代将軍となった。また、吉宗は次男に田安、4男に一橋、家重の次男が清水を名乗り、御三卿を形成し、御三家に優越した継承候補となった。

　10代将軍・家治には嫡子があったが早世し、一橋家から家斉が入って11代将軍となり、子の家慶、孫の家定と続いた。しかし、家定は虚弱だったので、早くから後継者が議論され、血筋で近い紀州の慶福か聡明といわれる水戸出身で一橋家を継いでいた慶喜かが政争の種となった。慶福改め家茂が14代となり、皇女・和宮と結婚したが、子のないまま早世し、慶喜が15代将軍となった。

　明治になると宗家は家斉の孫にあたる田安家達が継いでこれが宗家となり、慶喜家は別家を立てて、いずれも公爵家とされた。

教養への扉　松平姓は大きな大名当主には広く認められた。家康やその兄弟の子孫は、家門、親藩などといわれ14松平などよりは格上の扱いとされた。幕末の藩でいえば、福井、津山、松江、明石、前橋、松山、桑名、会津、浜田、吉井（群馬県高崎市）、高松、忍（埼玉県行田市）などである。

近世 | # 鎖国
世界最先進国から2世紀半遅れの国に後退

　長崎におけるオランダおよび中国との貿易のほか、対馬での朝鮮との国交、琉球王国を通じての交易、アイヌなどを仲介とした北方貿易もあったから鎖国は大げさだという人がいるが、二百数十年のあいだ、ひとりも日本人の海外渡航を認めず、洋書はもちろん中国語に翻訳された洋書まで輸入させないという状態を「鎖国」と呼ぶことは、なんの問題もない。

　鎖国を幕府に踏み切らせたのは、島原の乱である。1637年に唐津藩領だった天草で、小西行長の遺臣たちが天草四郎という少年を中心に蜂起し、松倉氏の極端な弾圧と苛政に苦しんでいた島原の住民が合流して島原半島の原城に立てこもり、幕府の大軍を相手に4カ月も抵抗した事件である。

　すでに、1633年に奉書船以外の海外渡航と5年以上の海外居住者の帰国禁止、1635年に日本人の海外渡航と海外在住の日本人の帰国禁止をしていたが、この乱を受けて1639年にポルトガル船来航を禁止し、これをもって「鎖国の完成」という。

　貿易による収入は魅力だが、それを続ける限りはキリスト教の影響を避けがたいというジレンマが悩みだったが、徳川幕府は農本主義的経済を目指し、膨大な幕府直轄領を確保し、軍事支出も減っていたので、貿易上の利益はそれほど重要でもなかったのである。

　しかも、オランダというキリスト教のなかでも人畜無害な商人国家が、最低限必要な貿易窓口になってくれるというので、ポルトガル人の追放に踏み切ったのである。

　鎖国をしたから植民地化されなかったなどという鎖国肯定論はふざけた議論である。17世紀に植民地にされたのは、フィリピンや台湾のように国家が成立していなかったところや、インカ帝国やアステカ帝国のように馬もいなければ、金属の武器もなかったところだけである。ポルトガルは面でなく拠点を確保しただけのケースがほとんどだ。

　アジア最強の軍事強国だった日本を植民地化するなど不可能だった。世界が列強の植民地に分割されたのは、19世紀後半になってからだ。むしろ、鎖国で軍事技術が時代遅れのままになって、世界情勢や国際法についての知識も入らなかったので、今度こそ、本当に植民地化の危険に直面したのである。

　鎖国をしたからこそ自給自足で産業が発展したという人もいる。だが、江戸初期に日本が金銀を輸出して木綿、茶、砂糖、陶磁器を輸入していたが、金銀の産出が減少すれば、自然と自給化努力はされた。

　鎖国のために新しい技術の吸収ができず、国際市場で通用する新商品開発もできず、世界に後れを取り、国民は貧しさと身分の固定を押しつけられただけである。また、独自の発展を遂げた産業技術は、しょせんは代用品で、開国されたとたん顧みられなくなった。

教養への扉　ドイツ出身のオランダ東インド会社の医師エンゲルベルト・ケンペルが鎖国を日本の利益になっているといっているのを鎖国肯定論で引用する人がいるが、鎖国がオランダによる日本市場独占システムである以上は肯定するのは当たり前だ。

5代将軍・綱吉は徳川15代のなかでも最高の秀才で知的能力は高かったのだが、偏執狂だった。儒教的な仁政への理想が暴走した「生類憐れみの令」などいろいろあったが、経済政策では、荻原重秀による貨幣改鋳が行われて成功し、元禄文化の花が開いた。

　赤穂浪士の討ち入りがなぜ起きたかというと、江戸城内での勅使接待の担当者だった赤穂藩主・浅野内匠頭が、もともと精神的も不安定だったところに、指南役の吉良上野介（義央）に不満を持って刃傷沙汰に及んだのがきっかけだ。悪いのは浅野で切腹は免れないし、改易もありだが、少なくとも旗本家を建てて弟を取り立てるのが普通で、お家断絶は相場観としてやりすぎだった。

　しかし、将軍の裁定に抗議できないので、吉良も喧嘩両成敗すべきだと赤穂浪士たちは抗議したのであって、吉良にはひどい災難だった。赤穂浪士事件に限らず、微細な原因での処罰や抜擢、解任があり、そのイライラが赤穂浪士による討ち入りという抗議行動への共感の広がりとなったというべきだ。

　赤穂浪士の話のついでに、切腹と切り捨て御免について解説しておこう。切腹は、斬首などの刑罰でなく刑罰に処せられるのを回避するための自殺である。だから、切腹を許すという表現もある。現代でいえば、懲戒免職にされて退職金も出ないようになることを避けるために、辞表を出すようなものだ。

　だから、奉行所から呼び出されると、親戚が集まって当事者を切腹させてお家断絶を避けたりもした。また、派手に腹を切るのはまれで、刃先が少し触れて血が出たところで首を落とすのが普通だった。いずれにせよ、そんな潔いものではない。また、自殺の作法として確立したのは江戸時代で、戦国時代でも自殺のひとつのスタイルにすぎなかった。

　切り捨て御免を伝説だと間違っている人がいるが、そんなことはない。武士は庶民から侮辱されたら切り捨て御免で処刑できる法的権限があった。あとで奉行所に届けて侮辱されたことが確認されればむしろほめられた。

　たとえば、『八重の桜』の主人公の兄で同志社大学の創立を助けた山本覚馬は、銭湯で酔っ払いにからかわれたことに腹を立てて、街外れまで追いかけ切り捨て御免をしたが、お咎めはなかった。

　あるいは、土佐では、上士の持っている刀の鑑定を頼まれた郷士が、安物だと鑑定したら面目を失わせたということで切り捨て御免にされ、お咎めなしになったので、さすがに郷士の反乱が起きた事件もあった。逆にいえば、そんな極端なケース以外では、何も不満も出なかったのだ。

教養への扉　町人まで広い階層に基盤を持つ元禄文化の開花は文化的パトロンとしての綱吉の存在あってのことだ。この時代、側用人・柳沢吉保が綱吉から信認され、気まぐれに適当につきあい、ほどほどに軌道修正して29年の治世を大過なく乗り切った。また荻原重秀の貨幣改鋳は周到に考えられたもので極めて適切だった。

徳川吉宗
紀州藩主時代の成功体験が深刻なデフレを招いた

江戸幕府にとって「中興の祖」である8代将軍・吉宗（写真）は、江戸でなく地方で生まれ育ち、かつ、藩主としての実務経験を持っていたことである。しかし、紀州公としての吉宗の成功体験は将軍になったときに役に立たなかった。

吉宗は破綻した紀州藩の財政再建に成功していた。ただ、この破綻は、浪費と天災が原因だったので、構造的要因ではなかった。だから、人員整理を行い、禄高の20分の1の差上金徴収、みずからも木綿の衣服で通す、新田開発などでなんとかなっていた。

ところが将軍として同じことをしたら、猛烈なデフレ政策になった。財政収入を確保するため、米価維持対策を展開する、凶作に備えて備蓄をする、酒造を奨励して消費を増やす、先物取引を許して投機的需要を喚起する、大坂市場への各地からの回送を制限する、幕府領の税収確保のために新田開発を盛んにするなど、それぞれの政策には一理あるが、米ばかりが安くなって、ほかの商品が高くなった。

このころ、年貢の取り方も、作柄を見ての「検見法」から毎年同じ額とする「定免法」に変わっていった。これは、恣意的な年貢徴収を防ぎ、徴税費用を削減できるが、短期的には徴税強化であり、長期的には生産力の増大を税額に反映できず、意図せざる大減税ともなって幕府や各藩は財政逼迫に追い込まれた。

経済成長で米の経済の比重が下がっているのに収入はこれまでどおり稲作にかかる年貢に頼るのに無理があったのだ。江戸時代中盤以降は、人口3000万人で、米の生産は3000万石だった。だいたい、玄米換算で、1日5合ずつ食べていたのである。大量の玄米ご飯を漬け物とか味噌とか小魚といった粗末な副食物で食べていたのである。

ほかにも税はあったが、米からの年貢に依存しすぎていたのである。領主は米の生産を奨励し、ほかの作物や副業に熱心なのを嫌った。需要以上に米は生産され、それがゆえに米価は低く抑えられ、税収のGDP（国内総生産）比も低くなるという悪循環だった。また、モノカルチャーと食料流通に藩の権限が強すぎたので、餓死が局地的に続出した。

幕府や気の利かない藩は、米以外の消費を抑え、GDPも抑制することで、税収のGDP比を維持しようとし、西南雄藩などは、産業振興や専売制で米以外の財源を獲得しようと努め、この違いの結果が明治維新であった。

町人や職人は、徴税手段があまりないので税負担は軽いから、みんななりたがり、農村はますます疲弊し、人口が減り、武士は農民が逃げないように縛りつけておくために、旅行などもさせないように強いた。

教養への扉 彦根藩などでは農地が足りなかったので近江商人の活動を、富山藩は冬は雪ですることがないので薬の行商を認めたので成功した。一方、武士が多すぎて農民が足りない米沢藩では、武士の内職は奨励したが、農民が商工業に従事するのは禁止した。

上杉鷹山
史上最大の名君は、史上最大の悪役の玄孫だった

　歴史上の人物には毀誉褒貶がつきものだが、18世紀の在世中から21世紀の現代に至るまで、すべての時代に、あらゆる政治的な立場を超えて尊敬されているのが、米沢藩主・上杉鷹山（写真）である。ただし、ジョン・F・ケネディ大統領が尊敬していたというのだけは都市伝説だ。

　9代将軍・家重や10代将軍・家治あたりの時代、全国に名君と呼ばれる藩主が多く出た。ちょうどヨーロッパで啓蒙君主の時代といわれる時期に符合する。その始まりは肥後国（熊本県）の細川重賢あたりで、倹約、殖産興業、人材登用、教育振興などからなっていた。

　とくに、上杉鷹山は完全無欠というべき名君で、現役の殿様のときにすでに天下一の名君といわれ、隠居してからの藩政指導も際立ったものがあった。幕末にもなお評価され、明治になっても修身の教科書に登場し、現代では理想の経営者といわれている。

　家重に見いだされて、家治の時代に権力の頂点にあった田沼意次は上杉鷹山らと同時代人である。その政策は殖産興業とそれに基づく税収増加策に重点が置かれたものである。貿易を独占していた幕府ならではの政策として、中華料理の材料として人気があったアワビ、フカヒレ、干しナマコといったものの生産と輸出があった。

　乾隆帝のもとで『紅楼夢』に書かれているような空前のグルメブームだったのに注目したのである。代金は安い海外産の銀で受け取り、良質の銀貨を流通させた。財政も、予算制度の導入や税制改革にも熱心で、蝦夷地開拓にも着手した。『解体新書』が翻訳され、平賀源内らが活躍できたのもこの時代の先進性がゆえだった。

　田沼は将軍・家治が政治に興味を持つのを嫌ったが、家治にそこそこの親政をさせ、家治の意向を背景に改革を進めるべきだっただろう。賄賂の横行については、吉宗が「足高制」という制度をつくったが、これは、人材登用のために本給は引き上げないが、役職についているあいだだけボーナスを出そうということだった。

　ないよりましだが、親譲りの高禄者と違って、その地位を子々孫々には伝えられない。名奉行・大岡忠相でも1万石しかもらえず、柳沢吉保の15万石とは大違いで、新参者の実力者を汚職やフリンジベネフィット（役得）の追求に走らせたのである。

　さらに、浅間山の噴火、天明の飢饉が起きたことも、田沼の責任ではないが、不運だった。米という冷害に弱い作物のモノカルチャーだったのと、民政は各藩に任されていたのが裏目に出て、江戸時代には餓死や栄養不足による人口減少が頻繁に起きたのである。

教養への扉　米沢藩では上杉綱勝が後継者指名なしで急死し、無嗣断絶になるところを、親戚の保科正之の忖度介入で、綱勝の妹と吉良義央の子の綱憲に継がせ、領地半減で済ませた。だが、保科と吉良はリストラをさせなかったので、石高のわりに武士が過剰になった。その綱憲の娘の外孫が上杉鷹山なので、鷹山は吉良義央の玄孫だ。

　11代将軍・家斉の時代、風紀は乱れて、家斉は数十人の側妾を抱えて約50人もの子ども儲けた。老中たちにとって養子先、輿入れ先の確保が最大の政治課題だった。家斉の時代は「失われた50年」だったが、化政文化が爛熟し、栄えた時代でもあった。時代劇で見る江戸の町はこの時代だと思って間違いない。

　一橋治済は嫡男の豊千代（家斉）を将軍の跡継ぎとすべく、はじめは田沼意次と結んだが、実現したら、田安宗武の子である松平定信と手を結んだ。幕閣の老中や大奥が定信の老中就任に抵抗したのは、将軍の孫が譜代小大名のポストである老中になって権力を握ることが家康以来の祖法の重大な変更なのであるから当然である。

　定信は老中となり、独裁者となった。将軍の房事の回数制限までしたのだから大変だった。将軍に向かって「天下は朝廷からの預かりもの」と諭したのは、将軍に勝手なことをされては困るからであるが、この思想の常識化がのちに倒幕の論理を導き出した。

　豊作続きのおかげで「寛政の改革」のスタートはよかった定信だが、6年後には老中を辞任した。治済の大御所、光格天皇の父（典仁親王）の太上天皇扱いに反対して墓穴を掘った。もっとも、松平信明ら「寛政の遺老」と呼ばれる側近らによってマイルドに修正された定信路線はしばらく引き継がれた。

　家斉は50年にもわたり将軍の座にあって、「寛政の遺老」も退いた後半は、家斉の意向に沿った政治が明確な目的意識がないまま続いた。しかし、江戸の庶民にとってそれほど暮らしにくかったわけではない。社会変革を伴う忙しい田沼時代、「白河（定信の領地）に魚が住まぬ」という寛政時代よりは自由だったし、庶民に至るまで「既得権益」を楽しめた。

　江戸時代の上級武士たちの教育や文化的素養は、室町時代などに比べても格段に低く、見るべき文化をほとんど生み出してない。一方、江戸の町民は、わかりやすく「いき」とか「はり」「こった」「しぶい」「おつ」を基調とした文化を生み出した。浮世絵とか、寿司、そば、天ぷらなどのファストフード、職人たちの服装などが典型だ。

　「循環型社会のモデル」と称賛される江戸時代の社会システムや、省エネ的文化はこの時代のもので、それなりのよさがあった。ただし、エコというのはリサイクルが盛んだったというより、単に物不足だっただけである。石炭などを使うすべを知らなかったので、薪や柴を大量に使わねばならず、山は禿げ山だらけで、洪水が頻発した。

教養への扉　インフラの整った江戸に住めるということ自体が特権であって、その住民の生活水準や自由度が相対的に高いのは、現代の平壌そっくりである。体制の安定のためには、首都の住民を特権階級化するのは常套手段だ。それは各藩での城下町の優遇も同じだ。

東アジア世界とヨーロッパの出会いは、ポルトガル船とイエズス会の宣教師によるもので、オランダが細々と活動する時代が続いた。さらに、ロシアがシベリアやオホーツク海に現れた。しかし、ナポレオン戦争で中国も日本もしばらくの猶予を与えられた。

鎖国とはオランダにキリスト教の布教をしない条件で市場独占を許し、最小限の貿易だけを行う体制だった。カトリックは危険というオランダの讒言に騙された形である。

中国ではイエズス会の宣教師が、孔子への崇拝や先祖の祭祀を認めて布教していた。だが、ほかの修道会に「典礼論争」で批判され、ローマはイエズス会の布教方法を禁止したので、康熙帝はイエズス会以外の宣教師の入国や伝道を禁止（1706年）。雍正帝がキリスト教の布教すべてを禁止し（1724年）、乾隆帝の時代には広東で細々と貿易を続けた。

しかし、18世紀の終わりごろからロシアが黒海やバルト海よりオホーツク海に早く出てきた（1648年）。毛皮になる動物を求めてのことだ。康熙帝はロシアとネルチンスク条約（1689年）を結んでスタノボイ山脈を国境にして南下させなかったので、ロシアはカムチャツカ（1700年ごろ）からアラスカに進んだ（1799年）。

千島列島に1711年から現れてアイヌ人と小競り合いを始めたが、1771年に捕虜としてカムチャツカに抑留されていたハンガリー人モーリツ・ベニョフスキーが脱出して来日し、長崎オランダ商館にロシアの進出ぶりを知らせ、これが林子平の『海国兵談』や工藤兵助の『赤蝦夷風説考』につながった。

田沼意次は驚いて蝦夷地の開発に取り組んだが、松平定信は農業開発などをして住みやすい土地にすればロシアに狙われるとしてブレーキをかけた。さらに、定信は歴史認識としても根拠のない「鎖国が先祖代々の祖法」であるという方針を打ち出した。

オランダ、中国、朝鮮、琉球との貿易ですらやめたいと、オランダ商館長の江戸参府を4年に1回にし、朝鮮通信使行事を縮小した。『海国兵談』も禁書にした。

1792年にアダム・ラクスマンが根室にエカテリーナ2世と謁見した伊勢国白子（鈴鹿市）出身の大黒屋光太夫という漂流民を連れてきた。幕府は1798年に近藤重蔵に「大日本恵登呂府」の碑を択捉島に建てさせ、1799年に東蝦夷（太平洋側）を直轄領に編入した。

しかし、1801年には新規の外国貿易は行わないと決め、ニコライ・レザノフが1804年に長崎に現れると、「4つの国以外とは交易を行うことを検討しないのが祖法」と返答した。

その後、撫恤令（1806年）、ロシア船打ち払い令と蝦夷地全土の直轄領化（1807年）、間宮海峡の発見（1809年）、ヴァシーリー・ゴローニン逮捕事件（1811年）を経て緊張は高まったが、1812年にロシアはナポレオンに侵攻されたので小休止になった。

教養への扉　大黒屋光太夫は1782年、駿河沖で遭難し、ロシアに渡った。エカテリーナ2世に謁見などしたのち、ロシア船で帰国し、将軍や老中・松平定信にも会ったが、幕府は番町の薬草植付場に閉じ込めてしまい、その知識は十分には活用しなかった。

アヘン戦争のころの老中は、水野忠邦（写真）だった。水野は保守派だと見られがちだが、それは経済政策についてであって、外交や政治体制については開明派だった。鎖国を強化するだけではダメなこと、中央集権体制を構築しなければならないこと、薩摩や長州がいずれ幕府を脅かすだろう、などと実に見事な分析をしていたのである。

天保のころ、幕府の政治体制は矛盾が噴出していた。太閤検地以来、天下人と大名の関係は、同じ石高なら大名は文句をいわずに引っ越させてよいというのが基本だった。ところが、8代将軍・吉宗あたりから大名が嫌がる配置換えはせず、幕府に献金したり、公共工事の手伝いをさせたりすることで代替していた。これで、各大名は独立国のようになった。

さらに、幕府領（俗にいう天領）が地理的にまとまっていないので、経済開発が思い切ってできなかった。いわば江戸藩たる幕府が、プロイセン的な強国になるためには、江戸と大坂周辺をすべて幕府領にしたかった。

そこで、幕府は1830年、川越、庄内、長岡の三角トレードを命じた。川越に将軍の子を養子に出すためのお手盛りと、海防対策のために新潟港を幕府が欲しかった。

ところが、庄内は大地主の本間家が領内統治を究極の民間委託で代替してうまくいっていたので、殿様が長岡に移ると本間さまもついて行くのではないかと領民は恐れた。本間家もこれを嫌い、反対運動を物心両面で支援し、取引先の仙台、会津、米沢藩などにも働きかけて幕府に圧力をかけたので、撤回に追い込まれた。

「上知令」は、江戸と大坂周辺の大名領や旗本の知行地を、遠隔地と交換して幕府領にするものだが、老中次席の古河藩主・土井利位は自身が大坂郊外の平野郷に領地を持ち、領民から借金をしていたので、即刻返済を迫られるのを恐れて反対した。これで、幕藩体制の基本は木っ端微塵になったのだが、仕掛け人は譜代筆頭・酒井家と老中次席・土井家なのだから幕藩体制は自滅したというべきなのだ。

幕府では、のちに井伊直弼や小栗忠順らが幕府の強化策を図ろうとしたが、天保の勝負どころで失敗したことを克服できなかったのである。幕末の知識人は、「周の封建制から秦の郡国制へ」という論理で集権化の必要性を理解したが、譜代大名たちが邪魔したわけで、いわば飼い犬に手を噛まれたのである。

教養への扉 三方領知替えは、どこかの藩が不始末をした場合に懲罰的に行われることが多く、その場合は文句がいえない。しかし、松平定信（隠居して藩主は定永）が貧しい白河から豊かな桑名を希望し、桑名の松平（奥平）氏が武蔵国（埼玉県）忍に、忍の阿部氏が白河にという文政年間（1818〜1830年）のケースでは不満が噴出し、それが天保年間（1830〜1844年）の失敗につながった。

　アヘン戦争は清国人にそれほど深刻なショックを与えたわけではなかった。清では戦争で負けて夷狄に恩恵を与えることは、歴史のうえでも珍しいことではないので意外に平静だった。むしろ、風説で聞いた日本人のほうが、危機感を正しく募らせた。

　イギリスは17世紀におけるオランダとの対決で、東アジアからは撤退し、インドの支配強化を狙った。インドにはムガール帝国があったが、これもモンゴル人がポルトガル人よりあとになってやってきたもので、外国勢力の浸透にアレルギーがなかった。

　ライバルはフランスだったが、七年戦争（1756～1763年）で勝利し、ムガール帝国に進出して統治の基盤を固めたので（1758年）、次の目標を清との貿易拡大に置き、乾隆帝が80歳になったことを祝う名目でジョージ・マカートニーを派遣した（1793年）。乾隆帝は遠路から来たのだから会ったが、清は貿易など必要とせず、恩恵的に許しているだけで、交渉などしないと言い放った。

　このころ、イギリスは、清から茶、絹織物、陶磁器などを輸入したが、輸出できるものがなかった。そこで、清に大量の銀が流れ込み、貨幣経済が円滑に機能したが、イギリスは苦境に陥った。そこでイギリスは、インドのアヘンを清に売ることにした。

　アヘン吸引の習慣はあっというまに広まり、1820年代後半には銀が流出超過になった。清では「国産化を進める」「公認して関税収入にする」という意見もあったが、禁止することにして、林則徐が広州に行ってアヘンの没収を行った。

　イギリスは国内での反対を押し切って武力行使に踏み切り（1840年）、南京条約で賠償金支払い、香港の割譲、上海などの開港、虎門寨追加条約で治外法権、関税自主権放棄、最恵国条項を受け入れさせた。

　これを受けて、水野忠邦は、「無二念打払令」というのを出していたのを、1842年に薪水の補給を認めることにした（薪水給与令）。しかし、水野は経済政策の失敗もあって交代し、保守派の若手である阿部正弘が頭角を現した。

　アヘン戦争の終戦から2年後の1844年に、オランダのウィレム2世は、「アヘン戦争など国際情勢の変化を考えれば開国すべき」と勧告してきた。日本貿易を独占して利益を上げていたオランダがいうのだから、水野は真摯に受け止めたが、阿部が反対した。

　マシュー・ペリー艦隊来航の前年8月、長崎のオランダ商館長セン・ドンケル・クルチウスは、アメリカがペリー提督を司令官とする艦隊を日本に派遣し、陸戦隊も同行すると、具体的に予告してくれたのだが、阿部正弘はまたも無責任に聞き流していたのである。

教養への扉　アヘン戦争の結果でいちばん清が困ったのは、香港を取られたとかいうことでなく、銀の流出で清の経済が崩壊し、半植民地化のきっかけになったことだ。

マシュー・ペリー艦隊はわずか4隻、乗組員は総勢で約1080人、アメリカの海軍力はアルゼンチン、チリ以下で後方支援も無理だった。このとき、陸戦部隊が上陸して戦端が開かれても、数日のうちに引き揚げなければ、アメリカ人は全滅していただろう。

アメリカにとって捕鯨は大事な産業で、避難先として日本に寄港できるようにしたかった。しかし、日本は平和裏に交渉しても相手にしてくれない。ペリー（写真）は、「恐怖に訴えるほうが、友好に訴えるよりよい」と、大型の蒸気軍艦を動員し出発した。

アメリカはカリフォルニアを併合してから5年しかたっていなかったし、パナマ運河もなかったので、東海岸のノーフォークから、喜望峰回りで1853年に浦賀（神奈川県横須賀市）に姿を現した。ペリーは、大統領の親書を手渡し、翌年の再来を予告して引き揚げた。実は、補給ができないので長居は無理だったのである。

江戸では、海岸から2kmほどのところに江戸城があり、大奥もあるし、まわりには大名屋敷があって大名の家族が実質的には人質として集められていた。だから、江戸の町が火事になると、家族たちにそれなりの死者が出るのを恐れて戦えなかったのである。

せめて、ペリーが翌年の来航を予告して帰ったあと、大名家族を国元に避難させ、甲府城あたりに幕府中枢を移せるよう手配すればよかったのだ。

老中筆頭・阿部正弘は、人の意見をよく聞いて慎重に判断するので、平時には誰からも好かれるのだが、思い切った改革とか危機対応には向かないタイプだった。

そもそも、江戸の町が海から攻められると抵抗できない構造だった。西国大名に大型船の保有を禁じて、もうこれで海側の防備はいらないと思っていたというわけなのだ。

「場合によっては戦うぞ」という姿勢さえなかったので、すっかりなめられたわけである。その後、薩英戦争と4国艦隊下関砲撃事件で薩摩や長州が善戦し、その後の欧米諸国との交渉は有利にできたのと正反対だった。

坂本龍馬は「日本を今一度せんたくいたし申候」という有名な言葉を遺しているが、行政改革の標語でないことはいうまでもない。長州の砲撃で傷んだ外国の軍艦を幕府が自分の造船所で修繕したことを龍馬が怒ったものである。

ペリー艦隊に小舟で乗りつけてアメリカに連れて行ってほしいと頼んだ吉田松陰や、上海に乗り込んだ高杉晋作、イギリスに留学した伊藤博文など長州の志士たちが排外主義者のはずもない。

教養への扉 佐賀の名君で海外事情に詳しい鍋島直正は、交渉は長崎でというのだけは譲るべきでないと主張したが、このあたりが真っ当な意見だった。ゼロ回答でないのだから、アメリカでもうかつに強引な方策は取りにくい。

　NHK大河ドラマのなかで最高傑作といわれるのが、1963年に放送された『花の生涯』である。このドラマのおかげで、悪玉とされていた井伊直弼（写真）が、一転して開国の偉人、文化的素養も豊かな大政治家といわれるようになった。

　ところが、〈暗殺という政治行為は、史上前進的な結果を生んだことは絶無といっていいが、この変だけは、例外といえる〉（『幕末』）などと駄文を書いたのは司馬遼太郎だが、圧力にしぶしぶ従っただけで見識がない人物という人もいる。

　江戸城では登城すると、大名によって通される部屋が違って、それぞれの部屋で、同じ部屋の仲間たちと懇談したり、遊んだり、弁当を広げたりしていた。井伊家は溜間だが、これは、老中や将軍の相談相手が集まっている部屋だった。そして、井伊家の当主は、しばしば名誉会長のような立場である大老になった。

　直弼が大老になったのも、老中たちが、水戸斉昭ら有力大名が徒党を組んで圧力をかけてくるので、風よけに引っ張り出したからだ。ところが、大老となるや、直弼は毎日、登城して独裁者として振る舞い始めた。もともと部屋住みだったから、世情にも通じているし、自分でなんでも決めたがるので誰もが驚いた。

　そして、斉昭がほかの大名と語らって、将軍継嗣選びに介入したり、朝廷から勅書を受け取ったりしたことは反逆であるとして許さなかった。大老に就任するや、すぐに紀伊の慶福（家茂）を将軍継嗣にし、日米修好通商条約に調印した。

　尾張、越前、土佐、一橋らの諸侯は謹慎させられ、慶喜を推した幕臣は左遷された。さらに、吉田松陰など志士たちは「安政の大獄」で処分し、孝明天皇には、承久の変の先例もあるなどと警告した。

　井伊直弼は、島津斉彬のような開明的人物であったわけではない。しかし、当時の大名としてはかなりの見識の持ち主だったし、鍋島直正と親しく、緊密に意見交換していたことでもわかるように、まったく守旧派だったというのは間違いだ。

　ちょうどこのころ、鹿児島では帰国中で処分は免れた斉彬が急死した。こうして、一橋派は追い込まれたのだが、それを見て暴発した水戸浪士に薩摩のひとりが加わった一団に桜田門外で襲撃され、直弼は絶命した。

　テロの噂は流れていたが、直弼は警備強化もせず、家臣は刀が濡れないように袋を被せたままだったので戦えないというお粗末だった。

教養への扉　江戸時代には、大名の正室と跡継ぎは江戸在住が義務づけられた。このため、正室や江戸屋敷の側室の子だと、江戸生まれ江戸育ちだったし、領国の側室から生まれても、跡継ぎになったら江戸に引っ越した。ところが、山内容堂、井伊直弼、島津久光は領国で生まれ育っていた。しかし、幕末の激動のなかでは、実務能力の高さがゆえに重宝されることになった。

日米修好通商条約
国際法を勉強せず交渉に臨んだ岩瀬忠震

タウンゼント・ハリス総領事は、英仏艦隊がやってくると脅し、清で見てきたイギリスによるアヘンの強制の害を説き、アメリカと先に通商条約を結ぶことが日本にとって有利だと説いた。手前味噌ではあるが、アメリカ人にはひとりよがりにせよ、理想主義が根づいているし、ハリスが善意であったのは間違いない。

神奈川で1854年に調印された日米和親条約では、燃料や食料を提供することや、下田、箱館（函館）の2港の開港と領事の駐在が決められていた。これを受けて、1855年に下田にハリスが赴任し、江戸参府して篤姫の夫である13代将軍・徳川家定に謁見した。

幕府側では、旗本で伊達政宗の男系子孫という名門の貴公子の外国奉行・岩瀬忠震が交渉の責任者だった。この岩瀬がよく頑張ったという人もいるが、外国奉行という責任者としては、不平等条約を呑まされた戦犯というべきであろう。

彼らは頭脳優秀で相手のいいなりになるほどバカではない。しかし、ペリーが来て和親条約を結んでからでも数年たっているのに、外国の制度を勉強もしていなかったのである。根本的には、鎖国などしてウェストファリア条約で近代国際法が確立されてから2世紀以上、世界の情報からみずから隔絶していたのが悪いのである。

そこで、馬鹿げたことに、ハリスに教えを請いながら交渉することになり、岩瀬らも日本側も鋭く矛盾をついたりはしたが、治外法権とか関税自主権については、質問もしていないのである。

前年に死去した阿部正弘に代わって筆頭老中になった堀田正睦が、水戸斉昭らの反対論を抑えようと考えたのが勅許を得ることだが、有栖川宮家から正室（慶喜の母）を迎えるなど、人脈を持つ斉昭に巻き返され、孝明天皇から拒否の旨を伝えられた。

しかし、大老に就任した井伊直弼は条約調印断行を決断し、①箱館、神奈川（横浜）、長崎、新潟、兵庫（神戸）の開港と江戸、大坂の開市、②これらの地における自由な売買、開港場での居留と開市場での逗留の許可、そして、③関税を協議で決めること（関税自主権の否定）、④領事裁判の権利（治外法権）、⑤在留アメリカ人の信教・教会建設の自由、アヘン禁輸等が定められた。

こうして条約は発効し、ほかのヨーロッパ各国とも同様の内容で結んだ。そして、アメリカは南北戦争の時代になったので、外交団の中心はイギリスのハリー・パークスとフランスのレオン・ロッシュになった。ただし、当時の英仏の関係は悪くなく、フランス本国が日本を舞台にイギリスと正面対決する環境はなかったし、ロッシュの独断専行に幕府の一部が乗せられていただけだった。

教養への扉 南部諸州の連邦離脱は、桜田門外の変があった1860年の大統領選挙で、共和党のエイブラハム・リンカーンが当選したことに伴うものだった。そして、1861年に起こった南北戦争（the Civil War）は、大政奉還の2年前である1865年に北部が勝利するまで続いた。

江戸時代の教育
科挙があった中国や朝鮮より教育後進国だった

「江戸時代の日本では識字率が高かった」という人がいるが、50文字の仮名をわかる日本人の割合が、数千字の漢字をわかる中国人の割合より多いというのを自慢しても恥ずかしいだけだと思う。識字率は、小学校卒程度の国語力があるかで測るべきでないか。

ただ、仮名は戦国時代でもだいたいの日本人が理解していたと、ザビエルの報告などでもされている。しかし、逆にいえば、江戸時代に教育が発展したから普及したのではなく、もともとかなり広い割合の日本人が戦国時代に読み書きできていたのである。

現代人が藩校と呼ぶ学校（藩というのがそもそも公式制度上はなかったのに藩校があるはずがない）は、18世紀末の寛政期から発展し始め、1830年代の天保期に主要な藩では出そろった。それまでは、学校はほとんどなかったし、また、藩校ができても義務化されていなかったし、普通は上級武士しか入れなかった。

寛政の改革で林家の学問所を改組して設立された昌平黌が、全国的な藩校設立ブームの嚆矢となった。ただ、「寛政異学の禁」を出したことで蘭学の発展などが阻害されたのは、学術振興のために差し引きどうかは難しい。

藩校というのはすべて漢学校であって、ほかの学問はほとんど教えられず、算術は武士にふさわしくないとされ遠ざけられた。明治になってアメリカに留学し、初の理学博士、そして東京帝国大学総長となった山川健次郎は、会津の日新館で13歳まで学んでいたが、九九を知らなかった。

まして、武士でない庶民が学べる寺子屋以上の学校は江戸時代を通じてほとんどなかった。豊後国日田に広瀬淡窓が設立した咸宜園などは例外だった。

そのために、明治になって旧制中学ができても、しばらくは、希望者のほとんどが士族だった。同じ時代に、中国や朝鮮では、科挙が庶民にも門戸を開いていたので、各郷村にそれなりの学校があり、日本は教育後進国だったのである。

ただし、藩校の普及が、高い読み書き能力を持つ人をそれまでより増やしたのは事実で、それが文明開化の時代に役立ったのは事実である。

一方、寺子屋では簡単な読み書きのほか、算術などを教えたが、それほど多くの数の漢字を習得するには及ばず、その意味で、江戸時代の識字率は相当に低かったと理解すべきだ。逆に、そのことが、明治になって、ほとんど白地のところに理想的な教育制度を樹立できることになったともいえる。

教養への扉　藩校の模範といわれたのが細川重賢によってつくられた熊本の時習館（1755年）で、評判になって藩校ブームが起きた。幕末における最高の藩校は、佐賀の弘道館で、お役目につくためには一定のレベルまで修了していないと認めないほどだった。岩倉具視はわざわざ子どもたちをここに送っている。

江戸時代の仏教
日本の仏教から布教の自由を奪った檀家制度

　江戸時代の宗教界における最大の変革は、檀家制度の導入である。それぞれの家をどこかの檀家にして、宗門人別改帳で戸籍の管理をさせた。信仰の自由はあるが、布教の自由はなくなったわけで、各宗派は信者を増やせない一方、減る心配もなくなった。仏教関係者が江戸時代をほめるのは宗教家として恥ずかしい。

　そして、囲い込んだ強みを生かして、何回忌とかいう行事も多くつくって葬式仏教化したのである。権力に対する反抗勢力としては、すっかり牙を抜かれてしまった。

　幕末に近くなると、国学の研究が進み、神仏混淆を批判され始めた。ただ、それが、過激に実行されるのは、明治の廃仏毀釈からだが、出雲大社が豊臣秀頼が寄進した権現造から白木造になったり、尼子氏が寄進した三重塔が撤去されたりといったことが先行的に起きている。

　「檀家」の制度は戦国時代にはなかったが、墓地があるところでいえば、織田家は曹洞宗萬松寺（愛知県名古屋市）、松平家は浄土宗大樹寺（同岡崎市）だった。上杉謙信の長尾家の菩提寺は曹洞宗林泉寺（新潟県上越市）だが、謙信は毘沙門天を崇拝し、真言宗に傾倒したので歴代藩主の廟所も真言宗法音寺（山形県米沢市）である。

　信心深いことで有名なのは淀殿で、豊臣家安泰を願って近畿地方の寺社に莫大な寄進をした。浅井氏が物部氏の末裔なのが不幸の原因と聞かされて、石山寺などに罪滅ぼしの寄進もしている。財力はかなり費やしたが、世論対策としてはかなり効果的だった。

　天台宗、真言宗、奈良仏教は、荘園制が解体されて大打撃を受け、僧兵もいなくなったが、豊臣秀吉も徳川家康も伝統勢力との融和を図るために、それなりの援助はした。徳川家も浄土宗と並んで天台宗も同等に位置づけた。

　禅宗でも曹洞宗は地方の武士の宗教として人気があったが、臨済宗は相変わらず学識の高さでは随一なので重視されたし、隠元禅師の来日（1654年）によって臨済宗に近い黄檗宗も参入して明、清と最新の中国文化導入のパイプになった。

　本願寺は戦国時代に大発展して、門徒たちが天下を取ったら、ヨーロッパにおける清教徒革命のようなものになっていたかもしれない。しかし、織田信長という革命児の出現によって敗れ、最後は正親町天皇の仲介で石山本願寺から和泉国（大阪府）、さらには、紀伊国に移った。豊臣秀吉によって京都への復帰が認められて現在の西本願寺ができたが、後継者争いがこじれて、徳川家康の後押しを得て東本願寺が成立し、教団は分裂した。

教養への扉　豊臣秀吉は神として祀られることを望み、豊国神社（京都市）が創建された。幕府は北政所の願いで破却は中止したが、朽ちるに任せた。徳川家康は東照宮に祀られたが、権現を採用したのは、明神は秀吉と同じで縁起が悪いからそうした。現在では、上杉謙信なども上杉神社で神として祀られているが、だいたい、武田神社も上杉神社も明治になって創建されたもので、熱心な仏教徒だった本人たちがびっくりしているだろう。

長州藩
戦国以来の国際感覚で関ヶ原の戦いのリベンジを果たす

　第2次征長戦争では、長州は村医者出身の大村益次郎が西洋の本を読んでつくりあげた新式軍隊や高杉晋作の奇兵隊の活躍、薩長同盟成立で坂本龍馬らが供給した新型銃などの威力で完勝。小倉や浜田まで占領して、慶応3年（1867年）という運命の年に突入した。

　フランス革命におけるバスティーユ襲撃に近い出来事が、薩摩の国父（藩主の実父）・島津久光による文久2年（1862年）の上洛と勅使を連れての江戸下向である。兄の斉彬は江戸生まれで体制内の優等生だった。久光は側室の子で、鹿児島育ちで江戸に出た経験もないが、インテリで国粋主義者だったので幕府に遠慮しなかった。

　桜田門外の変のあと、水戸藩も彦根藩も取りつぶしが原則だが、御三家と譜代筆頭をつぶせない。そこで、首をつないで、井伊大老は病死したことにして、路線は少しマイルドにして継続することにした。皇女・和宮の将軍・家茂のもとへの降嫁を求めた。

　京都で、安政の大獄への報復テロが横行するなか、朝廷との融和のためには公武合体だと思ったのだが、孝明天皇はもったいぶって、攘夷実行を要求し、呑ませた。

　こうしたとき、無位無冠の久光が亡兄の志を継ぐとして、「文久二年の政変」を起こした。このクーデターの結果、一橋慶喜が将軍後見職に、越前の松平慶永が政事総裁職に、会津の松平容保が京都守護職についた。将軍は3代将軍・家光以来、229年ぶりに上洛したが、上賀茂神社への参詣に随行させられて、上下関係を天下に見せつけられた。高杉晋作が「よーっ、征夷大将軍」とやじったのはこのときだ。

　しかも、孝明天皇に攘夷を改めて約束させられた。ただし、幕府は約束だけしてサボタージュするつもりだったが、長州が下関で本当に外国船を砲撃した。

　長州は4国艦隊の攻撃を受けたが、和平交渉で高杉晋作やイギリス留学から帰国した伊藤博文は、幕府の命令で攘夷を実行しただけなのだから賠償責任は幕府にあると主張し、4国連合軍側も長州の主張が正しいと認めた。あうんの呼吸でごまかそうとした幕府といち早く国際法での問題解決という真っ当な外交を身につけた長州の差である。

　ややこしいのは、孝明天皇の意向どおりに攘夷を実行した長州やそれとつながる攘夷派公家を孝明天皇が嫌って、「八月十八日の政変」で追放し、さらに、この処分の撤回を求めて長州軍が上洛すると、「禁門の変」で積極的に討伐を命じたことである。

　しかし、世論の支持は長州に集まり、幕府は第1次征長を試みるが、幕府の権力肥大を嫌った薩摩などが緩やかな条件での和睦を主導した。その後、幕府は長州藩内で高杉晋作らの正義派（尊攘派）が俗論派（穏健派）を追放して政権を握ったのを見て、第2次征長を試みたが、薩長盟約で薩摩も出兵せず幕府軍の完敗だった。

教養への扉　京都では薩摩の過激派の志士たちが伏見の寺田屋（写真）に集まっていたが、寺田屋事件で島津久光に粛清され、久光は孝明天皇に気に入られたのである。

76

会津藩
孝明天皇の迷走に振り回された松平容保の孤立

　京都守護職・松平容保は、先祖である保科正之の遺訓に従って徳川に忠実で、しかも、孝明天皇に忠実な忠義の士だという人がいる。しかし、これは両立するわけがない。実態は徳川を裏切り孝明天皇の気まぐれに諂って幕末政局を混乱させただけだ。

　孝明天皇は、自分の意見をきちんとお持ちだったが、しばしば現実離れしていたし、その場で反論するのは苦手でおられた。若いころは、30年以上も関白を務め、その後、内覧だった鷹司政通が厳しく諫言して抑えるので、孝明天皇は関白を非常に恐れられていた。

　ところが、条約勅許問題あたりから三条実美ら若手の過激派公家が強くなって政通は権力を失った。そして、今度は過激派公家が実権を握ったのだが、彼らも、天皇のご意向を強い言葉で抑え込むのが常だった。

　若手公家は天皇に大和親征（攘夷のために象徴的に神武陵や伊勢神宮に参拝すること）を承知させたのだが、怖くなった天皇は中川宮（青蓮院宮）や薩摩、会津に頼んで「八月十八日の政変」を起こさせ、長州や過激派公家を追放した。

　そもそも、孝明天皇は攘夷を実行せよといった過激な希望は強くいわれるが、どうやってするかは、幕府に任せたいというのだから、下々は大混乱したのである。

　本来なら、松平容保の仕事は幕府の意向に沿って、天皇を現実に誘導することなのだが、逆に天皇の意向を幕府に呑ませることに傾いた。いわば孝明天皇に対しては、君側の奸の役回りだし、幕府にとっての忠臣ではまったくない。

　その結果、会津排斥を狙った尊攘派が起こした禁門の変では、薩摩やもともと長州に心情的には近い徳川慶喜は私闘としたかったが、天皇の希望でしぶしぶ容保を助けた（薩摩が八月十八日の政変のころは西郷隆盛の赴任前であり、その後は徐々に長州との距離を縮めていった）。

　また、会津藩では藩士の死傷者を増やさないために、非正規武装集団である新撰組を使ったことも京都市民に不評であった。池田屋事件は、府警（所司代）の応援に来た福島県警（会津）がヤクザ（新撰組）を雇って、令状なしで踏み込み、逮捕もせずに切り捨てたという構図である。それに、会津や新撰組は金払いが悪いのも嫌われて世論の支持は圧倒的に尊王攘夷派だった。

　容保は、一時は一橋慶喜、実弟である桑名の松平定敬とともに朝廷を壟断したが（一会桑政権）、征長戦争の敗戦、兵庫開港などで路線が破綻し、慶喜は方針転換、孝明天皇もそれを追認せざるをえなくなって、容保は孤立した。会津藩の人々には気の毒な敗戦だったが、責任は容保自身にあり、戊辰戦争でも領民は殿様に冷ややかだったのも当然だ。

教養への扉　本来、京都守護は彦根藩の仕事だが、安政の大獄もあり無理だった。その代わりができるのは越前だが、松平慶永が政事総裁職となったので無理。それで会津にお鉢が回ったが遠隔地で、武士に従順な領民を相手にしてきた会津のやり方では京都市民の共感を得るのは無理だった。そこで、駿河国に転封させる案が出たが、実現に及ぶ前に大政奉還になった。

　坂本龍馬（写真）を誰が暗殺したか、事件直後は謎だったが、鳥羽・伏見の戦いで囚われた今井信郎の自白で、主犯は会津藩幹部・手代木直右衛門の弟で幕臣となった佐々木只三郎であることが明らかとなり、命令は会津上層部から出たと手代木が遺言している。

　土佐の郷士は冷遇されていたというが、彼らの階級は他藩には存在しなかった。長宗我部旧臣らを上士と下士の中間としたもので、人数が多く上士に対する対抗勢力であり、この層から多くの勤王の志士たちが出た。
　龍馬の家は富商の一族が郷士の資格を購入したもので、裕福で江戸遊学も可能になったし、活動資金もそれなりにあった。親戚で有名志士の武市半平太の使いで長州に行ったことから、剣術の腕が立つのに加え長州に顔が利くのがセールスポイントだった。
　越前の松平慶永の紹介で勝海舟の無給私設秘書になったが、勝の失脚後には薩摩が出資した亀山社中を拠点に政商として薩長同盟や長州への武器供給に活躍した。薩長同盟成立後には、御用済みとなって、今度は土佐藩が出資した海援隊で政商としての活動を続け、越前と連携しつつ山内容堂から大政奉還の提案をさせて成功した。
　さらに、新政府での徳川慶喜のそれなりの居場所を確保する根回しをしていたが、これを嫌った会津に殺された（龍馬は夫人のお龍を下関に置いており、長州の倒幕路線と対立する立場は取りえない。妥協案は徳川家の領地半減と分割などが考えられた）。
　龍馬暗殺でこの工作も失敗し、慶喜に辞官納地が命じられ、新政府が発足した（小御所会議と王政復古）。会津兵の暴発を恐れて慶喜は大坂城に退き、越前等による妥協工作の巻き返しに期待したが、西郷隆盛が江戸で幕府への挑発を行い、それに怒った庄内藩兵が決起し、大坂でも会津兵などが暴発して上洛したが、鳥羽・伏見の戦いで敗れた。
　慶喜は松平容保、定敬を拉致して船で江戸に脱出し、江戸に着くと両人を市中から追放し、勝海舟を窓口に和睦を交渉させ、無血開城が実現したのだが、上野の山に彰義隊が籠もったり、榎本武揚らが軍艦で箱館に移ったりして抵抗を続けた。
　容保には仙台藩などが家老切腹、領地削減、容保蟄居の穏当な条件を提案したが拒否され、福島での官軍参謀暗殺をきっかけに戊辰戦争が始まった。征長戦争での奇兵隊の活躍と違い、民衆がむしろ官軍に協力的だったのが致命的で戦いは短期間で終わった。
　これを見た官軍司令官の板垣退助が四民平等でないと日本を守れないと確信したのが自由民権運動の原点である。容保が抵抗を続けたのは、事態が落ち着くと、国元や江戸屋敷の反対を押し切って反薩長路線にこだわったがゆえに藩内で粛清されることが確実な京都での側近グループの呪縛から抜け出せなかった。

教養への扉　龍馬については、私も『坂本龍馬の「私の履歴書」』（SB新書）という本を書いているが、行動の詳細はかなり資料、証言が残っており、陰謀論的な憶測の余地は少ない。

明治維新と徴兵制
薩長土肥を維新の主役に押し上げた社会システム

明治天皇は少年だったので、帝王独裁はありえず、「五箇条の御誓文」で「万機公論に決すべし」とされたのは、自然な流れだった。また、四民平等にして武士を廃止し、徴兵制を取ったのも近代国家への変革に不可欠な改革だった。

上級公家や大名と、下級公家や武士の代表の合議で政務を行っていくことは幕末から構想されていたことである。公家や大名で実務ができるような人材は少なく、新政府組織となった太政官制のもとでは、上級公家の三条実美と、中級公家の岩倉具視が、それぞれ太政大臣と右大臣を占め、佐賀の鍋島直正が大納言という新体制となった。このほか、短期だが、有栖川宮熾仁親王と島津久光が左大臣に就任した時期もある。

その下で、薩長土肥から、2人ずつの参議を出すことになり、薩摩の西郷隆盛、大久保利通、長州の木戸孝允、佐賀の江藤新平、大隈重信、土佐の板垣退助が実力者だった。

この段階では農民や町人は排除されていた。日本では中世から大学があったヨーロッパと違い、庶民が学べる高等教育機関が存在していなかったので、インテリ市民がほとんど存在していなかったのだからしかたない。その代わりになった下級武士が維新の担い手になったわけだが、薩摩、長州、土佐、肥前（佐賀）の4つの藩の出身者が優位を占めたのには十分な理由があった。

士族という概念は明治になってからの戸籍上の分類で、江戸時代には、騎馬ができる上士、袴がはける徒士、半ズボンの足軽、それに武家奉公人にだいたい分類され、「武士」というのは徒士以上だけ、殿様が家来と認識しているのは上士だけだった。

ところが、薩摩では全国平均で数％だけの士族が20％以上もいた。長州は身分にこだわらない人材登用が円滑に行われていた。土佐では郷士という上士と農民の中間的な存在が分厚くあった。そして、佐賀では薩摩や土佐とよく似た事情があるうえに、名君・鍋島直正が全国一といわれた藩校を活用するなど、優れた人材発掘システムがあったのであって、薩長土肥は偶然の勝者ではなかった。

江戸時代には国軍というものがなく、新政府も最初は各藩から親兵を供出させていたが、大村益次郎や山県有朋の努力によって、1873年から徴兵制による近代的な軍隊の建設が進んだ。民主主義の歴史では、徴兵制こそが民主主義にとって不可欠なものだ。

納税と兵役を平等に果たすのが民主主義の基本理念だし、武器を一部の階級が独占しないという意味もあった。

教養への扉 ヨーロッパではいまも左翼が徴兵制の推進側である。近年は軍事技術の高度化で徴兵制を廃止してプロの軍隊を求める方向だったが、最近ではテロなどあって国民統合を強化するために、男女問わない徴兵制を求める動きも盛んである。また、アメリカでは志願兵制では、貧しい人ばかりが兵役につくのはおかしいという主張もリベラル派からある。

東京奠都について、司馬遼太郎の小説をもとに前島密の大久保利通への進言によるものという説が流布されているが史実ではない。また、正式の首都移転はされていないという説もあるが、明治天皇が即位礼を京都ですることで首都移転が追認されている。ただ、京都での即位礼挙行の約束は平成の即位礼のときに一方的に破棄された。

東京は誕生日がない首都といわれる。奠都がなし崩し的にされ、正式に京都から東京に遷都するということを宣言していないからだ。維新後の1968年1月に薩摩の大久保利通が「大坂遷都建白書」を提出した。

「国民が力を合わせて新しい国を建設するためには、天皇が簾の奥におられてはよくない。仁徳天皇のように国民と近くなくてはならない。外国との交際、富国強兵の観点からも浪速遷都だ」として、「関東平定のための軍駕親征のため天皇を大坂に移す」として大坂に40日も滞在し、陸海軍の閲兵、イギリス公使パークスの引見などを行った。しかし、「安芸国など西国を地盤とした平清盛が福原に遷都し、安徳天皇を屋島や大宰府に連れ去ったことの再現だ」と反対論もあったうえに、江戸開城となったので京都に戻った。

次いで、東西2都論も出たが、戊辰戦争勃発で関東重視の姿勢を示す必要もあり、江戸城を徳川家に返せという意見もあったので、「東西日本を平等に見るため」に9月20日、天皇は東幸の途につき、10月13日、江戸城に入城、東京城と改称した。

しかし、戊辰戦争も終わっていたので、天皇は京都に帰ることになったが、三条実美が「京都、大坂の人々がたとえ動揺して新政府を恨んだとしても、数千年にわたり皇室の恵みを受けて感化されている土地のことだから大丈夫。国家の興廃は、関東の人心の向背にかかっている」と主張した。

いったんは京都に帰ったが、翌年3月7日に再び京都を出発し、3月28日に東京入城、太政官をここに置いた。その後、京都をどうするかという議論が続けられたが、1880年に、モスクワで戴冠式をしているロシアの例にならい、京都で即位礼を行うということで決着がついた。

京都御所については廃止論まであったが、維持されることになり、現在も「元御所」でなく、いくつかある陛下のお住まいのひとつという位置づけになっている。

この約束に基づき、大正と昭和の即位礼は京都で行われたが、平成のときには面倒くさいと反故にされてしまった。明治天皇もなめられたものである。

教養への扉 その後も何度か首都移転論はあり、関東大震災後には、なんと京城（ソウル）近郊の南山や兵庫県の加古川、昭和30年代には浜名湖周辺が候補地になった。また、1992年には「首都機能移転に関する法律」が立法化され、東濃（岐阜県）、那須（栃木県）、畿央高原（三重県、滋賀県、京都府、奈良県）が候補となったが、ペンディングになっている。

現在の都道府県の出発点は、明治4年11月22日（新暦1872年1月2日）に300以上あった府県を1使3府72県（＋琉球王国）に整理したことにある。そして、いったん1使3府35県（＋琉球藩）までに整理したが、ライバル県をひとつにしたりして不満も出たので、少し分離も認め、1888年に47道府県にまとまった。

江戸時代は大名や旗本など武士や、寺社などが領地をもらって経営していたが、虫食い状態だったり、飛び地が全国に散らばっていたりした。藩とはいわずに、誰々の領地というようにいうか、あるいは国名などで呼んでいた。たとえば、熊本藩なら松平越中守御領知とか、「肥後」とかいった（細川氏は松平を賜姓されていた）。

しかし、明治2年6月17日（1869年7月25日）には、大名領国が「藩」とされる版籍奉還が実行され、殿様は知藩事となって、土地と人民を形式上だけだが天皇に返した。また旧幕府領などは適当にまとめて多くの府県が設置された。

そして、明治4年7月14日（1871年8月29日）、フランス革命記念日と同じ日に、各藩の知藩事を皇居に呼び出して藩をすべて廃止して県を置くことを一方的に宣言し、3府302県となった。

中心になったのは、山県有朋（写真）のグループで、西郷隆盛の同意が決定的な意味を持った。実は、この2人は非常に気が合ったらしく、対立しがちだった薩長では珍しいことだったのだ。

それほど大きな抵抗がなかったのは、いずれ郡県制に移行するだろうという予感もあり、各藩が財政難で立ちいかなくなり借金から解放されるのにもメリットがあった、1862年に大名の正室と嗣子の江戸居住の義務が廃止になり大名の家族の多くが親戚と離ればなれになって国元に移住しており、東京移住の命令を喜んだこともある。

それぞれの府県の管轄は、いちおう以前のままで、飛び地も解消しなかったが、明治4年11月22日（1872年1月2日）までに、第1次府県統合が断行された。

県域は律令制の旧国を基準として、サイズをそろえるために、分割や併合をした。名称は県庁所在地かその所在地の郡（愛知、宮城、岩手、群馬、茨城、香川、山梨、石川、滋賀、島根、香川）が原則。鹿児島、秋田、千葉、宮崎、大分、佐賀は都市名が郡名由来である。

市町村は、江戸時代の7万〜9万といわれた村を、小学校設置に合わせて最低3000人程度をめどに形成され、1889年に発足。戦後の昭和30年代に3000あまりにまとめられ、平成の大合併で2000ほどになった。

教養への扉　山県有朋は、地方自治制度もさることながら、公務員制度を確立した最大功労者である。官吏任用令などで政治任用を制限し、政治的に中立でプロフェッショナルな官僚制度は日本の発展に大いに寄与した。戦後復興が速やかに実現したのもそのおかげだ。ただし、平成における停滞は、霞が関の硬直化と能力の低い政治主導の負のスパイラルの結果で、新たな山県有朋の登場こそが期待されるべきだ。

　江戸時代に300の藩があったとされるが、それは正確ではないし、また、どの時点をもっ
て数えるかも難しい。結論からいうと、大政奉還の段階では271藩である。そして、廃藩
置県のときには、出たり入ったりがいろいろあって、261藩になっていた。

　大政奉還時の271藩のなかに、安房国船形藩（館山市）がある。これは旗本・平岡道弘が
1864年に加増で1万石を超えて陣屋を建設し始めたのだが、完成前の1868年7月に領地を新
政府に返上したというものだ。そんなわけで、あまり知られてないが、大政奉還のとき諸
侯だったのはたしかなので数に入れておく。

　この時点では、近代的な中央政府は樹立されたが、土地と人民の統治は、封建的領主に
任された。また、この段階では、「藩」というのは正式名称でなく、公式のものになったの
は、新政府が発足し、明治2年6月17日（1869年7月25日）における版籍奉還によって、全国
が府県と藩に分けられたときである。

　この段階までの消滅は、船形藩、若松（会津）藩、請西藩の3つで、新設されたのは、安
藤（紀伊国田辺）、水野（紀伊国新宮）、成瀬（尾張国犬山）、竹腰（美濃国今尾）、中山（常陸
国松岡）、吉川（周防国＝山口県岩国）という御三家と長州藩の家老家、それに村岡（但馬国
＝兵庫県）、成羽（備中国）、志筑（常陸国）、田原本（大和国）、堀江（遠江国）、矢島（出羽国
＝山形県）という実高1万石を持つ旗本が諸侯となったものだ。

　それに静岡藩も含めれば14藩で差し引き282藩である。また、東北の藩の一部や、徳川
宗家の静岡移転に伴って浜松藩などが千葉県に移るなど、かなりの移動があった。

　版籍奉還がなされたことで、大名が知藩事に任命され、もとの領国を藩と呼び、これを
治めさせることになった。これが府藩県三治制である。

　6月17日に版籍奉還が実行され、順次、知藩事が任命された。ただし、この時点で、各
地の新田藩などについては、知藩事の任命が行われなかった。このときから、明治4年7月
14日（1871年8月29日）の廃藩置県までには、斗南藩が新設（実質的には会津藩の復活）され、
22藩が消滅しているので、261藩ということになる。

　こうして、廃藩置県によって、藩も県と呼ばれるようになって、中央政府から県令が任
命されるようになり、大名は東京に引っ越した。このとき、3府302県となったが、ここに
沖縄県や北海道は含まれていなかった。

教養への扉　版籍奉還時に同一名称を避けるために、和歌山県と京都に田辺という地名の城があったの
で、京都府のほうは舞鶴藩になるといった名称変更も多くあった。羽後国（山形県）松山が松嶺、常陸
国府中が石岡、武蔵国（神奈川県）金沢が六浦、安房国勝山が加知山、越後国三根山が峰岡、三河国吉
田が豊橋、丹後国（京都府）田辺が舞鶴、丹波国亀山が亀岡、美作国（岡山県）勝山が真島、備中松
山が高梁、長門国府中が豊浦、対馬国府中が厳原に改称したのはそういう事情による。

　律令制以来の郡は、長らく行政単位ではなかったが、もともと河川流域などを考慮した自然の摂理に合ったものなので、意識のうえでは帰属意識も強く根づいたものだった。木枯し紋次郎も「上州は新田郡」と名乗ったのであって、どこの藩の人間よりそちらが大事だった。また、大名に領地を与えるときの基本単位も郡だった。

　1878年に郡を復活させ、町村制を再活性化させようとした。もともと都市でも郡に分割され、皇居は豊島郡、京都御所は愛宕郡、大坂城は東成郡だったが、このとき主要都市には区が設けられ、その区域は伝統的な郡から離脱し、市町村制ができたのちは、市に引き継がれて、市になると郡から離脱することになった。

　郡会議員は3分の2が各町村議会の互選、残りが所有地価1万円以上の大地主の互選（のちに直接選挙による選出）、郡参事会は郡長と府県知事が任命する郡参事会員（名誉職）により構成されていた。そして各郡にひとり（小さい郡の場合は数郡にひとり）の郡長を配置し、事務所として郡役所を設置して、行政区画的な機能が与えられた。

　1890年5月に府県制および郡制が公布され、郡には府県と市町村の中間行政機関としての性格が規定される一方、議会（郡会）も設置されて自治体としての機能も与えられた。

　律令制のもとでの郡は、その区域の広さがまちまちで、令制国によって非常に細かく分かれているところと、大括りのものとがあった。また、中世から江戸時代にかけて若干の変更もあった。

　しかし、これを本格的な行政単位とするには、極端に大きいものも小さいものも困るので、1878年の郡区町村編制法のときや、1890年の郡制発足を機に整理された。

　たとえば、大阪府の河内国では、石川郡、錦部郡、八上郡、古市郡、安宿部郡、丹南郡、志紀郡が南河内郡に、丹北郡、高安郡、大県郡、河内郡、渋川郡、若江郡が中河内郡に、茨田郡、交野郡、讃良郡が北河内郡になった。

　一方、青森県では津軽郡が北津軽郡、西津軽郡、中津軽郡、南津軽郡、東津軽郡に、北郡が下北郡と上北郡に、三戸郡と二戸郡はそのままとなった。

　この郡制度は、中央統制を全国津々浦々に及ぼすためのものだったので、政党勢力には好まれず、衆議院で郡制廃止が議決され、貴族院が否決することが繰り返され、1923年には自治体としての郡（郡会および郡の自治財政）が廃止され、1926年には行政官庁としての郡（郡長および郡役所）も廃止された。

　これで郡は行政の単位ではなくなったが、都道府県議会の選挙区としては健在である。ただ、昭和と平成の大合併で市の数が増えて、郡がなくなったり、非常に少ない数の町村だけになったりして、条例で統廃合や名称の変更ができるようになった。

教養への扉　日本の地方自治制度のモデルとなったフランスでは、県（デパルトマン）が数個の郡（アロンディスマン）に分けられ、副知事がそれぞれに駐在している。ただ、日本では、郡はより小さく市町村はより大きいのが、盲腸化する原因になった。

市町村制
江戸時代の「ムラ」が小学校区別に集まって「村」に

　府県の発足が1871年の廃藩置県という早い時期に完成し、1888年の香川県の発足で47道府県体制になったのに比べて、基礎自治体（市町村）制度の確立は少しもたついて、1889年になって市町村制が完成した。

　江戸時代の町や村の上に小区、その上に大区を置こうとしたがうまくいかず、1878年に郡区町村編制法が制定され、郡には官選の郡長や郡役所を置いた。

　東京、京都、大阪の3府では、東京は麹町区、神田区（ともに現・千代田区）など15区、京都なら上京区と下京区、大阪は東西南北の4区が置かれた。町村には戸長がいて自宅を役場にした。

　1884年には500戸をめどとして戸長を置き、連合戸長役場と呼ばれるようになって、自宅に置くことは禁止された。町村制は1888年4月25日に公布され、翌年の4月1日以降に始まった。

　このときに「明治の大合併」が行われ、数個のムラが集まって人口3000人をめどにし町村ができた。連合戸長役場の管轄範囲が基本になった。だいたい小学校を設置する母体として適切な規模だった。

　市制も同時に公布され、府県によって少し差があるが、翌年の2月までには出そろった。最初の段階で市になったのは39市で、県庁所在地で市にならなかったものも多く、最後の浦和町（現・さいたま市）が市になったのは、1934年であった。

　市町村の数は、市町村制発足の年である1889年は約1万5000市町村、戦前の総決算で市街地はだいたい合併していた1940年で1万市町村、昭和の大合併が終わった段階の1990年は3200、そして、平成の大合併のあとの2020年は1700くらいだ。

　市町村合併は、県などのアドバイスはあるが、基本的には市町村の自主性に任せられているので、豊かな中心地域が合併を望まないこともある。たとえば、福島県の田村郡では城下町だった三春町が参加せずに周辺部だけで合併した。また、政治的思惑も入りやすい。

　一方、海外では複数の市町村にまたがる巨大ニュータウン開発などすると、その地域が従来の市町村から抜けたりするのだが、日本の場合はそういう例はほとんどなく、一体的な地域経営の支障になったりしている。

　やはり、明治以来、100年もたっているのだから、このあたりで一度、制度を見直し、再編成すべきだと私は思う。

　また、市町村の名前も政治的思惑が先行して、個性がないとか、複数の市町村の名前から1字ずつ取ったとか、マニアックで読みにくい漢字を使っているとか、もう少し工夫の余地がありそうだ。

教養への扉　沖縄、対馬、隠岐、奄美の大島郡では1921年、伊豆諸島と小笠原では1940年、北海道や樺太では1943年になって適用された。それまでは市でなく区だった。

廃藩置県を実現したのち、岩倉具視を団長に、大久保利通と木戸孝允が副団長になり、伊藤博文なども参加して政府首脳の半分が参加する岩倉使節団を欧米に派遣した。その留守を預かったのは西郷隆盛だが、勝手に征韓論を進めていたので、帰国した岩倉らに阻止されたので辞任し、西南の役を起こして自滅した。

使節団はサンフランシスコに着いて大歓迎され、伊藤博文は英語で「日の丸演説」と呼ばれる文明開化への決意を述べた記念碑的な演説をしている。そして、開通したばかりの大陸横断鉄道でワシントンに向かい、ユリシーズ・グラント大統領に歓迎された。日程には手違いによるムダもあったが、それを利用して、木戸孝允はアメリカ憲法を逐条で研究し、立憲政治の推進者となる。

ヨーロッパでは、オットー・フォン・ビスマルクが「外交は一時も油断のならぬ弱肉強食の世界である。国際社会にあって、小国がみずからの国権、自主権を保持していくには軍事力がなくては生き残れない」と新興国の宰相らしいアドバイスをしてくれたので、大久保利通は大いに感銘を受けた。この使節団の見たことも大事だが、2年間にもわたって団員同士で議論を重ねて近代国家建設の方向性を見いだしたのがより重要であった。

使節団が帰国すると、西郷らは征韓論を具体化しようとしていた。たしかに、朝鮮の態度はひどいのだが、軍事行動をするとなると、国際法にも配慮したやり方をしないと、世界の支持は得られないと岩倉や大久保は反対し、最後は体調を崩した三条実美太政大臣の代理となった岩倉が強引に方針を変えさせた。

薩摩では国父であり頭脳明晰で自説に固執する島津久光（写真は集成館の島津氏の家紋）が、廃藩置県や風俗の欧化などを進める新政府に不満を募らせていた。そういう事情のもとに、西郷は士族たちに働き場を与える征韓論を主張したのだが、岩倉、大久保らに否定され、下野した。

大久保は台湾出兵でガス抜きをし、江藤新平を早めに暴発させて佐賀の乱を鎮圧し、「漸次立憲政体樹立の詔書」で板垣退助を説き伏せ、久光を左大臣にするなどして慰撫した。

一方、西郷は、新政府が向かう合理主義的な割り切り、農業の軽視、押しつけ、高官たちの奢侈と驕慢さに抗議する人たちの心のよりどころとなった。しかし、機が熟さないうちに私学校の弟子たちが決起したので、西郷は「しまった」と叫んだという。

鳥羽・伏見の戦いでは、幕府方を暴発させて勝利を得た西郷は、逆の立場に立った。それでも、五分五分の戦いに持ち込めると思ったのが、熊本城を攻略できず、田原坂で政府軍に敗れて万事休すだった。徴兵制で山県が集めて訓練した軍隊は意外に強かった。

教養への扉 フランス革命以降の近代戦では、個人の功名心や勇気より、命令を忠実に履行することが重要になった。その目的からすれば、武士より庶民の軍隊が強くなっても不思議でない。もちろん、個人の功名心などが有益に働くことがあるのはいうまでもない。

「韓国・朝鮮は大国の狭間で翻弄されてきた」という人がいるが、半島の支配層の政争が大国の争いの原因をつくって日清、日露など数々の戦争の原因になったことのほうが多い。

朝鮮は1636年に満洲族のホンタイジ（ヌルハチの子）に攻め込まれ、仁祖は漢江のほとりの三田渡で三跪九叩頭させられ、清の冊封国となった。このとき、朝鮮は江戸幕府にも一種の朝貢使節である通信使を派遣していたが、この継続を清も認めた。文禄・慶長の役に懲りて、朝鮮が日本と争って起きる戦争に巻き込まれるのは避けたかったのだ。

交易は対馬藩が釜山に「草梁倭館」を設けて行っていたが、新政府は、1868年に近代的な国際関係の樹立を求める国書を届けた。すると大院君（高宗の父）は、日本人が洋服を着ているのが気に食わないとかまで含めて西洋化を非難し、中国の皇帝のみが使うべき「皇」とか「勅」の文字が国書に使われていると、国書の受け取りを拒否したり、そのほかにも、外交儀礼に反する嫌がらせを続けたりしたので征韓論が出た。

朝鮮では、大院君と閔妃が対立し、日本、清、ロシアを利用し、めまぐるしく提携先のあいだを遊泳した。外交常識に反した非礼な振る舞いも多く、近代化にも消極的だった。

日本は閔妃が開国に前向きというので、1875年、日本軍艦に朝鮮側から発砲があったのを機に軍事行動を起こし、翌年には「日朝修好条規（江華島条約）」を結んだ。朝鮮は「自主の国」と位置づけられ、釜山、仁川、元山が開港し、日本の治外法権、無関税、日本貨幣の通用などが認められた。

これ以降、親日派が増えたが、1882年、日本の肝いりでできた新式軍隊優遇に不満を持つ大院君など保守派が反乱を起こした。清は、最初は歓迎したものの、大院君のやり方が無茶だと日本に賠償や謝罪、公使館への日本兵の駐屯を認めさせた。

次には、逆に閔妃が清に近づいたので、宗主国としての立場ということで、袁世凱と軍隊を朝鮮に常駐させ、大院君は天津に拉致されて4年間も抑留された。そこで、福沢諭吉の影響を受けた金玉均らの開化派が1884年にクーデターを起こしたが失敗。金玉均は日本に亡命したのち、上海に誘い出され、殺された。

ところが、閔妃は今度はロシアを引き込もうとしたので、伊藤博文と李鴻章が話し合い、1885年に日清両国は朝鮮から撤退し、派兵するときは通告し、事態が終結したらすぐに撤兵するとした。そして、清は閔妃たちを牽制するため、大院君の帰国を認め、イギリスにロシアを牽制させたが、それでも、ロシアは北東部に進出してきた。

大院君は日本と組むことにして、清からの独立に向けて動くかに見えたが、やがて斥倭洋夷（朝鮮から日本と西洋外国を排除する）を掲げる新興宗教集団の東学党に乱を起こさせて混乱を起こした。袁世凱に介入させて日本を排除しようとしたのだが、袁世凱は北京に逃げ帰り、この大院君の火遊びが日清戦争に発展した。

教養への扉　漢城に常駐した袁世凱の乱暴狼藉はひどく、いまも横暴な中国人政治家がいると、袁世凱のようだと韓国人はいう。

近代

清との関係
「冊封体制」は中国人も使わない自虐用語である

　朝鮮は中国の暦を使い、人名も中国風に変え、文書は中国語でしか書かなかった。中国からやってきた使節に国王が三跪九叩頭の礼でもって迎え、王として正式に冊封されるまでは世子にすぎないという関係だったが、それは特異なものであって、そうした関係が東アジアの外交関係の基本などとは中国人すらしていない。

　中国は外国との国交や貿易は朝貢を受けるのみしか受けないという立場を取っていたが、中国が国内的にそういう建前だっただけで、相手も認めていたのではない。

　まして、東アジアの国際関係を、戦後の東京大学教授が、中国の皇帝が周辺国の王を冊封して主権を認めるという関係を基本にしていたとして「冊封体制」と名づけたが、中国や韓国の教科書でも使われていない。モンゴル人や満洲人でもそんな解釈していなかったし、古代日本でも中国の使節を西蕃の遣使と扱ったりしていた。

　ヨーロッパにおける国際法秩序は、1648年にドイツ三十年戦争を終結させるためのウェストファリア条約が結ばれ、平等な立場にある国同士の関係を基軸としたものになってグローバルスタンダードとなっていった。

　19世紀になると、西洋諸国が近代的な国交を清に要求し、それを呑ませることに成功していた。維新後に日本が要求したのは、西洋諸国と同待遇だった。清は新しいケースなので、慎重に検討し、実力者で現代でも評価が高い政治家である曽国藩などが、日本は中国は隣邦であるという意識であり、元寇や倭寇を見てもわかるとおり、朝鮮のように中国に屈服させようとしても無理であるとして日本の要求を呑んだ。

　伊達宗城大蔵卿が1871年に天津で交渉し、清が治外法権などは互いに認め合うということで妥協が成立して日清修好条規が結ばれ、対等な国交が実現した。さらに、副島種臣が三跪九叩頭なしに皇帝に拝謁することを認めさせ、大使の肩書を持つ副島が筆頭となって各国公使団を率いて初めて外交団の皇帝への拝謁が実現した。

　清は朝鮮などとの冊封関係につき、近代国際法でもなんらかの意味を残すことを欲し、保護国化なども模索したが、日清戦争の敗戦であきらめた。清と朝鮮、琉球、ベトナム3カ国との冊封関係も近代国際法において特別の意味を持たないことが下関条約で確認され、近代的国際法がアジアでも完全な形で適用されることになった。

　下関条約を受けて、李氏朝鮮では、高宗が朝鮮国王から大韓皇帝となり、沖縄の首里城の守礼門と同じ性格の迎恩門は取り壊され、代わりに独立門が建てられた。つまり中国からの独立を記念したものだが、韓国人でも日本からの独立と間違える人もいるらしい。

教養への扉　日清戦争のあと、ドイツ、ロシア、フランスの3国は下関条約による遼東半島の割譲に反対して三国干渉を行い、日本はこれを呑まざるをえなかった。しかも、ロシアは仲介の見返りに遼東半島先端部の関東州（旅順、大連）を租借するなどした。

大日本帝国憲法
現代の欧州諸国の憲法でも元首が首相を指名している

　「明治十四年の政変」（1881年）では、筆頭参議だった大隈重信が、イギリス留学者たちがつくった民主的な憲法案の採択を提案したが、岩倉具視、伊藤博文らの反対で採用されず、大隈は下野する一方、10年後の国会開催が約束されたといわれるが、事実誤認が多い。

　このとき、岩倉は肥後国出身で各国の法制に通じた井上毅に意見を求めた。井上はヘルマン・ロエスレルとギュスターヴ・エミール・ボアソナードという独仏の学者の意見を聞き、大隈案の議院内閣制を定めた憲法など、英仏でも採用されていないユートピア的なものであり、天皇が総理大臣を指名し、国会が予算や法律の議決権を持つ憲法が常識であることを提言した。

　しばしば大隈がイギリス、板垣らがフランス、伊藤や井上が保守反動のプロイセン派というが、伊藤は各国の首脳とも会談を繰り返した国際派だし、井上は憲法の運用実態を現地で専門的に調査してきた。彼らは現実と理想のギャップをよく理解しており、海外に一度も行ったことがない大隈や板垣の考え方とか、単なる留学生として洋行して書籍などで勉強しただけの人たちとは知識レベルに大きな差があった。

　もうひとりのキーパーソンは、アメリカの第18代大統領だったグラントだった。グラントは、ワシントンで岩倉使節団を温かく迎えてくれた大統領でもあるが、大統領離任後に世界一周旅行をして清や日本にもやってきた。グラントは、明治天皇や政府首脳と会談し、友好的にこの若い東洋の島国のためにアドバイスをしてくれた。

　「日本は軍事物資、陸軍、海軍ともに清に勝っている。清は日本に手も足も出ないだろう」というとともに、イギリス公使のパークスが利権と見返りの借款とか、急激な民主化を進めていたのに警戒するようにすすめ、「国会開設は必要だが急がないほうがいい。一度政党に力を与えたら後戻りできない」とアドバイスした。そして、パークスが会談を求めても断固拒否したのである。

　こうした基礎知識があるだけに、岩倉も慎重に対処し、大隈の提案を拒否し、中間派的だった伊藤もそれに同調した。そして、伊藤をドイツ、オーストリアに派遣して調査にあたらせた。岩倉は伊藤の帰国の直前に死んだが、その後、伊藤を中心に井上や伊東巳代治が加わって検討してできあがったのが大日本帝国憲法である。

　できあがった憲法は、内容はもともと自由主義的な伊藤の意向を反映して井上の考え方よりは先進的になっている。ただちに民主主義を保障しないが、斬新的に民主主義に進むことも可能になっており、非常によく機能した。

教養への扉　旧憲法が民主的でないという人は、総理大臣の任命が議会でなく天皇によることを問題にするが、21世紀の今日でも、ヨーロッパの君主国では、首相は国王の指名で第1党の党首が首相となるとは限らないのである。さらに、共和国でもここ数年でもイタリアやギリシャでは大統領によって政治家を排除した実務者内閣が任命され、2021年2月に誕生したマリオ・ドラギ首相もテクノクラートで、23人の閣僚のうち8人が国会議員でない。

伊藤博文

内閣総理大臣は太政大臣より格下のポストだった

王政復古ののち新政府のトップについたのは有栖川熾仁親王だが、やがて、大宰府から三条実美が帰ってきて太政大臣となった。それから、1885年に内閣制度が発足して伊藤博文（写真）が内閣総理大臣となるまで、政府のトップにあった。

ただし、実質的なトップは右大臣・岩倉具視で、岩倉使節団の外遊中は西郷隆盛が最大実力者であり、その後、大久保利通が最大実力者だったこともあるが、公式の宰相格というわけではなかった。

そして、1883年の岩倉の死によって、太政官制度は機能不全に陥った。伊藤はこのとき、太政大臣を狙ったが、下級武士出身の伊藤を太政大臣というわけにはいかず、内閣制度を創設して、閣僚の上に超然とした大統領的な「太政大臣」があるのでなく、横並びの閣僚のなかの首席としての「総理大臣」を政府のナンバーワンとすることになった。

こうして、初代の内閣総理大臣に伊藤が就任した。

そして、この伊藤が憲法を起草し、それに基づいて国会が開設されたのだが、明治維新の成果を維持するためには、議会にも法律や予算についての権限を与えつつ、薩長出身者がそれなりに手綱を握り続けることが必要という要請もあり、しばらくは、公家出身の西園寺公望を除けば、薩長閥の総理大臣が続くことになる。

伊藤は憲法案を作成したあと、これを審議する枢密院の議長に転出し、後任には薩摩閥の頂点にあった黒田清隆（1888年）が指名され、その下で憲法発布が行われた。第1回の総選挙と国会開会は山県有朋総理（1889年）のもとで行われた。民権派が予想どおり多数を占め、予算審議が難航したが、辛抱強く妥協点を探り、民党も最終的には現実的な範囲での修正にとどまることを受け入れ、オスマン帝国と違って憲法停止ということはなかった。憲政を守るという気持ちが明治人に広く共有されていたということだ。

第2回の総選挙に臨んだのは、薩摩の松方正義（1891年）で、大選挙干渉を行ったがそれでも民党勢力が勝利した。そこで、実力者の伊藤（1892年）が再登板し、そのもとで日清戦争が戦われた。下関条約が結ばれたあと、松方（1896年）が再登板し、民党と融和的な政策が展開された。さらに、伊藤が第3次内閣（1898年）を組織したが、政党の力は抑えがたくなり、自由党と進歩党が合同し、憲政党になったので、その総裁である大隈重信（1898年）に政権を委ねた。しかし、尾崎行雄文部大臣の失言をきっかけに両派は分裂して大失敗に終わった。

そこで、山県（1898年）が第2次内閣を組織し、伊藤が第4次内閣（1900年）を組織したが、このときには、伊藤自身が旧自由党残党を中心に立憲政友会を組織していた。

教養への扉 伊藤博文の父はもともと農民で、中間（足軽より下で武家奉公人）の養子になり、その養父が足軽に昇格した。事実上、普通の農民階級の出身で、その総理大臣就任は革命的なことであった。山県も中間出身。黒田は下級武士。松方は職能集団である勘定方である。

　日韓併合は避けられるなら避けるべきだったが、韓国が世界平和の攪乱（かくらん）要因になっていたので英米など国際世論の支持を慎重に得て行ったものでもあることもたしかだ。せっかく日本が朝鮮の独立を中国から勝ち取ったのに、ロシアを引き込んで釜山に招き入れるなど、日本でなくとも許す国はない。

　日清戦争のあと、ドイツ、ロシア、フランスの3国は下関条約による遼東半島の割譲に反対して三国干渉を行い、日本はあきらめさせられた。しかも、ロシアは仲介の見返りに半島先端部の関東州（旅順、大連）を租借した。

　これを見て朝鮮国王改め大韓皇帝の高宗はロシアと接近し、領事館に逃げ込み、利権を惜しみなく与えた。ロシアの野望はとどまるところを知らず、また、シベリア鉄道の全面開通が近づき、戦うなら急いだほうがよいという判断もあって、日本は開戦に踏み切った。

　これに先立ち、義和団事件に清国が乗じた北清事変（1900年）が起こったが、北京で人質にされた欧米人たちを助け出した多国籍軍の主力は日本軍で、模範的な軍紀だったこともあり、アジアの憲兵としての価値を高めていた

　イギリスは日英同盟を結び、アメリカも日本に好意的に動いてくれ、ニューヨークでの外債募集に協力し、ポーツマスでの講和会議にロシアを引っ張り出してくれた。戦争は、旅順陥落、奉天会戦、日本海海戦などを経て日本の大勝利に終わった。賠償金は取れず、日本の世論は満足しなかったが、南満洲まで勢力圏となり、南樺太まで取れたのだから、十分な日本の勝利だった。

　韓国で怨嗟（えんさ）的になっているのが、桂・タフト協定（かつら）である。日本の勝利がほぼ確定した1905年に桂太郎総理と、セオドア・ルーズベルト大統領の特使として来日したウィリアム・タフト陸軍長官（次の大統領）とのあいだで交わされ、①日本はアメリカのフィリピン領有を認める、②極東の平和維持は、日本、アメリカ、イギリス3国間の合意に基づいて行われる、③アメリカは朝鮮における日本の優越支配を承認するというものだった。

　さらに、ポーツマス条約でロシアも日本の韓国に対する優越権を認めたので、第2次日韓協約が締結され、外交権が日本に接収され、外交公館も半島から撤退した。ところが、高宗は協約を破ってハーグ密使事件を起こしたが、相手にされず、退位させられた。しかも、独立維持を支持していた伊藤博文が安重根（あんじゅうこん）に暗殺されたこともあり、1910年8月29日に日韓併合が行われた。

　このころ、アメリカはハワイを併合したが、これは、日韓併合よりはるかに強引なものであって、もし日韓併合が無効なら、ハワイ併合も無効といわねばならない。

教養への扉　ロシアが近年のクリミア動乱でウクライナ軍港の湾口に船を沈め、コサック兵をゲリラ的に展開してウクライナの息を止めたのは日露戦争の恨みを晴らすつもりだったかもしれない。

朝鮮・台湾支配

書き言葉としての朝鮮語は日本人がつくった

朝鮮統治のほうが評価されるべき点も多く、違いは35年間と50年間という統治期間の長さと、南北分断を日本の責任とする濡れ衣に起因するのではないか。

朝鮮や台湾は「植民地」だったのかといえば、国際法上の用語ではないでのなんとでもいえるが、イギリスのインド統治のような意味での植民地ではなく、イギリスのアイルランド領有とかロシアのポーランド領有に近いものである。とくに朝鮮統治は、目的が経済でなく国防上の要請に基づいていたので、経済的利益を得るより、統治の安定を優先させたので、収奪した事実はない。

終戦のときには、台湾でもお祭り騒ぎで歓迎する人は多かったし、朝鮮統治は非常に順調で、日本に見捨てられたことを怒っている人も多かったのである。

台湾では、併合時に大規模な反乱があったが、朝鮮ではそれはなかった代わりに、1919年の高宗崩御のときに三・一運動という独立運動があった。その規模は小さくはなかったが、死者数百人という総督府の発表より犠牲者などが多いという根拠はない。

また、事件以前の統治は強圧的で、以降は文治主義でマイルドだったともいうが、統治体制が整備されるまでは強圧的にならざるをえなかったというだけである。そして、三・一運動以降は平穏な統治で独立運動もほとんどなかった。

インフラ整備は、間違いなく目覚ましい成果を上げた。経済政策については、戦前の日本全体と同じで、普通に考えれば目覚ましい成長や生活水準の向上を見たのだが、日本の場合の士族の不満と同様に、朝鮮の両班にとってはつらいものだった。

土地制度整備のなかで入会地などの扱いで賛否両論があるのも国内と同じだし、米作地帯から米を移出するようになって農民は潤い経済は豊かになったのであって、それをもって食糧が足りなくなったというのは適切でない。

教育についての評価は高いが、問題は言語である。もともと朝鮮ではハングルが存在していたが、補助的にしか使われず、書き言葉としては漢文が使われていた。漢字ハングル交じり文は、福沢諭吉門下の井上角五郎の考案だし、ハングルの表記法の制定は日本統治下であり、書き言葉としての朝鮮語が確立されたのは日本人によってのことで、言葉を奪ったのではなく言葉をプレゼントしたというべきである。

戦時中に日本語での教育に変更したが、これは、選挙権を与えるとかいった同化策に舵を切ったことの反映で、功罪はさまざまである（写真は百済時代に建てられた定林寺址）。

教養への扉 創氏改名は、日本人の氏名が明治初年の戸籍法施行の際に、西洋風の氏名にしたのと同じ考え方を適用しようとし、その際に日本風の名前にしてもよいということである。ただし、末端でかなり広範に日本風の名前への誘導をした官吏などがいたのは残念ながら事実で、これは大変申し訳ないことだった。

辛亥革命、第1次世界大戦
反日運動の原点となった大隈内閣の「対華21カ条」

　孫文らは満洲人の支配から脱したいと日本人から援助を得ていた。それなら、満洲人は満洲に帰り、モンゴルやチベットは独立するはずである。ところが、多民族国家である清の領土が、中華民国に合法的に移管する理不尽なことが起き、漢民族にとっては都合がよかったが、ほかの民族や周辺国にとっては困ったことになった。

　これは、辛亥革命が起きたときに清の内閣総理大臣となった袁世凱が、孫文との取引で、中華民国の臨時大総統就任となり、満洲人やモンゴル人の貴族の待遇を保障すること、ラストエンペラー宣統帝溥儀が紫禁城に住み続けること、歴代の御陵を守ることを条件に、溥儀を退位させ、円滑に政権が委譲されたことによるものだ。

　そして、袁世凱は外国利権の回収にかかった。しかし、イギリスなどの中国を半植民地扱いする権益と、日本やロシアのような隣接国の権益とでは性格が違い、カリブ海諸国などと同じような関係があるアメリカも理解していたのだが、やはり思惑に差が出てきた。

　第1次世界大戦で、日本は英仏露連合の側で参戦し、ドイツの租借地だった青島など山東省や、植民地の南洋諸島のうちミクロネシアを占領した。大隈重信内閣は、中国に対して「対華21カ条」を突きつけ、ドイツからの権益継承を認めさせ、中国の内政に干渉するような要求をした。どうしても必要なものでないのに、悪乗りしたもので、中国の反日運動の原点になった。大隈の楽観主義が悪いほうに出たのである。

　その後、日本は中国に対する植民地支配を手放さない悪党のように漢民族から責められた。一方、ロシアでは革命が起きてソ連が成立し、コミンテルンという隠れ蓑を使いながら中国共産党をつくらせて別働隊としたり、モンゴルやウイグルなど各地に独立運動を先導したりして巧妙に立ち回った。

　パリ講和会議では、原敬総理の代理で西園寺公望が全権代表となり、元外務大臣の牧野伸顕が補佐し、近衛文麿や吉田茂、芦田均も参加した。ドイツ利権の日本による継承に中国は反対したが、西園寺の留学当時の友人であったジョルジュ・クレマンソーがフランスの代表だったという幸運もあって日本の言い分が通り、中国代表団は調印せずに帰国した。

　講和会議で日本は「人種平等の原則」を提案したが、白豪主義で人種差別をしていたオーストラリアとその宗主国であるイギリスが猛反対し、国内で人種問題を抱えるアメリカも消極的だった。

教養への扉　アメリカのウッドロウ・ウィルソン大統領は、理想主義者といわれるが、南部出身で白人至上主義団体KKK（クー・クラックス・クラン）の支持者だったので、最近、プリンストン大学から痕跡が追放されているほどだ。ウィルソンの白人至上主義的な感覚は、原敬総理と幣原喜重郎駐米大使という親米コンビが、国内的に苦労しつつ対米協調に腐心していたのに応えてくれなかった。

藩閥政治、政党政治
維新のときには少年だった「第2世代」政治家が活躍

内閣制度ができて十数年間は、維新の元勲たちが交代で政権を担ったが、1901年に維新第2世代の桂太郎が総理大臣になった。それから原敬を首班とする政党内閣の時代になるまでを振り返ってみよう。

桂太郎は、戦国武将の末裔で、叔父は吉田松陰の支援者だった。維新後すぐにドイツに留学して近代陸軍の仕組みを学び、山県有朋にかわいがられてのし上がった。秀才で陽気で積極的だった。この内閣は5年近くも続き、その間に日英同盟を結び日露戦争に勝利した。

しかし、戦争が終わると、政党の圧力が強まったので、政友会を伊藤博文から引き継いでいた公家出身の西園寺公望が後任になった（1906年）。フランス帰りのあとは、桂と西園寺が交互に政権につく「桂園時代」が12年間にわたって続く。

第2次桂内閣（1908年）では、伊藤博文暗殺、大逆事件、日韓併合があった。第2次西園寺内閣（1911年）では、辛亥革命が起き、明治天皇が崩御された。第3次桂内閣（1912年）は、政党勢力の第1次護憲運動に対し、大正天皇の詔勅で乗り切ろうとしたら非難囂々となり、桂は退陣に追い込まれた。桂は下野して自分も政党をつくろうとしたが急死した。

山本権兵衛（1913年）は薩摩出身の海軍軍人だが開明的で、陸海軍大臣現役制を廃止するなどしたが、シーメンス事件という海軍の汚職で辞任。桂の新党構想の延長で、政友会に対する立憲同志会が設立され、そのなかで第2次大隈重信内閣（1914年）が成立し、第1次世界大戦に臨んだが、「対華21カ条」という大失敗はするし、悪質な選挙干渉も不評だった。また、このとき、京都で即位礼が行われた。

そこで今度は、長州閥でフランス留学の経験もある内務官僚の寺内正毅が政権についたが（1916年）、ロシア革命が起き、シベリア出兵、米騒動など苦しい政局が続いた。そうしたなかで、ようやく最初の本格的な政党内閣である原敬内閣が成立した（1918年）。

浅井長政の親族を先祖とする盛岡藩家老の出だが、戸籍が平民になっていたので、平民宰相と呼ばれた。新聞記者などののち外交官となって駐仏公使などを務め、政友会の結成に参加したが、政敵のはずの山県有朋の信頼を得たのが強みとなった。

地方名望家の利益を増進する保守政治の原点を築いたが、皇太子の渡欧、皇太子妃の選定をめぐる「宮中某重大事件」などで山県とともに攻撃され、東京駅で暗殺された。そのあとの高橋是清内閣（1921年）のときに、山県や大隈も死んだ。比較的若くして桂が死んでおり、大正時代は不安な状況のなかで終わることになる。

教養への扉 君主制度にあっては、君主本人だけでなく、その王侯族や上級貴族の役割も調停者として重要だ。明治前半は、天皇が若年だったこともあり、三条実美（清華家）と岩倉具視（中級公家）が支えた。その次の世代では、西園寺公望（清華家）、次いで、近衛文麿（五摂家）、東久邇宮稔彦王（皇族）が総理大臣を務めた。

大正年間（1912～1926年）の後半になると、日本は外交では幣原喜重郎が対米、対中融和外交を試みたが、移民問題もあって反米気分が高まると、国粋主義が台頭した。それに対して、辛亥革命後の中国はアメリカに接近し、互いにシスターカントリーの意識も出てきた。

1871年の岩倉使節団には津田梅子や山川捨松（大山 巌 夫人）など少女たちも参加して、アメリカに残り、帰国後は近代女子教育に尽くした。大量の留学生が欧米で学び、日露戦争では金子堅太郎がセオドア・ルーズベルトの留学時代の友人だったことが日本に有利に働いた。しかし、国内の教育体制が整備されると留学生も減っていった。

一方、太平洋戦争のとき、中国最強の軍人といわれたのは、アメリカで育った蔣介石夫人・宋美齢だった。父は元宣教師で聖書の出版で財をなした。辛亥革命で中国が共和国になったので、遅れているとはいえ、けなげに頑張っているので助けたいという気持ちがアメリカに出たし、キリスト教の布教が日本より進んだことも好感度を増した。

アメリカは原則論としては中国の主張を支持しても日本の権益は尊重すると留保を加えていたが、中国は留保を無視してアメリカの支持を得ているように振る舞い、日本権益を攻撃したので、中国をアメリカが支援しているように日本人は受け取った。

現代の日本の保守派の一部が、アメリカのリベラル勢力が中国と結託していると罵るのと同じ構図で、決して国益を増進するものでない。一方、幣原のハト派外交は、外交の世界では好感を持たれたが、中国にもアメリカにもなめられただけで成果はなかった。

国粋主義とかアジア主義とかは、幕末から脈々としてあったが、薩長中心の政権は脱亜論に近い立場で行動したし、中国や朝鮮のふがいなさで広がりを見せなかった。次いで中国革命を助けて満洲族から漢民族を解放しようという動きもあったが、孫文らが漢民族が他民族を支配し、日本に対抗するという方向に転じたので、裏切られた形となった。

そこで、満洲人らの中国からの自立を助け、併せて、欧米の植民地となっているアジア諸民族を独立させる日本主導のアジア主義が台頭し、反共や国粋主義とも結びついて大東亜 共 栄圏の構想に結実していくが、諸民族から広く歓迎されることは難しかった。

また、西太平洋を日本の勢力圏として認めろという構想が欧米の支持を得るはずもなかった。皮肉なことだが、現在の中国は、かつて日本が失敗したのと同じ発想の一帯一路構想を唱えているが、これを日本やアメリカが許さないのと同じ状況であった。

さらに、アメリカの大統領に、母親の実家の事業の関係で中国に親近感を持つフランクリン・ルーズベルトが就任した不運もあった（写真は「産業報国」を支えた長崎県の軍艦島）。

教養への扉 日本に赴任した宣教師たちは、布教が進まないのにいらだち、日本の政治、文化、社会への不満を本国に送ることになる。さらに、最近では日本人で聖職者のなり手が少なく、欧米だけでなく近隣諸国出身の人も多くなっている。

普通選挙、政党内閣
鳩山一郎の政府批判が軍国主義の台頭を招いた

犬養毅総理は一部の軍人による五・一五事件で殺されたが、世論はこれを義挙と受け取り、強くは批判せず、政治家はテロを恐れて過激派軍人との対立を避けるようになった。

高橋是清内閣のとき、心身の不調が続く大正天皇の摂政に裕仁皇太子（昭和天皇）がなった。ワシントン軍縮条約が結ばれ、代表だった海軍軍人の加藤友三郎が政権についた（1922年）。軍縮を優れた人格で不満を抑えながら実現した。しかし、病弱で現職のまま病死した。

山本権兵衛が組閣中に関東大震災があったが（1923年）、後藤新平内務大臣を中心に復興にあたった。だが、摂政宮が襲われた虎ノ門事件で辞任した。

キングメーカーの西園寺公望は、皇太子ご成婚と総選挙は超然内閣とで司法大臣を務めた熊本出身の清浦奎吾を指名したが（1924年）、第2次護憲運動を起こされ辞任し、憲政会の加藤高明が就任した（1924年）。愛知出身だが初の東京大学卒で、三菱の岩崎弥太郎の娘婿だった。普通選挙法やそれとワンセットの治安維持法が成立した。国会で倒れて病死し、島根出身で大蔵官僚の若槻礼次郎が継承した（1926年）。頭脳明晰で分別ある人だったが政治力に欠けた。蔣介石の北伐で揺れる外交では、幣原喜重郎外務大臣が融和外交を進めたが、弱腰につけ込まれて結果は出ず、大正天皇の崩御と金融恐慌のなかで退陣した。

陸軍大将から政友会にスカウトされた長州の田中義一（1927年）は、庶民的で人情家だったが、張作霖と親しかったので関東軍と対立し、張作霖爆殺事件でいったんは断固究明を昭和天皇に約束しながら、真相公表は慎重にすべきという意見に押されて後退したところ、昭和天皇に叱責されて辞職し、自殺したとも自殺同然の死に至ったともいわれている。このときのことを昭和天皇は若気の至りと反省され、それ以降、積極的な政治介入に慎重になられた。

田中辞任の経緯から、立憲民政党の浜口雄幸（1929年）が政権についた。土佐出身の大蔵官僚であったが、世界恐慌のなかで金解禁に踏み切って批判が高まるなかで襲撃され、十分に治る前に登院したのが原因で死んだ。後任には若槻（1931年）が再登板したが、満洲事変に対して優柔不断で力を発揮することなく退陣した。

犬養毅（1931年）は岡山県の素封家で、ジャーナリストから政界に進出し、演説の名人であり中国にも人脈を持っていた。金輸出再禁止で経済の混乱を収めたが、五・一五事件で暗殺された。後任には、本来なら政友会の鈴木喜三郎が就任するはずだったが、タカ派的体質を西園寺が嫌って海軍軍人で朝鮮総督だった斎藤実を軍人宰相とした（1932年）。この鈴木の義弟が鳩山一郎である。

教養への扉 鳩山一郎は、統帥権干犯を持ち出して軍縮に反対し、文部大臣として滝川事件を起こし、対華強硬策を主張し、浜口総理がテロに遭ったときには、職務復帰がすぐできないなら辞職するように、ジャーナリストの石橋湛山らと迫った。ただ、ソフトな紳士で気前がよかったので人気はあった。

軍人宰相
テロが怖くて戦争回避に踏み込めなかった宰相たち

東条英機の重い責任は開戦を止められなかったことより、敗色が濃厚になったときに柔軟性を欠き、さらに退任後も終戦への抵抗勢力となったことだ。

斎藤実やその後任になった岡田啓介（1934年）は、海軍の開明派であり、ソフトな政治姿勢を西園寺公望に評価された。岩手県水沢出身の斎藤は、国際連盟を脱退し、鳩山一郎文部大臣は京都大学滝川事件を起こしたが、それでも帝人事件をでっち上げられ辞職した。福井出身の岡田は天皇機関説事件、永田鉄山暗殺を経て軍部皇道派が決起した二・二六事件で失脚した。

後任には外交官で福岡の石工の子である広田弘毅（1936年）が就任し、軍部大臣現役武官制の復活、国会議事堂落成、西安事件があった。陸軍大臣から国会解散をしなければ辞職と迫られて辞職。後任には大胆さが期待できる陸軍の宇垣一成（岡山出身だが長州閥に連なっていた）を西園寺は望んだが、軍部のほか、言動がいい加減と昭和天皇が難色を示したので、金沢出身の陸軍軍人で、満洲事変のときに命令無視の越境介入で国民の人気を博した林銑十郎（1937年）が就任した。「何も銑十郎」と揶揄されたが、解散しないことを条件に予算に同意させておいて予算が通ったら解散という背信行為で信頼を失った。

ここで、誰にとっても期待の星だった近衛文麿（1937年）が登板した。若いうちから貴族院議長で、聞き上手で相手に自分の味方だと思わせる貴人独特の術に長けていた。しかし、軽率で、盧溝橋事件で日華事変に突入し、蔣介石を相手にしないと声明して、大失態を演じた。

司法官僚で津山出身の平沼騏一郎（1939年）は、汪兆銘政権の樹立など奇抜なことをしたし、勇気はあったが、陰謀史観にこだわり、独ソ不可侵条約に「欧州の天地は複雑怪奇」と迷言を残して辞任。陸軍軍人で金沢出身の阿部信行（1939年）は、人柄はよかった。何もしなかったので、戦犯に問われることもなかった。次いで、海軍軍人で盛岡出身の米内光政（1940年）が就任した。ダンディーな紳士だったが、無理を嫌って何もしなかった。

ここで再び近衛が第2次内閣（1940年）を組織したが、日独伊三国同盟、大政翼賛会、日ソ中立条約と戦争への道を突き進んだ。

東条英機（1941年）の指名は、陸軍強硬派の頭目である東条ならかえって軍部を抑えられるとの淡い期待でされた。重臣たちの終戦工作の結果、東条に代わって陸軍の小磯国昭（宇都宮生まれだが新庄藩士）と海軍の米内との事実上の連立政権が成立したが（1944年）、思い切った手を打てず、昭和天皇の意向をより忠実に実現できる海軍軍人で侍従長も務めた鈴木貫太郎（下総国関宿藩士だが飛地の堺生まれ）が総理大臣となって終戦を実現した（1945年）。

教養への扉　戦後になって海軍善玉論が盛んに流布された。しかし、アメリカとの戦争に海軍が抵抗したともいえず、敗戦はもっぱら海軍の敗北が原因であり、フェアな歴史観ではない。海軍はその成り立ちから親英米の傾向があり、陸軍には親独派が少なからずいたので、戦後、占領軍が海軍を協力者として位置づけたという程度ではないか。

日露戦争後の日米関係
反米感情を高めたカリフォルニア日本人排斥問題

大正になって、中国での辛亥革命とアジア諸民族の覚醒、第1次世界大戦、アメリカの国力充実と日本移民排斥、日本での政党内閣の確立と薩長閥の衰退などいろいろな動きが複合的に影響し合って、日米蜜月というわけにはいかなくなった。

日露戦争が終わると、日本とロシアの勢力圏がはっきりして、日露関係はよくなった。日本から欧州への交通路も、シベリア鉄道経由が最短になって、東京駅で敦賀、ウラジオストック経由パリ行きの切符を売っていたそうだ。

そして、逆にアメリカとの利益の競合も目立ってきたし、互いに将来、戦うかもしれない国のひとつとして意識し始めたのは事実である。しかし、微妙な関係が紛争につながらないように、1908年に高平（小五郎駐米大使）・（エリフ・）ルート（アメリカ国務長官）協定を結ばせて、日韓併合や満洲経営に備えた。

だが、大正期の日本の総理大臣で反米的だったとしたら、ハワイ併合のときに猛抗議した大隈重信くらいで、一貫して対米協調の姿勢だったし、アメリカの国務省も同様だった。石井（菊次郎特命全権大使）・（ロバート・）ランシング（アメリカ国務長官）協定（1917年）では、アメリカは日本の中国における特殊権益、日本は中国の領土保全と門戸開放などアメリカの主張する原則を認め合った。ワシントン軍縮条約を基軸とする体制も、共和党政権が小さな政府を志向した結果だけだった。

原敬内閣も軍縮に理解がある加藤友三郎海軍大臣を派遣して、海軍軍備制限条約、九カ国条約（中国の主権尊重、領土保全）、四カ国条約（太平洋諸島の現状維持）の3条約が成立した。これに伴って、日英同盟は破棄され、これを失敗とする日本人も多いが、カナダが日英同盟の発動で日米が戦ったときアメリカとの戦争に巻き込まれるのを恐れたという事情もあった。しかし、多国間の約束は、無責任体制で不安定だった。

アジアからの移民については、1882年に中国人排斥法が成立し、中国人移民が禁止。日本人移民は独立国ハワイには盛んで、ハワイがアメリカに併合されたのと、中国人が排斥されたことで、カリフォルニアで日本人が増えた。排斥は、サンフランシスコ市やカリフォルニア州が連邦政府の制止を振り切って始まったが、日本は自主規制した。

1913年にカリフォルニア州で外国人土地法が成立し、日本人を狙い撃ちにして土地所有が禁止され、1924年には「排日移民法」ができた。「加州（カリフォルニア）移民拒否の如きは日本国民を憤慨させ（中略）かかる国民的憤慨を背景として一度、軍が立ち上がつた時に之を抑へることは容易な業ではない」と、のちに昭和天皇が語るほどの大事件だった。

教養への扉 サンフランシスコは日米関係において、よい思い出も苦い記憶もある町だ。岩倉使節団の上陸地で伊藤博文が記念碑的な「日の丸演説」をした土地であり、日本人排斥の震源地であり、サンフランシスコ講和条約が締結され、近年では、慰安婦問題でよく調べもせずに反日運動の中心になってしまっている。

南京事件で30万人が虐殺されたというのはひどい誇張だが、日中戦争での日本軍の軍紀はよろしくなかった。日清戦争の最初に欧米から批判されたら軍紀を正したし、日露戦争や北清事変のときも神経質に国際法の原則を守るように努め、文明国として認められようと努力をしたのだが、「国際法なんぞ」となってしまったのが惜しまれる。

　江戸時代の日本で満族の支配地を満洲と名づけ、欧米でもマンチュリアと呼ばれた。狭くは遼寧省、吉林省、黒竜江省だが、満洲国は内蒙古の東部を含んだし、戦時中には現在の河北省、遼寧省、内蒙古にまたがる熱河省もあった。清が成立すると満族の多くは万里の長城の南に移住し、漢族に対して「入禁の地」となった。

　しかし、日露戦争後に日本が開発を進めると漢族の移住が盛んになって、漢族の張作霖は馬賊を束ねて日本軍のために働いていたが、北京に進出して中華民国の臨時総統になった。だが、1928年に広東の国民党政権が北伐に成功したので張作霖は満洲に帰ろうとしたが、厄介者だと考えた関東軍の一部が途中で爆殺した。

　そこで息子の張学良が蔣介石に籠絡されて「抗日侮日」を掲げたので、関東軍の石原莞爾らが1931年に満洲事変を起こし、満洲国を建国した。国際連盟のリットン調査団が派遣され、独立は認めないが、自治を許し、日本の権益を保全すべきという報告書を出したのだが、日本は不満として国際連盟を脱退し、宣統帝溥儀（写真）を皇帝に迎えた。当初、溥儀は中国の皇帝への復位を願っていたが、満洲国皇帝という現実を受け入れていった。

　満洲国は、岸信介ら革新官僚たちが思う存分に腕を振るい、世界が目を見張るほどの大成功を収め、世界の国の3分の1から承認を受けた。そこで満足していればモンゴルのように独立国として維持できたのだが、軍の一部が命令無視で行動を起こし、その結果がよかったら追認されるという繰り返しになり、誰も統制できなくなった。

　1933年に塘沽協定が結ばれて、万里の長城を境界にして実質的な和平ができて、蔣介石は、延安に盤踞した共産党軍掃討に全力を挙げていたが、最前線の張学良が督戦に来た蔣介石を監禁して抗日優先を迫った西安事件を経て、第2次国共合作が実現した。そして、日本人を攻撃や虐殺する事件が相次ぎ、関東軍は命令なしに戦線を拡大していった。

　1937年に北京郊外の盧溝橋で謎の銃撃をきっかけに日華事変が始まって首都・南京を陥れたが、蔣介石は重慶に移って抵抗を続けた。この南京陥落のときに起きたのが「南京事件」である。

教養への扉　山県有朋ら長州閥が軍国主義の推進者だということをいう人がいるが、彼らの思考は近代的で国際的な批判に神経質だった。長州兵は市民に迷惑をかけることを避け、金払いもよく支持を集め、維新後の陸軍でもよき伝統が維持されたが、長州閥の衰退とともに気風は失われた。ちなみに、東京裁判で死刑判決を受けたなかに薩長土肥の出身者はいない。

蔣介石と和解するとかソ連を攻める選択肢もあったが、ゾルゲや朝日新聞の尾崎秀実などコミンテルンのスパイの活動でその方針は取らず、南進と日米開戦を選んだ結果、毛沢東は生き残り、ソ連はモスクワ陥落を免れたと現代ロシアでは評価しているのに、日本ではタブーとしているのは不可解である。

　アメリカでは戦争に巻き込まれるのを恐れて、英仏にも中国にも中途半端な支援しかしなかった。そこで、ヨーロッパでの戦争が始まったのち、日本は「日独伊三国同盟」を組んで、日本と戦争を始めるとドイツとの戦争に巻き込まれるということをもって抑止力にしようと奇想天外な考え方を実行に移した。しかも、ソ連とは不可侵条約を結んだ。

　さらに、南部仏印に進駐することで、ドイツとの早期参戦を希望するフランクリン・ルーズベルト大統領を、日本を挑発して先に手を出させて、それを梃子にドイツとも開戦するという作戦に向かって誘導し、真珠湾への攻撃を宣戦布告なしでする失敗まで犯した。

　石油がなくなる前に行動を起こして有利な妥協を引き出そうという考え方は突拍子ないものではなかったし、独ソ戦でソ連が勝利することも予想外だったが、ミッドウェー海戦（1942年6月）あたりから勝利の可能性はなくなり、サイパン島を占領され（1944年7月）、本土爆撃が避けられなくなった。この時点では、早く終戦すべきだったが、1億玉砕しても最後まで戦おうとか一矢報いてからという意見を排除できなかった。

　第2次世界大戦の日本軍戦死者は230万人、民間人死者は80万人だ。民間人はほとんどが1945年に亡くなっているし、戦死者も最後の1年で3分の2以上だ。もう半年だけ終戦が早かったら、沖縄戦も東京大空襲も原爆投下もソ連参戦もなかった。

　中国での権益拡張を欲張りすぎたのも、軍部内の独走も日本自身の問題である。日本に呑みやすい和平案をアメリカが出してくれなかったこと、アメリカは暗号を解読して真珠湾攻撃を知っていたのにわざと攻撃を実行させたことも事実だが、それは、アメリカにとって賢明だったかということで、日本側の愚かな戦争を正当化するものではない。

　大東亜共栄圏の崇高さとか、アジア諸国が独立する契機になったという話は、東南アジア諸国がそのように評価してくれないと意味がないのだが、諸国の教科書を見ても、日本が欧米に取って代わろうとしたとなっている。公正とも思わないが、歴史観をなにがしかでも変えていくためには、辛抱強く、ひとりよがりにならない努力が必要だ。

　一方、軍事的意味のない玉砕は馬鹿げていたが、特攻隊の攻撃も含めて兵士たちの勇気ある奮戦は、日本の潜在的な怖さという形で平和を守る積極的な遺産として残っている。

教養への扉　東南アジアの人は日本軍に好感を持っているという人がいるが、一般に彼らは誰にでもよいことをいい、中韓の人は批判したがるのであって、どちらもバイアスがかかっている。東南アジアにも中韓にも日本が残した功罪はいずれもあり、戦後から現在に至る指導者やその親、祖父などが日本軍の協力者だったことも多い。

終戦にあたって日本がいちばん気にしたのは「国体護持」だった。国体で大事なのは天皇家というファミリーではなく、日本国の独立と統一である。ただ、日本人にとっては、天皇のもとにある国はひとつだけで、それは独立国でなければならないわけで、皇室を守ることと国家の独立と統一を守るということと同義だったのだ。

天皇制がなくなったら日本の独立と統一が消えるわけでないが、非常に脆いものになることは否定できない。そして、天皇制護持は、昭和天皇（写真）を守ることとイコールではなかったが、少なくとも裁判にかけるとか、公開の場で尋問するとかいった扱いは避けたかった。それは日本という国の名誉に関わることだった。

それに、昭和天皇は、体制内で相対的にハト派であり、親英米だったから、昭和天皇を民主化、非軍国主義化にアメリカも利用しようとした。

一方、退位の可能性については、近衛文麿は京都の仁和寺を下見に行ったし、側近の木戸幸一も一段落したあとの退位をすすめていた。憲法や皇室典範を改正してからとか、占領終了後という選択だってあったのである。ただ、代わりがいなかった。

占領行政のトップは、米軍人のダグラス・マッカーサーで、8月30日に来日し、皇居お堀端にGHQを置いた。ラフな服装のマッカーサーと、礼服で直立不動の昭和天皇の写真が新聞に掲載され日本人に強い衝撃を与えた。

終戦後、東久邇宮稔彦王が総理大臣となったのは、軍の一部が降伏命令に従わないことを恐れたからだ。東条英機内閣打倒のために動いた近衛文麿に近い人たちが中心だった。

停戦と軍の解体は順調に進んだが、マッカーサーが国務大臣だった近衛に憲法改正作業を依頼したので、皇族にふさわしくない仕事はできないと東久邇宮総理は辞任した。後任には、元外務大臣の幣原喜重郎を引っ張り出した。

憲法の制定は、幣原内閣時代に作業が進んだ。1946年4月の総選挙は、女性参政権が認められた選挙で、女性参政権は旧憲法下で実現したもので現行憲法とは関係ないが、この非常に大事なことを歴史教育のなかではあえて隠しているようだ。

また、新憲法で「民主化」されたと教科書に書いてあることの多くは、ヨーロッパ式をアメリカ式に変更しただけのことが多く、それを「民主化」というのはおかしい。

教養への扉 「総理大臣にしたかった政治家」といわれる緒方竹虎は、福岡県出身で、朝日新聞の筆政（主筆）を務めた。リベラルだが、中野正剛、頭山満、三浦梧楼らアジア主義者と近かった。近衛文麿の側近だったが部下に尾崎秀実もいた。東条内閣打倒に活躍し、小磯内閣の閣僚となり、東久邇宮内閣では書記官長。戦犯として逮捕状が出るが、病気を理由に勾留もされず、CIA（アメリカ中央情報局）から資金援助を受け、吉田茂内閣の副総理であり、その後継者として鳩山一郎に代わって総理大臣就任が確実視されたが、急死した。岸信介以上に謎の多い政治家だ。

日本国憲法、東京裁判
戦前と戦後の継続性にこだわった昭和天皇

新旧両憲法について、昭和天皇や日本政府は、大日本帝国憲法の正規の改正規定に沿って制定されたのが日本国憲法であると解釈してきたし、そこに揺らぎはない。ところが、左右両方から異議を唱える人がいる。押しつけ憲法論と、「八月革命論」である。

昭和天皇がご自分の意見をおっしゃることはまれだったが、1977年の記者会見で、1946年年頭詔書が「人間宣言」と通称されていることに苦言を呈された。神が人間になったのでなく、もともと人間であり、日本の民主主義の原点は「五箇条の御誓文」であるというのが趣旨で、マッカーサー元帥も了解していたとおっしゃったのである。

明治体制はそもそも民主主義を志向していたという前提に日米双方が立ったうえで、大日本帝国憲法の改正として、現行憲法は制定されたということだ。

日本も改正を不可避だと考え、改正案を作成したが、GHQは不満足として独自案を作成して日本側に呑ませ、天皇臨席のもとで枢密院が6月8日に可決。大日本帝国憲法第73条の憲法改正手続きに従って衆議院に提出し、8月24日、若干の修正を加えて可決した。

GHQの介入を国民に隠したのは大きな傷であるが、押しつけといっても、あまり意味のないことである。「戦犯」を裁いた東京裁判も同じだが、妥当性に問題は大ありだ。だが、国体を守り、昭和天皇の訴追を回避するために占領軍の要求を呑んだだけだ。現実的な妥協であって、立派なものでもないし、許しがたい暴挙でもない。

憲法学者の宮沢俊義が、旧憲法で改正できる範囲を超えているから「八月革命」という学説を唱え、いまも信奉者がいるが、学者の自己満足にすぎない。昭和天皇も国会や政府もそんな考え方に立っていなかったのにふざけた話だ。

気に入らなかったら、独立後に改正すればよかっただけである。憲法改正に両院の3分の2ずつと国民投票という高いハードルを定めたことは、将来の世代への不当な拘束ではあるが、これは、将来の天皇制廃止などを嫌って日本側が二院制を望んだ結果でもあって、アメリカ側の陰謀ではない。

内容的には第9条を別にしても、①選挙方法も権限も似た二院制にしたので決められない政治になっている、②違憲立法審査権を憲法評議会でなく最高裁に与えたので自衛隊が違憲かどうかすら70年間判断できず、③公的な政党制度なしに首長を直接選挙にしたので、知事の現職再選率が9割など首長独裁体制になったなどが代表的な問題点だ。

教養への扉 占領中の憲法改正は無効という説もあるが、日本側も改正は不可避とし、東久邇宮稔彦王内閣の近衛文麿国務大臣が作業を開始し、松本烝治案もGHQに提出しているので無理がある。占領終了直後に、国民投票にかけて廃止を議決したらどうだったかという議論はありうる。逆に護憲派が憲法改正の手続きによって現行憲法を確認する国民投票をしかけたら勝っただろうとも思う。どこかで国民投票をしないと、憲法の権威が軽くなるだけでないだろうか。

　戦争放棄を定めた憲法第9条は、アメリカの核兵器独占、国民党の中国、沖縄の基地の永続使用などを前提にしたもので、サンフランシスコ講和条約の発効時点では、自衛隊も日米安保条約もあったのだから、戦後体制として非武装中立体制が存在したことはない。

　幣原喜重郎総理からマッカーサーに第9条は提案されたという説もあるが、たとえそうだったとしても個人的なものであって、GHQと日本政府のあいだで俎上（そじょう）に乗せられたのはGHQ案としてである。

　マッカーサーは、アメリカがずっと唯一の核保有国であり続けると思い、沖縄を日本に返還する気などなく、グアムと同じようにずっとアメリカ軍が使い続けられると考えていた。もちろん、中国が共産化するなどとは思いもしていなかった。

　そこで、日本を攻撃する国はないと考え、非武装でもいいという発想だった。しかし、ソ連は核兵器技術を手に入れ、中国は共産化したのであるから前提が崩れ、自衛隊の前身を創設させ、アメリカ軍の駐留を定めた日米安保条約を結び、中国の共産党政権を承認しない条件でサンフランシスコ平和条約を結んだ。しかも、のちに沖縄を日本に返還したのであるから、非武装中立の日本が違う方向に変えられたわけではない。

　そしてまた、非武装中立の考え方は、日本だけがそうあろうとしたのでなく、世界に広まることを目指したはずだが、現実にはそれを真似るのは、世界の国が200になってもどこにもない。大日本帝国憲法が多くの国に変革をもたらしたのと大違いで、その理由において、憲法第9条は世界に誇るべきものかといえば、私はそれは難しいと思う。

　しかし、軽武装で安保条約という国際協調のなかで平和と繁栄を維持するというモデルについて語るなら、半世紀あまりにわたって大成功を収めたことは間違いない。それを支えたのは、米中韓などといった周辺諸国が、それぞれの思惑で日本の本格再軍備を歓迎せず、また、日本が金銭的にアメリカに貢献することで納得を得られていたからである。

　とはいえ、アメリカも日本の軍事的貢献の少なさには不満を持つし、ある程度は自衛できないとさまざまな問題も生じる。そこで、安保改定（1960年）、沖縄返還のときの諸条件受諾（1970年）、PKO（国連平和維持活動）派遣（1992年）、集団的自衛権の容認（2014年）でバランスを取ってきた。

　そして、令和になった現在、中国は世界最大級の軍事大国となり、北朝鮮は核武装し、韓国も敵か味方かわからない。

　そもそも、戦後体制は中韓朝に日本が軍事力で劣るという状況を前提にしていないのである。しかも、専守防衛という、受けて立つ横綱相撲をするなら相手より大きな軍事力が必要だ。そして、国際的な平和維持行動に応分の軍事的負担をしないことが平和主義の発露でもなんでもない。

教養への扉　第9条をめぐる問題としてもうひとついえるのは、平和を守るというのが、日本が攻めていくのを防ぐことしか議論されず、攻められたときの議論がされていないことだ。

戦後の宰相①

東久邇宮稔彦〜佐藤栄作——戦前派の官僚出身が多数

　政友会の系譜を引く自由党を主体に自由民主党が生まれ、また、左右に分裂していた日本社会党（現・社会民主党）が合同し、「55年体制」となったが、政権は自由民主党が握り続けた。

　終戦後最初の総理大臣は、東久邇宮稔彦王（1945年）である。皇族で最高の俊才といわれ、フランスに長期にわたり留学した陸軍軍人だった。京都出身。終戦を混乱なく完遂するために指名され、適切に役割を果たした。幣原喜重郎（1945年）は、大阪府門真市出身の外交官で戦前の外務大臣。親米派として起用され、憲法改正にあたった。

　戦後最初の総選挙では戦前の文部大臣で東京選出の鳩山一郎の自由党が勝利したが、戦前に軍国主義の推進者だったことが問題視され、公職追放されたので、実父が高知選出の代議士で外交官だった吉田茂（1946年）が戦後改革にあたった。新憲法発布を控えた総選挙では社会党が第1党になり、和歌山出身の弁護士である片山哲（1947年）が指名されたが、党内左派を制御できず辞職し、京都府福知山出身の外交官で連立与党だった民主党の芦田均（1948年）に交代したが、汚職事件で辞任に追い込まれた。

　芦田は占領軍に対してまったく無力だったが、吉田（1948年）が再登板し、朝鮮戦争勃発のなかで、単独講和でのサンフランシスコ講和条約や日米安保条約など戦後体制の枠組みをつくって長期政権となった。

　しかし、公職追放の解除で戦前派の政治家が復活すると政権交代圧力が高まり、鳩山一郎が登場し（1954年）、日ソ共同宣言、国連加盟などを実現した。緒方竹虎が次期総理大臣に予定されていたが、急死した。静岡を選挙区とした元東洋経済新報社長の石橋湛山（1956年）が激しい総裁選挙を制したが、屋外の祝賀会で風邪を引いて入院し、退陣。

　この両者は公職追放の恨みもあってか再軍備や中ソへの接近を試みてアメリカをいらだたせたなかで、山口出身の商工官僚で東条英機内閣の閣僚だったが倒閣のきっかけもつくった岸信介（1957年）が、安保条約を改定し、反共のために日本をアメリカの同盟国としようという構想を推進した。

　条約改定は成功したが激しい反対運動で退陣し、広島出身の大蔵官僚で吉田内閣の大蔵大臣だった池田勇人（1960年）が所得倍増計画を掲げて国民の支持を受けた、アメリカとの軍事協力は進まなかったが、資本自由化や貿易自由化で評価され、東京五輪も開催した。

　岸の実弟で鉄道官僚だった佐藤栄作（1964年）は、吉田に認められ、人事の達人として知られ、長期政権を維持した。日韓基本条約と沖縄返還交渉をまとめたが、その過程での齟齬もあり、リチャード・ニクソン訪中で頭越し外交をされ、ニクソン・ショックもあり日米関係は冷却化した。

教養への扉　1955年に自由民主党と日本社会党が成立して二大政党制になるかと思ったが、社会党は主たる目標を政権奪取でなく、衆参どちらかで3分の1を確保し、憲法改正を阻止することに置いたので、政権交代を前提とする政治体制は成立しないままになった。

　それまで、総理大臣は高い学歴を持ち、官僚などとして職業経験があり、重要閣僚を経験した人物がなるのが通常だったが、鈴木善幸の総理大臣就任を機に、当選回数が多い代議士が派閥の論理だけで政権を担うことが通常化した。また、総理退陣とロッキード事件での逮捕後の田中角栄とその後継者である小沢一郎がキングメーカーとして君臨した。

　佐藤栄作の手堅い政治に飽きた国民は、日中国交回復と列島改造を唱えた田中角栄（1972年、新潟選出）を支持した。しかし、石油危機と金脈疑惑で退陣に追い込まれた。戦前からの議会人である三木武夫（1974年、徳島選出）は、政治資金の透明化を図ったが、田中角栄逮捕のあとはしゃぎすぎて足をすくわれた。

　福田赳夫（1976年、群馬選出）は大蔵官僚で岸、佐藤の後継者と見られていた。本来は財政均衡論者だが、景気回復のために財政出動を容認した。外交では東南アジア重視路線を進めた。しかし、田中派との根深い対立があり、総裁選挙で池田勇人の派閥の継承者である大平正芳（1978年、香川選出）に敗れた。大蔵官僚で教養ある読書人で外交手腕に定評があった。大平は財源を確保しないままに膨張した社会福祉に対応するために、一般消費税の導入を図ったが不人気で実現せず、以降、日本は奇抜なマクロ経済政策を繰り返して没落していく。

　鈴木善幸（1980年、岩手選出）は急死した大平のリリーフ的存在で増税の前提として「土光（敏夫前経団連会長）臨調（臨時行政調査会）路線」を試みたが、増税に代わるものと誤解されて混迷に陥り、外交ではアメリカとの同盟を否定する失言で不信感を買った。

　内務官僚で、首相公選論で知られていた中曽根康弘（1982年、群馬選出）は、民活路線を取り、電電公社や国鉄の民営化を行ったがバブル経済を引き起こし、日本経済に深い傷を負わせた。ただし、外交においては、アメリカのロナルド・レーガンなど世界の首脳と渡り合える手腕を発揮し大成功を収めた。

　竹下登（1987年、島根選出）は県議経験者として初の総理大臣となって、辛抱強く消費税の導入には成功したが、バブルには無策で「ふるさと創生」をうたったが、発想のスケールが小さすぎて効果はなかった。このとき昭和天皇が崩御された。

　後任には同じタイプの宇野宗佑（1989年、滋賀選出）がついた。多才で国際感覚もあったが女性スキャンダルで早々に退陣させられた。このころキングメーカーだった小沢一郎は、「神輿は軽くてパーがいい」という迷言で海部俊樹（1989年、愛知選出）を選んだ。秘書上がりで演説の名手だったが、存在感は皆無だった。湾岸戦争では中途半端な態度を取り、あとで巨額資金を拠出したが、評価されなかった。またバブルが崩壊した。

教養への扉　野党が憲法改正阻止しか望まないことの論理的帰結として、小選挙区制度が否定され、中選挙区制度となったので、自民党内では派閥抗争が日常化し、その結果、長期政権の維持は非常に難しくなった。

　1991年に就任した宮沢喜一から2021年の菅義偉までの17人の宰相を見ると、親、祖父などが政治家でなかったのは、村山富市、菅直人、野田佳彦だけである。国会議員でなかったというなら、森喜朗と菅義偉（2020年、神奈川選出）がそれに加わる。学歴でいえば東京大学卒はわずかに2人で、まともな職業経験がない人も多い。

　宮沢喜一（1991年、広島選出）は池田勇人大蔵大臣秘書官で英語堪能だった。リベラルな国際派だが、小沢一郎に対して主導権が取れないまま政治改革問題での姿勢の違いから不信任案を可決され、退陣に追い込まれた。しかし、小沢も離党に追い込まれ、総選挙は小党乱立となって総理大臣には日本新党代表で近衛文麿の孫の細川護熙（1993年、熊本選出）が就任した。

　小選挙区制度の法改正には成功したが、スキャンダルと与党間対立で政権を投げ出し、後任には新生党の羽田孜（1994年、長野選出）が就任したが、連立から離脱した社会党の村山富市（1994年、大分選出）を自社さ（新党さきがけ）連立で支えることになって辞任した。阪神・淡路大震災には無難に対応し、自衛隊、安保を社会党が認めることになったのが功績だ。

　橋本龍太郎（1996年、岡山選出）は政策通で、ロシアとの領土交渉で健闘し、バブル処理にも若干の進展があった。小渕恵三（1998年、群馬選出）は、国旗・国歌法の成立のほか、宮沢大蔵大臣、堺屋太一経済企画庁長官のもとで経済政策に前向きに取り組んだが、急死した。公明党が連立に加わった。森喜朗（2000年、石川選出）が引き継いでIT化推進策などを取ったが、些細な失言へのマスコミの追及が繰り返され、沈没した。

　小泉純一郎（2001年、神奈川選出）は、郵政と道路公団の改革を軸とする謎の改革路線を掲げるなど敵をつくって、それを叩く独特の手法で政治的には成功した。新自由主義も一定の効果を上げた。ジョージ・ウォーカー・ブッシュ政権とは蜜月で、平壌を訪問した。

　安倍晋三（2006年、山口選出）は岸信介の孫で教育基本法の改正などの実績は上げたが、参議院選挙で敗れ、ねじれ国会となって力を発揮できなかった。福田康夫（2007年、群馬選出）は元総理大臣の子だが、大連立を小沢から持ちかけられ、梯子を外された。麻生太郎（2008年、福岡選出）は吉田茂の孫。国会の同意人事などで小沢の民主党から嫌がらせを受け、リーマン・ショックの時代に政局は麻痺状態となった。

　しかし、小沢もスキャンダルを追及され、民主党の代表を退き、鳩山由紀夫（2009年、北海道選出）が総理大臣となった。マニフェストは魅力的ではあるが、細部の詰めがなく、財源もなかったし、普天間基地移転問題でつまずき退陣した。菅直人（2010年、東京選出）のとき東日本大震災が起き、福島第一原発の事故もあり、エネルギー政策や尖閣諸島問題も紛糾した。松下政経塾出身の野田佳彦（2011年、千葉選出）は常識的な路線に戻ったが、外交では経験のなさが致命的であった。

教養への扉　佐藤栄作内閣のころから閣僚就任が当選回数至上主義となり、官僚でも課長以上を経験してからの政界進出が困難になり、世襲議員が多くなった。「日本で総理大臣になる近道は代議士の子に生まれ、父親が早死にすること」になってしまった。

高度成長期
「革命」なしで先進国になれるモデルを世界に提示

戦後の日本の高度成長は、台湾や韓国、次いで東南アジアなどで模倣され、社会主義の主張を陳腐化させることで世界史的貢献をした。

1960年はアフリカ諸国が独立し、アメリカの公民権運動が盛り上がり、ジョン・F・ケネディが大統領に当選した。韓国では李承晩がクーデターで倒され、ソ連のユーリイ・ガガーリンが宇宙に飛んだのはその翌年で、日本では岸信介のあとの総理大臣に通産大臣だった池田勇人がなった。

普及してきたテレビで「経済のことはこの池田にお任せください」といい、「所得倍増計画」を目玉にして、政治・軍事大国への道を選ばず、OECD（経済協力開発機構）加盟、IMF（国際通貨基金）8条国への移行を実現し、貿易や資本の自由化を進めた。

アメリカにとっては、日本が憲法を改正して同盟国として軍事的負担をしてくれることが好ましかったが、それが日本の保守政権を揺るがしかねないことを理解していた。

その代わりに、日本が経済発展し、西側陣営の主要先進国となり、市場を開放し、貿易や資本の自由化でアメリカ企業のチャンスを広げたことは評価された。

その池田の一番弟子というべきなのが大平正芳である。1978年に政権についた大平は、ポスト高度経済成長に向けて、ひたすら高い成長を目指したのを、長期的な観点から安定成長し、成長の成果として生活や文化の質を高めるという成長活用路線を提唱した。

その象徴が「田園都市国家構想」であり、新しい日本文化を創造するために全国に国分寺のような文化センターを設置し、関西学研都市に総国分寺を、といった構想だった。

1970年代に社会福祉制度を急速に西欧並みにしたが、高度経済成長のおかげで税収が伸びていたので、所得税や法人税主体の税制のまま社会保障だけ充実させようとした。しかし、無理が生じていたので、後追い的に消費税を創設し、マル優制度（少額貯蓄非課税制度）を使った脱税をやりにくいようにグリーンカード（少額貯蓄等利用者カード）を導入しようとした。

社会保障はそれまで自分や家族で面倒を見てきたものを国が代わろうということだから、広く薄い税制によって担保されることが自然なのだが、国民には不人気で自民党は議席を減らしたのである。ここからすべてがおかしくなった。

大平は不信任され、出直しのための総選挙のときに急死した。後任の総理大臣には、裏方の調整役だった鈴木善幸が、敵が少ないというので選ばれた。この鈴木とその次の中曽根康弘が取ったのが、行政改革路線だった。

教養への扉 三木武夫、田中角栄、大平正芳、福田赳夫、中曽根康弘をもって「三角大福中」と呼ばれた。いずれも宰相となるにふさわしい経歴だった。しかし、それ以降は、主要閣僚などの経験なしでも総理大臣になれるようになってしまい、質はひどく落ちた。

┃日中の逆転
中国が急成長し、日本が衰退に向かった分岐点

　1980年代から日本はバブルとその崩壊を経験し、平成年間（1989〜2019年）の経済成長率は世界最低クラスだ。それに対して、中国は改革開放の成功で躍進し、1990年に日本の8分の1だったGDPは日本の3倍になった。

　元経団連会長の土光敏夫をシンボルに始まった行革路線は、「まず行革」ならまだよかったが、「増税なき財政再建」という不可能な領域まで踏み込んでしまった。江戸幕府が米からの年貢に代わる財源を見つけず、綱紀粛正と倹約で乗り切ろうという「改革」の哲学で慢性的な財政困難に陥り、将来のための投資をやめたことの再現だった。

　そこで、東京一極集中を是認して、民活方式で事業を進めるという政策を取ったところ、東京都心の地価が暴騰し、地方にまで波及してしまった。それにつられて株式も上昇し、いわゆるバブル経済が現出した。そして、バブルは当然のことながら1990〜1991年にかけて破裂した。

　そのあとささやかな消費税導入などしたが不十分だし、それ以降、地道な財政再建もせず、将来に向けての投資や産業の競争力強化策も取らず、常に世界中から奇抜で虫のよいマクロ経済政策理論を探してはごまかしているが、結果は世界最低レベルの経済成長率になっている。

　一方、大平正芳は中国にとっての恩人と評価されている。1978年に中国でようやく権力基盤を固めた鄧小平副主席が日中平和友好条約の批准書交換のため来日し、各地を視察するとともに、当時は自民党幹事長だった大平からアドバイスを受けた。大平は、傾斜生産方式に始まって、所得倍増計画、貿易や資本の自由化など戦後経済政策の歩みを語り、適切な順序で手立てを講じれば、20年間でGDPを4倍にすることも可能だろうとアドバイスを受け、それをもとに、改革開放政策を始めた。

　その後、趙紫陽がバブリーな経済運営に傾いて心配されたが、天安門事件でこれを排除し、朱鎔基首相のもとで非常に堅実でオーソドックスな経済運営に徹し、その結果、2010年には日本をGDPで抜き、世界一をうかがうまでになっている。

　ただし、中国は豊かになったら政治も民主化するだろうという世界の期待に反して、「中国の特色ある社会主義」と称して強権国家であり続けようとし、軍事大国化も目指して世界との軋轢を深めている。

　これに対しては、民主主義、人権、市場経済といった価値を共有する諸国が団結して対処するしかないが、「日本はここ40年間もいいことがないではないか。それを見れば民主主義が正しいと思えない」といわれたらなんの反論もできないのが現実である。

教養への扉　民主主義はその選択と決定に正統性を与えるものだが、その結果がよいものであることを保証するものではない。せいぜい、間違ったら方向を変えられることだけだ。しかし、日本は平成の30年間（1989〜2019年）、間違えっぱなしで修正できないのでは民主主義の恥さらしであろう。

平成10大ニュース①
東西冷戦の本当の勝者は誰だったのか

　平成が終わり、令和が始まったときに選んだ世界と日本の平成10大ニュースにつき、世界の10はほぼタイトルだけ。日本の10は少し解説をしたい。順序は重要性の順番ではない。

①東西冷戦の終結とドイツ再統一
②EU（欧州連合）とユーロ圏の発足、イギリスのEU離脱
③アメリカのドナルド・トランプ大統領の出現と極右の台頭
④アジア、太平洋が世界の経済センターとして発展
⑤中国の躍進、日本の凋落、ロシアの浮沈
⑥イスラム過激派の拡大と大型テロの続発
⑦IT化の進展と新タイプの多国籍企業の登場
⑧新自由主義と貧富の差の拡大
⑨女性の社会進出とLGBT（レズビアン、ゲイ、バイセクシャル、トランスジェンダー）の権利拡大
⑩地球環境問題への関心増大

　それでは、日本では何か。

　①バブル崩壊と失われた20年

　平成の経済は昭和の高度成長が破綻し、1991年のバブル崩壊以来、最初から終わりまでほとんど成長しない悲惨な状況に陥った。株価は1990年の年明け相場から下落を始め、その水準に回復することはなかった。民主党政権下の2010年には1968年に西ドイツを抜いて獲得したGDP世界2位の座を中国に明け渡した。原因はさまざまあるが、何より、経済成長が社会にとって最も大事なものだという世界の常識を国民が受け入れず成長の足を引っ張るようなことばかりしていることにある。

　②東日本大震災（写真）と原発停止

　地震や水害など大災害が続き、また、東日本大震災では福島第一原発事故が起きた。災害による被害のほか、原発事故による避難、全国の原発稼働率が大幅に低下したことも大きな二次的な損失となった。さらに、阪神・淡路大震災では復興事業が関東大震災や伊勢湾台風時に比べて後ろ向きのものに終始し、関西経済の落ち込みを加速した。

　③電子化の遅れと医学部集中の弊害

　IT社会の到来のなかで、日本ではIT技術者などが世界で最も不足しているといわれながら、優秀な人材は安全有利な医学部にますます集中している。社会のIT化でも中国や韓国に後れを取っている。

教養への扉　東日本大震災後の最大の危惧は、南海トラフ地震だ。過去の周期からすればそろそろ起きころだ。また、首都直下地震もかなりの確率で起き、いずれも数十万人以上の犠牲者が予想される。

平成10大ニュース②
平成時代は日本の歴史で最悪の時代のひとつだった

先進国首脳会議等を通じて世界外交のなかで日本の比重は高まり、安倍晋三内閣の外交的成功はさらにこれを前に進めた。日米経済摩擦から米中の覇権争いが焦点で、日米関係は改善した。

④米中対立のなかで対米関係は改善するが、防衛努力は不十分

安全保障では、PKO参加や集団的自衛権の行使が可能になったとはいえ、中国など周辺国とのパワーバランスは悪化するばかりで国民は正しい危機感を持っていない。

⑤朝鮮半島問題の混迷

昭和時代には韓国は日本の支援を必要としていたが、いまや反日を政権維持の道具として使うようになった。一時的な韓流ブームはあったものの日韓関係は悪化の一途をたどっている。慰安婦問題について損切りのつもりで日本の非を認めたら、かえって状況は複雑化し、大失敗だった。北朝鮮による拉致問題が日本外交の最重要課題になったが、外交全体の枠組みに柔軟さが欠けるなかで、局地的な戦いで結果を出すのは無理である。

⑥首都機能移転棚上げと東京一極集中

東京一極集中を克服するためには首都機能移転が必要と法律までつくったが、東京の抵抗で棚上げにされ、里山資本主義的なごまかしで状況はますます悪化している。

⑦少子高齢化と人口減、女性の社会進出

人口は2008年以降減少に転じた。出生率向上のためにあらゆる手を打とうという国民的コンセンサスが得られるのにはほど遠い現状である。それどころか、子どもを産むことを奨励するような発言をするとひどい言論弾圧に遭う。女性の社会進出は進み、継続的に前進した。男女の機会均等のための政策をもって少子化対策としても状況は改善しない。

⑧外国人の増加

外国人の観光客、ビジネスマン、労働者、留学生などが激増。最大の成功者である日産のカルロス・ゴーンが外国人であるがゆえにとしか思えない理由で逮捕されたのは残念だ。

⑨55年体制は崩壊するも、健全野党は成立せず

1993年に細川護熙内閣が成立し、1996年の総選挙から小選挙区制度が導入された。しかし、細川内閣も民主党内閣も政権担当能力の欠如を示すだけに終わった。

⑩皇位継承の混迷と天皇の生前退位

皇位継承問題、ご退位をめぐる問題、雅子皇太子妃殿下の体調不良や眞子内親王殿下の婚約騒動など皇室をめぐる危機は深刻化している。

（番外）沖縄問題

鳩山由紀夫総理が普天間基地移転について「最低でも県外」と発言して混迷を始めた普天間基地移転問題は解決のめどが立たず、本土と沖縄の関係は危機的状況に近づいている。

教養への扉 令和になっての大ニュースはコロナ禍。日本の感染者数は欧米の数十分の一だが、脆弱な医療体制はたちまち崩壊の危機にあるとして経済を麻痺させた。

現代日本の政治①
二大政党制が機能したのは大正末期から昭和初年のみ

　2021年の総選挙は、第49回衆議院議員総選挙である。山県有朋内閣の1890年に第1回総選挙があったので、平均の間隔は2.7年ということになる。

　これまで、任期満了選挙は、1908年、1912年（ともに西園寺公望総理）、1936年（岡田啓介総理）、1942年（東条英機総理。戦争のために任期が1年間延長されていた）、1976年（三木武夫総理）だけである。

　三木内閣はロッキード政局のなかで主導権確保のために早期の総選挙を希望していたが、党内各派から解散を阻止された。麻生内閣は、敗北が予想される状況のなかで、少しでも引き延ばして状況の好転を期待して任期満了になったが、状況は悪化するばかりで、自民党は歴史的な敗北を喫し、民主党政権が発足した。

　普通は、内閣は自分たちに最も有利なタイミングを選んで解散したいのだから、任期満了選挙は与党にとって屈辱的ともいえる。たとえ、十分な議席を持っていたとしても、選挙によって、党内でも自派の議員を増やせるし、また、負けなければ、政局運営でも信任を得たということで、総理大臣は党内の消極論が多くても、総選挙に踏み切ったほうが賢明だ。

　そういう意味で、最も華々しい成功を収めたのは、安倍晋三総理（第2次）である。大胆に早めの解散で民意を問うことで、権力基盤を固めた。

　第1回総選挙のころからの政党の歴史を政権争いに関与した政党を中心に簡単に紹介する。板垣退助の自由党と大隈重信の立憲改進党（のちに進歩党）が原点で、この二大政党が合同して憲政党となって第1次大隈内閣が生まれた。

　その瓦解ののち、憲政党の看板は内務省を押さえていた旧自由党が引き継ぎ、大隈派は憲政本党を名乗った。伊藤博文は、この憲政党を母体に立憲政友会を設立した。それに対して、憲政本党系は藩閥政府寄りの勢力とも手を組んで憲政会（のちに民政党）を結成し、大正末期から二大政党体制ができた。しかし、戦時体制のなかでこれらは大政翼賛会に合流してしまう。

　戦後は旧政友会系が自由党、旧憲政会系が改進党（のちに日本民主党）となり自由党から鳩山一郎も合流して政権を取った。だが、1955年に保守合同で自由民主党となり1993年まで政権を独占した。

　1993年に成立した細川護熙政権は、新生党、日本新党、新党さきがけという保守系に加え、日本社会党、民社党、公明党等が与党だった。2009〜2012年の民主党政権を経て、その後は、自由民主党と公明党の連立政権で、日本維新の会が是々非々の立場ということになっている。

教養への扉　戦前は「憲政の常道」といって、内閣が失政で総辞職すると、野党が政権についたうえで総選挙を行った。戦後でも芦田均内閣から第2次吉田茂内閣の政権以降はこの形だったが、その後はこの形は取られていない。

菅義偉総理は秋田県出身で、東京での学生生活のあと横浜で代議士秘書、市議から代議士になった。成功した農家の生まれというのが叩き上げかどうか議論になった。

首相官邸のホームページには歴代総理の経歴が掲げられているが、以前は「出生地」という欄があった。しかし、宮沢、羽田、橋本が東京生まれであるにもかかわらず選挙区を出生地としていたのを私が『歴代総理の通信簿』（PHP文庫）で指摘したからかどうかは知らぬが、「出身地」として戦前はそのまま出生地に、戦後は選挙区に変えて出している。

たしかに出身地といっても何を指すか難しい。出生地は日本では公開されていないし（海外では出生証明が戸籍の役割を果たすので、隠すような性質のものではない）、本籍も同様だ。住んでいる場所を離れて母親の実家の近くで出産という人も多いが、本人は住んだことがないのでピンとこない。だから生まれたときの住所とか、育った場所のほうがいいという考え方もある。しかし、ここではあえて明治維新のころに父祖がいた場所という考え方で伊藤博文から安倍晋三まで分類してみよう。

いちばん多いのは山口だが、長州藩の上級武士出身は桂太郎だけだ。伊藤博文は農民だった父親が中間の養子になり、その中間が足軽になった。中間は足軽より下の階層で、山県有朋もそうだ。田中義一も藩主の籠かきだ。岸信介や佐藤栄作は武士には違いないが、萩でなく地方にいた。安倍家は長州藩士でなく醤油屋で大庄屋。ほかに寺内正毅。

意外に多いのが岡山。犬養毅は庭瀬（岡山市北区）の大庄屋。橋本龍太郎は総社市の素封家。ただし、東京生まれ東京育ちだが父親の地盤を引き継いだ。鳩山家は真庭市にあった勝山藩の中級武士の末裔。ただし、一郎も由紀夫も東京生まれで、一郎は東京が選挙区だったが、由紀夫は北海道。菅直人は父親が岡山出身で本人は山口の宇部で生まれ、高校の途中まで過ごした。選挙区は東京。ほかに平沼騏一郎。

岩手は原敬、米内光政、東条英機が盛岡藩士。原敬は近江浅井家分家の上級武士で岩手選出。東条家は三重県名張にルーツを持つ能役者だったが、加賀藩を経て盛岡藩に。祖父の代に武士になった。本人は父親が軍人だったので東京生まれ。鈴木善幸は漁民。斎藤実は水沢の仙台藩陪臣出身。

小磯国昭は父親が山形の新庄藩士で、栃木で働いているときに宇都宮で生まれた。群馬は福田赳夫（養蚕農家）、中曽根康弘（材木商）、小渕恵三（企業経営者）の三羽がらすに、福田赳夫の子の康夫で、康夫は東京生まれ。千葉は鈴木貫太郎。関宿藩士だが、堺の飛び地で生まれた。東京は、高橋是清が幕府の絵師の子で仙台藩江戸屋敷の足軽の養子になった。原敬のあと岩手で選挙に出たことがある。

教養への扉 父親ないし祖父が国会議員だった総理大臣は、小磯、吉田、鳩山一郎、宮沢、細川、羽田、橋本、小渕、小泉、安倍、福田康夫、麻生、鳩山由紀夫である。世襲政治家の跋扈の最大の弊害は政界全体の知的水準の低下である。大統領、総理大臣ないしそれに準じる政治家のほとんどは、どこの国でもその国における最高クラスの教育を受けている。

　歴代総理を経歴別に見ると、官僚と軍人がほとんどだが、西園寺と近衛は華族。東久邇宮は皇族にして陸軍軍人。犬養、石橋、細川、森がジャーナリスト。弁護士が片山と鳩山一郎。大学教員が鳩山由紀夫。会社員や経営者が田中角栄、鈴木善幸、宇野、羽田、橋本、安倍、福田康夫、麻生。残りは若いころから政治の道に入ってとくに前歴はない。

　維新の元勲で官僚は、伊藤、黒田、松方、大隈。それ以外の官僚は、原、加藤高明、広田、幣原、吉田、芦田は外交官。若槻、浜口、池田、福田赳夫、大平、宮沢が大蔵。岸が商工。佐藤が鉄道。清浦、平沼が司法。中曽根が内務。高橋が日銀。軍人では陸軍が山県、桂、寺内、田中義一、林、阿部、東条、小磯。海軍が山本、加藤友三郎、斎藤、岡田、米内、鈴木貫太郎。

　出身地別に戻ると、新潟は田中角栄。農家だ。富山は野田佳彦の父親が富山県出身の自衛官で本人は千葉生まれ。石川は、加賀藩士から林銑十郎に阿部信行。森喜朗は農民出身。福井は福井藩士から岡田啓介。長野は羽田孜の父は長野出身の新聞記者で代議士。東京で生まれたが選挙区は長野。山梨は石橋湛山は東京生まれだが父親は山梨出身の僧侶。選挙区は静岡沼津市を支援者の斡旋で。愛知は加藤高明と海部俊樹。加藤は尾張藩出先機関の役人。海部は中級武士の系統。滋賀は宇野宗佑が造り酒屋の出身。京都は近衛文麿は東京生まれだが公家、西園寺公望は京都生まれの公家、東久邇宮稔彦王は京都生まれの皇族。芦田均は京都府福知山の造酒家。大阪は門真の素封家出身の幣原喜重郎がいる。和歌山からは片山哲が田辺から出て選挙区は神奈川。

　島根は松江藩足軽の若槻礼次郎と造り酒家の竹下登。広島は広島藩士の加藤友三郎、造り酒家の池田勇人、父親が備後国（広島県）から出て苦学して長野の政治家の娘婿になったという宮沢喜一だ。宮沢は東京生まれだ。香川は大平正芳、徳島は三木武夫。いずれも地元の農家。高知は浜口雄幸が郷士の子で地元選出。吉田茂は土佐藩家老・伊賀氏に仕えた武士出身で代議士だった竹内綱の子として東京で生まれる。越前藩士で長崎を経由して横浜で成功した貿易商の養子となったが、選挙に出るときは高知を選んだ。

　福岡は博多の石工の子である広田弘毅（選挙には出ていない）と炭鉱会社経営の麻生太郎。熊本は僧侶の子の清浦奎吾（選挙には出ず）と熊本藩主の子孫の細川護熙。生まれたのは東京だ。佐賀は大隈重信でこれは300石取りの上級武士だ（選挙に出ず）。大分は漁師の子の村山富市。鹿児島は下級武士の子である黒田清隆、松方正義、山本権兵衛（いずれも選挙に出ず）。小泉純一郎の父親の純也は、鹿児島出身で横須賀選出の代議士の婿養子になった。しかし、戦前、純也は鹿児島選出の代議士で戦後、義父の地盤である神奈川の横須賀に移動。

教養への扉　ご先祖の出身地、本人の出生、育った場所、選挙区などどれを取っても、かすりもしない都道府県は、青森、宮城、福島、茨城、埼玉、長野、岐阜、三重、奈良、兵庫、鳥取、愛媛、長崎、宮崎、沖縄だ。

初代の神武天皇（前660年＝以下『日本書紀』等による即位年）は日向出身で橿原に小さなクニを建国した。2代の綏靖天皇（前581年）は、日向から来た異母兄を殺して即位した。3代の安寧天皇（前549年）は前2代と同様に大国主命の子孫を皇后に。

4代の懿徳天皇（前510年）は末子だが長兄の娘を皇后にして即位。5代の孝昭天皇（前475年）は尾張氏、小野氏、和珥氏らの祖先。6代の孝安天皇（前392年）がおられた室秋津島は秋津島の語源。7代の孝霊天皇（前290年）は桃太郎のモデルの父親。8代の孝元天皇（前214年）は全国の鈴木さんのルーツ。9代の開化天皇（前158年）は、神功皇后の先祖。10代の崇神天皇（前97年）は大和を統一し、吉備や出雲も勢力圏に入れた。

11代の垂仁天皇（前29年）は、伊勢神宮を現在の地に移した。12代の景行天皇（71年）は息子のヤマトタケルを派遣し、熊襲を討ち、関東を勢力圏に入れた。13代の成務天皇（131年）は、近江国の志賀高穴穂宮で東国経営にあたった。14代の仲哀天皇（192年）は全国統一に成功したが、九州で変死した。15代の応神天皇（270年）はのちに八幡神と同一視された。16代の仁徳天皇（313年）の陵は世界最大級。17代の履中天皇（400年）は南朝の宋に使いを送った。18代の反正天皇（406年）は兄弟と戦って即位した。19代の允恭天皇（412年）のとき衣通姫と木梨軽皇子の同母兄妹の恋が問題になった。

20代の安康天皇（453年）は不倫略奪愛がゆえに暗殺された。21代の雄略天皇（456年）は強力な王で宋に使いを送った最後の王である。22代の清寧天皇（480年）は子がなく播磨国で23代の顕宗天皇（485年）を見つけて跡を継がせた。24代の仁賢天皇（488年）はその兄弟。25代の武烈天皇（498年）は暴虐な振る舞いが多く、子がなかったので応神天皇5世の孫で越前国にあった26代の継体天皇（507年）が迎えられた。27代の安閑天皇（531年）と28代の宣化天皇（535年）は継体天皇の越前国時代に生まれた子であるが、武烈天皇の姉妹である皇后を生母とした29代の欽明天皇（539年）の系統に皇位は引き継がれる。仏教が伝来した。

30代の敏達天皇（572年）と31代の用明天皇（585年）、32代の崇峻天皇（587年）、33代の推古天皇（592年）は欽明天皇の子だが、敏達は宣化天皇の娘、残りの3人は蘇我氏出身の母。推古が長生きしたので聖徳太子ら欽明孫世代は先に死んで、敏達の孫である34代の舒明天皇（629年）が即位。35代の皇極天皇（642年）は舒明の皇后。蘇我入鹿が暗殺された。皇極は生前退位し、36代の孝徳天皇（645年）が即位し、大化の改新が行われた。その死後は、皇極が重祚し、37代の斉明天皇（655年）となった。38代の天智天皇（668年）は、称制（即位せずに天皇の代理を務める）ののち即位し、大津に遷都した。39代の弘文天皇（671年）と40代の天武天皇（673年）のあいだで壬申の乱があり、天武が勝利した。41代の持統天皇（690年）は天智の娘で天武の皇后だが、しばらくの称制ののちに即位。

教養への扉　『日本書紀』は神功皇后を事実上の女帝として扱い、弘文が即位したことを認めていないが、明治以降に水戸学の影響で修正された。

ワンフレーズでわかる歴代天皇②
42代の文武天皇から87代の四条天皇まで

42代の文武天皇（697年）は持統の孫で、16歳で即位し、以後、若年の即位が増えた。43代の元明天皇（707年）は天智の娘で文武の母。平城京に遷都した。44代の元正天皇（715年）は元明の娘。45代の聖武天皇（724年）は文武の子。

46代の孝謙天皇（749年）は聖武と光明皇后の娘。47代の淳仁天皇（758年）は天武の孫。孝謙と対立して廃位。48代の称徳天皇（764年）は、孝謙の重祚。道鏡の即位を画策するが阻止された。49代の光仁天皇（770年）は天智の孫。50代の桓武天皇（781年）は光仁の子で母は百済王家の末裔。平安京に遷都（写真は桓武天皇を祀る平安神宮）。51代の平城天皇（806年）は桓武の子だが、病弱で52代の嵯峨天皇（809年）に譲る。50人ほど子がおり、桓武平氏はここから出た。53代の淳和天皇（823年）は嵯峨の弟。54代の仁明天皇（833年）は嵯峨と皇后・橘嘉智子の子。嘉智子は仁明の子である55代の文徳天皇（850年）の系統に皇位を継承させようとし、協力した藤原氏の摂関政治開始。56代の清和天皇（858年）から清和源氏が出る。
57代の陽成天皇（876年）は心身不調で仁明の子の58代の光孝天皇（884年）が源氏から復帰して即位。59代の宇多天皇（887年）は菅原道真を重用。60代の醍醐天皇（897年）は親政を行う。61代の朱雀天皇（930年）のとき承平・天慶の乱があった。62代の村上天皇（946年）は「天暦の治」を行う。63代の冷泉天皇（967年）から紫宸殿で即位の礼を挙げる。64代の円融天皇（969年）のとき中国では宋による統一がなった。65代の花山天皇（984年）は西国三十三所巡りの元祖。66代の一条天皇（986年）の宮廷で紫式部や清少納言が活躍した。67代の三条天皇（1011年）は藤原道長の横暴に悩まされる。68代の後一条天皇（1016年）は、道長の全盛期。69代の後朱雀天皇（1036年）のころから延暦寺と三井寺の対立が激化。70代の後冷泉天皇（1045年）のとき前九年の役が起きる。
71代の後三条天皇（1068年）は藤原氏を外戚としない久々の天皇。72代の白河天皇（1072年）は院政を始めた。73代の堀河天皇（1086年）のころ僧兵の狼藉が目立つ。74代の鳥羽天皇（1107年）は祖父の白河院の横暴に振り回される。75代の崇徳天皇（1123年）は、保元の乱に敗れ、讃岐国（香川県）に配流。76代の近衛天皇（1141年）は3歳で即位、17歳で崩御。77代の後白河天皇（1155年）は平清盛の全盛期だが、やがて対立する。78代の二条天皇（1158年）は白河院と対立。79代の六条天皇（1165年）はゼロ歳児の即位。80代の高倉天皇（1168年）の中宮は清盛の娘で、81代の安徳天皇（1180年）の父。
82代の後鳥羽天皇（1183年）は承久の乱で隠岐国に配流される。83代の土御門天皇（1198年）は承久の乱後、土佐国に配流される。現皇室の祖先。84代の順徳天皇（1210年）も承久の乱後、佐渡国に配流される。85代の仲恭天皇（1221年）は満2歳6カ月で即位。在位期間歴代最短の78日間。86代の後堀河天皇（1221年）のときに平安京の内裏が炎上し、廃絶。87代の四条天皇（1232年）のころは朝廷の衰微が目立った。

教養への扉　安徳天皇は壇ノ浦の戦いで入水して崩御。1183～1185年は後鳥羽天皇と重複。

ワンフレーズでわかる歴代天皇③
88代の後嵯峨天皇から126代の今上天皇まで

88代の後嵯峨天皇（1242年）の2人の子から両統迭立が始まる。89代の後深草天皇（1246年）は北朝の持明院系の祖。90代の亀山天皇（1259年）は南朝の大覚寺統の祖。

　91代の後宇多天皇（1274年）は元寇のときの天皇。92代の伏見天皇（1287年）は持明院系の復活。93代の後伏見天皇（1298年）は琵琶の名手。94代の後二条天皇（1301年）のとき世襲宮家が生まれた。95代の花園天皇（1308年）は立派な日記を残した歴代有数の知識人。96代（南朝初代）は後醍醐天皇（1318年）で建武の中興（新政）と南北朝。

　北朝初代の光厳天皇（1331年）は後醍醐天皇から正規の手続きで譲位されているので、本来は北朝の天皇とするのは不自然だ。北朝2代の光明天皇（1336年）は儒学を重視された。北朝3代の崇光天皇（1348年）は現皇室と旧宮家の祖先である。北朝4代の後光厳天皇（1352年）は女院の命で即位。97代（南朝2代）の後村上天皇（1339年）は吉野で即位。98代（南朝3代）の長慶天皇（1368年）は吉野生まれ。大正になって歴代に加えられた。99代（南朝4代）の後亀山天皇（1383年）は三種の神器を後小松天皇に渡した。

　北朝5代の後円融天皇（1371年）のころ北朝内部の継承争いが激化。100代（北朝6代）の後小松天皇（1382年）のときに、南北朝合一。101代の称光天皇（1412年）の崩御ののち、102代の後花園天皇（1428年）が伏見宮から即位。103代の後土御門天皇（1464年）のときに応仁の乱が起きる。104代の後柏原天皇（1500年）のころ細川氏の内紛で幕府も機能しなくなった。105代の後奈良天皇（1526年）のときに南蛮船がやってきた。

　106代の正親町天皇（1557年）のとき室町幕府が滅びた。107代の後陽成天皇（1586年）は聚楽第に行幸した。108代の後水尾天皇（1611年）は徳川和子を中宮とし、2人の娘の109代の明正天皇（1629年）に譲位。110代の後光明天皇（1643年）のころ寛永文化が栄えた。

　111代の後西天皇（1654年）から有栖川宮家が出た。112代の霊元天皇（1663年）は幕府に近い近衛基熙と対立した。113代の東山天皇（1687年）のとき大嘗祭が復活。114代の中御門天皇（1709年）のとき閑院宮家が創立され、115代の桜町天皇（1735年）のとき新嘗祭が復活。116代の桃園天皇（1747年）のとき宝暦事件が起きる。117代の後桜町天皇（1762年）は最後の女帝。118代の後桃園天皇（1770年）をもって皇統の小さな断絶が起きる。

　119代の光格天皇（1779年）は閑院宮家から即位し、近世皇室中興の祖。120代の仁孝天皇（1817年）のときに学習院が創設された。121代の孝明天皇（1846年）のとき幕末の争乱が始まる。122代の明治天皇（1867年）のときに維新なる。123代の大正天皇（1912年）は開かれた皇室の道を開く。124代の昭和天皇（1926年）のとき太平洋戦争と戦後復興。125代の平成の陛下（1989年）は生前退位をされ、上皇となられた。126代の令和の陛下（今上天皇）は2019年の即位。

教養への扉　平成から令和への代替わりに際しては、新旧の陛下をどう呼ぶのか、いつにもまして混乱した。海外ではエンペラー・ナルヒトで通用しており、徳仁天皇といった呼称が日本語でも使用されてよい。

　江戸中期の東山天皇のあと、中御門天皇が継がれたが、その曽孫の後桃園天皇で断絶し、東山天皇の子・直仁親王を初代として創設された閑院宮家から光格天皇が即位した。光格天皇は長生きし、生前に仁孝天皇に譲位された。光格天皇は7人、仁孝天皇は5人、その子の孝明天皇は2人の皇子がいたが、成長したのはひとりずつだった。

　明治天皇の生母は、尊王攘夷派の公家・中山忠能の娘である慶子で、1852年11月3日の誕生である。慶子の母である愛子は名君として知られる平戸藩主・松浦静山の姫。

　天皇は大柄で身体壮健、活発で気が強く、乗馬や酒を好まれたが、一方で、ストイックで生活は質素で、会議や儀式では身動ぎもせず沈黙を守り、カリスマ性に満ちていた。

　1867年1月に孝明天皇が崩御され、2月に満14歳で践祚の儀を行い、皇位につかれた。

　皇后は一条忠香の娘である美子で、いわゆる昭憲皇太后である。美しく聡明で、率先して洋装を取り入れられ、戦意高揚や慈善事業、女子教育にも取り組まれ、近代的な皇后として申し分のない存在で日本の近代化に著しく貢献した。

　大正天皇（1879～1926年）は、その晩年にあって病気がゆえに摂政を置かれて政治的には寂しく亡くなった。しかし、大正デモクラシーという言葉にふさわしく、開かれた皇室の元祖というべき存在だという評価もある。生母が妊娠中毒を患い、その影響で病弱だったのに、幼少時代は不適切な養育方針もあって、いろいろ問題があったが、周囲の人々の応援もあって、皇太子時代はいきいきと活動されるようになっていた。しかし、明治天皇のあとを継いで国家元首としての役割を果たすことは、やはり荷が重すぎたというのが、バランスの取れた評価だろう。

　実母は公家出身の伯爵家である柳原家出身の愛子である。姪に歌人・柳原白蓮（燁子）がいる。明治天皇の子は5男10女だが、成人したのは、嘉仁親王（大正天皇）と4人の妹だけだった。

　しかし、明治の政治家が偉かったのは、このままではいけないと火中の栗を拾ったことで、東宮輔導の職として有栖川宮威仁親王をあて、嘉仁親王は威仁親王を兄のごとく慕い、事態は劇的によい方向に進んだ。

　また、皇太子妃として、しっかり者で頑健なのちの貞明皇后（九条節子）が妃となり（神道式の結婚式はこの婚儀を東京大神宮が一般向けにアレンジしたのが起源）。皇太子は健康を取り戻し、全国各地や韓国を巡幸された。ところが、即位後はもともと性に合わない窮屈な生活になって、1918年には国会開会式に出席できなくなり、皇太子（昭和天皇）が欧州歴訪からの帰国ののちの1921年に摂政となられた。大正天皇自身は摂政の設置を納得されていなかったようで、平成の陛下が摂政の制度を嫌われた理由のひとつである。

教養への扉　山県有朋と原敬は皇太子の視野を広げるために欧州旅行をさせたが、保守派からは嫌われた。また、皇太子妃候補だったのちの香淳皇后について、色弱の遺伝子があることを理由に山県が再考を促した「宮中某重大事件」が起きたが、こちらは保守派が勝利し、山県は失脚し、原敬暗殺の原因になったともいわれる。

皇位継承②
なぜ皇位継承者不足に陥ったのか

令和の陛下は1993年に外交官の小和田雅子さんと結婚された。2001年に愛子内親王殿下が誕生されたものの、雅子さまの適応障害もあり、さらなるお子様の誕生にめどが立たず、皇位継承の危機が語られるようになった。

のちの大正天皇と貞明皇后には、翌1901年に昭和天皇（裕仁親王）が誕生され、その後も秩父宮、高松宮、三笠宮も含めて4人の心身ともに健康な親王が生まれた。

1924年に昭和天皇（当時は摂政）は、久邇宮邦彦王の良子女王（香淳皇后）と結婚された。貞明皇后は、息子たちの妃候補を探すために学習院に授業参観を繰り返されるなど、万全の配慮をされたことは高く評価されている。

貞明皇后は九条家出身だが、積極的な女性で、やや頼りない大正天皇の皇后として適切だった。英明な君主だった昭和天皇の伴侶として皇族出身で温和で良妻賢母型の香淳皇后が適切だったのも当然である。ただ、貞明皇太后は、おっとりした香淳皇后に不満を洩らされたり、昭和天皇の宮中改革や祭祀の軽視に反発されたりして対立されることもあった。

昭和天皇と香淳皇后のあいだには、7人のお子様が誕生した。年長から、①東久邇成子、②久宮祐子内親王（夭折）、③鷹司和子、④池田厚子さん、⑤平成の陛下（明仁上皇陛下）、⑥常陸宮正仁親王殿下、⑦島津貴子さん（既婚女性は結婚後の氏名）であった。

1947年の旧宮家の皇籍離脱は、皇位継承の不安は少なく、華族を廃止したので宮家だけをそのままにするわけにいかず、さらに、11宮家のなかで優先順位をつけることも難しく、必要なら皇族復帰もありうるという前提での決断だった。

華族制度の廃止で、皇族の妃殿下となる希望者が少なくなった。平成の陛下（当時は皇太子）のご結婚に際しては、旧華族でも候補者になっても遠慮したいということが多かった。また、マスコミによるお妃候補の取り上げが先行してしまったことも障害になった。

皇太子の教育係だった小泉信三が華族や学習院にこだわらない方針に転じて、実業家の家庭に育った正田美智子さんとの婚約が成立した。その後の妃殿下のほとんどが、「平民」である場合でも華族社会になじみがある人たちであるのと比べても大胆な選択だった。

シンデレラ物語は大ブームを引き起こしたが、香淳皇后も含めて華族社会の反発は強く、予想される摩擦の回避のための配慮が不十分で、妃殿下本人や正田家に必要以上の負担をかけ、それが妃殿下の体調不良の原因となった。

そうした試練を乗り越えて、令和の陛下（徳仁天皇陛下）と秋篠宮文仁親王殿下が誕生された。しかし、それを最後として皇室では黒田清子さんなど9人連続して女子が誕生することとなる。文仁親王殿下は1990年に川嶋紀子さんと結婚して1991年に眞子内親王殿下、1994年に佳子内親王殿下を得られたが、そのあとしばらくお子様の誕生はなかった。

教養への扉　三笠宮家の3人の親王のうち寛仁親王は、麻生信子さんと結婚して2人の女王を得た。桂宮宣仁親王は体調を崩され、結婚されなかった。高円宮憲仁親王は鳥取久子さんと結婚して1990年生まれの守谷絢子さんまで3人の女王を得られたが、2002年にスポーツ中に急死された。

　小泉純一郎内閣は2004年にいたって唐突に「皇室典範に関する有識者会議」を設置し、翌年にその報告を受けたが、その内容は、男女の区別なく長子優先で継承させるというものであった。

　これに対して、保守系を中心に反対運動が盛り上がったのであるが、たとえいかなる場合においても女帝や女系相続を認めるべきでないということでないとしても、小泉内閣の方針は乱暴なものだったし、有識者会議の構成も著しく公正さを欠くものだった。

　そもそも、世襲による君主の継承は、前例に基づいたものであってこそ正統性がある。もちろん、前例どおりの継承ができなくなったり、時代の変化や個別の事情で変更せざるをえなかったりする場合でも、さまざまな可能性を議論し、ほかに選択肢がないということでないとその君主制の正統性は大きく損なわれる。

　また、変更は最小限にすべきだろう。さらに、そのときの君主との縁を重視すべきではない。たとえば女性の娘や孫しかいないときに、強引に継承原則を変えて継承を図ることは、世界の歴史を見ても最もその君主制を動揺させ、戦争や内乱の原因にすらなってきた。

　そうした観点からすれば、旧宮家による継承の可能性についてほとんど議論しなかったことは道理に合わなかった。長子優先で弟より姉という原則の導入は、祭祀や事業の継承は男子優先が原則という日本社会の秩序に大混乱を生じさせるものだった。そうした秩序は絶対的ではないが、安直な変更はさまざまな混乱の原因となる。

　当然、大議論が巻き起こったが、そのさなかに、紀子秋篠宮妃殿下懐妊が発表され、2006年に悠仁親王殿下が誕生されて、皇室典範の改正は長期的な課題ということになった。

　平成の陛下が退位されるまでは、将来の悠仁親王殿下への継承は既定路線のように見えた。しかし、令和の陛下が即位されると、またもや愛子天皇待望論が出てきた。一般に世界中どこでも世襲はそのときどきの君主に寄り添う。国民挙げて敬意を払うし、マスコミも否定的な情報を書かないし、場合によっては王宮（日本なら宮内庁）から「ご心痛」などを理由にブレーキがかかり、忖度されるのでかなりバイアスのかかったものになる。

　その結果、平成の陛下でも令和の陛下でも皇太子時代は批判もされたが、即位されるとそれがなくなる。それは国の象徴であるから当然でもあるのだが、歴史の文脈では一時的な感情にすぎない。君主制にとっての忠臣とはなんであるかといえば、称徳天皇に道鏡への譲位をやめるように諫言した和気清麻呂である。最高の忠義は諫言であり、そのときの君主を歴史的な文脈のなかで正しい方向に誘導することであるし、伝統的にはそういう機能が組織として充実してきたのが日本の皇室の強みであったはずだ。

教養への扉　眞子内親王殿下の問題でも明らかになったように、民間の男性を皇族とするのは、解決すべき問題が多すぎる。可能性として女系も否定はしないが、従来原則の維持に最大限努力してからであるべきだと考える必要がある。

　令和における皇室のあり方を考えるにあたって、107〜108項で平成10大ニュースを挙げたのと同じように、平成皇室10大ニュースを挙げてみよう。

　①即位礼、大嘗祭を京都でなく東京で挙行

　旧皇室典範では、即位礼は京都で行うものと書かれていたのは、東京奠都に対する不協和音に決着をつけるために、もとの都であった京都を儀典都市として振興し、外国からの招待客にも日本の伝統文化を再認識してもらおうという明治天皇の意向によって決められた。ところが、戦後改正された皇室典範ではこの項がなくなり、十分な議論もなく明治天皇の叡慮（えいりょ）は反故にされた。

　②神事や慰霊を大事にされた祈りの陛下

　平成の陛下（写真）の特色ある姿勢は、「祈りの重視」である。明治天皇は神事などをあまり重視されなかったし、昭和天皇は貞明皇太后から神事を疎かにするから戦争に負けたと批判されたほどだったのと対照的だった。また、ゆかりの寺院の訪問も熱心だった。さらに、海外訪問の際には平和への祈りを大事にされた。その一方、靖国（やすくに）神社には参拝されず、諸外国の君主と違って英霊を英雄として顕彰するお言葉はなかった。

　③ストイックなご公務と現場主義

　偉大な陛下として国民にとって仰ぎ見る存在だった昭和天皇に比べて、国民とともにあるというのが平成の陛下の姿勢であった。また、ストイックな公務への姿勢をお好みになった。災害現場への訪問は、昭和天皇は現場の負担を考えて、一段落してからとされていたが、平成の陛下はすぐに訪れ、被災者を励ますことを優先された。

　④百済王の子孫であることに触れられたゆかり発言

　中国や韓国との友好に熱心に取り組まれた。1992年に公式に訪中されたが、天安門事件の直後で賛否両論があった。韓国訪問は、反日行為のエスカレートで環境が整わなかった。

　⑤沖縄への特別な思い入れ

　皇太子時代の沖縄訪問で火炎瓶を投げられたこともあり、沖縄には特別の思いでたびたび訪問され、国立の組踊（くみおどり）劇場の設立にも尽力したとおっしゃったことがある。その理由として、島津の血を引く者としての特別の感情があるともおっしゃったことも異例だった。

　⑥皇太子妃の不調

　皇太子妃だった令和の皇后陛下は、愛子内親王殿下をご出産されたのち、適応障害から公務を通常どおりこなせない状況となり、現在も完全な復調ではないと発表されている。

教養への扉　FIFA W杯の際には、桓武天皇の母であった高野新笠が、百済の武寧王の子孫であるというゆかりがあることに言及され、韓国で歓迎された一方、あたかも日本の皇室が百済王家の分家であるがごときプロパガンダにも利用された。

本項の最後に詳しく説明するが、たとえ悠仁親王殿下に男子がなくとも、継承が問題になるのはいまから70年後のことだ。それなら、旧宮家、近現代の天皇の女系子孫、女性皇族と男系男子の結婚（旧宮家に限らない）など多角的に方策を展開すべきなのではないかと思う。

⑦平成の陛下の退位

2016年8月に平成の陛下はビデオメッセージで退位を希望する旨を発表された。これを受けて「天皇の退位等に関する皇室典範特例法について」が成立した。本来は慎重に議論し、皇室典範の改正で行うべきものだが、陛下が早期の実現を望まれたことなどから平成の陛下に限った法律となった。そもそも生前に退位しないのは、欧州諸国の制度を明治年間（1868〜1912年）に真似たものであり、欧州諸国で超長寿化を踏まえ、退位が一般化したので妥当なものだ。

⑧象徴天皇制度の動揺

退位問題を通じて、陛下のお気持ちをどの程度まで尊重すべきかという議論が起きた。象徴天皇制の本旨からすれば、政府、国会で判断すべきことだが、ご希望をかなえるべきだという声も強かった。その後、陛下が憲法改正や安全保障問題で特別な意見を持たれているとしてそれを尊重すべきだという者もおり、本来なら皇室の政治利用に反対すべき勢力のなかから両陛下を政治的に利用しようとする動きが生じて象徴天皇制度に動揺を与えた。また、皇室典範改正問題や大嘗祭のあり方について皇族の意見表明の是非が議論になった。

⑨眞子内親王殿下の婚約問題

秋篠宮皇嗣殿下の長女である眞子内親王殿下が大学の同級生の小室圭さんと婚約するという発表があったが、身辺調査の不足から、借金問題が発覚するなど皇族の結婚相手として適切とは思えない実態が明らかになり、一般の結納にあたる納采の儀は延期された。

⑩皇室典範改正問題と悠仁親王殿下の誕生

117項で書いたように、平成の皇室は皇室典範の改正で揺れたが、悠仁親王殿下の誕生でとりあえず動揺は静まった。現在の状況のままだと、仮に平成の陛下のように85歳で退位されると仮定すると、2045年に秋篠宮皇嗣殿下が即位され、2050年に悠仁親王殿下に継承され、悠仁親王殿下は2091年まで在位されることになる。

そもそも、旧宮家にしても現女性皇族の子孫についても、将来の安定的な皇位継承を確保するには数が少なすぎる。イギリスの王位継承候補者は数千人なのである。せめて100人くらいは必要なのではないか。

教養への扉 愛子、眞子、佳子内親王殿下の子孫に皇位継承を認めれば皇位継承は安定するという意見があるが、悠仁親王殿下も含め、類似のDNAの4人が子孫を長く維持することはできない可能性はそれほど少なくない。それが断絶してから、たとえば旧皇族から探すなどありえないのであって、それなりに広い範囲を継承候補者とすることは不可欠だ。また、特定の天皇の子孫だけに皇位継承権を限定する理由も正当化することは難しい。

「皇后」という名は「天皇」の尊号と同じく律令制のもとで創始されたのだが、それ以前から「天皇（大王）の嫡妻」という地位はあったようだ。

大和朝廷による統一国家成立のころまでは、皇后の出自についてルールがなかったようだが、仁徳天皇の磐之媛命（葛城氏出身）を最後に皇族に限られるようになった。

律令では、皇后の子が即位すれば皇太后、さらに孫に伝えられれば太皇太后ということになった。だが、聖武天皇の皇后に藤原氏出身の光明子があてられたのを皮切りに乱れ始めたし、また、天皇の母でもないのに皇太后になったりもした。

あげくの果ては、ひとりの天皇に複数の皇后が現れたり、結婚もしない独身の内親王が皇后を名乗ったり、母親以上の年齢で名前だけの皇后などがあったりした。

もともと皇后の官房のような役所を「中宮職」といったのだが、やがて「中宮」が皇后の別名になった。あるいは、『源氏物語』の時代の藤原定子と彰子のように先に入内したほうが皇后、あとで入った若いほうが中宮というように使われたりもした。

さらに、皇后以外の後宮の女性は妃、夫人、嬪というように序列があったが、それも崩れ、女御、更衣、尚侍、掌侍などさまざまな肩書が出現し、とくに南北朝以降は正夫人も女御止まりになった。皇后という肩書は鎌倉時代の後宇多天皇の遊義門院が最後であった。

一方、女院は一条天皇生母が落飾するに際して与えられたのが最初だが、やがて天皇の生母でなくとも乱発されることになった。

「皇后」の称号は仁孝天皇妃に遺贈されたことで復活し、明治以降は海外の王妃や皇妃を意識して定着して現在に至っている。だが、こうした西洋式の皇后は歴史的な観点からは離れたものだ。また、皇后は伝統的には殿下であって陛下というのは明治以降である。

現実の問題として、これが単なる天皇の配偶者なのか、それ以上に職業的義務を伴うものなのか、さらには、皇室というファミリーの「女将さん」としての役割はどうなのか、難しい問題もいろいろありながら十分な議論が回避されている。昭憲皇太后（本来の諡号は皇后だが、事務的ミスで皇太后という呼び名が定着した）、貞明皇后、香淳皇后、美智子上皇后陛下、雅子皇后陛下、それぞれにまったく違うあり方なのである。昨今の皇室をめぐる苦悩のなかで矛盾が顕在化しているのも事実である（写真は天皇・皇后を模した雛人形）。

教養への扉 皇后などに準じるという「准后」というのも同じで、ついには北畠親房や足利義満、醍醐寺の三宝院満済のような男性にまで与えられた。最後の足利将軍・義昭も豊臣秀吉にこの称号を斡旋してもらい、幸せな晩年を過ごした。

三種の神器
実は時代によってあり方がかなり変化してきている

宮中にある「八尺瓊勾玉」、伊勢神宮の「八咫鏡」、熱田神宮の「天叢雲剣」をもって三種の神器という。中世から皇位継承に不可欠なものとされ、源平の戦いや南北朝ではその争奪戦が繰り広げられた。

太平洋戦争では、伊勢神宮や熱田神宮がある伊勢湾にアメリカ軍が上陸する恐れが終戦の決断を後押ししたとされるし、今回の皇位継承でも、そのあり方について、熱い論議があった。

『古事記』では天照大神が天孫降臨の際に瓊瓊杵尊に「八尺の勾玉、鏡、草薙の剣」を授けたとある。『日本書紀』では、「一書にいう」という少し引いた形で、「天照大神が天津彦彦火瓊瓊杵尊に、八尺瓊の勾玉及び八咫鏡、草薙の剣、三種の宝物を賜った」とある。

このうち、草薙の剣については、スサノオが八岐大蛇を退治したときに、その尾から現れたものとされている。しかし、神様からもらったというのは神話の世界だし、日向から神武天皇がそのような家宝をワンセットで持ってきたというのも可能性は薄い。

『日本書紀』の崇神天皇の項に、崇神天皇が天照大神の威光を恐れて天叢雲剣と八咫鏡を宮の外に出し、それが伊勢神宮に落ち着き、天叢雲剣はヤマトタケルに貸し与えられたのち、熱田神宮に落ち着いたとある。天皇の即位儀礼では、八尺瓊勾玉の本物と天叢雲剣と八咫鏡については、その代用として形代が使われる。

『日本書紀』には、『魏志』倭人伝でもおなじみの伊都国王が、仲哀天皇が来たので大きな賢木を根から引き抜き、船の舳先に立てて、上枝には「八尺瓊」をかけ、中枝には「白銅鏡」をかけ、下枝には「十握剣」をかけて関門海峡の彦島に迎え、「私がこれらのものを奉りますのは、天皇が八尺瓊の勾っているように、お上手に天下を治めていただきたいからです。また白銅鏡のように、よく山川や海原をご覧いただき、十握剣を引っさげて天下を平定していただきたいからです」といったとされ、ほかの領主たちも同様のしつらえで仲哀天皇を迎えている。

これを見ると、「三種の神器」というものがまとまった形で王位継承の儀式に使われるというのは、筑紫地方に始まった風習が採用されたのでないかという推測も可能だろう。

いつ皇位継承にあって三種の神器が必要な道具として定着したかは不明である。持統天皇の即位のときに、中臣氏が寿詞を読み上げ、忌部氏が鏡と剣を奉ったとあるが、そこに勾玉はない。

いずれにせよ、後鳥羽天皇でも北朝の天皇にしても、三種の神器なしで即位されており、それがないと皇位継承が不可能というようなわけでもなさそうだ。

教養への扉 草薙の剣は熱田神宮にこっそり見たという記録があり、銅剣のようだ。また、八尺瓊勾玉は昭和天皇の即位礼のときに手で持って運んだ人の証言によると子どもの頭くらいの感触だったそうである。八咫鏡は明治天皇の天覧に供したともいわれるが、そもそも本物も形代も焼けて失われたこともあるともいわれ原形をとどめているかは不明だ。

　現代の皇室には三笠宮、秋篠宮、常陸宮、高円宮といった世襲の宮家がある。本来は親王という称号を持てるのは過去の天皇の2世王までである。三笠宮崇仁親王や寛仁親王は親王だったが、寛仁親王の娘である承子さまは女王である。

　一方、旧宮家と呼ばれるものは、すべて伏見宮系統のものだ。北朝で光厳天皇の子である後光厳天皇と崇光天皇の系統が対立し、後光厳天皇の系統が皇統を継いだが、崇光天皇の系統が名乗ったものである。

　ただし、結果的には、後光厳系は断絶して崇光系が現在の皇統につながるのだが、そのときに、後花園天皇の弟である貞常親王が伏見宮家を継いで、それが途絶えることなく終戦まで続いたわけである。一時は、別系統の親王がこの宮家を継いだこともあったが、またもとに戻った。

　江戸時代には、いろいろな経緯があるが、伏見宮家のほか、桂宮、有栖川宮家が世襲親王家となり、途絶えたら、そのときの天皇の子などが継いだ。

　そして、1710年に東山天皇の直仁親王が新たに閑院宮家をつくり、4つの宮家が皇位断絶に備えることになった。ただし、こうした宮家の地位は摂関よりむしろ下だったのだが、明治になって、公爵より上になった。

　ときどき伏見宮系統は、現皇室から離れすぎだという人がいるが、幕末に閑院宮家の光格天皇が即位したときには、伏見宮家の候補とどちらにするかさまざまな条件を検討する対象になっているし、仁孝、孝明、明治、大正の各天皇がそれぞれ実質的なひとりっ子だったときにも、伏見宮と有栖川宮とどちらかということになっていた。

　有栖川宮のほうが後西天皇の子孫で現皇室に近いが、選択基準は本人の資質とか年齢とか皇女との結婚の可能性で伏見宮では遠すぎるというし議論はなかった。

　さらに、古来、遠縁からの皇位継承の場合に、現皇室に近い皇女、女王との婚姻も好ましいとされてきたが、伏見宮系の4つの宮家は明治天皇以降の天皇の女系子孫である。

　宮家のほかに皇室系の男系男子としては、皇別摂家と賜姓華族がある。前者は後陽成天皇の子が一条、近衛に養子として入り、東山天皇の子孫が閑院宮家から鷹司家に入っているのでその子孫だ。一条、近衛、鷹司家そのものは男系を維持できていないが、そこから多くの家に養子に出ていて、そのなかには住友家や南部家などもある。

　後者は、明治維新から終戦までのあいだに、宮家の次男以下が臣籍降下したものだ。伊勢神宮大宮司の小松揮世久の場合だと、北白川宮家出身の祖父が21歳で臣籍降下し、廃絶していた小松宮家の祭祀を引き継ぎ侯爵となった。

教養への扉　大正天皇が病弱だったので、廃絶の場合は有栖川宮家から継承者を出すことが検討されていた。しかし、大正天皇に4人の親王がいたので議論は沙汰やみになり、有栖川宮家はその後、廃絶し伏見宮系のみになった。

旧宮家②
皇位継承順位が明確ではなかった「旧11宮家」

しばしば話題になる「旧宮家」11家は、すべて伏見宮邦家親王（1802〜1872年）の子孫である。

もともと有栖川宮家、閑院宮家、桂宮家も含めて4宮家体制だったのだが、有栖川宮家は断絶したので、大正天皇の3男が高松宮を創設して祭祀を引き継ぎ、また、有栖川宮家の血筋を引く徳川慶喜家の喜久子と結婚したが、子がなく廃絶。

閑院宮家も子がなかったので邦家親王の子の載仁親王が継ぎ、桂宮は明治維新の段階では、孝明天皇の姉が継いでいたが、その死とともに廃絶した。

邦家親王の長男から山階宮、4男から久邇宮、賀陽宮、梨本宮、朝香宮、東久邇宮、9男から北白川宮と竹田宮、14男から伏見宮、16男から閑院宮、17男から東伏見宮が出て、これが11宮家である。

旧宮家から皇位を継承するとしたら、誰かというと一概にはいえないのである。伏見宮を継いだのが14男の貞愛親王だというのは、母親が19年間も関白を務めた鷹司政煕の娘である妃の景子だからであって、その意味ではいちばん格が高い。

しかし、長幼を重視して現在の皇位継承原則であるサリカ法典式にすれば山階宮家になる。サリカ法典式は、仮に孫世代まで2人ずつの子がいるなら、長男→長男の長男→長男の次男→次男→次男の長男→次男の次男といったように相続順位を決めるゲルマン民族の相続法で明治時代に日本の皇室でも採用されたものだ。

しかし、山階宮本家は断絶しているので、次男で臣籍降下した筑波侯爵家に優先権がある。それを戦前に臣籍降下したので排除するなら、久邇宮朝彦親王の子孫のうち賀陽宮家になる。

もうひとつ、現皇室との縁ということになると、明治天皇のDNAを引いているなかでというなら、竹田宮家、北白川宮家、朝香宮家、東久邇宮家に明治天皇の皇女が降嫁しているし、とくに東久邇宮家には、総理大臣も務めた稔彦王に明治天皇の聡子内親王が、さらに、2人の子の盛厚王には、昭和天皇の成子内親王が降嫁しており、現皇室との近さは際立っている。いずれにせよ、旧宮家から出すとすれば誰だというのが自明なのではない。

また、もし本人がそれで納得するなら、愛子、眞子、佳子内親王殿下や、三笠宮家や高円宮家の女王が男系男子と結婚するのがいちばんいいという案もある。その場合には、先に紹介した皇別摂家や賜姓皇族でも構わない、場合によっては、そのほうが近親での結婚を避けやすいのであるから、その場合には、男系男子の皇位継承候補は数十人いるものと見られる。

教養への扉　すべての前提として、少なくとも江戸時代以降の天皇の男系男子や明治天皇以降の天皇の女系を含む子孫を皇族の戸籍である皇統譜の付属のような形で整備すべきだ。

旧華族
公爵、侯爵、伯爵、子爵、男爵の授爵基準とは

華族制度と爵位制度は一体だと思っている人が多いが、華族制度は1869年、爵位制度は1884年に発足している。選定基準が公開されなかったので不満があちこちから出た。

戦前の日本の爵位は英仏を真似たものである。公爵（デューク、デュック）、侯爵（マルキ）、伯爵（アール、コント）、子爵（ヴァイアカウント、ヴィコント）、男爵（バロン）である。公爵はプリンスと訳すこともある。

華族には公家、大名と一部の家老、維新やその後の功労者、臣籍降下した皇族などがなった。大名の爵位は、石高が原則のように見えるが、正確には普通に知られる表高（例・伊予国松山15万石）でなく、また、官位や城主かどうかなど関係なく、実質的な収入である実高（現高）を基準とした。このため、江戸時代の後半に新田開発が進んだところが得をした。佐竹が侯爵で井伊、藤堂が伯爵であるのはそのため。また、体面を維持できる財産が必要とされたので、維新の功労者でも早く死んだ者は損をした。

戊辰戦争の負け組は、減封後の石高が基準になった。仙台伊達家が伯爵にとどまった理由だ。さらに、当初は例外的、その後、やや広く維新への功績による格上げが認められた。

大名は、原則は侯爵が最高位だが、例外的に最初から公爵とされたのは、徳川家、島津家（忠義の家と久光の家の2つ）、それに毛利家である。公家では五摂家と三条、岩倉。

それに次ぐ侯爵には、前田、細川、紀伊徳川、尾張徳川、浅野、黒田、鍋島、蜂須賀、山内、池田（鳥取）、池田（岡山）、佐竹、石高ではこの水準に達しない水戸徳川。公家は清華家と明治天皇実母の実家である中山家。

伯爵には、松平（松江）、津軽、藤堂、有馬（久留米）、松平（福井）、久松（松山）、松平（高松）、井伊に一橋、田安、清水、明治天皇の母・中山慶子の母の実家・平戸の松浦家、朝鮮外交を担った宗家。子爵には、維新以前から大名だった諸家。明治になってどさくさで諸侯扱いとなった御三家付家老などは男爵。維新の元勲も最初は伯爵だった。

このほか、維新の功労者を別にして、有力大名家で次男などで別家を立てることを許された者、御三家付家老や寄合旗本（3000石以上）などで明治維新時に諸侯扱いされた者、1万石以上の諸藩家老のうち資産が十分にある者などが子爵、あるいは男爵を授爵していた。

その後、新しい授爵も多く、また、格上げである陞爵もあった。公爵になったのは、徳川慶喜家、伊藤、山県、大山、徳大寺、桂、松方、水戸徳川（『大日本史』編纂の功で1929年に陞爵という異例の扱い）。皇族が臣籍降下したときは、侯爵か伯爵。

朝鮮貴族令制定の1910年に76名が爵位を受けた。公爵に列せられた者はない。国王一族などのほか、李完用、朴泳孝が侯爵となった。なお、李王家は皇族に準じ、琉球の尚家は侯爵。清との関係では同格だったのに差が目立つが、李王家は国王でなく皇帝であることからいえば当然だ。また、尚家も石高からいえば伯爵相当なので優遇ともいえる。

教養への扉 幕府では室町、戦国時代の名家を高家として遇し、たとえば吉良家は上杉家より官位では格上だったが、華族制度では対象にされなかった。

徳川将軍家
明治維新後は公爵家となった徳川将軍家歴代の評価

将軍はほとんど下級武士の娘など側室の子で、よい教育を受けず、バカ殿だった。

①家康（在位1603～1605）……天下人となれたのは、「海道一の弓取り」といわれた戦 上手と戦国時代には珍しい手堅い性格。ただし、生前から人気はなかった。

②秀忠（在位1605～1623）……大坂夏の陣。武家諸法度。武将としての能力は評価されないが、個性を主張せず、理想的な「守成の人」だった。非情に諸大名を取りつぶす。

③家光（在位1623～1651）……参勤交代。鎖国。島原の乱。読み書きもまともにできず精神的にも不安定だったが、後半にはそれなりに人間を見る目も出てきたようだ。

④家綱（在位1651～1680）……由井正雪の乱。明暦の大火。殉死禁止。やさしい人柄で自分の意見をいわなかった。3代で蓄えた財政資金をほとんど使い果たした。

⑤綱吉（在位1680～1709）……生類憐れみの令。元禄文化。赤穂浪士。学問を好み、文化の発展や経済成長を促し、元禄の繁栄を実現した。奇抜な人事や政策が目立った。

⑥家宣（在位1709～1712）……新井白石を登用しての正徳の治。猿楽を好む凡庸な人物だが、賢夫人だった近衛熙子の助力もあって安定した振る舞いだった。

⑦家継（在位1713～1716）……8歳で死亡。形式上の母である近衛熙子と実母・月光院が次期将軍選びも主導した。

⑧吉宗（在位1716～1745）……享保の改革。目安箱の設置。倹約で紀州藩を立て直し、実務能力があり、リーダーシップもあった。世界に目を開くに至らなかった。

⑨家重（在位1745～1760）……言語不明瞭。そのせいで弟・田安宗武を登城禁止にしたりもしたが、人を見る目は備わっており、父である吉宗死後の時代を無難に乗り切った。

⑩家治（在位1760～1786）……田沼意次を老中に登用。天明の飢饉。祖父の吉宗から帝王学を学んだが、田沼意次に任せ、書画や将棋、鷹狩りなどなど趣味に生きた。愛妻家。

⑪家斉（在位1787～1837）……寛政の改革。50人以上の子を儲けた。実務についての知識もあり勤勉だったが、世界の変化に興味を持たなかった。化政文化が花開いた。

⑫家慶（在位1837～1853）……天保の改革。ペリー来航。「凡庸の人」と松平慶永から評され、水野忠邦を起用して天保の改革に取り組んだが、水野に経済のセンスがなかった。

⑬家定（在位1853～1858）……日米和親条約。日米修好通商条約。正座できず、癪が強く、痙攣を起こすことも多かった。井伊直弼を大老にした。継室が篤姫。

⑭家茂（在位1858～1866）……公武合体で和宮と結婚。安政の大獄。「良識ある判断ができる」と敬愛され、それなりの判断力もあったようである。

⑮慶喜（在位1867～1868）……徳川斉昭の子で母は有栖川宮家出身。知力も体力もカリスマ性もあり、究極の貴公子で頭脳もよかったが、空回り。

教養への扉　将軍選びでは長幼の順を大事にし、本人の資質は重視しなかった。同じ時代の清は優れた皇帝が続いたし、「薩摩に暗君なし」といわれたのと対照的。

旧公家、お妃の実家
美智子さま、雅子さまとも母方は佐賀藩士だった

華族は江戸時代以前の日本の名門を集大成してランクづけし、さらに、明治維新の功労者などを加えたものだった。しかし、世襲好きの日本人は各方面で名門をつくりだした。

華族のうち大名についてはよく知られているが、公家はそれほどではないので、ごく簡単にそれぞれの爵位に属する家を挙げる。筆頭は近衛、九条、一条、二条、鷹司の五摂家で公爵となった。転法輪三条、西園寺、徳大寺、岩倉の各家も維新の功労で公爵となった。侯爵は村上源氏の久我、正親町源氏の広幡、藤原系の花山院、大炊御門、今出川、醍醐のほか、中山、四条、中御門の各家が維新の功労で侯爵（伯爵は下記）。

皇族の結婚の相手は、華族に限られていたが、戦後は制約がなくなった。その筆頭は正田家である。群馬県館林の素封家で日清製粉の経営者だった。美智子上皇后陛下の兄は浜口雄幸家、妹は安西家、弟は倉敷の大原家と縁組している。

雅子皇后陛下の実家の小和田家は、越後国村上藩士。父親の小和田恆・元国連大使の父親は教育者で、男子5人はいずれも東京大学卒で官僚などになっている。

美智子、雅子両皇后陛下の母方実家は、いずれも佐賀藩士の出身。それぞれ、多久鍋島家の陪臣、手明鑓という郷士のような身分だったが、美智子上皇后陛下の外祖父の副島綱雄は戦時中の日本利権管理会社だった中支那振興理事、雅子皇后陛下の外祖父の江頭豊はチッソ社長だった。ちなみに美智子上皇后陛下の結婚に反対した急先鋒だった秩父宮妃勢津子と梨本宮妃伊都子はいずれも佐賀藩主・鍋島直大の孫であったのは皮肉だ。

紀子秋篠宮殿下の父である川嶋辰彦は学習院大学教授だが、もともとは和歌山県の素封家で、曽祖父が学習院で教鞭を執り、祖父は官僚だった。川嶋氏の母方祖父は大正期の大阪市長、のちに朝鮮総督府政務総監だった池上四郎だ。

三笠宮家の信子寛仁親王妃殿下はいうまでもなく麻生太郎の妹。筑豊の石炭王の家である。久子高円宮妃殿下の父の鳥取滋治郎は香川県観音寺の素封家の出だが、外祖父は大使、その夫人は松園伯爵家出身で九条家とも縁続きである。

政治の世界での名門の筆頭である岸、安倍、佐藤家の中心・佐藤家は、長州藩の下級武士だったが、信寛が吉田松陰と交流があり、島根県令を務めた。鳩山家は美作国勝山藩の中級武士で、和夫がイギリスに留学して弁護士、政治家となり、一郎総理、由紀夫総理を輩出し、一郎の孫世代も活躍。福田家は高崎近郊の養蚕農家で、赳夫と康夫が総理大臣となった。

明治の元勲のなかでは、26人の子どもがいた松方正義総理の子孫が最も栄えている。財界人のほかジャーナリストの松本重治、フィギュアスケートの八木沼純子、エドウィン・O・ライシャワー米駐日大使のハル夫人など多彩だ。

教養への扉 公家出身の伯爵家には以下のような各家がある。正親町三条、三条西、中院、正親町、滋野井、姉小路、清水谷、四辻、飛鳥井、松木、園、壬生、上冷泉、山科、鷲尾、油小路、庭田、大原、沢、橋本、東久世、日野、広橋、柳原、烏丸、甘露寺、葉室、勧修寺、万里小路、清閑寺、坊城の各家が伯爵となった。

世襲制
世襲できるということは、才能を必要としないということだ

　日本では、本人の資質が重要なはずの分野でも世襲が多い。幼少時から将来の職業を踏まえた教育をすれば、消極的に維持継承するだけでいいのなら低コストというメリットがある。才能がなくても真似事(まねごと)でそこそこの仕事ができるようになるからだ。しかし、優れた才能によって進歩させるためには、まことに不向きなシステムである。

　たとえば、歌舞伎(かぶき)役者などの息子ならたいていそこそこの役者になれるというのは、特別の才能など不要な低レベルの芸能のまま発展していないことの証左であろう。オペラ歌手、クラシック音楽演奏家、バレリーナは才能が必要なので世襲できない。
　料理人や職人でも同様だ。日本人は老舗を過大評価して優れた才能の邪魔をしている。ミシュラン・ガイドなどが出て客観評価が定着することで料理などだいぶ風通しがよくなった。茶道、華道など稽古事でも令和の千利休とか小堀遠州(こぼりえんしゅう)といった大茶人が出現しないのはおかしいのではないか。
　伝統の継承の仕組みとして世襲が悪いことばかりではないが、それが優越しすぎると短所が目立つ。政治でも一時は総理大臣候補の条件は、「代議士の子として生まれて父親が早死にして当選回数を稼げること」という状態だった。その結果、日本の政治家の職業経験や知的レベルは諸外国に比べて著しく低くなってしまったし、また、難しいことを議論する政治家は嫌われるというのが平成の悲劇だった。
　茶道や華道は大名の庇護がなくなり、存続の危機にあったが、女性の嫁入り修業の必須科目として再建に成功し、海外への進出にも熱心。千利休の養子(妻の連れ子)・少庵の子の宗旦(そうたん)が不振菴(ふしんあん)(表千家(おもてせんけ))を創始したが、晩年に3男に譲って、今日庵(こんにちあん)(裏千家(うらせんけ))に移り、それを4男が継いだもので、東西の本願寺とよく似たケースで、西本願寺と表千家が本流ではあるが、本家、分家という関係でもない。
　芸能では、岩倉具視が来日したグラント前アメリカ大統領に日本のオペラを所望され、歌舞伎では卑俗にすぎるといって見せて絶賛され、保存をすすめられたのが能で、これが復興の始まりとなった。しかし、より大衆的で、役者が映画などほかの部門にも出演しやすい歌舞伎のほうが、日本を代表する芸能のようになった。山梨県に起源を持つという市川(いちかわ)團十郎(だんじゅうろう)家など世襲の役者が襲名という奇妙な習慣で優位を持つ不思議な世界だ。
　経済界では、三井家は近江国出身の三井越後守(みついえちごのかみ)(三越の語源。越後国出身ではない)が伊勢国松阪(まつさか)で商人となり京都や江戸に進出。多くの分家が協力するのが特色。三菱の岩崎弥太郎は土佐の郷士。政商としてのし上がり、娘婿の加藤高明と幣原喜重郎を総理大臣にするなど閨閥(けいばつ)づくりに励んだ。住友家は別子(べっし)銅山(愛媛県)の経営で財をなした。西園寺公望の弟を徳大寺家から婿養子に迎え、皇室の男系男子だ。実権は早くからないが、いまもグループの象徴。渋沢栄一(しぶさわえいいち)は埼玉県深谷(ふかや)出身。子だくさんで、閨閥を広げて有名人も多い。

教養への扉　江戸時代には囲碁や剣術まで世襲だったが、さすがに、こうした分野では、実力差がはっきりするので世襲は廃れた。

領土

国土の広さ
本当は西欧全体に匹敵するほどの大国

宇宙から見る日本列島は、青い海の上に美しい弧を描いている。そこに個性豊かな歴史と文化に彩られた47都道府県がきら星のように並ぶ。

「狭い日本、そんな急いでどこに行く」などといわれるように、日本人にとっては自分の国が狭いというのが常識になっているが、まったく誤解である。

たしかに面積は小さいが、東京と大阪がロンドンとパリより離れているように都市間の距離はことのほか長い。東西南北の広がりを見れば西欧全体にも匹敵するもので、札幌と那覇の距離は2200kmほどあるが、これは、ロンドンとアテネとほぼ同じだ。パリとイスタンブール、瀋陽と広州、ボストンとニューオーリンズ、カシミールとチェンナイ、サンクトペテルブルク、サンクトペテルブルクとアルメニアもよく似た距離である（写真は「the true size of…」で見た日本と西欧の面積の比較）。

たしかに、面積は37万7976.41㎢（62位）だが、これは、農業などを語るときくらいしか意味がない。排他的経済水域（FEZ）についていえば、1位はフランスの1169万1000㎢で、アメリカ、オーストラリア、ロシア、イギリス、インドネシア、カナダに次ぐ8位で10位の中国をしのぐ。

それを「日本は狭い」などと考えてしまうから、なんでも全国画一でよいとか、東京集中でも不便はないとかいう間違いが、政治、経済、文化に悪い影響を与えている。6852の島からなり、最東端は東京都小笠原村南鳥島（北緯24度16分59秒、東経153度59分12秒）、最西端は沖縄県八重山郡与那国町トゥイシ（北緯24度27分05秒、東経122度55分57秒）、最南端は東京都小笠原村沖ノ鳥島（北緯20度25分31秒、東経136度04分11秒）、最北端は北海道蘂取郡蘂取村択捉島カモイワッカ岬（北緯45度33分26秒、東経148度45分08秒）だが、日本政府の実効支配下にあるところでは、北海道稚内市弁天島（北緯45度31分35秒、東経141度55分09秒）だ。陸地の約3分の2が森林で、最高峰は富士山（標高3776m）。

ウラジミール・ペーター・ケッペンの気候区分では、本州以南沖縄主要部が温帯多雨夏高温気候で、宮古諸島、八重山列島、沖大東島などは熱帯雨林気候、北海道などが亜寒帯湿潤夏冷涼気候。

人口が多い本州太平洋側や四国、九州では、四季の変化ははっきりしているが、冬はそれほど厳しくない。それに対して、夏は35度以上となることも多く、古来、住宅は冬の寒さより夏の暑さをしのぐことに主眼を置いて建てられている。

災害で深刻なのは、台風と集中豪雨、地震である。日本海側では豪雪が多い。

教養への扉　日本列島は細長く、最も海から遠いのは、長野県佐久市と群馬県甘楽郡南牧村との県境付近で海岸線まで約115kmある。逆に福井県敦賀市と伊勢湾の木曽川河口までは約90kmしかないし、京都から大阪湾と日本海は約50km、伊勢湾も約80kmで、いずれも険しい山はなく、京都がすべての道が集まる都だったことがわかる。

国境の画定
19世紀まで領土権が曖昧だった南洋諸島

　地球上の陸地のほとんどが世界中のどこかの国の領土となったのは19世紀のことである。アフリカの地図を見ても、19世紀の半ばまでは、ほとんどの地域が真っ白である。

　1878年にビスマルクが開いたベルリン会議で、海岸を領有している国は、治安維持に責任を持つなら内陸を領土と宣言できるということにしたので、アフリカ大陸がきれいに色分けされることになった。

　それまでは、アフリカや太平洋の島々にしても資源がないと、どこの国も見向きもしない無主地も多かったのだ。オーストラリアなどオランダ人が発見したものの見向きもせず放置され、のちになってイギリス人が領有宣言した。

　日本の国境というのも、細かく確定したのは、黒船がやってきて、列強と条約を結んでからのことである。いちばんやっかいだったロシアとの関係では、得撫島以北の千島はロシア、樺太は両国雑居としたものの、明治になって樺太をロシアに譲って千島を獲得した。小笠原は無人島だったのを先にアメリカ人が住み着いたが、かろうじて取り戻した。

　中国とは、冊封という制度を近代法でどう位置づけるかで紛争があった。中国は保護国などなんらかの特別な関係として認めてほしかったのだろうが、欧米諸国の理解は得られなかった。もともと実質的に薩摩の支配下にあった琉球は日本に属すことになり、ベトナムと朝鮮はいったん独立し、のちにフランスや日本の領土になった。

　台湾では沖縄、宮古の人が現地の生蕃に殺されたので抗議したところ、清国政府は「化外の地」だから責任を持てないといったことから、それならと日本は出兵したので、清は慌てて謝り、結果的には宮古が日本だと認めさせ、かつ、賠償も取った。ただし、清は台湾に総督府を設置して台北を統治の拠点として築いた。

　竹島と尖閣諸島は、このころは日朝、日中どちらも自分のものだと認識していなかったので、尖閣列島は日清戦争中、竹島は日露戦争中になって日本が国際法の規定に従って領有化した。そののち、日清、日露戦争を経て、日本は朝鮮半島と台湾を併合し、関東州を租借した。樺太は南半分を割譲された。

　そして、第1次世界大戦の結果、ドイツ領だった南洋諸島を国際連盟の委任統治領にした。しかし、太平洋戦争での敗北の結果、日本の領土は日清、日露戦争以前の領土に戻り、しかも、沖縄と小笠原をアメリカ軍の軍政下に置かれた。加えて北方4島と竹島を不法占拠され、尖閣諸島は日本が実効支配しているものの、中国や台湾は自分たちのものだといっている。

教養への扉　サンフランシスコ講和条約では、このほか「南極地域のいずれの部分に対する権利若しくは権原又はいずれの部分に関する利益についても、すべての請求権を放棄する」とあるのは白瀬矗探検隊以来の成果をもとに要求をする余地があったからだ。「新南群島（南沙諸島）及び西沙群島に対するすべての権利、権原及び請求権を放棄する」とあるのは、南沙諸島については台湾の高雄市に編入し、西沙諸島も併合を宣言していたからである。

北方領土
寒冷地開発のノウハウのなさがロシアの進出を招いた

　和人の北海道での統治の萌芽は鎌倉時代から見られ、安東氏がアイヌとの交易の統制を始め、北海道南部に住む人も増えた。ところが、1457年にコシャマインの乱が起こり、これを討った武田信広が支配者となり、その子孫が江戸大名となった松前氏である。

　松前氏は、1700年には樺太を含む蝦夷地の地名を記した松前島郷帳を作成して幕府に提出し、1715年には、幕府に「十州島（北海道）、樺太、千島列島、勘察加（カムチャツカ）」は松前藩領と報告している。

　しかし、日本人が寒冷地での生活ノウハウを持たず、江戸幕府の保守性のために開発は進まず、ロシアの進出を許した。鎖国しなければ中国や欧米から寒い土地での生活や農業のやり方を学べたのにと惜しまれる。

　千島に赤蝦夷（ロシア人）が現れたというので、1798年には「大日本恵登呂府」の碑を択捉島で近藤重蔵に建てさせ、1809年には間宮林蔵が間宮海峡を発見した。

　ペリー艦隊がやってきて日米和親条約が結ばれたのち、ロシアと日露和親条約を1855年に伊豆国下田で結んだ。千島では択捉島と得撫島を国境とし、樺太は国境を画せず雑居地とした。日本が北緯50度を、ロシアが日本人や蝦夷のアイヌが入植しているアニワ湾周辺の最南部だけを例外としてロシア領と主張して結論が出なかった。

　しかし、「雑居」が長く続けられるはずもなく、ロシアに押されて北緯48度を境界とする解決も持ちかけたりしたが不調に終わり、明治になってから黒田清隆開拓次官が、コストがかかる樺太は放棄することを主張した。

　特命全権大使・榎本武揚による交渉の結果、1875年に、「樺太・千島交換条約」が調印され、樺太をロシアに譲る代わりに、得撫島以北の千島18島を日本が得ることになった。そして、日露戦争の結果、北緯50度以南の樺太も日本が獲得した。

　しかし、1945年のヤルタ会談で英米は、南樺太と千島列島をソ連に引き渡すことをヨシフ・スターリンに約束し、ソ連は8月11日に南樺太に侵攻、9月5日までに択捉島、国後島、色丹島、歯舞群島を占領した。

　日本は千島列島を放棄するとサンフランシスコ講和条約で約束したが、この条約にはソ連は加わっていない。また、千島列島に北方4島が含まれているかは、日ソ交渉の過程でアメリカは、4島は常に日本の領土であったので、日本に主権があることが正当だと国務省の覚書で明文化したこともあり、結局、歯舞、色丹は平和条約のときに日本に返還。国後、択捉はペンディングということになって現在に至っている。

　なお、1935年の人口は、樺太47万、国後0.8万、択捉0.8万、色丹0.1万、歯舞0.4万、千島列島0.3万といったところだった。

教養への扉　北方4島や千島列島には、さほどの経済価値はない。経済価値があるのは樺太だけで、樺太をあきらめないために北方領土は係争地のままにしてもよいとも思う。しかし、思い切って「引き分け」で日露の国境を最終確定させるのも一案ではある。国後を含む3島か、2島＋国後、択捉についての特別の措置かであろうか。

竹島

サンフランシスコ講和条約発効前の「空白」を狙われた

竹島（韓国名・独島）は、隠岐諸島の北西157kmにある島で、男島（西島）、女島（東島）の2つの岩でできた島と十数個の岩礁からなる。

竹島問題をややこしくしている理由に、江戸時代には韓国領鬱陵島を竹島と呼んでいたことがある。鬱陵島はもともと于山国という独立国だったのを新羅が従えたのち、李氏朝鮮の支配下に入っていたが、15世紀に放棄したので、江戸時代の前半には、米子の商人が鳥取藩や幕府から拝領し、竹を伐採したりしていたところ、朝鮮人がここに漁業に来るようになり、争いになった。日本のものだと言い張ってもよかったが、事なかれ主義の幕府は、朝鮮に譲ってしまった。

竹島は鬱陵島への中継基地としてしか価値がなく、朝鮮人の往来はなかったが、日本領と確実にいえるほどの根拠もなかった。結局、1905年の領有宣言を日本が韓国より先にしたということが決め手で、韓国側の悔しいという気持ちはわかるが、国際司法裁判所で日本が負ける可能性は少ないし、だから、韓国では付託を受けない。

韓国の人が竹島でなんらかの活動をしたことがあるという確実な記録はない。日本のほうは、たしかに日本人がしばしば渡って活動していた記録はいくらでもある。議論すべきなのは、日露戦争中の1905年1月の閣議決定で島根県隠岐島司の所管としたことの合法性だけだ。それについて、まだ外交権を失っていなかった韓国政府も含めて誰も異議を唱えなかったことで、日本の領土であることが確定したのだから、それ以前の不確かな日韓双方の主張はあまり意味がないというのが普通の考え方だ。

その後、戦争終結まで、各省庁のさまざまな管轄地域のなかには朝鮮と共通の地域に入っていたこともあるが、便宜的なもので、行政的には一貫して島根県隠岐島だった。

ところが、戦後、日本漁船の竹島付近の出漁はマッカーサー・ラインの外に置かれて禁止された。そこで、サンフランシスコ講和条約が締結されてから発効するまでの空白期間を狙って、1952年1月18日に韓国の李承晩大統領が、「李承晩ライン」を設定して日本漁船を締め出し、竹島の領有も主張するようになったが、1952年7月に日米政府は竹島をアメリカ軍の訓練地として提供することを約する協定を締結している。ところが、翌年1月に韓国は「李承晩ライン」内に入った日本漁船の拿捕を指示し、第一大邦丸事件では船長が韓国軍から銃撃を受けて死亡した。そして、4月には韓国の独島義勇守備隊と称するものが竹島に駐屯して、それ以来、不法な占拠が続いている。

韓国は、1997年に接岸施設を、翌年には有人灯台を設置した。この段階でエスカレートさせないために現状変更に対して断固とした態度が必要だったのだが、日本政府はそれを怠った。図に乗った韓国は国際的に「独島」の呼称を使うように要求するなどし、2012年8月10日に李明博大統領が竹島に上陸して問題をこじらせた。

教養への扉 日韓国交回復交渉では、金鍾泌中央情報部長が、「爆破して海に沈めたらどうか、ないしは、それができればいちばんいいのだが」と発言したりもしました。

領土

尖閣諸島
石油資源が発見されてから台湾や中国が領有権を主張

東シナ海の南西部にある島嶼群で石垣島北方約130〜150kmに尖閣諸島はある。中国では釣魚群島、台湾では釣魚台列嶼と呼ばれている。尖閣諸島は魚釣島、北小島、南小島、久場島、大正島、沖の北岩、沖の南岩、飛瀬などで構成される。総面積は約5.56k㎡。

尖閣諸島について、中国が挙げている根拠はつまらないことばかりである。国際法上、島を発見したり、地理的な近接性があったりするだけでは、領有権の主張にならない。しかし、琉球側にも王国の領土であったことの証拠といえるものはない。

日本の主張は、無主地を1895年になって国際法上の先占による領有の条件を満たして確定したというものである。前年に古賀辰四郎がアホウドリに目をつけて羽毛工場のため貸与を申請したので、内務卿の山県有朋は「清国所属の証拠は少しもない」と国標を建てようとしたが、外務卿の井上馨が波風を立てたくないと留保した。

そして、日清戦争中の1895年に、「いずれの国にも属していないことを確認したうえで尖閣諸島を沖縄県に編入」した。その後、鰹節工場もできて最盛期に250人も日本人が住んでいた。

サンフランシスコ講和条約では、「台湾及び澎湖諸島（中略）新南群島及び西沙群島に対するすべての権利、権原及び請求権を放棄」したが、尖閣諸島の名は入っていない。

その後も沖縄の一部として米軍の施政下にあり、中国や台湾の地図などでも沖縄の一部として扱われていたが、イラク並みの石油資源があるという国連の報告書が出たので、1971年に台北が領有を主張し、北京もそれに続いた。

日本としても、台湾の漁船が侵犯を繰り返し、台湾と北京が領有主張をするようになった時期が沖縄返還以前で、実効支配を十分に明確化できなかったのが悔やまれる。鄧小平は、「この問題はしばらく置いてよいと思う。次の世代はわれわれより賢明で、実際的な解決法を見つけてくれるかもしれない」といった。日本側は反論せずに聞き流した。つまり、「紛争があることを認めた」というのは間違いだが、「紛争があるという中国側の主張を黙認してきた」というのは事実だ。

そののち、不法侵入があれば、国外退去にしていたのだが、2010年の中国漁船衝突事件で拘留し、石原慎太郎都知事による尖閣購入問題があり、国が購入してさらに騒動となり、中国工作船が頻繁に侵入し、緊張が高まっている。

しかし、日本にとって幸運だったことは、中国が南沙諸島などで東南アジア諸国と派手なトラブルを起こして中国と日本を含むその他の国という対立構図になっていることだ。

教養への扉 中国の領有権主張には、井上清・京都大学教授が1972年に『「尖閣」列島 釣魚諸島の史的解明』（現代評論社）を発表し、日本の尖閣諸島領有は国際法的に無効であると主張したことも影響している。日本の有名大学教授がそういっているとなると中国は引き下がれなくなる。

小笠原諸島
最初の住民はハワイから来た白人とハワイ人だった

東京の南東約1000kmにある30余の島々からなり、総面積は104km²。民間人は父島と母島の2島、自衛隊などの公務員が硫黄島と南鳥島にも住む。

小笠原諸島における最初の住民は、1830年にハワイからやってきた白人5人とハワイ人25人のようだ。最初に誰が発見したかは、1593年に小笠原貞頼だとか諸説あるが、1675年には江戸幕府が富国寿丸を派遣して「此島大日本之内也」という碑を建てた。それが根拠となって、1876年に正式に領有宣言をした。

小笠原の南に広がるミクロネシアの島々でも、西洋各国の争奪戦がいちおう収束したのは1886年のことで、それまでは無主の地が多かった。サンフランシスコ講和条約ではアメリカの施政権下に置かれ、欧米系住民のみ帰島が許されたが、1968年に返還。

1994年に発効した国連海洋法条約で、沿岸から200海里の「排他的経済水域（EEZ）」が認められ、自由航行は認めねばならないが、経済的には領海に準じ、これで日本は国土面積の12倍ものEEZを獲得した。

2004年に、中国政府は日本最南端の沖ノ鳥島は200海里のEEZが認められる「島」でなく12海里の効力しかない「岩」だと言い出した。いまさらの主張だが太平洋の覇権をめぐる日中米の厳しい戦いがこんな形で表面化している。

小笠原村は1968年にアメリカから返還されたが、空港がないために観光開発も進んでいない。中心集落は父島。南鳥島は日本最東端、沖ノ鳥島は日本最南端である。硫黄島は第2次世界大戦の激戦地としてアメリカでも有名。

ベルサイユ条約によって日本の委任統治領となったミクロネシアでは、パラオ群島のコロール島に「南洋庁」が開かれ、サイパン、パラオ、トラック、ヤップ、ポナペ、ヤルートの6支庁（戦時下でヤップをパラオに、ポナペとヤルートをトラックに吸収）も置かれた。

沖縄などから日本人の移住も進み、1939年には7万7000人に達し、原住民の5万1000人をしのぎ、砂糖などの生産が盛んに行われた。

第2次世界大戦後は、アメリカの信託統治領となった。そののち、カロリン諸島西部は1994年にパラオ共和国、東部のトラック諸島は1986年にミクロネシア連邦として独立した。マーシャル諸島は、ビキニ環礁が核実験場として使用され、第五福竜丸事件という悲劇を生んだが（1954年）、1986年にアメリカとの自由連合盟約国となり、1990年には信託統治が終了、翌年には国際連合に加盟した。このほか、この地域の北マリアナ（サイパン島やテニアン島、ロタ島など）はアメリカ領のままである。

教養への扉　小笠原返還以来、東京港の竹芝と父島の二見港間を結ぶ定期航路の「おがさわら丸」が6日に1便で24時間、丸1日かけてしか行けない。空港は環境保護のためできず、1990年代から2000年代初頭にかけ、「超高速貨客船テクノスーパーライナー（TSL）」も建造されたが、採算が合わないとして就航せず。小笠原の人口を増やさないと国防上も危険だ。

東京都① （武蔵の中央部、伊豆の島嶼部）
川の流路の変更と埋め立てでつくられた江戸の街

平安時代に平氏の一族が江戸に居館を築いて江戸氏を称していた。この江戸氏は佐竹氏の前に水戸城主だった常陸国の江戸氏とは関係ない。同じ地名が2つあっただけのことだ。名字は地名にちなむもので逆ではない。この江戸氏はのちに喜多見氏になる。

武蔵国が東海道となったのは、奈良時代の771年のことで、それまでは東山道だった。埼玉県行田市の稲荷山古墳から、先祖が雄略天皇に仕えたことを記した鉄剣が見つかっているが、古代の武蔵国では北の埼玉県から開発が進み、やがて、東京都や神奈川県の領域に及んでいった。

もともとは、牟佐之と書き、「むざし」と読んだが、語源については不明である。群馬県との県境を流れる利根川は、江戸時代までは、途中から古利根川を流路として隅田川に流れ込んでいた。荒川も現在より北側の元荒川を流れていたが、幕府が試行錯誤を繰り返しながら現在のようにした。こうした変更に伴って、古利根川の東は下総国だったのが武蔵国に編入された。

太田道灌は江戸氏が衰退したころ、関東管領扇谷上杉氏の家臣として茨城県の古河公方を牽制するために川越城と江戸城を築いた。このころは、上杉氏は京都の意向に沿って古河公方と対立していたのである。

そののち、江戸城は、関東における主要な城のひとつとなり、港町としての江戸もそれなりに繁栄した。そのころは、いまの日比谷公園のあたりが船着き場だった。霞が関の外務省は坂になっているところに建っているので当時の地形がわかる。

神田川は飯田橋から日本橋に向かい、東京湾に直行していた（平川）。溜池は低湿地だった。そこで、四谷のあたりを掘って神田川と溜池をつなぎ、駿河台を大々的に崩して聖橋をかけ、神田川本流にして隅田川に流し込み、外堀が完成した。利根川本流だった隅田川には、最初の橋として千住大橋をかけた。そして、銀座中央通りのあたりにあった江戸前島と日比谷のあいだの入江や築地のあたりの海は埋め立てて商業地にしたのである。

御三家などの屋敷は城内にあった。しかし、明暦の大火で江戸が丸焼けになったあと、都市計画をやり直し、加賀が現在の東京大学、尾張が防衛省、紀伊が赤坂御用地、水戸が後楽園に移った。また、両国橋がかけられ、江東が市街地化され、のちに下総国から武蔵国に移管された。両国橋の名は、まだ、川向こうが下総国だった時代の名残である。

徳川歴代将軍の墓は家康と家光は日光だが、ほかは増上寺と寛永寺に半々だ。松平家は浄土宗だが、天下人としては天台宗を重んじたからだ。日枝神社は、太田道灌が川越から勧請した。大津の日吉神社からいえば孫にあたる（イラストは東京府章）。

教養への扉　方言……標準語は東京弁のことかというと違うのである。下町の江戸っ子言葉では「ひ」と「し」が区別できないし、やたら「祝いもらっちゃって、こいつぁありがてー」というように促音（っ）や連音（てーなど）が多用され独特のリズムのよさが生まれる。

東京都② （武蔵の中央部、伊豆の島嶼部）
かつての郡の名残をとどめる23区の境界線

　江戸が東京と呼ばれるようになったのは、1868年のことである。徳川慶喜の蟄居を受けて、徳川家第16代となった田安家達を駿府70万石の大名とし、江戸城を徳川家には返さないという意思表示だった。

　東京の自治体制はめまぐるしく変化していったが、意外なことに、旧郡の痕跡も色濃く残っているのである。江戸城は、戦国時代までは荏原郡だが、江戸時代には地形の変化を反映して豊島郡になった。

　豊島郡を明治になって南北に分割したときには、都心部は豊島郡から除外されたのだが、周辺の南北分割線を延長してあてはめると、**練馬、板橋、豊島、北、荒川、文京、台東区**は北豊島郡で**千代田、中央、新宿、渋谷、港区**北部が南豊島郡と考えてよい。

　中野、杉並区はもともと多摩郡で東多摩郡となった。さらに、1896年に南豊島郡と東多摩郡が合併して豊多摩郡となった。だから、関東大震災のころは、新宿駅や東京都庁のあたりは豊多摩郡淀橋町だったのだ。実は私の父はその淀橋町の陸軍官舎の生まれだ。渋谷町など全国の市町村で30位の人口だった。

　港区南部に**品川、大田、目黒、世田谷区**の東部が荏原郡、西部は北多摩郡である。**足立区**は南足立郡。そして、**墨田、江東、江戸川、葛飾区**は南葛飾郡で江戸時代の中ごろまでは下総国だった。

　区割りについては、終戦直後に大整理をして35区が23区になった。それ以前は、千代田区なら麴町区と神田区というように伝統的な地名によっていた。この場合には、千代田は江戸城の別名だ。神田区役所は小川町に、麴町区役所は隼町にあったので、中間の九段下で妥協が成立した。

　ただ、名称は足して2で割ったような区名が多くなってあまり感心しない。安井誠一郎知事が東京新聞主催で公募させ、それが参考にされた。ただし、1位になったのがそのまま採用されたのは、中央区と江東区だけだった。

　芝・赤坂・麻布が合区した地域は愛宕区が1位だったが港区となった。大田区は大森と蒲田の合成地名。杉並区は青梅街道の杉並木。文京は東京大学があることからの造語だ。北区だけはほかに思いつかなかったか、方位で済ませた。

　東京府庁、市役所は一貫して千代田区の丸の内（土佐藩邸跡）にあったが、1991年に新宿区の現在の場所に移った。三多摩の人口が増えてきたので正しい選択というべきだ。

教養への扉　方言……山の手では「ございます」「ざんす」「でしたのよ」「お母様」などといういわゆる「ざあます」言葉が話され標準語とはまた違う。標準語も時代とともに変わり、NHKのアナウンサーが使うマニュアルもときどき改訂される。最近では、北関東風に無アクセント化がひとつの流れ。また、関西弁独特の表現が標準語として認知される傾向もある。

東京都③（武蔵の中央部、伊豆の島嶼部）
「三多摩」はもともと「四多摩」だった

武蔵野と呼ばれる地域は、律令制の成立期から中世にかけて武蔵国の中心だった。「いざ鎌倉」と関東武士が向かうメインの街道も埼玉県西部からこのあたりを通っていた。

　武蔵国府は北多摩郡の**府中市**にあったが（市は郡には属さないが、本書では便宜的に旧所属郡別に紹介する）、もともと甲州街道と鎌倉街道の交わるところだ。**国分寺市**が国分寺の故地であることはいうまでもない。

　立川市は、中央本線、青梅線、南武線などが交差する交通の要地で、軍の飛行場の立地もあって発展した。一橋大学がある**国立市**はもともと谷保といったが、中央本線駅開設のときに立川と国分寺の中間にあるというので国立と命名されたらしい。**三鷹市**は将軍の鷹場だったため俗に御鷹場村と称したのが由来。

　小金井市は「黄金井」に由来する。**昭島市**は昭和町と拝島村が合併して1字ずつを取った合成地名。**西東京市**は、田無市と、かつては埼玉県だった保谷市が合併して成立した。

　調布市には白鳳仏とそばで有名な深大寺がある。**狛江市**は明治になって古い地名が復活した。**武蔵野市**は合併のときの命名だが、武蔵野の典型的な景観があるわけでもない。吉祥寺は明暦大火ののち水道橋詰にあった吉祥寺門前の住民が移住してきた。

　清瀬市は清戸という村と柳瀬川にちなむ。**東久留米市**は久留米町が市制施行のときに福岡県久留米市があるので東をつけた。**小平市**には津田塾大学がある。**東大和市**は大正時代の合併のときに「大きく和す」として大和村とし、市制に移行するときに東をつけた。狭山丘陵には武蔵七党のひとつ村山党がいて村山町としたが、市制施行時に山形県村山市があったので**武蔵村山市**にした。その東にあるのが**東村山市**。

　南多摩郡は、多摩川の南で甲州街道が通る**八王子市**が中心。素戔嗚尊の8人の王子を祀ったのが由来。江戸時代には武田旧臣が八王子千人同心として半農のまま幕府に仕えた。絹産業の町。**多摩市**は多摩ニュータウンの中心。**日野市**の中心は豊田駅周辺。**稲城市**には、京王よみうりランド駅がある。大学が多い**町田市**は神奈川県川崎市に突き出ている。

　西多摩郡は、青梅街道に沿い、**青梅市**には青梅山金剛寺がある。横田基地は**福生市**が中心。**瑞穂町**は豊かな農村を目指して命名。「**あきる野市**」は、秋川市と五日市町が合併したとき「秋留郷」という古名にちなんで命名。ほかに玉川上水の取水堰がある**羽村市**、**日の出町**、**奥多摩町**、**檜原村**。日の出町は中曽根康弘の別荘があった。東多摩郡は135項で述べたとおり豊多摩郡となり、東西南北の「四多摩」から東を除いた「三多摩」となった。

　島嶼部は伊豆国で、郡は設定されていない。**大島町**の中心集落は元町で、**八丈町**の中心は大賀郷。発見者・小笠原貞頼に由来する**小笠原村**は日本最南端の沖ノ鳥島、最東端の南鳥島を含むが空港がなく、父島にしか人が住んでないのは防衛上危険だ。**青ヶ島村**、**利島村**、**三宅村**、**新島村**、**神津島村**、**御蔵島村**は、島がひとつの村になっている。

教養への扉　グルメ……握り寿司、天ぷら、そば、もんじゃ焼きなどファストフードを江戸っ子たちが発展させた。トンカツ、ウナギの蒲焼き、どじょう鍋なども江戸っ子好み。現代の東京は、全国、全世界の料理が高水準で集まる。

　埼玉は先多摩らしい。ただし、浦和は本来、足立郡である。2001年に浦和、大宮、与野という北足立郡3市の合併で誕生した新しい市が「さいたま市」を名乗ったのは腑に落ちない。ただし、あとで南埼玉郡の岩槻市も編入された。

　江戸時代には、川越、忍（行田市、秩父も忍藩）、岩槻藩や幕府領、旗本領などが錯綜していたので、幕府領や旗本領は明治維新後、3人の武蔵知県事を置き管理させていた。そのうちのひとつの庁舎が宿場町の浦和に置かれ、1869年に浦和県が誕生した。

　1871年の第1次府県統合で川越に入間県庁と岩槻に埼玉県庁が置かれるはずだったが、岩槻に適当な場所がないので旧浦和県庁を使うことにした。その後、入間県と群馬県が合併して熊谷県となった時期もあるが、1876年に現在の埼玉県が成立した。熊谷県庁案もあり、さらに、戦後の県庁焼失後にも浦和、大宮、熊谷が争ったが、そのままになっている。

　さいたま市の大宮は武蔵国一宮である氷川神社の門前町。さいたま副都心には各省庁の関東支分局が集中している。**大宮、西、北、見沼区**が旧大宮市、**中央区**が旧与野市、**浦和、桜、南、緑区**が旧浦和市、**岩槻区**が旧岩槻市。

　本来の足立郡の南部は東京の足立区になったので、北部の埼玉県側は**北足立郡**となった。慶應義塾志木高校がある**志木市**は足立町が市制施行したときに、昭和30年代の合併以前の町名のひとつを復活させた。本田技研工業や理化学研究所がある大和町が市制施行して**和光市**と改称した。この名は、旧名の一部に光の字を加えた。**伊奈町**は、関東郡代伊奈氏の陣屋があったことに由来する。**蕨市、上尾市、桶川市**は中山道の宿場町。**鴻巣市**は吹上町と北埼玉郡川里町を合併した。日光御成道（中山道の本郷追分から分かれて幸手で日光街道に合流）の宿場町だった**川口市**は、映画『キューポラのある街』で知られ、鳩ヶ谷市を合併。**草加市**は、奥州街道の宿場町。**朝霞市**には予科練があった。北本宿村をルーツとする**北本市**、明治以前の郡名に由来する**新座市**、ボート場で知られる**戸田市**も北足立郡である。

　古利根川と綾瀬川に挟まれた**南埼玉郡**の中心は岩槻だったが、さいたま市に吸収された。『クレヨンしんちゃん』でおなじみの**春日部市**は、『奥の細道』での最初の宿泊地だった奥州街道粕壁宿で、昭和の初期に春日部という字に変えた。北葛飾郡庄和町を合併。**八潮市**は八幡と潮止の合成地名だが、しっくり収まっている。**越谷市**は、奥州街道の宿場町の越ヶ谷宿があった。東武動物公園駅がある**宮代町**は姫宮神社と身代神社から1字ずつ取った。米津氏の久喜藩があったこともある**久喜市**は菖蒲町と北葛飾郡栗橋・鷲宮町を合併した。ほかに元荒川流域の**蓮田市**、駅名から取った**白岡市**。

　北埼玉郡の中心である**行田市**は忍町が改称した。もともと忍藩松平氏10万石の城下町を行田と呼び、行田足袋という特産品も知られていたので決断した。南河原村を合併。**加須市**は「かぞ」という読み方が難読だ。騎西・大利根町とともに合併した北川辺町は利根川の群馬県側に孤立。ほかに青縞という繊維産業が盛んだった**羽生市**。

教養への扉　方言……「いやんばいですか」という挨拶とか「だがね」という語尾を指摘できるが、ほとんど埼玉の方言らしいものはない。神奈川や山梨と同じく西のほうに連なるものが感じられる。

　川越は土蔵造の家並みで「小江戸」と人気だが、明治の大火のあとの姿であり、「小東京」というべきで「小江戸」はおかしい。城下町の美しい景観はどこでも明治の文明開化による経済発展と技術向上の成果である。

　大里郡の熊谷市は中山道の宿場で、かつて県庁があった。熊谷測候所では全国でも最高気温を記録することが多い。埼玉県には「谷」がつく市が多い。大里・妻沼・江南町を合併。深谷市はNHK大河ドラマ『青天を衝け』の主人公で2024年から一万円札に肖像が採用される渋沢栄一の故郷。安部氏2万石(岡部藩)の岡部町、花園・川本町を合併。寄居町もある。

　関東武士の故郷といわれる児玉郡では、上越新幹線の本庄早稲田駅がある本庄市が、児玉町を合併した。神川町は神泉村を合併した。上里町、美里町はそのまま。

　秩父郡でセメントの町である秩父市の中心は忍藩領大宮郷。秩父夜祭も有名。吉田町、荒川・大滝村を合併。小鹿野町は両神村を合併。横瀬町、皆野町、長瀞町、東秩父村は存続。

　入間郡の川越市は松平8万石の城下町(川越藩)。大井町と合併して「ふじみ野市」となった上福岡市は、福岡町が市制施行のときに福岡市と同じというわけにいかないので改称したが、富士見市の隣で紛らわしい。狭山市は、狭山茶の産地であることから名前をそれに合わせた。西武球場(メットライフドーム)がある所沢市は、古くは野老沢といった。宿場町、次いで軍事都市として発展し、西武グループの本拠地となった。

　入間市は武蔵町が市制に際して改称し、西武町を合併したもの。入間郡の西部は明治まで高麗郡といった。高麗川駅がある日高市あたりに渡来人が入植したことにちなむ。この地域の現在の中心は飯能市で名栗村を編入した。ほかに古墳が多い鶴ヶ島市、日光脇往還の宿場町の坂戸市、毛呂山町、越生町、三芳町がある。

　比企郡のうち、「ときがわ町」は都幾川・玉川村が合併した。吉見町は吉見百穴で知られる。東松山市は市制施行のときに東をつけた。嵐山町は菅谷村といったが、景色が京都の嵐山に似ているということから観光地名とし、それを町名にした。読み方は「らんざん」。鳩山町は1955年の合併のときに両村の中央にあった「鳩山」の地名を取ったというが、そのときの総理大臣は鳩山一郎総理であり便乗したものだろう。ほかに滑川町、小川町、川島町がある。

　北葛飾郡は古利根川と江戸川に挟まれ、下総国だった。武蔵野線の開通でベッドタウン化している。往時の葛飾郡は、埼玉、東京、千葉、茨城に及んでいる。三郷市は3村が合併したから。幸手市は「さって」と読む。ほかにナマズ料理が有名な吉川市、松伏町、杉戸町。

教養への扉　グルメ……草加せんべい、ウナギやナマズなど川魚の料理、秩父のトチの実の菓子、川越のサツマイモ、狭山の茶。

　神奈川県は、横浜市に内務省の出先である県庁を置きたいがために歴史的経緯を無視してつくられた県である。令制国だと横浜は東京と同じ武蔵国であるから、東京都でよかったのである。しかし、重要な国際港湾をしっかり押さえたかった明治政府は、1871年の第1次府県統合で3府72県を置いたときに、県の区割りの原則を崩してでも神奈川県をつくった。

　このときの神奈川県は、武蔵国のうち三多摩地方と横浜、川崎周辺、それに相模国の鎌倉や三浦半島のあたりまでだった。相模国の残りは、小田原を中心に相模国と伊豆国も併せて足柄県だった。このときの伊豆国には伊豆七島も入っていた。1876年になって伊豆国は静岡県に移され、相模国は神奈川県に吸収された。さらに、1893年に三多摩が東京府に移管されたので、面積的には、大きな相模国に武蔵国のごく一部がおまけについた形になった。

　神奈川の語源は、源流がわからない「上無川」という川があったからともいう。横浜は湾が湾曲しているところにあった浜らしく、室町時代の嘉吉年間（1441〜1444年）の文献に初登場する。神奈川宿での旅人との摩擦を避けるため南に隣接する漁村の横浜を開港地にした（写真は横浜港の帆船日本丸）。横浜市を昔の郡でいうと、神奈川宿は橘樹郡で、**港北、鶴見、神奈川区**あたりも同じだ。横浜は久良岐郡で**西、中、南、港南、磯子、金沢区**が入る。金沢区は米倉氏の金沢藩（1万石）が置かれた。金沢文庫も有名だ。このほか、都筑郡は**緑、青葉、都筑、旭、保土ヶ谷区**あたりで、**瀬谷、戸塚、泉、栄区**は相模国に入って鎌倉郡である。

　鎌倉郡の**鎌倉市**は、源頼義と結婚した平直方の娘が持参金代わりにこの地を河内源氏にもたらした。頼義と八幡太郎義家の親子は石清水八幡宮から八幡神をここに勧請して、関東における本拠地にした。鎌倉は室町時代にも関東の首都であり続けたが、戦国の争乱のなかで焼かれて復興できなかった。近代になって鉄道のおかげで海軍の軍人や文化人が好んで住むようになり、高級住宅地になった。大船も市内である。

　川崎市も神奈川と同じ橘樹郡で、東海道2番目の宿場である川崎宿から発展した。はじめは**川崎、幸区**あたりだけで、市に昇格したのは大正末期の1924年だが、昭和になって、武蔵小杉（**中原区**）、溝の口（**高津区**）、よみうりランド（**多摩区**）、鷺沼（**宮前区**）、さらには新百合ヶ丘（**麻生区**、都筑郡に属す）あたりに広がった。

教養への扉　方言……神奈川の言葉は西関東方言というグループに属して山梨と似ている。「ぶん殴る」など接頭語をやたらとつける。「そーじゃん」といったじゃん言葉が多いのも同様。「ね」「さ」「よ」を語尾につけることが多く、「もらったんだけどさー」「おもしろくねーわよー」「がっかりねー」といったことになる。横浜では英語や中国語からの独特の借用がある。「ハイカラ（high collar）」「ちゃぶ台（卓袱）」など。

神奈川県②（相模、武蔵の南部）
北条早雲が小田原に居城を構えた思惑

中国の洞庭湖に瀟水と湘水という2つの川が流れ込むあたりは絶景とされ、水墨画の題材として瀟湘八景として使われて日本にも伝わった。それに似たものとして近江八景が選ばれたのだが、大磯付近も似ているというので、湘南と呼ばれるようになった。

相模国は「傾斜地」とか、「坂の向こうに見える」といった説もあるが、不明だ。古代における相模国の中心は、**中郡**の平塚付近だ。**平塚市**に相模国四之宮前鳥神社があって、国府もこのあたりらしい。吉田茂が住んだ大磯町は、政財界有力者の別荘地となった。葉タバコが名産であった**秦野市**や扇谷上杉氏の本拠だった糟屋館があった**伊勢原市**がある。

平塚を中心に、**大磯町**、**二宮町**、それに**高座郡**で辻堂や鵠沼などを含む**藤沢市**、サザンオールスターズで知られる**茅ヶ崎市**、相模国一宮・寒川神社がある**寒川町**で湘南市をつくろうという動きもあったが実現しなかった。それでも湘南の範囲は広がって車の湘南ナンバーも人気だ。

高座郡北部の**綾瀬市**、**座間市**、**相模原市**、**大和市**のあたりは、軍の施設から発展し、厚木基地、座間キャンプなどがある。大和市は、鶴見村といったが、1891年に一部地区の分離運動を止めるために無難で中立的な名前に改名した珍しい例だ。**海老名市**には国分寺跡がある。相模原市は津久井郡で、尾崎行雄の生地である津久井町と相模湖・城山・藤野町を合併し、2010年に政令指定都市となって**緑、中央、南区**を設置。

相模国でも**三浦郡**は横浜方面とのつながりが強い。海軍と造船の町・**横須賀市**は小泉純一郎、山口百恵、小柴昌俊など有名人をたくさん生む。**三浦市**は、三崎や油壺のほうが有名。**葉山町**には御用邸がある。**逗子市**も高級住宅地。

厚木市のあたりは**愛甲郡**。中世には毛利荘があり、大江広元の子が地頭となって毛利氏を名乗ったのが長州の毛利家の発祥。大久保氏分家の荻野山中藩1万石があった。ほかに**愛川町**と**清川村**。

北条早雲こと伊勢新九郎（宗瑞）が足柄下郡の**小田原市**を本拠にしたのは、下剋上の反乱ではなく、幕府や扇谷上杉氏の了解を取ってのものらしい。今川氏との同盟は堅固だったから、背後を気にせずに、関東のほかの勢力からの攻撃に備えた構えだった。だから、上杉謙信が東から攻めてきたときには守り切ったが、西から豊臣秀吉に攻められると弱かった。江戸時代の小田原藩は大久保氏11万石。

箱根町は芦ノ湖と関所と温泉で知られる。**湯河原町**は早川渓谷の温泉地で、谷崎潤一郎が京都から移るなど、多くの文人がここに住んだ。**真鶴町**は太平洋に突き出た半島。

足柄上郡の伝統的な中心地は**松田町**。丹那トンネル開通以前には御殿場線が東海道本線であり、**山北町**の山北駅で後押し用の補助蒸気機関車「補機」の連結を行い勾配の強い区間を乗り切った。**南足柄市**は富士フイルムの工場がある。ほかに**開成町**、**大井町**、**中井町**。

教養への扉 グルメ……焼売と中華料理、小田原の蒲鉾、けんちん汁、おばく（大麦の粥）、三崎のマグロ料理、鳩サブレー。横浜中華街で飲茶など楽しむのはやはり楽しい。

　陸路では京都に近い北部が下総国で、遠い南部が上総国なのは奇妙だが、ヤマトタケルが、弟橘媛が身を投げて海を鎮めたおかげで浦賀水道を渡った伝説を知っている人はピンとくる。武蔵国と下総国のあいだには利根川本流が流れ、湿地帯も広がっていた。

　廃藩置県のあとの第1次府県統合では、上総国と安房国が木更津県に、下総国の西部が印旛県になり、東部の3郡は新治県の一部になった。印旛県の県庁は、佐倉市、市川市、流山市と転々としたが、1873年には木更津県と合併して千葉県が成立した。

　そして、1875年には下総国の利根川以北を茨城県に移管し、新治県は利根川より北は茨城県、南は千葉県になり、現在の姿に落ち着いた。

　妙見宮（現・千葉神社）と宿場町で知られた千葉市に県庁が置かれたのは、印旛県と木更津県の中間地点を取ったからだ。中世には千葉氏の本拠だったが名字のほうが地名に基づく。千葉市はほぼ千葉郡に一致するが、一部は山武郡であるし、森川氏1万石の生実藩があった。千葉の語源は葛の木が茂っていたことによるともいうが不明。

　政令指定都市になるとき、中央、美浜、花見川、稲毛、若葉、緑区とした。習志野市と八千代市も千葉郡である。八千代は昭和の大合併時に縁起のよい地名として採用された。もともと津田沼町といった習志野市は、陸軍近衛師団の演習のとき明治天皇が「習志野原」と命名されたので改称した。

　葛飾郡は、利根川などの流路変更を反映して、一部が埼玉、東京、茨城に分けられたが、大部分は千葉県の東葛飾郡となった。キッコーマンの本拠地である野田市は、久世氏5万石の関宿藩の城下町である関宿町を合併した。鈴木貫太郎元総理は大阪府堺市生まれだが関宿藩士。松戸市は水戸街道の宿場町で、葛飾柴又と矢切の渡しで結ばれている。

　船橋市には有馬記念で知られる中山競馬場がある。柏市は常磐線と東武野田線の結節点で沼南町を合併した。市川市には、下総国府、国分寺、国分尼寺があった。日蓮宗法華経寺や「八幡の藪知らず」の語源になった葛飾八幡宮がある。我孫子市という名は由緒がありそうで古代の阿毘古という氏族に由来するとか、網曳が転じたという説もあるが、いずれも推測の域を出ない。昔は茨城県にもまたがる相馬郡だった。ほかに東京ディズニーランドがある浦安市、鎌ケ谷市、流山市。

　印旛郡は印旛沼にちなむ。千葉ニュータウンや成田空港がある。佐倉市は、堀田氏11万石（佐倉藩）の城下町で、長嶋茂雄の出身地。成田市には真言宗智山派・成田山新勝寺がある。香取郡から井上氏1万石の高岡藩があった下総町と大栄町を合併した。八街市は、明治初期に開墾されたとき、8番目に入植した土地だったことに由来。千葉ニュータウン中央駅は印西市で印旛・本埜村を合併したがニュータウンは他市町村にもまたがる。大規模なニュータウン開発の場合には、新しい自治体をつくるべきだ。いまの地方自治法では分割がやりにくい。ほかに四街道市、富里市、白井市、酒々井町、栄町がある。

教養への扉　方言……千葉の言葉は江戸っ子言葉に少し東北の味つけをした感じ。東北弁特有の響きで江戸っ子言葉をしゃべっているといえば単純すぎか。部分的には紀州などの影響もある。

神話の世界に遡る忌部氏が阿波国などから房総半島にやってきた。「総」は麻と関係するらしい。安房国は奈良時代に上総国から分かれた。

水郷地帯が多い下総国に対して、上総国は台地上の畑地と九十九里浜だ。**山武郡**の成東・山武・松尾町、蓮沼村は、**山武市**となった。成東は荒い海を意味する「鳴濤」が語源。伊能忠敬が生まれた横芝町は匝瑳郡光町と合併し、**横芝光町**になった。芝山町の北部は成田空港のために収用された。**東金市**は、このあたりの商業センター。ほかに**大網白里市**、**九十九里町**がある。

長生郡の**茂原市**は天然ガスが出て工業都市として発展。加納氏1万石（一宮藩）があった**一宮町**は、上総国一宮の玉前神社がある。著名な別荘地だ。ほかに**睦沢町**、**白子町**、**長柄町**、**長南町**、**長生村**がある。

夷隅郡の大原・夷隅・岬町は合併して「**いすみ市**」。郡の中心は松平（大河内）氏2万石（大多喜藩）の**大多喜町**。**勝浦市**の名は紀州の同名の町にちなむ。近世になって、房総は多くの移民を紀州から迎え、醤油や漁業の技術が伝わった。ほかに**御宿町**。

市原郡の**市原市**は上総国府が置かれたところ。石油コンビナートとして発展し、五井や姉崎などを合併していった。水野氏2万石の鶴牧藩があった。

君津郡に新日鐵（現・日本製鉄）が進出して、黒田氏3万石の久留里藩があった久留里などが合併して**君津市**になった。**木更津市**は東京湾横断道路（アクアライン）が1997年に開通して川崎と結ばれた。殿様が脱藩して300藩でただひとつ完全な取りつぶしになった林氏1万石の請西藩は市内。**袖ヶ浦市**は、弟橘媛が海中に身を投じ、海神の怒りを鎮めたあと、衣の袖が海岸に流れ着いたのに由来。**富津市**には阿部氏2万石の佐貫藩と保科氏2万石の飯野藩があった。

安房国は4つの郡に分かれていたが、明治時代に**安房郡**に集約された。**館山市**は、『南総里見八犬伝』の里見氏の城下町で、幕末には稲葉氏1万石。**鴨川市**は、日蓮上人の生地である誕生寺などがある天津小湊町と合併した。**鋸南町**には酒井氏1万2000石の勝山藩があった。残りの、富山・富浦・白浜・千倉・丸山・和田町、三芳村は**南房総市**になった。

下総国に戻って**香取郡**の佐原市、小見川・栗源・山田町が合併して**香取市**になった。**多古町**には松平（久松）氏1万石（多古藩）があった。**神崎町**と**東庄町**も香取郡。

NHK連続テレビ小説『澪つくし』の舞台になった**銚子市**は、醤油と漁業の町で海上郡に属す。「旭将軍」木曽義仲の子孫が領主だったことにちなむ**旭市**は、飯岡・海上町、それに香取郡干潟町を合併した。匝瑳郡の八日市場市と野栄町が合併して**匝瑳市**になった。「そうさ」と読むが珍しい漢字だ。

1868年に徳川宗家の駿府移封の煽りで、駿河国と遠江国の7藩が房総半島に移ってきたが、廃藩置県で解散した。

教養への扉 グルメ……イワシのなれずし、アワビの肝あえ、醤油、ピーナッツ、カブ、サトイモ、ネギ、サンマ、アワビ。

茨城県①（常陸、下総の北部）
古代から水戸学まで皇室との縁が深い常陸国

　平将門は茨城県の人だが、その本拠は下総国猿島郡である。下総国の一部が茨城県に編入されたのは利根川の流路変更ゆえである。現在の利根川の下流は、常陸川という河川だったが、赤堀川を掘削して利根川の水を流し込んだので、新しい利根川より北は茨城県にした。ただし、詳しくは千葉県のところで書いたが、1875年に現在の県域になるまでは紆余曲折があった。

　常陸国の語源は、『常陸国風土記』に道が真っ直ぐ延びている「直通」とある。関東経営の最前線で、親王を国司にする国とされ、皇室との縁も深かった。これは、上総国と上野国も同様で、次官のはずの介が国司の代わりだったので、常陸介という肩書が大名クラスでいるのはそのためだ。上皇陛下の弟である義宮正仁親王殿下が宮家を立てられるときに常陸宮を名乗られた理由でもある。また、地元では藤原鎌足は鹿嶋出身だといっている。

　茨城県の名は、**水戸市**が**東茨城郡**にあることから来ている。茨を先住民の住む穴に詰めて懲らしめたなどの説などいろいろある。水戸は水上交通の要地だったことに由来する。戦国時代は江戸氏が城主で、天下統一とともに佐竹氏、江戸時代は御三家のひとつ水戸藩35万石が支配した。1992年に常澄村、平成の大合併では内原町を吸収した。名物は納豆とアンコウ鍋。県庁は三の丸にあったが西の郊外に移転した。梅の名所である偕楽園がある。

　常**北町**、桂村は西茨城郡七会村と合併して**城里町**に。百里基地（茨城空港）がある小川町は、美野里町、新治郡玉里村と合併し、**小美玉市**に。観光地でもある**大洗町**、茨城町はそのまま。

　西茨城郡の中心は牧野氏8万石（笠間藩）の**笠間市**で、日本3大稲荷のひとつがある。宍戸藩松平氏1万石の陣屋があった友部町と岩間町を合併した。

　那珂郡では、勝田・那珂湊市が合併して「**ひたちなか市**」になっていたが（1994年）、那珂・瓜連町が合併して**那珂市**となった。原子力関連施設がある**東海村**はそのまま。**常陸大宮市**は大宮・山方町、美和・緒川村に東茨城郡御前山村が合併して誕生した。

　常陸太田市は久慈郡で、金砂郷町、水府・里美村を合併した。水戸黄門が隠棲した西山荘がある。佐竹氏発祥の地だ。日本3大名瀑のひとつ袋田の滝がある**大子町**は自立を目指す。

　最北端の多賀郡の**日立市**は銅鉱山から出発した日立製作所の発祥地。「朝日の立ち上がる光景は秀霊にして偉大なること領内一」という水戸黄門の賛辞を常陸国とかけて命名した。十王町を合併した。**高萩市**の松岡は、水戸藩付家老で明治になって大名になった中山氏3万石の本拠である。だが、炭鉱町だった高萩のほうが興隆したのでそちらの名前が優先した。炭鉱町の磯原を中心とする**北茨城市**は、県名を市町村名に引用した珍しい例のひとつ。

教養への扉　方言……群馬、栃木の「だんべ」「だべ」に対抗して茨城では「だっぺ」という。濁音が多くて県名を「いばらき」でなく「いばらぎ」だと間違える人がいるのは子音が濁音化する茨城弁に責任があるという声も。単語のなかにアクセントを持たない「無アクセント」も特徴である。

鹿島郡は3つの市に再編された。平成の大合併に先行して誕生したのは鹿嶋市。鹿島町と大野村が合併したが、鹿島市を名乗ろうとしたところ、佐賀県の同名の市から反対されて旧字を使うことで妥協。鹿島神宮とサッカーの鹿島アントラーズがある。

　鹿嶋市などがある鹿島郡の伝統的な中心地である鉾田町は、旭・大洋村を併せて鉾田市に。神栖町は波崎町と合併して神栖市になった。銚子の利根川対岸だ。

　行方郡潮来町は、水郷巡りで知られ、牛堀町と合併して潮来市になった。郡の中心だった麻生町には新庄氏麻生藩1万石があり北浦・玉造町と行方市になった。

　稲敷郡の伝統的な中心地・江戸崎は、新利根・東町、桜川村と合併して稲敷市となった。山口氏1万石（牛久藩）があった牛久市、競馬のトレーニングセンターで知られる美浦村、牛久沼がある龍ケ崎市、阿見町、河内町はそのまま。

　新治郡の石岡市は、常陸国府の故地で府中藩松平氏2万石もあった。八郷町を合併。土屋氏9万5000石（土浦藩）の土浦市は、県南の中心だが、つくば学園都市の立地もあって、土浦第一高校は、全国の公立高校でも東大合格者がトップクラス。新治村を合併した。「かすみがうら市」は霞ヶ浦町と千代田町が合併したもの。6文字の平仮名。

　筑波郡にはつくば学園都市が建設されたが、○○郡○○村大字○○では研究者の縁談にも支障を来すのが大まじめに現実だった。昭和の終わりに細川氏1万6000石（谷田部藩）の陣屋があった谷田部町などが合併して「つくば市」になってブランド・イメージが上がった。平成になってからも稲敷郡茎崎町を編入した。伊奈町と谷和原村は「つくばみらい市」になった。

　真壁郡は筑波山の西に位置し、石川氏2万石（下館藩）の城下町だった下館市、協和・関城・明野町が合併して筑西市。井上氏1万石（下妻藩）があった下妻市は、結城郡千代川村を合併。真壁町、大和村、西茨城郡岩瀬町は市内を流れる川にちなんで桜川市。

　県南の猿島郡、結城郡、北相馬郡は下総国。猿島郡のうち坂東市は、平将門の本拠地で、岩井市と猿島町が合併してできた。古河市は、戦国時代に鎌倉から戦乱を避けて移った古河公方の御所があり、江戸時代には土井氏8万石（古河藩）の城下町だった。城跡は利根川の流路変更で跡形ない。総和・三和町を合併した。五霞町と境町はそのまま。

　「結城紬」と「結城合戦」で知られる結城郡の結城市は、水野氏1万8000石（結城藩）の城下町。常総市は水海道市と石下町が合併したものだが、下総国内なのにどうして常総なのだろうか。八千代町は合併に参加しなかった。

　北相馬郡で、水戸街道が利根川を渡るところに発達した取手市は、藤代町を合併。つくばエクスプレス（常磐新線）が通る守谷市と利根町は単独のまま。

教養への扉　グルメ……水戸納豆、アンキモとアンコウ鍋、水郷地帯のフナ、霞ヶ浦のワカサギ、那珂川や久慈川のサケ。

栃木県① （下野）
古代には関東と東北を睨む拠点として重視された

　北関東の栃木、群馬両県は、古代には毛野と呼ばれ、それが分割されて下野国と上野国になった。毛は草木のことで作物がよくなる野ということであろう。下野国も「しもつけぬ」などと呼ばれていたのが略されたらしい。略称が上野国は上州なのに、下野国は野州だ。

　奈良時代に鑑真和上を招聘して、戒壇を全国3カ所に置くことにしたが、選ばれたのは、奈良東大寺、大宰府観世音寺、下野薬師寺だった。関東と東北を睨むこの地の重要性が評価されたのであろう。また、東照宮は関八州の鎮護を念頭に日光に置かれた。

　宇都宮は下野国一宮である二荒山神社の門前町で、「内の宮」ないし「一の宮」が訛ったといわれる。戦国時代には、宇都宮氏らは上杉謙信や常陸国の佐竹氏と組んで北条氏に対抗し、小田原の人のあとにも領地を安堵されたが、石高を過小評価したといわれて改易された。

　城は将軍が日光に参拝するときに前夜を過ごす場所として重要で、本丸には将軍用の御成御殿があり、殿様は二の丸に住んだ。本多正純のときに将軍・秀忠暗殺を狙ったともいわれる「釣り天井事件」があった。幕末には戸田氏の7万石だった。

　県庁所在地が宇都宮市なのに栃木県というのは、1884年まで栃木市に県庁があったからである。1871年の第1次府県統合では、下野国の南西部と上野国の館林、太田周辺が栃木県で、下野国の残りが宇都宮県だった。1873年に2県が合併して栃木県となり、1876年に上野国南東部は群馬県に移って下野一国が栃木県となった。そこで、県中央にある宇都宮のほうが県庁所在地として自然だとして三島通庸が県庁移転を断行した。

　宇都宮市がある河内郡は、古代からこの国の中心だった。宇都宮市は上河内・河内町を合併した。戦前は師団があった。作新学院は全国でも最大級の私立学校。郊外に大谷石の産地がある。最近は餃子が名物になっている。ほかに日産の工場がある**上三川町**。自治医大や道鏡ゆかりの下野薬師寺跡がある南河内町は下野市に合併された。

　塩谷郡の喜連川町には江戸時代に足利氏の末裔である喜連川氏1万石（喜連川藩）の陣屋があったが、氏家町と合併して「**さくら市**」になった。ほかに東北自動車道のインターチェンジがある**矢板市、塩谷町、高根沢町**がある。

　芳賀郡は陶器で有名な**益子町**のほか、**真岡市、茂木町、市貝町、芳賀町**からなる。真岡は、ツルが舞う丘という意味の「舞丘」が転じた。真岡市に合併した二宮町は、大久保家親戚の旗本の桜町領で、二宮尊徳が報徳仕法を成功させた。

教養への扉　方言……言葉は南部と北部でだいぶ違う。南部は埼玉などと近いが、北部に行くとソフトな東北弁といった感じになる。語尾は「だべ」が多くなり、「東京さ行くだべ」といった具合になる。「みたい」を「みたく」というコギャル言葉は栃木弁がルーツという説もある。江戸っ子言葉のルーツが群馬でコギャルは栃木というのはちょっと面白い話でないか。

栃木県②（下野）
本当は足利尊氏が住んだことがない足利市

　「栃」という字は中国伝来でない国字であり、栃の木も日本固有のものらしい。「杤」と書くこともあり、「橡」の字をあてたこともあった。いずれにせよ、栃木という表記が確立したのは明治中期である。

　栃木市は下都賀郡にあって、中山道から日光への近道で、朝廷から東照宮への使いが通った日光例幣使街道（中山道の倉賀野宿を起点とする）の宿場町だった。いまも土蔵が美しい町だ。郊外に有馬氏1万石の吹上藩があった。大平・藤岡・都賀・岩舟町と、上都賀郡西方町を合併している。

　同じ郡内の**小山市**は、東北新幹線の駅がある。カンピョウが特産の**壬生町**は鳥居氏3万石（壬生藩）の城下町。**下野市**は石橋・国分寺町に河内郡南河内町が加わって誕生した。ほかに、**野木町**。

　東照宮や東武ワールドスクウェアがある**日光市**は上都賀郡で、郡内にあって鉱毒事件で知られる銅山がある足尾町、塩谷郡から鬼怒川温泉で知られ宇都宮藩分家1万石（高徳藩）があった藤原町、栗山村、それに杉並木で有名な今市市を合併した。人口は今市のほうが多かった。日光の語源は、二荒山神社の音読み「二荒」が転じた。宇都宮と日光にある同じ表記の神社の読みが違うことに注意したい。

　『皇室アルバム』（TBSテレビ系）でおなじみの那須御用邸は、那須郡の**那須町**にある。**那須塩原市**は、黒磯市、西那須野・塩原町が合併したもので別荘地として知られる。大田原氏1万石（大田原藩）の城下町である**大田原市**は、大関氏2万石（黒羽藩）の城下町である黒羽町、日本3古碑のひとつである那須国造碑がある湯津上村を合併した。**那珂川町**は馬頭・小川町が合併した。大久保氏3万石（烏山藩）の城下町である烏山町は、南那須町とともに**那須烏山市**となった

　堀田氏1万石（佐野藩）の陣屋もあった**佐野市**は安蘇郡。ただし、市の中心部は彦根藩飛び地だった。田沼意次の先祖の地という田沼町、葛生町を合併した。

　足利郡はそのまま**足利市**になっている。いうまでもなく、足利氏発祥の地で足利学校もよく知られる。ただし、足利尊氏は丹波国か鎌倉の生まれで、当地にやってきたことはないようだ。戸田氏1万石（足利藩）があった。栃木市も足利藩領だった。

　上都賀郡の**鹿沼市**はユネスコ無形文化遺産に登録された鹿沼今宮神社祭の屋台行事（鹿沼秋まつり）で知られている。粟野町を合併。

　県内は東武鉄道の路線が多く、東京の浅草から便利である。

教養への扉　グルメ……しもつかれ、カンピョウ、女峰いちご、宇都宮の餃子、日光の湯葉、鮎めし、シソ巻き唐辛子。

群馬県① (上野)

「前橋 vs. 高崎」の県庁所在地争いを決定づけたもの

　五畿七道のうち東海道は常陸国で終わるが、東山道は陸奥国、出羽国にまで至る。このことは、古代における東西交通のメインルートが日本列島の背骨の部分を通っていたことを示す。武蔵国も771年までは東山道だった。

　上野国には、吉備などとともに古墳が多い。これは、関東が畿内からの文化を受け入れる窓口だったことをうかがわせる。このあたりを毛野と呼び、いまでも群馬県のことを上毛と呼ぶことがしばしばあり、地元紙も『上毛新聞』である。

　戦国時代には関東管領上杉家のうち山内上杉氏がここを本拠としたが、北条氏に河越夜戦で敗れ、越後国に逃れて長尾景虎（上杉謙信）に家督を譲った。謙信は関東管領を名乗って三国峠から上野国に進出した。しかし、跡継ぎ争い（御館の乱）ののちは、上野国は武田勝頼、その滅亡後は北条氏、次いで徳川氏の支配に入った。

　1871年の第1次府県統合では、上野国の南東部の3郡は栃木県の一部をなし、残りが群馬県だったが、1873年には群馬県が熊谷県に編入され、1876年になって上野国全体で群馬県になった。

　群馬県では明治になってから、郡の再編成が行われた結果、前橋地方は東群馬郡から勢多郡になった。だが、県名のほうは、古い区割りに従うのが普通なので群馬とされた。ただし、高崎と熾烈な県庁争いがあり、こちらも群馬郡なのでそれが由来かもしれない。

　もともと「クルマ」と読んだもので、雄略天皇のころ、車持公の子孫が住んだため名づけられたなどといわれ、馬の産地だったので群馬の字があてられたともいう。

　前橋市は古代に設けられた駅家の近くに橋がかけられ、それが厩橋に転じたという。徳川氏の関東入封後、譜代筆頭の酒井氏が城主となった。4代将軍・家綱のお付きの大老・忠清はとくに知られる。前橋に改称したのはこのころだが、豊かな姫路への移封を望んで移り、そのあとには、越前松平家の分家の大和守家17万石の城になった。

　だが、利根川の氾濫が続き、城も損壊したので、いったん川越に移転したが、幕末になって城が再建され、ここに戻った。ただし、もともとの本丸の跡は川底になっている。

　県庁を決めるとき高崎と激しい争奪戦を行ったが、NHK大河ドラマ『花燃ゆ』の主人公・杉文の夫で知事だった楫取素彦の決断と、城下屈指の商人である下村善太郎らの寄付で新庁舎を建てて前橋に落ち着いた。現在の県庁は城跡の超高層ビルで、最上階の展望台やその下の展望レストランからは利根川の偉容を眺めることができる。旧庁舎も保存されており、全国でもいちばん印象的な県庁のひとつだ。大胡町、宮城・粕川・富士見村を合併した。

教養への扉　方言……群馬の言葉は威勢がいい。「おっぽりだす」というように促音（っ）が多いなど江戸っ子言葉にも共通したものがある。あるいは逆に上州弁が江戸っ子に伝染したのだろうか。

群馬県② （上野）
ヤマトタケルの伝説にちなむ「あずま」地名

日本武尊（ヤマトタケルノミコト）が吾妻山（吾妻山・四阿山）の鳥居峠に立ち、亡き妻・弟橘姫（オトタチバナヒメ）を偲んで「アヅマハヤ（嗚呼わが妻よ）」と嘆き悲しみ、この峠の東の諸国は「吾嬬国」と命名された。吾妻郡、嬬恋村、旧北橘村などはこの故事に由来する。

上越新幹線と北陸新幹線の分岐点である**高崎市**も群馬郡で、井伊直政が築き、幕末は松平（大河内）氏8万石（高崎藩）だった。幕末の幕臣・小栗忠順の領地があった倉渕村、榛名町、戦国時代に名城として知られた箕輪城がある箕郷町、福田赳夫元総理の生家がある群馬町、それに多野郡から松平（鷹司）氏1万石の吉井藩があった吉井町と新町も合併した。

越後国への三国街道の宿場町である**北群馬郡の渋川市**は、温泉で知られる伊香保町のほか、郡内の小野上・子持村、勢多郡から北橘・赤城村を合併した。**吉岡町**、**榛東村**はそのまま。

吾妻郡の東村も吾妻町とともに**東吾妻町**になった。郡の中心は**中之条**町で、小渕恵三元総理の故郷。六合村を合併。浅間山の北にある**嬬恋村**は、高原野菜の産地。温泉地である**草津町**、北軽井沢という俗称のほうが有名な**長野原町**、**高山村**はそのまま。

利根郡の「みなかみ町」から清水トンネルを抜けると「雪国」だ。平安歌人・源順が「よき月よのう」といった月夜野町と、水上町、新治村が合併。土岐氏4万石（沼田藩）の城下町・**沼田市**は、白沢・利根村を合併したが、**片品村**、**川場村**、**昭和村**はそのまま。

同志社大学創立者である新島襄は碓氷郡の**安中市**にあった板倉氏3万石（安中藩）の出身。横川駅の釜めしが人気の松井田町を合併した。

甘楽郡の**富岡市**は、世界遺産に登録された官営製糸場（現・片倉工業）で知られ、七日市藩（前田氏1万石）の陣屋があった。妙義町を合併したが、小幡藩（松平氏2万石）があった**甘楽町**、**下仁田町**、**南牧村**はそのまま。

多野郡の**藤岡市**は、山内上杉氏の本拠地だったところで、鬼石町を合併した。**神流町**は万場町と中里村が合併して川の名前から名づけられた。**上野村**には、日航123便が墜落した御巣鷹山がある。

佐波郡では、伊勢崎藩（酒井氏2万石）があった**伊勢崎市**は、赤堀・境町、東村と合併したが、**玉村町**は加わらなかった。山田郡大間々町は勢多郡東村と新田郡笠懸町を合併して「**みどり市**」になった。織物で有名な**桐生市**も山田郡だが勢多郡黒保根・新里村を吸収。だが、みどり市をあいだに挟んだ飛び地になってしまった。

新田義貞と木枯し紋次郎の故郷であり、徳川家発祥の地として世良田東照宮まである新田郡のほぼ全域、尾島・新田・藪塚本町が**太田市**に合流。

美智子上皇后陛下の実家である正田家は、秋元氏6万石（館林藩）の城下町である**邑楽郡**の**館林市**の出身。**板倉町**、**千代田町**、**大泉町**、**邑楽町**、**明和町**は合併せずにそのまま存続。

教養への扉 グルメ……横川の峠の釜めし、焼き餅、伊香保のうどん、館林のナマズ、コンニャク、ネギ、レタス、豚肉を売り出し中。

　明治維新の直後には、大久保利通が浪速遷都を提言し、いったん親征という名目で明治天皇は大坂城（写真）に移った。しかし、江戸が開城したので、天皇は京都に戻った。薩摩の影響力が強くなるのを公家たちが嫌ったのである（79項参照）。いずれにしても、東京と大阪を比較して大阪が敗れたというのは司馬遼太郎のフィクションだ。

　そののち、第1次府県統合（1871年）のときに大阪府（摂津国東部）と堺県（河内国、和泉国）が置かれ、1876年に奈良県を堺県が吸収し、1881年に堺県が大阪府に吸収されたが、1887年になって奈良県が分離して現在の形になった。

　大坂城や中之島あたりを流れる大川というのが明治時代までの淀川で、現在の本流である新淀川はかつて中津川と呼ばれたものを明治期に拡張したものである。しかし、大坂城の北側から東側にかけては、淀川や大和川などいくつもの川が流れ込み、広い湿地帯が広がっていた。それを、仁徳天皇が難波高津宮にあったころ「堀江」を開削したのが大川だ。大和川は江戸時代になってから、堺市の北側に河口を変えさせられた。

　そして、古代にあっては、大和国には大和川とその支流しかなく、大型船が遡行できないので、浪速が外港として重要だったのである。そこで、この地には大化の改新のあとや、奈良時代にも短期で都が置かれたことがある。

　しかし、山城国に都が移ると、淀川を大きな船が山崎まで遡行できるので難波は衰えた。長岡京建設時には、大極殿が移された。一時は、熊野詣の中継地として扱われた。だが、戦国時代に蓮如上人がかつての難波宮跡に御坊をつくり、やがてここに本願寺が引っ越した。しかも、これが豊臣秀吉の大坂城となり、大坂夏の陣ののち扱いがペンディングになったが、徳川秀忠が大坂城を徳川氏の西日本における拠点と決め、伏見城を廃城にして城を再建した。そうでなければ、大坂は小田原のようになっただろう。

　大坂、あるいは小坂という名は、蓮如上人のころから使われたようだが、明治になって大阪となった。「阪」が定着したのは1884年ごろのことらしい。ややこしいのは、お城の用字である。歴史的には大坂城のはずだが、現代の公式名称は大阪城である。

　近代における栄光の頂点は、関東大震災の直後で、東京市の人口を上回った。だが、そののちは、衰退の一途をたどっている。原因は、「民の都」などという幻想だと思う。大阪の栄光の歴史は国によって拠点都市として位置づけられたからで、江戸時代など経済機能については、大阪一極集中政策が取られていたし、明治維新のあと大村益次郎や五代友厚など薩長の奮闘がなければ、神戸に中心は移ったはずだ。もちろん、民の力は大事だが、国家政策のうえで位置を得なければ大都市は繁栄を続けられないことを直視すべきだ。

教養への扉　方言……大阪弁でも市内北部から阪神間を含めて阪急沿線で話されている言葉はまったりやさしい。宝塚歌劇を舞台にしたドラマでも聞くことができる。

摂津国の語源は「津の国」で港に注目したものだろう。ここの国守に重要港の管理者としての地位も兼ねさせ、摂津職（「摂」は兼ねるという意味らしい）を名乗らせていたことから摂津国になったともいう（793年に摂津守に格下げ）。

大阪城のあるところは難波京の故地で、摂津国東成郡で谷町筋より西の商業地域が西成郡であり、少し河内国の領域を含む。**大阪市**の区名は住吉、東住吉、住之江、平野、天王寺、福島、阿倍野、生野区のように歴史的根拠があるもの、都心の**中央**（東・南区が合併）、**西**、**北区**といった常識的だが味気ないもののほか、**此花、都島、鶴見、浪速区**のように由緒がありそうだがその地域とは関係ないもの、**東成、西成区**のように郡の名前を取ったもののなぜその地域が郡を代表するかわからないもの、**淀川、東淀川、西淀川、城東、港区**といった平凡だがそれなりに納得できるもの、**大正、旭区**というわけのわからないものなどまさに雑多な成り立ちである。

大阪府下の郡は、奈良県と同じように細分化されていたので、明治になって集約化された。ここでは近代の区分けで書いておく。

淀川右岸は摂津国で西半分は兵庫県。**豊能郡**の**豊中市**には青木氏1万石の麻田藩があった。東部に千里ニュータウンがある。**箕面市**は紅葉の名所。名勝「箕面の滝」の形が、農具の「箕」の形に似ているからという。**池田市**は、酒造業で栄えたかつての郡の中心地。ほかに**豊能町、能勢町**がある。

北部は**三島郡**。高山右近の城があった**高槻市**は幕末には永井氏4万石（高槻藩）。**吹田市**は大阪万博の会場で大阪大学がある。**茨木市**は片桐且元の居城があり、川端康成が少年時代を過ごした。**摂津市**には東海道新幹線の鳥飼車両基地がある。**島本町**は水無瀬離宮や楠木正成親子の『青葉繁れる』（井上ひさし）の舞台・桜井の駅があった。サントリー山崎工場がある。もともと山崎の市街地は山城国、摂津国にまたがっていた。

摂津国と和泉国の国境が、「大小路」から大和川（1704年に河口が大坂城東側から現在地に移転）に変わったのは1871年である。**堺市**の三国ヶ丘もかつての摂津国、河内国、和泉国の国境を意味する。戦国時代に自由都市として栄え、千利休を生んだ。その後も産業都市であり続け、明治以降も全国で人口上位20位を維持している。仁徳天皇陵（大仙古墳）も市内。埋め立てられて工業地帯になっているが浜寺は海水浴場であり高級住宅地だった。2006年に政令指定都市に移行し、**堺、中、東、西、南、北、美原区**が設けられた。

大阪都構想で、ひとことでいえば、東京都と特別区のような関係が模索されたが、大阪市政への愛着や利権構造を打破できなかった。

教養への扉　方言……南部の言葉は河内弁に代表される。週刊誌「フライデー」の清原和博番長日記の世界である。いまはほとんど聞けなくなったが船場言葉は谷崎潤一郎の『細雪』を読むとよくわかる。吉本興業の言葉はこれらの中間で庶民的ないいまわしというところか。京都の言葉などに比べてテンポがよく、「どぉーんと」といった擬態語や擬音語が多いのも特徴。

門真市と守口市は商工会議所もひとつ。パナソニックは門真市が本社。三洋電機の旧本社は現在、守口市役所になっている。門真は戦後の総理大臣だった幣原喜重郎の生地。

　河内国は大和川の「川路」とか、淀川の内側だという説明がされる。北河内郡のうち、交野市は宮廷の狩猟地だった。四條畷市の「畷」は、あぜ道。大東市は大阪の東にあることからつけた名前。慈眼寺は野崎参りで知られる。門真市と守口市も北河内郡。

　寝屋川市では仁徳天皇のころ茨田堤が秦氏によって築かれて、淀川の流れが安定した。淀川水運の中間地点として栄えた枚方市には樟葉宮があって、継体天皇はここで即位した。書店のTSUTAYAはここが発祥。香里園は寝屋川から枚方にかけて広がる。

　布施・河内・枚岡の3市が合併してできた中河内郡の東大阪市は工場の町であり花園ラグビー場がある。北条氏1万石（狭山藩）の大阪狭山市は、埼玉県に狭山市があったので大阪をつけた。松原市は三笠宮妃百合子殿下の実家である高木氏1万石の丹南藩があった。反正天皇の丹比柴籬宮がのちの世に松原になっていたことにちなむ。

　郡役所があった八尾市は河内音頭と弓削道鏡で知られる。近鉄バファローズの本拠地だった藤井寺市、大和川水運の要地だった柏原市がある。小林一茶の故郷や滋賀県の中山道の宿場町は「かしわばら」、丹波国の柏原町は「かいばら」だが、「かしわら」と読む。

　大和川より南は南河内郡。郡の中心で浄土真宗の寺内町だった富田林市は、PL学園でも知られていた。羽曳野市は市制施行を機に羽曳野丘陵にちなんで改称した。応神天皇陵があり、源頼朝を出した河内源氏の本拠地でもある。太子町は昭和の大合併の際に、聖徳太子の墓にちなんで名づけた。河内長野市は京都と大阪からの高野山巡礼の道が合流するところ。市制施行のときに長野県の長野市と区別するために河内をつけた。ほかに楠木正成の本拠地・千早赤阪村に河南町。美原町は堺市に編入された。

　和泉国は河内国から分かれた。国府に泉があったのが語源か。略称は泉州。

　泉南郡の岸和田市は、岡部氏5万石の城下町。「だんじり祭り」とプロ野球の清原和博とコシノ3姉妹で知られる。NHK連続テレビ小説『カーネーション』の舞台。貝塚市の名はバレーボールの「東洋の魔女」といわれた「日紡貝塚」で不滅か。関西国際空港がある人工島は泉佐野市、田尻町、泉南市に分かれる。泉佐野市は「ふるさと納税」をめぐって総務省と激しく対立。ほかに阪南市（中心地は尾崎）、熊取町、岬町。

　泉北郡の堺市は前項で紹介。和泉市には渡辺氏1万石の伯太藩。泉北ニュータウンは堺市との境界に広がる。泉大津市は毛布の産地。高石市はかつて砂浜が続いていた。ほかに忠岡町。

教養への扉　グルメ……関西割烹は日本料理の最高峰。大阪寿司、お好み焼き、たこ焼き、イカ焼き、きつねうどん、粟おこし。朝鮮焼き肉は大阪発祥の在日料理。

都の略称としては「洛」ともいう。中国の洛陽から来る言葉で、上洛というようにも使われるが、都の内外を区別するときに洛中、洛外ということが多い。その境界線はどこかといえば、江戸時代には豊臣秀吉が築いた御土居の内側というのがひとつの基準だった。

だが、**京都市**民は府下の人が京都の名前を使うことを嫌うし、市民でも都心の住民は郊外の住民など京都人ではないと言い張る。とはいえ、皇居といえども武蔵国豊島郡であるのと同様に、京都御所は山城国愛宕郡である。「あたご」でなく「おたぎ」である。

現代人の感覚としては、1931年に伏見市など郊外が一斉に合併されたときより前から京都市だったところがひとつの目安となる。四条の繁華街を中心にして半径数kmの内側といえばいいだろうか。区でいえば、**上京、中京、下京、東山区**が中核で、そこに**左京、北、右京、南区**の主要部が加わるということになる。なお、中京は近代になって上京と下京から少しずつ取って成立させたもので、伝統的にはだいたい二条を境にして御所周辺が上京、四条などの繁華街が下京である。祇園のあたりは東山区。

それに対して、**山科、伏見、西京区**は完全な洛外である。郡でいえば、大雑把には平安京の東部が愛宕郡、西部が葛野郡、伏見付近が紀伊郡、山科付近が宇治郡、稲葉氏10万石の淀藩は久世郡、それに乙訓郡、綴喜郡、丹波国北桑田郡の領域が少しある。平成になって北桑田郡京北町を編入した。

山城国はかつて「山背」と書き、大和国から見て山の後ろにあたるからともいわれる。「雍州」と呼ぶことがあるのは中国・長安周辺の地域の呼称による。乙訓郡には**長岡京市**がある。戦後に神足を中心に長岡町になり、市制施行のとき、長岡京市になった。新潟県の長岡市との混同を避けるという趣旨でもあるが、歴史を思い起こさせてくれる効用もある。ただし、長岡京大極殿跡は**向日市**にある。天王山の戦いがあった**大山崎町**は、豊臣秀吉が伏見まで船が楽に遡上できるようにするまでは、京都港としての機能を果たしていた。千利休がつくった国宝の茶室・妙喜庵もある。

宇治市は宇治橋より北は宇治郡だが、平等院があるあたりは久世郡。**久世郡**には、金銀糸生産日本一の**城陽市、久御山町**もある。

京 田辺市があるのは綴喜郡だが、ここには石清水八幡宮がある**八幡市**がある。**井手町**は橘諸兄、**宇治田原町**は煎茶の発明者・永谷宗円のゆかり。

もっと南で関西学研都市の中心になっているのは**相楽郡**で、中心施設の多くが**精華町**にある。山城・木津・加茂町が合併して**木津川市**となった。山城町は戦後の合併以前は、上狛、高麗、棚倉といい、高句麗人が入植したところだ。加茂町には奈良時代に恭仁宮が営まれ、いまでは浄瑠璃寺などがある。ほかに**笠置町、和束町、南山城村**がある。

教養への扉 方言……京言葉への好感度は高い。「ゆっくり」「丁寧」「婉曲」。「歯」を大阪から中国地方にかけて「はぁ」と発音するのだとすれば京都弁では「はあー」になる。やたらと「お」とか「さん」をつける。「お寺さん」といった具合。「違いまっせ」と大阪人ならいうところを「ちょっとぉー違うー思いますけどぉー」となる。身内にも敬語を使いがち。

京都府②（山城、丹後、丹波の東部）
舞鶴が江戸時代の田辺から改称した理由

「京田辺市」「京丹波町」「京丹後市」と、「京」のつく自治体名が京都府下に3つもある。1997年に田辺町が市制を施行するときに、和歌山県田辺市との混同を避けるために採用して以来の流行だ。

京都府は第1次府県統合（1871年）のときには、山城国と丹波国の綾部のあたりまでで（桑田郡、船井郡、何鹿郡）、福知山周辺と丹後国は豊岡県だった。1876年に丹波国天田郡と丹後国がいまの形になった。

丹後国は丹波国から分かれたが、歴史的にはむしろ丹後国のほうで先に古代文化が花開いた。丹波国の語源はわからないが、田が開けていることとか、谷間だとかいう説がある。船井郡の和知・丹波・瑞穂町が京丹波町となり、同じ船井郡で小出氏3万石（園部藩）の園部町、かつて国府があった八木町、日吉町、それに北桑田郡美山町が南丹市になった。南桑田郡はそのまま亀岡市になっている。足利尊氏旗揚げの地、明智光秀の丹波国経営の拠点、松平氏5万石の城下町である。江戸時代までは亀山藩といったが、1869年に伊勢国亀山と同じだとして改称させられた。

綾部市は何鹿郡そのものである。関東管領、そして米沢藩上杉氏発祥の地であり、足利尊氏の生地である可能性もある。九鬼氏2万石の綾部藩、谷氏1万石の山家藩があった。

天田郡は平成の大合併で、郡内の三和・夜久野町が丹波国加佐郡大江町ともども福知山市に統合された。大江町に元伊勢があり、ここがもとの場所だ。福知山は朽木氏3万石の福知山藩があった。芦田均元総理の出身地。伊勢神宮外宮である豊受大神宮は、遷座したころはまだ丹波国から分離されていなかったことに気づく。

舞鶴市は丹後国加佐郡である。軍港として発達し、「岸壁の母」の舞台としても有名な東舞鶴と、牧野氏4万石（田辺藩）の城下町である西舞鶴に分かれる。もともと田辺藩であるが、和歌山の田辺と紛らわしいので明治になって城の別名を町の名にさせられた。

与謝郡の中心は日本三景のひとつ「天橋立」がある、本庄氏7万石（宮津藩）の宮津市である。合併協議がこじれて岩滝・野田川・加悦町が宮津抜きで合併して与謝野町になった。与謝野鉄幹の出身地であることを意識した命名だ。「舟小屋」という住居の下に舟が入る民家で有名な伊根町はそのまま。

京丹後市は、中郡、竹野郡、熊野郡の各町が合併した。京極氏1万石の中郡峰山町と大宮町、竹野郡網野・弥栄・丹後町、熊野郡久美浜町である。丹後縮緬とカニ料理の本場である。旧丹後町の中心は「間人」だが「たいざ」と読む難読地名のひとつだ。

教養への扉　グルメ……精進料理、湯葉、豆腐、ニシンそば、サバ寿司、ハモ料理、京漬け物、京菓子。京都市外（郡部と伝統的にはいう）では宇治茶、茶団子、丹波の松茸、栗、枝豆、ボタン鍋、丹後のカニ、網野のバラ寿司。

京都府③（山城、丹後、丹波の東部）
平安京の大路は現在のどの通りなのか

　桓武天皇が平安京への遷都を決めたのは、和気清麻呂が天皇を東山山頂に連れていき、この地が優れていることを進言した結果だといわれている。天皇はこの場所に、高さ2.5mほどの将軍の像を土でつくり、鎧兜を着せ、鉄の弓矢を持たせ、太刀を持たせて埋めることを命じ、この場所は「将軍塚」と呼ばれるようになった。

　国家の大事があるとこの将軍塚が鳴動したと『源平盛衰記』や『太平記』にも書かれており、平安京を見下ろす展望台として古くから知られていた。

　平安京は140m四方ほどの小路で区切られた正方形の区画が「坊」をなしており、それが東西南北に4つずつ並んで16個の坊が大路で囲まれた560m四方ほどの区画になる（長さは街路中心線で測った場合）。たとえば、東洞院大路、西洞院大路、三条大路、四条大路で東西南北を囲まれた土地がそれだ。

　平安京内は東西南北に走る大路、小路によって40丈（1丈約3m）四方の「町」に分けられていた。東西方向に並ぶ町を4列集めたもの（北辺の2列は除く）を「条」、南北方向の列を4つ集めたものを「坊」と呼び、町の境に小路が、坊と坊、条と条の境に大路がつくられている。

　そして、大路に囲まれた同じ条、坊に属する16の町にはそれぞれ番号がつけられていた。道路は小路でも4丈、大路では8丈もあった。

　東西に走る大路は、一条と二条だけは大路と小路が交互になっていて、北から一条大路の次は土御門大路（上長者町通）、近衛大路（出水通）、中御門大路（椹木町通）、大炊御門大路（竹屋町通）、二条大路となっていた。

　現在と通りの名前は同じでも、場所がずれてしまったのが五条大路である。豊臣秀吉のときに五条大橋をもとの六条坊門小路、つまり、五条大路と六条大路の真ん中の通りに移したので、四条通と七条通のちょうど中間に五条通があるということになった。平安時代の五条大路はいまの松原通である。

　南北の大路は、西京極大路、木辻大路、道祖大路（佐井通）、西大宮大路（御前通）、皇嘉門大路（七本松通）、朱雀大路（千本通）、壬生大路（壬生川通）、東大宮大路（大宮通）、西洞院大路、東洞院大路、東京極大路（寺町通）だった。このうち、西大宮大路と東大宮大路のあいだの大路は通常の間隔の半分だった。

　かつての市電の環状線になっていたのは、九条通のほかは、東大路、北大路、西大路は平安京の都大路と関係なく市電を通すために開かれた都市計画道路である。

教養への扉　京都では通りの名前を覚えるために数え歌が広く知られる。「まる、たけ、えびす、に、おし、おいけ、あね、さん、ろっかく、たこ、にしき、し、あや、ぶっ、たか、まつ、まん、ごじょう」というもので、丸太町、竹屋町、夷川、二条、押小路、御池、姉小路、三条、六角、蛸薬師、錦小路、四条、綾小路、仏光寺、高辻、松原、万寿寺、五条の各通りが読み込まれている。

兵庫県①
（播磨、但馬、淡路、摂津の西部、丹波の西部）
県名が兵庫で都市名が神戸となった理由

　兵庫と神戸というのは、神奈川と横浜の関係とよく似ている。第1次府県統合（1871年）では、摂津国の西半分は兵庫県、播磨国は飾磨県、但馬国、丹後国に加え丹波国の西半分を豊岡県としていた。1876年に飾磨県、豊岡県のうち但馬地方と丹波西部、それに徳島の本藩と紛争があった淡路国が兵庫県に組み入れられた。

　兵庫の語源は武庫川の武庫と同じで、武庫川の河口から阪神間一帯のことをいっていたのが、だんだん神戸市の兵庫区あたりを指すようになった。平清盛はもともとこのあたりに荘園を持っていたが、港を大輪田の泊として整備して宋の船を招き、六甲山の麓の福原に遷都させた。

　だが、清盛の死とともに京都に戻り、一ノ谷の合戦ではここに陣を張った平家が敗れた。その後も、兵庫は天然の好地形もあって港町として繁盛し続けた。江戸時代には、尼崎藩領から天領に移管され、人口も2万人という大藩の城下町並みになった。

　そして幕末には、大坂に近い開港候補地として注目され、孝明天皇は頑強に反対したが、徳川慶喜に押し切られた。そして、港として適当な水深が確保できること、高燥な住宅地を確保できたこと、ここで汲んだ水は赤道を越せるといわれたこと、六甲山という避暑地が背後にあるなど欧米人好みの都市としての条件が評価された。

　開港のとき、外国人との紛争を避けるために、旧来の兵庫の港の中心より東の生田神社の周辺が居留地として開発され、生田神社の支配する地域であることを意味する神戸と呼ばれていたことから、兵庫と区別されることになった。ただし兵庫という言い方も引き続き使われ、1879年になって神戸に統一された。しかし、県名としては兵庫という古い名前がそのままになったということだ。

　神戸市中心部のあたりは摂津国武庫郡だが、これは、明治になって八部・菟原・武庫郡が合併したものである。歴史的には**中央、兵庫、長田、須磨区**は旧八部郡である。現在の神戸市域の外縁部は、**灘、東灘区**などが旧菟原郡、六甲山の裏側の**北区**は八部・有馬郡と播磨国美嚢郡、西部の**垂水、西区**は播磨国明石郡である。

　東海道新幹線は新大阪が終点だが、東海道本線は神戸駅が終点である。外国航路も太平洋航路は横浜からだが、欧州航路は神戸からだった。外国人では、中国人も多く、中華街は南京町という。インド人も多い。現代の主たる繁華街は三宮から元町あたりだ。山手の北野は異人館が多い。灘地区は清酒の大産地。

教養への扉　方言……但馬や淡路はやや独特であるが、神戸から播州にかけては、関西弁が徐々に中国地方の言葉に変わっていく過程である。神戸っ子訛りの典型といわれるのは「とう」という表現で、大阪の「てる」と中国地方の「取る」の中間である。「それ知っとう」とかいうように使う。

兵庫県②
（播磨、但馬、淡路、摂津の西部、丹波の西部）
明智光秀のルーツは川西市多田にあった

播磨国を攻略した羽柴秀吉に、黒田如水が自分の居城である姫路を譲り、関ヶ原の戦いのあとには、池田輝政が大改造し、白鷺城と別称がある真っ白い城にした。世界遺産である。頻繁な領主交代のあと、酒井氏15万石（姫路藩）となった。

　播磨国は『播磨国風土記』が残っており、神功皇后が朝鮮半島遠征の帰路に立ち寄り、井戸を掘って「針間井」といわれるようになったとある。

　姫路市は飾磨郡である。建部氏の林田藩1万石も市内。夢前・家島町、神崎郡香寺町、宍粟郡安富町を合併した。美嚢郡の三木市は刃物の町。酒米「山田錦」発祥の地ともいう吉川町を合併。明石市は明石郡で越前家分家の松平10万石（明石藩）の城下町。三木市とのあいだには神戸市西区が入り込んでいる。日本標準時を示す東経135度の子午線が通る。

　加東郡には、一柳氏1万石（小野藩）の小野市がある。算盤の産地。丹羽氏1万石の三草藩の社町に滝野・東条町が合併して加東市。多可郡の中心は綿織物の産地である西脇市で黒田庄町を合併。郡役所があった中町と加美・八千代町で多可町になった。

　加古郡の中心は加古川市。神戸製鋼所の製鉄所があり、安倍晋三元総理が若いころ勤務した。鶴林寺は聖徳太子の建立。謡曲『高砂』にうたわれている相生の松は高砂市にある。ほかに稲美町と播磨町。印南郡は加古川、高砂両市に併合されて消えた。加西市は加西郡で、北条地区に郡役所があり、一乗寺に平安時代の美しい三重塔がある。

　神崎郡のうち大河内・神崎町が合併して神河町になった。ほかに田原地区に郡役所があった福崎町と市川町がある。揖保郡はそうめんで知られる。ヒガシマルなど醤油の産地である龍野市は脇坂氏5万石（龍野藩）の城下町だったが、新宮・御津・揖保川町と合併して「たつの市」となった。御津町の室津港は、瀬戸内海で重要港湾のひとつで、多くの西国大名は参勤交代の際にここで上陸した。太子町は聖徳太子の領地であり、斑鳩寺がある。

　摂津国に戻って、大阪周辺第一の高級住宅街である芦屋市は旧菟原郡、江戸時代から酒造が盛んな西宮市の大部分は旧武庫郡だ。西宮は十日えびす大祭で知られる西宮神社の門前町で、甲子園球場、神戸女学院、関西学院もある。

　松平氏4万石（尼崎藩）の尼崎市周辺は川辺郡である。城跡には何もなかったが、違う場所に、天守閣を復元した建物が家電量販店創業者の寄付で実現した。川西市の多田は清和源氏の嫡流・多田（摂津）源氏の本拠。分家の河内源氏のほうが栄えたが、美濃国の土岐氏などは多田源氏だ。つまり、土岐氏支流の明智光秀もそうだということになる。

　伊丹市は清酒の発祥の地で伊丹空港の所在地。宝塚市は宝塚歌劇団の本拠地。ほかに猪名川町。九鬼氏4万石の三田市は有馬郡。「みた」ではなく「さんだ」である。最近、人気がある白洲次郎（吉田茂側近）は三田藩家老家の出身。

明石大橋がある淡路市には『古事記』による国産み神話にちなむ伊弉諾神宮がある。淡路島は日本で最初にできあがった土地なのである。

但馬国は「橘」、あるいは「馬」を語源とするらしい。朝来市は朝来郡の全町村、つまり、銀山で栄えた生野町、和田山・山東・朝来町が合併したもの。「天空の城」として人気の竹田城趾がある。養父市も養父郡八鹿・養父・大屋・関宮町が合併した。鉢伏山や氷ノ山のスキー場がある

城崎郡に属し、京極氏（丸亀藩祖の弟・高知の系統）2万石（豊岡藩）の豊岡市は、温泉で知られる城崎町（写真）、日高・竹野町、出石郡出石・但東町を合併した。出石町は仙石氏3万石（出石藩）の城下町で皿そばも人気。戦国時代には山名氏の本拠地でもあった。

美方郡のうち美方・村岡町、それに城崎郡でカニが名物の香住町は香美町に。水族館の浜坂町とNHKドラマ『夢千代日記』の舞台・湯村温泉の温泉町は合併して「新温泉町」になった。

丹波国のうち兵庫県に入ったのは多紀郡と氷上郡。それぞれ丹波篠山市と丹波市になった。丹波篠山市に加わったのは、青山氏6万石（篠山藩）の篠山町、西紀・丹南・今田町だ。はじめ篠山市だったが、丹波篠山という通称に合わせた。

丹波市となったのが氷上郡柏原・氷上・青垣・山南・春日・市島町である。柏原藩は織田氏2万石だが、4つの織田姓の大名のうち、ここの殿様が宗家の扱いになっている。春日町は春日局の父で明智光秀の家老だった斎藤利三の領地で、春日局はここで生まれた。

淡路国は阿波国への道か。洲本市は津名郡に属し、徳島藩家老稲田氏の居城があった。明治維新のときに独立の諸侯になろうとしたが、それを徳島藩が弾圧したのが稲田騒動である。稲田家臣の多くは北海道の静内や色丹に移ったが、徳島との溝は埋まらず、淡路国は兵庫県に入った。洲本市は司馬遼太郎『菜の花の沖』の主人公・高田屋嘉兵衛の生地である五色町を合併した。津名郡のうち、残りの津名・淡路・北淡・一宮・東浦町は合併して淡路市になった。阪神・淡路大震災の原因となった野島断層の記念館もある。

三原郡は南あわじ市になった。かつての国府で、市村地区に郡役所があった三原町、タマネギで有名な緑町、鳴門大橋の淡路側にある南淡・西淡町が合併した。

播磨国の赤穂郡の赤穂市は森氏2万石（赤穂藩）。相生市はIHI（石川島播磨重工業）の本拠地で山陽新幹線の駅がある。上郡町は鳥取に向かう智頭急行の起点である。佐用郡では平福地区に古い町並みが残る佐用町が、山中鹿之助で有名な上月町、森氏2万石（三日月藩）の三日月町、南光町を合併した。西播磨テクノポリスが展開する。宍粟郡では本多氏1万石の山崎町、伊和神社がある一宮町、波賀・千種町が合併して宍粟市になった。

教養への扉 グルメ……神戸の洋食と中華料理、神戸牛、灘の生一本、丹波のボタン鍋、明石鯛、明石焼き、マツバガニ、焼きアナゴ。

滋賀県① (近江)

安土桃山時代には陸奥国に次ぐ全国2位の大国

近江国の意味は、都の近くにある湖である。いまでこそ滋賀県はどちらかというと小さい県だが、全国有数の大国だった。慶長年間（1596〜1615年）に80万石近くあり、東北4県に相当する陸奥国に続く第2位の大国だった。だが、開発が早く進みすぎて、徐々に全国順位を下げた。しかし、名神高速道路が開通したころから人口急増県のひとつ。

「近江商人」（かつては江州商人が普通だった）に過度に現実主義的なイメージがあるというので「淡海」と書いたりするのも流行った。琵琶湖は滋賀県の面積の6分の1であり、瀬田川、宇治川を経て淀川になる。

第1次府県統合（1871年）には大津県と長浜県だったが、翌年には、滋賀県と犬上県（彦根）になり、すぐに滋賀県に統一された。1876年には若狭国と越前国敦賀郡を併合したが、1881年には再分離した。

滋賀は県庁所在地の大津市が属する滋賀郡から。石が多いところといった意味だともいうのは、花崗岩の岩山が多く、石だらけの水が流れてくるからである。大津京が「志賀の都」と呼ばれるなど、志賀という表記もある。

南北に50kmもある大津市は、琵琶湖の沿岸に小都市が連なっている。平成になって志賀町も併せた。大津旧市内は、京都と北国を結ぶ港町、三井（園城）寺の門前町、豊臣時代の京極氏の城下町、近江国内の幕府領統治を担う代官所所在地、東海道最後の宿場町と複雑な性格を持つ。

蓮如上人のとき本願寺が移転してきた堅田、比叡山延暦寺の門前町であり景行天皇などの志賀高穴穂宮があった坂本、明智光秀の坂本城があった下阪本、本多氏7万石・膳所藩の城下町、奈良時代の保良宮、石山寺があり東レ発祥の地である石山、瀬田の唐橋がある栗太郡瀬田などが連なる。大津は大きな港を意味する。

最大藩の城下町である彦根が県庁になってもおかしくなかったが、全国的な方針で重要港湾都市だった大津が優先された。彦根が佐幕なので嫌われたわけではない。戊辰戦争で彦根藩は官軍について近藤勇を捕縛するなどした勤王藩だった。

栗太郡の草津市は、東海道と中山道の分岐点である。足利義昭を擁して上洛したとき織田信長が恩賞として所望したのは、堺、大津とこの草津だった。栗東市は競馬のトレーニングセンターがある。

甲賀郡は忍者の故郷。旧東海道や国道1号線が走る。湖南市と甲賀市の2市にまとめられた。湖南市は甲西・石部町が合併。甲賀市は、加藤氏2万石の水口町、鈴鹿峠の土山町、甲賀・甲南町、それに、陶器の町である信楽町。奈良時代に紫香楽宮が営まれたところだ。NHK連続テレビ小説『スカーレット』の舞台。MIHO美術館はミシュラン3つ星だ。

教養への扉 方言……湖東では大阪弁に近いのは、船場などの商人に近江国出身の者が多かったので近江弁が大阪弁に影響を与えたのであろう。語尾の「られる」が京都では「はる」、湖南に行くと「らる」、湖東だと「やる」。「けなりい（羨ましい）」「だんない（差し支えない）」などという古語的表現も残る。湖北は県内でもだいぶ違う。

　東海道新幹線の駅の米原駅は「まいばら」だが、坂田郡米原町は「まいはら」だった。しかし、神功皇后実家の息長氏の近江町、「番場の忠太郎」の舞台である山東町、伊吹山の麓にある伊吹町が合併して米原市となったが、今度は「まいばら」と読む。

　秀吉の城下町・**長浜市**の中心部は坂田郡で石田三成の出身地。**米原市**も郡内。東浅井郡浅井町と、竹生島を含む「びわ町」、虎姫町、小谷城があった湖北町を合併した。びわ町は平仮名地名の嚆矢。虎姫駅の切符は阪神タイガース・ファンに人気のグッズ。長浜市内には堀田氏1万石の宮川藩があった。

　東浅井郡はあるが西浅井郡は明治時代に伊香郡に合併された。伊香郡は全域が長浜市に合併されている。木之本町は福岡藩主・黒田氏の発祥の地。高月町の渡岸寺の十一面観音は国宝。余呉町は賤ヶ岳の古戦場がある。西浅井町にある菅浦という漁村は、中世以来の村の文書がよく残り、徳川家康の先祖を傭兵として雇っていたことがわかっている。

　彦根市の中心部は犬上郡である。井伊氏35万石(彦根藩)の城下町。彦根城の天守閣は国宝で、ゆるキャラの「ひこにゃん」が人気。佐和山城も、滋賀大学の本部や測候所も市内だ。**多賀町**の多賀大社は天照大神の両親を祀る。**甲良町**は藤堂高虎、**豊郷町**は伊藤忠や丸紅の創始者である伊藤忠兵衛の出身地。

　湖東地方の神崎郡、蒲生郡、愛知郡にまたがって**東近江市**が誕生した。神崎郡の八日市市、能登川・五個荘・永源寺町、蒲生郡蒲生町、愛知郡愛東・湖東町だ。いずれも近江商人の故郷として知られる。永源寺は紅葉の名所だが稲垣氏1万石の山上藩があった。

　愛知郡の愛知川・秦荘町は、**愛荘町**になった。西武コンツェルンの創始者・堤康次郎の出身地である。蒲生郡は、織田信長の安土城がある安土町が、豊臣秀次の時代に安土が丸ごと移転した**近江八幡市**と合併した。**日野町**は蒲生氏郷の本拠地で、松阪と会津若松はいずれもここの人たちが基礎をつくった。江戸時代の日野には、市橋氏2万石の仁正寺(西大路)藩があった。**竜王町**には源義経元服の地である鏡という里がある。

　野洲郡からは弥生文化の遺構が多く出土し、とくに、**野洲市**からは銅鐸が大量に出土している。野洲・中主町が合併した。遠藤氏1万石の三上藩があった。**守山市**は蓮如上人や一休和尚が活躍した。宇野宗佑元総理の地元。比叡山が琵琶湖越しに崇高にそびえ、守山の名も延暦寺の東の門を守るという意味である。

　高島郡は今津・新旭・安曇川・高島・マキノ町と朽木村が全部で合併して**高島市**となった。デパート髙島屋発祥の地、中江藤樹の私塾、分部氏2万石の大溝藩、継体天皇の出身地、足利将軍がしばしば都の争乱のときに逃げ込んだ渓谷の隠れ里・朽木、加賀藩の重要港湾だった海津などいろいろある。マキノ町はカタカナ地名の嚆矢だった。

教養への扉　グルメ……近江牛とスキヤキ、近江シャモ、鮎、モロコなど川魚と佃煮、フナ寿司、近江蕪、菜の花漬け、丁稚羊羹。

奈良県① (大和)
「府」から「県」となり、大阪に併合された苦難の歴史

全国の47都道府県のうち、道と都は県と少し機能が違うが、府と県の違いはない。副首都的位置づけを意識したものだろうが、明確な意味づけはされていない。そこで、京都と大阪以外に「府」になることを熱望したところがある。それが奈良県である。

奈良県は全国でも香川県に次いで新しい県である。1876年にいったん堺県に編入され、さらに1881年には堺県が大阪府と合併したので、大阪府下になってしまった。分離運動は堺県への併合直後から始まったが、理由は治水を重視する河内国、和泉国地方と、道路建設を優先したい大和国の対立らしい。つまり、治水重視を要求して石川県からの分離運動をした富山県と反対のケースである。1887年に独立が認められた。

その3年後には橿原神宮が創建され、岡倉天心やアーネスト・フェノロサの努力で仏教美術も評価されるようになり、奈良県はようやく日のあたる場所となった。そこで悪乗りのようでもあるが、「奈良府」に昇格させろという運動があったらしい。

もっとも、現在の奈良県とは直接には関係ないが、府県と藩が並立していたときには、奈良が長崎、度会、神奈川、甲斐、新潟、箱館と並んで「府」だった時期もある。

大和国は古くは「大養徳」だったし、「大倭」だったこともあるが、読み方はヤマトである。孝謙天皇のときに大和が定着した。意味は「山にとどまる」「山の処」とかいう。

奈良市はかつての平城京で、『日本書紀』に草木を踏みならしたことから来たと書いてある。現代朝鮮語で国を意味するので語源だという人がいるが、意味も違うし、現代朝鮮語と日本と交流が深かった百済の言葉とは別系統で、仮説というより妄想だ。

都になった経緯、平安遷都が行われた経緯は、28、29項で書いた。唐の長安にならって大規模な寺院が軒を並べる豪華な都だったが、難波、恭仁、紫香楽、保良、長岡への移転を繰り返したあげく、1世紀を経ずして平安京に都を譲ることになった。

しかし、興福寺や東大寺を中心に栄え、南都と呼ばれ、守護の役割も興福寺がしていた。大仏殿は平重衡と松永久秀らと2度焼かれた。現在の大仏殿は徳川綱吉の母・桂昌院らの肝いりで再建されたもの。大仏の原型は台座周辺のみ、頭部は江戸時代で残りは鎌倉時代の再建のときのものだ。市内を闊歩する鹿は春日大社の神の使いとされる。

2010年の建都1300年に向けて平城京跡の整備が進められた。

大和国は歴史が古いだけあって、郡の区分けがやたら細かった。そこで、明治になって整理したので、ここでは原則としてそれ以降の郡で説明する。現代の**奈良市**の中心部は添上郡で、平城宮の大内裏や薬師寺などがある西ノ京は生駒(旧・添下)郡である。添上郡月ヶ瀬村と山辺郡都祁村が平成の大合併で奈良市に併合された。剣豪で有名な柳生藩1万石も市内にあった。

教養への扉 方言……奈良の言葉は大阪よりどちらかといえば京都に近く、京都の郊外の言葉の一種と見るべきだろう。「みぃ」という語尾が目立ち「あのみぃ(大阪弁のあんなぁ)」「ほんでみぃ(ほんでなぁ)」というようにいう。南部の吉野地方はまったく違うアクセント。

明日香という表記は、戦後に高市、飛鳥、阪合の3村が合併したときに、合併前の飛鳥村と同じにしたくないので『万葉集』に見られる「明日香」という字を採用したもので歴史的な地名ではない。

生駒郡の大和郡山市は、柳沢氏15万石（郡山藩）の城下町。片桐氏の小泉藩1万石もあった。郡内には関西学研都市の一部を含む生駒市のほか、法隆寺の斑鳩町、松永久秀が最後に籠もった信貴山を含む平群町、三郷町、安堵町がある。

「山辺の道」が走り、崇神天皇陵もある天理市は山辺郡にあるが、戦後に天理教本部がある丹波市を中心に合併するときに珍しく宗教団体の名を採用した。織田氏1万石（柳本藩）もあった。山添村は三重県境にある。

天平仏や五重塔で知られる室生寺は宇陀市にある。宇陀郡の大宇陀・榛原・菟田野町、室生村が合併した。旧大宇陀町の松山に郡役所はあった。ほかに伊勢国に向かう街道の御杖村と奥香落渓がある曽爾村。

三輪の大神神社や箸墓古墳がある桜井市のあたりは磯城郡。ここから日本を意味する「敷島」という言葉も出ている。ほかに唐古遺跡の田原本町。観世流発祥の地の結崎がある川西町、三宅町。

畝傍山や橿原神宮がある橿原市は高市郡。交通の要衝・八木や藤原京跡、今井の環濠集落も市内。日本3大山城のひとつ大和高取城がある高取町は、植村氏3万石。明日香村には石舞台、飛鳥寺、高松塚古墳、飛鳥板蓋宮跡などがある。

古代の豪族・葛城氏が栄えた葛城地方のうち、南葛城郡のほとんどは御所市。北葛城郡では、国宝が多い當麻町と新庄町が合併して葛城市になった。東京の葛飾区とは「葛」の字が違う。ほかに香芝市、大和高田市、王寺町、河合町、広陵町、上牧町があり、それぞれ歴史遺産があり、交通の便がよく大阪のベッドタウンとなっている。

五條市は宇智郡そのもの。吉野川水運の河港で幕府領の代官所があった。天誅組事件の舞台。吉野郡西吉野・大塔村を合併。西吉野村には後醍醐天皇が滞在した賀名生がある。

吉野郡は大和国の南半分を占める。吉野町は大海人皇子や後醍醐天皇が隠れていたところで、修験道で知られる金峯山寺蔵王堂は近代以前の木造建築では東大寺大仏殿に次ぐ規模。「一目千本」といわれる桜の名所で中心集落は上市。十津川村は県全体の面積の2割を占めるが、明治の大水害で住民の多くが北海道の新十津川町に新天地を求めた。ほかに下市町、大淀町、東吉野村、川上村、黒滝村、天川村、上北山村、野迫川村、下北山村。

教養への扉　グルメ……柿の葉寿司、奈良漬け、吉野葛、三輪そうめん、柿、スイカ、茶粥。

162/365 和歌山県①（紀伊の大部分）
全国の「鈴木さん」のルーツは海南市にある

　紀伊国は「木の国」であるといわれている。紀伊半島の外縁部を囲むように志摩半島の近くまで含んでいる。また、江戸時代の紀州藩は伊勢国の松阪までをその版図に加えていたのであるが、牟婁郡の東半分は三重県に入り、熊野川でもって両県の境は分かたれることになった。こうして1871年に成立した和歌山県は、そのままの形で現在に至っている。

　和歌山市は、大坂を退去した石山本願寺が移った鷺の森も市内北部であるが、紀州を制した豊臣秀吉が、紀ノ川河口にあった若山、岡山、伏虎山といった名で呼ばれる丘に城を築き、弟の秀長に与えたことに始まる。それ以前に、江戸時代にはむしろ若山が一般的で、和歌山が定着したのは明治になってからのようだ。江戸時代には、浅野氏を経て紀伊徳川家56万石（紀州藩）となったが、藩祖・頼宣の孫が8代将軍・吉宗となった。

　住友金属工業（現・日本製鉄）の工場が1942年に建設され、企業城下町のような様相になったが、鹿島に新製鉄所を建設したので、多くの雇用が失われた。

　西側の水軒浜には松並木が続き、海水浴場として賑わったが、1963年から埋め立てられた。ポルトヨーロッパはパナソニックの系列企業が設立した南欧風のテーマパーク。『万葉集』で山部赤人によって「若の浦に　潮満ち来れば　潟を無み　葦辺をさして　鶴鳴き渡る」と詠まれた和歌浦では砂嘴の片男波が長く伸び、紀三井寺は早咲きの桜の名所で関西に春の訪れを告げる。

　中世の熊野街道は東の郊外を通っていて、中世にはこちらが主街道だった。「王子」という参拝所が多く残る。松下幸之助は熊野街道が通る禰宜（旧・和佐村）の出身。

　このあたりは、もともと名草郡だったが明治になって海部郡と一緒になって海草郡になった。同じ郡内の海南市は石油コンビナートがある下津町を合併した。海南は昭和初期の合併に際し、海草郡南部であることから命名したもの。漆器が特産の黒江や日傘の日方が主な地区である。また、当地の藤白神社は全国の「鈴木さん」発祥の地。紀美野町は、野上・美里町が合併したものだが、合成地名としては悪くない。

　紀ノ川中流域に広がる那賀郡では、根来寺がある岩出町は住宅開発で岩出市になり、残りの粉河・打田・貴志川・桃山・那賀町が合併して紀の川市となった。旧那賀町の名手は、有吉佐和子の小説で有名な華岡青洲の生地。

　霊場・高野山は伊都郡にある。高野山がある高野町は、山上というよりは高原の盆地。奈良や大阪との県境にある橋本市が高野口町を合併。「かつらぎ町」は花園村を合併。「かつらぎ」は和泉山脈を葛城山脈とも呼ぶことから戦後の合併のときに命名した。町内の妙寺地区に郡役所があった。九度山町は関ヶ原の戦いのあと真田幸村が隠遁していたところ。

　方言……言葉は大阪弁の変形といった感じ。音韻の脱落とか交代が多い。「ざ、ぜ、ぞ」が「だ、で、ど」になりがちで「どーきん（ぞうきん）」とか「でんでん（ぜんぜん）」とかいうことになる。

「紀伊半島の霊場と熊野古道」が世界文化遺産に指定されて、平安時代から鎌倉時代にかけて大ブームだった熊野詣が再び注目されている。熊野路は深い山のなかを通るだけで見晴らしがよいわけでもない。悪路であるし、気候も雨が多く快適でないのだが、スポーツイベント兼自然の神秘を感じる癒やしの旅だったのだろうか。

その熊野路のメインルートは、中辺路である。この道に沿って紀州藩付家老だった安藤氏4万石の居城があった田辺市、中辺路町、それに熊野本宮大社がある本宮町、それに日本3大美人湯といわれる龍神村、大塔村が合併して新しい田辺市になった。郡でいえば、田辺、中辺路、大塔が西牟婁郡、本宮が東牟婁郡、龍神が日高郡である。

西牟婁郡には西日本屈指の温泉である白浜町があり、ここには南紀白浜空港もある。アドベンチャー・ワールドはパンダがいっぱいいる。日置川町を合併した本州最南端の潮岬がある串本町は、東牟婁郡古座町を合併して東牟婁郡となった。ほかに歌手・坂本冬美の出身地である上富田町、「すさみ町」。「すさみ」はもともと「周参見」だ。

東牟婁郡の中心は熊野川河口の新宮市で、紀州藩付家老水野氏4万石の城下町。熊野三宮のひとつ熊野速玉大社もある。瀞峡で知られる熊野川町を合併した。さらに上流の北山村は四方を奈良県と三重県に囲まれ、村全体が飛び地。

那智勝浦町には、アンドレ・マルローをして「自分は自然景観から感動を受けることは少ないが、那智の滝は特別だ」といわせた日本一荘厳で美しい那智の滝がある（写真は那智の火祭）。太地町は鯨漁で知られる。権現社の「神座」が語源らしい古座川町は、奇石が続く渓谷の町だ。

日高郡の御坊市には本願寺の御坊がある。南部町と南部川村は梅干しの本場を競っていたが、合併して「みなべ町」になった。紀州備長炭もここが産地だ。日高川町は道成寺がある川辺町、日高高校中津分校の甲子園出場で話題になったことがある中津村、NHK連続テレビ小説『純ちゃんの応援歌』の美山村が合併したもの。美浜町は、カナダへの移住者が帰国してつくったアメリカ村で有名。ほかに日高町、由良町、印南町が海沿いに並ぶ。

有田郡は紀州ミカンで知られる。有田市は中心地区の箕島が高校野球のおかげで有名。吉備・金屋・清水町は合併して有田川町になったが、紀子秋篠宮妃殿下の実家である川嶋家の出身地である。悠仁親王殿下のお印が高野槙になったのは、この地縁も考えに入れたためだろうか。郡の中心だった湯浅町は醤油発祥の地。広川町は千葉県銚子の醤油づくりのルーツ。

教養への扉　グルメ……ミカン、南部の梅、高野山のゴマ豆腐、クエ（大型の魚）、サンマ寿司に干物、鯨料理。

三重県① （伊勢、伊賀、志摩、紀伊の一部）
伊勢市がかつて宇治山田市と呼ばれた理由

伊勢国は「磯」だとか、五十鈴川と関連があるとか諸説あるが不明である。三重はヤマトタケルの足が三重に曲がるほど疲れていたからともいうがわからない。

伊勢神宮式年遷宮は20年に一度行われ、内宮や外宮だけでなく多くの摂社も建て替えられるので、総経費が550億円という大事業だ。2013年の遷宮は安倍政権誕生など保守的な気分の高揚もあって空前のブームとなった。

式年遷宮は、持統天皇の690年に始まったが、戦国時代には120年以上に及ぶ中断があり、江戸時代には神宮寺があって神仏混淆だった。それに、農業の神である外宮のほうが格上だと見られて、こちらへの参拝が伊勢参りの主たる目的だった。

鬱蒼とした林もなかった。宇治橋の位置も違うし、橋の内側に繁華街もあった。金色の金具など豪華な装飾はなかった。古い本殿は放置されて次の遷宮のときに撤去された。天皇による参拝は持統天皇から明治になるまでされていないし、1月に閣僚が参拝する習慣は佐藤栄作内閣が始めたものだ。

第1次府県統合（1871年）では、三重県は山田（伊勢市）を県庁とする度会県と津にあった安濃津県になったが、後者は翌年に津から四日市（江戸時代には多羅尾にあった信楽代官所の支所があった）に県庁が移って三重県を名乗り、翌年に県庁は津に戻ったが県名は維持された。そして、1876年に度会県と合併した。ヤマトタケルがやってきたとき足が三重に曲がるほど疲れたからと『古事記』にはある。

津市は中世に安濃津と呼ばれる良港だったが、明応の大地震で遠浅になって港としての機能を喪失した。その代わりに藤堂氏の32万石（津藩）の城下町となった。旧安濃郡に属している。旧安濃郡は戦後になって河芸郡と合併して安芸郡になった。平成の大合併では、安芸郡で旧安濃郡安濃・芸濃町、美里村、旧河芸郡河芸町、一志郡にあって藤堂分家で5万石の久居藩があった久居市、一志・白山・香良洲町、美杉村を合併した。

三重郡の**四日市市**は人口や経済力でも県庁所在地の津市を上回る。四日市は天領の宿場町で近江国甲賀郡信楽にある多羅尾代官所の支所が置かれていた。海軍燃料廠から工業都市として発展した。イオン・グループは当地の呉服屋から発展した。楠町を合併した。**菰野町**には土方氏1万石（菰野藩）があった。ほかに**朝日町**、**川越町**。

旧河芸郡の**鈴鹿市**は、織田信長の3男・信孝ゆかりで本多氏1万5000石の神戸藩があった神戸と港町・白子が合併したのに始まる。鈴鹿サーキットでSUZUKAのブランド力は世界に通用する。鈴鹿市の一部は鈴鹿郡であるが、石川氏6万石の城下町である**亀山市**は、東海道でも最大級の宿場町だった関町を合併した。シャープの工場でも知られる。

三重県② （伊勢、伊賀、志摩、紀伊の一部）

なぜ三重県の県域は4つの国にまたがっているのか

　三井財閥の先祖は近江国の武士で、松阪を本拠に発展した。江戸時代は紀州藩領だったから本居宣長も紀州藩の人だ。いうまでもなく松阪牛の本場だ。

　桑名郡では松平氏11万石の桑名市が、増山氏2万石の城下町だった長島町と富士通の工場がある多度町を合併した。長島は戦国時代に織田軍と一向宗徒の戦いがあった。木曽岬町は愛知県側に取り残された形。員弁郡は、北勢・員弁（郡役所が大泉原にあった）・大安・藤原町が合併して「いなべ市」となった。ほかに東員町。

　飯南郡の松阪市は蒲生氏郷が開いた城下町で飯南・飯高町、一志郡嬉野・三雲町と合併した。多気郡では北畠氏終焉の地である大台町が宮川村を合併。相可地区に郡役所があった多気町は勢和村を合併。明和町は、斎明村と三和町が合併で1字ずつ取って成立した。

　伊勢神宮がある度会郡の伊勢市は、内宮のある宇治と外宮のある山田を併せた宇治山田市から改称。平成の大合併では名勝・夫婦岩がある二見町のほか小俣町、御薗村を合併した。南勢・南島町は南伊勢町になった。玉城町は朝日新聞社の創業者である村山家の出身地で、北畠氏の城下町・田丸と東外城田が戦後合併した。大宮・紀勢町、大内山村は合併して大紀町になった。ほかに郡名を町の名前にしてしまった度会町がある。

　志摩国は島が多いからか。明治まで答志郡と英虞郡に分かれていたが志摩郡に統合された。鳥羽市は九鬼水軍の根城で稲垣氏3万石の城下町だった。ミキモトの本拠だ。志摩郡の残りの磯部・阿児・浜島・大王・志摩町は志摩市に統一された。テーマパーク「パルケエスパーニャ」や伊勢志摩サミットの会場になった賢島の志摩観光ホテルがある。

　紀伊国に入って、北牟婁郡の尾鷲市はヒノキの美林と降雨量の多さで有名。紀伊長島・海山町が合併して紀北町になった。南牟婁郡では御浜町は単独で存続したが、瀞八丁の渓谷がある紀和町は熊野市に合流した。熊野市と聞けばほとんどの人が和歌山県と思う。中心地区は旧木本町。鵜殿村は紀宝町に入った。

　伊賀国の語源は、高いところだとか、伊賀津姫に由来するとかいうが不明。天武天皇のとき伊勢国から分立した。名賀郡の名張市は北海道の夕張と混同されるが、津藩藤堂氏の家老の領地だった。観世家はここから大和国に移った。東条英機の先祖は観阿弥の兄である。平成の大合併では、残りは伊賀市となった。もとの市町村のうち、阿山郡の上野市には、藤堂高虎が大坂の陣に先立って堅固な城を築いた。石垣の高さは大坂城二の丸のそれと並んでトップクラスである。ほかには、首都機能移転候補地のひとつである畿央高原の中核である阿山町、草津線の終点・柘植駅がある伊賀町、島ヶ原・大山田村、それに名賀郡青山町である。

教養への扉　グルメ……松阪牛、伊勢エビ、アワビ、伊勢うどん、天むす、ウナギ、桑名の蛤、伊勢の赤福餅。

　金の鯱がシンボルの名古屋城があるところは丘陵地で、中世には「那古野庄」という荘園があった。戦国時代に今川氏が城を築いて、信長も若いころに城主だった。ところが、徳川家康が水害に弱い清洲から、尾張藩62万石の居城を移転させる地として選んだ。

　那古屋の意味は、「根小屋」だろうとか、平坦な土地とか諸説あるものの不明だ。いずれにせよ、名古屋という表記にしても明治になってから統一した。「中京」という呼び方は、1923年に高校野球の強豪である中京商業が開校したのが最初といわれる。京都を西京と呼ぶこともあったのと、1930年まで名古屋城が離宮だったこともあるかもしれない。

　古代から朝廷からも崇拝され、三種の神器のひとつ「草薙の剣」もある熱田神宮のあたりには港町も発展しており、それと遠くないことも視野に入れたのだろう。家康は秀吉と違って港町に城を置くことは好まず、少し離れたところが好きらしいのである。

　第1次府県統合（1871年）では、三河国と尾張国のうち知多半島が岡崎を県庁とする額田県、尾張国の残りは愛知県となったが、翌年に現在の形となった。

　尾張国は、古代の有力豪族で継体天皇の即位する前の妃も出した尾張連の勢力圏で、大和国葛城地方出身ともいわれるこの氏族の名から国名は来ているとか、「小治」であって開墾を意味するとか諸説ある。名古屋市のあたりは愛知郡だが、「鮎」ないしは「湧水」から来た地名だともいうがよくわからない。市内の北西部は清洲と同じ西春日井郡である。

　戦国時代ごろは、全国でも陸奥国や近江国、武蔵国に次ぐ経済規模と人口を持っていた。源頼朝の生母も熱田神宮社家の出身だし、鎌倉時代の足利氏は下野国より三河国を地盤としていたので、細川氏ら一族は三河国出身が多い。さらに信長、秀吉、家康の3英傑を生んだことから、全国の大名のうち半分は愛知県出身だし、上級家臣も大きな割合が愛知県出身だ。武士階級の極めて大きな割合が尾張国、三河国から来ているのである。

　三河国は譜代大名の多くがそうだが、加賀の前田、広島の浅野、岡山・鳥取の池田、阿波の蜂須賀、土佐の山内あたりは、尾張国であって三河国より派手な共通項がある。

　名古屋市の区名では、熱田神宮のある**熱田区**、豊臣秀吉が生まれた**中村区**、かつては守山市だった**守山区**、明治の村名をあてた**千種区**は歴史的根拠がある。残りの**東、西、南、北**区や、**中、昭和、瑞穂、天白、中川、緑、名東、港区**には歴史的根拠はない。

　愛知郡内の町村はだいたい名古屋市に併合されたが、桶狭間古戦場がある**豊明市**、愛知池がある**日進市**や**東郷町**、古戦場として有名な**長久手市**が残っている。

愛知県② （尾張、三河）
信長の故郷は稲沢市の勝幡城の可能性が高い

清洲城の天守閣が復元されて新幹線から見えるが、城跡は水害で流されて関係ない場所につくった。城下町もすべて名古屋に移され、あとになって宿場町として発展したものだ。

イチローの出身地である**豊山町**は西春日井郡である。**清須市**は、清洲・新川・西枇杷島・春日町が合併してできた。清洲は江戸時代からの用字で、清須は昔の表記への復帰だ。

広島藩浅野氏の出身地である西春・師勝町が合併して**北名古屋市**になった。**春日井市**には高蔵寺ニュータウンがあるが、市内の勝川に東春日井郡役所があった。焼き物の町である**瀬戸市**は「愛・地球博」の会場だった。以前からの名古屋空港があり、織田信長がしばらく居城にしたのが**小牧市**（写真は田縣神社で行われる奇祭・豊年祭）。**尾張旭市**は、1906年に3つの村が合併したときに吉祥地名として選ばれたが、千葉県の旭市があったので尾張をつけた。

丹羽郡の**一宮市**は、尾張一宮である真清田神社がある。中島郡の尾西市、山内一豊の故郷である葉栗郡木曽川町を合併した。尾西市の中心は、もとは起町。山内一豊の父が仕えた尾張国北半分の守護代・織田伊勢守家の居城があったのは、**岩倉市**である。**犬山市**は尾張藩付家老成瀬氏4万石の犬山城があった。国宝の天守閣がある。**江南市**は木曽川の南を意味する。郡役所が布袋地区にあった。ほかに**大口町**、**扶桑町**。

木曽川に沿った葉栗郡、中島郡、海部郡は美濃国と尾張国にまたがって存在するが、これは天正年間（1573〜1592年）に木曽川の流れが変わったためである。

尾張国府があった中島郡の**稲沢市**は国府宮のはだか祭りが知られ、平和・祖父江町を合併した。織田信長の織田弾正忠家は、清洲にあった守護代・織田大和守家の家老だが、旧平和町の勝幡城が居城で、信長もここで生まれた可能性が高い。

海部郡の**津島市**は桑名への渡し場で、織田弾正忠家はここを押さえて発展した。「**あま市**」は七宝（七宝焼発祥の地）・美和・甚目寺町が合併した。弥富町、十四山村が合併して**弥富市**。ほかに**大治町**、**蟹江町**、**飛島村**。干拓地が多く、伊勢湾台風で大被害を出した。佐屋・佐織町、八開・立田村は合併して**愛西市**となった。

知多郡では、**南知多町**と**美浜町**が合併を予定し、中部国際空港の愛称から「**南セントレア市**」と決めたが、マスコミから笑いものにされて合併そのものも飛んだ。和製漢語はよくて和製英語はダメな理屈はないはずだ。**東海市**は1969年に上野・横須賀町が合併して市制施行したときに命名した。**大府市**は、かつては「大符」といって伊勢神宮の神符に関係があるといわれる。**知多市**は昭和の大合併で生まれた名前。**半田市**の祭りはからくり人形芝居が全国屈指。**常滑市**はINAX本社や中部国際空港がある。ほかに伊予国松山藩などの久松氏発祥地である**阿久比町**、山形藩などの水野氏発祥の地である**東浦町**、それに**武豊町**がある。

教養への扉 方言……「なーも」という言葉が西三河では「なん」、東三河では「のん」になる。「お値打ち」という表現が広告などで多いのも印象的。

加茂郡は松平氏発祥の地である。上野国新田郡から応永年間（1394～1428年）に流れてきた時宗の僧が、奥三河にある松平郷の旧家に婿入りして松平氏を名乗ったのが始まりである。

三河国は、男川、矢作川、豊川の3つの川か、「御川」の意味かという。西加茂郡に属し、挙母藩があった**豊田市**のほか、藤岡町、小原村、東加茂郡足助・旭・稲武町、下山村が西加茂郡の「**みよし市**」を除いて豊田市になった。加茂郡は京都の賀茂社の領地だったことに由来する。

岡崎市は額田郡に属し、額田町を合併した。幕末は本多氏5万石（岡崎藩）。現在の町と城の骨格をつくったのは豊臣時代の藩主で近江国出身の田中吉政だ。細川氏は鎌倉時代に岡崎郊外に定着した足利一族である。市内の西大平藩の殿様は大岡越前守忠相の子孫。**幸田町**は筆柿が特産で深溝松平氏（島原藩）の出身地。

幡豆郡の**西尾市**は松平氏6万石（西尾藩）の城下町で碾茶（抹茶）の名産地。西尾市と合併した一色・吉良町は、同名の名門武家が出ている。幡豆郡も合併。

碧海郡の**安城市**は、矢作川河口で、岡崎に移る前に松平氏が本拠とした。本多、酒井、大久保など古い家臣団は「安祥譜代」という。**碧南市**は戦後に港町・大浜などが合併したとき命名。本多氏1万石の西端藩があった。**刈谷市**は水野氏の本拠で、幕末には土井氏2万石（刈谷藩）。豊田佐吉による豊田自動織機創業の地である。**知立市**は「池鯉鮒」と書いた宿場町。**高浜市**は三州瓦で知られる。

宝飯郡には三河国府や豊川稲荷があった**豊川市**と景勝地の**蒲郡市**が所在する。豊川市の牛久保は、牧野氏の本拠。「常在戦場」を説く「牛窪の壁書き」もここから出た。膳所藩主など伊奈本多氏が出た小坂井・音羽・御津・一宮町は豊川市と合併した。

渥美郡の**豊橋市**は、大河内松平氏7万石の城下町。江戸時代には吉田と呼ばれていたが、伊予国吉田藩があったので変更した。東三河の中心都市でちくわが名物。渥美半島の**田原市**は、赤羽根・渥美町と合併した。田原は戸田氏の発祥の地で、三宅氏1万石（田原藩）があり、家老の渡辺崋山が有名。戸田氏1万石の大垣新田藩も市内に陣屋があった。

三河国北東部の**北設楽郡**の富山村は人口200人ほどで、全国で最小だったが**豊根村**に合併された。津具村はかつて郡役所が田口地区にあった**設楽町**に入った。**東栄町**はそのまま。

南設楽郡鳳来町は長篠の戦いの古戦場で、作手村は中津藩などの奥平氏発祥の地だが、いずれも、**新城市**に吸収された。八名郡の中心は富岡だが、これも新城市に合併された。

教養への扉 グルメ……天むす、味噌カツ、味噌煮込みうどん、きしめん、名古屋コーチン、外郎、ウナギのひつまぶし、エビフライ、えびせん、ちくわ、八丁味噌。

岐阜県①（美濃、飛騨）
賛否両論が渦巻く信長命名説

　岐阜は、城は稲葉山城、城下町は井之口だったが、織田信長が古代中国の周の文王が岐山から天下を統べた故事にならったといわれる。しかし、それ以前にも使われていたとも。

　美濃国は「三野」とか「御野」とか書かれていたこともあり、広い野原が多いことと語源は関係するという説が多い。室町時代には土岐氏が、戦国時代には斎藤道三、織田信長の支配下にあった。岐阜県庁は代官所のあった笠松から、1873年に厚見郡今泉村（現・岐阜市）に移った。飛騨国も岐阜県に入って現在の形になったのは、1876年である。

　江戸時代の岐阜市中心部は尾張藩の領地で、南郊の加納に永井氏3万石（加納藩）の城があった。**岐阜市**は稲葉郡だが、旧市内は江戸時代まで旧厚見郡だった。信長の前から「岐阜」という別名も使われていたともいうが、信長がそれを気に入ったということかもしれない。羽島郡柳津町を合併した。**各務原市**は明治以前の旧各務郡の4町が昭和の大合併でひとつになった。市の中心部は航空自衛隊の基地がある那加だが、歴史的に有名なのは中山道の宿場町で木曽川対岸の犬山城が望見できる鵜沼である。羽島郡川島町を合併した。

　本庄氏1万石（高富藩）があった高富町は山県郡だが、美山町、伊自良村と合併して**山県市**。山形市と混同されることが多い。漢字が違っても読みが同じだと何かと不便だ。

　本巣郡では、中山道の美江寺宿があった巣南町と穂積町が合併して**瑞穂市**。**本巣市**は、淡墨桜がある根尾村と、本巣・真正・糸貫町が合併した。ほかに郡役所があった**北方町**。

　新幹線の岐阜羽島駅の**羽島市**は「はしま」だ。羽栗郡と中島郡を統合して羽島郡。**笠松町**は江戸時代、幕府の美濃郡代が置かれ、県庁も最初はここに置かれた。ほかに**岐南町**。

　海津郡の3町は**海津市**となった。尾張藩分家の松平氏3万石の高須藩があった海津町、尾張藩付家老の竹腰氏3万石の今尾藩があった平田町、南濃町が合併した。平田町の名は、木曽3川の治水工事を成し遂げ自殺した薩摩藩家老・平田靫負の功績を称えたもの。

　戸田氏10万石（大垣藩）の**大垣市**は、木曽川と長良川に挟まれた安八郡にある。木下藤吉郎（豊臣秀吉）の出世話で有名な墨俣町と養老郡上石津町を合併したが、両方とも飛び地。新幹線の車窓から見えるソーラー発電装置は安八町。ほかに**神戸町**、**輪之内町**。

　養老の滝で知られる**養老郡**は、**養老町**だけになった。中心集落は高田である。**揖斐郡**のうち**揖斐川町**は、谷汲・藤橋・春日・久瀬・坂内村を合併。**大野町**と**池田町**はそのまま。

　壬申の乱で不破関は主戦場のひとつとなり、天下分け目の戦いの舞台となった**関ケ原町**は不破郡。**垂井町**の南宮大社は美濃国一宮で大鳥居が新幹線からよく見える。

　刃物で知られる**関市**は武儀郡にあって、日本の人口重心がある武儀町、武芸川町、洞戸・板取・上之保村を合併。**美濃市**は、上有知町が美濃紙にちなんで美濃町と改名した。

教養への扉　方言……岐阜の言葉でも飛騨や東美濃では長野に近くなるが岐阜や大垣などでは尾張国に非常に近い。ただ、「ゃあ」という発音にはならず「ぁあ」という程度である。語尾に「えか」と確認語をつけることが目立つ。

　飛騨国の語源には定説がない。飛騨市の「驒」は、パソコンでも外字扱いとなってしまい、不便で混乱を来すことがあるのが悩みの種だ。1871～1876年には信濃国松本を県庁とする筑摩県に属したことがあるが、この両国をつなぐのが、女工哀史で知られる「野麦峠」だ。

　飛騨国の表玄関である益田郡は、温泉で有名な下呂町のほか小坂・萩原・金山町、馬瀬村の全町村が合併して下呂市になった。伝統的な中心は萩原。
　飛騨国の地理的な中心である大野郡には高山市や白川村がある。高山市は、茶人としても名高い金森長近によって開かれた「小京都」で、江戸中期以降は幕府領だった。久々野町・丹生川・清見・宮・朝日・高根・荘川村、それに吉城郡で奥飛騨温泉郷のある上宝村、国府町が高山市と合併し、面積はほぼ東京都に匹敵し、北海道足寄町を抜いて一時は日本一になった。ギマールのガラス器などを展示する飛騨高山美術館はミシュラン3つ星。合掌造の民家（写真）の白川村はそのまま存続したが、県内に加茂郡白川町があるのはちょっと紛らわしい。
　神通川を通じて富山とつながる吉城郡では、古川・神岡町、河合・宮川村が合併して飛騨市となった。古川の「起し太鼓」や鉱山跡を利用したニュートリノ観測装置が小柴昌俊のノーベル賞につながったスーパーカミオカンデがある。
　美濃国の土岐郡では、瑞浪市が守護大名・土岐氏の発祥の地であり、土岐市は首都機能移転候補地のひとつ。中心地区は土岐津。多治見市が名古屋からの郊外電車の終点である。全国最高気温を記録することが多い。笠原町と合併。
　恵那郡は信濃国に接する。中津川市は宿場町で、近郊の木曽川断崖上に苗木藩遠山氏1万石の山城があった。坂下・付知・福岡町、川上・加子母・蛭川村、それに馬籠宿がある長野県木曽郡山口村を合併した。中山道の宿場町・大井を中心とした恵那市は、松平氏3万石（岩村藩）の岩村町、山岡・明智・上矢作町、串原村と合併して新しい恵那市となった。NHK大河ドラマ『麒麟がくる』で注目された。
　可児郡では、志野焼の可児市は、愛知用水の取り入れ口がある兼山町を飛び地として合併。御嵩町は、産廃問題で全国的に話題に。
　加茂郡では、「日本ライン」川下りの乗船場だった美濃加茂市、日本のシンドラーといわれる外交官・杉原千畝の出身地である富加町、廃仏毀釈が最も徹底して行われて、いまでもお寺がない東白川村、坂祝町、白川町、七宗町、八百津町、川辺町がある。
　長良川の上流は郡上郡である。郡上市の中心は郡上踊りと室町時代の連歌師・飯尾宗祇にちなむ宗祇水で知られる八幡町だったが、大和・白鳥町、高鷲・美並・和良・明宝村の郡内のすべての町村が合併して郡上市となった。

教養への扉　グルメ……長良川の鵜飼いは有名だが、鮎料理も定評がある。中津川の栗きんとん、飛騨の牛肉や朴葉味噌など。

江戸が無血開城されたのち、新政府は徳川宗家を、幕府領の空き城だった駿府に移した。災難だったのは駿河国、遠江国の小大名たちで、それぞれ房総半島の寒村に移されてしまった。2万人くらいずつが江戸から静岡、静岡から千葉に移住した。

駿府は駿河府中の略称で、地元では府中といっていたし、東海道五十三次も府中宿である。ところが、府中では「不忠」に通じ、誤解を招きかねないので、市街地北方にある賤機山にちなんで賤ヶ丘としようという案が出て、それを少しソフトに静岡で落ち着いたのである。

1871年の第1次府県統合では、遠江国が浜松県、駿河国が静岡県、伊豆国は相模国とともに足柄県だったが、1876年に伊豆国が静岡県に入り、引き続き浜松県も吸収された。

駿河国は、早い川の流れが語源という説が多い。ヤマトタケルが騙し討ちで火攻めに遭うが、草薙の剣のおかげで危機を脱したのが草薙で、沢村栄治が快投してベーブ・ルースをねじ伏せた球史に残る試合が行われた球場がある。

静岡市は安倍川が流れる安倍郡であり、名物は安倍川餅だ。2003年に庵原郡の清水市を合併して、2年後に政令指定都市になった。旧静岡市を**葵区**と**駿河区**に、旧清水市は**清水区**になった。西園寺公望の坐漁荘があって郡の中心だった興津や、松平氏1万石の小島藩があった小島は、合併前の清水市内である。のちに庵原郡蒲原・由比町も加わって清水区に編入された。

富士山の南斜面の富士郡では、**富士市**がある。庵原郡富士川町を合併した。田子浦も市内だが、中心は宿場町・吉原である。**富士宮市**は富士山本宮浅間大社の門前町で、日蓮正宗大石寺もある。創価学会の協力でできたお堂を壊したことは愚劣だ。芝川町を合併している。

駿東郡でトヨタ自動車の研究所がある**裾野市**、別荘地で秩父宮別邸もあった**御殿場市**、それに富士スピードウェイがある**小山町**は、富士山頂近くから放射線状に展開している。かつて御用邸があった**沼津市**は水野氏5万石の城下町で、伊豆国の田方郡戸田村を合併した。ほかに柿田川の湧水にちなんだ**清水町**と**長泉町**。

志太郡の**焼津市**はマグロの遠洋漁業の町で、大井川町を合併。**藤枝市**は、宿場町の藤枝が本多氏4万石の田中藩の城下町を呑み込んだ。岡部町も合併した。**島田市**は大井川の渡しの宿場町で、対岸の遠江国榛原郡金谷・川根町を合併した。

教養への扉 方言……「きゃーるが泣くんで雨ずらよ」というのは北原白秋が作詞した『ちゃっきり節』の一節だが、名古屋弁と同様に「ゃあ」という音が入り、「です」という意味の「ずら」（駿河）あるいは「だら」（遠州）が出てくるのが静岡弁では目立つところ。

静岡県②（駿河、遠江、伊豆の島嶼部以外）
「琵琶湖＝近江国」とワンセットの「浜名湖＝遠江国」

　遠江国は浜名湖にちなみ、琵琶湖がある近江国とワンセットだ。明応の地震までは淡水湖だったが、現在では海とつながっている。

　大井川の右岸が**榛原郡**で、田沼氏1万石の相良町と静波地区に郡役所があった榛原町が合併して**牧之原市**になった。川根町、中川根町、本川根町の3つの川根のうち、後2者が合併して**川根本町**になった。「金嬉老事件」で知られる寸又峡はここだ。**吉田町**はそのまま。

　御前崎市は、榛原郡御前崎町と小笠郡浜岡町が合併した。市役所などは旧浜岡町にある。小笠郡で太田氏5万石（掛川藩）の**掛川市**は、横須賀藩西尾氏3万5000石の大須賀町、高天神城跡がある大東町を合併した。小笠・菊川町は**菊川市**になった。

　磐田郡で遠江国府や国分寺があった**磐田市**はJリーグのジュビロ磐田の地元。中心地区は宿場町の見付。福田・竜洋・豊田町、豊岡村と合併した。W杯の会場にもなった「エコパスタジアム」がある**袋井市**は浅羽町と合併した。

　曳馬と呼ばれた浜名湖の浜松市は徳川家康の居城となって発展し、幕末には井上氏6万石（浜松藩）。ホンダやスズキ、ヤマハがここから出た。可美村に続き、浜北市、舞阪・雄踏町、それに引佐郡で彦根藩井伊家の発祥の地である井伊谷を中心とする引佐町、縄文人の人骨発見で知られる三ケ日町、細江町、磐田郡の**天竜市**、秋葉ダムの龍山村、佐久間ダムがある佐久間町、水窪町、周智郡春野町を合併した。天竜市の中心は、戦国時代に武田・徳川の攻防戦が繰り広げられた城があった二俣。2007年に政令指定都市となり、**中、東、西、南、北**区のほか、浜北市がそのまま**浜北区**、天竜市以北の山間部が**天竜区**に。

　周智郡の**森町**は存続。浜名郡のうち白須賀宿を中心とした**湖西市**が、特別史跡「新居関所跡」がある新居町を合併した。

　伊豆国には、東西南の伊豆町に伊豆市に伊豆の国市と賑やかなことだ。「出ず」というのが語源らしい。郡は明治中期に再編成されて、北部は田方郡、南部は賀茂郡になった。**田方郡**の中心・**三島市**はかつての伊豆国府で三嶋大社もあり、東海道の重要な宿場町。**函南町**は丹那トンネルの上にある。源頼朝が流されたり、堀越公方の御所が置かれたりした韮山町は、伊豆長岡・大仁町と合併して**伊豆の国市**となった。鎌倉幕府の2代将軍・頼家が殺された修善寺町と天城峠がある天城湯ヶ島町、土肥・中伊豆町は合併して**伊豆市**になった。**熱海市**は温泉として古代から有名だった。**伊東市**は宮崎県の飫肥藩主などを生んだ伊東氏発祥の地。

　伊豆国南部を占める**賀茂郡**では**西伊豆町**が賀茂村を合併したが、ほかに合併はなかった。**東伊豆町**には、熱川温泉がある。**下田市**は幕末の開港場。**南伊豆町**は伊豆最南端の石廊崎がある。ほかに**河津町**、**松崎町**。

教養への扉　グルメ……三ケ日のミカン、浜松や三島のウナギ、焼津のマグロ、駿河湾の桜エビ、伊豆のアジ、牧之原台地の茶、丸子のとろろ汁。

甲府が国府の所在地だったと間違える人が多いが、古代の国府は甲府盆地の南のほうにあったらしく、守護所があっただけだ。武田信玄の館は市の北部の躑躅ヶ崎にあったが、背後に山を控える中世的な地形だったので、盆地の真ん中の小さな丘の上に甲府城を築いた。

甲斐国には、江戸時代を通じて本格的な領主はほとんどいなかった。武田勝頼が滅びたあと、さまざまな領主がやってきたが、短期間で去ったり、6代将軍になった徳川家宣のようにずっと江戸にいて代官任せだったりした。だが、柳沢吉保とその子の吉里は、武田旧臣だけあってこの地の統治に心血を注ぎ込み、武田信玄を崇拝の対象にまでした。だが、8代将軍・吉宗の時代になると柳沢家は大和郡山に移され、幕府領になった甲斐国は不良旗本の左遷地のようになってしまった。

戊辰戦争で武田重臣を先祖に持つ板垣退助が「父祖の地から徳川を追い払う」というのを旗印にしたので官軍は歓迎されたくらいだ。

甲斐国は「山の峡」に由来するようだ。古代の甲斐国は東海道に属していた。室町時代には伊豆国とともに鎌倉の関東公方の管轄下に置かれ、山梨県はしばしば関東に入れられる。1871年に山梨県が置かれてからまったく変更を経験していない珍しい県である。

山梨県の名は県庁所在地の**甲府市**が、西山梨郡に属することから来ている。語源はフルーツの山梨から来るとも、「山をならす」ということだともいう。

甲府城は中央本線の甲府駅のすぐ南側にある。県庁も城山の麓である。リニア新幹線の駅は市中心部より5kmほど南の中央自動車道周辺に設けられる予定だ。柳沢吉保は甲府藩主時代に壮大な黄檗宗の永慶寺を創建して墓所とした。柳沢家の大和国転封のとき柳沢家では甲府に残したかったのだが、幕府が寺領の維持を認めず、郡山に移り、墓は信玄の墓所がある恵林寺に移された。その跡は護國神社になっている。NHK連続テレビ小説『花子とアン』の舞台であり、宝石や印鑑の加工が盛んである。

平成の大合併では、いろいろな案が議論されたが、甲府市と東八代郡中道町と西八代郡上九一色村の北半分が合併した。オウム真理教の施設があった上九一色村では議論がまとまらず、南半分は南都留郡富士河口湖町に分割された。

山梨市は東山梨郡で、中心集落は日下部という。牧丘町、三富村を合併した。武田氏ゆかりの恵林寺がある**塩山市**は、ワインの勝沼町と武田勝頼終焉の地である大和村を合併して**甲州市**になった。ワインのブランド力がものをいった。

教養への扉　方言……「じゃん」は横浜でなく本来は甲州弁らしい。語尾も「ら」や「し」も含めて多彩だが「ぶん殴る」「ひっちゃばく」というように頭に強調のための接頭語をつけたりするので印象はかなりきつい感じである。

　南アルプス市というのは、国粋主義者、というよりアジア主義者の人たちからは評判の悪い名前だが、富士山に次ぐ日本第2の山である南アルプスの白峰三山もあるし、わかりやすくてよい名前だ。中国由来の名前はよくてヨーロッパならダメというのはおかしい。とくに、南アルプスというのは地名としても定着しており、なんら問題はない。

　東八代郡では、温泉地である石和町を中心に、御坂・一宮・八代町、境川・芦川村に加え東山梨郡春日居町が合併して笛吹市になった。信玄堤で知られる川の名前である。
　西八代郡の北部にあたる市川大門・六郷・三珠町は市川三郷町となった。歌舞伎の市川團十郎家はもともとここから出ているとされる。
　山梨県の南西部、身延線の沿線には旧巨摩郡が広がる。南巨摩郡で、盛岡藩南部氏の故郷である南部町は富沢町を合併した。日蓮宗総本山である身延山久遠寺がある身延町は、中富町と西八代郡下部町を合併。郡の中心だった鰍沢町は増穂町と合併して富士川町となり、早川町はそのまま存続した。
　中巨摩郡の西部では、白根・若草・甲西・櫛形町、八田・芦安村が南アルプス市になった。甲斐市は、信玄堤が残る竜王町、昇仙峡がある敷島町に北巨摩郡双葉町が合併して成立した。玉穂・田富町と東八代郡豊富村は中央市になったが、逆に、甲斐市も中央市も、そして甲州市も甲斐国の中心でもなく、ちょっと安易な名前だ。昭和町はそのまま。
　北巨摩郡の中心は武田勝頼が堅固な新府城を築いた韮崎市だが、残りの町村である小淵沢・須玉・高根・長坂・白州町、明野・大泉・武川村が北杜市になった。悪い名前ではないのだが、北海道の北斗市と同じ読みなのは感心しない。
　東部の旧都留郡では、北都留郡上野原町が南都留郡秋山村を合併して上野原市になった。南都留郡の河口湖町は勝山・足和田村に加え西八代郡上九一色村の南部を合併し、富士河口湖町となった（写真）。
　残りの市町村はそのまま存続したが、南都留郡の都留市はリニアモーターカーの実験線がある。中心地区は谷村。道志村は相模川の上流で横浜市の水源涵養林になっているので、50km離れた横浜市との合併構想も話題になったが、横浜市も山梨県もいい顔をしなかった。
　富士吉田市は北口本宮富士浅間神社の門前町で、吉田の火祭は日本の3大奇祭のひとつといわれる。西桂町、忍野村、山中湖村、鳴沢村もそのまま。
　北都留郡では、富士急行の始発駅である大月市が中心。郡役所は市内の猿橋地区にあった。ほかに大菩薩峠がある小菅村、丹波山村もある。

教養への扉　グルメ……ほうとう、吉田うどん、凍み豆腐、煮貝、ブドウ、モモ、スモモ、ワイン、きぬかつぎ。

長野県① （信濃）
上田が県庁所在地候補から外された事件

「信濃の国は十州に　境連ぬる国にして　聳ゆる山はいや高く」に始まり、「一筋に学び
なば　昔の人にや劣るべき　古来山河の秀でたる　国は偉人のある習い」という県歌『信
濃の国』の歌詞は、長野県人の誇りである。

　信濃国は古くは科野と書いた。山国で急な級坂が多いとか、科の木とか強い風に由来す
るといった諸説がある。上田の付近に国府が置かれた。奈良時代の721年から10年ほど諏
訪国が分立されたこともあるが元に戻り、国府は松本付近に移った。

　明治維新後、信濃国内の天領や旗本領が伊那県としてまとめられたが、1870年に2分さ
れて中野県が成立した。ところが、中野で一揆が起こり、県庁が長野に移った。1871年に
信濃国北部全域を管轄する長野県ができ、南部は飛騨国とともに筑摩県をなした。

　1876年に信濃国全体で県とすることになり、松本と長野の中間にあたる上田が候補とさ
れたが、筑摩県庁が放火で焼失し、犯人が上田の人だといわれて長野が漁夫の利を占めた。
県庁を移すことで決着した。

　長野市は善光寺の門前町で、1871年になって長野となった。善光寺本尊は秘仏だが、武
田信玄が甲斐国に、豊臣秀吉が京都に持ち去ったこともある。**上水内郡**だが、複雑に合併
を繰り返してきた。旧篠ノ井市や川中島は更級郡、真田氏10万石（松代藩）の城下町・松
代は埴科郡、旧若穂町は上高井郡である。平成の大合併では、上水内郡豊野・信州新町、
戸隠・鬼無里・中条村、更級郡大岡村と合併した。上水内郡では牟礼・三水村が**飯綱町**と
なった。残りは小林一茶の**信濃町**、小川村。

　更埴市は、歌川広重の『田毎之月』で知られる**埴科郡**の屋代町などと、更級郡稲荷山町
が誕生したとき両郡から1字ずつを取った。平成の大合併では、埴科郡戸倉町、更級郡上山
田町と合併して**千曲市**となった。ベンチャー企業が多い埴科郡の**坂城町**はそのまま。

　上高井郡では、堀氏1万石（須坂藩）の**須坂市**、栗鹿の子が名物の**小布施町**、それに**高山
村**。**下高井郡**では、**中野市**が下水内郡豊田村を合併。志賀高原の中心である**山ノ内町**、**木
島平村**、**野沢温泉村**。**下水内郡**では本多氏2万石の**飯山市**のほか、**栄村**もある。

　北佐久郡の**佐久市**は、内藤氏2万石の岩村田藩があった浅間町を核とした町だった。浅科
村、望月町、幕末に五稜郭に似た城を築いた松平（大給）氏1万石の田野口藩があった南
佐久郡臼田町を合併。**小諸市**は島崎藤村の『小諸なる古城のほとり』という作品で知られ
る牧野氏2万石（小諸藩）の城下町。**軽井沢町**は中山道の宿場だったが、明治の中ごろにイ
ギリス人宣教師によって別荘地として推奨されて発展した。**御代田町**は西軽井沢と通称す
る。**立科町**は中山道の宿場町だった芦田が中心地区。

教養への扉　方言……木曽谷では西日本的だが、佐久は上州の延長だし、長野地方も違う。松本、諏訪、
伊那では「ずら」という言葉をよく使うなど遠州に近い。「ねえ」という語尾をよくつけるのも特徴で
ある。

諏訪湖を源流とする天竜川の渓谷は伊那谷と呼ばれる。ザザムシ（カワゲラ、カゲロウの幼虫）、ハチの子、馬肉などを食用とし、「伊那の悪食」という。

南佐久郡の佐久町は、八千穂村を合併して佐久穂町になった。郡の南部では小海町、川上村、北相木村、南相木村、南牧村がそのまま存続。

小県郡は戦国時代に真田氏の本拠。上田市は松平5万石（上田藩）の城下町で羽田孜元総理の地元。真田・丸子町、武石村を合併した。長和町は、中山道の和田宿があった和田村と長門町が合併。東御市は名力士・雷電為右衛門の出身地である小県郡東部町と北佐久郡北御牧村の合併で誕生。青木村の大法寺三重塔と上田市の安楽寺の八角三重塔が国宝。

諏訪郡には諏訪大社が諏訪市にあり、神官から出た諏訪氏3万石の高島藩があった。岡谷市は製糸工業と精密機械で発展。ほかに茅野市、下諏訪町、富士見町、原村がある。

上伊那郡の中心である伊那市は、内藤氏3万石（高遠藩）の城下町で桜の名所である高遠町と長谷村を合併。駒ヶ根市は氷河地形である千畳敷カールで知られる。飯島町、中川村、中央本線と飯田線の分岐点として賑わった辰野町、箕輪町、南箕輪村、宮田村がある。

下伊那郡の中心は、堀氏2万石（飯田藩）の城下町で、リンゴ並木で知られる飯田市である。上郷町、上村、「霜月祭り」で知られる南信濃村を合併。中央自動車道の長大な恵那山トンネルの入り口にある阿智村は、浪合・清内路村を合併。「祭り街道」を自称する阿南町は伝統芸能に見るべきものが多い。ほかに泰阜村、松川町、高森町、平谷村、根羽村、下條村、売木村、天龍村、喬木村、豊丘村、大鹿村。

木曽郡は1968年までは、西筑摩郡といった。木曽福島町が中心となって、日義・開田・三岳村を合わせて木曽町に。妻籠宿があるのは南木曽町だが、島崎藤村が生まれた馬籠宿のある山口村は、岐阜県中津川市に合併された。ほかに上松町、木祖村、王滝村、大桑村。

東筑摩郡の中心は城の天守閣が国宝である松本市で、戸田氏6万石（松本藩）の城下町。信州大学本部、松本空港、浅間温泉も市内にある。四賀村、波田町をはじめ、南安曇郡で野麦峠のある奈川村、穂高岳、槍ヶ岳、乗鞍岳、上高地を含む安曇村、古い寺社が魅力的な梓川村を合併した。塩尻市は東西の中央本線が合流。奈良井宿がある木曽郡楢川村を合併。坂北・本城・坂井村で筑北村になった。ほかに麻績村、生坂村、山形村、朝日村。

松本から北の犀川左岸に広がるのが南安曇郡で、ワサビの水耕栽培、路傍の道祖神が印象的な土地だ。豊科・穂高町、三郷・堀金村に東筑摩郡明科町まで合併して安曇野市になった。分庁方式が徹底して、市庁は豊科に、議会は堀金にある。

北安曇郡の大町市は、市になる前は大町といった。市町村の町をつけても大町、つけなくても大町だった。美麻・八坂村を合併。ほかに長野オリンピックのジャンプ競技会場となった白馬村、栂池高原がある小谷村、池田町、松川村がある。

教養への扉　グルメ……信州そば、野沢菜、おやき（醤油味の具入り饅頭）、五平餅、小布施の栗きんとん、ハチの子、ザザムシ、イナゴ、馬刺し、リンゴ、市田柿。

福井県① （越前、若狭）
維新のヒーローを多数輩出しながら冷遇された越前藩

「越」の語源については、敦賀の坂を越していくからだとか、アイヌ語で「渡る」といった意味があるとか、越後国古志郡と関係があるとかいわれるが決め手はない。だが、語源がどうであろうとも、京の人々から見れば険しい峠を何度も越え、しかも、雪深い土地であるから、「越」という字が実感に合っていたのであろう。

幕末維新にかけて福井藩は、松平慶永、橋本左内、由利公正など錚々たる人物を勤王方に輩出した。だが、福井の町はひどく冷遇された。1871年に福井県と敦賀県（若狭国、敦賀郡、南条郡、今立郡）に分かれたが、これが1873年に合併して敦賀県となった。それが、1876年には分割されて若狭国と敦賀郡は滋賀県に、残りは石川県となった。だが、福井の人々の熱意で1881年に越前国、若狭国からなる福井県が誕生したのである。

福井市は足羽郡にあって、もとは北の庄といった。「北」が「敗北」に通じるといって、城内の井戸の名を取って福井とした。室町時代の守護は斯波氏だったが、応仁の乱のときに家臣の朝倉氏が守護になった。本拠としたのは、現在は福井市内になっている一乗谷。その滅亡後は柴田勝家が本拠としたが賤ヶ岳の戦いで敗れて滅んだ。

福井藩は徳川家康の次男・結城秀康が城主のときは67万石だったが、だんだん減らされて幕末には松平氏32万石になった。だが、幕末維新の功労が認められて御三家並みの侯爵になった。戦災と直後の地震で壊滅的な打撃を受けたが、復興計画は非常に高く評価されている。美山町と丹生郡清水町、越廼村を合併。

曹洞宗総本山永平寺がある**永平寺町**は、同じ吉田郡の松岡町、上志比村を合併した。人口では松岡が最大だったが、知名度に勝る永平寺を新町名にした珍しい例だ。

土井氏4万石（大野藩）の城下町である**大野市**は、同じ大野郡の和泉村を合併した。小笠原氏2万石（勝山藩）の**勝山市**には、人気が高い「福井県立恐竜博物館」や日本一の越前大仏がある。

「**あわら市**」は、老舗温泉地の坂井郡芦原町と蓮如上人の吉崎御坊があった金津町が合併したもの。郡内で残りの丸岡・三国・坂井・春江町が合併して**坂井市**になった。丸岡には現存12天守閣のひとつがある。継体天皇が本拠としたのは、このあたりのようだ。

丹生郡の朝日・越前・織田町、宮崎村が合併して**越前町**になったが、どうして郡名の丹生町にしなかったか不思議だ。織田町は劔神社があって織田家発祥の地である。

眼鏡の産地である**鯖江市**は、間部氏4万石（鯖江藩）で、幕末に本格築城を許されて天守閣の設計図までできていたが、財政難で断念。同じ**今立郡**の今立町が武生市との合併を選んだので**池田町**ともどもそのまま。

教養への扉　方言……北陸方言は関西弁に近いが、イントネーションがひとつの単語のなかで上下する波打ちが特徴。複雑な上がり下がりでニュアンスを伝えようとする。「おくれ」ということを「おっけ」というのも特徴。「ね」や「の」が語尾につくことも多く、たとえば「はよしね」といえば「早くしろ」という意味。

　紫式部の父である藤原為時が越前守となったとき、23歳の紫式部も同行し、結婚のために帰京するまで1年半を過ごした。北国での生活はこの女流作家にとってつらくもあったようだが、この地方生活の経験が『源氏物語』を豊かなものにしたのはたしかである。

　越前国府があったのは、**南条郡**の武生市と今立郡今立町が合併した**越前市**である。武生は府中とも呼ばれ、賤ヶ岳の戦いのときは、前田利家が城主だった。双方と懇意だが、地理的理由から柴田方についたものの日和見した利家を、柴田勝家も豊臣秀吉も責めることなく、北の庄に逃げ帰る勝家も、それを追う秀吉もこの城に立ち寄って利家を労っている。

　新しい町の名前は少し安直だ。武生のままがいやなら、越前府中市などというのもよかったのでないか。紫式部や前田利家の思い出も生きようというものだ。

　南条郡の残りの町村である南条・今庄町、河野村は**南越前町**になったが、これは、敦賀など嶺南地方ならともかく福井県の真ん中にふさわしくない。

　仲哀天皇の気比宮があった**敦賀市**は敦賀郡そのもので、郊外に小浜藩酒井家の分家1万石（敦賀藩）があった。もともと角鹿といった。『日本書紀』の崇神天皇の項に、任那の王子であるツヌガアラシトが来着し、その王子の額に角のようなものができていたので人々は「角額の人」といい、都奴賀とも書き、さらに転じて角鹿と書くようになったという。20世紀のはじめは日本で最も世界に知られた町のひとつだった。

　松尾芭蕉もこの名を美しいと感じたらしく、「ふるき名の角鹿や恋し秋の月」という一句を残している。

　若狭国の語源は、狭い土地に分かれているとか、若い男女に由来するとか、さまざまで定説はない。**三方郡**の三方町と遠敷郡上中町が合併して**若狭町**になって**三方上中郡**を新設するが、**美浜町**はそのまま三方郡を名乗るというユニークな解決をした。三方と上中の名も残るし、伝統的な郡をまたがっている以上はこういう解決もあるという意味では好ましそうであるが、新町名が若狭町というのは安易すぎる。

　小浜市は酒井氏10万石の城下町。京都所司代をしばしば務め、二条城に隣接する藩邸は、一橋慶喜の京屋敷としても使われて幕末維新史の舞台となった。このあたりは、遠敷郡といい、難読地名のひとつである。水銀の産地だというので、「小丹生」と呼ばれていたらしいが、それがどうしてか「遠敷」の字に変わった。

　大飯郡の**高浜町**と大飯郡はそれぞれ原子力発電所が立地しているが、大飯町のほうは遠敷郡名田庄村と合併して「**おおい町**」になったが、あまりピンと来ない名前だ。

教養への扉　グルメ……越前ガニ、柳鰈の一夜干し、小鯛の笹漬け、塩サバなど若狭の海産物、越前そば、福井の羽二重餅、敦賀の蒲鉾。

石川県① （加賀、能登）
金沢はかつて名古屋や仙台をしのぐ大都市だった

　加賀国ができた経緯は次項で紹介する。中世には『勧進帳』でおなじみの富樫氏が守護を務めた。一向宗の勢力が強く、守護を追われて「百姓の持ちたる国」になった。織田信長は佐久間盛政を封じたが、賤ヶ岳の戦いのあとは前田利家に与えられた。

　江戸時代には、一族の富山藩、大聖寺藩と合わせて加賀国、能登国、越中国を支配し、加賀百万石といわれた。家臣には尾張国出身者が多く、なかには、斯波氏も津川氏と名を変えて加賀藩士になった（明治になって斯波氏に復姓して男爵になった）。豪華で派手好みなのは、尾張人の気質を引き継いでいるからである、

　このほか、近江国高島郡の海津港や今津も飛び地。上野国の七日市藩も一族。金沢は江戸時代に人口が10万人ほどもあり、江戸、大坂、京都を別にすれば、名古屋と肩を並べる大都市だった。ところが、明治になって冷遇されて、主要都市としての地位を失った。

　朝敵の筆頭に近かった仙台が明治になって厚遇されたのと対照的で、根本は北陸ブロックの人口規模が小さかったことと、東京中心の国土構造のなかでは、交通も東京から放射線状に進められることになり、日本海側各県が分断されてしまったことが大きい。

　それに、金沢が丘陵地帯にあって海から遠く、しかも、加賀国の海岸線は砂浜で近くに良港がなかったことも不利だった。旧制四高や医科大学は設けられ、高等師範も滑り込みでできたが、帝国大学にはついになれなかった。

　その金沢大学のキャンパスは近年まで金沢城趾にあったが移転して、城跡の復元が進んでいるし、城下町や兼六園は美しく、城下町としての魅力は十分で、駅前の鼓の形をしたモニュメントや21世紀美術館は外国人観光客には人気。

　1871年の第1次府県統合では、加賀国が金沢県、能登国と越中国北西部が七尾県だった。金沢県は県庁が一時期、美川に移ったのを機に郡名を取って石川県となり、1872年には加賀国と能登国で石川県になり、県庁も金沢に戻った。1876年には新川県（越中国）を併せ、さらに、越前国北部も取り込んで全国最大の県になった。だが、1881年には福井県が、1883年には富山県が分離して現在の石川県になった（金沢も石川県に属する）。県庁は城跡の一部にあったが、海岸寄りの郊外に移転した。

　石川は石が多い川ということであろうか。**金沢市**は、砂金を産することと関係するともいう。前田利家の時代には城を金沢といい、町は尾山だったともいうが、やがて、金沢に統一された。ただし、加賀藩と通称されている。

　白山市は、宿場町の松任市、1872〜1873年に石川県庁が置かれた美川町、人気の地酒「菊姫」の鶴来町、河内・吉野谷・鳥越・尾口・白峰村からなり、日本3名山のひとつ白山にちなんで命名された。加賀国守護・富樫氏の館があった**野々市市**だけは独自路線。

教養への扉　方言……波打ちアクセントは福井と同様。「のだ」という言葉が「がや」になるが最近では「げん」ともいう。「食べるがや」「食べるげん」など。「はしっとるじー」といったように関西弁で「で」というのを「じー」にすることもある。全般的に濁音が多い。

　加賀国、能登国の2国からなるが、いずれも越前国から分かれたものである。早かったのは能登国のほうで奈良時代の718年に置かれたが、加賀国は遅れて平安時代の823年である。加賀国の語源は明らかでないが、「輝く」とか「鏡」とか、開けた明るい土地だということに関係する説が多い。

　能登国の語源は諸説あるが、「登」は「門」が転化したもので、半島であり良港もあることにちなむのでないかというのも有力説である。過疎が進むが観光地としての人気は上昇中。

　中心都市は鹿島郡の七尾市である。室町時代には畠山氏分家が守護で、前田利家の次男・利政が城主だったが、関ヶ原の戦いで西軍寄りの行動を取って金沢藩に吸収された。幕末には開港するという案も立てられたが、幻に終わった。田鶴浜・中島・能登島町を合併。鹿島・鳥屋・鹿西町は合併して中能登町になった。

　能登国の入り口である羽咋郡の中心は羽咋市。志雄町は押水町と合併して宝達志水町に、原子力発電所がある志賀町は、能登金剛の海岸がある富来町を合併した。

　奥能登では平成の大合併で鳳至郡および珠洲郡が廃止となり、鳳珠郡となった珍しいケースだ。横浜の鶴見にある曹洞宗本山総持寺が明治時代まで旧鳳至郡門前町にあったが、漆器で有名な輪島市に合併された。輪島市内に棚田が美しい白米千枚田、能登空港もある。海女の島である舳倉島は50kmの沖合にある。鳳至郡能都町、柳田村と珠洲郡内浦町は能登町になり、穴水町はそのまま。

　珠洲郡の珠洲市は「平氏に非ざるは皆人非人」と豪語した平時忠が流されたところ。郡名をそのまま市名にした。飯田が中心集落だ。

　加賀国に戻って、能美郡の小松市も加賀藩領だが、一国一城令の例外として城があった。建設機械の小松製作所の創業地。「安宅の関跡」や空港もここだ。石川県だけでなく福井県の空港も兼ねる。大リーグ松井秀喜選手や森喜朗元総理の故郷である根上町と、寺井・辰口町は合併して能美市となった。ほかに川北町がある。

　江沼郡には大聖寺、片山津、山代、山中といった有名温泉があるが、昭和の大合併で加賀市となった。加賀藩分家である大聖寺藩10万石の城下町でもある。山中町は平成の大合併で参加した。

　「かほく市」は河北潟がある河北郡の高松・七塚・宇ノ気町が合併したもの。米軍試射場反対闘争があった内灘町、倶利伽羅峠があって郡役所も置かれた津幡町はそのまま（写真は石川県を象徴する金沢城）。

教養への扉　グルメ……治部煮、ゴリ料理、にらみ鯛、香箱ガニ、いしる（イカの内臓を使った魚醤の一種）の貝焼き、森八の長生殿など和菓子、能登のアイスクリーム。

富山県① (越中)
県全体が加賀藩とその分家の領地だった

　江戸時代には、県域のほとんどは加賀藩の領地で、富山付近の10万石分だけが分家の富山藩だった。加賀領の中心地は国府があったこともある高岡市である。

　1871年には、魚津市を県庁にした新川県があり、旧射水郡（のちに氷見郡と射水郡に分割）だけは七尾県に含まれていた。翌年、いったん射水郡も新川県に入り、その翌年には県庁は富山に移ったのだが、1876年には石川県に編入されていたのである。

　「川でなく滝だ」と常願寺川を見て叫んだのは、明治時代のお雇い外国人で土木技師のヨハネス・デ・レーケだったが、越中国の川がいずれも急流で暴れ川ぞろいであることが、富山県の再置に結実した。

　道路や公共建築の整備を優先したい加賀国と、治水対策を急げという越中国の意見が合わずに、1883年に分県されたのである。

　富山の語源は鳥取山（射水市）だとか、藤居山富山寺があったからとか諸説あるが、よくわからない。戦国時代には守護だった畠山氏の守護代の神保氏、次いで信長の家臣である佐々成政が城主で、江戸時代になって前田利長の隠居城とされたが、火事で焼けて沙汰やみになり、3代目の利常の子の利次が富山藩を建てた。

　当時は、神通川が城の横を流れていて、現在の県庁がある場所は河川敷だった。富山市八尾の「おわら風の盆」はいまや大人気のお祭りだ。鱒寿司も名物。路面電車・ライトレールも都市交通の新基軸としてよく知られる。

　富山市は上新川郡に属し、平成の大合併では、大沢野・大山町、さらに婦負郡八尾町、イタイイタイ病で知られる婦中町、山田・細入村と合併した。

　立山から黒部ダムにかけては、アジア各国でも人気の観光地だが、このあたり一帯は**中新川郡**の立山町である。郡の中心はホタルイカが名物の**滑川市**。ほかに**上市町**、**舟橋村**だが、平成の大合併では動きがなかった。

　新潟県境の下新川郡では、YKKグループが発祥した**黒部市**に、温泉地の宇奈月町が合併された。**魚津市**は蜃気楼で知られる。海洋深層水で売り出し中の**入善町**は当て字らしいが、地域のイメージにふさわしいいい名前だ。ほかに江戸から加賀藩領への入り口の関所があった**朝日町**。

　氷見郡だった**氷見市**の、雨晴海岸からの海越しの立山連峰は絶景として知られる。2月ごろがいいらしい。氷見の語源は「火見」だが、火事を嫌って変えたという。うどんも名物だ。

教養への扉　方言……西日本と東日本の言語的な境界にあり、県内でも東部と西部でかなり明確な差がある。東部の言葉は関西人から見ると関東弁にしては柔らかくて聞きやすい印象。「いやあ」といった感じで物事を穏やかに否定する「なぁあん」という言葉は特徴的。「られ」とか「れ」という語尾も多く「こっちに来られ」などと使う。

　万葉歌人・大伴家持が国司として赴任した越中国府は、射水郡の高岡市にあった。ここに限らず、北陸の国府は、いずれも京都に近いところにある。越前国は武生（現・越前市）、加賀国は場所が特定できないが能美郡（小松周辺）、能登国は七尾市あたり、越後国は上越市である。

　「コシヒカリ」というと新潟のイメージが強いが、実は福井生まれである。現代人、とくに東京の人にとっては、「越」というと新潟のイメージが強いが、歴史的には越前国から開発は進んでいったのである。

　慶長年間（1596〜1615年）の石高を見ても、越後国が39万石に対して越前国は50万石だった。加賀国は36万石、能登国は21万石、越中国が38万石である。越後国が米どころになったのは、天下統一以降に濃尾出身で土木技術に優れた領主が入って暴れ川を制し、低湿地から排水して沃野に変えてからのことである。

　前田利家の長男・利長は高岡城に隠居したが、豊臣と徳川の板挟みになり、家を守るために自殺したともいわれる。利長は秀頼の傅役だったにもかかわらず職場放棄して家康に屈服したものの、豊臣を滅ぼすのに加担するわけにもいかなかったのである。

　高岡市は銅器づくりで知られる。また、曹洞宗の瑞龍寺は利長の菩提寺であり、山門、仏殿、法堂が国宝に指定されて、江戸期の仏教建築として代表的なものである。西礪波郡福岡町を合併した。ここには「福岡駅」があって、インターネットの旅程案内などで博多駅と間違って福岡と打ち込むとこちらが出てしまうことで知る人ぞ知る。

　戦国時代に将軍・足利義稙が身を寄せたこともある放生津城がある新湊市に、巨人軍の創設者・正力松太郎の出身地である大門町、小杉・大島町、下村が合併して、郡の名前を取って**射水市**になった。

　木曽義仲が平家の大軍を破った倶利伽羅峠がある**小矢部市**は、西礪波郡にあり、戦後の合併で石動町などが合併して成立した。

　東礪波郡では散村で有名な**砺波市**が庄川町を合併した。中心地区は出町というところで郡役所もあった。**南砺市**は、浄土真宗の名刹・善徳寺がある城端町、東本願寺別院瑞泉寺があって欄間造でも知られる井波町、世界文化遺産の合掌造の家が多い平村と上平村、世界演劇祭が話題を呼んだ利賀村、それに福野町、井口村、西礪波郡福光町からなる。

教養への扉　グルメ……ブリ大根、鱒寿司、イカの黒づくり、ホタルイカ、シラエビ、氷見うどん、飾り蒲鉾、スイカ。

新潟県① (越後、佐渡)

新潟、長岡、村上を開いた名君・堀直寄

　新潟県は越後国と佐渡国からなる。1871年には新潟（北部）、柏崎（南部）、相川（佐渡島）の3県に分かれていた。それが1873年に柏崎県が新潟県に入り、1876年には相川県も合流した。ただし、東蒲原郡は会津領だったこともあり、1886年までは福島県だった。

　新潟市は江戸初期の長岡藩主だった堀直寄という名君が開いた港町だが、江戸後期になって、重要港湾として幕府領になった。県庁所在地は城下町とともに天領の重要都市をあてた例が多かったし、佐渡国を県域に入れる以上は、新潟がいちばん都合よかった。

　戊辰戦争で負けたので長岡に県庁がないわけではない。越後国の諸藩では、高田、新発田、村上に次ぐ第4位の藩にすぎないし、長岡が交通の要衝になったのは、昭和になって上越線が開通してからである。この長岡城と城下町の創始者も堀直寄だが、直寄はまた村上城の中興の祖でもある。

　「潟」という字は、砂洲の内側にある湖沼で海とも通じているものを意味し、新潟周辺の地形から来ている。新潟市はもともと西蒲原郡だが、政令指定都市を目指して西蒲原郡から牧野氏分家1万石の三根山藩があった巻町をはじめ黒埼・西川町、岩室・味方・潟東・中之口・月潟村、中蒲原郡からかつて油田で栄えた新津市、大凧合戦で知られる白根市、小須戸・横越・亀田町、それに北蒲原郡から福島潟がある豊栄市との大合併を実現した。2007年に政令指定都市となって北、東、中央、江南、秋葉、南、西、西蒲区を設置した。

　西蒲原郡で輸出用洋食器の世界的な産地である燕は、分水・吉田町を合併。分水町は地蔵堂町とその周辺が昭和の大合併をしたとき、明治時代に信濃川放水路を掘削する大工事が行われたことを記念して命名した。弥彦村には越後国一宮弥彦神社がある。

　中蒲原郡ではニット製品などの五泉市が堀氏3万石の村松藩があった村松町を合併した。

　北蒲原郡では新発田市が豊浦・紫雲寺町、加治川村を合併したが、新潟東港がある聖籠町はそのまま。溝口氏10万石の新発田藩と柳沢氏1万石の三日市藩があった。阿賀野市は安田・水原町、京ヶ瀬・笹神村の4町村が合併したもの。中条町と黒川村が合併して両町を流れる川の名前を取って胎内市になった。柳沢氏1万石（黒川藩）があった。

　南蒲原郡の三条市は栄町、下田村を合併した。中世からこの地方の中心都市として栄え、法華宗総本山本成寺や、東西両本願寺の別院がある。桐箪笥の大産地である加茂市と繊維の町である見附市、それに田上町はそのまま。

　東蒲原郡は会津藩領で、1886年まで福島県だった。津川・鹿瀬町、三川・上川村の郡内4町村が阿賀町となった。新潟水俣病を引き起こした昭和電工工場がある阿賀野川を挟んで東は会津や庄内に連なる東北弁だが、そのほかは富山などとも共通した。

教養への扉　方言……関東言葉の柔らかで情がこもった変形。「これいいろー」といったように「ろー」がついたり、「そいがー」「なにんがー」など「がー」がつくことが多い。「いかがですか」を「なじらね」というのが耳に残る。スピーチの最初に「ごめんください」というのが習慣。

新潟県② （越後、佐渡）
上杉謙信の春日山城があった頸城地方がかつての中心

魚沼地方は、コシヒカリのブランド米で知られる。「国境の長いトンネルを抜けると雪国であった」の書き出しで知られる川端康成の小説『雪国』の舞台である湯沢温泉もここにある。

雅子皇后陛下の実家・小和田家は内藤氏5万石の岩船郡の村上藩士だった。村上市は荒川・山北町、朝日・神林村を合併。関川村と沖合の粟島浦村は合併しなかった。

古志郡の長岡市には牧野氏7万石の長岡藩があった。戊辰戦争で落城し、「米百俵」のエピソードの舞台となった。だが、鉄道のおかげで交通の要地となり、田中角栄の政治力で発展してきた。上杉謙信が少年期を過ごした栃尾市のほか、新潟県中越地震で全村避難して話題になった山古志村、南蒲原郡中之島町、三島郡は直江兼続の本拠地で、井伊家2万石（与板藩）の与板町、「魚のアメ横」寺泊町、良寛が晩年を過ごした和島村、越路・三島町、刈羽郡小国町、北魚沼郡川口町を合併した。出雲崎町は独立を守った。

北魚沼郡では小千谷市は小千谷縮やへぎそばで知られるが、新潟県中越地震で大きな被害を受けた。堀之内・小出町、湯之谷・広神・守門・入広瀬村が合併して魚沼市になった。

南魚沼郡では、湯沢町以外が合併して南魚沼市になった。郡役所があった六日町、上越新幹線の浦佐駅がある大和町、塩沢町があった。

中魚沼郡では、津南町だけが単独で残り、十日町市に川西町、中里村、さらには東頸城郡松代・松之山町が合流した。中クラス以上の町のなかでは雪の降ることで日本一。

刈羽郡の柏崎市は桑名藩の飛び地で、藩主・松平定敬が逃げ込んできた。原発が立地し、北朝鮮による拉致事件の蓮池夫妻の住まいがある。田中角栄の実家は二田村、西山町を経て高柳町とともに柏崎市に合併された。刈羽村は原発の交付金で豊かで合併に参加せず。

中頸城郡の上越市は、榊原氏15万石の城下町で雪が深い高田と日本海に面した直江津が1971年に合併してできた町。平成の大合併では郡内の柿崎・大潟・吉川・板倉町、頸城・中郷・清里・三和村、それに東頸城郡安塚町、浦川原・大島・牧村、西頸城郡名立町を合併した。妙高市は新井市、妙高高原町、妙高村が合併したもの。

西頸城郡の糸魚川市は、青海・能生町を合併。日本列島が東西からぶつかり合うフォッサマグナの起点で地盤は不安定で、街道を行く旅人を悩ませた親不知の難所もある。

佐渡国は3郡だったが、明治時代に佐渡郡となり、平成の大合併では両津市、相川・金井・畑野・佐和田・真野・小木・羽茂町、新穂・赤泊村の10市町村が合併して佐渡市となった。佐渡国の語源は不明。相川の金山が栄え、現在でも県の出先機関はここにある。流人の島がゆえに文化が発達した。両津は明治になって新潟と連絡船で結ばれて発展した。

教養への扉　グルメ……のっぺ汁、わっぱめし、小千谷のへぎそば、魚沼のコシヒカリ、笹団子、どんびこ煮（サケの心臓）。

岡山県①（備前、備中、美作）
古代吉備国の痕跡を色濃く残す地域

神武天皇は大和に移る前に、吉備にあって力を蓄えられたと『日本書紀』は記している。神話としてではなく歴史書だと思って読めば、日向を出られたときにはさほど家来もついていなかったものが、吉備で武装集団としての基盤を固めて、畿内に攻め上ったことを意味しているように思える。

これがどれほどの史実を背後に持っているかは不明だが、古代にあって吉備が最も発展した地方のひとつであり、巨大な前方後円墳なども多いし、天皇の後宮に吉備の姫君たちが進出していた。しかし、律令制のもとでは、吉備は備前国、備中国、備後国に3分割され、8世紀には美作国が備前国から分離されている。

それでも互いの結びつきが強いのは、それぞれの一宮が、備中国が岡山市西部の中山の麓にある吉備津神社。備前国が同じ山の反対にある吉備津彦神社。備後国が広島県福山市内の吉備津神社。美作国は津山市にあるが中山神社であることでもわかる。そのなかでも、備中国の吉備津神社は、足利義満によって寄進された本殿が国宝だ。

吉備の意味は、作物の「黍」で、キビ団子が特産品だ。河内国や大和国と同じように郡の区分は細かかったが、ここでは明治になってからの郡で説明する。

第1次府県統合（1871年）では、備前国が岡山県、美作国が北条県、備中国に備後国福山周辺を加えて深津（のちに小田）県だったが、1876年には現在の形になった。

岡山市の中心部は旧御野郡で、旧津高郡と合併して御津郡。宇喜多氏によって備前国の中心となり、小早川秀秋を経て池田氏32万石（岡山藩）となった。岡山の名は、現在の城地を柴津岡山と呼んでいたことによる。戦後、岡山市ははだか祭りの西大寺市などを合併した。その地域は上道郡、児島郡、備中国吉備郡で、水攻めで有名な高松城（岡山市北区）、木下氏3万石の足守藩や板倉氏2万石の庭瀬藩領などにまで及んだ。平成でも御津郡御津・建部町、赤磐郡瀬戸町、児島郡灘崎町を合併。瀬戸町の旧名は物理で郡役所があった。2009年に政令指定都市となって**北、中、東、南区**を設置。

吉備中央町は、御津郡加茂川町と備中国上房郡賀陽町が合併。このために**加賀郡**が新設された。吉備高原都市の中心だ。

赤磐郡熊山・吉井・山陽・赤坂町が合併して**赤磐市**になった。

邑久郡ではハンセン病の施設で話題になった長島がある邑久町、江戸時代の重要港だった牛窓町、名刀・備前長船の長船町が合併して**瀬戸内市**となった。

和気郡では**和気町**が佐伯町を合併した。和気清麻呂の出身地。備前焼で知られる**備前市**には、池田光政が領民教化のためにつくった国宝の閑谷黌もある。日生・吉永町と合併。

宇高連絡船の宇野港が1910年から1988年まで親しまれた**玉野市**は児島郡。

教養への扉 方言……岡山弁は、母音を伸ばすことが多く「山」は「やまぁ」、「偉い」は「えれぇ」となる。「ト抜け」も特徴で「行こぉ思ぉた」とは「行こうと思った」。漫画家のいしいひさいちも岡山出身だが、明るい意地悪や現金な発想もアクセントも岡山系大阪人ならでは。

岡山県② （備前、備中、美作）
美作国勝山藩の中級武士から成り上がった鳩山家

　大原美術館（写真）で知られる倉敷市の中心部は備中国都窪郡で幕府の代官所がある商業都市だった。戦後、山陽新幹線の新倉敷駅がある浅口郡の玉島市、学生服の産地だった備前国児島郡の児島市（中心地区は味野）などを合併。水島のコンビナートを丘の上から見た風景は壮観。

　その倉敷市は、平成になって浅口郡船穂町と奈良時代の吉備真備の出身地である吉備郡真備町を併せた。池田氏2万石の岡山新田藩と伊東氏1万石の岡田藩も倉敷市内である。都窪郡の早島町は岡山市と倉敷市に囲まれている。

　浅口郡で金光教の本部がある金光町と国立天文台岡山天体物理観測所がある鴨方町、それに寄島町は浅口市になった。池田家分家3万石の鴨方藩。里庄町はそのまま。

　吉備郡の総社市は橋本龍太郎元総理の出身地。蒔田氏1万石の浅尾藩があった。都窪郡山手・清音村を合併。小田郡の笠岡市は幕府領で、深津県の県庁所在地だった。矢掛町には重要文化財の本陣と脇本陣が残る。デニムの産地として知られる後月郡の井原市は、芳井町と小田郡美星町を合併した。

　上房郡の高梁市に板倉氏5万石の松山藩があった。明治になって改称させられた。幕末の家老で陽明学者の山田方谷が有名だ。有漢町と川上郡で銅屋根の町並みが残り、横溝正史の『八つ墓村』のロケ地としても知られる成羽町、川上・備中町を合併した。

　阿哲郡では東西南北から鉄道が集まる新見市が大佐・神郷・哲西・哲多町を合併した。

　美作国の「作」は、坂、酒、境などの説があるが不明である。平安時代あたりから中世にあって荘園が多く営まれ、法然上人も出ている。

　苫田郡の津山市は、松平氏10万石（津山藩）の城下町。結城秀康の長男で菊池寛の小説で乱行を描かれた忠直の系統で、越前家の本家はこちらと主張する。平沼騏一郎元総理の出身地。加茂町、阿波村、勝田郡勝北町、久米郡久米町を合併した。郡西部の鏡野町は奥津町、富村、それにウラン鉱で知られる人形峠がある上齋原村を合併した。

　勝山町は真庭郡に属すが、郡内の落合・湯原・久世町、美甘・川上・八束・中和村、上房郡北房町と真庭市になった。蒜山高原が広がる。新庄村は存続。鳩山家は三浦氏2万石の美作国勝山藩の中級武士から成り上がった。

　東部の英田郡美作・作東・英田・大原町、東粟倉村が勝田郡勝田町とともに美作市となった。林野（旧名・倉敷）地区に郡役所があった。宮本武蔵の故郷の候補。西粟倉村は存続。

　勝田郡の勝央町（中心地区は勝間田）には中核工業団地がある。奈義町あたりの自衛隊の演習地は日本原という。法然上人の生地は久米郡の久米南町の旧誕生寺村。旭・中央・柵原町は美咲町となった。中心集落は亀甲という楽しい名前だ。

教養への扉　グルメ……吉備団子、マスカット、清水白桃、祭り寿司、ママカリ、フナめし、蒜山の乳製品。

広島県① (安芸、備後)

日清戦争時に「臨時首都」となり明治天皇も遷座

　広島城は、聚楽第を真似た平城で、城そのものは防御性は高くない。しかし、南側の瀬戸内海以外は山に囲まれた三角形の市街地全体では要害の地だったが、原爆の効果を実証する格好の実験場になってしまった。戦後に市の西側に巨大な放水路が設けられ、水害は減った。堀に蓮が生い茂って鯉が棲んでいたので鯉城といわれた。広島カープの語源。

　第1次府県統合（1871年）では、広島藩の領域が尊重され、安芸国に備後国のうち深津県となった福山周辺以外が加わった形で広島県だった。だが1876年には福山も一緒になった。

　安芸国の語源は不明である。広島は地形から来たものとか、毛利氏の祖である大江広元と関連するともいわれる。

　原爆で失われた天守閣などが復元されているが、ビルの谷間になって迫力がないのが残念だ。長期的に修景を考えるべきだ。藩主別邸の縮景園も美しく整備され、外国人観光客へのアンケートで高く評価されている。平和都市として世界に知られ、アメリカもバラク・オバマ大統領の訪問でひと区切りをつけた格好。

　広島市は明治以降は安佐郡だが、それ以前は旧沼田郡だった。ほかの多くの県のように、都市名でなく郡名を採用すれば沼田県だった。この地域では、国府もマツダ本社がある府中町にあり、安芸国の中心だったが、安芸国を統一した毛利氏は本拠の吉田にとどまった。だが、毛利輝元は太田川の三角州に築城して移転し、関ヶ原の戦いのあとは、福島正則、次いで浅野氏が来て広島藩は43万石の富強な藩として栄えた。

　日清戦争時には大本営が置かれ、明治天皇もここに移られ、国会も広島で開催された。

　市内の中心部である**中、南、西区**、北部の**安佐北、安佐南区**は安佐郡だが、**東、安芸区**は安芸郡、**佐伯区**は佐伯郡である。平成の大合併では佐伯郡湯来町を併せた。

　佐伯郡では、「けん玉」の産地である**廿日市市**が、世界文化遺産の厳島神社がある宮島町、佐伯・大野町、吉和村を合併した。**大竹市**は山口県との県境にある紙パルプの町。

　山県郡は太田川上流で、三段峡がある戸河内町、郡役所があった加計町、筒賀村が合併して**安芸太田町**に。中国自動車道と広島・浜田を結ぶ高速道路が交差する千代田町に芸北・豊平・大朝町が合併して**北広島町**に。北海道に北広島市があるので紛らわしい。

　毛利氏の本拠・郡山城は高田郡吉田町で、広島藩分家3万石の吉田（広島新田）藩もここにあった。郡内の八千代・美土里・高宮・向原・甲田町と合併して**安芸高田市**となった。芸北神楽という伝統芸能が盛んなところだ。

教養への扉　方言……語尾の「のう」「じゃけん」「がんす」などが方言の特徴。相手のことを「われぇ」というのはヤクザ映画でもおなじみ。

広島県② （安芸、備後）

軍の街、造船の街、製鉄の街が瀬戸内に立ち並ぶ

　全国で同じ名前の「市」は、現在2組ある。ひとつは2006年に福島県伊達市が成立して北海道伊達市と同じ名前になったものだ。それ以前には、いずれも1954年に市制を敷いた東京と広島の府中市があるだけだった。一方、広島県には安芸国の府中町がある。

　安芸郡では、マツダの本社があるので周囲を広島市に囲まれても合併しない**府中町**をはじめ、筆の産地である**熊野町**、**坂町**、**海田町**も存続。海軍の鎮守府があった**呉市**は平清盛によって開かれた音戸の瀬戸がある音戸町、下蒲刈・倉橋・蒲刈町と豊田郡安浦・豊浜・川尻・豊町を合併した。「戦艦大和」の10分の1模型を展示した「大和ミュージアム」が大人気。海軍兵学校があった江田島町は佐伯郡能美・沖美・大柿町と合併して**江田島市**になった。

　東広島市の中心部は西条だが、1974年に広島大学の移転を機にした合併で東広島市を名乗った。「賀茂鶴」という銘酒が知られるのでわかるとおり賀茂郡である。平成の大合併では黒瀬・河内・福富・豊栄町に加え豊田郡安芸津町も合併した。

　豊田郡は瀬戸内の沿岸と島々。小早川隆景の本拠で江戸時代には広島藩家老の居城だった**三原市**は、広島空港がある本郷町、賀茂郡大和町、御調郡久井町と合併した。**竹原市**が戦後合併した忠海は池田勇人元総理の出身地で郡役所もあった。**大崎上島町**は東野・大崎・木江町が合併したもの。

　備後国では、大林宣彦の映画でおなじみの坂の町である**尾道市**は御調郡。古利・浄土寺があり、「しまなみ海道」で今治と結ばれる。御調・向島町、日立造船の工場で栄えた因島市、西の日光・耕三寺もある安芸国豊田郡瀬戸田町も合併した。レモンの産地だ。

　阿部氏11万石の城下町で、NKKの製鉄所がある**福山市**の中心部は深安郡だが、明治までは旧深津郡。深津県の県庁が置かれる予定だったが笠岡となった。下駄が特産の旧松永市など沼隈郡のすべてと芦品郡のかなりの部分も戦後に合併した。平成になって深安郡神辺町、備後国一宮吉備津神社がある芦品郡新市町と沼隈郡内海・沼隈町を合併した。芦品郡で備後国府があった**府中市**は、甲奴郡上下町を編入した。

　世羅郡は高野山の大田庄があったが、甲山・世羅・世羅西町が合併して**世羅町**となった。

　江の川流域で島根県との関係も深い双三郡では三次市、三和・吉舎・三良坂町、布野・君田・作木村に甲奴郡甲奴町が合併して**三次市**になった。吉舎はかつて後鳥羽上皇が通ったとき、「吉き舎りかな」と詠んだことに由来し、日彰館高校は名門。三次には一時期だが広島藩支藩があり、浅野内匠頭の夫人の実家だった。

　亀井静香の地元である比婆郡では、**庄原市**に、西城・東城・口和・高野・比和町と甲奴郡総領町が加わった。

　神石郡は帝釈峡で知られる。油木・神石・三和町、豊松村が合併して、**神石高原町**になった。

教養への扉　グルメ……牡蠣、瀬戸内の小魚、お好み焼き、宮島のアナゴ飯と紅葉饅頭、広島菜（麹、昆布、唐辛子で漬ける）。

山口県① （周防、長門）

長州藩が藩庁を萩城に置き、のちに山口に移した理由

　山口県には山陽新幹線の駅が最初から4つもあった。新岩国、徳山、小郡、新下関だが、県庁に行くには、小郡駅で降りてローカル線に乗り換えになり、県庁移転論も盛んだった。しかし、平成の大合併で吉敷郡小郡・阿知須・秋穂町、佐波郡徳地町が山口市に合併され、新幹線の駅も「新山口」と改名されて、のぞみ号も停まるようになった。のちに厚狭駅も開業した。

　山口県は周防国と長門国からなり、防長と総称される。第1次府県統合（1871年）からまったく変更なしである。周防国の語源は諸説あるが不明だ。佐波郡の防府市はその国府があったところ。明治になってから毛利家の屋敷は萩や山口でなく交通便利なここに移り、現在は毛利博物館になって雪舟の国宝『四季山水図』が所蔵されている。

　その周防国府の官吏からのし上がったのが、大内氏である。その祖先は百済王家で多々良を姓とした。室町時代に李氏朝鮮に半島の父祖の地をよこせと申し出たこともある。本拠地である吉敷郡の山口市は「西の京」といわれ、応仁の乱を避けた貴族や文化人が多く引っ越してきたが、雪舟もそのひとりだった。瑠璃光寺五重塔が大内時代を偲ばせる。ザビエルもここにやってきた。

　名前の由来は「山の縁」らしい。毛利氏が防長2国に押し込められたときには、防府市の三田尻を第1候補にしたが、地盤が悪いというので、萩、長府、岩国の3城で国境を守り、山口を儀礼的な場所にということにしたが、一国一城令で、萩に機能を集中した。

　ただ、江戸後期になると三田尻も比重を高め、さらに、藩内改革派は山口への政庁移転を推進し、幕末には本当に移って萩城は廃城になった。いまの県庁は山口城をそのまま使っている。平成の大合併では上記のほかに阿武郡阿東町も合併した。

　新幹線の車窓から夜景が美しい石油コンビナートが周南市である。毛利分家4万石（徳山藩）の陣屋があった都濃郡の徳山市、新南陽市、鹿野町、それに熊毛郡熊毛町が合併した。都濃郡でも日立製作所の鉄道車両工場がある下松市は合併に加わらなかった。

　熊毛郡の田布施町には岸信介、佐藤栄作兄弟の生家がある。江戸時代には上関町にも栄えた港があった。伊藤博文の出身地である光市は大和町と合併した。戦前に海軍工廠が置かれたとき、呉のような1字だけの名前にできないかとされた。ほかに平生町。

　長州戦争で高杉晋作が闇に紛れて幕府軍を殲滅した大島郡の大島は、久賀・大島・東和・橘町に分かれていたが、合併して周防大島町となった。

教養への扉　方言……「じょる」「ございます」「ありますと」を語尾につけると山口らしくなる。名字では山根、広中も独特だが河村さんも多い。

山口県② (周防、長門)

日本最初の市のひとつ「赤間関市」とは

　下関市はかつて赤間関市といった。最初に市制を敷いた全国31市のひとつだ。「ワカメ」に由来するらしいが、「赤馬関」と書かれることもあり、略して「馬関」という呼び方もあった。日清戦争の講和条約が当地の旅館・春帆楼で調印されたころは、まだ赤間関市時代だったので、条約も馬関条約と呼ばれたし、中国ではいまもそういっている。

　下関市は、戦前は釜山と鉄道連絡船で結ばれ、文字通り日本の西の玄関だった。郊外の長府は長門国府があり、長州藩の支藩のミニ城下町でもあった。乃木希典は長府藩士出身。高杉晋作の決起で知られる功山寺もここにある。仲哀天皇と神功皇后が合流した行宮・豊浦宮もここの忌宮神社がその跡だ。

　平成の大合併で豊浦郡菊川・豊田・豊浦・豊北町も下関市に合併された。長府藩のそのまた分家が清末藩1万石で、下関市内の主要部のかなりを領地にしていた。

　平成になって**長門市**と三隅・日置・油谷町の大津郡の全市町村が合併した。中心集落・仙崎の蒲鉾もここの名物である。安倍晋三の地元は旧日置町である

　長門国は狭い関門海峡を「穴戸」と呼んだことにちなむらしい。長州藩の城下町だった**萩市**は歴史から取り残されたが、城下町がよく保存されている。平成になり、田万川・須佐町・川上・むつみ・旭・福栄村の阿武郡の各町村を合併したが、**阿武町**は合併には加わらなかった。

　厚狭郡では、**宇部市**がかつて船木地区に郡役所があった楠町を合併。セメントで知られる小野田市と山陽町が合併して**山陽小野田市**。山陽新幹線に厚狭駅が新設されている。いずれもセメントの町だが、宇部市には山口大学工学部、医学部や山口宇部空港もあって県都としての機能を分担している。菅直人元総理の父はセントラル硝子、ノーベル賞の本庶佑の父は山口大学医学部に勤務していたので両者とも宇部育ち。ユニクロの発祥の地だが、現在の本店は山口市内の宇部市隣接地域にある。

　高い土地を意味する美祢郡は石灰岩が多く石炭も産した。**美祢市**が大田地区に郡役所があった美東町や「秋芳洞」がある秋芳町を合併した。

　周防国に戻るが、日本3奇橋のひとつ錦帯橋（写真）で知られる**岩国市**は、長州藩家老・吉川家6万石があって、1868年に大名扱いされた。**玖珂郡**の錦・美川・美和・由宇・那珂・周東町、本郷村を合併した。米軍基地もあってオバマ大統領は広島訪問に先立ってここで米軍兵士と自衛隊員を前にスピーチをした。松山とのあいだにフェリーもある**柳井市**は大畠町と合併し、大工場を持つ**和木町**は独立独歩。

教養への扉　グルメ……瓦そば、下関のフグとウニ、仙崎の蒲鉾、萩の夏みかん、ちしゃ、山口の外郎。

　岡山藩が本家だが、鳥取藩の藩祖の母が池田輝政と徳川家康の娘だったので、家格も石高もわずかながら鳥取が上とされた。倉吉と米子では2つの荒尾家が勝手支配を行った。2つの鳥取新田藩があり、明治になってから、鹿野町と若桜町に陣屋を構えた。

　戊辰戦争で官軍についたほうが都道府県成立のときに得をしたというのが間違いであることがわかるのが、鳥取県ができた経緯だ。1871年の第1次府県統合では、因幡国、伯耆国、隠岐国で鳥取県をなした。

　ところが、1876年の第2次府県統合では島根県に併合された。鳥取藩は33万石で中立的だが勤王寄りで、松江藩は19万石で佐幕だったのに、松江の風下に立たされたのである。このときの島根県令が佐藤信寛。岸信介や佐藤栄作の曽祖父である。しかし、独立運動の結果、1881年に鳥取県が復活したが、隠岐国は島根県に残されたままになった。

　因幡国は「稲場」「稲庭」など稲と関連する言葉から転じたといわれるが、古代から稲作が発展した。**鳥取市**の周辺はもともと旧邑美郡だったが、明治以降は旧岩井郡、旧法美郡と合併して岩美郡となった。

　戦国時代の守護であった山名氏は、但馬国が本拠なので、それに近い、岩美郡（旧・岩井郡）**岩美町**の二上山城を拠点にした。ここの浦富の海岸が美しい。次いで鳥取周辺に進出したが、羽柴秀吉の圧力を受けて降った。ところが、応援に来ていた吉川経家が鳥取城に拠って抵抗した。兵糧攻めにあって人の肉まで食べたといわれるのはこのときのことだ。播磨国三木城の兵糧攻めに手間取った反省で、あらかじめ高値で因幡国一帯から米を買い集めるなど高度な戦略を使ったのである。

　江戸時代には池田氏の領国となった。鳥取という地名は全国各地にあるが、水鳥が多くいたところのようだ。城は標高263mの久松山の上にあり、天守閣もあったが、日常的な居館や政務は麓の二の丸で行われた。鳥取砂丘は市の北西にある。

　平成の大合併で鳥取市長は旧因幡国に属する全市町村の合併を提案し、それに知事が反対し、攻防戦が繰り広げられた。結局、岩美郡国府町、福部村、気高郡鹿野・気高・青谷町、八頭郡河原・用瀬町、佐治村を合併した。気高町の吉岡地区はかつて郡の中心であり、鹿野町は豊臣秀吉の時代には津和野藩祖である亀井氏の城下町である。

　八頭郡では賀茂地区に郡役所があった郡家町と八東・船岡町が合併して**八頭町**になった。**若桜町**はかつて林業で栄えた。**智頭町**は大阪や岡山と鳥取を最短距離で結ぶ智頭急行のおかげで有名になった。兵庫県西部の上郡駅から北上するものだが、第3セクター鉄道の珍しい成功例で、京都や大阪から気持ちよく鳥取や倉吉に旅行できるようになった。

教養への扉　方言……岡山などに似て母音を引っ張ることが多い。「ごめんなせぇ」といった具合である。ただ、岡山よりほのぼのとした温かみがある。因幡では語尾が「か」で終わり、伯耆では「にゃぁ」で終わることが多いので「因幡ガラスに伯耆ネコ」という。

　伯耆国の語源は「箒の木」だとか崖を意味する「ハキ」だとかいろいろな説がある。米子は山陰の中心としての好位置にあるとともに、中海の東端に面した小山があり、東には日野川が流れるという平山城として理想的な地形にあった。

　実際に豊臣時代に山陰地方を領した吉川広家は、出雲国の月山富田城からここに本拠を移そうとして工事を始めたのだが、関ヶ原の戦いの敗戦で岩国に移り、駿河国から中村一忠が入った。城づくりは続けられ、4層5階の天守閣も建てられた。この天守閣の脇には、3層4階の小天守があったが、これは吉川氏時代の天守だという説もある。

　だが、中村氏は無嗣断絶となり、加藤氏（のちに伊予国大洲に移る）を経て鳥取池田藩領に組み込まれた。池田輝政の母の実家で知多半島出身の荒尾氏1万5000石のミニ城下町となったが、城下町といっても家老のそれであるから、藩主のお膝元ほど堅苦しさはなかった。米子は山陰の大坂といわれるほどの繁栄を手に入れるのだが、米子の城を維持するのは負担だった。最後の城主・荒尾成尚は家来たちに城を下げ渡したので、家来たちは町に買い取りを申し出たが、町民が無用だと拒否したので、37円で古道具屋・山本新助に売却され、風呂屋の薪になった。

　米子市は**西伯郡**で、皆生温泉も米子市内。淀江町と合併した。名和長年の本拠だった名和町、それに中山町は、伯耆富士といわれる大山がある**大山町**に合流。

　西伯・会見町が合併してできた**南部町**は、鳥取県西部地震で大きな被害を受けた地域だ。全国でも有数の漁港である**境港市**は、NHK連続テレビ小説『ゲゲゲの女房』のモデル・水木しげるの出身地であり、妖怪の町として売り出している。

　岸本町はかつて二部地区に郡役所があった。日野郡溝口町と合併して**伯耆町**となった。**日吉津村**には王子製紙の工場がある。

　日野郡の**日南町**は松本清張の父親の出身地。ほかに**日野町**、**江府町**。

　東伯郡の**倉吉市**には、伯耆国府があった。米子の荒尾氏と同族の荒尾氏が勝手支配を行っていた町で、古い町並みが残る。平成の大合併で編入した関金町は、安房国から里見家がここに移され、断絶したところだ。このとき、重臣たちが殉死して、それが『南総里見八犬伝』にヒントを与えたようだ。

　アメリカのハワイと同じ名が自慢だった羽合町、東郷町、泊村が合併して**湯梨浜町**になった。温泉と梨と浜辺を並べたものだが、語呂も悪くなく、いい名前だ。**琴浦町**は赤碕・東伯町が合併したもの。名和長年が後醍醐天皇を迎えた船上山行宮碑や飛鳥時代の斎尾廃寺跡がある。昔の地名の復活らしい。**北栄町**は北条・大栄町が合併し、名前も1字ずつ取って合成した。**三朝町**の三佛寺には断崖絶壁に張りつく平安時代の建築で国宝の投入堂がある。

教養への扉　グルメ……マツバガニ、二十世紀梨、吾左衛門寿司（米子駅駅弁のサバ寿司）、アゴ（トビウオ）のちくわ。

島根県① （出雲、石見、隠岐）
明治まで「杵築大社」と呼ばれた出雲大社

神代からの悠久の歴史を感じさせる大国主命の国だが、出雲大社という名前で呼ばれるようになったのは1871年のことで、それまでは「杵築大社」と呼ばれていた。その所在地も、明治時代は杵築町で大正になって大社町となり、平成の大合併で出雲市に入った。

出雲市の中心は今市という古い商業都市で、出雲大社からはかなり離れたところにある。また、出雲大社の建物がいまのように伊勢神宮に似た雰囲気のものになったのも江戸時代のことで、戦国時代から慶長年間（1596〜1615年）にかけては、尼子経久が三重塔を寄進したり、豊臣秀頼が華麗な神殿を建てたりしてずいぶん違う雰囲気だったのである。そうだからこそ、華やかな歌舞伎の始祖となった阿国も生み出されたのだ。

出雲大社があるのは簸川郡で、出雲市、大社町のほか、一畑薬師がある平田市、佐田・多伎・湖陵町、出雲空港がある斐川町が新しい出雲市となった。

島根県は出雲国、石見国、隠岐国の3国からなる。1871年には、石見国が浜田県、出雲国が島根県、隠岐国が鳥取県の一部だったが、1876年にはこの3県が島根県となった。だが、1881年に鳥取県が分離し、現在のようになった。

出雲国は『古事記』に素戔嗚尊の歌としてある「八雲立つ　出雲八重垣　妻籠みに」と関連づけて語られることもあるが、よくわからない。略するときは雲州である。

島根県の名は県庁所在地である松江市が旧島根郡だったことによる。明治になって旧秋鹿郡、旧意宇郡と合併して八束郡になった。市の南部に関ヶ原の戦いのあと入国した堀尾吉晴らによって築城され、越前松平氏分家19万石（松江藩）だった。平成の大合併で美保関・鹿島・玉湯・島根・八束・宍道・東出雲町、それに八雲村が合併された。玉造温泉も市内となった。松江は中国上海郊外の松江の風景に似ているから名づけられたともいわれる。また、「宍道」は「猪路」から来るという。

雲南市は、日本最多の銅鐸が発掘された加茂岩倉遺跡、素戔嗚尊の大蛇退治、竹下登、日本最大の山林地主である田部家などがキーワードだ。大原郡役所があった大東町と加茂・木次町、飯石郡三刀屋・掛合町、吉田村が合併して誕生した。もうひとつの「中国」の山のなかにも雲南省があって冗談みたいだが、本当に紛らわしいわけでもないし、これくらいの「あれっ」という要素は地名を浸透させるのにプラスになる。

飯石郡の頓原・赤来町は合併して飯南町になった。

奥出雲町は仁多郡の仁多町（中心地区は三成）と横田町が合併したもの。たたら製鉄の本場である。

教養への扉　方言……島根の言葉といえば、竹下登の語尾に「だわ」がつく素朴でゆったりしたイントネーションが印象的だった。石見や隠岐ではまわりの地方と連続した言葉だが、出雲では東北弁に近いアクセントが残っているのは松本清張が『砂の器』で犯人探しのどんでん返しに使って有名になった。

203

後鳥羽上皇が流されていたのは隠岐郡海士町だが、後醍醐天皇については、隠岐の島町説と西ノ島町説がある。日韓係争の地である竹島は隠岐の島町に属する。

石見国は海岸などに石が多いことによるようだ。江戸時代には大田市大森にある銀山が石見国の代名詞となるほど有名だった。世界遺産になっている。安濃郡の**大田市**と邇摩郡にあって鳴り砂で有名な仁摩町と温泉津町が合併するにあたっては「石見銀山市」も有力だったこともある。読み方は「おおだ」である。

邑智郡では**川本町**は川本高校のブラスバンドが有名。邑智町、大和村は**美郷町**になった。**邑南町**は瑞穂・石見町、羽須美村が合併したもの。

那賀郡は**江津市**を除き**浜田市**に集約された。松平氏6万石の城下町である浜田市には、金城・旭・三隅町、弥栄村が加わった。ただし、浜田藩は長州藩との戦争で大村益次郎に敗れて城も失い、美作国にある飛び地に疎開して鶴田藩となった。江の川河口にある江津市は「東京から一番遠いまち」をアピールしている。邑智郡桜江町を合併した。

美濃郡にあって万葉歌人・柿本人麻呂や雪舟ゆかりの地である**益田市**は、美都・匹見町を合併した。萩・石見空港もある。

山陰の小京都といわれる鹿足郡の**津和野町**は、亀井氏3万石(津和野藩)の城下町で森鷗外や西周を輩出した。武家屋敷町がよく残る。日原町を合併した。山口・広島県境の六日市町と柿木村は**吉賀町**になった。中国自動車道は申し訳のように島根県をかすめ、ここにインターチェンジがある。

隠岐国は「奥」ないし「沖」から来ている。1969年になって4つの郡が**隠岐郡**に統合された。西側には島前の島々が散在し、**西ノ島町、海士町、知夫村**がある。島後はひとつの大きい島で、**西郷町、布施・五箇・都万村**が合併して**隠岐の島町**になった。

出雲国に戻って、能義郡には、安来節の故郷でもある安来市、尼子氏の本拠・月山富田城の故地で松江藩支藩3万石(広瀬藩)があった広瀬町、同じく母里藩1万石の伯太町があったが、郡全体で合併して**安来市**になった。横山大観の作品とそれにヒントを得た庭園が有名な足立美術館がある。母里藩では殿様が江戸定府で、領国で過ごすことはなく、幕末には費用節減のために藩庁まで売り払ったくらいだからしかたない。

教養への扉 グルメ……宍道湖七珍、出雲そば、ワイン。津和野の「うずめめし」は混ぜご飯の一種だが、具を先に入れて上からご飯をかけて混ぜる。

　阿波踊りが催される8月12日から15日までの4日間の観光客は100万人を超える。こんなふうに一時期に集中するのはもったいないから分散したらという声もあるが、祭りは一気に盛り上がってこそ意味があるのだと堺屋太一さんも笑っていた。蜂須賀家政が徳島城を築いたときに始まる。

　阿波国の名は「粟」から来るらしい。水も豊かで気候に恵まれた豊かな土地だと古代の人も思ったのだろう。

　阿波国は細川氏分家の領国で、そこから三好長慶なども出た。そのころの統治の中心は吉野川北岸にある藍住町の勝端城だった。応仁の乱などのあと、この阿波分家が本家を継いだ。また、阿南市の平島育ちの足利義栄は義昭と争って14代将軍となったが、京には入れぬまま病死した。

　豊臣秀吉は四国制圧のあとに阿波国を蜂須賀正勝（小六）に与えようとしたが、正勝は高齢を理由に辞して、代わりに息子の家政が入った。

　家政は、はじめ徳島市の西部にあって堅固な一宮城に入ったが、都市発展を考えて、渭山に築城することにした。ここには、室町時代初期に細川頼之が砦を築いていた。渭山は、助任川といまは線路敷になっている寺島川に囲まれた小高い丘である。山上に本丸、二の丸などを築き、山麓の三の丸に御殿を建設した。御殿が外観を復元されて「徳島城博物館」になっている。天守閣は本丸でなく、中腹の東二の丸にあったが、大手門を見下ろす場所にあり、実際的なヴィスタを重んじた配置である。だが、現状では城山には樹木が生い茂って、ただの貧弱な小山でしかない。樹木を伐採すべきだ。徳島のランドマークは標高290mの眉山である。

　徳島藩は大坂の陣のあとに淡路国を加え26万石の四国第一の大藩になった。江戸時代には藍の栽培が大きな利益をもたらしたが、流通の主導権を大坂商人から取ろうとした蜂須賀重喜は追放された。重喜を悪役として描いたのが吉川英治の『鳴門秘帖』だ。

　1870年に徳島藩からの独立を目指す淡路国洲本城主（領地は淡路国津名郡と阿波国脇町）稲田家の家臣たちを、徳島藩士たちが襲撃した稲田騒動（庚午事変）が起きた。多くの徳島藩士が処罰された一方、稲田家中は北海道の色丹や静内に移された。

　徳島市がある**名東郡**はもともと、名方郡と呼ばれて国府もあったところだが、のちに東西に分かれた。**佐那河内村**だけが残っている。**名西郡**には、**石井町**と**神山町**がある。

　第1次府県統合（1871年）では、阿波国と徳島藩領だった淡路国で名東県。1873年には香川県を吸収したが、1875年には分離。1876年には高知県に併合され、淡路国は兵庫県に、1880年に高知県から独立したときは徳島県となった。

教養への扉　方言……徳島の女性独特の語尾といわれるのが「ですよ」を意味する「じょ」。「好きなんじょ」などと使う。「あるでないで」はあるのかないのかわけがわからないが「ある」ということ。「考えて考えて」とか同じ単語を重ねることがやたらと多いのも徳島言葉の特徴。

徳島県② （阿波）
平家の落人伝説と安徳天皇の「小屋の内裏」

　西洋名画を陶板に焼きつけた鳴門市の大塚国際美術館は欧米人にも大人気。とくにおすすめは、バチカンのシスティーナ礼拝堂やパドバのスクロヴェーニ礼拝堂の立体復元だ。

　戦国時代末期に幕府の実力者となった三好長慶の家は、もともと信濃国の小笠原氏一族である。鎌倉時代に地頭として三好郡に来て、その地名を名字にした。中心は高校野球で有名な池田町だったが、平家の落人伝説と、かずら橋で知られる東祖谷山・西祖谷山村、井川・山城・三野町を併せて三好市になった。三好・三加茂町は参加せず、東みよし町となった。

　美馬郡でも「うだつ」が美しい民家が多い脇町に、美馬・穴吹町、木屋平村で美馬市になったが、そうめんが有名な半田町と貞光町、一宇村は四国第2の高山である剣山にちなんで「つるぎ町」となった。木谷平は安徳天皇の「小屋の内裏」があった伝説を持つ。

　吉野川右岸の麻植郡では鴨島町を中心に川島・山川町、美郷村で吉野川市になった。左岸にある阿波郡阿波・市場町は、下流にある板野郡のうち吉野町と三木武夫元総理の出身地である土成町を併せて阿波市になった。一般に国名と同じというのはよくないが、もともと阿波郡だという事情もある。

　板野郡の中心は、鳴門大橋で淡路島と直結する鳴門市だが、ここは昭和の大合併でいったん鳴南市となったあと、すぐに鳴門市に改名した。鳴門の渦潮もここ。藍住町には三好氏が本拠とした勝端城が、松茂町には徳島空港がある。ほかに上板町、板野町、北島町。承久の変のあと四国に流された土御門天皇は鳴門市の撫養で崩御された。

　徳島市の南にあるのが勝浦郡で、中心は小松島市である。高度成長期までは、大型の船が接岸できる港は南四国でここだけだったので、高知県からでも集団就職や修学旅行にはここから出て行った。高知発小松島港（廃駅）行きの急行があったと聞く。郡内の上勝町は、紅葉、柿、南天、椿の葉、梅、桜、桃の花など、料理のつまものに使う材料である「彩」を地域おこしで産業化して全国的に有名になった。ほかに勝浦町。

　那賀郡を流れる那賀川は剣山から流れ、木頭杉といわれる良質の杉を産する。上那賀・鷲敷・相生町、木頭・木沢村が合併して那賀町に。河口にある阿南市は戦後に郡の中心だった富岡町と橘町が合併した。ノーベル賞を取った中村修二博士が開発した青色発光ダイオードで知られる日亜化学の本拠地。羽ノ浦・那賀川町を合併した。

　県南の海岸地帯で室戸岬に近い海部郡の南部は、海部・宍喰・海南町が合併して海陽町になった。ジャンボ尾崎の出身校である海南高校がある。ウミガメの産卵地として知られ、郡役所があった日和佐と由岐町は合併して美波町になったが、牟岐町はどちらにも加わらなかった。

教養への扉　グルメ……たらいうどん、半田そうめん、祖谷そば、生卵を落とす徳島ラーメン、フィッシュ・フライ、阿波金時（サツマイモ）、和三盆（砂糖）。

　讃岐国でうどんが名産なのは、雨が少なく気候が乾いていることから、小麦と塩がよく取れるからだ。讃岐国の語源も「真麦」だという説も有力だが、「狭い」とか「竿」といったことをいう人もいる。

　西日本のうどんでも浪速うどんのスープはだしが利いているが、讃岐のうどんは塩味で透明なスープだ。香川県でもバラックのようなうどん店に観光客が列をなし、どこのかま玉がうまい、ぶっかけが絶品だというので地元の人もびっくり。讃岐という漢字が読めない人が増えてきているせいか、だいたい「さぬき」と表記されている。

　香川県の名は、県庁所在地の高松市の中心部が香川郡に属することにちなむ。きれいな水の川が流れていることに由来するともいわれるが証拠はない。1873年から2年間は徳島に県庁を置く名東県、1876年からは愛媛県に併合されたが、1888年に復活した。

　高松は豊臣時代に讃岐国主となった生駒親正が黒田如水らの助言で海に浮かぶ華麗な高松城と城下町を築いたのに始まる。堀には海の水を入れ、天守閣は小倉城を模したもので、3層4階、最上階は張り出した形式である。華麗この上ないもので、海に浮かぶ屋形船の趣もあり、全国を見渡しても最美の天守閣のひとつであった。郊外の栗林公園は藩主の別邸。県庁旧館（東館）は丹下健三が若いころの代表作のひとつだ。

　幕末には水戸藩分家の松平氏12万石。四国の4県庁所在地で石高はいちばん小さいが、官位はいちばん上だった。たまたま遠からぬところの屋島南方に高松（「古高松南」という駅がある）という地名があったので、それを拝借したものだ。

　源平古戦場の屋島など高松市の東部は木田郡。平成の大合併で、香川郡香南・香川・塩江町、木田郡庵治・牟礼町、それに綾歌郡国分寺町を合併した。

　香川郡でも岡山県の宇野港のすぐ沖合にあってアートの島である直島町（写真）、木田郡で香川大学の医学部がある三木町は独立を維持した。

　大川郡だった県東部。その西半分にあたる、郡役所があった長尾町と大川・津田・寒川町に平賀源内の故郷・志度町が「さぬき市」という形で統合された。古墳も多く、古くから栄えたことがわかる。ハマチ養殖の発祥地とされる引田町に大内・白鳥町の東半分は東かがわ市になった。「かがわ」は、高松周辺の郡名が起源のものであり、疑問が残る。

　小豆島は小豆郡だが、小豆島市になろうという運動が成功せず、内海・池田町は合併して小豆島町になった。紅葉の名所として知られる寒霞渓や『二十四の瞳』の舞台はここ。産業廃棄物問題で話題の豊島（「てしま」と読む）は近い岡山県に合併することも検討されたが、戦後の住民投票で土庄町と一緒になった。お年寄りが「大師さまの国」にこだわったからという。小豆島は醤油やそうめんの名産地である。

教養への扉　方言……言葉は関西弁に比較的に近いが、撥音（ん）が多いのが特徴。NHKがうどん店でインタビューしたやりとりを紹介すると「なんかいの?」「讃岐のうどんのどういうとこがええですか?」「しゃっしゃと出て。んー、えーんちゃいますぅ」ということになる。

丸亀や琴平がある仲多度郡というのは、あまりすっきりしない名前だが、明治以前は「まわれば四国は讃州那珂の郡象頭山金毘羅大権現」という歌で知られる琴平と丸亀市街を含む那珂郡と、多度津町と善通寺市の多度郡だったのが合併した。

仲多度郡の丸亀市は京極氏5万石の丸亀藩があり、地上から60mを超える全国一の石垣が自慢。一直線で登っていくものでは、大阪城や伊賀上野城が最高だが、何段かを重ねたもので、石垣だけで連続しているものとして日本一高い。天守閣も残る。近江源氏なので、先祖の佐々木道誉にちなんで婆娑羅まつりがあり、中津万象園という近江八景を模した庭園がある。綾歌郡綾歌・飯山町と合併した。

丸亀藩支藩1万石（多度津藩）だった多度津町は松山に行く予讃線と高知への土讃線の分岐点。善通寺市は空海が生まれたところ。陸軍の師団も置かれていた。四国八十八箇所は、徳島県鳴門市の霊山寺に始まり、時計回りに進み、さぬき市の大窪寺で終わる。金刀比羅宮は琴平町にある。巨大ため池の満濃池から名づけられた満濃町と仲南・琴南町が合併して「まんのう町」になった。

綾歌郡は高松・丸亀両市からだいぶ浸食されたが、綾南・綾上町が合併した綾川町、与島など瀬戸大橋の島々も含む坂出市、宇多津町は健在。宇多津町は室町時代に守護・細川家の本拠地だった。備前国と讃岐国のあいだの島はすべて讃岐国に属する。

国府の正確な場所は不明だが、坂出市と見られる。菅原道真も讃岐国司として赴任していたことがある。室町時代の守護は細川氏。讃岐国だけでなく、土佐国や伊予国の一部の分郡守護を兼ね、さらに、分家が阿波国守護を兼ねていた。

応仁の乱の一方の大将だった細川勝元の子の政元は女性を近づけず、3人の養子を取ったことから内紛が起きて阿波家が本流になったが、讃岐国の武士も都で多く活躍した。13代将軍・義輝が暗殺されたときには、徳島県阿南市平島の義栄がいったん14代将軍になったが、信長に支援された義昭が先に京に入って名ばかりの15代将軍として死んだ。

本能寺の変についても、明智光秀が土佐国の長宗我部氏を支援していたのに、信長が三好一党を支援しようとしたのも原因のひとつといわれる。

県西部の三豊郡は、観音寺市が大平正芳元総理の出身地である豊浜町と大野原町を合併し、残りの仁尾・詫間・三野・高瀬・豊中・財田・山本町は郡の名前を取って三豊市になった。観音寺は四国八十八箇所第69番札所の名刹にちなむ。冷凍食品の加ト吉（現・テーブルマーク）の本社もあった。久子高円宮妃殿下の実家である鳥取家は観音寺の豪農である。

教養への扉 グルメ……讃岐うどん、少し甘めの「ばらずし」、サワラの押し寿司、醤油豆、そうめん、瀬戸内の小魚、ハマチ。

「伊予国は愛比売と謂ひ」と『古事記』にあるのが、「愛媛」という県名の由来である。県庁所在地の都市名かその属する郡名を県名にするのが普通であるなかでユニークなネーミングである。「湯姫」が転化したともいう。

　室町時代の伊予国では、松山地方を中心とした河野氏が最有力だったが、分郡守護を置いて分担させたりもしている。

　豊臣秀吉の四国平定ののち、小早川隆景が伊予一国の領主となったが、すぐに筑前国（福岡県）に移り、その後は小藩乱立が続いた。

　第1次府県統合（1871年）では、松山県と宇和島県として発足したが、翌年には石鉄県と神山県と名称を変更し、1873年には統合して愛媛県となった。1876年には香川県を編入して全国第4位の大きい県となった。だが、1888年に香川は再分離して現在の形になった。

　道後温泉などの**松山市**は温泉郡に属す。道後は中世の河野氏の本拠であった。時宗を開いた鎌倉時代の一遍上人は河野氏の出身だ。関ヶ原の戦いのあと、賤ヶ岳七本槍のひとりである加藤嘉明が松前城（伊予市）から移って海寄りの勝山に城を築き、松山と名づけた。

　蒲生氏を経て松平（久松）氏15万石の松山藩となった。「春や昔　十五万石の城下哉」というのは、正岡子規が故郷に帰ったときに詠んだ句である、北隣の北条市と沖合の中島町を合併した。重信・川内町は、温泉郡の東部ということで**東温市**となった。少し聞き取りにくい名前だ。

　城山は標高131mだが、だいたい平山城と山城の境目は100mくらいであるから、これは、江戸時代に築城された城としては異例なのだ。

　嘉明は築城当時、城山の南麓を流れていた石手川を南に流路変更して城下町を守る防御線としての機能を与えていた。天守閣は火事で焼けたが、幕末に再建した。

　松山の西にある**伊予郡**では、伊予市（中心地区は郡中）が双海・中山町を、陶器で知られる**砥部町**が広田村を合併したが、**松前町**は合併に加わらなかった。

　高知に向かう街道の途中にある**上浮穴郡**では、面河渓で知られる面河村のほか、久万町、美川・柳谷村が**久万高原町**となった。

　喜多郡では加藤氏6万石（大洲藩）の城下町で本格木造の天守閣が復元された**大洲市**が、長浜・肱川町、河辺村を合併した。市内に分家の新谷藩1万石もあった。大江健三郎の故郷で宇和島行きの鉄道新線が通って便利になった**内子町**も、五十崎町のほか上浮穴郡小田町を合併した。大洲藩には、中江藤樹が仕えていたことがあるが、老母の面倒を見るために辞めて近江国高島郡で塾を開いた。肱川は洪水が多い川だ。

教養への扉　方言……夏目漱石には「なま暖かい言葉」といわれたようにゆったり南国的おおらかさが特徴。有名な語尾は「なもし」で、「松山来てなんぼぞなもし」とか「まあすまんなもし」とかなんにでもつけられる丁寧語。「ねえ」「なあ」などの語尾も多い。

南予地方で宇和島を中心とした宇和郡は東西南北に分かれる。東宇和郡宇和・野村・明浜・城川町と西宇和郡三瓶町が西予市となった。しかし、このあたりは「南」予のはずだし、「東」宇和郡が「西」予市というのも違和感がある。

西予市の中心地区である卯之町は、戦国時代に公家の西園寺氏の一族があって宇和郡全体の中心だった。

闘牛が名物の宇和島市は北宇和郡で、藤堂高虎が入り、卯之町に代わる拠点として板島から改称。のちに伊達政宗の庶長子である秀宗が10万石(宇和島藩)で藩主となった。幕末の宗城は幕末の四賢侯のひとりで、仙台の本家より格上の侯爵になった。分家の吉田藩3万石があった吉田町、三間・津島町を合併。広見町と日吉村が合併した鬼北町は、鬼が城山の北に広がる。松野町は合併に加わらなかった。

大分県別府市とフェリーで結ばれる八幡浜市は西宇和郡で、保内町を合併した。原発がある伊方町は瀬戸・三崎町を合併。

南宇和郡の御荘・城辺・一本松・西海町、内海村はそのまま愛南町になった。愛知県と間違えられそうな気もする。

県東部の宇摩郡をなす川之江・伊予三島市、土居町、新宮村が合併して四国中央市と名乗ったことには相当な批判があった。だが、高速道路の結節点でどこの県庁所在地にも1時間という位置を積極的に発信し、道州制施行のときはその中心にという主張をするのは前向きだし、論争を引き起こしただけでも大成功だ。

それに、最も素直な「宇摩」という郡名は漢字も難しいし、耳で聞いても冴えないので、新しい市の名前としては無理があった。仮名にしたとき2字というのは、耳で聞いたときもわかりにくいので感心しない。

西条市と新居浜市のあたりは、新居郡である。西条市は、東予市、小松・丹原町からなる周桑郡全域も合併した。江戸時代には西条藩は紀伊分家の松平氏3万石、小松藩は一柳氏1万石だった。住友家はもともと越前国丸岡の出だが、京都、大坂を経て別子銅山で成功した。住友グループの町である新居浜市は、銅山があった宇摩郡別子山村を合併した。西条では石鎚山の水が街中に自噴しているが、おいしい水として定評がある。

本四架橋「しまなみ海道」が通るのは越智郡である。藤堂高虎によって開かれ、松山藩分家4万石だった今治市はタオルの町でもある。学校法人加計学園の岡山理科大獣医学部の新設が政治問題化したが、学生募集も順調でなんの問題もない。大西・菊間・玉川・波方・大三島・上浦・伯方・宮窪・吉海町、朝倉・関前村を合併したが、弓削町、岩城・生名・魚島村は上島町になった。

教養への扉 グルメ……鯛の浜焼き、八幡浜の蒲鉾、宇和島テンプラ(黒い薩摩揚げ)、五色そうめん、一六タルト。

山内家では上士の数が多くなかったので長宗我部旧臣らを開墾などを条件に郷士として取り立てた。しかもその数が多かった。上士とは待遇に差があったが、よその藩ではこのような登用制度はあまりなかったので、むしろ旧勢力への優遇だった。

　土佐国の語源についての定説はない。山がちで「土地が狭い」というあたりかもしれない。地元の人はよほどこの名前が気に入っているらしく、市町村名もあちこち土佐だらけだ。廃藩置県後も土佐一国が高知県となったが、1876年から4年間は阿波国を統合していた。

　高知市付近が本来の土佐郡で、四国の水甕である早明浦ダムがある**土佐町**も郡内。高知市は山内一豊が築城して土佐国の中心になった。

　土佐藩は24万石で、ほかに高知新田藩1万石があった。平成の大合併で鏡・土佐山村と、県立春野総合運動公園がある吾川郡春野町を合併した。**大川村**は合併に加わらなかった。

　長宗我部氏は、高知龍馬空港がある南国市の岡豊城を本拠としていたが、高知城となっている大高坂山に築城を試みた。標高44mで、鏡川の河口に近く、江ノ口川と挟まれたところに孤立する丘で、大名の首府としては理想的である。だが、治水工事に失敗し、しかたなく桂浜を見下ろす丘の上に浦戸城を築いた。もとは「河内（河中）」だが水害のイメージを嫌って「高智」、さらには高知と改めた。

　しかし、関ヶ原の戦いのあと土佐国に入国した『功名が辻』（司馬遼太郎）の主人公・山内一豊は、再び、大高坂山での工事に着手した。木曽川のほとりで生まれた一豊は、土木工事を得意とする家来をたくさん抱えており、こうした工事はお手の物だった。

　縄張りは、丘の上に本丸と二の丸が独立してあり、それを廊下橋がつないでいる。天守閣は1747年の再建だが、一豊が掛川城の天守閣にほぼならった意匠で建てたものを復元したといわれるものである。新しいにもかかわらず華麗な桃山風の趣も残っている。

　長岡郡には、紀貫之が国司として赴任していた**南国市**がある。ペギー葉山の『南国土佐を後にして』がヒットした年に誕生したのだが、流行歌から取ったのでは格好悪いと思ったらしく、読み方は「なんこく」となっている。中心地区は野中兼山によって税を免除されたことが語源となっている後免である。高知から出発して、最も普通のルートで領外に出るあたりにあったのが**大豊町**で、日本一の大杉といわれる「杉の大杉」がある。ほかに**本山町**。

　香美郡では、龍河洞という鍾乳洞がある土佐山田町と香北町、物部村が合併して**香美市**になった。郡の中心だった赤岡町と香我美・野市・夜須町、吉川村は**香南市**を名乗った。

　県南西部の**安芸郡**は阪神タイガースのキャンプ地で、三菱財閥の創始者・岩崎弥太郎の出身地でもある**安芸市**、室戸岬がある**室戸市**、奈半利町、田野町、安田町、東洋町、芸西村、北川村、ゆずで知られる**馬路村**がある。東洋町は東に太平洋を望むのが名前の由来だ。

教養への扉　方言……土佐弁は大げさで強い音が特徴である。「ぜよ」「げに」「ぞね」「まっこと」など時代劇でもおなじみ。「悪いけんど酔うたらいかんき」などとともかく迫力満点。南部は幡多言葉といって土佐弁とは少し違う。地域的には、南東部の幡多地方は方言も含めて少し違う文化を持っている。

　清流・四万十川が有名になったのは、ダムだらけになった日本の大河のなかで珍しく大きなダムがないためである。「日本最後の清流」とか柿田川、長良川とともに「日本3大清流の一」と呼ばれるようになった。洪水になると川底に沈む沈下橋がたくさんあり、カヌーや鮎釣りも盛んだ。

　戦国時代の土佐国には、五摂家のひとつ一条家の元関白が、荘園があった土佐国幡多郡中村にやってくるという珍事があった。といってもご隠居さんで、当主は京にあったのだが、中村でできた子どもが定着した。しかも、そのまた子どもが一条本家の当主になったりもした。西日本の片隅にとんでもない名門が登場したので、周防国の大内氏や、豊後国の大友氏も縁組を求めたりしたし、土佐国の武士たちも調停者として重宝した。

　その後、長宗我部氏に実権を奪われたのだが、名目的には健在だった。関ヶ原の戦いののち、中村には山内分家が入り、中村藩が短期間あった。しかし、藩主が徳川綱吉の勘気に触れて取りつぶされ、本家に吸収された。それがまた復活したが、この土佐新田藩は自分の領地を持たず、江戸定府だった。

　というわけで、中村市は大変歴史がある町なのだが、西土佐村が合併するときに新市名を公募したら全国から四万十市という提案が殺到した。

　ところが、中村市と同じ幡多郡の大正町、十和村と高岡郡窪川町も合併して、四万十川の上流にあるということで四万十町（高岡郡）と名乗った。紛らわしく不便であり、何か調整するルールが欲しいものだ。

　幡多郡では佐賀・大方町が黒潮町になった。吉田茂の実父の出身地で選挙区だった宿毛市、足摺岬（写真）とカツオ漁の土佐清水市、大月町、三原村はそのまま存続した。

　選抜高校野球で優勝したこともある伊野商業高校がある伊野町は吾川郡にあった。吾北村、土佐郡本川村と合併して「いの町」になった。池川町、吾川村と高岡郡仁淀村が合併して仁淀川町になった。高知市でも県立春野総合運動公園がある春野町や、桂浜や浦戸も吾川郡である。

　高岡郡の佐川町は土佐藩家老・深尾氏のミニ城下町で、「司牡丹」という地酒の蔵元もある。鰹節発祥の地は昭和の大合併でできた土佐市。紀伊国印南の角屋甚太郎が当地で発明した。須崎市には高校野球や横綱・朝青龍で有名な明徳義塾高校がある。中土佐町と合併して「黒潮市」にということになっていたが破談した。ほかに坂本龍馬らが脱藩したときに通った檮原町、葉山・東津野村が合併した津野町、大野見村を合併した中土佐町、越知町、日高村がある。

教養への扉　グルメ……血鉢料理、カツオのたたき、ドロメ・ノレソレ、四万十川の鮎、海底深層水、酒盗（カツオの塩辛）、山桃。

博多の町の骨格をつくったのは豊臣秀吉である。この地には弥生時代の奴国があり、その後も港町として栄えてきた。だが、天智天皇のときになって唐、新羅の来襲を恐れて内陸の大宰府が九州の中心都市となり、博多はその外港となった。

元寇では大きな被害を受けたが、室町時代には大内氏らの対明貿易の拠点となり、細川氏の堺と覇を競った。戦乱のなかでたびたび焼かれたが、秀吉はこれを近世的都市として再建した。現在の京都の町も秀吉による根本的な改修を受けているから、秀吉は大坂、京都、博多の3大都市の建設者で、江戸を徳川家康の居城と定めた。

秀吉から筑前国をもらったのは小早川隆景だが、その居城は博多の数km北東にある名島だ。狭小だったので、47万石でこの地に入った黒田長政は博多の西に隣接する地に築城することにした。古代には迎賓施設としての鴻臚館があったところである。

福岡は近江国から備前国に移った黒田氏が拠っていた邑久郡福岡村（現・岡山県瀬戸内市長船町福岡）から取ったものである。だが、福岡は商業機能の多くを博多によることとなり、この両者は独立した2つの町というほどの独立性はなかった。現在の県庁は博多側。

明治になって市制を施行するにあたって、県令の裁断で都市名は福岡、駅名は博多とした。ちなみに、富山県に福岡駅が、埼玉県に上福岡駅が、福岡市内に南福岡駅が存在する。

第1次府県統合（1871年）では筑前国、豊前国、筑後国がそれぞれ、福岡、小倉、三潴の各県になったが、1876年には、福岡県に小倉県が合併され、三潴県は佐賀県を合併したが、すぐに筑前国、筑後国、それに豊前国の西半分の福岡県という現在の形になった。

筑紫を筑前国、筑後国に分けたが、筑紫という言葉の語源は不明。

福岡市の中心部は**中央**、**博多**、**南区**で筑前国筑紫郡だが、明治以前は旧那珂郡だった。戦後の合併で早良郡全域、糟屋郡、糸島郡の一部を市域に取り込んだ。福岡ドーム（福岡PayPayドーム）があるあたりも含む**早良区**、**城南区**、それに中央区の西部、**西区**の東部が早良郡である。西区の大部分は糸島郡だ。

福岡市の**東区**は糟屋郡で、筥崎八幡宮、香椎宮、金印が発見された志賀島、小早川隆景の名島城もそうだ。**古賀市**、**宇美町**、**篠栗町**、**志免町**、**須恵町**、**新宮町**、**久山町**、**粕屋町**があるが、かつては炭鉱が多かった。宇美町は応神天皇の生地だ。新宮町には立花城趾がある。

教養への扉 方言……博多の言葉はリズム感がありテンポがよい。「明日帰ると」といったようにやたらと「と」がつく。「よかよか」「来んしゃい」などの表現も印象的。名字では古賀さんとか松尾さんが多いのがちょっと目立つ。

かつて「西の首都」ともいうべき「大宰府」が置かれた「太宰府市」は筑紫郡だ。戦国時代に守護だった少弐氏が滅んで衰えたが、太宰府天満宮が賑わい、「令和」ゆかりの大伴旅人邸跡もある。九州国立博物館がオープンした。

　太宰府市のほか、新幹線の車両基地を活用した博多南駅は春日市。大野城市には、大野城や水城の跡がある。大野町が改称。郡役所があったのは市内の雑餉隈。筑紫野市は宿場町・二日市が中心地区。那珂川市もある。

　『魏志倭人伝』に出てくる「伊都国」は糸島郡で、明治まではその南部は旧怡土郡だった。前原市、二丈・志摩町が合併して糸島市となった。

　朝倉郡の甘木市、朝倉・杷木町が合併して朝倉市になった。甘木は宿場町の甘木、福岡藩分家5万石があった秋月が中心で、斉明天皇が没した朝倉橘広庭宮もここ。三輪・夜須町が筑前町になった。小石原焼の小石原村と宝珠山村が合併して東峰村になったが、村と村が合併して村にしかなれなかった珍しいケースだ。何もやらぬよりましだが。

　宗像郡では、宗像市が玄海町、大島村を合併した。宗像大社や海の正倉院といわれる沖ノ島を含む。福間・津屋崎町で福津市になった。

　筑豊炭田地帯とは、嘉穂郡、鞍手郡、遠賀郡に豊前国田川郡あたりをいう。筑豊の中心都市である嘉穂郡の飯塚市は社会人野球の強豪だった日鉄二瀬などがあった。麻生太郎元総理の地元。庄内・頴田・穂波・筑穂町を合併した。南部の山田市、稲築・碓井・嘉穂町が合併して、明治までの郡名を取って嘉麻市となった。ほかに桂川町がある。

　鞍手郡ではトヨタの工場が進出した宮田町と若宮町が合併して宮若市になった。郡の中心である直方市、小竹町、鞍手町はそのまま。

　北九州市は豊前国企救郡の小倉・門司市と、筑前国遠賀郡の若松・八幡・戸畑市が1963年に合併したもの。小倉は小笠原氏15万石（小倉藩）の城下町（写真は小倉城）。朝日新聞の西部本社はここにあり、かつて松本清張が勤務していた。門司は九州の鉄道交通の中心で、大陸や本州への窓口だった。山口県までも商圏に持ち、天然の良港と筑豊の炭田を持つというのが発展の原動力だった。関門トンネル開通までは全国第4位の港で、鉄道局もここにあり、若いころの佐藤栄作元総理も、ここで長く勤務した。門司、小倉北、小倉南区が企救郡。

　筑前国に戻って、遠賀郡の芦屋町は、鎌倉時代から戦国時代に「芦屋釜」の産地だった。ほかに中間市、岡垣町、水巻町、遠賀町があるが、北九州市の若松、八幡東、八幡西、戸畑区も郡内。戸畑はかつて日本水産が本拠を置くなど食品産業が盛ん。

教養への扉　福岡市の香椎宮は仲哀天皇と神功皇后の神霊を祀り、宇美八幡宮は応神天皇を産んだ場所、熊襲討伐の前進基地は筑前町の松峡八幡宮。

豊前国の京都郡は「みやこ郡」と読む。豊津は小倉から香春に移った小笠原氏が、さらにここに本拠を置こうとして本格的な都市建設を始めたが、廃藩置県で沙汰やみになったところ。

　五木寛之の『青春の門』の舞台は田川郡の**田川市**（中心地区は伊田）で三井田川炭鉱があった。**香春町**は第2次長州戦争で小倉城が落城したあと藩庁が一時置かれたところで、『炭坑節』でもおなじみの香春岳の山容が印象的。修験道の山・英彦山は**添田町**。金田・赤池・方城町は合併して**福智町**になった。ほかに**糸田町**、**大任町**、**川崎町**、**赤村**がある。

　京都郡の**苅田町**には日産とトヨタも進出。**行橋市**は宿場町の行事と市場町の大橋とが一緒になるのでつけた名前。「いくはし」でなく「ゆくはし」と読む。豊津・犀川・勝山の3町は「**みやこ町**」にまとまった。

　築上郡の**豊前市**は、八屋を中心に周辺を合併し、いったん宇島市となったが改称した。戦国時代の領主・宇都宮氏の城井城があった築城町は椎田町を合併して**築上町**。大平・新吉富村が合併して**上毛町**。これは明治以前の郡の名前であるが、群馬県の「じょうもう」と間違えられること必定で「こうげ」とは読んでもらえそうもない。**吉富町**は大分県中津市と山国川を挟んだ対岸にある。

　筑後国のいちばん東に位置する浮羽郡では、吉井・浮羽町が合併して「**うきは市**」に。有馬氏21万石の城下町にしてブリヂストン発祥の地である**三井郡**の**久留米市**は、北野町、浮羽郡の中心だった田主丸町、三潴郡城島・三潴町を合併した。孫正義や堀江貴文が学んだのは久留米大学附設高校。「附属」でなく「附設」だ。**小郡市**には自衛隊基地もある。ほかに**大刀洗町**。

　有明海に面した**三潴郡**の**大川市**は家具の町。1871年に三潴県庁が置かれたが、交通不便のために翌年には久留米に移転。だが、三潴県が福岡県に併合されるまでは、「三潴」という郡名由来の名前が残っていた。ほかに**大木町**。

　八女郡の**八女市**は、戦後、宿場町の福島を中心に周辺市町村が合併したとき郡名を取って名づけた。燈籠人形と呼ばれる人形芝居が知られる。上陽・黒木・立花町、矢部・星野村を合併した。立花町はミカンの産地であることから命名された。矢部村は九州の南朝方をまとめて戦った懐良親王が死んだ場所。**筑後市**には九州新幹線の筑後船小屋駅ができた。ほかに**広川町**。

　豊前国に京都郡があるなら、こちらは「ヤマト（山門）郡」。立花氏12万石の**柳川市**は「柳河」と書くこともある。三橋・大和町を合併した。織田信長でおなじみの幸若舞が祭り芸能として化石のように残る瀬高町は山川町、有明炭鉱のある三池郡高田町と合併して「**みやま市**」となった。三池郡の**大牟田市**は三井三池坑や柳川藩分家の三池藩1万石があった。

教養への扉　グルメ……辛子明太子、鶏の水炊き、筑前煮、シロウオの踊り食い、長浜ラーメン、ウナギのセイロ蒸し、鶏卵そうめん。

佐賀県①（肥前の東部）
薩長土肥の一角ながら7年間消滅の憂き目に

廃藩置県の4カ月後に第1次府県統合が行われた。このときに初代の県令として乗り込んできたのは、旧幕臣の山岡鉄舟だった。このときは旧平戸藩領だった壱岐国は長崎県だったが、対馬国は基山、鳥栖方面に田代領と呼ばれる飛び地を持っていた関係もあり、佐賀と一体化した。そこで、山岡は伊万里を県庁にして伊万里県を設立した。

戊辰戦争の官軍はいい目をしたという話はいい加減だと、この本でもたびたび話しているが、その好例が佐賀だ。まず、1871年には、肥前国のうち現在の佐賀県の部分と対馬国で伊万里県になった。しかし、翌年には、この不自然な区割りは解消され、対馬国は長崎県となり、県庁は伊万里から佐賀に移った。

ところが、1876年になると、佐賀県は久留米を県庁とする三潴県に吸収され、次いで長崎県に移管された。現在の佐賀県に落ち着くのは1883年のことである。

薩長土肥の一角である佐賀ですら、こういうように扱われているのだ。反官軍だったから損をしたなどというのが、幼稚な被害妄想にすぎないことがよくわかるだろう。のちに佐賀の乱という士族が決起した騒動があったが、それは1874年だから、佐賀市が冷遇されたのはそのせいではない。

佐賀県は肥前国の東半分である。肥後国と分かれる前の「火の国」の語源については熊本県のところで解説するのでここでは触れない。

佐賀市の名は所在する佐賀（佐嘉）郡に基づく。『肥前国風土記』によれば、クスノキの繁茂する「栄の国」というのに由来する。鍋島氏36万石（佐賀藩）の居城で、近年、城内に御殿を復元した「佐賀城本丸歴史館」ができた。

市内には鍋島家分家5万石の蓮池藩もあった。平成の大合併では、郡内で国府があった大和町のほか、川副・諸富・富士・東与賀・久保田町、それに神埼郡三瀬村を併せた。佐賀空港がある川副町のほか、東与賀・久保田町あたりは有明海の干拓地で、菱の実採りや堀干しフナとりなどが盛んだ。

戦国末期に龍造寺隆信の本拠、村中城があった。まわりと同じ標高なので、「沈む城」と呼ばれ、クスノキの木を植えて内部の建物が見えないようにした。4層の天守閣は1726年の火事で焼失したままだ。龍造寺、鍋島両家の歴代の墓は両家合同の菩提寺である高伝寺に集められている。

城下には小倉から博多を通らずに飯塚を経由した長崎街道が、曲がりながら走っている。大隈重信の生家は重要文化財になっている。神野公園は、鍋島直正別邸の跡で桜の名所だ。直正が大砲などを製造させたのが反射炉で、戊辰戦争での佐賀藩の活躍を支えた施設。

教養への扉 方言……「たい」とか「ばってん」とかいう表現が使われるのは北九州で一般的だが、「貝」が「きゃー」、「野菜」が「やしゃー」というようになるのは佐賀の特徴。

佐賀県② （肥前の東部）
有田産の「古伊万里」と伊万里産の「伊万里焼」

　美智子上皇后陛下の母方実家の副島家は多久氏の家臣、雅子皇后陛下の母方実家は手明鑓と呼ばれる郷士のような階級の出身だ。一方、秩父宮妃殿下の母親と李王家に嫁いだ伊都子梨本宮妃殿下は最後の佐賀藩主・鍋島正大の娘である。

　神埼郡は、平安時代に白河法皇らの荘園である神埼荘となり、平忠盛がここを根拠地として日宋貿易を行って巨万の富を得て、平家全盛のもとを築いた。長崎街道の宿場町である神埼・千代田町、脊振村が合併して**神埼市**になった。吉野ヶ里遺跡は神埼町から三田川町にかけて広がるが、三田川町が東脊振村と合併して**吉野ヶ里町**を名乗った。
　県の最も東に位置する**三養基郡**では中原・北茂安・三根町が合併して「**みやき町**」になった。**鳥栖市**は、鹿児島本線、長崎本線が交差する九州随一で最も交通が便利なところ。**基山町**には特別史跡で唐の来寇に備えた基肄城跡がある。また、このあたりには、対馬藩の飛び地・田代領があった。ほかに**上峰町**。
　鍋島分家7万石（小城藩）の小城町は、小城郡三日月・牛津・芦刈町と合併して**小城市**になった。白い粉が吹く小城羊羹でも有名。鍋島元武は5代将軍・綱吉の側近となり、浜松藩主に転じるという話もあった。水戸光圀の親友としても知られる。牛津は佐賀の百貨店である玉屋発祥の地。佐賀藩では鍋島家だけでなく龍造寺一門も領内各地に半独立勢力として割拠し続けた。**多久市**にあった多久氏もそのひとつ。
　藤津郡で嬉野・塩田町が合併して**嬉野市**になった。温泉の知名度がものをいった形だ。**鹿島市**は、鍋島家分家2万石（鹿島藩）があった。茨城県鹿嶋市の誕生のときに同一市名反対闘争を繰り広げた。ほかに**太良町**。
　杵島郡では中心都市で温泉町である**武雄市**に、山内・北方町が合流した。有明・福富町は**白石町**に合併された。**大町町**から**江北町**は、かつて杵島炭鉱が栄えた。
　旧松浦郡は、長崎県と佐賀県の北部全体を占めていた。小笠原氏6万石の**唐津市**のあたりは**東松浦郡**だが、古代の末盧国の時代から栄えた土地である。天守閣などは昔どおりの復元ではないが、桃山風の華麗なもので全国屈指の美しさだ。イカが名産の呼子町、名護屋城趾がある鎮西町、肥前・厳木・相知・浜玉町、北波多・七山村が唐津市に合流した。原子力発電所がある**玄海町**はそのまま。
　西松浦郡では、**有田町**に西有田町が合併した。世界的に有名な磁器の町である。**伊万里市**は、かつて有田焼の積出港だった。そのため有田の磁器が伊万里の名で有名になり、それは今日、古伊万里と呼ばれる。一方、現在は伊万里市内になっている郊外の大川内山に佐賀藩窯があり、色鍋島と呼ばれる磁器を生産していた。伊万里焼という言葉も使われ、「古伊万里」と紛らわしいと有田との論争が起きたりする。

教養への扉　グルメ……ムツゴロウやエズなど有明海の魚料理、ガンヅケ（カニの一種であるシオマネキの塩辛）、呼子のイカの活けづくり、小城羊羹。

長崎は、広く静かで深い湾内を持つ天然の良港で、キリシタン大名・大村純忠から寄進を受けたポルトガル人たちが開いた。地名の語源ははっきりしない。出島や奉行所は湾の奥にあり、原爆の爆心地になった浦上はそこから谷を遡ったあたり。グラバー邸や浦上天主堂、丸山の歓楽街は湾の東側の高台にある。三菱重工の造船所は湾の西側だ。

長崎は、兵庫や神奈川と同じように、長崎という重要港湾都市に県庁を置きたいがゆえに成立した県だ。無理をして肥前国、壱岐国、対馬国を併せた県をつくり、その県庁を長崎に置いたが、それはあんまりだと佐賀が分離した経緯は、佐賀県のところで説明したとおりだ。

肥前国西部は中国から最短距離にあり、中世には平戸などを根城にした倭寇が中国沿岸を荒らし、その後は、南蛮人との交易の中心ともなった。江戸時代には長崎がオランダ人および中国人との唯一の交易の場となった。近代においても、長崎と上海のあいだで盛んな往来があり、キリスト教徒も多い。

江戸時代には、オランダと清への窓口になった。最盛期は元禄までで、その後は少し衰えたが、幕末になって再活性化し、西洋文明を取り入れる窓口になった。

長崎市は、**西彼杵郡**に属する（写真は眼鏡橋）。「にしそのぎ」という難読地名である。県庁所在地の都市名でなく郡名を県名にしたところも多いのだが、さすがに「彼杵県」などにはしづらかったのかもしれない。

平成の大合併では、香焼・伊王島・高島・野母崎・三和・外海・琴海町を合併した。高島町には、石炭採掘のために狭い島内に密集して建物が並ぶ世界遺産の軍艦島（93項写真）がある。現在は無人だが、1960年には面積わずか6.3haに5267人が住んでいた。

長崎から北に向かう西彼杵半島はアーチが美しい西海橋で佐世保方面とつながる。西彼・西海・大島・崎戸・大瀬戸町が合併して**西海市**になった。**長与町**と**時津町**は単独で存続。

東彼杵郡の中心は**佐世保市**である。1886年に鎮守府となり、自衛隊や米軍の重要基地。九十九島巡りの観光船の基地でハウステンボスもここだ。空は青いし、料理も美味で、本物のオランダよりずっといい。北松浦郡世知原・吉井・宇久・小佐々・江迎・鹿町町を合併した。長崎空港がある**大村市**は、大村氏2万8000石（大村藩）の城下町。戊辰戦争で大活躍した。ノーベル賞の朝永振一郎博士の実家は大村藩の儒者だ。波佐見焼の**波佐見町**、川棚町、東彼杵町はそのまま。

長崎県は山が多いので、いちばん広い平地は壱岐島で、次ぐのは北高来郡の**諫早市**。佐賀藩重臣で龍造寺系の諫早氏が領主だった。森山・飯盛・高来・小長井町、それに西彼杵郡多良見町を合併した。

教養への扉　方言……「しかし」を意味する「ばってん」が知られる。「よか」「痛か」「かいか」「気持ちよか」「眠たか」など「か」とか「ばい」という語尾も目立つ。

島原城は小大名の石高不相応の立派さ。筒井順慶の家臣だった松倉重政が築城に領民を酷使したのも島原の乱の原因だ。島原の乱でキリシタンが籠もった原城趾があるのは**南島原市**。

島原半島は南高来郡である。平成の大合併では、**島原市、南島原市、雲仙市**の3市に整理された。松平氏7万石（島原藩）の島原市は有明町を合併した。南島原市は口之津・南有馬・北有馬・西有家・有家・布津・加津佐・深江町が合併したもの。島原半島の残りの町は雲仙市になった。雲仙温泉がある小浜町のほか、サッカーの名門・国見高校がある国見町、瑞穂・吾妻・愛野・千々石・南串山町がある。雲仙は長崎近郊のリゾート地として、上海など東アジアで働く欧米人にとって大変人気がある避暑地だったのである。雲仙ゴルフ場は1913年オープンで全国でも最古クラス。

松浦氏6万石（平戸藩）があった**北松浦郡**の**平戸市**は、「たびら平戸口駅」がある田平町、生月町、大島村と合併した。明治天皇の祖母は松浦家出身で、そのおかげで松浦氏は小大名なのに10万石クラスでしかなれないはずの伯爵にしてもらった。**佐々町、小値賀町**はそのまま。かつて石炭で栄えた**松浦市**は、弘安の役で蒙古軍が神風で壊滅した鷹島町、福島町を合併した。大名の松浦氏は「まつら」だが、地名は「まつうら」。

五島列島は**南松浦郡**である。五島氏1万石の五島藩があった福江市、遣唐使の日本最後の寄港地の三井楽町、富江・玉之浦・岐宿・奈留町が合併して**五島市**になった。九州に近い上五島では、横綱・佐田の山を出した有川町、若松・上五島・新魚目・奈良尾町が合併して**新上五島町**になった。

壱岐島は壱岐一国で明治までは2郡あったが壱岐郡に統合された。島の中心である郷ノ浦町（中心地区は武生水）、原の辻遺跡が『魏志倭人伝』に出てくる一支国だと推測されている石田町、勝本・芦辺町が合併して**壱岐市**となった。漁業のほか麦焼酎の産地。

対馬国は、南部の下県郡と北部の上県郡からなる。下県郡には、宗氏10万石の対馬（府中）藩があった厳原町をはじめ、天智天皇によって築かれた金田城がある美津島町、豊玉町があり、上県郡には、韓国が望見できる上対馬町、峰・上県町があった。それらがすべて合併して**対馬市**になった。

教養への扉 グルメ……卓袱料理、チャンポンと皿うどん、カステラ、カラスミ、島原のそうめん、大村寿司（ちらし寿司）、ザボンの砂糖漬け、松浦漬け（鯨の髭の粕漬け）、ビワ。

熊本県① (肥後)

「火の国」の「火」は何を指しているのか

　キリシタンの島・天草は熱心な法華宗信者の加藤清正が嫌って唐津の寺沢氏に与えられたが、島原の乱が起きて、そののちは幕府領であることが多かった。寺沢氏などの城や幕府領の代官所があったのは島原半島に近い苓北町の富岡である。

　秀吉は九州制圧ののち、人吉を除く肥後一国を佐々成政に与えた。しかし、気負いすぎ、検地を強行して土豪の反乱が起き切腹させられた。そこで北部は加藤清正、南部は小西行長に与えられ、関ヶ原の戦い後は全体が加藤領になった

　肥後国、肥前国は「火の国」と呼ばれた。『肥前国風土記』には、「土蜘蛛を退治したあと、天から降った火で白髪山が燃えあがるのを見た。これを聞いた天皇が、"火の国"と名づけた」とあるが、この地方で、漁船の漁り火などが異常屈折して見える怪奇現象に「不知火」というのもあるし、火山かもしれない。

　第1次府県統合(1871年)で熊本県と八代県が置かれ、県庁が城内から現在の熊本駅南方の二本木に移った熊本県は白川県と改称した。1873年にいったん白川県に合一された。熊本県になったのは城内に県庁が移ったのちの1876年である。

　熊本市には、戦国時代に隈本城があったが、佐々成政が入国して本拠とし、加藤清正が本格築城した。明治までは城と城下町を含む白川より北側が旧飽田郡で南側の県庁や水前寺公園のあたりが旧託麻郡だったが、合併して飽託郡となった。平成になって北部・河内・飽田・天明町、下益城郡富合・南城町と、西南戦争の激戦地だった田原坂のある鹿本郡植木町を合併した。2010年に政令指定都市となり**中央、東、西、南、北区**を設置。

　県北で有明海沿岸の**玉名郡**の**玉名市**は、戦後の合併で高瀬という商業都市と周辺で成立。平成になって、横島・天水・岱明町が加わった。**和水町**は菊水・三加和町が合併して両者の名前を合成した。日本人で五輪に初参加した韋駄天・金栗四三の出身地。江田船山古墳がある。ほかに炭鉱の町である**荒尾市**、日立造船(現・ジャパン・マリンユナイテッド)の工場がある**長洲町**、さらに**南関町、玉東町**がある。

　鹿本郡で紙製の灯籠とそれを使った「灯籠まつり」で知られる**山鹿市**は、鹿北・菊鹿・鹿本・鹿央町を合併した。大正末期の総理大臣だった清浦奎吾の出身地である。

　菊池郡は九州における南朝側の中心として活躍した菊池氏の本拠である。『魏志倭人伝』にある狗奴国だともいわれる。戦後の合併で、菊池神社がある隈府を中心に周辺地域が合併して**菊池市**になり、平成になって七城・泗水町、旭志村を合併した。合志・西合志町は**合志市**となった。ほかにホンダの工場がある**大津町**、熊本空港がある**菊陽町**も郡内。

教養への扉　方言……古い日本語もよく残って重厚な印象で「ばい」「たい」といった語尾が目立つ。「おらあ、肥後もっこすたい」「売れんで困ったばい」などといった具合。

熊本県② （肥後）

幕府領だった隠れキリシタンの里・天草

加藤清正の子の忠広は八代に華麗な城をつくった。熊本城のような堅固な平山城でなく平城である。だが、一国一城令で廃城となって家老・松井氏がこの地を治めた。八代神社（妙見さん）の祭りは九州3大祭りのひとつだ。

阿蘇郡では、豊肥本線沿線の一の宮・阿蘇町、波野村の3町村が合併して阿蘇市になった。火口見物の玄関であり、肥後国一宮阿蘇神社がある。阿蘇山の南側では白水・久木野・長陽村が南阿蘇村になった。その東にある高森町はそのまま。大分県に瘤のように突き出した形になっているのが小国地方である。人気の黒川温泉は南小国町、医学者・北里柴三郎の生地は小国町である。ほかに産山村、西原村。

上益城郡の東部にある矢部町、清和村、それに阿蘇郡蘇陽町が合併して山都町になった。「やまと」と読ませる。アーチ型の水道橋である通潤橋は八朔の日（旧暦8月1日）の放水が人気。幕末の1854年建設で、それほど古いものではない。ほかに辺田見地区に郡役所があった御船町、甲佐町、嘉島町、益城町。下益城郡では、砥用・中央町が合併して美里町になった。「釈迦院御坂・石段3333段」がある。

宇土郡の宇土市は小西行長の居城があり、江戸時代には細川分家3万石の宇土藩があった。半島先端の三角・不知火町、下益城郡松橋・小川・豊野町が宇城市となった。両郡名から1字ずつ取った。元寇での活躍が絵巻物になっている竹崎季長の地元だ。

八代郡は八代市のほか、平成の大合併では鏡・千丁町、東陽・坂本・泉村を併せた。竜北・宮原町は合併して氷川町になった。

公害で知られる水俣市は葦北郡にある。芦北町（中心地区は佐敷）は田浦町を併せた。葦北は難しいので芦北にしたが賢明な判断だ。ほかに津奈木町がある。

球磨川の上流は球磨郡である。米焼酎が名物で、薩摩国と肥後国の中間的な地域だ。人吉市は相良氏2万石（人吉藩）の城下町。「あさぎり町」は免田町のほか、上・岡原・須恵・深田村からなる中球磨地方5町村が合併したもの。朝霧の美しいことでは日本で3つに入るということからつけた。建設の是非が相変わらず問われている川辺川ダムは相良村だが、子守唄の五木村も集団移転の対象。日本3大急流「球磨川下り」の乗船場がある球磨村は鍾乳洞「球泉洞」もある。ほかに錦町、多良木町、湯前町、山江村、水上村。

天草五橋で天草郡が九州本土と結ばれたのは1966年である。上天草市は天草四郎の故郷である大矢野町、宮城県の松島に風景が似ているという松島町、姫戸・龍ヶ岳町が合併したもの。大矢野島と上島の東半分である。

残りの市町村は苓北町を除いて天草市になった。上島の有明・倉岳・栖本町、上島、下島にまたがる本渡市、下島で名大関・栃光を出した牛深市（語源は「潮深」）、景行天皇の軍船が嵐を避けて停泊したという御所浦町、新和・五和・天草・河浦町が合併した。河浦町の崎津は隠れキリシタンの集落として有名だ。天草は幕府領であった。

教養への扉　グルメ……馬刺し、芥子レンコン、メロン（銀座の屋台でもおなじみ）、朝鮮飴、蘇峰の梅、ミネラルウォーター。

大分県①（豊後、豊前の東部）
由布院町→湯布院町→由布市のややこしい経緯

大分郡の由布市が「湯布院市」にならなかったのは、旧湯布院町が挟間・庄内町にブランド名を使わせたくなくて反対した結果らしい。ちなみに湯布院町は由布院と湯平が合併してできた名前で、駅の名は由布院だ。

豊前国、豊後国はもともと「豊の国」といった。『豊後国風土記』によれば、この国に白鳥が飛来し、餅となり、芋草（サトイモ）が大繁殖したことにより、景行天皇が豊国と称したというが、あてになる話でない。古代に栄えたのは、豊前国京都郡（福岡県）付近だったらしい。

1871年には豊後国が大分県、豊前国が小倉県だったが、1876年に、短期間だけ豊前国全域が福岡県と合併したのち、豊前国の東半分が切り離されて大分県に入った。

大分市では、古代の国府、大友氏の居館が、それぞれ場所は違うが、市の南部にあったが、豊臣秀吉の命で福原直高が大分川河口に府内城を築いた。秀吉の好みの立地である。

江戸時代には小大名が多く統治し、幕末には松平氏2万石（府内藩）にすぎなかった。大分となったのは明治になってからで、大分郡の名前に合わせた形である。

戦後、富士製鉄（現・日本製鉄）の工場の立地を梃子に新産業都市として発展し、鶴崎市などを併せた。平成の大合併では、野津原町、関アジ、関サバが名物の北海部郡佐賀関町が加わった。湯布院町は、郡内の挟間・庄内町と合併して由布市になった。大分の語源は不明。

別府市は**速見郡**にあり、湯の質も量もすばらしく、日本一の温泉というにふさわしい。韓国などでも人気の観光地だ。読み方が「ひじ」と難しい**日出町**は木下氏2.5万石（日出藩）の城下町。北政所の兄の子孫。坂が多い城下町でNHK連続テレビ小説『ぴあの』の舞台になった**杵築市**は松平氏3万石（杵築藩）。山香町と西国東郡大田村を合併した。

東 国東郡の国東（中心地区は鶴川）・安岐・武蔵・国見町は合併して**国東市**になった。大分空港はここにある。沖合の**姫島村**はエビの養殖で知られる。

豊後高田市は西国東郡で香々地・真玉町を合併した。富貴寺の阿弥陀堂は平安時代の建築で国宝。

竹田の城は岡城といい、石垣の見事さは全国屈指。滝廉太郎は日出藩家老の子で東京生まれ。竹田では12歳から3年間を過ごしただけで、『荒城の月』に岡城のイメージがあるか不明だが、竹田の人々の滝への愛は格別だ。

日田郡では天領の西国筋郡代役所があった**日田市**に、2002年 FIFA W杯のときのカメルーン選手団キャンプ地だった中津江村、天瀬・大山町、前津江・上津江村が加わった。ヒラメの養殖が盛ん。海の魚を清流の水に塩を混ぜて養殖している。

玖珠郡では久留島氏1万石の森藩があった**玖珠町**と、阿蘇に向かう「やまなみハイウェイ」が通る**九重町**。玖珠の中心は森だが、戦後の合併のときに郡の名前を取った。殿様はもともと瀬戸内海の水軍だったが、幕府に恐れられて陸に上がった河童にさせられた。

中川氏7万石（岡藩）があった**竹田市**は、直入郡の宿場町・久住町、長湯温泉の直入町、荻町を合併した。

大野郡では、三重（中心地区は市場）・緒方・朝地・犬飼・大野町、清川・千歳村が合併して**豊後大野市**になった。緒方町は源義経と徒党を組んだ緒方惟栄の本拠。

最南端の南海部郡では、毛利氏2万石の**佐伯市**（佐伯藩）が郡内全町村を合併した。合併されたのは、宇目・弥生・上浦・鶴見・蒲江町、本匠・米水津・直川村である。漁業とシイタケ栽培などが盛ん。ここの毛利氏は、近江国出身で、長州藩とは血縁がない。細川護煕元総理の祖母である近衛文麿夫人の実家である。

北海部郡で高校野球でも知られる**津久見市**は単独で存続。稲葉氏5万石（臼杵藩）の**臼杵市**は大野郡野津町を合併した。日本一といわれる石仏群がある。

豊前国宇佐郡では**宇佐市**に、院内町、それに「あじむ」という難読地名と地ワインで知られる安心院町が加わった。宇佐八幡宮は、全国に3万社もある八幡神社の本家本元だ。宇佐をローマ字で書くとUSAなので、「メイド・イン・USA」と書いた商品を売った不届き者がいたそうだが、最近はこの共通点をウリにしているようだ。

下毛郡の**中津市**は、奥平氏10万石（中津藩）の城下町。県内最大の藩である。福沢諭吉はこの藩の下級武士（勘定方の実務官僚）出身だが、父親が大坂蔵屋敷詰だったので浪速生まれだ。平成の大合併で、郡内の本耶馬渓・耶馬渓・山国町、三光村が加わった。平成の大合併の前には、青の洞門など有名スポットを持つ本耶馬渓村ともっと奥の耶馬渓村があったが、さらに過去に遡ると東耶馬渓村、深耶馬渓村、中耶馬渓村などなんでもありだった。山国町も奥耶馬渓を名乗った。あるいは、渓谷らしいイメージを守るために村から町に変わるのを遅らせたなどという騒ぎもあった。

教養への扉 グルメ……日出の城下カレイ、関サバ、関アジ、臼杵のフグ、中津のハモ、ヒラメ、シイタケ、カボス、「吉四六」などの麦焼酎、フンドーキン醤油。

宮崎県① （日向の大部分）
いつしか神武天皇の都と呼ばれるように

『平家物語』の俊寛僧都島流しの部分に、「吾が朝、人皇の始、神武天皇の日向の国宮崎の郡に帝都を立て、御即位ありし時」とあるが、『日本書紀』には神武天皇が日向の王者だったというような記述はいっさいなく、少人数で故郷をあとにしたと書いてある。だが、中世になると宮崎に帝都があり、神武東征が美々津を起点にして行われたというような物語が生まれた。

宮崎郡の名も神武天皇の都に由来すると思いたい人もいるが、「ミヤ」は原野の意でないかといわれており、神武天皇を祭神とする宮崎神宮は、平安初期の『延喜式』にもなく、江戸時代に延岡藩から若干の社領を与えられていたにすぎないが、明治になるとにわかに注目され、大正に入って宮崎神宮になった。

鎌倉時代になると、惟宗（秦氏が賜姓されて改称）忠久が奥三国（日向国、薩摩国、大隅国＝鹿児島県）の守護となり、都城から3国にまたがる島津荘にちなんで島津氏を名乗った。江戸時代には、薩摩国、大隅国の2国と日向国の一部が薩摩藩だった。

戦国時代には、大友宗麟は伊東マンショ（飫肥の伊東氏の一族）を欧州に派遣するなどし、日向国をキリスト教王国としようとしたが、耳川の戦いで島津軍に敗れた。江戸時代は、都城周辺が島津領となり、ほかは延岡、高鍋、飫肥など小藩が多かった。

第1次府県統合（1871年）では、薩摩国と大隅国のうち南西諸島が鹿児島県、大隅国の主要部と日向国南部が都城県、日向国北部が美々津県だった。それが1873年に今日の宮崎県が成立したが、1876年には鹿児島県に編入、1883年になって独立した。

県庁は、あえて既存の都市でなく宮崎郡の中央にある上別府という村に建設された。これが**宮崎市**である。「八紘一宇の塔」は1940年の皇紀2600年祭の際に建立されたもので、高さは36m。戦後、「平和の塔」と改称され、八紘一宇の文字も削り取られた。のちに文字は復元されたが、名はそのまま。

宮崎市付近の海岸は長い砂浜だが、太平洋に直接面しているので波が高く、海水浴には向かず、港にも不向きだった。だが、土木技術の向上もあって大型フェリーの発着場として繁盛している。巨人軍のキャンプでも知られる。シーガイア・リゾートは、コンベンション・シティとする切り札のはずだった。経営は大失敗したが、サミットの外務大臣会議が開かれた。宮崎県立芸術劇場は全国的なコンサートホール建設ブームの嚆矢となった。

平成の大合併で佐土原・田野・清武町、それに東諸県郡高岡町を合併した。佐土原は島津氏3万石（佐土原藩）の城下町で、昭和天皇の皇女である島津貴子さんの嫁ぎ先である。1960年のご結婚のあと当地を訪れたことで、新婚旅行先としての宮崎が大ブームとなった。清武は宮崎沖電気の工場がある。

教養への扉　方言……南部は薩摩と同じだが中部以北は大分などと近い。「かい」とか「ね」といった語尾が目立つ。

宮崎県② （日向の大部分）

上杉鷹山の実家だが、本人が訪れたことはない高鍋藩

　現在の宮崎県と日向国はほぼ一致するのだが、南諸県郡は鹿児島県に編入された。歴史的には、平城遷都の前後である702年にのちの薩摩国が、713年に大隅国が日向国から分離した。

　北諸県郡の**都城市**は、かつては弓の産地で、現在は畜産王。ふるさと納税の返礼品でも大人気だ。島津家の名前の由来になった島津荘はここが中心で、江戸時代にも島津領の中心だった。郡内の山之口・高城・山田・高崎町を合併した。ほかに**三股町**。

　霧島山東麓にあって観光の拠点になっている**小林市**は**西諸県郡**で、野尻町と須木村を併せた。鹿児島に向かう九州自動車道と宮崎自動車道が分岐するジャンクションは「**えびの市**」にある。**高原町**は高天原だと称するが高天原は地上ではない。

　東諸県郡の綾は有機農業の推進などで全国的に注目された。ほかに**国富町**。

　日南市は南那珂郡に属し、伊東氏5万石の飫肥藩や木材の積出港だった油津があった。「飫肥」の名が消えたのは少し残念だが、日南もいい名前だ。北郷・南郷町を合併した。**串間市**は高鍋藩の飛び地で、野生馬の繁殖地で知られる。

　児湯郡では上杉鷹山の実家は**高鍋町**の秋月氏3万石（高鍋藩）である。ただし、江戸の麻布生まれで、九州に足を踏み入れたことは皆無だ。秋月氏は漢族帰化人の子孫で福岡県の秋月の豪族が豊臣秀吉によって当地に移された。**西都市**は妻町などが戦後合併のあと称した名前だが、西都原古墳群は見事で、古代には日向国府が置かれたから名前負けしない。新田・富田村が戦後合併した**新富町**には自衛隊新田原基地がある。**西米良村**には菊池氏の流れを汲む米良氏が寄合旗本として統治し、明治になって菊池一族の後継者として異例の形で男爵になった。ほかに武者小路実篤が「新しき村」を開いた**木城町**、「空の神兵」といわれた空挺落下傘部隊の**川南町**、日向国一宮都農神社がある**都農町**がある。

　北部の中心都市で旭化成の企業城下町である**延岡市**は**東臼杵郡**である。かつて県と呼ばれ、内藤氏7万石の延岡藩があった。北方・北浦・北川町を合併した。**日向市**は細島港がある富島や、神武天皇が船出した美々津を併せた町。歌人・若山牧水の生誕地である東郷町を合併した。この郡には、東郷町、西郷村、南郷村、北郷村がそろっていたが、東郷町を除いた3村が合併して**美郷町**になった。ほかに平家の落人伝説の**椎葉村**や、**門川町**、シイタケ栽培で知られる**諸塚村**がある。

　西臼杵郡の高千穂町（中心地区は三田井）には、高千穂神社があり、そこでの高千穂の夜神楽が人気。ただし、江戸時代に仏教行事から変化したもので神代につながるものではない。天岩戸のあとといわれる場所もあるが高天原は地上の話でない。延岡から高千穂鉄道があったが、台風で不通となり存続を断念。ほかに**日之影町**、**五ヶ瀬町**が秘境だ。

教養への扉　グルメ……宮崎牛、ひや汁、鶏の南蛮、春先のトビウオ、延岡の鮎、チキン南蛮、シイタケ、日向カボチャ、千切り大根、芋焼酎、麦焼酎。

薩摩藩では人口の4分の1が武士であり、全国の士族の約1割は薩摩藩士という異様さだった。また、鹿児島の城下だけでなく、各地に分家などが割拠し、砦と武家屋敷を一体化させた「麓」と呼ばれる集落を形成している。

島津氏は、鎌倉時代から薩摩国や大隅国の守護となり、江戸時代が終わるまでこの地に君臨した。ただし、最初は鎌倉に住んで代理を派遣していただけだが、元寇を機に大友氏や少弐氏ともども九州に定住した。そして、多くの分家が各地に盤踞し、抗争を繰り返したが、南北朝時代に大隅家が出水地方の薩州家に勝利を収め、鹿児島郡を本拠とした。

さらに、吹上（日置市）の伊作家の忠良が息子の貴久を奥州家の養子に送り込んで国盗りに成功した。ザビエルがやってきたころである。ただし、鹿児島市内で居館は転々としており、現在の海に近い鹿児島城に落ち着いたのは、関ヶ原の戦いのあとである。

薩摩国、大隅国や鹿児島県の成立は、すでに宮崎県のところで説明した。日向は筑紫地方より早くから大和朝廷と友好関係を結んでいたが、その南では熊襲など抵抗勢力が跋扈していた。702年に唱更国と多禰国が置かれ、713年には大隅国が置かれ、それが多禰国を吸収した。また、唱更国が薩摩国になった。薩摩国は「幸島」という説が多いが、たしかでない。大隅国は西南の隅にあるからともいう。奄美は江戸時代に島津氏が琉球を支配下に置いたときに島津領となった。1879年に大隅国大島郡となり、戦後も少しのあいだだけ沖縄と同じように米軍統治下に置かれた。

鹿児島市では、戦後に谷山市や大隅国の東桜島村を合併していたが、平成の大合併でも鹿児島郡の吉田・桜島町（大隅国。西桜島村を改称）、揖宿郡喜入町、日置郡松元・郡山町を併せた。俊寛が流された硫黄島（鬼界が島）などの三島村、吐噶喇列島の十島村は航路が鹿児島と結ばれているので、1973年に大島郡から鹿児島郡に移管された。

揖宿郡の指宿市はかつて新婚旅行にすごい人気だった。天然の砂蒸し風呂もある。大隅半島とフェリーで結ばれる山川町や開聞町を合併。開聞岳の景観（写真）は伊能忠敬から日本一とお墨つきを得た。郡は「揖宿」だが市は「指宿」だ。

川辺郡の南さつま市は、札幌雪まつりと並び称される「砂の祭典」で知られる加世田市、かつての重要な港で鑑真も上陸した坊津町、笠沙・大浦町、日置郡金峰町が合併して成立。仏壇製造で知られる川辺町、特攻隊基地と武家屋敷の知覧町が揖宿郡頴娃町と合併して南九州市となった。ほかに「台風何号は枕崎市の沖合何kmにあって」という気象情報でおなじみの枕崎市。

教養への扉 方言……「ごわす」に代表される独特なもので、最も難解な方言のひとつ。鹿児島弁では最後に「い」や「う」で終わる音を省略して口、首、靴がすべて「くっ」になってしまうようなことが多い。奈良時代などの古い言葉で残っているものも多い。「あなた」をワイ、オマイ、オハン、オマンサなどと使い分けるように敬語が多彩である。

　朝鮮半島から来た陶工が薩摩焼を創始した苗代川や、関ヶ原の戦いの無念を思い出すために毎年行われた妙円寺詣りでの出会いが維新の原動力となった徳重神社は日置市。

　日置郡では、吹上浜に面した**日置市**は、吹上・伊集院・東市来・日吉町が合併した。「**いちき串木野市**」は、遠洋漁業の基地がある串木野市と市来町の合併でできた。

　薩摩郡では、国府があった川内市に樋脇・入来・東郷・祁答院町、甑島の4つの村（上甑・下甑・里・鹿島村）が合流して**薩摩川内市**。甑島は『Dr.コトー診療所』の舞台。宮之城 島津氏の麓があった宮之城町、鶴田・薩摩町は「**さつま町**」になった。

　出水郡では**出水市**が、高尾野・野田町を合併。島津氏の薩摩国での最初の根拠地は出水市内の木牟礼城で初期5代の墓所もある。ツルの飛来地。**阿久根市**は藩政時代の重要港。長島の長島・東町は**長島町**の名でひとつになった。

　伊佐郡の**伊佐市**は芋焼酎の産地である大口市と、日本一の金鉱山がある菱刈町が合併。

　錦江湾のいちばん奥は大隅国の**姶良郡**。韓国岳、高千穂峰など霧島連山の麓で、京セラの工場などがある国分市、隼人・溝辺・福山・霧島・横川・牧園町が合併して**霧島市**になった。国府があり、「おはら節」で知られるタバコの産地で、鹿児島空港がある。北部の栗野・吉松町は高速道路のインターもある交通の要衝だが、合併して**湧水町**になった。戦後の合併で帖佐や重富が合併してできた姶良町、加治木・蒲生町は合併して**姶良市**に。

　曽於郡のうち、大崎町、有明町、志布志町、松山町は日向国の旧南諸県郡である。大崎町以外が合併して**志布志市**になった。都城に近い末吉・大隅・財部町は**曽於市**になった。

　大隅半島にある肝属郡の**鹿屋市**は鹿屋海軍航空隊の創設で発展。串良・吾平町、曽於郡輝北町を合併した。**垂水市**は郡の中心だった。**東串良町**は石油貯蔵基地。**肝付町**は肝付氏の本拠地だった高山町とロケット打ち上げ基地の内之浦町が合併。半島南部では大根占・田代町が**錦江町**に、佐多岬のある佐多町と、フェリー乗船場の根占町は**南大隅町**。

　種子島や屋久島は熊毛郡である。屋久島の世界自然遺産の原生林がある**屋久島町**は、玄関口の上屋久町と、南部の屋久町が合併した。種子島の中心は**西之表市**だが、鉄砲伝来地と宇宙センターは**南種子町**、空港は**中種子町**だ。

　いわゆる奄美群島である**大島郡**では名瀬市、住用村、それに飛び地の形で笠利町が合併して**奄美市**になった。**瀬戸内町**、**龍郷町**、**大和村**、**宇検村**もいずれ加わるのが自然の流れか。瀬戸内町はかつて軍港として賑わった。

　徳之島は世界最長寿だった泉重千代、柔道の徳三宝、横綱・朝潮太郎に旭道山、医師で政治家の徳田虎雄など有名人の輩出が多い。**伊仙町**、**天城町**、**徳之島町**がある。奄美大島に近い**喜界町**、鹿児島県最南端の**与論町**はそれぞれ島がひとつの町。沖永良部島は**和泊町**、**知名町**がある。いずれも隆起珊瑚礁の島である。与論島はカボチャが特産。

教養への扉　グルメ……薩摩揚げ、キビナゴの刺身、トンコツ、鹿児島ラーメン、芋焼酎、黒豚、軽羹（ヤマイモを使った伝統菓子）。

227

沖縄県① (琉球)

「琉球国の始祖は源為朝の子」という建国神話

　沖縄のことを日中の中間地帯とか、中国の領土だったと誤解している人がいる。しかし、住民は南九州から移住した人々で縄文系の色彩が強く、日本人でいちばん中国人と縁遠い。冊封関係が領土であることを意味するなら韓国やベトナムも中国の領土になってしまう。

　沖縄は奈良時代から日本の領土だと意識されていたが、農耕社会への移行が遅かったので、律令制による行政機構を及ぼす必要もなかった。12世紀にあたりになると南九州からの移住者もあって農業が盛んになり、クニらしきものも成立してきた。
　琉球の正史である『中山世鑑』が、源為朝が領主の妹と結婚し、生まれた子が琉球王家の始祖である舜天王だとしているのは、そうした記憶に脚色が加えられたものだ。しかし、明が成立すると、中山、南山、北山の三山時代の沖縄にも入貢をすすめる使いを出し、船も用意するというので、冊封と朝貢が始まった。外交や行政の専門家がいないだろうと福建省人36家族を下賜し、彼らの子孫が北京に留学して官僚を独占していた。
　日本との関係は組織立っていなかったが、室町幕府は仮名書きの文書で内国扱いとして交流し、島津氏は交易を独占しようとしていた。豊臣秀吉は征明にあたり、軍役を課したが、琉球王国はこれを島津氏に肩代わりさせてしのぎ、踏み倒した。
　島津氏は、琉球征伐を提案して、幕府も国威維持のために許可した。尚寧王は江戸に連れ去られ、島津氏は奄美群島を領国に編入し、役人を常駐させて77万石という石高には沖縄分がカウントされていなかったものの、明との朝貢貿易は続けさせた。
　黒船が来航するようになると、島津氏は琉球王国に独自に条約を結ばせた。幕末に訪問したペリーも住民は日本人であり日本の領土だと認めていたが、欧米諸国が植民地化する恐れもあったので、明治新政府は内国化を急いだ。ちょうど宮古島の島民が台湾で原住民に殺され、日本政府は清に賠償を求めたが、清国政府が「化外の地」だから責任を持てないとしたので、日本は台湾に出兵して占領したところ、清が賠償金を払った（1874年）。
　日本は1872年に琉球王国を琉球藩に変更し、次いで清との交流の差し止め、日本の法制度の適用を求めたが、煮え切らなかったので、1879年に警察隊と首里城で沖縄県の設置と国王一家の東京居住を命じた。この一連の動きを「琉球処分」という。華人官僚などは清に助けを求め、宮古、八重山を清国領とする代わりに、日本商人の内陸部での商業活動を自由化するという案もあったが、日清戦争が起こり、台湾までもが日本領になった。

教養への扉　方言……本土の言葉と同系統だが、母音の「え」と「お」は「い」と「う」に変化しやすく、「き」も「ち」になりやすい。だから、「おきなわ」も現地読みでは「うちなー」である。標準語とあまりにも違いが大きいので、かつては、ほとんど外国語を学ぶように標準語を勉強したので、かえって沖縄の人は標準語を正確に話すといわれたりした。

219 沖縄県② (琉球)

王都の首里が港町の那覇に合併された

琉球は古代から使われているが、台湾との混同もある。語源は不明。南蛮人からは「レキオ」と呼ばれた。沖縄は本来は本島だけを指す。漁場と関連づける説も多い。

いまは**那覇市**に合併されているが、かつて王城があった地区は首里市だった。15世紀のはじめに浦添から王府が移った。明治政府は首里の王族の屋敷を接収して県庁を置こうとしたが、貴族たちの反発を避けるために隣接する港町である那覇にした。

戦争で破壊された首里城跡には、琉球大学があり、守礼門だけが再建されたが、大学の郊外移転で王城が再現されたが、2019年の火災で焼失した。戦争で焼けたのは、1715年に薩摩の援助で竣工したものだ。二千円札の図柄になっている守礼門は、中国からの冊封使節を迎えるためのもので、「守礼」は中国皇帝に忠実であるという意味。

那覇はもともと島だったが、海中道路・長虹堤で首里とつながっていた。米軍の統治下で真和志市ともども合併させられた。

沖縄本島は、北から国頭郡、中頭郡、島尻郡に分かれている。那覇は島尻郡だが、首里は**中頭郡**だ。**浦添市**はアメリカ総領事館や沖縄電力の本社がある。最大都市の**沖縄市**は越来(ぐいーく)と呼ばれていたのを米軍キャンプの名によってコザ市と改称し、1974年に美里村と合併して沖縄市になった。

平成の大合併では、石川・具志川市、与那城・勝連町が合併して「**うるま市**」となった。沖縄の別称のひとつだ。米海兵隊の普天間基地があるのは**宜野湾市**で、戦前は中頭郡の中心都市だったが基地で分断されている。**嘉手納町**は、米空軍基地で知られる。**読谷村**は世界遺産の座喜味城跡がある。沖縄では名所旧跡が「琉球王国のグスク及び関連遺産群」としてまとめて登録されている。ほかに**北谷町**、**西原町**、**北中城村**、**中城村**がある。

沖縄本島の北部は**国頭郡**と呼ばれ、深い森にヤンバルクイナなど貴重な生物が生息する。**名護市**は九州・沖縄サミットの主会場で北海道日本ハムファイターズのキャンプ地としても毎春ニュースに登場する。羽地地区は、王国時代の北部の中心。沖縄国際海洋博覧会の会場は**本部町**だった。その沖合には伊江島が浮かび**伊江村**になっている。

恩納村にはリゾートホテルがビーチに並ぶ。**今帰仁村**には14世紀から15世紀にかけて北山王国の王城があった。ここの運天港には源為朝が上陸し、江戸時代初期に薩摩軍もここから沖縄に攻め入った。**国頭村**の辺戸岬は沖縄最北端。東海岸にはキャンプ・ハンセン演習場がある**金武町**、**大宜味村**、**東村**、**宜野座村**がある。

那覇市の中心部は**島尻郡**だ。沖縄戦で破壊されたが、国際通りなどを中心に復興した。県庁を中部に移せという声も強かったが黒川紀章設計の新庁舎が完成して論争に終止符が打たれた。獅子をかたどったシーサー、壺屋焼や紅型が代表的な特産品である。

教養への扉 方言……戦後に生まれた「ウチナーヤマトグチ」は、方言と標準語がミックスし、訛りも独特。「○○しましょうね〜」(します)、「なんでかねー」(どうしてだろうね)、「だあるわけさ」(そうなんですよ)、「だからよー」(そうだねーという相槌)、「いま来るよ〜」(行くよー)などが代表的か。

沖縄県③（琉球）

琉球を統一した第一尚氏王統は伊平屋島がルーツ

　島尻郡の豊見城市は「トミグスク」と伝統的な読み方をするが、高校野球で有名なのは「とみしろこうこう」だ。また、沖縄では「村」は「そん」と読む。だから「とみぐすくそん」だった。那覇の郊外ということで人口が急増し、村からいきなり市になった。

　南部を代表するのは糸満市で、漁民の町で旧暦5月4日のハーレー（爬竜船競漕）が賑わう。摩文仁の丘の平和祈念公園も市域に入り、ひめゆりの塔や沖縄戦で戦死した全犠牲者の氏名が刻まれた「平和の礎」などが戦跡観光で賑わう。

　島尻郡役所の所在地だった東風平町は、具志頭村と合併して八重瀬町となった。南城市は佐敷町、知念・玉城・大里村が合併したもの。ハブとマングースの闘いが人気の玉泉洞がある。ほかに与那原町と南風原町がある。「こちんだ」とか「はえばる」といった読み方からは古代の日本語が残っていることが感じられ、心地よく響く。ほかに豊見城市。

　珊瑚礁が美しい沖縄の離島は、宮古島などが宮古郡、石垣島などが八重山郡だが、残りは本島南部とともに島尻郡である。

　本島に近いのは、那覇の沖合に島影が見える座間味村、渡嘉敷村である。それよりもう少し北東に渡名喜村と粟国村がある。その西にある比較的大きな島が久米島である。具志川・仲里の2村が合併して久米島町になった。

　国頭郡の運天港の真北、鹿児島県の与論島の東のあたりに浮かぶ伊平屋、伊是名諸島のうち、伊平屋村は1429年に琉球を統一した第一尚氏王統の先祖にあたる屋蔵大主の生地であり、伊是名村は1469年即位の琉球王府第二尚氏の始祖・尚円の出身地である。

　本島の東360kmにある絶海の孤島で、気象情報でおなじみの南大東村と北大東村は、明治になって八丈島の島民によって開拓されたサトウキビの島。

　リゾートとして人気上昇中の宮古島では宮古郡の平良市、城辺・下地町、上野村、それに少し離れた島にある伊良部町が合併して宮古島市になった。「宮古市」の案もあったが岩手県宮古市の要望もあって変更された。宮古島の人たちは激しく議論好きで、郷党意識が強い。本島や石垣に生息するハブが宮古島にはいないが、島民の気性の激しさに恐れをなして逃げ出したのだと地元の人は自慢する。宮古と八重山の中間には多良間村がある。

　八重山郡の人たちは、宮古の人ほど議論好きでないが、話はなかなかまとまらない。石垣市はサトウキビ、パイナップル栽培が盛ん。最初の郡役所が大浜地区にあった竹富町は、西表島、竹富島、小浜島、黒島、新城島、波照間島、鳩間島など16の島からなる。波照間島は有人島としては日本最南端。竹富島は赤瓦の町並みが美しい。

　日本最西端の与那国町は台湾とは111kmの位置にあって天気がよければ花蓮の絶壁が見える。特別に製造を認められている60度の焼酎「花酒」が特産品である。

教養への扉　グルメ……豚のラフテー、ゴーヤのチャンプル、豆腐よう、イラブ（ウミヘビ）、ソーキそば、サーターアンダギーなどの菓子。

　奈良時代に数年間の短い期間、石背国、石城国が陸奥国から分離して設置されたことがある（718年）。それぞれ、須賀川市といわき市付近を中心とし、岩瀬郡と石城郡という郡名にその名残がある。

　戊辰戦争が終わったあと、新政府は東北経営の強化のために、陸奥国を5分割したが、その際に、古代の地名を参考にして、岩代国、磐城国の2カ国を復活させた。語源は不明だが、「石」は単に石をいうのか阿武隈山地を指すのかだが、山の背後にあるという意味か。

　1871年の第1次府県統合では、若松、福島（一時期は二本松）、磐前（一時期は平）の3県とされ、1876年に3県が合併された。旧会津藩領の越後国東蒲原郡も1886年まで福島県に含められた。3県合併の場合は、真ん中の県に県庁を置くのが自然なので、福島になった。

　福島市は岩代国信夫郡にあり、城は大仏城ともいわれたが、豊臣時代に蒲生氏郷の与力だった木村吉清が居城としたときに福島城となった。板倉氏3万石（福島藩）は戊辰戦争の後始末で三河国に転封された。伊達郡飯野町を合併した。

　伊達市が北海道と福島にできた。**伊達郡**は伊達氏の名前の起源になった土地だから、北海道のほうでは文句をいいにくかったのだろう。伊達郡のうち南北朝時代に北畠顕家の居城があった霊山町をはじめ、伊達・梁川・保原・月舘町が合併して**伊達市**になった、伊達氏の本拠地だったのは合併に加わらなかった**桑折町**。作曲家・古関裕而の母の実家があってNHK連続テレビ小説『エール』にも登場した**川俣町**、**国見町**はそのまま。

　会津は崇神天皇時代に四道将軍のうち北陸と東海から来た2人が会ったのが由来。仏教文化が栄えた。戦国時代には芦名氏が会津守護を称した。

　会津若松市は北会津郡で、蒲生氏郷が近世的な城を築き、東北の首府となった。若松の名も会津塗も氏郷の故郷である近江国日野から来ている。会津藩は松平（保科）氏28万石。藩士は主として信州出身で、会津魂は信濃人の気風そのもの。北会津村と河沼郡河東町を合併した。

　南会津郡は天領。田島祇園祭で知られる田島町、舘岩・伊南・南郷村が合併して**南会津町**になった。**下郷町**の大内宿の町並み、田子倉ダムがある**只見町**、農村歌舞伎の**檜枝岐村**。

　喜多方市はラーメンと土蔵の町だ。もとは小田付といった。**耶麻郡**にあり、塩川・山都町、熱塩加納・高郷村を合併。五色沼や檜原湖の**北塩原村**は、北山、大塩、檜原が合併したときに1字ずつ取った。野口英世の生家がある**猪苗代町**、**磐梯町**、**西会津町**がある。

　会津坂下町、**柳津町**、**湯川村**からなる**河沼郡**は仏教文化の宝庫だ。

　奥州二宮・伊佐須美神社がある**大沼郡**の会津高田・会津本郷町、新鶴村が合併して**会津美里町**になった。ほかに**三島町**、**金山町**、**昭和村**。

教養への扉　方言……茨城よりさらに無アクセントが徹底。あまりにも区別がつきにくいので「柿」を「かじ」といって「牡蠣」と区別したりもする。抑揚がなく語尾が少し上がる。話し手によるがやさしい言葉づかいの人が話すとフランス語に似ているような気もする。「べー」「ばい」「なんしょ」「なし」などと語尾が柔らかい。「してください」を「してくなんしょ」といったようにいう。

福島県②（岩代、磐城の大部分）
なぜ郡山は県庁所在地になれなかったのか

磐城国の発祥の地である石城郡では、1967年に双葉郡の2町村も含めて5市4町5村の空前の大合併で「いわき市」が誕生した。

　いわき市の平は安藤氏3万石（平藩）の城下町だが、近年、常磐線の駅も「平」から「いわき」に名称変更した。内藤氏1万5000石の湯長谷藩もあった。

　富岡町、大熊町、双葉町、広野町、楢葉町、浪江町、葛尾村、川内村からなる双葉郡は、原子力、火力発電所が林立。豊かなので合併が進まなかったが、福島第一原発事故で苦悩。

　相馬郡は平将門の子孫という相馬氏6万石があった中村は相馬市となる。野馬追会場である原町市と小高・鹿島町が南相馬市になった。どちらの場合も相馬という名称のよさがものをいっている。ほかに新地町、飯舘村がある。

　古代から、白河には東北の玄関として関所が設けられていた。白河と白川の2つの表記が混在。

　西白河郡の白河市は松平定信が城主だったが、幕末には殿様はいなかった。大信・東・表郷の3村を合併した。矢吹町、西郷村、中島村、泉崎村はそのまま。

　東白川郡の棚倉町は阿部氏の城下町。矢祭町は「合併しない宣言」で話題となった。ただし、この町は1955年に合併でできたもので、それほどの歴史はない。塙町、鮫川村もそのまま。

　甲子園でもおなじみの学法石川高校というのは、石川郡の石川町。のちに仙台藩筆頭家老になる石川氏の本拠だったところだ。郡内には浅川町、古殿町、玉川村、平田村がある。

　田村郡の三春町は伊達政宗正室の愛姫の故郷である。坂上田村麻呂の子孫と称する田村氏は岩手県の一関に移り、古代蝦夷の子孫と称する秋田氏が出羽国から移って5万石の三春藩主になった。小野町は陸奥守・小野篁によって開かれた。滝根・常葉・船引・大越町、都路村が集まって田村市になったが、中心都市の三春は参加しなかった。

　岩代国の話に戻る。交通体系からいえば、福島市より郡山市のほうが便利だし、明治になって商業都市として発展したので、県庁を移せという声が強くなった。だが、相馬地方の反対もあり、また、1カ所の県庁移転を認めると全国的に騒ぎが拡大するので、内務省が認めなかった。

　安積郡では、久留米藩士らが安積疏水を引いて開発した。1965年に安積郡全域と田村郡の11町村が合併して新しい郡山市になった。県内で人口最大で「経済県都」と呼ばれる。

　安達郡では、丹羽氏10万石（二本松藩）の城下町である二本松市が、安達・岩代・東和町を合併した。本宮町、白沢村が合併して本宮市となり、大玉村は存続。

　石背国の名を引き継ぐ岩瀬郡の須賀川市は福島空港があり、マラソンの円谷幸吉の故郷で、長沼町、岩瀬村を合併した。鏡石町、天栄村はそのまま。

教養への扉　グルメ……会津の清酒と駄菓子、白河のそば、郡山の薄皮饅頭、喜多方ラーメン、ウニの貝焼き、桃、リンゴなどフルーツ。

宮城県① (陸前の大部分、磐城の一部)
前漢の文帝の宮殿「仙遊観」が仙台の由来

県名が仙台県だと旧藩意識が抜けないという県令の訴えで、仙台市が所在する郡名から宮城県になった。宮城郡の名は、多賀城、塩竈神社、「屯倉」などいろいろの説がある。

東北地方は、陸奥国と出羽国の2国からなる。陸奥国は畿内から東山道を進んできた「道の奥」であることから「ミチノオクノクニ」とされたのが訛って「ムツノクニ」となった。陸奥国を「みちのく」と雅称のように呼ぶこともある。

陸奥国が別格の大国のまま分割されなかったのは、遠国なので多賀城のような強力な出先にまとめて任せておいたほうがよいとされたからである。室町時代にも、守護より格上の探題などが置かれ、陸奥国守護はいなかった。

1869年に陸奥国を5分割したときには、現在の宮城県のうち伊具郡、亘理郡、刈田郡は磐城国である一方、現在は岩手県になっている大船渡周辺も陸前国に含められていた。第1次府県統合（1871年）では、北部は岩手県南部とともに一関県（名称はたびたび変更）をなしていたが、1876年に現在の形になった。旧仙台藩の一部が岩手県になったのは、人口バランスゆえだ。

仙台市は千体仏とか川内とか諸説あるが、漢字は伊達政宗が前漢の文帝が仙遊観（別名・仙台）という宮殿を建造したことにちなんで詠まれた漢詩から取った。政宗が米沢から移ったときは、岩出山を本拠にしたが、関ヶ原の戦いのあと白石方面を領地に加えたので本拠地を南に求めて仙台に移した。ただし、政宗は晩年には仙台駅より東に若林城を築いて移っていた。

青葉城と呼ばれる城の立地は中世的で、本丸の標高は115m、背後は険しい山地だ。天守閣はなく、大手門から仰ぎ見る崖の上にある艮櫓や清水の舞台のようなつくりの懸造御殿がその代わりだった。東北大学のキャンパスだったが、城の北側に移転した。大崎八幡宮は伊達政宗が城下の鎮守として建設した桃山風建築で国宝。

戦後は1987年に宮城郡宮城町、1988年に泉市、名取郡秋保町を編入し、1989年に念願の政令指定都市に指定された。**青葉、宮城野、若林、太白、泉区**がある。

多賀城市、塩竈市、松島町、利府町、七ヶ浜町も宮城郡。塩竈は、湾、港湾、鉄道などいずれも塩釜と書くが、市名は旧字体。

加美郡では、中新田・小野田・宮崎町が合併して**加美町**になったが、**色麻町**はそのまま。奈良時代に播磨国飾磨郡から来た屯田兵に由来した名前だ。中新田町はバッハ・ホールで知られていた。

黒川郡には、**富谷市、大和町、大郷町、大衡村**がある。

仙台の南は名取郡で、**名取市**には仙台空港もある。中心地区は増田だが、昭和の大合併のときに、郡名から取った。**岩沼市**は東北本線と常磐線の分岐点である。

教養への扉 方言……東北弁にしては敬語表現が多彩であることがひとつの特徴。仙台藩という大きな大名の統治下で小宇宙をつくっていたからである。「ございりんす」「いただきす」「ありすと」など「す」が絡む語尾が多い。「だっちゃ」というのも印象的な語尾。

宮城県② （陸前の大部分、磐城の一部）
東北探題・大崎氏の名が平成の大合併で復活

　東北新幹線の駅がある古川だが、平成の大合併で大崎市となった。このあたりは、室町時代に斯波氏の一族で奥州探題の大崎氏の本拠だった。この合併によって伊達氏以前の栄光の思い出を取り戻せば、県内における仙台の覇権に一矢を報いることにつながるかもしれない。

　大崎市は、志田郡の古川市、松山・三本木・鹿島台町、玉造郡で伊達政宗の最初の居城だった岩出山町、こけし人形の鳴子町、遠田郡田尻町が合併した。

　遠田郡のうち、東北本線と石巻線、陸羽東線が分岐する要衝である小牛田町と南郷町が合併して美里町になった。郡の中心である涌谷町はそのままになった。

　栗原郡築館・若柳・栗駒・高清水・志波姫・瀬峰・鴬沢・金成・一迫町、花山村は、そのまま栗原市になった。東北新幹線「くりこま高原駅」がある。

　室町幕府の東北代表が大崎氏なら、鎌倉幕府のときは葛西氏で、奥州総奉行として牡鹿郡の石巻付近を本拠にした。郡内の牡鹿町は石巻市と合併したが、原子力発電所のある女川町はそのまま。石巻は支倉常長がヨーロッパに船出したところ。

　桃生郡のうち南部の鳴瀬・矢本町は東松島市になったが、北上川河口付近の桃生・河南・河北（津波で悲劇の場となった大川小学校がある）・雄勝・北上町は石巻市に加わった。

　戦国時代には葛西氏の本拠だった登米郡は、郡の中心だった佐沼を含む迫町と、東和・中田・豊里・米山・石越・南方・登米町が本吉郡津山町を併せて登米市になった。郡と新しい市の名前は「とめ」だが、登米町は「とよま」だった。江戸時代には、刈田氏が伊達氏を名乗って家老として2万石であり、明治初期には県庁があった。洋館がいまに残る。

　三陸のリアス海岸に面し、県北東部にある本吉郡ではフカヒレの世界的な産地である気仙沼市が唐桑・本吉町を合併した。郡の中心だった志津川町は歌津町と合併して南三陸町となった。

　柴田郡の柴田町はNHK大河ドラマ『樅の木は残った』の主人公・原田甲斐が居城とした船岡などが合併のとき郡名を取って名乗った。ほかに郡役所があった大河原町、村田町、川崎町。

　これより南は磐城国。亘理郡は阿武隈川河口にあり、亘理町には伊達政宗時代のナンバーツーだった伊達成実の子孫がいたが、明治になって北海道に移って伊達市を開いた。ほかに山元町。

　刈田郡の白石市は「うーめん」が名物で片倉氏の本拠地。本格木造の天守閣が新築されたが、かつての城とは関係ない。ほかに蔵王町、七ヶ宿町。

　伊具郡の角田市は、福島県出身の仙台藩家老・石川氏の本拠。幻の旧石器発見が話題になった丸森町のように「森」がつく地名が東北には多いが、「山」のことらしい。

教養への扉　グルメ……笹蒲鉾、牛タン、気仙沼のフカヒレ、三陸海岸の牡蠣、うーめん、ハラコめし、塩竈（和菓子）、萩の月（和菓子）。

　盛岡藩からは原敬、米内光政、東条英機という3人の総理大臣を出している。県内からは水沢の斎藤実、山田町の鈴木善幸という総理大臣も出ている。

　盛岡藩主・南部家は山梨県南巨摩郡南部町の豪族だったが、奥州藤原氏滅亡後に、いまの青森県東部と岩手県の九戸、二戸両郡を併せた糠部郡の地頭として送り込まれた。戦国時代に周辺に勢力を伸ばした。津軽方面は家臣だった大浦氏（のちに津軽氏と改称）が独立して支配するようになり、南部氏に先駆けて豊臣秀吉に取り入り、独立した。

　だが、南部氏も臣従し、東北経営に協力したので、秀吉は北上川中流域の和賀郡、稗貫郡、紫波郡を南部氏に与えた。そこで、南部氏は居城も三戸、次いで二戸郡福岡から、盛岡に移した。

　陸奥国を5分割するときに盛岡藩領は分断され、盛岡藩領の南部と仙台藩領の北部で陸中国となった。ただし、陸中国と岩手県も微妙に違う。岩手県は陸奥国二戸郡と陸前国気仙郡を含んでいる。

　盛岡藩領はひとつの県にほどほどの大きさなのだが、弘前藩領の青森県西部がひとつの県には小さすぎた。南部藩領の北部の鹿角郡が秋田県になったのは、鉱山行政の都合かもしれない。ただし、1871年からしばらくは、仙台藩領の北半分が、一関県（県庁が一関、水沢、登米を転々としたので県名も変遷した）で、現在の形になったのは1876年である。

　県名は**盛岡市**が**岩手郡**に属することに由来する。語源は不明だが、岩手山の溶岩が押し出された地形があることから、「岩出」から転訛したのでないかというのにも説得力はある。盛岡は北上川と支流の雫石川などが合流する地点で交通至便だが洪水の恐れがあった。

　豊臣時代になって蒲生氏郷らの指導を受け、畿内から最新の土木技術を導入して建設した。もとは不来方といったが、めでたくないとして、丘が盛り上がっているのに着目して改名したらしい。東北には珍しい本格的な石垣や天守閣もあった。紫波郡都南村に続き、詩人・石川啄木の故郷である玉山村を合併した。「わんこそば（小さい麺を次々と放り込む）」「じゃじゃ麺（うどんに似た麺に肉味噌などを載せる）」「冷麺」を盛岡3大麺という。

　安比高原スキー場などがある**八幡平市**は、安代町（2002年に二戸郡から岩手郡に移管）、西根町、松尾村が合併してできた。ほかに小岩井農場がある**雫石町**、**葛巻町**、**岩手町**、10年以上も人口5万人を超える「村」だった**滝沢市**がある。

　戦国時代最後の戦いとなったのが豊臣秀吉に反旗を翻した「九戸政実の乱」だが、九戸（福岡）城があるのは、陸奥国**二戸郡**の福岡町と金田一村が1972年に合併して成立した**二戸市**である。福岡地区に残る城跡は九戸氏時代のものでなく、乱のあとに蒲生氏郷らの助力で築かれた畿内式の城で、一時、南部氏の本拠だった。二戸市は浄法寺町を合併した。郡内に**一戸町**もある。

教養への扉　方言……県南はむしろ宮城県と同じ。盛岡周辺の言葉は山形や秋田とともに古い関西弁の影響も感じられる。語尾の「なはん」は「ね」に相当する。「ござんす」というのもよく使われる。「おばんでがんす」は「こんばんは」の意味で使われる。

県の北東部は九戸郡だが、NHK連続テレビ小説『あまちゃん』の舞台になった久慈市は琥珀の世界的産地として知られる。山形村を合併した。釜石は製鉄所とラグビーの町。

陸中国に戻って、九戸郡では久慈市のほか、八戸に近い種市町、大野村は合併して洋野町になった。漁村と農村が合併したからということらしい。ほかに軽米町、九戸村、野田村。

下閉伊郡は三陸海岸の中央部を占める巨大な郡である。宮古市は、巨大な堤防で知られる田老町、新里・川井村を合併した。浄土ヶ浜など美しい海岸が広がるが、津波の被害も多いところだ。岩泉町は鍾乳洞・龍泉洞がある。山田町は鈴木善幸元総理の出身地。地元の網元だ。田野畑村、普代村はそれぞれ合併に参加しなかった。

ラグビーの新日鐵釜石でおなじみの釜石市は、鉄鉱石を産し、上閉伊郡に属す。「民話、伝説のふるさと」として知られる遠野市は、宮守村を合併した。大槌町もある。

北上川中流域の紫波郡は室町幕府3管領のひとつ斯波氏に名字を与えたことで知られる。足利氏の一族がこの地に領地があったことからこの姓を名乗った。紫波町、矢巾町は盛岡のベッドタウン化している。

稗貫郡は宮沢賢治の故郷で温泉でも有名な花巻市が中心。空港もある。大迫・石鳥谷町、それに和賀郡東和町を合併した。

和賀郡の湯田町と沢内村は合併し、昔の郡の名前を取って西和賀町になった。北上市は北上川水運の要地だった黒沢尻を中心にした町で、1991年に和賀町、江釣子村と合併した。ここまでが盛岡藩領である。

仙台藩領の胆沢郡は、坂上田村麻呂の蝦夷征服の根拠地となったところ。また、近世には伊達藩の北辺であった。仙台藩には家老クラスが「要害」を構えたミニ城下町が多い。金ケ崎町には武家屋敷の町並みがよく残る。

奥州市の中心は旧水沢市で、蘭学者・高野長英、政治家では後藤新平、斎藤実(総理大臣)、椎名悦三郎、小沢一郎などが出た人材の宝庫だ。ブランド牛で有名な前沢・胆沢町、衣川村、江刺郡の江刺市も奥州市に参加したが、平泉なしの奥州市では画竜点睛を欠く。

その平泉町は西磐井郡に属する。奥州藤原氏の栄華を偲ばせる町で、中尊寺金色堂がある。田村氏3万石(一関藩)の城下町だった一関市は、郡内の花泉町、東磐井郡千厩・大東・東山・藤沢町、室根・川崎村を合併した。千厩というのは馬の国にふさわしい名前だが、語源は「狭い湿地」といったもので、漢字は当て字だ。

陸前国で三陸町を編入した気仙郡では、大船渡市はチリ地震津波で53人の死者、行方不明者を出したところである。ほかに出稼ぎで大工さんを多く送り出す陸前高田市(写真は「奇跡の一本松」)と住田町がある。

教養への扉 グルメ……わんこそば、冷麺、ほや、南部煎餅、じゃじゃ麺、まんぼう、小岩井農場の乳製品。

　青森県の西部は旧弘前（津軽）藩で、東部は旧盛岡（南部）藩である。津軽家は南部家の家臣だったのが豊臣秀吉に取り入って強引に独立したので、2つの藩は犬猿の仲になり、その対立感情は現代も色濃く残る。

　明治になって陸奥国は5カ国に分けられたが、いちばん北はもともとの国名と同じ表記の陸奥国を名乗ったので、2種類の陸奥国があることになる。新しい陸奥国はほぼ青森県と一致するのだが、少し岩手県にはみ出している。1871年にはその二戸郡も含む陸奥国全体が青森県（当初は弘前県）だったが、1876年に二戸郡は岩手県に移った。

　会津藩が移されて苦労した酷寒の地・斗南というのは、**むつ市**の田名部のことである。下北郡にあり、南部領だったが、戊辰戦争で減封されて空いていた。会津藩にとっては、領内にも猪苗代という候補地もあったのに、みずから望んで北の新天地の開拓にかけた。

　地域の状況は盛岡藩に聞けばわかることで、予想外に厳しい気候に驚いたとすれば会津藩幹部の怠慢で、艱難の原因を新政府に押しつけるのは見当外れだ。

　田名部と大湊が合併して大湊田名部市となり、のちに改称した。幻の原子力船「むつ」はここを母港にしていた。川内・大畑町、脇野沢村を合併した。ほかに最高級マグロの名産地として知られる**大間町、風間浦村、佐井村、東通村**がある。このあたりは、お祭り芸能の宝庫だ。

　下北郡があれば、**上北郡**もあるわけで、ここから岩手県北部にかけては、馬の産地であり、その管理組織に始まる「戸」がつく地名が9つあり、五戸町に属する四戸以外はすべて市町村名として健在である。南部分家1万石の七戸藩があって郡の中心だった**七戸町**は有名産地で天間林村を合併した。新渡戸稲造ゆかりの**十和田市**は紅葉の名所・奥入瀬渓谷がある十和田湖町を合併した。**東北町**は上北町を合併した。米軍基地と松山商業との延長再試合となった甲子園決勝戦で知られるのが**三沢市**。百石・下田町は「**おいらせ町**」になったが、こちらは海岸なので渓谷とは関係ない。菜の花の町である**横浜町**は、あの横浜にあやかったわけではない。ほかに古牧温泉がある**六戸町**、津軽との境界にある**野辺地町**、「むつ小川原開発」の中心である**六ヶ所村**がある。

　県南東部は**三戸郡**。盛岡藩主・南部家は、三戸町を本拠にしていた。**八戸市**は南部氏の先祖が上陸したところ。重要な港町で苫小牧とフェリーで結ばれている。蕪島はウミネコの繁殖地。南郷村を合併した。

　南部町は名川町、福地村を合併した。**五戸町**は、倉石村と合併した。**新郷村**は、キリストが生き延びてここで死んだという伝説があり、キリストの墓と弟イスキリの墓まである。ほかに**田子町**と**階上町**がある。

教養への扉　方言……県東部は南部藩であるから岩手県とあまり変わりない。津軽弁は、極端に短い表現が多い。「く」（食べない）、「い」（いいです）、「け」（食べたら）、「か」（いただくわ）、「め」（おいしい）などと冗談のようである。「わ」とは「わたし」で「な」は「あなた」である。

東北では郡の括り方が大ぶりだったので、明治時代に東西南北などに小分けしたところが多いが、それ以前は県の西半分はすべて津軽郡だった。郡の名前を県名にすれば「東」は取って津軽県となるのが原則だが、それでは南部領にとっては耐えがたかっただろうから、青森という名にしたのかもしれない。

青森の町は、寛永年間（1624〜1644年）に3代藩主・津軽信牧によって開かれる前は、善知鳥といったのを、青い松林があったので青森としたのだという。ここが県庁所在地になったのは、青森県が成立したときに北海道の一部も県域に含まれていたのも一因らしい。1871年から1872年までの1年間は、北海道の南西端にある松前や江差周辺が青森県に属していたので、港町である青森のほうが便利だったからである。郊外には、映画で有名な遭難事件の現場となった八甲田山、浅虫温泉、縄文時代の遺跡として有名な三内丸山遺跡がある。

8月2〜7日に開催される「ねぶた祭り」は200万人超の観客動員を誇る。武者絵を描いた大型の灯籠が山車に乗せられ「らっせー」というかけ声とともに動く。

石川さゆりの『津軽海峡・冬景色』で知られる竜飛岬がある**東津軽郡**の**外ヶ浜町**は、蟹田町・平館・三厩村が合併してできた。**今別町**は独立なので、旧三厩村は飛び地になった。ほかに**蓬田村**、**平内町**がある。**青森市**も東津軽郡。

弘前市は津軽氏の城下町で、**中津軽郡**である。城と城下町の雰囲気がよく残っていることでは、彦根、松江と並ぶといってよい。県庁は青森に取られたが、主な高等教育機関はここに集中し、弘前大学という形にまとめられている。かつては師団もあって軍隊の町でもあった。岩木町、相馬村を合併した。ほかに白神山地の玄関である**西目屋村**。

北津軽郡の中心は高さ25mの「立佞武多」で知られる**五所川原市**。太宰治の故郷・金木町と、中世に栄えた十三湊があった市浦村を合併した。一方、小泊村と中里町が合併して**中泊町**になったのだが、隣接した町同士の組み合わせにならなかったので五所川原と中泊のいずれもが飛び地を抱えることになった。ほかに**板柳町**、**鶴田町**がある。

西津軽郡の北部は、植林のおかげで開拓されたところで、木造町、森田・柏・稲垣・車力村で合併して**「つがる市」**になった。津軽の中心でもないのであまり適切でない。**深浦町**は岩崎村を合併した。江戸時代に港町として栄え、郡役所もあった**鰺ヶ沢町**はそのまま。

青森市は平成の大合併で**南津軽郡**にある南朝北畠氏ゆかりの浪岡町を合併した。**大鰐町**は2代目若乃花の故郷でスキー場もある。鰐とは山椒魚のことだが、語源は大阿弥陀が訛ったものらしい。「こみせ」という木造アーケードがある**黒石市**には、津軽藩支藩1万石（黒石藩）があった。**平川市**は平賀・尾上町、碇ヶ関村が合併し、町内を流れる川にちなんで命名した。**藤崎町**は常盤村を合併した。**田舎館村**は印象的な村名だ。

教養への扉 グルメ……イチゴ汁（ウニとアワビ）、どんこ汁、タラのじゃっぱ汁、陸奥湾のホタテ貝、十和田湖のヒメマス、リンゴとそれを使った菓子。

山形県①（羽前、羽後の一部）
最上57万石が山形市の全盛期

　山形はいまもなお戦国時代の最上義光の思い出に生きる町である。山形の名は、上流部を意味する「山方」から来ているらしいが、南北朝時代に斯波一族が足利尊氏から派遣されてここを本拠とし、以後、最上氏を名乗った。関ヶ原の戦い直後には57万石だった。

　天保の改革を断行した水野忠邦が失脚して浜松から左遷されたのが山形である（山形藩5万石）。だが、水野氏は戊辰戦争のあと近江国朝日山（長浜市）というところに移されたので、廃藩置県のときは山形城に殿様はいなかった。

　この町に大きな足跡を残したもうひとりが、明治初年の県令であった三島通庸である。自由民権派を弾圧した福島事件では悪役になっているが、インフラ整備にかける意気込みは大変なもので、山形の町は彼の手で全国でも最も意欲的な都市改造を受けている。

　三島は立派な洋風公共建築を建てて一部が残るが、大正時代にできた2代目の県庁（現・山形県郷土館文翔館）も優れた建築で山形市を代表する景観だ。秋に河原で楽しむ「芋煮」は風物詩として人気。「山形花笠祭り」は新しい祭りだが人気あり。立石寺（山寺）は天台宗の名刹。

　山形県には、もともと5つの郡しかない。最上、村山、置賜、田川（以上は羽前国）、飽海（羽後国）である。1871年には、最上・村山郡が山形県、置賜郡が置賜県、田川・飽海郡がはじめ酒田県、のちに鶴岡県だったが、1876年に統一された。

　だが、郡の括りが広すぎるので、明治になって細かく分けた。なかでも村山郡は東西南北ワンセットになっている。**山形市**は温泉町で松平氏3万石（上山藩）の城下町でもあった**上山市**とともに南村山郡をなす。

　フルーツ王国・山形でも**寒河江市**は**西村山郡**で、サクランボの産地だ。寒河江というのは北国らしい名前だが、急流を意味するようだ。ラ・フランスが名産の**大江町**は、鎌倉時代の地頭だった大江広元を記念して昭和の大合併のときに命名された。ほかに**西川町**、**河北町**、**朝日町**。

　東村山郡の中心である**天童市**は、織田信雄の子孫が殿様で、武士の内職にふさわしいというので将棋の駒を特産品にした。北畠顕家の孫の天童丸にちなむという伝説もあるが確証はない。ほかに**山辺町**と**中山町**。

　北村山郡の**東根市**はサクランボの佐藤錦発祥の地で、山形新幹線の駅も「さくらんぼ東根駅」だ。市内に米津氏1万石の長瀞藩もあった。**尾花沢市**は町の名前より銀山温泉のほうがよく知られている。**大石田町**はそば街道で売り出し中。**村山市**は北方領土を探検した最上徳内を生んだ楯岡を中心に周辺が合併して郡の名前を使った。

教養への扉　方言……山形の言葉は庄内から米沢まで地域でかなり違うが、関西とも日本海航路を通じて交流が深かっただけに、福島の奥にあるという単純なものではない。ダニエル・カールが山形弁の普及に大いに貢献した。「ず」を語尾につけることが丁寧語としてあり、「元気だなっず」といったようにいう。

『たそがれ清兵衛』の映画は、鳥海山を仰ぐ「庄内郡海坂藩」の紹介で始まる。だが、庄内郡も海坂藩もなく、田川郡と庄内藩だ。庄内地方は山形県の海岸部で鶴岡と酒田が主要都市。庄内空港もあるし、鉄道だと新潟回りで東京に行くのが普通。

西田川郡の**鶴岡市**は酒井氏14万石（庄内藩）の城下町である。平成の大合併で羽越本線沿いの人気温泉地・温海町、**東田川郡**の羽黒・櫛引・藤島町、朝日村を合併した。山伏と五重塔でおなじみの羽黒神社や黒川能など一体的な観光開発が期待される。ただし、名前としては庄内藩のイメージを引き継ぐ庄内のほうがよかったのではと思うが。

「新撰組」の前身「浪士組」の指導者・清河八郎が出た立川町と余目町が合併して**庄内町**になった。酒田、鶴岡の中間点にある**三川町**には山形県庄内支庁があり、合併に加わらなかったのは、将来の庄内大合併を睨んだものか。

質実剛健で鳴らす庄内藩は、あえて最上川河口の商業都市である酒田に城を置かずに鶴岡を選んだ。だが、経済音痴の庄内藩士は酒田の地主・本間さまに領内統治を任すようなはめになった。**酒田市**は飽海郡で羽後国である。酒井家の分家3万石が殿様の松山（松嶺藩）・平田・八幡町を合併したが、鳥海山の麓の**遊佐町**だけは独立独歩となった。

羽前国の話に戻る。名君といっても時代によって賛否両論の人が多いが、上杉鷹山については例外だ。まったく非の打ちどころのない存在で、江戸時代も、明治時代も、現代でも評価されている。上杉氏は越後国から会津を経て米沢に移った。当初は30万石だったが、中期に15万石にされ、福島市周辺を失ったが、家臣はあまり減らさなかったので、武士が過剰で農民が不足していた。

明治期のイギリス人旅行家イザベラ・バードが置賜盆地を「東洋のアルカディア（桃源郷）」といった。米沢藩は置賜郡にあった。**米沢市**は南置賜郡である。

東 置賜郡の**南陽市**は1967年の合併で誕生。中国の故事「南陽の菊水」にちなむ。ほかに**高畠町、川西町**。

越後国に抜ける街道がある**西置賜郡**には、最上川の河港都市だった**長井市、小国町、飯豊町、白鷹町**がある。このうち白鷹町はかつて養蚕が盛ん。昭和の大合併前には蚕桑、鮎貝、東根、荒砥、十王、白鷹といういずれも趣のある村名だった。

日本3大急流のひとつ最上川の川下りは、NHK連続テレビ小説『おしん』でもいちばん印象的な風景だが、**最上郡**の**戸沢村**から乗船する。**大蔵村**は最上義光の3男で領主だった清水大蔵大輔義親にちなむ。中心は**新庄市**で戸沢氏7万石（新庄藩）の城下町。東条英機のあとの小磯国昭総理の出身地だ。山形新幹線の終点だ。**金山町**は全国で最初の公文書公開条例制定地で、地方自治の研究家なら誰でも知っている。ほかに**最上町、舟形町、真室川町、鮭川村**。

教養への扉 グルメ……山菜料理、芋煮、そば、食用菊、サクランボ、米沢牛、ラ・フランス、だっちゃ豆。

秋田県①（羽後の大部分、陸中の一部）
もとは越後国の一部だった出羽国

聖武天皇の時代に蝦夷への備えとして置かれた柵（砦）の名でもある。ここには副国司格の秋田城介が常駐し、のちには、この称号が武家にとって名誉あるとされた。織田信長の嫡男で本能寺の変で死んだ信忠もこれを名乗った。

日本海側に長く伸びる出羽国は東山道に属すが、歴史的には越後国から分かれた。元明天皇の708年に郡が置かれ、その4年後には国に昇格した。端のほうに出ているというので「出端」といわれ、最初は「イズハ」と発音されたのが訛ったものという。ただし、山形県の内陸部は、もともと陸奥国の一部で、出羽国が国になるときになって合流した。

1869年に羽後国、羽前国の2国に分けたが、秋田県は、羽後国のうち飽海郡を除き、その代わりに陸中国から鹿角郡を編入した。これは、1871年の成立時から同じ。

米の生産が急速に増えたのは、江戸時代になってからで、慶長年間（1596〜1615年）に31万8000石しかなかったのが、明治初年には151万5000石と5倍近くになった。冷害にも比較的強い。

秋田は郡の名前であり、飽田とかアギ田といった表記もあり、語源についての説も多様でいずれが正しいともいえない。戦国時代には蝦夷の流れを汲む安東（秋田）氏が、湊城（土崎神明社付近）を本拠とした。湊城は旧雄物川河口北岸、秋田城はそれより2kmほど上流の標高40mあまりの丘の上にあった。

江戸時代に秋田市は久保田と呼ばれ、佐竹氏21万石の城下町だった。ただし、関ヶ原の戦いで西軍寄りだったことから、減封されて移ってきた。もともと水戸でも立派な城は建てなかったし、伊達氏と同じく地方に家老クラスを配したので城下は簡素だった。南に広がる河辺郡河辺・雄和町を合併した。県庁から遠くない八橋油田は戦後も国内最大の油田であった。現在もINPEXが生産を続けている。

秋田市から八郎潟にかけては南秋田郡である。八郎潟残存湖の南側にある昭和・飯田川・天王町は合併して潟上市になった。「なまはげ」で知られる男鹿市は、若美町を合併した。八郎潟の水面の大部分は干拓されて大潟村になって大規模農業が行われている。五城目町、井川町、八郎潟町は存続している。

秋田犬（アキタイヌと読む）の忠犬ハチ公の故郷は、青森方面への奥羽本線が通る大館市である。このあたりを、北秋田郡という。鶏で有名な比内町と田代町を合併した。「きりたんぽ」もこのあたりの名物だ。銅山で栄えた阿仁町に、郡の中心だった鷹巣町と森吉・合川町が合併して北秋田市になった。郡名を取ったのであるが、上小阿仁村はそのまま。

教養への扉　方言……いわゆる「ズーズー弁」。「い」と「う」の区別が曖昧で、とくに「じ」「ず」「ぢ」「づ」は同じ発音になる。「獅子」も「寿司」も同じ。「ん」が入ることが多く「地図」と「知事」は両方とも「ちんじ」になる。第1音節以外ではカ行、夕行が濁音化する。「なかに入ってください」は独特の語尾とともに「ながにはいってたんせー」である。童謡に「どじょっこだの　ふなっこだの」とあるように「っこ」をつけるのはかわいいニュアンス。

湯沢市に平成の大合併で入った雄勝郡雄勝町は、昭和の大合併で銀山があった院内町、小野小町の故郷ともいわれる小野村や菅義偉総理の故郷・秋ノ宮村などが合併したもの。

　雄勝郡の中心を占める湯沢市は、平成になって雄勝・稲川町、皆瀬村を合併した。酒どころとしても有名だ。稲庭うどんも人気だ。秋田新田藩2万石は明治になって湯沢に陣屋を設けた。西馬音内の盆踊が有名な羽後町と東成瀬村はそのまま。

　盛岡と秋田を結ぶ秋田新幹線が走る仙北郡は、3つの市町になったが、いずれも名前をめぐって全国的に話題になった。中心都市で全国花火競技大会「大曲の花火」で知られる大曲市に、神岡・協和・西仙北・仙北・中仙・太田町、南外村が合併して大仙市になった。角館町は、京都から養子に来たお公家さんが領主で、美しい町並みとしだれ桜が自慢だが、田沢湖町、西木村と合併して郡名を取った仙北市になった。角館は消えて最も残念な町名という人もいる。六郷・千畑町、仙南村は美郷町になった。

　「かまくら」で有名な横手市は、平鹿郡増田・平鹿・雄物川・大森・十文字町、山内・大雄村をすべて合併して、そのまま横手市になった。郡名にする選択もあっただろうが、横手の知名度は高いので妥当なところだろう。

　由利郡の大部分は、由利本荘市になった。六郷氏2万石の城下町である本荘市、亀田藩2万石の岩城町、由利・鳥海・矢島・西目・東由利・大内町が参加した。本荘だけだと埼玉県の本庄と紛らわしいことも含めて賢明な選択だ。仁賀保・金浦・象潟町は「にかほ市」になった。象潟はかつて景勝地で、松尾芭蕉が「象潟や雨に西施がねぶの花」と詠んだが、1804年の地震で干上がってしまった。

　県北西部の山本郡の中心は能代市で、バスケットボールの町として知られ、二ツ井町を合併した。平成の大合併では、広域の合併で世界遺産に由来する「白神市」にという案があったが、青森県側の反対もあってやめになった。八森町、峰浜村は合併して、八峰町となった。山本・琴丘・八竜町は川の名前を取って三種町にした。ほかに藤里町。

　鹿角市に陸中大里駅というのがあって、秋田県内なのにどうしてと驚くが、鹿角郡は岩手県と同じ陸中国なのに交通の便を考えて秋田県に編入された。市内には銅山で有名な尾去沢もある。郡内でも十和田湖に面した小坂町だけは独立したまま。かつて銅、亜鉛の鉱山が栄え、いまもリサイクル工場がある。康楽館は現存する日本でいちばん古い木造芝居小屋。

教養への扉　グルメ……きりたんぽ、しょっつる、燻りがっこ、稲庭うどん、比内鶏、清酒、あきたこまち、はたはた。

『平家物語』にも平宗盛が「蝦夷、千島に流されてもいいから生きたい」といったという一節があるように、蝦夷地が日本の一部であるという意識は古くからあった。しかし、米が取れないために、南西諸島と同じで国や郡は設置されなかった。

鎌倉時代や室町時代には、青森県の十三湊を本拠とする安東氏が渡島半島にも勢力を及ぼしていた。やがて、松前氏がアイヌの族長たちを通じて支配するような体制になった。18世紀に異国船が現れると幕府領にしたこともあるが、やがて、松前氏に西海岸を、箱館（函館）を中心に幕府の直接支配という形になっていった。

明治政府は、五稜郭に立てこもった榎本武揚ら幕府の残党を片づけてから、1869年に「開拓使」の初代長官に佐賀藩主・鍋島直正をあてた。しかし、病気で辞任して東久世通禧が後任となり、1871年には開拓使の本庁が札幌に移った。

1882年には根室、函館、札幌の3県に分割されたが、1886年に「北海道」が成立した。蝦夷という用字は7世紀から、エゾという呼び方は平安時代からあるが、語源は諸説あって不明。北海道の名づけ親は探検家で開拓使の高官だった松浦武四郎で、アイヌがみずからを「カイ」と呼ぶことと南海道、東海道と平仄を合わせることを考えた。

最初は松前、江差周辺の4郡が松前藩改め館藩で、残りが北海道開拓使の管轄となり、1871年に館藩領が青森県に移管されたこともあった。翌年には開拓使の管轄になり、1882年には根室、函館、札幌の3県に分割され、1886年になって北海道が成立した。これと並行して1869年に11の国とそれを細分した郡が設けられ、1897年に本土の郡と県の中間のような規模の支庁が成立した。

幕府の蝦夷地統治の中心は箱館だった。いろいろ経緯はあるが、幕末には松前藩が西海岸を管理し、開港場となった箱館を幕府が管理し、五稜郭も建設した。箱館は函館と改称し、青函連絡船の開通もあって、函館は順調に発展した。函館山からの夜景の美しさには定評がある。渡島総合振興局に属し、郡でいうと函館郡である。

明治末年の全国都市人ロランキングでは、小樽が14位、函館が15位に対して札幌は19位。1925年でも、函館9位、札幌13位、小樽16位だが、いまは札幌のひとり勝ちで、第2位は人口35万人に近い旭川だ。21世紀になって14支庁を廃止して9総合振興局とし、消える5支庁の慰撫策として5総合振興局の出先としての振興局を置こうとしたが、反対が強く、出先ではなく、一部の仕事だけ総合振興局が広域的に5振興局の管轄区域にも仕事ができる形になった（写真は札幌農学校を開校したウィリアム・スミス・クラーク博士）。

教養への扉 地域区分……胆振総合振興局（室蘭市）、日高振興局（浦河町）、渡島総合振興局（函館市）、檜山振興局（江差町）、オホーツク総合振興局（網走市）、上川総合振興局（旭川市）、留萌振興局（留萌市）、釧路総合振興局（釧路市）、根室振興局（根室市）、後志総合振興局（倶知安町）、宗谷総合振興局（稚内市）、空知総合振興局（岩見沢市）、石狩振興局（札幌市）、十勝総合振興局（帯広市）。

北海道② (蝦夷)

佐賀藩士・島義勇が吹雪のなかで切り開いた札幌の街

　統治の中心として石狩に新都市を建設しようということになって、**佐賀藩士の島義勇**の後任となった土佐藩士の**岩村通俊**（長岡城攻防戦の司令官・高俊の兄）が判官として建設にあたった。石狩の名前の由来はアイヌ語で「乾いた土地」のようだ。白石は仙台藩家老で白石城主だった片倉家主従によって開拓されたことに由来する。

　札幌は京都に似た碁盤の目で、官民を分けていた**大通**公園が防火帯でもあり、2月には「さっぽろ雪まつり」が開かれる。市街地の北側にある北海道大学はポプラ並木やクラーク博士像が観光名所である。「すすきの」は全国有数の歓楽地である。

　札幌の創始者とされているのは、佐賀藩士の島義勇である。開拓使の判官として実務を仕切り、「河水遠く流れて山隅に峙つ　平原千里地は膏腴　四通八達宜しく府を開くべし他日五州第一の都」とうたい、吹雪のなかでも工事を続けた。のちに佐賀に帰って江藤新平の佐賀の乱に参加して処刑された。

　石狩振興局の**札幌市**は、冬季五輪が開かれた1972年には7区からなる政令指定都市になったが、現在は**中央、北、東、白石、豊平、南、西、厚別、手稲、清田**区の10区からなる。広島からの入植者が開拓した広島町は市制を敷くときに**北広島市**になった。北海道日本ハムファイターズの新本拠地はここ（以上は札幌郡）。空の玄関・新千歳空港と支笏湖は**千歳市**（千歳郡）。石狩湾新港がある**石狩市**（石狩郡）は、厚田郡厚田村と浜益郡浜益村が合併。横綱・吉葉山や創価学会第2代会長・戸田城聖の故郷である。ほかに煉瓦が名産の**江別市**（札幌郡）、自衛隊の基地がある**恵庭市**（千歳郡）、**当別町、新篠津村**（石狩郡）がある。

　江戸時代以前の中心は**檜山振興局・檜山郡の上ノ国町**だが松前に移る。**江差町**はニシン漁の中心。幕末には**厚沢部町**の館城に本拠を移そうとした。**奥尻郡の奥尻町**は1993年に津波に襲われた。**久遠郡の大成町**と瀬棚郡瀬棚・北檜山町は久遠郡**せたな町**に。**今金町**は瀬棚郡のまま。爾志郡では**乙部町**はそのままだが、熊石町が渡島総合振興局の山越郡八雲町と合併して**二海郡**と**八雲町**が創設された。これで、檜山振興局は南北に分断された。八雲町は尾張藩士によって開発され、町名も尾張慶勝公が名づけ親で、熊の彫り物もアイヌとは関係なく殿様のヨーロッパ土産がヒントだ。

　渡島総合振興局で、函館、室蘭本線が分かれる**長万部町**も山越郡。いかめしの駅弁の茅部郡の**森町**は砂原町を合併。**鹿部町**も。**函館市**は亀田郡で、郡内の戸井・恵山町、椴法華村、茅部郡南茅部町を合併。大野町は亀田郡上磯町と**北斗市**となった。七飯町は合併に加わらなかったが、ほかに上磯郡の**木古内町、知内町**、それから松前郡の**福島町**と、南下すると**松前町**である。

　北海道の地名の多くはアイヌ語起源であり、例外的に意訳もあるが、当て字が多い。とくに多い語源で、「内」と「別」は川とか沢をいう。「幌」は広々とした土地。

教養への扉　方言……東北や北関東の言葉がほかより優勢に入りつつ、独自の発展をした。「いいんでないかい」とか「なんもなんも」「だべっさ」などシンプルだが温かみがある言葉である。

北海道③（蝦夷）
士別など勇ましい地名は屯田兵によって開発された

メロンで知られる夕張市は、「ユーバロ（温泉の口）」の意味。連続テレビ小説『すずらん』の舞台は留萌本線の恵比島駅がある沼田町など雨竜郡。

空知総合振興局は、石狩川が蛇行しており、滝が群をなして落ちているという意味。空知郡の岩見沢市は栗沢町と北村を合併。歌志内市、滝川市、赤平市、三笠市、芦別市、砂川市、美唄市、上砂川町、南幌町、奈井江町があるが炭鉱閉山で人口が極端に減少。とくに歌志内市は人口3000人で市として全国最少である。交通の要衝である雨竜郡の深川市、ヒマワリで有名な雨竜町、秩父別町、北竜町、妹背牛町、沼田町も郡内だ。幌加内町は2010年に上川総合振興局に移管された。樺戸郡の新十津川町は、水害にあった奈良県十津川村民2489人が集団移住してできた町。ほかに月形町、浦臼町。夕張市がある夕張郡には由仁町、栗山町、長沼町がある。

上川総合振興局もアイヌ語の意訳。石狩国上川郡で旭山動物園が人気の旭川市は第7師団の軍都として栄えた。忠別川を意訳して旭川としたが、発音が微妙に違い、本来の意味は「波のある川」。天塩国上川郡で朝日町を合併した士別市（大きな川）とか剣淵町（アカヤナギの川）にも勇ましい漢字をあてたのは屯田兵に開発されたから。「ケンとメリーの木」がある美瑛町は「脂ぎった」というアイヌ語。ほかに和寒町、下川町（天塩国上川郡）、鷹栖町、東神楽町、当麻町、比布町、上川町、愛別町、東川町（石狩国上川郡）、空知支庁から移管された幌加内町（雨竜郡）。テレビドラマ『北の国から』の舞台・富良野市の原意は不明。上富良野町と中富良野町、南富良野町もある（空知郡）。トマム・リゾートは勇払郡の占冠村。天塩国上川郡の名寄市は、風連町を合併。天塩国中川郡の音威子府村は「河口に泥がたまる川」。ほかに美深町、中川町。

留萌振興局・留萌郡の留萌市は、「潮が静かに入る川」である。天塩郡天塩町は「梁のある川」という意味である。小平町（留萌郡）、増毛町（増毛郡）、苫前町、羽幌町、初山別村（苫前郡）、遠別町、幌延町（天塩郡）もある。

宗谷総合振興局の中心は樺太への玄関口だった稚内市（宗谷郡）。郡内に猿払村もある。宗谷は「岩のある海岸」。枝幸郡は歌登町を合併した枝幸町、浜頓別町、中頓別町からなる。サロベツ原生花園は天塩郡豊富町。2010年に留萌支庁から宗谷総合振興局に移管された幌延町も天塩郡。昆布産地で「高い島」を意味する利尻島（利尻郡）は利尻町と東利尻町が改称した利尻富士町からなる。「沖の島」を意味する礼文島（礼文郡）は礼文町。

日高振興局は浦河町（浦河郡）のほか、えりも町（幌泉郡）は町が襟裳岬にちなみ改称した。沙流郡の日高町は門別町を合併したが、平取町は加わらなかった。静内郡静内町は競走馬で知られ、三石郡三石町と合併して日高郡新ひだか町になった。ほかに様似町（様似郡）、新冠町（新冠郡）。（写真は北海道を代表する雄阿寒岳）

教養への扉 グルメ……ジンギスカン料理、札幌ラーメン、毛ガニとタラバガニ、数の子、サケ、イカ、ジャガイモ、トウモロコシ、小豆、チョコレートなど洋菓子、石狩鍋、十勝豚丼。

北海道④ （蝦夷）
かつては全国有数の大都市だった小樽市

NHK連続テレビ小説『なつぞら』の舞台は帯広市。十勝の語源は不明。刑務所を中心に発展。松山千春と鈴木宗男の足寄町は長く全国の市町村で最大面積だった。

帯広市は十勝総合振興局・河西郡。十勝国中川郡の池田町は十勝ワイン。幕別町は広尾郡忠類村を合併。ほかに豊頃町と本別町。足寄郡は足寄町と、陸別町はかつての淕別村。音更町、士幌町、上士幌町、鹿追町（河東郡）、新得町、清水町（十勝国上川郡）、芽室町、中札内村、更別村（河西郡）、広尾町、大樹町（広尾郡）、浦幌町（十勝）。

釧路総合振興局・釧路郡の漁業の町・釧路市とは別に釧路町という町があるが合併できない。釧路市は阿寒湖の阿寒郡阿寒町と飛び地になる白糠郡音別町を合併。ほかに摩周湖がある弟子屈町、標茶町（川上郡）、浜中町、厚岸町（厚岸郡）、鶴居村（阿寒郡）、白糠町（白糠郡）。根室振興局・根室郡の根室市は花咲郡歯舞村も編入。テニスの大坂なおみ選手の母の実家は歯舞出身で根室の漁協幹部。知床半島の南半分は目梨郡の羅臼町。中標津町（標津郡）には空港がある。ほかに標津町（標津郡）、別海町（野付郡）。

刑務所で知られる網走郡の網走市にはオホーツク総合振興局がある。空港がある女満別町と東藻琴村が合併して大空町に。ほかに美幌町、津別町。斜里郡は世界遺産の知床半島の北半分を占める斜里町、清里町、小清水町。常呂郡でカーリングで大人気の北見市（旧・野付牛町）は、留辺蘂・端野・常呂町を合併。ほかに置戸町、訓子府町、佐呂間町。紋別郡の紋別市は流氷の町。遠軽町が生田原・丸瀬布町、白滝村を、湧別町が上湧別町を合併。ほかに雄武町、滝上町、興部町、西興部村。

胆振総合振興局の苫小牧市は勇払郡。工業の町で八戸とフェリーでつながる。安平町は分立していた早来・追分町が再合併した。シシャモで知られるむかわ町は鵡川・穂別町が合併した。ほかに厚真町。幌別郡の登別市は幌別町が温泉の名を取って改称。室蘭郡の室蘭市は鉄の町。白老郡の白老町は製紙の町。有珠郡の伊達市は宮城県亘理の伊達分家家臣が開いた。大滝村を合併。壮瞥町は有珠山、昭和新山がある。虻田郡の虻田町と洞爺村が合併した洞爺湖町で2008年の北海道洞爺湖サミットが開催。ほかに豊浦町。

後志総合振興局は羊蹄山のアイヌ名にちなむ。小樽郡だった小樽市は運河沿いの赤煉瓦倉庫が往時を偲ばせる。石原裕次郎が少年時代を過ごした。旧日本銀行支店など繁栄を偲ばせる建築も多い。虻田郡ニセコ町は狩太町をリゾート地に合わせた。京極町は丸亀藩主・京極氏によって開かれた。積丹郡の積丹町は「夏の集落」の意味。ほかに島牧村（島牧郡）、寿都町、黒松内町（寿都郡）、蘭越町（磯谷郡）、喜茂別町、倶知安町、真狩村、留寿都村（虻田郡）、岩内町、共和町（岩内郡）、原発がある泊村、神恵内村（古宇郡）、古平町（古平郡）、そしてニッカ・ウヰスキーでおなじみの余市町、仁木町、赤井川村（余市郡）。

教養への扉 冬季五輪で活躍したジャンプの笠谷幸男は仁木町、船木和喜は余市町。ジャンプの高梨沙羅は上川町。モーグルの里谷多英は札幌市。スケートの橋本聖子は苫小牧近郊の安平町。髙木菜那、美帆姉妹は幕別町。清水宏保は帯広市の出身だ。

地方自治

統一地方選挙
統一地方選挙の空洞化が進むのはよくない

日本国憲法の施行を控えた1947年の4月に、衆参両院の選挙、すべての地方首長と地方議員の選挙が一斉に行われた。5月3日の新憲法施行時に、憲法が要求する資格を満たした議員や首長がそろっていないと何かと面倒で、権力の空白が生じかねなかったからだ。

そこで、4月5日に地方の知事、市町村長、20日に参議院、25日に衆議院、30日に都道府県会議員と市町村区会議員の選挙が立て続けに行われた。

政治家を志望する人々は、どの選挙に出るか悩んだらしいが、一部では候補者不足も生じたという。半分ほどの都府県で官選知事が実質横滑りしたのはそれが原因でもあった。

これが第1回の統一地方選挙である。それまで官選で主として内務官僚で占められていた知事を、民選で選ばなくてはならないと日本国憲法で決めたので、先行的に知事公選を実施しようということになったのである。

そこで選ばれた知事は、4月21日に旧制度のもとでの知事になった。このとき、あまり知られていないが、東京と北海道は知事でなく長官という名称だった。

そして、5月3日に新しい憲法と地方自治法が施行されて、米軍施政下にあった沖縄県を除く46都道府県すべてに新制度のもとでの知事が誕生したのである。

70年の歳月が経過して、知事の途中辞任、解任、死亡などがあり、だんだん統一地方選挙とは違う時期に知事選挙が行われることが多くなっている。昭和30年代あたりまでは、現職知事が突然に、任期途中で辞任して、反対派が準備できていないのをつき、自身の再選や意中の後継者を押し上げるのに有利なようにしたケースも多かった。国政に鞍替えするために、総選挙や参議院選挙の直前になって辞任するケースも多い。

2019年の統一地方選挙では、北海道、神奈川、福井、三重、奈良、大阪、徳島、鳥取、島根、福岡、大分の11道府県だけで知事選挙が行われた。奈良では、時期がずれていたこともあるが、前知事が統一地方選挙と一緒になるように辞任時期を調整した。

最も多くの割合が統一地方選挙で行われるのは、都道府県議会議員で、東京、茨城、沖縄、岩手、宮城、福島が例外となっている。このうち、東京と茨城は不祥事による議会解散、沖縄は本土復帰のときに最初の選挙を行ったため、そして岩手、宮城、福島は東日本大震災による延期ゆえに統一地方選挙と時期がずれた。

市町村長の場合はわずか10％ほど、市町村議会だと40％ほどが統一地方選挙として行われる。市町村では編入（吸収）合併だと時期はずれないが、新設（対等）合併だと新たに首長や市長を選ぶことになる。それに加えて、議会の解散とか首長の辞任、死亡などでも同様だ。このように地方選挙がバラバラの時期に行われるのは、世界的に見ても異例である。また、市町村合併のときなど残存任期が違うと調整が難しく、統一選挙に戻すべきだろう。

教養への扉　大阪府では、2019年の統一地方選挙時に、都構想との関係で、松井一郎知事と吉村洋文市長が両方辞任して、松井氏が市長に、吉村氏が知事に立候補した。

地方分権
現在の地方制度のメリットとデメリット

　日本国憲法第92条は、「地方公共団体の組織及び運営に関する事項は、地方自治の本旨に基いて、法律でこれを定める」としている。これが曲解されて、地方分権は無条件にいいことだとか、現在の制度を国政の問題として改変することはよくないことのような受け取りがある。それが、実は地方分権を真に発展させる最大の障害である。

　地方分権は進めたら進めるほどよいかといえば、次のような問題があるのではないか。

　①地方でも可能だが中央のほうがよりよくできる問題も地方に任せたほうがよいのか。

　②地方分権なら、たとえば原発は県の判断で稼働させてよいはずだが、賛成する人は少ない。政府の方針が自説と違うときだけ分権では首尾一貫しない。

　③地方分権の結果、東京都の制度に地方は無条件で従わされることが多い。国際共通ルールがないとアメリカの基準に各国が従わせられるのと同じ。

　④地域による多様性が個人の選択の自由を奪うことも多い。

　⑤ドイツと違い都道府県同士の話し合いで統一的な制度や運用を取ることが少ない。

　⑥普通は、地方分権は東京に得で地方に損なことのほうが多いという事実に目を背けがちだ。

　⑦「分権」は手段で「地方分散」こそが目的のはずだが混同されている。

　日本の地方自治制度も、明らかにおかしいことが多い。たとえば、以下のような点だ。

　①知事が再出馬した場合の再選率はこれまで90％だが、民主主義の機能不全だ。これまでの70年のあいだの知事の総数は、ざっと数えると延べ331人である（2人は離任したあと再任）。ひとりの知事の平均在任期間は、だいたい10年間である。

　②首長選挙の落選候補が議会に居場所がないのは野党党首不在のようなもの。

　③県会議員選挙の選挙区で定員1～10人以上が併存するのはおかしい。

　④地方議員が大臣のように執行部入りする道を開くべきだ。

　⑤地方交付税で富裕団体は不交付になるだけで拠出しないのは東京都に有利すぎる。

　⑥地方分散を進めるなら、首都移転＋道州制＋基礎自治体創設を同時に断行すべきであろう。世界的な流れとしても、交通や経済活動の現実に合わせ、また、地方分権の受け皿としてよりよく機能させるために、都道府県をまとめて道州のような形にするのは、世界的な流れでもある。

　また、市町村のような基礎自治体の機能が拡大するにつれて市町村合併という形で区域の拡大を図る手法は限界に達しており、明治の廃藩置県のように、全国的に新制度に移行することが合理的であろう。

教養への扉　1947年の最初の知事公選では、当該都道府県の官選知事を経験した者が27人と過半数を占めた。ただし、この官選知事は、最後に職にあった人ではないのが普通だ。官選知事が立候補するにあたっては、選挙管理知事に近い性格の後任者の任命がいったんされたので、多くの場合は、最後から2人目の官選知事が横滑りした。官選知事の主流は内務官僚だったが、民間からの登用が3人、他省庁が6人だった。

地方自治

都道府県知事
全国の知事は過半数が官僚出身者である

　現在の地方制度になって最も大きな事件は、1967年の美濃部亮吉東京都知事の出現に象徴される革新自治体の増加だった。これは、社会福祉を充実させろとか、公害規制を強化しろという、いわば高度経済成長の果実を国より先に地方自治体で消費した結果であって、高度成長の終焉とともに存在価値がなくなった。それに、保革相乗りなれあい政治の時代が続き、いまもそれが地方政治の基調だ。

　2021年初の状況を数えてみると、47都道府県の知事のうち、総務省出身者が12、経済産業省8人、外務省、財務省、国土交通省（旧・運輸省）2人、農水省1人である。旧自治省以来、総務省が多いのは当然だが、平松守彦大分県知事の成功以来、経済産業省出身者が増えた。
　現職の学歴では東京大学以外は京都、一橋、早稲田、慶應義塾が2で、あとはひとりずつだ。旧帝大では東北と九州がひとりずつ。
　留学、勤務を含めて海外経験を持つ人も多い。プロフィールやWikipediaの記事に入れてない人もありうるので見落としがあるかもしれないが、私の計算では、18人が在外経験者だ。留学先はアメリカのほか、フランス国立行政学院（ENA）出身の古田肇岐阜県知事や問題のカイロ大学卒といわれる小池百合子東京都知事もいる。
　勤務先ではイタリアが花角英世新潟県知事、仁坂吉伸和歌山県知事、塩田康一鹿児島県知事と3人いるのが面白い。もう辞めたが、仲井眞弘多沖縄県知事もイタリア留学だった。あと、地元出身でない知事が19人というと驚く人が多いが、その個別事情は別の機会に紹介したい。
　地方公務員出身者は1947年には2人で、そのうちひとりは労組委員長だった。その後、1977年には11人にもなった。庁内の出世頭が、50歳前後で部長や副知事になって、そこからオール与党体制で、というのがひとつのパターンだった。
　しかし、現在はわずか4人で、しかも、北海道の鈴木直道は東京都職員から夕張市に出向、栃木県の福田富一は高校を卒業して県職員になったが早々に宇都宮市議に転進。秋田県の佐竹敬久は秋田県職員だが秋田藩主の分家・角館佐竹家で特殊ケース。結局、副知事から知事になった長崎県の中村法道のみが1970年代型のオーソドックスな地方公務員出身者だ。極端な年功序列で、50歳で課長がやっとという人事ではチャンピオンは生まれない。

教養への扉　女性は太田房江大阪府知事の誕生からブームになるかと思われたが、その後、頭打ちだ。小池東京都知事は、悪い見本になってしまったという人もいる。やはり、誰しもが認める成功を収める女性知事が出てこないと状況は大きく変わることはないのではないか。

日本列島はユーラシア大陸東端にあり、東のフィニス・テール（大陸文化最果ての地）として大陸の文化、とくに、ものとして人格から切り離されて伝えられた工芸品が最後に流れ着くキュルドサック（行き止まり）だった。技術立国日本の源流を日本史に訪ね、その将来展望を示す作業は、世界における技術史全体を俯瞰することにつながる。

日本の技術立国の基礎は、縄文期からの越境技術者集団、先端工芸品の集中・大量輸入と利用文化の受容から始まった。平安時代における大陸からの渡来文化遮断による国産化を経て、13世紀、鎌倉時代の「黄金の国ジパング」、16〜17世紀の貿易立国へとつながる一連の技術者集団によって形成されてきた。

1789年のフランス革命からナポレオンによる欧州秩序の変更（1814〜1815年のウィーン会議）を経て、日本を含む極東への欧州列強国の関心が高まり、それを脅威に感じた日本は近代産業技術を導入し、西洋列強のアジア全域の植民地化政策に対抗する方向へと通商産業政策の盛り返しを図った。

その際に、国内に蓄積されていた採鉱・冶金、神社仏閣・城郭石垣建設（建築土木）、からくり、花火などの伝統工芸技術者集団が西洋近代技術の導入に着手することとなった。

木工・金工などの工芸品、和紙、漆器、養蚕、木と紙で建てられた建築物などの生産加工・輸送・保存技術は、渡来技術のコピー生産だけでは根づかなかった。アジア・モンスーン気候、火山列島と呼ばれる山岳地域と長く入り組んだ海岸線、毎日のように襲い来る地震、台風、津波といった自然災害、日本独特の自然と地勢に支配される生活のなかで培われてきた技術は、その世代間の断絶と復活が繰り返された。渡来技術が換骨奪胎され続け、伝統文化との習合を経て、数百年以上の時間を超え、人々の生活に根づき、愛され続ける存在となった（写真は東海道新幹線の鳥飼車両基地）。

教養への扉　統一国家の誕生と動乱によって蓄積された大陸列強の強大な文化と軍事力を背景に、海外から日本列島に持ち込まれた文物と少数の来訪者グループ。そこから仏教文化をはじめ、土木・建築、採鉱・冶金、武器・弾薬、医学・薬品、運輸・交通・通信などのそれぞれの時代の世界を代表する最先端科学技術が日本列島に伝わった。

鉱業関連技術
遣唐使によってもたらされた大陸の採鉱・製錬技術

　日本は水銀、金銀銅、鉛・亜鉛などの鉱物資源の豊富な国であり、近代以前には「黄金の国ジパング」といわれたこともある。

　水銀（辰砂または朱砂）は、古代日本各地の丹生（朱砂鉱山）で採掘され、朱色顔料などとして利用されていた。『神武東征記』に大和の丹生に関する記述があり、『続日本記』には、伊勢国などから朱砂が献上されたとの記録がある。水銀を支配する者が日本を支配していた。

　古代中国において、水銀は金より高貴な不老不死の霊力を宿すと信じられており、倭国は朱砂産出国というだけで大きな魅力だった。

　倭から大量の朱砂（水銀）がヒ素、硫黄、鉛などの副産出物と一緒に中国向けに輸出されていた。

　これらの採掘、製錬には高度な技術を必要としなかったため、古代日本においても開発生産が可能だったのである（写真は和歌山県の丹生都比売神社）。

　古代日本においては、探鉱・採掘技術と製錬技術が未発達だった。

　大陸から新たな採鉱・製錬技術が遣唐使によってもたらされ、日本国内の金、銀、銅鉱山の開発が行われた。奈良の大仏に使われた銅地金も、かなりの割合が、国内銅鉱山から供給され、大仏の金メッキには陸奥国で発見されたばかりの砂金があてられ、水銀が何トンも使用された。

　空海（弘法大師）も探鉱、採鉱、冶金技術を唐から持ち帰り、国内各地で鉱山開発を支援した。しかし、銀・銅の製錬技術が未熟で、国産量が足りず、不足分を輸入していた。

　平安中期から鎌倉期には、皇朝十二銭は流通が途絶え、宋銭が流通した。陸奥国の砂金が宋に向けて大量に輸出された。このことが「黄金の国ジパング」という日本のイメージを世界に知らしめた。

　同時代に、和鋼の生産が増加し、武士が必要とした刀剣の供給が拡大した。他方、大陸で需要が増していた火薬原料となる硫黄の輸出も増加した。

　戦国期になって、銀・銅の製錬技術として灰吹法が伝えられると、生産が飛躍的に増大し、鉱石の輸出から地金の輸出へと変化した。

　太閤・秀吉は南蛮との貿易決済に大量の銀を使い、16世紀末の世界の銀供給の大きな割合を日本が占めている状況となった。まさに「黄金の国ジパング」にふさわしい、鉱山開発技術と採鉱・製錬技術の勝利だった。

教養への扉　平安中期から鉄の生産が盛んになった。これを使って、農作業に利用できる鋤、鍬などの供給が増え、農業生産が拡大した。その結果、律令制が破綻し、豊かな開墾地を根拠とする地方勢力が新興経済主体として台頭することとなった。武家社会の出現である。

　建築物は、生活空間となる地域の気候・風土、自然災害などに適応し、地域ごとの最適形状・構造が生み出され、継承されてきている。外国からの観光客が最も訪れたい京都、奈良の寺院、姫路城などの建築技術を西洋の石造建築技術と対比してみよう。

　日本の伝統的な建築技術は、竪穴式住居の基本的な掘立柱に横軸を加えた軸組となっている。

　これに、飛鳥期に礎石柱が追加されたが、軸組は現在まで受け継がれている。

　観光旅行で日本を訪れるフランス人旅行者は、こうした日本の伝統的な木造家屋に興味津々である。

　フランスでは建造物は基本的に石造であり、外壁で屋根の重さを受け止める構造となっている。窓がなければ外の光は入ってこない。日本家屋では、多数の木造軸で屋根の重さを受け止め、壁は板壁程度の軽量構造となっており、窓は不要である。現代のカーテンウォール工法に共通する軽量化技術である。

　戸板を開け放せば、いつでも外界自然とつながる。こうした家屋構造が石に閉じ込められたフランス人にとっては好ましく見えるのだ。

　安土桃山期になると、鉄砲に対抗するため、南蛮式城郭を日本で実現しようとした。しかし、西洋城郭のようにすべての構造物を石組でつくろうとすれば地震災害時には大変なことになる。

　そこで、日本式城郭においては、心柱で屋根と外壁の重量を支える伝統的な寺院建築技術が使われている（写真は大阪城の千貫櫓の内部）。

　フランスのロワール河畔の城巡りで武器庫を持つ砦や大広間などを見たことがある読者も多いと思われる。そこには厚さ2mを超える重厚な石造の壁が築かれ、破城槌や大砲の攻撃を跳ね返す強靭な構造が採用されている。

　ところが、日本の城郭建築には伝統的な柱構造が使われており、外観こそ西洋中世の城郭に似ているものの、その内部構造は大きく異なり、建物外壁が薄く、建物全体が西洋の城に比べるとかなり軽量につくられていることに気づく。

教養への扉　このように、日本の城郭は心柱に建物の荷重をすべて受け持たせる伝統的な建築技術によって構成されている。姫路城、松本城などを訪れたフランス人観光客はその天守閣の狭さと心柱の存在に驚く。外見は「城」だが、なかに入ってみると紛れもない日本式建築構造物である。

建築技術②
1000年単位の耐久性を実現した仏塔建築

東南アジアに行くと、見事な彫刻、レリーフを外壁全面に置いた仏塔（卒塔婆、ストゥーパ）を見ることができる。その外観は、日本の五重塔などとかなり異なっている。インド発祥の仏教は中央アジア、中国などの中間文化圏の影響を受け、大陸東端の行き止まり文化圏、日本に到達した。日本の伝統文化の特徴のひとつである木造仏塔の建設技術の特徴を見ておこう。

仏塔は釈迦の遺骨である「仏舎利」を納めるために建てられる構造物で、日本語の「塔」はストゥーパの漢字音表記である。

京都東寺、奈良興福寺、京都八坂五重塔などの木造五重塔がよく知られており、フランスからの観光客もこうした五重塔を目当てに来日される方も多い。なかでも、日光東照宮の五重塔は江戸時代に仏塔建設技術の粋を集めて建設され、懸垂式心柱を持つなど、完成度の高い仏塔となっていることで知られている。

仏塔は住居ではない。誰も仏塔内で寝泊まりはしない。したがって、住居に求められる快適性は不要であり、床、天井、壁など居室を形成する余計な構造と装飾はない。つまり、耐候性が高く、自然災害を乗り越え、何百年と持ちこたえる建造物としての耐久性と強靭性が求められているのが仏塔である。

塔の内部は軸組が和釘で留められた構造となっており、空間は限定されている。外力が加わったとき、階層ごとの軸構造の変形がエネルギーを吸収することで、靭性強化に貢献している。

他方、心柱は塔の頂部に置かれる露盤と双輪を支え、最上部の屋根と接合されることで、塔全体をその最上部で拘束する構造となっている。これによって、風、地震などの側方からの外力を風鈴のように受け流す効果を果たしている。また、各階層の軸相互の接続が緩やかに組まれているため、外力をしなやかに受け流す効果があり、塔全体の靭性をさらに高めている。

江戸期になると、塔の建設後数百年に及ぶ年月を経て、塔の内外装と心柱の高さ方向のずれが大きくなってくることを見越して、あらかじめ心柱を塔の最頂部から鎖で吊るす懸垂型心柱工法が使われるようになっている。

教養への扉　強靭性とは、外力が加わったとき、その力を内部構造で分散吸収するか、柳に風のごとく受け流し、その力が構造全体に破壊的な影響を与えないようにするための「粘り強さ、しなやかさ」を表すひとつの目安である。この強靭性を求めて、五重塔の建築様式が時代とともに変遷してきたと考えられる。

科学技術

金属加工技術
日本刀独特の「反り」を出すために必要なノウハウとは

日本刀といえば、映画『ラスト・サムライ』でトム・クルーズが見せたエキサイティングで美しい戦闘シーンによって世界に広く知られることとなった。刀が無理でも和包丁を買い求めて帰国する欧米観光客は数知れない。

　日本における鉄生産は、古墳時代中期に始まった。山中に風化堆積した「山砂鉄」が原料として使われ、紀元前10世紀以前から世界中にその利用が伝搬したレン炉などと称される低シャフト・人力送風式の原始的な「たたら炉」が使われていたと考えられる。

　山砂鉄には刀剣づくりに使われる真砂と、鋳物づくりに使われるズク（銑）を取り出す赤目の2種の砂鉄がある。真砂は赤目より多くの鉄成分を含み、融点とガス還元性が高く、固体状態のままで還元できる。これがケラ（錬鉄、鋼、ズク部分が混在する鉄塊）となる。

　赤目には鉄の溶解温度を引き下げる珪素（Si）含有量が多く、鋳物原料となるズクがより多く得られる。

　これら山砂鉄には、燐（P）、硫黄（S）などの非金属含有量が非常に少なく、日本の刀剣、包丁などの品質を高める働きをしている。

　刀剣づくりはケラを割り砕き、粘り強い錬鉄部分と、炭素含有量が多い鋼部分をより分け取り出す工程から始まる。ズクは鋳物用として分けられる。

　刀鍛冶は、錬鉄と鋼を800度以上に加熱（オーステナイト化）し、展延性が高くなった状態で何度となく叩き伸ばし、折り返し重ね合わせる作業を繰り返し、錬鉄部分を地とし、鋼部分を刃とする刀身に鍛錬する。

　この刀身全体を焼き入れることで刃先がマルテンサイト変態によって硬く変形しない超硬鋼となり、同時に日本刀独特の「反り」が出てひと振りの刀となる。

　宋の時代になると大陸では高炉精錬に石炭燃料が使われるようになり、大陸の鉄生産が急増し、日本に輸入された。このとき輸入された鉄材が北九州などで発掘されている。

　しかし、輸入鉄を使った刀剣の生産に関する記録は少ない。これは、中国からの輸入錬鉄が石炭還元方式のため、Si、P、Sなどの不純物を多く含んでおり、用途が刀剣より農具、鍋、釜などに向かったためと推察される。輸入鉄が刀鍛冶によって利用され始めるのは鉄砲生産が始まってからである。

教養への扉　海外の国立博物館などに展示されている歴史的に価値の高い刀剣類であっても、その外見は日本刀の美しさに比べると劣る。日本刀は鎌倉期以降、中国、南蛮などに大量に輸出されており、その価値が世界から認められている「ものづくり技術の代表」である。

工芸技術
明との主要貿易品目だった535の日用品

　古代における工芸品の代表が三種の神器（刀剣、鏡、勾玉。121項参照）だったとすれば、その後の日本を代表する日本刀、漆器、木工製品などの輸出品目は、平安末期から安土桃山時代を代表する工芸品であった。同時に現代のものづくり技術立国へとつながる技術集約型製品（家内制手工業）が含まれていたと考えられよう。

　古代から日本は硫黄、砂金などの1次資源を輸出し、大陸の工芸品、文物などを輸入してきた。こうした大陸からの文物の世代間蓄積が国内発展の知的基盤を形成した。

　遣隋使、遣唐使の時代になると、1次資源輸出に加え、絹製品、和紙などの加工品が輸出され始めた。民話などにも残されているように、機織りも盛んだった。

　平安期には、大陸からの工芸品、文物の輸入が拡大し、大幅な入超となった。決済には銀、砂金などが使われていた。この時代に絹糸、絹織物などの国内産業化が進んだと見られる。

　鎌倉期末期から室町期に、刀剣などに加えて扇子、漆器、金箔（きんぱく）、屏風（びょうぶ）などの工芸品が南宋、明向けに輸出されるようになった。

　16世紀後半に鄭舜功（ていしゅんこう）が編纂した『日本一鑑（にほんいっかん）』を参照すると、「器用」という項に535の日用品が列挙され、金、銀、銅、赤銅、鉄、釭（かりも）、鉛、汞（みずかね）（水銀）、錫（すず）などを見いだせるだけでなく、和紙、屏風、衝立障子（ついたて）、印籠、筓籠、椀（わん）（漆）、饒磁（けこ）（茶碗（ちゃわん））、盆、包丁、味噌、臼、杵（きね）、釜、鍋、鋤、鍬、鎌、刀、畳、簾、鏡、金箔なども見つかる。

　生産地も記されている場合があり、国内で商業的に流通していただけでなく、当時すでに何万振りも輸出されていた刀のように、いくつかは明との主要な貿易品目だったと考えられる。

　なお、手銃（てづつ）（種子島鉄砲）用の鉄と硝石は明またはシャムからの輸入だったことが記され、和鉄はもろく、銃には使えないと指摘されている。

　また、同書には「称呼（しょうこ）」という項があり、そこには鋳物師、漆職人、大工、山彦（やまひこ）、染職人、鍛冶などの職業・身分呼称が見られ、山彦の項には「人形は作品の魂」との注釈があり、この人々は木工細工師、からくり職人などではなかったかと想像される。

　江戸時代、3代将軍・家光のころには、飛騨高山衆（たかやましゅう）の工芸木工作品が多数、柱や梁などの装飾に使われている。

教養への扉　15世紀には倭寇が現れ、東アジアにおける私的な大陸間貿易が盛んになり、当時の日本国内においても、輸出競争力を有する刀剣、漆器、扇子などの工芸品生産に必要な技術集約型産業基盤が発展し始めていた。鉄器増産による農業生産の発展が新たな市場競争経済の拡大へとつながった。

近代の鉱業関連技術

雄藩での製鋼炉の建設が維新の原動力となった

種子島への鉄砲伝来（1543年）によって戦に火縄銃が欠かせなくなり、鉄鋼需要が急増した。このため、原始的な製鉄法であるたたらによる木炭と砂鉄を原料とする玉鋼と錬鉄の国内生産だけでは間に合わず、福建と南蛮からの縦型製鉄炉で大量生産された鉄塊の輸入に頼ることとなった。この状態は幕末に西洋から高炉技術を学ぶまで続いた。

前項に紹介した鄭舜功の「和鉄はもろく銃には使えない」との記述は、ズク（銑）だけを意識した記述と思われるが、当時の国内産玉鋼の生産量が需要を満たしていなかったことをうかがわせる。

16世紀の明船は、福建と南蛮で生産された100トンを超える鉄塊を船底にバラストを兼ねて積載し、日本に来航していた。

鉄鉱石を木炭で還元して鉄塊を得る大陸型の縦型製鉄炉（シュトゥック炉）とその発展型の木炭高炉は日本の歴史には記録されておらず、登り窯などで高温を得る方法を知っていた日本でなぜ製鉄に縦型の炉を使おうとしなかったのか。その答えのひとつが、国内鉄鋼需要の江戸期における激減にあったと思われる。

江戸期は鉄の原材料としてスクラップ鉄の利用を行っており、新しい玉鋼の需要が大きくなかったことも理由のひとつかもしれない。和紙、織物などもリサイクルとリユースが社会に浸透していた時代である。

西欧においては、18世紀から石炭の代わりにコークスが利用され始め、より高温と強い還元性雰囲気が得られるようになり、炉底部に溶融・貯留する鉄を適宜流し出す「高炉による製銑技術」が使われ始めていた。

こうして得られるピッグアイアンはズク（銑）であり、錬鉄、鋼などとして使えないため、さらに空気に触れさせて脱炭する工程が必要だった。このため、製錬炉（パドル炉、平炉、転炉など）が新たに開発され、製銑と製鋼プロセスが完全に分離され、現代の製銑・製鋼技術へとつながった。

この2段階製鉄技術が、幕末になって急遽オランダから導入された（写真は幕末期に建設された伊豆国韮山の平炉）。幕末の高炉と製鋼用平炉の国内建設作業は、鉄鉱石、石炭入手、炉床に使う耐火煉瓦開発などに手間取ったが、幕府だけでなく、薩摩藩、長州藩、佐賀藩などの雄藩で幕末までに成功している。

教養への扉 たたら製鉄法で得られる錬鉄、鋼、銑が混在する鉄塊から1本の刀を打つため、毎回異なる組成の玉鋼と錬鉄の破片を選び出すところから作業が始まっていた。これでは大きな大砲はつくることができず、幕末に高炉と平炉を使う西洋の製鉄法が導入された。民が豊かになるためにはまず製鉄技術の習得が必要だったのである。

電子技術①
平賀源内とベンジャミン・フランクリンの運命を分けたもの

　現代社会は「電気」の恩恵を強く受けている。冷暖房、炊事、洗濯などの家庭内動力エネルギーの多くが電力技術で賄われており、スマホ、地デジ・衛星放送、インターネットなどは電子技術のおかげである。これら電気・電子技術の日本における理解は、平賀源内が演じたエレキテルから始まった。源内と同時代のアメリカのベンジャミン・フランクリンと比較して日本社会の西洋近代科学への感受性を論じてみよう。

　18世紀、1776年にオランダ書物から見知ったエレキテルを修理・復元し、日本に紹介した東讃（香川県さぬき市）出身の平賀源内（実験当時48歳）は、それまでの中国書籍だけに偏っていた日本の技術蓄積に西洋技術の新風を吹き込んだ。しかし、技術発展が旧来秩序を破壊しかねないと恐れる人々は必ずしも源内の自然探求好奇心に同調しなかった。彼は孤独だった。

　アメリカでは1752年にベンジャミン・フランクリン（実験当時46歳）が凧を揚げ、蓄電器（ライデン瓶）に雷のエレキが誘導されることを確認し、避雷針を実用化した。

　科学技術の先端地域だった西欧から遠く離れた同時代のフランクリンと源内が同じエレキを文献などによって知り、実験によってエレキの存在を確認しながら、一方は社会に受け入れられず獄死し、他方は避雷針の研究を通じて科学を発展させた研学の者として歴史にその名誉が刻まれた。源内と同じ日本で生まれ育つ者として、この差をどう受け止めることができるのだろうか。

　答えは、西洋における近代化（フランス革命）につながるエンライトメント（啓蒙主義）の存在であろうか、それとも1660年にロンドンに設立された「自然知識改善王立協会」、1666年にベルサイユに置かれることとなった「科学アカデミー」などの存在に象徴される「自然科学」への知的関心の程度であろうか。

　源内の演じる見世物を興味津々で見つめていた江戸市民は、何か目に見えないエレキが作用して火花を飛ばしたことに驚きはしたが、そのエレキが天空の雷神と関係するのだとまでは、彼らの想像力が及んでいたかどうか甚だ心もとない。

教養への扉　上記の問いへの答えは、明治初期に現在の東京大学医学部で教鞭を執ったプロシア出身のエルヴィン・フォン・ベルツ教授の「日本人は目の前にある科学の果実だけを受け取ろうとし、有機体（樹木）としての科学を正しく育てることには関心を示さなかった」という言葉に集約されている。

電子技術②

1900年代には欧米にキャッチアップしていた通信技術

　1854年のマシュー・ペリーの電信機公開実験から15年、1869年に東京・横浜間の電報サービスが開業され、日本の電子通信技術のキャッチアップが始まる。1925年の八木・宇田アンテナの開発、1957年のパラメトロン計算機の開発など、独自技術の開発に成功し、日本はキャッチアップから日本にしかできない世界最先端の技術開発競争に参入した。

　平賀源内のエレキテル公開実験から1世紀弱が経過し、1851年にドーバー海峡横断電信サービスが開始された。その3年後、1854年2月24日にマシュー・ペリー提督が横浜で電信のデモンストレーションを行った。

　国防に電信技術が必須と考えた明治政府は、1869年に東京・横浜間の公衆電信サービスを開始した。これは1844年のワシントン・ボルチモア間モールス電信サービスの開始に遅れること25年だった。日本の電子通信技術のキャッチアップがここから始まった。

　トーマス・エジソンの電気照明会社が直流の電灯電力を、ロンドン市内に1882年に配電し始めた。灯油ランプが電灯に置き換えられ始めた。6年遅れて浅草にアーク灯が建てられ、日本の電化が始まった。1888年のことだ。こちらがエレキ元年にふさわしいかも。

　1900年2月にはグリエルモ・マルコーニが船舶あての公衆電信サービスを実用化した。日本は1905年に、日本海海戦で船舶間無線電信通信ネットワークの実用性を証明した。移動体通信サービスの本格化である。

　海底電信線、電力供給、陸海電信ネットワーク、移動体通信などの電子情報通信技術基盤が日本にすべて整った。

　ここから1917年の本多光太郎のKS磁石鋼、1925年の八木・宇田アンテナなど、日本独自の研究成果が続々と出現する。1954年の後藤英一によるパラメトロンの発明とその実装による電電公社パラメトロン計算機開発の成功が報じられ、日本の情報処理技術の国際競争本格参入が世界に知られた（写真は1958年建設の東京タワー）。

　Not Invented Here（猿真似製品）の壁を越え、1980年代の第5世代電子計算機開発プロジェクト、スパコン京開発などを経て、日本にしか開発できない、世界一でなければ存在意義のない数々の基礎技術が開発提供されてきた。

　民生用船舶レーダー、鉄道用自動改札機、高速道路ETCカードシステム、地デジ放送などの日本メーカー市場シェアは高く、システム信頼性は常に世界一と評価されている。

教養への扉　日本製の民生機械・電子製品の世界一の信頼性を支えているのがそれぞれの機械・電子部品とその実装技術である。CMOS撮像素子、大口径Siウェーハ鋳造システム、Liイオン固体電池、GaN電力素子などの分野ではこれからも世界の最先端を走り続けていくだろう。

大衆娯楽技術
ファミリーコンピュータ、パチンコ、カラオケ、回転寿司……

　欧米からの観光客が通訳ガイドに質問する項目のひとつがダウンタウンの一等地にあるパチンコである。パチンコ、カラオケ、回転寿司、ロボットシアター、フィギュアショップなどは日本発の文化であり、日本の工業技術の粋が埋め込まれた娯楽サービスである。パチンコの高度な電子制御は大方の欧米観光客をうならせるに十分である。

スーパーマリオブラザーズ　Nintendo

　著名な卓上ゲームとしてはアーケードや喫茶店などに置かれたタイトーのスーパーインベーダーゲームを挙げることができる。
　テニスゲームとともに1970年代末にビデオゲーム市場を爆発的に拡大するのに貢献した。折からブームとなりつつあったマイコン、パソコンなどにキーボードでプログラムを打ち込むことで移植が可能だった時代である。
　1983年発売開始の任天堂ファミリーコンピュータは家庭用テレビに映像を映し出し、スクロールしながらキャラクターを操作するゲーム機であり、ゲームカセットを購入して家族全員で楽しむことができた。
　1985年発売のスーパーマリオブラザーズ（写真）は全世界で大ヒットし、世界中の子どもたちが知るところとなった。
　カラオケ、回転寿司、ロボットシアターなどにも駅の高速自動改札システムなどに使われているのと同じレベルの電子部品が組み込まれている。
　見かけではハイテクの塊とは見えないが、日本文化を代表する電子技術の結晶だといえよう。
　ソニーのウォークマンが1979年に発売され、好きな音楽を自由に戸外でも楽しむことができる文化を世界に提案した。
　数多くの電子機器メーカーがこうして開拓された個人向けデバイスの開発に乗り出し、新しい音楽市場に参入を果たした。
　日本メーカーがついに最先端を走り始め、「NOと言える日本」などのキャッチコピーが世界中に流れた。
　こうしたゲームソフトなどの開発技術とノウハウの蓄積は世代を超えて日本国内だけでなく全世界に拡大しており、日本の将来世代にとっても大きな資産となっている。

教養への扉　パチンコについては、最近、アメリカでベストセラーになった『Pachinko』（邦訳・文藝春秋）という小説が日本の深層文化の理解を助けるとの評価が定着している。ビデオゲーム出現から40年、世界中で漫画、アニメと同様に、ビデオゲームをやりながら日本語を自然に覚えてしまった人たちが増加している。電子情報技術がメディアになったのだ。

日本には、海岸線と山岳が多く、たくさんの橋梁、道路、トンネルなどが国土に張り巡らされ、トンネルと橋梁でつながれた鉄道と高速道路、トンネルの先に急に大都会が出現することも珍しくない。アルプスで有名なスイスでさえこれほどトンネルと橋梁ばかりが密集しているわけではなく、世界中からの観光客を驚かせている（写真は日本で初めて電車が運転された京都市電）。

日本の高速交通網として、1964年10月の東京オリンピック開会式に合わせて東京・新大阪間に新幹線、羽田と都心間に首都高速1号線などが開通している。

首都高速の建設には土地買収を避け、河川上空、運河埋め立て、都電軌道上の空間などが使われ、世界に類例を見ない都市交通景観を生み出している。

こうした高速道路、高速鉄道などの建設技術の改良・発展は、明治期以降の欧米からの鉱山開発に必要な技術導入とその後の独自の重機械類開発の歴史に負っている。

とくに戦後の高度成長期の旺盛な国土開発需要が、次々に重要な土木建設技術を生み出した。

1958年には鋼材を使用した東京タワー（333m）が芝に誕生し、1889年に建設された錬鉄使用の重厚なエッフェル塔（324m）の高さを超えたとして話題になった。

霞が関ビルディング（147m）は、鋼材に建物重量を負担させ、外壁、内部構造を極力軽くするという「柔構造」を採用して日本初の超高層建築物として1968年に竣工した。

こうした軸構造で建物重量を支える工法はカーテンウォール工法とも呼ばれ、伝統的日本家屋の構造と共通しており、江戸期以降の五重塔の建設に使われた心柱吊り下げ工法が現代の東京スカイツリー設計にもその現代版として生かされているといわれている。

日本経済が内需主導の経済発展を継続していくためには、六本木、虎ノ門の再開発に見られるように、民間資本による大都市再開発と公共投資による国土開発が欠かせない。

自然災害の多い日本の風土に適した土木・建設技術の蓄積がこれからも継続され、さらに革新的な土木・建築技術の発展が期待されている。

教養への扉 平時に橋が落ちたり、ロープウェイのゴンドラが落下したりする大事故が日本では比較的少ないといわれている。この安全性最優先の技術蓄積は世界からも高く評価され、経済発展途上国の公共工事などでも日本企業が請け負った工区には手抜きがないなどとよく変な意味でほめ言葉をいただく場合があるようだ。

技術立国の未来
ものづくりの伝統を生かすことが技術立国の鍵を握る

　ものづくり日本が少子高齢化社会で世代を超えて存続できるかどうかは誰にもわからないが、働く人たちの一人ひとりが自然体でものづくりに従事し続ければ、おのずからものづくりに誇りを持てる社会が継続されていくと期待される。

　パラメトロン計算機から出発した、富岳などのスパコン開発技術では世界一であり続け、さらに将来の汎用量子コンピュータ開発、人型ロボット開発、IoT（Internet of Things）とAI（人工知能）の実装技術などには日本のものづくりの伝統が生かされ、さらに次世代へと引き継がれていくことになる。

　課題が残っているとすれば、営利を追求し続けなければならないとされている民間企業において、こうした伝統的な技術とノウハウの蓄積を総合的に俯瞰し、戦略的に活用する大局的な科学思想の構築と、社内の人的資本蓄積への配慮が忘れられがちな点にあるかもしれない。

　しかし、こうした分野でも、企業内研究者としてノーベル賞を受賞し、世界から驚きをもって迎えられた田中耕一さん、中村修二さんなどのあとに続く企業内技術者、研究者が増えることで日本のものづくり技術基盤はさらに強固となろう。

　小惑星探査機はやぶさに代表される高信頼性技術は、街中の中堅・中小企業においても日常の生産活動に十分活用され、日本の工業製品の最大のメリットとなっている。

　水素エネルギー利用技術などの気候変動対応・適応技術分野では、ものづくり技術のよい面が生かせると同時に、大きな挑戦でもある。

　なぜなら、日本は世界に先駆けてゴミひとつ落ちていない都市景観をつくりあげてきた文化を共有しているのだから。

　日本の教育は教室の掃除を自分たちでやるところから始まる。そこから目の前の仕事に全力で立ち向かい、みずから解決を模索するというものづくり技術に共通の挑戦方法が受け継がれていく。こうした自然と共存するものづくりの姿勢が尊重され続ける限り、最先端技術開発の現場においても手抜きのないすばらしい結果がいつもついてくると思われる。

教養への扉　聖徳太子の「和をもって貴しとなす」が1500年の時を超えて国民に継承されてきているのと同じように、みずからの手と機転を働かせ、目の前にある材料と道具を活用して器用にものをつくりだす「器用な技術」は、西欧近代から持ち込まれたSciences（科学）と相まって、これからも連綿と世代を超えて受け継がれていくことになる。

金融

明治維新と財政
財政の基盤を固めた地租改正と秩禄処分

　1867年10月の大政奉還、12月の王政復古の大号令のもとに明治政府が樹立されたが、その後も戊辰戦争が続いて戦費がかさむ一方、新政府の組織整備のための歳出は避けることができなかった。さらに新政府は、江戸幕府が諸外国から借り入れていた負債や諸藩が抱えていた負債を引き継いだため、その元利払いにも追われた。

　明治初期の政府の歳入で目ぼしいものは、旧幕府直轄領からの年貢や関税ぐらいしかなく、これらでは歳出の一部しか賄えなかった。このため不足する資金は一部を大商人からの借入金で賄い、残りはすべて不換紙幣（太政官札）を発行して調達した。しかし、政府の信用力が十分でないなかで不換紙幣が大量に発行されたため、銀貨に対する紙幣の相場は下落を続けた。

　明治4年7月（1871年8月）の廃藩置県で、政府の徴税権は全国に及ぶこととなった。しかし、歳入は年貢米によったため米価の変動による影響を大きく受け、また、各藩が士族に支給していた家禄に代わる秩禄を明治政府が支給しなければならなくなったため、財政基盤は脆弱な状況が続いた。

　1873年、新規事業予算を要求する陸軍省、文部省、司法省、工部省と対立して大蔵省を辞職した井上馨と渋沢栄一は、政府に対して「建言書」という文書を提出した。そこではその年の歳入総額4000万円に対して経常経費が5000万円かかり、1000万円の不足が生じること、さらにこれに加えて、維新以来、毎年1000万円程度の急を要する支出が生じていることなどを示して、財政が危機的状況であると訴えていた。

　井上たちの「建言書」の内容の正確性はともかくとして、明治政府の財政事情は容易なものではなかった。このような状況を打開する大きな鍵となったのは、歳出面では士族に与える秩禄の支給を徐々に削減したことと、歳入面では1873年7月に公布された地租改正条例に基づいて実施された地租改正であった。

　秩禄に関しては1873年に秩禄奉還法で俸禄の自主返納を促し、1875年には俸禄の支給を米から貨幣に変え、さらに1876年の秩禄公債条例で家禄制度を全廃して金禄公債を交付した結果、財政負担が大幅に削減された。一方、地租改正を実現するためには、土地の評価額、すなわち地価を決定するという困難な問題を解決する必要があったが、大蔵省主税頭の松方正義（のちの大蔵大臣、総理大臣）は、さまざまな抵抗が予想されるなかで全国一斉に検地を行うことを提言・断行して地価を確定し、地租改正を実現した。

教養への扉　歳入出見込会計表……井上と渋沢の「建言書」は新聞にも掲載され、国内外の大きな反響を呼んだ。このため政府はただちに「歳入出見込会計表」という予算書の原型のような文書を作成・公表して、井上たちの批判は誤っており、財政は危機的状況にはないと反論した。

　1877年2月から同年9月まで約半年間続いた西南戦争は、政府側、薩摩側の両軍合わせて1万4000名の死者を出す激戦だったが、戦費の面でも当時の1年分の歳入に匹敵する4200万円を要し、これを賄うための政府紙幣の大量発行が、その後のインフレの大きな原因となった。

　西南戦争の費用は、政府紙幣2700万円の発行と第十五銀行からの銀行紙幣の借り入れ1500万円で賄われ、大量の不換紙幣が国内にばらまかれた。しかし、このとき、大蔵卿の地位にいた大隈重信は、殖産興業を図り、輸出を拡大することで慢性的な貿易赤字を解消しようと考えていたため、政府紙幣を回収する緊縮政策は取らず、これを放置したままにした。

　この結果、1878年に入ってインフレが発生し、1877年に1石が5336円であった東京の米相場は、1881年には1石1万485円に高騰し（高橋亀吉『日本近代経済形成史』東洋経済新報社）、そのほかの諸物価も上昇した。

　この米価上昇の恩恵を受けたのは農民であり、にわかに豊かになった農民は贅沢な消費生活を楽しんだが、その結果、輸入が増えて貿易赤字が増大し、また政府紙幣に対する銀貨の相場が上昇したため、これに対する投機が盛んになるなど、バブル的状況が生じた。

　その一方で、秩禄処分により金利収入が生計の支えとなっていた元武士たちは、インフレで収入が目減りして困窮し、また、政府もインフレで歳出が膨らむ一方、歳入の中心となる地租は定額のため、財政運営が苦しくなった。

　しかし、大隈大蔵卿は銀貨が高騰するのは政府紙幣の価値が下がっているからではなく、貿易赤字で銀貨が国外に流出して少なくなっているためと考え、大規模な外債発行によって海外から銀貨を国内に持ち込み、これを産業振興にあてることを主張した。

　だが、外国からの借り入れで日本が外国に金融的に支配されることを懸念する政府内部の反対で大規模外債の発行が実現しないうちに、明治十四年の政変（1881年）で大隈は失脚した。

　大隈のあとに大蔵卿に就任した松方正義は、貨幣価値の下落を止めて経済を安定させるためには、財政収支を黒字にし、その黒字で政府紙幣を償却することが必要だと考え、歳出を削る一方、酒税、たばこ税などの増税、官営工場の払い下げなどにより歳入を増やして財政の黒字化に努めた。この結果、1884年には米の相場は1石5370円と、ほぼインフレ前の水準まで下落し、インフレは沈静化した。

教養への扉　日本銀行の設立……松方は1878年のパリ万国博覧会に日本代表団の副総裁として行った際に、フランスのレオン・セー財務大臣より、金融の安定化のためにはアメリカ流の分権的銀行制度ではなく、欧州諸国のように中央銀行だけが発券を行い、ほかの銀行を監督するようにすべきとのアドバイスを受け、1882年に日本銀行をつくった。

金融

金本位制
世界恐慌直後の最悪のタイミングで行われた金解禁

19世紀半ば以降、世界の主要国は金本位制を採用し、為替相場が安定したことにより、貿易や対外投資が活発に行われるようになった。日本も主要国の最後尾ではあったが1897年に金本位制を採用した。

第1次世界大戦中は各国とも金本位制を停止したが、戦争が終わると1919年にアメリカがいち早く金本位制に復帰し、イギリスも1925年に復帰するなど、諸外国は次々に金本位制に復帰した。

日本も早期に金本位制に復帰する意欲を持ち、その機会をうかがっていたが、大戦後の反動不況、関東大震災、昭和金融恐慌と次々に日本経済の前に立ちふさがった困難の前に、経済の緊縮を求めることとなる金本位制への復帰はなかなか実行できなかった。

しかし、1928年にはフランスも金本位制に復帰したため、戦勝5カ国のひとつである日本も国家の体面を保つために金本位制に復帰することが必要と思われた。また、為替相場の変動に悩まされていた貿易業界、金融界等の経済界からも金本位制復帰による円相場の安定を望む声が高まったことなどから、1929年に総理大臣となった浜口雄幸は前日銀総裁の井上準之助を大蔵大臣に据えて、1930年1月より金本位制に復帰することを決断した。

この金本位制への復帰にあたっては、もとの旧平価で復帰すべきという意見と、大戦後の貿易赤字で下落した実際の円相場による新平価で復帰すべきという意見が対立し、政界、経済界、言論界で大激論になった。旧平価で金解禁をすることは、円相場を実勢より大幅な円高に設定することを意味し、景気の悪化のために企業倒産などが増えることはわかっていたが、浜口総理と井上大蔵大臣は、つぶれるべき企業はつぶし、経済の構造改革をして日本の輸出競争力を強化すべきとの考えに立ち、旧平価での解禁を行うこととした。

しかし、大変不幸なことにその直前の1929年10月にニューヨーク市場の株価が大暴落し、世界恐慌が始まろうとしていた。1930年春になるとその影響は日本にも及び、金解禁で悪化していた景気はさらに急激に落ち込み、失業や企業の倒産が激増し、昭和恐慌となった。

浜口内閣を継いだ若槻礼次郎内閣が倒れ、1931年12月に犬養毅内閣ができたが、その大蔵大臣に就任した高橋是清は、ただちに金の輸出を再度禁止して金本位制を停止し、高橋財政と呼ばれる積極財政政策を取ることによって景気の浮揚を図った。

教養への扉 テロの犠牲者……浜口雄幸は東京駅で右翼の愛国社社員に銃撃され、その後、その傷がもとで亡くなった。井上準之助も大蔵大臣を退任後、右翼の血盟団の団員によって暗殺され、高橋是清も二・二六事件の凶弾に倒れ、金本位制に関わった当事者は、いずれも暗殺の悲劇に見舞われた。

255

金融

預金封鎖、新円切替

なぜインフレ退治の劇薬は効かなかったのか

　第2次世界大戦後、日本は激しい物価上昇に見舞われた。これに対処する方法のひとつが預金を一時封鎖し、旧紙幣の効力をなくして新紙幣を発行するという荒療治だった。しかし、インフレの火の手が弱まったのは一時的で、1949年ごろまで物価の上昇は続いた。

　第2次世界大戦で日本の工場やインフラは大きな損害を受け、物資の供給力が落ちた。一方、政府は戦争終結後に多額の臨時軍事費支払を行い、日銀は日銀貸出を大きく増やして、銀行が企業に対するつなぎ資金融資や急増していた預金の引き出しに対応できるようにしたことから、1945年10月以降はインフレが顕在化した。

　これに対して政府は1946年2月16日、悪性インフレの進展を阻止するための措置として「経済危機緊急対策」を公表するとともに、「金融緊急措置令」「日本銀行券預入令」などを発出し、翌17日以降、1948年3月末までの約2年間、全金融機関の預貯金を封鎖し、引き出しを原則禁止した。この例外として、生活費、事業資金（賃金等）は一定額の引き出しが認められたが、生活費は世帯主が300円、世帯員ひとりあたり100円を限度とされ、給与の現金支払いは月500円までとされた。

　また、政府は市中にある日銀券を吸収するために、それまでの日銀券は旧券として3月2日限りで強制通用力を喪失させて預貯金等に預け入れさせ、既存の預貯金とともに封鎖した。そして2月25日からは新券を発行して預貯金からの引き出しは上記の限度内で新券で行うこととした。

　なお、このとき政府・日銀は、2月25日までに新券の準備が間に合わなかったため、旧券に印紙を貼ったものを新券と見なすこととした。

　この預金封鎖と新円切替によって、日銀券の発行高は激減し、インフレの抑え込みには一時的に一定の効果があったが、国民はできる限り預金を引き出そうとする一方、当然のことながら新券による預金は行わなかった。このため、日銀は資金不足となる銀行に対して日銀貸出の増加で対応するしかなかった。

　また、生産に十分な資金が回らず、物資の供給が不足する状況が続いたため、インフレ克服には生産の再開と拡大が必要という考えが政府・日銀内で強まり、1946年5月に成立した第1次吉田茂内閣の石橋湛山大蔵大臣は、生産拡大のために積極的財政政策を取った。このため激しいインフレの炎は消えることがなく、最終的なインフレの沈静化は、1949年のドッジラインによる超緊縮財政金融政策の実施を待つ必要があった。

教養への扉　ドッジライン……1949年2月1日、デトロイト銀行頭取だったジョセフ・ドッジがGHQ経済顧問として来日して立案、勧告した緊縮財政金融政策で、戦後のインフレが沈静化したのはこのおかげといわれているが、その半面、景気が悪化してドッジ不況と呼ばれた。

**健全財政主義に基づく財政法第4条は国債の発行を原則禁止し、例外として建設国債の
み発行を認めていた。しかし、1975年度に大幅な歳入欠陥が生じたため、特例公債法を
制定して、赤字国債の発行が始まった。**

1974年度、円高と第1次石油ショックの影響で日本経済は戦後初めてのマイナス成長を
記録し、予算で見込んだ額より自然増収で税収が多くなるという、それまでの常識が通用
しなくなった。

1974年度においてすでに税収不足は露呈していたが、税収の年度区分の変更、歳出の不
用や税外収入の増収で不足を穴埋めした。しかし、1974年度の税収予測をベースに大幅な
自然増収を見込んでいた1975年度予算では、3兆4800億円という巨額の歳入不足が生じたた
め、前年度のようないわば小手先の調整では対応ができず、1975年度補正予算で建設国債
を1兆1900億円増発し、残りの2兆2900億円は赤字国債で賄うこととなった。この結果、建
設国債と赤字国債を合わせた1975年度の国債発行額は5兆4800億円となり、公債依存度は
26.3%に跳ね上がった。

当時の大平正芳大蔵大臣は、早期に赤字国債発行から脱却することを目指して、歳出、歳
入を見直し、それでも不足する部分は国民に新たな負担を求めなければならないと考えて
いた。しかし、彼が総理大臣になって導入を目指した一般消費税は、世論、野党の反対だ
けでなく自民党内からも反対が出て、1979年10月の衆議院選挙の投票日を前に断念するこ
ととなり、大平総理は翌年5月の衆参同日選挙期間中に倒れて不帰の人となった。

大平総理のあとを継いだ鈴木善幸総理は、大平前総理と同様に「昭和59年度（1984年度）
赤字国債脱却」を目標とする一方、その方法としては「増税なき財政再建」を旗印に、臨
時行政調査会の議論を通じた行政改革によって歳出削減を進めようとしたが、結局1984年
度までに赤字国債脱却はできなかった。

ところで、大平大蔵大臣は赤字国債の発行を開始するにあたって、これをできるだけ抑
制するために、赤字国債の発行を定める特例法は単年度法とすることと、赤字国債の償還
は現金で行い借換債の発行は行わないとしていた。しかし、1975年度から発行された赤字
国債が満期を迎えて本格的な償還が始まるのを前にして、1984年度の特例法で借換債の発
行が可能とされ、その後の国債の大量発行に道を開くことになった。

教養への扉　建設国債と赤字国債……財政法第4条但書で、国債発行禁止の例外として公共事業のため
の建設国債の発行が認められている。これは、公共事業は社会資本が残るため、後世に受益なく負担を
負わせるものではないという理由による。一方、特例国債（いわゆる赤字国債）は経常的経費にあてら
れるため、毎年法律を制定して特例として発行されている。

バブル経済末期の1990年度予算（当初）では赤字国債発行がゼロになり、1993年度まで赤字国債を発行しない状況が続いた。これは歳出抑制等の努力もさることながら、バブルによってつかの間の税の自然増収が生じたおかげであり、バブルの崩壊後、経済が低迷するなかで1994年度より再び赤字国債の発行が始まった。

1995年度には公債依存度が28.0%と再び高まる状況のなかで、1997年11月、橋本龍太郎総理は財政構造改革法で、2003年度までに国、地方の財政赤字の対GDP比を3%以下にすることや特例国債から脱却することなどの目標を設定した。

しかし、1997年にアジア通貨危機が勃発し、国内でも金融機関の破綻が相次いだことなどから財政構造改革法は停止され、橋本内閣のあとの小渕恵三内閣と森喜朗内閣では積極財政による景気浮揚策が取られた。この結果、国債の発行高は増加し、1999年度の公債依存度（実績ベース）は42.1%に達した。

こうしたなかで2001年4月、「自民党をぶっ壊す」といって政権についた小泉純一郎総理（写真）は、歳出削減による財政構造改革を行うこととし、新たに設けた経済財政諮問会議を活用して「聖域なき歳出削減」を旗印に、公共事業予算を中心に予算の各分野に大きなメスを入れた。

2001年6月に閣議決定された「今後の経済財政運営及び経済社会の構造改革に関する基本方針」（いわゆる「骨太の方針」）では、国債発行額を2002年度予算で30兆円以下に抑えることが目標とされ、さらに翌2002年1月の「構造改革と経済財政の中期展望」（いわゆる「改革と展望」）では2010年代初頭に国と地方を合わせたプライマリーバランス（基礎的財政収支）を黒字化するといった見込みが示された。

しかし、2004年度には歳出の削減、抑制の勢いにも陰りが見られるようになり、目標年次までにプライマリーバランスを黒字化するためには歳出だけでなく歳入面での対応も必要という認識が、経済財政諮問会議などで浮上してきた。

そして2006年の「骨太の方針」では、プライマリーバランス黒字化年度を2011年度とする一方、「歳出、歳入一体改革」を明記し、今後11.4兆～14.3兆円の歳出削減と2兆～5兆円の歳入改革を行う考えが示された。

しかし、2008年9月のリーマン・ショックを契機とした世界金融危機が発生し、2009年に政府は、プライマリーバランス目標年次を10年後に先送りせざるをえなくなった。

教養への扉　その後のプライマリーバランス黒字化目標……2018年に安倍晋三総理のもとで閣議決定された「経済財政運営と改革の基本方針」では、プライマリーバランス黒字化目標年次をさらに5年先送りして、2025年度に国、地方を合わせたプライマリーバランスの黒字化を目指すことにした。

戦後経済の歩み①
戦後復興から高度経済成長の終わりまで

占領時代にあってアメリカは当初、日本を農業国家にして、産業機械はアジアのほかの国に持っていって賠償代わりにするという計画すら持っていた。そのために、財閥解体、農地改革、労働3法の制定、財産税の徴収などが行われた。

しかし、機械だけ持っていても産業が動くはずもなく、日本の復興を認めるほうがアジアのためにも米軍のためにも好都合であることに気づくのに時間はかからなかった。

そこで、池田勇人大蔵大臣などはアメリカの専門家のアドバイスも受けながら、石炭や鉄鋼などの基幹産業に重点的に資金を集める傾斜生産方式を採用した。アメリカからは、ガリオア・エロアという資金援助を受け、「赤字国債」も発行した。

結果、インフレになったので、1948年、GHQは経済安定9原則を指令し、銀行家ジョセフ・ドッジが日本に派遣されドッジ・ラインと呼ばれる財政引き締め政策を行わせた。1ドル＝360円の単一為替レートがこのときに設定された。

しかし、1950年に朝鮮戦争が勃発すると、連合軍からの特需もあり、日本は不況を脱した。『経済白書』に「もはや戦後ではない」と書かれたのは1956年である。そして、1954年から1973年まで、経済成長率が年平均10％ほどになり、1960年に政権についた池田勇人は「所得倍増計画」を打ち出した。

このころ、アメリカは日本に資本と貿易の自由化を求めた。対して、産業界や労働界は保護の継続を求め、近代経済学者は軽工業に特化した国際分業を推奨した。それに対して、第3の道を主張したのが通商産業省（現・経済産業省）だった。

戦前に中堅の商工官僚だった岸信介は、1926年にアメリカ、ドイツ、イギリスへの調査旅行に出発した。アメリカでは機械化された産業の発展に目を見張ったが、同時に資源も資金もない日本がどうしたらそれに対抗できるか見当がつかなかった。

ところが、ドイツに行って、そこで展開されている産業合理化運動（高度の技術と経営の科学的管理による経済再建活動）を見て、これこそ日本が進むべき道だと確信し、日本でそれを試みるが、抵抗に遭って満洲に渡り、そこを実験場に大成功を収めた。

その方式を後輩である通産官僚たちは、戦災で一から出直しの形になった日本で再開し、期限を切って保護するとともに公的資金を投入して自立を図った。その結果として、自動車産業や電機産業が輸出産業として発展し、そのおかげで好景気が続くと国際収支が悪くなって引き締めに転じるという悪循環から脱し、1968年にはGDPが世界2位となった。

しかし、1973年の第4次中東戦争でアラブ諸国が石油を輸出制限し、原油価格が大幅に上がったことで高度成長は終わり、一方、過剰流動性があるところに「列島改造」を実施に移したので「狂乱物価」といわれる物価高騰が見られた。

教養への扉 省資源や公害反対の声に押されて厳しい取り組みをしたら、これが成功してかえって産業競争力は向上し（この成功体験が環境対応へのコストを軽視することになり、弊害が出るのだが）、輸出は伸び、黒字がたまった。

　1985年にプラザ合意でドル高是正が決まり、円高・ドル安が進み円高不況になったので、金融緩和策を取った。これに先立ち、大平正芳総理が提案した一般消費税などの導入が世論の反対で頓挫し、行政改革を進めたうえでの増税を期したが、財政改善のめどは立たなくなり、それ以来、長期的観点での前向きの政策は取りづらくなった。

　窮した中曽根康弘内閣は、民間活力の導入を図ると称して、国営企業や公有地を高値で売却するために、不動産価格や株式相場の高騰をよしと考え、列島改造以来の地方分散路線を放棄して「世界の東京」を日本経済の牽引車とすると、東京一極集中を是認した。

　資金が株式や土地に流れ込み、1980年代末には、「バブル経済」となった。私は「バブルを続けるな」「すぐに破裂させて傷を小さくしろ」といったが、「金融システムが壊れる」と無策に推移したあげく、予想どおり1990〜1991年に破裂した。

　原因が総量規制だという人がいるが、その後も地価は上昇をしばらく続けている。むしろ、微温的すぎて傷はしばらく拡大したのである。不良債権処理に速やかに移るべきだったが、地価をしばらく維持して売り逃げようとした人々に負けたのである（多くの国民がこの時期に業者の売り逃げでマイホームの高値づかみをさせられた）。

　私がもうひとつ主張したのは、産業の競争力を高めて経済成長率を上げることが、バブルの傷を早く癒やすことだったが、これも「経済成長率を追う時代でない」という世論に負けた。結果、平成の30年間（1989〜2019年）、本気で経済成長が試みられたのは、堺屋太一が経済企画庁長官だった小渕恵三内閣から森喜朗内閣の時期だけだったのではないか。

　2001年には小泉純一郎内閣が誕生し、規制緩和に取り組んだが、その対象は道路公団と郵政というマイナーな分野だけで、医療や農業など本当に大事なところでは、特区でのトライアルでごまかした。また、低成長下での規制緩和は、格差社会を深刻化させた。

　幸いアメリカの景気回復や中国経済の成長で悪化は避けられたが、2008年のリーマン・ショックで頓挫した。そしてデフレが深刻化した。2011年の東日本大震災（1995年の阪神・淡路大震災のときもよく似ていたが）も、本来なら関東大震災のときと同様に、復興需要で経済拡大の絶好のチャンスだったが、鎮魂ムードと福島第一原発の事故で、前向きの投資は少なく、ムダづかいの山を築いて日本経済の傷口を広げた。

　そして、2012年には安倍晋三が政権復帰し、アベノミクス3本の矢を掲げたが、金融と財政という2つの矢は機能し、雇用状況は劇的な改善を見た。しかし、第3の産業競争力の強化は迫力に欠けるまま推移し、コロナ禍に巻き込まれて経済状況と財政状況は悪化したまま、消費意欲もないのにバラマキを繰り返し、貯蓄ばかりが増えている。

教養への扉　中古マンションの価格は、家賃100カ月分くらいが常識。東京都心では800倍にもなったが、これでは収益還元法的に永遠に採算が合わないので、バブルがいつか破裂することは自明だった。やけくそだったのだ。

日本史に残る祭り100選①
自然信仰の祭り、仏教の祭り

古代の祭りは自然信仰により豊穣を祈り、収穫に感謝する祭りであったが、そのまま現在には伝えられてはいない。（編集部注＝本書で取り上げた祭りについては、新型コロナウイルスの影響により中止や延期があるため、訪れる際には公式情報をご確認ください）

狩猟社会の祭りの一端は、宮崎県の山地で行われている神楽、たとえば「**高千穂の夜神楽**」などで、地域によっては供物としてイノシシの頭部が置かれているところに名残を見ることができる。

農耕社会になり、稲作の祭りが行われるようになる。大阪市の住吉大社「**御田植神事**」は3、4世紀ごろの発祥と伝わり、このころから田植えに関しての祭りや芸能が行われていたと考えられる。

農村の行事として行われてきた祭りは、記録がなく起源も不明で、のちの時代のものも多いが各地に見られる。

新年にはその年の豊作を祈る祭りが行われる。青森県の「**八戸のえんぶり**」はその例で、田をならす農具を模した棒を持って踊る。

田植えの祭りは各地で行われているが、大規模なものに広島県北広島町の「**壬生の花田植**」があり、造花で飾られた牛が曳かれ、囃子に合わせて早乙女が田植えを行う。

稲の病虫害に対し、各地で「**虫送り**」という行事が行われている。香川県小豆島町の「**中山虫送り**」は斜面の棚田を松明行列が行くが、途絶えていたのを最近復活したものだ。

収穫を祝い感謝する祭りは、宮中行事の新嘗祭や農村の秋祭りの起源だ。愛媛県の「**新居浜太鼓祭**」は現在の形になるのは江戸期以降だが、市内各地で行われていた秋祭りから発展したものだ。

仏教が伝わり、飛鳥時代からは寺院での祭り、神仏習合による祭りが現れる。大阪市の「**愛染まつり**」は聖徳太子の時代からと伝わる夏越しの大祓を兼ねた夏祭りだ。

福岡県久留米市の大善寺玉垂宮の「**鬼夜**」は4世紀の起源と伝わり、滋賀県大津市の「**山王祭**」は大津宮への遷都を機に始められたと伝わる。現在、大善寺はなくなり、玉垂宮のみが残るが、山王祭の神事には天台座主も参加する。

このような神仏習合によって奈良時代には「**放生会**」が大分県の宇佐八幡宮で行われ、全国の八幡宮にも広がり、のちの時代に始まる福岡市の筥崎宮の「**放生会**」の起源となった。

奈良市の東大寺二月堂の「**お水取り**」も奈良期に始まったと伝わり、修二会という2月の法会のなかの行事だ。

茨城県石岡市の常陸國總社宮の例大祭も奈良期に始まっている。近代以降になって「**石岡のおまつり**」として盛大になる。

教養への扉 狩猟社会のお祭りとして最も知名度が高いのは、アイヌの熊送り、いわゆるイヨマンテだろう。しかしながら今日では行われておらず、再現時の記録が見られるだけだ。イヨマンテの名を冠した観光イベントが実施されているが、むしろ古式舞踊などの芸能を見る機会と捉えたほうがいい。

平安時代には朝廷や貴族の祭りとともに、都市発展による疫病や災害の原因と考えられていた怨霊を鎮めるための祭りが盛んになる。

　平安期の祭りの代表は京都市の「**葵祭**」だろう。賀茂社の祭礼としての起源は6世紀に遡り、平安時代には国家的な祭りとされ、『源氏物語』にも描かれている。

　平安文学の『伊勢物語』には、滋賀県米原市の「**鍋冠まつり**」が描かれる。狩衣姿の少女たちが張り子の鍋を被って行列することで知られているが、当時は大人の女性だった。

　怨霊を鎮めるためには「**御霊会**」が催されるようになり、それを起源とするのが京都市の上・下御霊神社の「**御霊祭**」で、武器をかたどった鉾が見られる。やはり御霊会を起源とする京都市の「**祇園祭**」（イラスト）も始まる。現在の鉾は山車の形だが、当初は同様の武器の形だったろう。

　祇園祭にも見られる、無病息災を祈る「**蘇民将来**」という民間信仰により、岩手県各地で行われている「**蘇民祭**」の代表的な「**黒石寺蘇民**」も、このころに始まったようだ。

　怨霊となった菅原道真の霊を鎮めるため創建されたのが天満宮だ。大阪天満宮創建の直後に始められたと伝わるのが大阪市の「**天神祭**」だが、盛大な祭りになるのは江戸期だ。福岡県の太宰府天満宮の「**鬼すべ神事**」もこのころの創始と伝えられ、現在は「**鷽替え神事**」と同日に続けて行われている。

　藤原氏の氏神である奈良市の春日大社の「**春日祭**」が始まったのは平安期になってからだ。そして平安末期に摂社・若宮神社の「**春日若宮おん祭**」が始められる。戦乱等で途絶えることなく続けられ、この時代の芸能や猿楽能など中世以前の芸能を残している。

　和歌山県那智勝浦町の「**那智の火祭**」も起源は不明ながら、平安期には行われていたようだ。

　平安期を起源とする近畿を離れた祭りでは、山形県河北町の谷地八幡宮の秋の例祭や寒河江市の慈恩寺の春の法会で舞われる「**林家舞楽**」が平安期に伝わったものと伝わる。

　長野県の諏訪大社は平安期以前から式年造営があったと記録があり、「**御柱祭**」も行われていたと考えられる。

　平安期に第1回が開催されながら、21世紀になって第17回が行われたのが茨城県常陸太田市の「**金砂神社磯出大祭礼**」だ。72年に1回しか実施されないからで、500人ほどの大行列が日立市の水木浜までの約75kmを1週間かけて往復する。

　厳島神社をいまの姿に造営した平清盛が始めたとされるのが広島県廿日市市の「**厳島管絃祭**」で、都で行われていた管絃遊びを、厳島神社の神事として行うようになった。

教養への扉　「御霊祭」は京都最古の祭りとされる。より古くからの「葵祭」は、当時は平安京の外の山城国の祭りだったからだ。ほかにも京都には平安期からの祭りが残されているが、たび重なる戦乱や火災で建造物が多く残っていないのに対し、無形の祭りは中断しては再興されたからだろう。

鎌倉時代からは、交代する武家政権や封建領主の下での祭り、戦乱の慰霊などの祭りなどが、各地域で行われるようになる。

　鎌倉幕府開始期、山口県下関市の赤間神宮で安徳天皇を偲ぶ先帝会が行われ、のちに「**先帝祭**」となるが、今日では江戸期の風俗を残す上臈参拝が人気を集めている。

　神奈川県鎌倉市の鶴岡八幡宮では「**放生会**」が行われ、のちに同社の「**例大祭**」となり、流鏑馬などが行われている。高知県室戸市の「**吉良川の御田祭**」も源頼朝による創設との伝承があり、内容的にも鎌倉期の田楽能や猿楽能を伝える祭りだ。

　冬至には太陽の力が弱まって復活することを祝う祭りが世界的に行われているが、日本の代表的な祭りが長野県飯田市の「**遠山郷の霜月祭り**」だ。行われるのに八幡神社が多いところから鎌倉期の起源とする説がある。山梨県富士吉田市の「**吉田の火祭**」も起源は不詳だが鎌倉期からと考えられている。

　佐賀県の「**伊万里トンテントン祭**」は江戸後期が起源だが、楠木正成ゆかりの神社と足利尊氏ゆかりの神社の神輿と地車がぶつかるという、南北朝の争いが因縁のけんか祭だ。

　室町時代には、世阿弥が猿楽を大成するが、その系統ではあるが現在の能とは違う黒川能が山形県鶴岡市に伝わり、同地の春日神社の「**王祇祭**」で演じられる。

　勇壮な祭りでは、兵庫県姫路市の「**灘のけんか祭**」として知られる松原八幡神社の例大祭は赤松政則が同社に寄進をしたのが由来とされている。岡山市の「**西大寺の会陽**」が現在のようなはだか祭りとなったのは室町期の修正会が契機だったと伝わっている。

　福島県須賀川市の「**松明あかし**」は須賀川城の戦いと慰霊が起源とされている。

　愛知県の「**尾張津島天王祭**」が始まったのも室町期だが、織田信長が見物したという記録が残る。その信長が好んで舞ったとされるのが当時流行した「幸若舞」で、現在は、福岡県みやま市のみに伝えられ「**大江天満神社の祭礼**」で奉納されている。

　信長には安土で「左義長」に参加した記録もある。「左義長」は小正月のドンド焼きの行事として各地で行われており、滋賀県の「**近江八幡左義長**」は安土から移ったもので、山車をつくって練り歩く。福井県の「**勝山左義長**」は、櫓の上でのお囃子とともに絵行灯や作り物、押し絵などで街路が飾られる。いずれも祭りの最終には火が焚かれる。

　沖縄では琉球王国が建国される。このころから中国からもたらされた爬竜船による競漕が沖縄県各地の漁港で行われる。なかでも古くからの形で行われているのが「**糸満ハーレー**」だ。南西諸島の「**竹富島の種子取祭**」が始められたのもこのころからだ。

教養への扉　織田信長が踊り出したという記録が残る「左義長」の由来には、平安時代の正月遊びで、杖で毬を打ち合う「毬杖」の道具を燃やしたからという説がある。その関連からか、2017年公開の日本映画『本能寺ホテル』では、信長が「毬杖」に興じるシーンが描かれている。

江戸時代には、幕藩体制の下、幕府や各藩が祈願や領民鎮撫のためなどで関わって始められたと伝えられる祭りが行われるようになり、現在の祭りの原型ともなっている。

　江戸では徳川将軍家が畏敬した神田明神の「**神田祭**」と山王権現の「**山王祭**」の山車が江戸城に入り、将軍への拝謁が許されて「天下祭」といわれた。明治以降は山車曳行から神輿中心に変わるが、老中だった松平信綱が藩主となって始めた埼玉県の「**川越氷川祭**」は「天下祭」の影響を受けて、当時の名残を残す祭りだ。

　久能山に葬られた徳川家康の霊を日光東照宮に移す際の行列を起源として、栃木県の日光東照宮の春秋の例大祭では「**百物揃千人武者行列**」が行われている。

　茨城県の「**日立風流物**」は徳川光圀の命で神社の祭礼に出された山車が起源と伝わり、現在は「**日立さくらまつり**」で公開されている。和歌山県の「**和歌祭**」は紀伊徳川家による紀州東照宮の創建時からの祭りだ。

　鎌倉期より幕末まで同じ領地で存続した大名は多くないが、そのひとつの相馬氏は衰退していた福島県の「**相馬野馬追**」を盛んにし、南部氏の領内では岩手県滝沢市の「**チャグチャグ馬コ**」が、島津氏により「鈴懸馬踊り」で知られる鹿児島県霧島市の「**鹿児島神宮初午祭**」が始まるなど、偶然にも馬に関する祭りが盛んになっている。

　「**仙台七夕まつり**」は、仙台藩祖・伊達政宗の奨励で盛んになったと伝わる。富山県の「**高岡御車山祭**」は、前田利家が豊臣秀吉から拝領した御所車を2代目藩主が高岡に城を築いた際に城下の町民に与えて始まったと伝わる。

　静岡県の「**掛川祭**」は宿場町で始まった祭りだが、その日は城内への参内が許された。

　島根県松江市の「**ホーランエンヤ**」は、松江藩主が行った五穀豊穣を祈願する祭礼が起源とされ、大分県豊後高田市の「**ホーランエンヤ**」は、領有していた島原藩やその大阪蔵屋敷に年貢米を運んだ船の航海安全を祈願して始まったとされている。

　鳥取市周辺では鳥取藩主が鳥取東照宮を建立し、その祭礼に出したのが起源という「**麒麟獅子舞**」が各地の祭礼で演じられている。

　福岡市の「**博多どんたく**」は福岡藩主の黒田氏への「**博多松囃子**」による表敬が原型であり、北九州市の「**小倉祇園太鼓**」は細川忠興が京都の祇園祭を模して始めたとされる。

　遠来の踊り手も参加する祭り、岐阜県の「**郡上踊り**」は、郡上藩主が奨励したとの説があり、徳島県の「**阿波踊り**」は、徳島藩の成立以降に盛んになったと伝わる。

　藩によるものではないが、長崎県の「**長崎くんち**」は、キリスト教の禁教のため神社への祭礼参加を強制したのが起源とされ、幕府の政策の一環であったといえる。

教養への扉　尾張徳川家でも東照宮を勧請し、東照宮祭が行われた。3基の神輿や9基の山車、総勢4000名以上の行列の壮大な祭りで「名古屋祭」ともいわれたが、第2次世界大戦の空襲で、東照宮の主要建造物や多くの山車が焼失した。現在も例祭は行われているが、「名古屋まつり」は戦後創設のイベントの呼称となっている。

日本史に残る祭り100選⑤
商業経済によって発展した祭り

商品経済が発展し、経済的実力を蓄えた町人によって山車を曳き、作り物を飾る祭りが各地で発展し、いまも行われている**豪華絢爛**な祭りの形ができあがっていくのも、江戸時代だ。

北前船で栄えた港、北海道江差町の「**姥神大神宮渡御祭**」や福井県坂井市の「**三国祭**」が始まる。和紙の産地の栃木県那須烏山市では和紙製の山が飾られる「**山あげ行事**」が行われ、千葉県香取市の利根川水運で発展してきた佐原地区で「**佐原の大祭**」の2つの祭りが行われるようになる。養蚕で栄えた埼玉県秩父市では「**秩父夜祭**」、多くの豪商の肝いりにより始まった岐阜県高山市の「**高山祭**」と総称される祭りなど、豪華な屋台で知られた祭りが行われる。

東北地方では、七夕行事から発展し、巨大な作り物が行列する青森県の「**青森ねぶた**」や「**弘前ねぷた**」が盛んになり、秋田県では稲穂に見立てた提灯を操る「**秋田竿燈まつり**」が始まる。

愛知県では、精巧なからくり人形を飾る屋台が出る犬山市の「**犬山祭**」や半田市の「**亀崎潮干祭**」が行われる。山車は西日本では地車とも呼ばれ、その代表的な祭りが大阪府の「**岸和田だんじり祭**」だ。

福島県南会津町の「**会津田島祇園祭**」では「**七行器行列**」など一連の行事の実施体制の「おとうや」に特色がある。福岡市の「**博多祇園山笠**」は祭り自体の起源はより古いが、特色の「追い山」が行われるようになる。山車行列の鉦や太鼓の賑やかなお囃子の三重県桑名市の「**石取祭**」も始まる。

能登半島では各地の祭りで使われる切子灯籠が巨大化し、現在は「**能登キリコ祭り**」と総称されている。熊本県山都町の「**八朔祭**」は農家の慰労に商家が作り物を飾ったのが起源だ。

江戸期に流行した芸能として、歌舞伎と人形浄瑠璃があり、素人の芸能が禁じられたため奉納名目で祭りに際して上演された。長野県の「**大鹿歌舞伎**」や山形県酒田市の「**黒森歌舞伎**」では祭礼時に神社付属の舞台で上演され、秩父夜祭や滋賀県の「**長浜曳山祭**」の子ども歌舞伎では曳山の舞台で行われている。

中世以来の風流踊りや念仏踊りを起源にする踊りが、盂蘭盆の行事「**盆踊り**」として各地で行われるようになるのもこの時期だ。秋田県羽後町の「**西馬音内の盆踊**」では顔を隠して踊り、盆に帰ってきた死者を装っているとされている。長野県阿南町の「**新野の盆踊り**」は楽器を使用せずに声だけで踊られる。岡山県笠岡市の「**白石踊**」は扮装や振り付けをそろえないことや、物語や浄瑠璃を題材にした音頭が特色だ。

教養への扉　平安時代が起源の京都「祇園祭」も、そのハイライトの山や鉾が整備されたのは江戸時代だ。山鉾のモチーフには日本だけではなく中国の故事もあり、懸装品には当時の豪商が集めた中国はもちろんヨーロッパやペルシャ、ムガール帝国の織物が使われ、世界史の視点から見ても興味深い祭りだ。

日本史に残る祭り100選⑥
地域の歴史を反映した近代の祭り

　明治時代には、祭りはグレゴリオ暦の採用と神仏分離により大きな転機が訪れるが、西欧化の影響は生活文化の変容に比べ大きくない。近代に創設された祭りの多くにおいて地域資源を素材としており、地域の歴史が重要な要素となるからだ。

　歴史という視点で重要な祭りとしては京都市の「**時代祭**」があり、平安京の時代、つまり平安時代から幕末までの各時代風俗を考証して再現した行列が行われる。
　兵庫県の「**赤穂義士祭**」も江戸期には行えるはずもなく、明治末期の開始だ。
　「**浜松まつり**」は江戸期からの凧揚げの風習から明治に凧合戦が行われるようになり、屋台が加わって大規模化したもので、このような祭祀が発祥ではない祭りも行われる。
　戦後の祭りの創設には観光という要素が大きい。「青森ねぶた」「秋田竿燈」「仙台七夕」という東北の夏の大規模な祭りに合わせての誘客を目的のひとつとして始まったのが岩手県の「**北上・みちのく芸能まつり**」で、内容は鬼剣舞や鹿踊りなど県内の伝統芸能だ。盛岡市でも江戸期から伝わる「**さんさ踊り**」を市民が参加する祭りとしている。山形県では、昭和初期につくられた「花笠音頭」を祭りに仕立てた「**山形花笠まつり**」が始まる。
　高知市の「**よさこい祭り**」は、阿波踊り（写真）をモデルに、新しく踊りを創作した祭りだ。
　沖縄県沖縄市の「**沖縄全島エイサーまつり**」は盆の伝統芸能エイサーのコンクールとして始められた。
　秋田県男鹿市の「**なまはげ柴灯まつり**」は、正月行事として有名な「なまはげ」を平安末期からの「柴灯祭」が行われていた神社で別の時期に公開するものだ。
　古くからの祭りや行事を統合し大規模化した例もある。新潟県の「**新潟まつり**」は、江戸期からの「住吉祭」を新たなイベントと統合したもの、群馬県桐生市の「**八木節まつり**」も江戸期からの「桐生祇園祭」や七夕、新たなイベントや、八木節の大会を統合させたものだ。
　従来の祭りに魅力を付加したものとして、富山市の「**おわら風の盆**」がある。おわらは江戸時代に遡ると伝えられるが、胡弓の導入は明治末期で、昭和に入り、衰退を防ぎ多くの町民が参加するよう新しい歌詞や振り付けを導入したことが、近年の盛況につながっている。熊本県の「**山鹿灯籠まつり**」も祭りは室町期以前の起源と伝わるが、そのハイライトの灯籠踊りは頭上に紙製の灯籠を載せて踊るもので乾電池なしでは不可能だ。
　中国の「**春節**」は横浜や神戸の中華街でも行われて集客力がある行事だが、長崎市では「**長崎ランタンフェス**」として大規模な祭りとしている。

教養への扉　グレゴリオ暦の導入は、ハウスものの七草粥や桃の節句という年中行事のズレを生んでいる。そのため盆の行事は7月から8月に移しているが、盆踊りや送り火など夜の行事が必ずしも満月ではなくなっている。沖縄に旧暦での行事が多いのは、潮の干満が生活に密着していたのが一因かもしれない。

古代の芸能
日本初の芸能は天鈿女命の天岩屋戸の前での踊り

古代芸能では神を招くために歌と舞を用いた。渡来してきた仮面芸能は仮面が表現する人物や神仏を具象化する。かつて依り代に憑依していた神は、面を着けてみずから立ち現れるようになった。

　日本の伝統芸能は巫女神楽から始まる。始まった当時は伝統ではなく創作だった。『古事記』に描かれた、天鈿女命が天岩屋戸の前で踊った場面が、記録された最初の舞踊シーンだ。その場に寄り集まった神々は舞踊を見て哄笑している。もちろん『古事記』はドキュメンタリーではない。だが、姿の見えない神の祠の前で舞を演じ、それを村人たちが見て楽しむのは、当時（そして現代でも）行われた祭礼の形だろう。

　古代にコトやフエと呼ばれる絃楽器や管楽器は存在していたし、打楽器は世界のあらゆる民族が使っている。これらの在来種は、雅楽が国家事業として標準化されていく過程で雅楽器に置き換えられていった。かろうじて命脈を保っているのは、雅楽で神楽歌を演奏する際にのみ使われる「和琴」だ。この「和琴」の祖型と思われる楽器は古墳時代の遺跡から残欠木製品や埴輪として出土している。

　伎楽は飛鳥時代ごろに仏教とともに伝来した仮面劇だ。仏教を広めるために寺院の境内で上演されたという。一時期大流行して、東大寺大仏開眼会でも上演されたが、仏教が国家宗教となって以降は急速に廃れていった。現代においては、復元された『行道』『師子』『呉公』『曲子』などの伎楽が毎年、薬師寺に奉納されている。

　林邑楽は736年に来朝した婆羅門僧正菩提僊那と林邑僧仏哲が伝えたとされている。林邑はベトナム中部のフエ地方の地名という。伝来当初は寺院で伝習されていたようだが、平安時代初期の雅楽寮に林邑楽師が置かれた。10世紀ごろには『菩薩』『抜頭』『迦陵頻』『陪臚』の4曲が知られていたようだ。

　散楽は奈良時代に唐楽、三韓楽とともに渡来した。『信西古楽図』は平安末期にその時点での古楽、すなわち国風化される以前の雅楽や散楽を描いている。描かれた散楽の演目は、曲芸、ジャグリング、アクロバット、綱渡り、幻術に猿回しや獅子舞など、現代の中国雑技の先祖といってよい。

　散楽は庶民に人気があったようで、今でも各地の祭礼行事のなかにその演目が演じられたり、楽器が使用されたりしている。秋田県潟上市の東湖八坂神社例大祭に神事のひとつとして奉納される『蜘蛛舞』は、綱の張り方が『信西古楽図』とまったく同じだ。また散楽はのちの猿楽能のルーツになったともいわれる。

教養への扉　芸能は、見る側にとっては娯楽だが、演じる側からは神事にまつわる奉納芸という姿勢を崩さない。一大興行地となった四条河原は、八坂神社への参詣口なので勧進興行となる。

雅楽、声明

中国から伝来した雅楽の国風化が日本音楽の原点

日本の伝統楽器は、ほぼすべて外来楽器。平安時代の中ごろに国風化の波を受けて淘汰され、現代の雅楽器だけが生き残った。声明は当時の中国の音楽理論で体系化されていたので、日本人にとっては異世界の音楽だった。

雅楽が中国から伝来して、日本の音楽事情は大きく変化した。まず雅楽は国家が管理するところとなり、伝習機関が設けられ、在来種の神楽歌は雅楽のなかの一演目に位置づけられた。平安時代の中ごろに遣唐使が廃止されて文化の国風化が起こり、楽器編成や演目も縮小した。このときにお役御免となった楽器が大量にお蔵入りした。それらは文字通り蔵に保存されて、現代では正倉院御物と呼ばれている。

舞楽は日本に渡来して定着した各種の芸能を、平安時代の初期に整理したもので、先に見た林邑楽も舞楽に含まれている。現在でもよく上演されるのは『春鶯囀』『迦陵頻』『胡飲酒』『青海波』などだ。舞楽は左舞、右舞と分けられてそれぞれを唐楽と高麗楽が伴奏する。つまり舞楽の伴奏は雅楽で、ここに挙げた演目はすべて雅楽のレパートリーでもある。

雅楽伝来以前からあった神楽歌や、平安時代の流行り歌なども広義に雅楽に含める。御神楽の『阿知女』や平安貴族のあいだに流行した催馬楽の『伊勢海』、朗詠の『嘉辰』などは現代でも聴くことができる。また、器楽曲の『越殿楽』は現代では最もポピュラーな雅楽だが、鎌倉時代ごろからそうであったようで、替え歌のメロディーとしても使われた。

声明とは、仏教経典に節をつけて唄うことをいう。仏教の伝来とともに行われていたと考えられるが、752年の東大寺大仏開眼供養の際に各種の歌舞が演じられ、声明の『唄』『散華』などが唱えられた。平安時代初期に遣唐使であった最澄と空海も中国から声明を持ち帰った。それぞれ天台声明、真言声明と称する。大原三千院は天台声明の魚山派を伝える道場で、正月には三千院の僧侶によって『法華三昧』が奉納される。

和歌も独特の抑揚をつけてうたうが、声明はサンスクリット語や漢語を原語の発音で唱えるので、抑揚のつけ方も和歌とは大きく異なる。日本では5音階だが中国は7音階なので、日本では使わない音程を使うことになる。おそらく当時は斬新な節回しに聞こえただろう。この声明は、のちに生まれる平曲に大きな影響を与えることになり、その影響はさらに能楽の謡や浄瑠璃語りにも引き継がれる。

教養への扉 雅楽は、平安時代の中ごろに演目や楽器編成の大改訂を行って国風化された。室町時代には応仁の乱のためにほとんどの楽人が都を脱出して演目も散逸した。その雅楽を復興させたのは徳川幕府で、場所は江戸城内の紅葉山だった。これは勅使を迎える際に式楽が必要だったからと思えるが、結果的には雅楽は江戸時代のはじめごろから幕府によって復興、伝習された。この紅葉山楽所が現代の宮内庁楽部につながる。われわれが現代に聴くことができる雅楽は、このときに復興されたものだ。

芸能

琵琶
仏教界から庶民の生活のなかに下りてきた雅楽器

琵琶法師とは、琵琶を用いて門付けをする盲人のことだが、室町時代には当道座という全国的なギルドを結成した。江戸時代の薩摩では士族のあいだに薩摩琵琶が普及した。明治時代には筑前琵琶が考案された。

　平曲とは、琵琶を伴奏に用いて『平家物語』を語ることを指す。『平家物語』が成立するのは鎌倉時代になってからだが、「祇園精舎」から始まるあの長大な叙事詩が一気に書き下ろされたわけではなく、各部分部分が琵琶法師によって個別に語られていたという前史がある。

　作者について、兼好法師は『徒然草』のなかで信濃前司行長がつくって生仏という琵琶法師に語らせたという。しかし、『源平盛衰記』などの異本も数多く存在し、それらを琵琶法師が語るための「語り本系」と、物語として読むための「読み本系」の2つの系統に分類できるため、行長作者説は定説とはなっていない。

　平曲は声明の影響を受けているといわれる。九州の盲僧集団の伝承によれば、延暦寺に庇護されていた盲人たちは、法要の際に琵琶の伴奏を担っていたという。その法要のあとに、余興として琵琶を伴奏にして物語も語ったという。仏教説話や昔話、噂話などを語っていたところに、源平の戦の様子が伝えられる。人々の関心は、扇を射抜いた「那須与一」や「宇治川」の合戦の顛末に移っていく。平曲の需要が高まると、やがて盲僧集団は寺院の宗教活動から離れて独立していく。

　小泉八雲が記録した「耳なし芳一の話」は、そのころの琵琶法師のライフスタイルをよく伝えている。ひとり旅の琵琶法師は寺院に投宿するが、その寺院の規矩には拘束されていない。芳一は庭先から呼ばれ、そのまま案内の者に導かれて外出する。そのあいだ、寺の僧侶は誰も気づいていない。請われるまま「壇ノ浦」の一節を語り、翌日の来訪を約して寺に戻るということを繰り返す。芳一は毎夜外出して徐々に生気を失っていくが、そのことに寺の者が気づいたのは数日後だ。

　平曲を語る琵琶法師の集団は当道座という一種のギルドを構成し、やがては幕府の庇護を受ける。平曲に使用する琵琶は雅楽の琵琶と同じ規格のもので、雅楽と同様に琵琶を横抱きに構える。当道座に属さない琵琶法師は門付けの旅芸人となった。琵琶は背負って移動するが、携行の便のために小型化する。小さくなった琵琶は横抱きにはできないので立てて演奏するようになる。盲僧とはこのような旅の琵琶法師のことで、使う琵琶を盲僧琵琶と呼ぶ。盲僧は平曲を語るより、主に地神経や荒神経で、行く先々の土地の神を鎮め、家の竈を言祝ぎ、その後に余興の芸も披露して生計を立てるようになる。

教養への扉　江戸時代に、薩摩藩では藩士たちに琵琶が推奨された。琵琶を伴奏に詩を吟じることが士気を高揚させるからだ。明治時代に薩摩出身者が政府の要職につくようになり、ローカルな芸能であった薩摩琵琶が知られるようになる。それに刺激されて、薩摩琵琶に改良を加えたのが筑前琵琶だ。

田楽、猿楽
祭礼の儀式のひとつから演劇へと発展

能楽というのは明治時代以降の呼び方で、江戸時代までは猿楽能、または猿楽だった。室町時代のはじめごろまでは猿楽とよく似た芸態の田楽能というライバルが存在していて人気を二分していた。決着をつけたのは観阿弥・世阿弥親子だった。

田楽を演じる芸能を田楽能と呼んだが、このなかで楽器で囃したり踊ったりした囃子の部分も田楽踊りとか、単に田楽と呼ばれるようになった。やがて田楽踊りだけが独立したダンスイベントに成長して、11世紀末には貴族たちが華美を尽くした衣装を身につけ、笛、太鼓、編木の囃子で踊り、練り歩くことが大流行した。

大江匡房が著した『洛陽田楽記』によれば、奇抜な風体をした青侍を引き連れて街中で踊り狂う行列に行き会った人は、百鬼夜行に遭遇したと思い腰を抜かしたという。1096（永長元）年ころに流行のピークを迎えたので、この現象を「永長の大田楽」と呼ぶ。

足利尊氏のころ、田楽能と猿楽能は並立していたが、人気が高いのは田楽能だった。1349年に京都四条河原で橋勧進の田楽が催された。当代の人気役者・一忠と花夜叉が出演するので大勢の観客が詰めかけたために、桟敷席が崩落した。『太平記』では、どさくさに紛れて衣装を盗む者、それを追う者、果ては刀で斬り合う者までいて阿鼻叫喚の地獄絵のように描かれる。このあと、1374年の今熊野勧進猿楽で観阿弥・世阿弥が将軍義満に見いだされ、時代は猿楽能に移っていく。

猿楽能では、神の依り代である松を描いた鏡板の前3間四方を張って舞台とした。これは祭礼の芸能が結界のなかで演じられるのと同様だが、猿楽能では観客に向かって演じられる。楽屋は異界と位置づけられ、演者は橋掛かりを通って舞台に至る。能舞台はこの世とあの世との境界につくられた結界だ。この工夫によって猿楽能は人に向かって演じることができる舞台を獲得することになった。

その後、多くの能楽の演目では、たとえば『高砂』や『老松』では神が、『敦盛』や『清経』『羽衣』『井筒』では死者が、『鵺』や『安達原』では鬼が、『隅田川』や『道成寺』では狂女などのこの世ならぬものが主役になる。『船弁慶』では弁慶と義経も登場するが、彼らは生きている人間として登場するので面は着けない（写真は能楽師シテ方の河村浩太郎）。

狂言は、面白おかしいセリフのやりとりとしぐさによって進行する喜劇だ。本来は能楽と交互に演じられていた。重いテーマの能楽に対して、軽いテーマの狂言が対比的だ。狂言役者のデビューに使われることが多い『靱猿』、柿泥棒を見つかってしまう『柿山伏』、萩を和歌に詠むことができない『萩大名』、小僧が頓知で言い逃れる『附子』など、中世の言葉でしゃべっていても理解できるくらいにストーリーは単純だ。

教養への扉　田楽能の始まりは、田の神を祀る田楽踊りだった。平安時代に貴族が自分の領地で行われている祭礼を珍しがり、自宅に招いて演じさせた。祭礼行事そのものも、1年間の農作業の様子を演じるものだが、領民たちは田の祀りとは関係なく、祭礼行事一式を田主が人々に昼飯を振る舞う場面までを再演したのだ。元から演劇的な要素を持った芸能だった。

人形浄瑠璃

「神の代理」から演技をする存在に変化した人形

室町時代は文学面では暗黒時代だが、芸能面では黄金時代。興行地ではさまざまな芸能が競い合っていた。浄瑠璃語りと人形操りが結びついて圧倒的人気を博した。

人形浄瑠璃芝居のことを文楽とも呼ぶが、これは大阪で人形浄瑠璃芝居を最後まで興行していたのが「文楽座」だったからだ。現在、日本には人形芝居保存団体が100カ所以上あるが、それらの大半は淡路系の人形芝居を伝承している。これは淡路の人形座が江戸時代から明治時代にかけて日本中を巡業したからだ。文楽座を始めた植村文楽軒も淡路出身の浄瑠璃語りだったので、文楽も淡路人形も演目の多くは共通している。

人形浄瑠璃芝居は、人形芝居と浄瑠璃語りが合体した芸能だ。人形操りは古代からある芸能だが、ルーツは西宮の夷昇きに行き着く。西宮神社の雑用を務めながら人形操りを特技とした一団があり、祭神である夷人形を担いで村々を回り勧進していた。その人形操りの技術が次第に洗練されて芸能化していく。

一方の浄瑠璃語りは平曲から派生した。平曲には源義経を主人公としてまとめられた『義経記』というバリエーションがあるが、さらに『義経記』のバリエーションのひとつが『浄瑠璃姫物語』。奈良絵本にもなった室町時代の大ヒット作だ。このヒット作から浄瑠璃語りという言葉ができる。はじめは演題だったものが、語り芸の代名詞となったのだ。

同時代に存在していた語り芸と人形操りが合体するのは必然だろう。昔話がアニメになったようなものだ。浄瑠璃で語られるストーリーに合わせて人形が演技をする。この新しい娯楽に人々は魅せられた。

浄瑠璃語りは、竹本義太夫の登場によって一変する。義太夫は大坂の道頓堀に竹本座を創設して近松門左衛門作の『出世景清』を初演して大当たりを取る。江戸時代のはじめごろは泣き節といわれた文弥節や勇壮な金平節など、浄瑠璃語りにはさまざまなスタイルがあった。義太夫はストーリーに合わせて当時のさまざまな浄瑠璃の語り口をすべて取り入れ一世を風靡する。そのために、浄瑠璃語りは義太夫節と呼ばれるようになり、義太夫以前の浄瑠璃語りは古浄瑠璃と呼ばれるようになる。

近松は竹本座の座付き作者となり、実話に取材した世話物『曽根崎心中』も大ヒットさせた。初代義太夫が没した20年後に竹田出雲作の『芦屋道満大内鑑』が上演された。このとき初めて3人遣いの人形が登場して、人形操りの標準になっていく。その翌年には、近松作の『国性爺合戦』が初演された。これは滅亡した明を再興するために、明の忠臣と日本人妻のあいだに生まれた和藤内が国性爺と名を改めて大活躍するという大作ドラマ。3年にわたるロングラン上演となった。

教養への扉 人形浄瑠璃芝居に優れた脚本が求められたのは、演じるのが人形だからだ。人形には個性がない。着ける衣装によって役柄の人物になる。それだけに人物の個性を描き分けられた脚本が重視されたのだ。

阿国歌舞伎（写真）はレビューショーだった。遊女歌舞伎から若衆歌舞伎に変遷してもその特性は変わらない。野郎歌舞伎になって演劇を志向するが、歌舞伎踊りのひと幕があったり、役者を魅せるための演出がされたりするのは阿国歌舞伎以来のDNAだ。

得意芸のことを十八番と書いて「おはこ」と読む。これは「歌舞伎十八番」からきた言葉だ。7代目市川團十郎が1832年に定めたもので、初代から4代目までの團十郎が得意としていた演題を集めたもの。

歌舞伎十八番のひとつ『暫』は、弱い者いじめの現場に「しばらく！」と叫びながら鎌倉権五郎というヒーローが花道に登場することからこの題がついている。着ている衣装の袖には芯が入れられて凧のように四角く張られ、市川家の三枡紋が大きく染め抜かれている。ここまでアイコン化してしまうと、ほかの役者が演じることはできないだろう。

『勧進帳』も歌舞伎十八番のひとつ。能の『安宅』から題材を取っていて、芝居の背景に老松が描かれているのは能舞台の鏡板を模したもので、能楽へのリスペクトだ。この伴奏音楽の『勧進帳』は、長唄としても代表的な曲になっている。

『鳴神』は、鳴神上人がその法力で龍神を滝に閉じ込めて雨を枯らし、上人を籠絡するために派遣された美女が上人を酔わせた隙に龍神を解放し、激怒した上人が豪雨のなか、美女を追いかける。ストーリーは単純で、その分、スペクタクルな演出が楽しめる。

火事と喧嘩は江戸の華というが、吉原を舞台に喧嘩がテーマになっている芝居が『助六』。正しくは『助六由縁江戸桜』という。誰彼構わず喧嘩を吹っかける理由が、盗まれた名刀・友切丸を探すために相手に刀を抜かせるのだという。アクションシーンのためにストーリーがつくられたような芝居だ。

もうひとつの江戸の華、火事がテーマの『八百屋お七』。実際に起こった事件を井原西鶴が『好色五人女』のなかに描き、当時の大道芸である歌祭文にも取り入れられた。歌舞伎芝居としては吾妻三八作の『お七歌祭文』が最初。

『仮名手本忠臣蔵』は歌舞伎の名作として知られ、何度も映画化、ドラマ化されている。実は人形浄瑠璃芝居として竹本座で上演されたのが最初だ。そのため口上も人形が行い、幕が開いても役者たちは最初は人形のように静止したままなのも人形浄瑠璃にリスペクトした演出だ。

鶴屋南北作『東海道四谷怪談』は、怪談の傑作だ。『仮名手本忠臣蔵』のサイドストーリーでもあり、お岩の父・四谷左門や民谷伊右衛門は元浅野家（芝居では塩冶判官）の浪人という設定。怪談の演出としては盆提灯抜け、仏壇返し、戸板返しなどのギミック満載だ。

教養への扉 出雲の阿国は能楽の様式を取り入れて、念仏によって死者をあの世から呼び出すという演出を行った。だから絵画に描かれた阿国の舞台は能舞台と同じ構造をしている。

三味線音楽
盲僧による門付で瞬く間に全国に普及

　室町時代に渡来した三味線は瞬く間に普及し、それまでの琵琶に取って代わる。江戸時代に生まれた音楽はほとんどが三味線音楽となった。そのために三味線という楽器の規格も音楽の種類ごとに細かく分かれることになった。

　三味線の種類は、棹の太さによって太棹、中棹、細棹の3種類に分けられる。太棹は義太夫節、津軽三味線、浪曲に、中棹は地歌、常磐津節、清元節、新内節などに、細棹は長唄、荻江節、小唄などに用いられる。

　たとえば同じ中棹でも、演奏種目によって胴の大きさや革を張る張力、撥の形状などに微妙な差異がある。だから三味線の種類をいうときには、地歌三味線とか常磐津の三味線と演奏種目で呼ぶほうが分類としては正確になる。部外者から見るとどちらでもそんなに変わらない、と思うような差異だが、当事者にとっては天と地ほどの隔たりがあるようだ。

　伝来した当初の三味線は、まだ盲僧の専業とはなっていなかったのでさまざまな場面で使用された。たとえば人形浄瑠璃芝居の伴奏楽器として使われた三味線は、17世紀の終わりごろには義太夫三味線と呼ばれた。一方、歌舞伎踊から発展した歌舞伎芝居の伴奏音楽には長唄が使われた。これに使用する楽器は細棹で唄三味線と呼ばれる。

　初期の三味線音楽は、歌曲を伴った「三味線組歌」として盲僧集団のなかに広まり、地歌に発展していく。最も古い組歌は「表組」または「本手組」と呼ばれるもので、寛政年間（1789〜1801年）までには成立していた。『琉球組』『飛騨組』『忍組』などの曲がある。1700年ごろには長い歌詞を持つ佐山検校作曲『雲井弄斎』、市川検校作曲『狭衣』、継橋検校作曲『難波獅子』などが作曲される。18世紀には、歌詞の短い端歌物が流行る。鶴山勾当作曲『由縁の月』、玉岡検校『鶴の声』や、峰崎勾当作曲『雪』、湖出市十郎作曲『黒髪』などは現代の演奏会でもよく聴くことができる。

　18世紀終わりごろに、手事物が登場する。「手事」とは歌の合間の楽器だけの演奏部分のこと。歌ではなく手の演奏を聴かせるので手事という。峰崎勾当作曲『越後獅子』、三つ橋勾当作曲『松竹梅』、松浦検校作曲『宇治巡り』、菊岡検校作曲『茶音頭』、石川勾当作曲『八重衣』、光崎検校作曲『七小町』など、地歌の古典代表作が並ぶ。このころには三味線のメロディーに対して箏の変奏を作曲（これを箏手付けという）することも行われ、三味線と箏のメロディーが器楽合奏的に絡んで、手事の面白さを高めることになった。

教養への扉　現代では、三味線のなかでは津軽三味線が最もよく知られているが、津軽三味線のスタイルが完成するのは大正時代ごろだ。津軽地方で「ボサマ」と呼ばれる盲僧のうち、仁太坊という人物が三味線で門付けしたのが始まり。江戸時代に三味線は当道座の専業とされていたので、当道座以外の盲僧は琵琶しか使えなかった。

273

365

箏

雅楽器の脇役が人気のお稽古事に

雅楽のなかで脇役だった箏は、筑紫地方で伴奏楽器として発達してさまざまな演奏技法が開発される。それに着目した当道座が箏曲も取り込んで、江戸時代中ごろには三味線との合奏曲が数多く作曲された。

箏が脚光を浴びるのは、安土桃山時代の北九州、筑紫地方においてだった。箏曲史に詳しい宮崎まゆみ氏によると、平安時代に貴族社会で嗜まれた雅楽は、鎌倉、室町時代ころに『越殿楽』の合奏に歌詞をつけるようになり、やがて室町時代終わりごろには雅楽合奏が箏の伴奏になっていったという。これを「越殿楽歌物」と呼ぶ。『越殿楽』のメロディーを替え歌にしたわけだ。その替え歌の歌詞がやがて1曲ずつ固定化して独立した楽曲、箏曲が誕生したという。筑紫地方で生まれたので筑紫箏と呼ぶ。

「越殿楽歌物」の伴奏から独奏楽器へと脱皮した筑紫箏は、当時の音楽愛好家の注目を集める。江戸時代初期に筑紫箏の名手である玄恕は後陽成天皇の前で演奏したのだ。これに当道座の検校たちも強い関心を示した。なかでも三味線の名手として知られていた城秀（のちの八橋検校）は、筑紫箏を元にして楽器の改良や奏法を開発し、箏曲の基礎を築いた。この八橋検校が作曲した『六段の調べ』や『乱』は代表的な古典音楽として鑑賞教材としても取り上げられ、さまざまな場所でBGMとして流されている。

18世紀中ごろから、地歌や箏曲をお稽古事として習うことが流行る。これは茶の湯や生け花でも同様の現象が起こり、家元制度が確立していった時代でもある。地歌箏曲は当道座の専業なので、アマチュア人口だけが増大したことになる。箏曲への関心も高まり、歌と歌のあいだに器楽合奏を挟む「手事物」などの形式が試みられた。19世紀のはじめごろには、松浦検校の『若菜』、八重崎検校の『楫枕』などが作曲される。

18世紀末に江戸で登場した山田検校は、江戸で流行していた浄瑠璃の語り口を取り入れて人気を集めた。『熊野』『葵上』などが代表作だ。

幕末のころ、吉沢検校が登場する。1800年ごろに名古屋で生まれた。少年のころからその才能は突出していて30歳を過ぎたころには検校となり、50歳ごろに名古屋の当道社会のなかでは第一人者となった。そして名古屋を捨てて京都に移り住む。当時の復古ブームに感化されてか、雅楽的な音階を取り入れた調弦法を考案し、『古今和歌集』の歌をそのまま歌詞に使った箏曲を多数作曲する。なかでも『千鳥の曲』は、雅楽的なイントロをつけて雅な雰囲気をつくりだしている。1872年に京都で没しているが、その後、楯山登の『時鳥の曲』、菊末勾当の『嵯峨の秋』、菊塚与市の『明治松竹梅』などの明治時代に数多くつくられた明治新曲と呼ばれる箏曲の出発点をつくったといえる。

教養への扉 当道箏曲の元になった筑紫箏は、江戸時代には佐賀藩に保護されていた。江戸屋敷でも藩士たちに伝習していたが、隣の姫路藩の藩士も興味を持ち始めて稽古に加わった。そのため筑紫箏は佐賀と姫路で伝承されることになった。

尺八
初めて記録に残っている奏者は一休宗純

　鎌倉時代以降、正倉院御物に見られるような古代の尺八の消息は途絶える。室町時代には「尺八」「一節切」が並行して現れるが、この両者は同じ楽器を指している。江戸時代に虚無僧が現れて、元禄時代を過ぎたころには虚無僧の風体も規格化され、尺八も現代の尺八の祖型ができた。

　尺八愛好家のあいだに伝わる伝説に、聖徳太子が尺八で『蘇莫者』という曲を吹いた、というものがある。聖徳太子は574年から622年ごろの人とされているので、このようなことがあったとすれば、580年から620年ごろのことになるだろう。尺八は雅楽の楽器として中国から渡来したが、その出自について『文献通考』では、626年から649年ごろに楽人・呂才によってつくられたことになっている。聖徳太子には尺八という楽器を知る機会はなかったのだ。そもそも尺八という楽器の記録は756年の『東大寺献物帳』が最初だ。ここに記録された尺八はときどき正倉院展に出展されることがあり、いまでも見ることができる。

　15世紀後半になると尺八の記録が散見され始める。実在した人物で確実に尺八を吹いていたのは一休宗純だ。一休が吹いた楽器は、のちに一節切と呼ばれる1尺1寸ほどの笛で、ちょうど笛のなかほどにひとつ節があるのでこの名がつけられた。16世紀ころにはずいぶん流行ったようで、一節切と尺八は同義語として用いられ、当時流行ったなぞなぞを集めた『寒川入道筆記』や『月菴酔醒記』に収録されたり、『洛中洛外図』で都の点景として描かれたり、また国宝の『高雄観楓図』の画面中央には、橋の欄干に腰かけて一節切を吹く人物が描かれていたりする。

　一休の時代に書かれた『三十二番職人歌合』（1494年）には尺八を吹く薦僧が描かれている。この薦僧がずっとあと、江戸時代には普化宗という禅宗の一派を形成して虚無僧と呼ばれるようになる。薦僧の前身は暮露だと考えられているが、兼好法師の著した『徒然草』第115段に描かれた宿河原の念仏道場に集まったぼろぼろのエピソードがよく知られている。そのころから100年あまりにわたって念仏衆の暮露は存在していたようで、どこかの時点で念仏から禅に転向したのだろう。

　江戸時代に虚無僧寺は全国各地にあり、それぞれで伝承が行われた。そのため、同名曲であってもずいぶん曲調が異なっている場合がある。江戸時代中期に現れた黒沢琴古（1710〜1771）は、諸国を遍歴して各地に伝承されている楽曲を収集した。現代でもよく演奏される『鈴慕』『三谷』『巣籠』などは、このときに整理されたものだ。これらの尺八独奏曲は本曲と呼ばれて、のちの琴古流の基礎を築くことになる。現代、伝統音楽の鑑賞教材としてよく取り上げられる『鹿の遠音』は尺八のかけ合いで鹿の鳴き声を描写している。独奏曲ではないが、このように尺八だけで演奏される曲も本曲と呼ばれる。

教養への扉　古代の尺八の使用は、平安時代中ごろまでは確認できるが、その後、消息は途絶えて、尺八にまつわる伝説ばかりが散見される。室町時代に堰を切ったように尺八を吹く絵や記事が現れる。このときには古代の尺八とは規格が異なっていた。暮露と呼ばれた人たちが、そのミッシングリンクを解く鍵のように思えるのだが。

江戸時代の俗曲
常磐津、清元、新内など新旧のスタイルが共存共栄

　江戸時代には、歌舞伎踊りの伴奏音楽から新しい音楽スタイルが生まれた。また、劇場を離れて御座敷芸としても独自のスタイルが生まれた。

　享保年間（1716〜1736年）ごろから、歌舞伎芝居のなかで女形による舞踊劇が上演されるようになった。その代表的なものは1753年に上演された『京鹿子娘道成寺』で、現代でも上演される長唄の代表曲だ。

　歌舞伎芝居のなかに、「浄瑠璃所作事」という演出がある。歌舞伎の伴奏音楽は長唄が基本だが、舞踊の伴奏に浄瑠璃を用いる。歌舞伎芝居のなかのひと幕が浄瑠璃語りで進行する舞踊劇になるわけだ。初代常磐津文字太夫が1753年に『芥川紅葉柵』を語って大ヒットさせ「浄瑠璃所作事」が定着した。

　常磐津節の人気が高まる少し前、1751年に鶴賀若狭掾は劇場から座敷浄瑠璃に転向して、扇情的な語り口で心中物を演じて人気を集めた。『明烏』や『蘭蝶』は鶴賀若狭掾の作だ。若狭掾の弟子が2代目を継いで鶴賀新内と名乗ったので、新内節と呼ばれるようになった。

　常磐津節からは富本節が派生し、さらに富本節から清元節が派生した。1811年ごろに師匠であった富本と不和になり独立したのが清元だ。初代の清元延寿太夫は『保名』『累』などをつくり人気を集めて江戸で確固とした地位を築くが、人気の絶頂期に暗殺されてしまう。清元の人気を妬んでの犯行という噂が立って富本節は衰退していった。

　歌舞伎舞踊は女形によって踊られていたが、明和のころ（1764〜1772年）から男役も踊るようになってくる。伴奏音楽である長唄も、常磐津節などの浄瑠璃や地歌の影響を受けて旋律も多様化する。このころ冨士田吉次が作曲した『安宅松』は曲の後半から調弦を変えるなど複雑になってくる。

　このあと舞踊の形式が整ってきて、伴奏音楽である長唄も初代杵屋正次郎の『高砂丹前』のように曲としてのまとまりができる。さらに幕末に近づいてくると、短い曲を組み合わせて、ひとりの役者がそれぞれ役柄と衣装を変えて踊る「変化所作事」が増えてくる。『藤娘』や『助六』などは変化所作事のなかの1曲だが、短くまとまっているので現代では単独で上演されている。

　明治になってから、歌舞伎の観客層も江戸町人から外国人や地方から上京してきた人へと大きく変わった。そのためにわかりやすい演目が求められて、杵屋正治郎（3世）は『連獅子』などの魅力的な曲をつくった。

教養への扉　江戸時代の音楽の展開で特徴的なのは、新たな演奏スタイルが派生して大流行しても、先行する古いスタイルを駆逐してしまわないことだ。新旧のスタイルが併存するのが日本の伝統芸能の特徴だ。

民謡
もともとは労働時か祭礼時か祝いごとで唄われた

　明治時代になって、民俗学という学問分野のなかで民俗音楽が調査、研究されるようになった。そこでわかったことは、街道や航路が整備されている日本では、民謡も持ち運ばれていたということだ。

　人々のあいだで伝承された民謡は、主に労働時か祭礼時か祝いごとで唄われた。それらの民謡は「唄」「節」「音頭」「甚句」「追分」に分類される。

　「唄」は純粋な労働作業に関わるものが多く、節回しも単調なものが多い。たとえば『油搾り唄』『草刈唄』『茶摘唄』などだ。「節」がつくものは、節回しが複雑で、盆踊りや宴席などで唄われる。宮城の『斎太郎節』、福島の『新相馬節』、茨城の『磯節』などがそれにあたる。「音頭」はさらに技巧的になり歌詞も即興的なので、歌い手に合わせて周囲は囃子言葉を入れるだけになる。『江州音頭』や『河内音頭』などだ。「甚句」は主に東日本で唄われる。新潟の『両津甚句』、青森の『津軽甚句（ドダレバチ）』などだ。「追分」は、軽井沢の追分宿の飯盛り女が騒ぎ歌として唄っていた『馬子唄三下り』が広まったもの。

　すべての民謡が、その土地で生まれたものとは限らない。「追分」と『ハイヤ節』は特定地域の民謡だったが、あるときから座敷歌に変化して移動し始めた。追分宿で唄われた『馬方三下り』が街道沿いに新潟まで伝わった。かつての新潟は陸路と海路が交差する流通の結節点だ。港には遊郭があり、風待ちの船乗りは滞在中に遊郭でさまざまな唄を覚える。その船乗りたちが海路を津軽、松前と移動して、「追分」も一緒に移動したのだ。

　北海道江差に伝わった「追分」も騒ぎ歌だったが、1911年に「江差追分」コンクールが行われた際に、平野源三郎が尺八を伴奏に、ゆったりしたテンポで朗々と唄って評判をとった。それ以降、このスタイルが『正調江差追分』となった。

　『ハイヤ節』は、もとは奄美の『八月踊り』といわれている。奄美の漁師は海流に乗って五島列島あたりまで移動してこの歌を伝えた。この歌は「ハイヤ〜」というかけ声から始まるので九州各地では『ハイヤ節』『ハンヤ節』と呼ばれ、日本海沿岸を山口、浜田、舞鶴、新潟と転々と北上している。新潟の対岸にある佐渡では『佐渡おけさ』という民謡になった。「ハァーーーー」とずいぶん長いかけ声で始まる歌だが、これも「ハイヤ〜」の変形だ。津軽ではこれが「アイヤ〜」と訛って『アイヤ節』となる。

　江戸時代に職業的に旅をしたのは馬子や船乗りだけではなく、芸を生業とする瞽女や盲僧もいた。彼ら専業芸能者によっても村から村へと歌は運ばれたようだ。各地で唄い方をみんなが真似るようになり、それぞれの地方の唄い方、定型ができあがっていった。このように宴席などで人に聞かせるための御座敷歌に変化を遂げたものが現代の民謡の原型だ。

教養への扉　日本の民謡には家元が存在する。つまり、これは古典芸能であって民俗芸能ではないということだ。専門の歌い手によって唄われる歌は芸謡と呼ぶ。われわれが今日、民謡と呼んでいる音楽は、実は芸謡なのだ。

　庶民が西洋音楽に触れたのは幕末だ。鎖国が解かれて以後、キリスト教宣教師はおおっぴらに布教活動を開始し、賛美歌集（さんびかしゅう）の出版までした。また薩摩藩や長州藩などは西洋の軍略を学んで軍楽隊（写真）を組織した。

　「唱歌」という言葉は、古典音楽の分野では「口唱歌（くちしょうが）」ともいい、楽器演奏の運指（うんし）などを覚えるために口で唄うことをいった。この古い専門用語が、明治の新しい学校教育のなかで再利用されることになった。

　西洋音楽が公式に日本に入ってきたのは幕末から。江戸幕府と対峙していた薩摩藩や長州藩はフランスやイギリスから武器を輸入したが、同時に武器の運用法も学んだ。当時のヨーロッパの戦術は徴発兵を用いた戦列歩兵を中心としていた。銃を構えた歩兵が密集隊形を取って敵の戦列歩兵を圧倒しようとする人海戦術だ。互いの顔が見える距離で銃を撃ち合い、やがて銃剣で白兵戦（はくへいせん）を行う。そういう戦争をするために、普段は軍事訓練を受けていない農民や職人たちを短時間で統率、訓練する手法として軍楽隊が必要とされた。倒幕のために江戸に攻め上った山国隊（やまぐにたい）が唄ったという『トコトンヤレ節』が軍歌第1号ということになる。

　1872年に学制が発布されて新時代の教育が始まった。西洋の学制にならったので「音楽」という教科もあったが、当面のあいだは保留とされた。実施に向けての調査研究は「音楽取調係」に委ねられ、東京女子師範学校は小学校の教師を育成したが、学制に定められた「唱歌」をどのように教えるのかわからない。そもそも小学校で教える「唱歌」そのものがない。そこで、当時唯一の音楽専門機関である雅楽課に「保育唱歌」を作曲依頼することになった。これが「文部省唱歌」の始まりとなる。1901年の「中学唱歌」には滝廉太郎の『荒城の月』が掲載されている。

　明治時代には「演歌」も流行する。ここでいう「演歌」は「演説歌」の省略形で、現代の演歌とは異なるものだ。その名のとおり、多分に政治的な要素を含んでいる。明治に盛んだった自由民権運動の副産物として生まれたものだ。この時代は、立会演説会などで政権批判と受け取れる発言があると、そう判断した官憲によって即時中止、解散が宣告される。それへの対抗手段として、街頭で大道芸人のように歌を唄う。歌詞に政治批判を織り込み、その歌詞を瓦版（かわらばん）のような簡易印刷にしておき、集まった人々にその歌詞を配るという次第。街頭演説ならぬ街頭演歌会だ。「演歌」が「壮士歌（そうしうた）」とも呼ばれるのは、その音楽性より政治性に着目しているからだろう。1889年の川上音二郎の『オッペケペー』や、添田啞蟬坊（だあぜんぼう）の『ストライキ節』などだ。

教養への扉　音楽取調係は日本の音楽教育が西洋偏重する元凶のように思われているが、実は積極的に邦楽を取り入れようとしていた。ところが当時の日本音楽は御座敷と劇場音楽が主流だったので、歌詞が艶（なま）めかしすぎる。また虚無僧尺八は怪しすぎる。唯一お眼鏡にかなったのが、和歌を歌詞に用いる箏（そう）曲だった。

戦前のポピュラー音楽
レコードの登場と芸能音楽の誕生

　日本で歌謡曲と呼ばれる芸能音楽が始まったのは、1920年代ごろからである。そのきっかけは、ラジオ放送とレコード会社の設立である。それ以前、日本の流行歌は演歌師（艶歌師）と呼ばれていた歌手が街頭、あるいは舞台で歌うことだけが拡散方法であった（いまでいうところのライブ）。ところが、1925年に日本でラジオ放送が始まったのである。

　全国で数千台だったラジオ受信機は、1年後には10万台を超える驚異的な増加を見せたが、ラジオ番組のなかでもとりわけ人気が高かったのが音楽番組である。その人気に乗じてアメリカ資本のビクター、コロムビア、ドイツ資本のポリドールといったレコード会社が設立され、多くの大衆に音楽を提供することが可能になったのである。

　国産第1号のレコードは1928年4月、ピアノのラフマニノフ、ヴァイオリンのクライスラー、日本人オペラ歌手、藤原義江の『出船』などである。同年、日本最初のレコード歌手といわれる佐藤千夜子の『波浮の港』は10万枚を売り上げる大ヒットとなり、レコード産業が花開き、それまで新小唄、新民謡などの名称で発売されていた国産音楽は、「歌謡曲」という新しい名前で括られていくことになる。

　日本コロムビアから新人作曲家、古賀政男が1931年に登場、藤山一郎の歌唱による『丘を越えて』『酒は涙か溜息か』など特徴ある古賀メロディーで注目を集め、後者は100万枚を売り上げ、レコードプレスが追いつかないほどの記録的大ヒットとなった。

　1931年、満洲事変勃発、日本は軍国主義の道を歩み始めると同時期に『爆弾三勇士』『満洲行進曲』などの軍歌が登場し、政府はレコードの検閲を強化し始める。しかし、まだ1930年代は流行歌全盛期だった。レコード会社は、専属作家を抱えてヒット曲を量産、東海林太郎『赤城の子守唄』、ディック・ミネ『波止場がらす』などがヒットする。また「洋楽ジャズ」が流行したのもこのころだ。

　1930年代中盤には、日本放送協会（＝NHK）国民歌謡制定、戦争開始直前までは多彩な流行歌が現れ、渡辺はま子『忘れちゃいやヨ』などの官能歌謡なども歓迎された。満洲に出征した兵士を歌った『満洲想えば』などの時代を反映した歌もあった。が、1937年の日華事変勃発からは、流行歌は軍部から発売禁止令が出されるようになっていく。

　代わって、愛国歌謡が登場。1938年に内閣情報部が公募選定した『愛国行進曲』はレコード会社6社より同時発売、100万枚のヒットとなる。1939年も多数のレコードが発売され、岸井明と平井英子のコミックソング『タバコやの娘』、淡谷のり子『雨のブルース』、ディック・ミネ『人生の並木路』、藤山一郎『青い背広で』、松島詩子のシャンソン歌謡『マロニエの木陰』などがヒットする。

　しかし、太平洋戦争が勃発すると、軍国歌謡一色となっていく。その最も有名な楽曲といえば、1942年の『軍艦マーチ』であろう。その状況は、1945年の終戦まで続いていく。

教養への扉　NHK連続テレビ小説『エール』の主人公のモデルとなった古関裕而は『暁に祈る』『若鷲の歌』など軍歌を多く手がけ、戦後は『長崎の鐘』など平和主義的な音楽をつくった。

1950年代のポピュラー音楽
戦後の歌謡曲とウエスタン・ブームの到来

　日本が連合国側に降伏した翌1946年の1月には早くもコロムビアより戦後初のヒット曲『リンゴの唄』が発売され、30万枚の売り上げを記録する。翌年には各レコード会社の生産体制も整い、驚異的な速度で戦後の音楽シーンは復興した。

　『リンゴの唄』は霧島昇＆並木路子が歌った。服部良一作曲『東京ブギウギ』が1948年に大ヒット。笠置シヅ子は「ブギウギの女王」と呼ばれ、明るいジャズ、ブギウギがブームになる。進駐軍の影響もあり、アメリカからの音楽、ジャズやポップスが流入、洋楽が急速に日本全土に広がっていったが、高峰秀子『銀座カンカン娘』などは日本独自のポップスをつくりあげた先駆けであろう。

　そんななか、1945年には歌謡曲雑誌『平凡』が登場、1949年には天才少女・美空ひばりがデビュー。ひばりは全国民のアイドルとしてヒット曲を連発、『あの丘越えて』『ひばりの花売り娘』などを主演映画とともに発表するなど、戦後の歌謡界をリードした。

　戦後まもなく登場したブギウギ・ブームに続き、ラテン・ブームが到来した。1955年、ペレス・プラードによりマンボが流行、街には細いマンボ・ズボンや原色使いのマンボ・シャツを着た若者たちであふれた。また、映画『暴力教室』が日本でも封切られロックンロールが上陸し、主題歌『ロック・アラウンド・ザ・クロック』のカバー曲が発売され、1956年にはエルビス・プレスリーのデビューでR&R（ロックンロール）ブームとなった。

　また、1950年代のアメリカ文化といえばカントリーも忘れてはならない。1951年ごろからウエスタン・ソング『テネシー・ワルツ』などがヒット、チャックワゴンボーイズ、ウエスタンランブラーズなど国産ウエスタン・バンドによるブームがあった。1954年には、ワゴン・マスターズによる国産ウエスタン・ソング『ワゴン・マスター』が大ヒット。

　同時に日本の職業バンドマンたちも次々とロックンロール化し、ロカビリー・ブームがやってきた。1958年に有楽町で開催された「日劇ウエスタンカーニバル」はロカビリー人気に火をつけ、またこの現象が日本のアイドル・ブームの先駆けとなった。

　ウエスタン・バンドを組織化、いち早く商業的に成功させたのが渡辺プロである。オールスター・ワゴンズの平尾昌晃、ブーツ・ブラザースのミッキー・カーチス、サンズ・オブ・ドリフターズの山下敬二郎はロカビリー3人男と呼ばれ大人気を博した。

　フジテレビで洋楽ヒットチャート番組『ザ・ヒットパレード』が1959年に放送開始。テレビによる大衆への浸透力もあり、この番組を通じて双子姉妹ザ・ピーナッツ、坂本九、森山加代子、弘田三枝子、飯田久彦らがスターダムへと上っていった。

　こうして日本の歌謡曲は、洋楽ポップスを取り入れてより広範囲な音楽シーンを形成することになる。ただし、この時期のポップスは海外のポップスを翻訳して歌うカバー全盛で、オリジナルのポップスを生み出すにはしばらくの時間を必要とした。

教養への扉　1960年代に入ると、ベビーブーマー（＝団塊の世代）の台頭により、10代のティーンアイドルの興隆、ダンス・ブームの到来など若者文化の音楽が大量に消費＆表現される飛躍の時代へと日本の音楽シーンは向かっていく。

イギリスで1963年にブレイクし、1964年にはアメリカで旋風を巻き起こしたザ・ビートルズは世界中のポップスに大きな変化と影響を与える。

1960年代にアメリカのバブルガム・ポップの影響でティーンアイドル・ブームが起きて**中尾ミエ、園まり、伊東ゆかり**（ナベプロ3人娘）や青山ミチ、伊藤アイコ、金井克子、木の実ナナらが人気を博した。国産リズムのドドンパ（1961）が流行し、1962年ツイストの世界的流行、ラテンやサンバ、ボサノヴァ、タムレ、ヒッチハイク、ロコモーション、スカなど、さまざまなダンス・スタイルが紹介され、ダンスフロアに集う若者たちを惹きつけた。

そんななか、1963年6月に坂本九の『上を向いて歩こう』（英語名『スキヤキ』）が全米No.1となったのだ（現在でも、日本人の楽曲で全米No.1となったのはこの1曲のみである）。また、日本の歌謡界において御三家という言葉が使用され始めたのが1964年ごろ。男性青春アイドルとして**橋幸夫、舟木一夫、西郷輝彦**の3人に対してである。

さらに、アメリカ西海岸を中心に生まれたサーフィン＆ホットロッドサウンドが日本にも上陸する。特徴的だったのは、本国で人気のザ・ビーチボーイズ、ジャン＆ディーンといったボーカル・グループより、ザ・ベンチャーズ、アストロノウツといったエレキ・インストゥルメンタル・バンドが注目を浴びたことだ。国産バンドでは、**寺内タケシとブルージーンズ**が登場し、歌謡曲の橋幸夫までを巻き込む一大サーフィン・サウンド・ブームとなった。

1966年6月、ザ・ビートルズが来日。アーティストとして初めて日本武道館で公演を行ったのがテレビ中継され、強烈な印象を与えた。ザ・ビートルズが出現するや、すぐさま東京ビートルズという便乗グループがデビューを果たすなどしていたが、そのなかで生まれた日本独特のエレキ・ポップ・ミュージックがGS（グループサウンズ）だ。

グループサウンズは、**ザ・スパイダース、ジャッキー吉川とブルーコメッツ**という東京のプロフェッショナルなバンドが最初に登場した。ブルーコメッツはもともとロカビリー歌手のバックバンドだったが、1966年の『青い瞳』がヒット。この曲はGSオリジナル曲の原型ともいわれ、彼らの成功により歌うエレキバンドが注目され**ザ・ワイルドワンズ**『想い出の渚』、**ヴィレッジ・シンガーズ**『バラ色の雲』などが大ヒットした。

GSブームは1967〜1968年に最盛期を迎える。その年、100近いグループがデビューし、それを上回る数の予備軍が各地のジャズ喫茶、ディスコで活動していたという。ジャッキー吉川とブルー・コメッツ、ザ・スパイダース、**ザ・タイガース、ザ・テンプターズ**、ザ・ワイルドワンズ、ヴィレッジ・シンガーズ、ザ・ジャガーズ、ザ・ゴールデン・カップス、オックス、ザ・カーナビーツなどはGSの中心的存在となる。

教養への扉 1969年ごろから海外でニューロックと呼ばれる新しくハードなサウンドが流行し、GSバンドのなかでは自分たちの演奏と歌謡曲的なサウンドとのギャップに悩み、プロダクションとの対立も表面化。多くのバンドが解散、再編を繰り返し、1969年の終わりまでにGSブームは衰退していく。

1970年代のポピュラー音楽
アイドルと並びアングラ、フォーク、ロックも市民権を得る

1970年代の歌謡界は、カラーテレビ普及を背景に、歌謡番組とアイドル全盛の時代であった。

女性アイドルは1970年代前半の**南沙織**、**小柳ルミ子**、**天地真理**、1971年に日本テレビが始めたオーディション番組『スター誕生!』から中3トリオとして話題を呼んだ**山口百恵**、**森昌子**、**桜田淳子**をはじめ、**中森明菜**、**キャンディーズ**、**松田聖子**、**ピンクレディー**、**小泉 今日子**等々が登場した。

男性では、**郷ひろみ**、**西城秀樹**、**野口五郎**（新御三家）、たのきんトリオから派生した**田原俊彦**、**近藤真彦**（ジャニーズ）が活躍した。

1960年代中期に起こったグループサウンズは欧米ロックバンドの形態を取ってはいたが、結局は日本の芸能界の枠組みのなかでの出来事であった。しかし、1960年代後半には、「芸能界」と離れたアンダーグラウンドなシーンからヒット曲が誕生する。京都の学生フォーク・グループ、**ザ・フォーク・クルセダーズ**が解散記念に自主制作した『帰って来たヨッパライ』が深夜ラジオ放送を通して大ヒット（1967）。インディペンデント＝インディーズという土壌から出現したバンドがアングラ（＝アンダーグラウンド）と呼ばれるシーンを形成し、日本のロック、フォークムーブメントをつくる礎となった。

1960年代初頭にアメリカでフォーク・ブームが起こり、日本でも**マイク真木**が歌った『バラが咲いた』（1966）が大ヒットし、日本語のフォークソングが発表され始めていた。関西フォークでは、**高石ともや**が社会的メッセージを含むフォークで登場し、全国各地から、**岡林信康**、高田渡、友部正人、**吉田拓郎**、五つの赤い風船が登場し人気を集めた。

なかでも吉田拓郎は『結婚しようよ』などのヒットで流行歌手の仲間入りを果たす。また『神田川』（1973）の**かぐや姫**が庶民性あふれる「四畳半フォーク」を流行させた。

フォーク・ムーブメントと同時期に日本の音楽界に浸透し始めたのがロックだ。洋楽のコピーバンド的に英語で歌っていたのが、1970年に**はっぴいえんど**のデビューで日本語ロックへの道が開かれた（1972年解散後も4人のメンバーはさまざまな形で日本のポップスをリード、のちにニュー・ミュージックと呼ばれるサウンドの源流となる）。1970年代半ばになるとR&Rバンド、**キャロル**が商業的に成功。そうして、Char、原田真二、桑名正博などは歌謡界に進出。1970年代半ばになるとロックは日本の音楽業界でもメジャーな存在になり、多数のロックバンドがメジャーデビューしてヒットチャートを賑わせるようになった。

ヤマハが主催する「ヤマハ・ポピュラー・ミュージック・コンテスト（＝ポプコン）」が登竜門となり、**世良公則＆ツイスト**（1977）、**中島みゆき**、**CHAGE & ASKA**などを輩出。1978年には**サザンオールスターズ**が『勝手にシンドバッド』でデビューし、テレビを利用した戦略と桑田佳祐の斬新な日本語歌詞による唱法でスターダムにのし上がった。

教養への扉 1971年岐阜県中津川で開催された「第3回全日本フォークジャンボリー」が2万人を集め、大規模野外ロック・フォークコンサートが可能となった。ライブハウスも興隆し始め、ロック＆ニューミュージックの受け皿として広く認知されるようになった。

1980年代のポピュラー音楽

フォーク、ロック、歌謡曲ではないニュー・ミュージック

1980年代には、歌謡＆芸能界のイメージをさらに拡張させ多種多様な音楽ジャンルのシーンが混在するようになった。

1980年代前半は寺尾聰『ルビーの指環』(1981)や大滝詠一の『A LONG VACATION』(1981、写真)がロングヒット、細野晴臣が結成したテクノポップバンドY.M.O（イエロー・マジック・オーケストラ）は世界的人気を博し、テクノ・ブームを巻き起こした。

1980年代前半は松田聖子と中森明菜が人気を二分、後半には秋元康がプロデュースするおニャン子クラブ（工藤静香、国生さゆりほか）や中山美穂が登場して、女性アイドルの流れを定着させる。

ジャニーズは、少年隊、光GENJIを擁し、チェッカーズ、TUBEらの男性ポップ・グループも出現、芸能とポップの境界線を軽々飛び越えていった。そんななかでも1980年代に最も成功し、時代の潮流をつくったのが松任谷由実とサザンオールスターズで、コンスタントにヒット曲を連発、ミリオンヒット時代への足がかりを築き上げた。

それに先立っては、フォーク・ミュージック・ブーム（1970年代初頭）のなかで、はっぴいえんどのようなバンドが現れ、解散後そのメンバーから派生したのが「ティン・パン・アレー（細野晴臣）」と「ナイアガラ（大瀧詠一）サウンド」。前者から荒井（松任谷）由実、吉田美奈子、矢野顕子、ムーン・ライダース、南佳孝らが、後者からは、山下達郎、大貫妙子、杉真理などが登場した（2020年前後にシティ・ポップという名称で再び脚光）。

ロック・シーンでは、1980年代前半へヴィメタル・ブームが到来（ジャパメタと総称される）、LOUDNESS、アースシェイカー、44MAGNUM、浜田麻里、ブリザードほか、数多くのバンドが登場、LOUDNESSのようにワールドワイドな活動を行うバンドも登場した。

インディーズ・ロックシーンも活発化（LAUGHIN' NOSE、THE WILLARD、有頂天ほか、1985）、ニューウェーブ（BOØWY、プラスチックスほか）やパンク・ブーム（アナーキー、THE BLUE HEARTS、JUN SKY WALKER(S)など）が起こる。

1980年代後半には、『三宅裕司のいかすバンド天国』(1989)が放送開始した影響もあり、全国にバンドブームが起きた。シンガーソングライターでは、尾崎豊、中村あゆみら(1984)が同世代の人気を集め、ソロでも渡辺美里、久保田利伸、大沢誉志幸らも活躍した。

また、1980年代は女性バンドの活躍が目覚ましく、レベッカ、プリンセス プリンセス、SHOW-YA、少年ナイフなどその後のガールズ・バンド・ブームの下地をつくりあげた。

さらに、1982年にアナログ・レコードに代わるデジタル・メディアであるCDが登場し(1982)、1985年以降、爆発的ブームとなったが、その1990年代を牽引するB'zとDREAMS COME TRUEは共に1988年デビュー組だ。

教養への扉　1980年代に入ると、日本のポピュラー・シーンもそれ以前の洋楽カバー路線よりオリジナル楽曲での成熟度が増し、海外に進出するアーティストも現れる。とくにアジア圏では、谷村新司『昴』や千昌夫『北国の春』など各国で歌い継がれる大ヒットを記録した。

1990年代のポピュラー音楽
CDミリオンセラーとJ-POPの時代

　1990年代はCDミリオンセラーの時代であり、歌謡曲＝芸能界、ロック＆フォーク＝アーティストの世界に二分されていた音楽業界の境界線がいよいよなくなって、J-POP（ジェイ・ポップ）という総称で括られる時代となった。

　CD初のミリオンセラーシングルとなった**B.B. クイーンズ**『おどるポンポコリン』(1990)以来、**小田和正**『ラブストーリーは突然に』、CHAGE & ASKA『SAY YES』、KAN『愛は勝つ』ほか1990年代初頭よりミリオンヒット・シングルが続出。アニメ番組やテレビドラマの主題歌、CMソングとのタイアップ戦略で大ヒットが生まれ、現在でも歌い継がれる楽曲を生み出した。カラオケ・ブームが到来、シングルCDの登場もあって日本人口1億総歌うたいになり、業界が大いに盛り上がった。

　アルバムもミリオンセラーが続出、1992年にはDREAMS COME TRUEの『The Swinging Star』は300万枚を超えた。1990年代は、レコード会社中心の音楽シーンが外部の制作チームやマネージメント会社の主導権で形成されていくプロデューサー・ブーム現象を引き起こした。プロデューサー**長戸大幸**率いるビーイング・グループはB'z、ZARD、WANDS、T-BOLAN、大黒摩季らを輩出し1993年にはミリオンヒットを連発。トップテン・チャートの半分を占拠するまでに勢力を急拡大した。（TUBE、DEEN、FIELD OF VIEWなどのミリオンヒット作品も長戸プロデュースである）

　Mr. Children、My Little Lover、YEN TOWN BANDほかをプロデュースした**小林武史**、**trf**から端を発した**小室哲哉**のプロデューサー・ブームが到来。1990年代半ば、小室は本人自身も活動していたが、**glove**、**安室奈美恵**、篠原涼子、華原朋美をプロデュース、新進のレコード会社avex traxを躍進させた。芸能界系の歌手は旗色が悪く、ジャニーズ系からSMAPがデビューしたが、資質が開花するのは2000年代に入ってからである。女性アイドル系では唯一、ハロー！プロジェクトの「モーニング娘。」が気を吐いていた。

　アルバムのミリオンセラー続出は1990年代後半まで続き、GLAYのベストアルバム『REVIEW』(1997)は400万枚超え。B'zの2枚のベストアルバム『Pleasure』『Treasure』(1998)は各500万枚、ZARDの2枚（1999）も計400万枚以上のセールスを上げた。

　また、1998年にGLAY、L'Arc en Ciel、LUNA SEA、X JAPANらのメジャー・ヒットによりビジュアル系ブームが起こった。空前の音楽ブームのなか、1998年、16歳の**宇多田ヒカル**がデビュー。1stアルバム『First Love』は史上最高の765万枚を売り上げる（1999）。1998年には**椎名林檎**、**浜崎あゆみ**もデビューした。しかし、バブルの終焉とともに、CDセールスも1998年のピークを境に下降線をたどり始める。

教養への扉　1990年代は外資系のCDショップ全盛の時代だった。渋谷でTOWER、HMVの外資系大型店舗がオープン、ファッションやカルチャーも巻き込んで渋谷系ブームをつくりあげた（ピチカート・ファイヴ、フリッパーズ・ギター、オリジナル・ラブほか）。クラブサウンドも盛り上がり、クラブDJ発のサウンドやリミックスが市民権を得た。

2000年代のポピュラー音楽
インターネットの普及で地殻変動を迫られた音楽シーン

2000年代以降は女性アーティストの活躍が顕著になっていった。とくに1998年デビュー組の宇多田ヒカル、椎名林檎、浜崎あゆみは2000年代を代表し、2020年の現在まで活躍を続けるトップ・アーティストへと上り詰めた。

1998年をピークにCDセールスが下降を始めるなか、宇多田ヒカル（1998）、**MISIA**（1998）、倉木麻衣（1999）らがデビュー、J-R＆Bブームが巻き起こる。女性ソロボーカル中心だったが、男性R＆Bグループ、**EXILE**が現れ、そこから派生した複数のグループも大躍進、HIRO率いるLDHグループがエイベックス・グループの牽引役となった。

ところが、2000年代に入って、インターネットの普及で無料音楽データ交換や違法データ・ダウンロード（ナップスターなど）が横行、CDセールスは減少した。CCCD（コピーコントロールCD）などで対応したが効果は薄かったものの音楽のデジタル・データ化とレコード会社の再編化が進んだ。またレコード会社よりアミューズ、ジャニーズ、LDHなどマネージメント会社、アーティスト主導の動きにシフトした。

21世紀初頭の十数年間は、ジャニーズ系ではバラエティまでこなせるアイドルの**SMAP**、嵐が大活躍、秋元康がプロデュースした**AKB４８**がブレイク、こちらも大所帯の女性アイドルがさまざまな形態で分化増殖し、一大アイドルブームをつくり、2000年代はソロよりグループのビジュアル戦略が主流となった。また、音楽以外のさまざまな手法を駆使してつくりあげていくスタイルが確立した時代でもある（とくにアイドル）。

CDの売り上げ減少のなかで急成長したのがライブだ。世界各地でロックフェスやライブツアーが巨大化し、日本でもROCK IN JAPANフェスを中心に、サマーソニック、フジロックと3大ロック・フェスティバルが定着化、10万人規模の集客力を誇った。

この20年間は、音楽の制作環境でもコンピュータによるDTM（デスク・トップ・ミュージック）が普及、音楽をデジタル・データ化し、コンピュータで管理する時代が到来。世界中どこでも、編成も関係なくあらゆる音楽を創造できる環境が整えられた。

また、2000年代前半に登場したインターネット環境、およびFacebook（2004）、Twitter（2006）らSNS（ソーシャル・ネットワーキング・サービス）の登場による音楽シーンへの影響は大きく、音楽シーンのグローバル化を促進、瞬時にして世界中の音楽がダイレクトに共有できる時代が到来した。

極めつきは2007年にApple社が発表したiPhone。この登場とiTunesの開発により、音楽はレコードやCDといったエジソンの発明から約100年間続いたフィジカル（＝もの）の時代から解放されることとなった。

教養への扉　音楽と映像が密接な関係を築いたのも21世紀の音楽シーンの特徴。ビデオがDVDに移行、次いでBlu-rayが登場し、さらに2005年には映像をインターネット上で展開する動画投稿＆共有サービスYouTubeが登場し、動画アーカイヴの世界を一変させた。2015年ごろより定着した音楽のサブスクリプション（定額配信）サービス（Apple Music、Spotify、AWAなど）は、音楽シーンのビジネス・スタイルの変化を象徴している。

2020年代以降のポピュラー音楽

AI（人工知能）、VR（仮想現実）とJ-POPシーン

東京五輪開催によりエンターテインメント・ビジネスがさらに活況になるはずだったが、新型コロナウイルスのパンデミックで状況は一変、エンターテインメント業界および音楽業界は、かつてない苦境に立たされ、業界再編成を余儀なくされている。

2020年、日本の音楽シーンは、2015年ごろより定着した音楽の定額配信制サービス（＝サブスクリプション）と数万人規模の大規模野外音楽フェスティバルの定着、ライブ興行の巨大化により安定化への道を歩み始めるかのように見えたが、状況は一変した。

新型コロナウイルスの影響でライブ産業が開催の中止＆延期を余儀なくされ、前年度比8割減の興行数＆収入の落ち込みとなった。さらに移動の制限や密なる状況の回避により作品制作においても数多くの支障を来し、新たなる方策を模索せざるをえない状況となった。

コロナ後の日本の音楽シーンは間違いなく変化せざるをえない。その取り組みとしてすでに始まっているのが、無観客ライブ配信とリモートによるさまざまな試みだ。無観客ライブ配信に関しては、コロナ禍のわずか半年間だけでも有料無料数々の試みがなされ、嵐やサザンオールスターズ、B'zなどは10万人規模の有料視聴者を獲得した。

リモートによる制作環境も、デジタル・データによるやりとりで世界中どこでもタイムレスに作品が生み出され発表される環境が整った（アーティストやミュージシャンは、レコーディングスタジオから解放され、デジタルライフのなかでの制作が主流となる）。

また、作品のリリース設定やプロモーション戦略などのビジネスモデルも大胆に変革され始めている。そして、この2020年を境にした音楽産業の大変革期と同時にアーティストの世代交代も加速度的に進んでいる。すでに2010年代より登場した米津玄師の令和初のアルバム『STRAY SHEEP』は、フィジカル200万枚突破を記録.

Official 髭男 dism、King Gnu、あいみょんほかが新世代の音楽シーンの担い手になり、YOASOBIのようにCDリリースもライブ出演もなく紅白に出場するアーティストの出現、また新しいジャニーズ体制でのSixTONESやSnowManの活躍、NiziUなどの新たなる女性アイドルグループの登場など枚挙にいとまがない。

YouTubeやTikTok等のインターネット・メディアからのスター、ヒーロー＆ヒロインがより主流派になっていき、メジャー、インディーズの垣根は取り払われ、洋楽、邦楽の区別もなくなっていく世界、アーティストやミュージシャンの性別、国籍、編成、音楽スタイル、音楽ジャンルすらボーダーレス＆シームレスになっていく多様性。人々は音楽もエンターテインメントも不要不急ではなく、必要性急である事実に気づいている。すでに新たなる文化大革命は始まっているのかもしれない。

教養への扉　次世代の音楽シーンもまた、AI（人工知能）とVR（仮想現実）の恩恵を受けずしては成り立たないだろう。AIによる作曲がスタンダードになり、VRによるライブが主流になる。音楽は蛇口をひねれば出てくる水のような存在。そんな時代がもう間近に迫っている。

関西財界人でリュミエール兄弟とも親交があった稲畑勝太郎が1897年にシネマトグラフを京都で実験的に、次いで大阪で有料上映したのが事始めで、来日したフランス人スタッフによって歌舞伎などが撮影されている。

　本格的な初の劇映画は、1908年の『本能寺合戦』で、牧野省三は日本最初の職業的映画監督とされる。翌年には歌舞伎俳優の尾上松之助が「目玉の松ちゃん」として日本最初の映画スターとなり、1000本を超える映画の主演をした。1910年の『忠臣蔵』が代表作だ。

　1912年には初の本格的な映画会社・日活が発足し、東京では現代劇、京都では時代劇を製作した。このころ「活動写真」に代わり「映画」といわれるようになった。

　さらに、ハリウッドの映画会社も日本に進出して新しい技術も持ち込まれ、松竹が映画製作に乗り出し、活動弁士という日本独特の仕事が誕生した。能の地謡、歌舞伎の義太夫などの伝統を引き継いだようだ。また、栗島すみ子は初の本格的スター女優となった。

　関東大震災後は現代劇が盛んになり、前衛的な映画監督として『狂つた一頁』の衣笠貞之助が活躍し小津安二郎や溝口健二もデビューした。時代劇では、阪東妻三郎主演『雄呂血』、大河内伝次郎主演『丹下左膳』、市川右太衛門主演『旗本退屈男』、嵐寛寿郎主演『鞍馬天狗』などでスターが登場した。

　1929年『大尉の娘』からは、音声が入ったトーキー映画の時代となった。最初は字幕併用だったが、五所平之助の『マダムと女房』(1931)からは字幕が消えた。松竹は現代風の作品が得意で、『隣の八重ちゃん』(五所平之助)、『赤西蠣太』(伊丹万作)、『有りがたうさん』『按摩と女』(清水宏)、『淑女は何を忘れたか』『父ありき』(小津安二郎)、『浅草の灯』(島津保次郎)など。日活は『河内山宗俊』(山中貞雄)、『限りなき前進』(内田吐夢)など。

　1929年に設立されたP.C.L.と、それを合併した東宝は、『噂の娘』『妻よ薔薇のやうに』(成瀬巳喜男。アメリカで公開された第1号)、『人情紙風船』(山中貞雄)、『鴛鴦歌合戦』(マキノ正博)、『エノケンの頑張り戦術』(中川信夫)、『暖流』(吉村公三郎)、『姿三四郎』(黒澤明)など。

　永田雅一が設立した第一映画と、それが発展した大映は、『無法松の一生』(稲垣浩)、『浪華悲歌』『祇園の姉妹』(溝口健二)などが代表作だ。このうち最後の2作は関西の言葉による作品の始まりである。

教養への扉　映画の誕生は、フランスのリュミエール兄弟が、1895年にカフェに置かれたスクリーンで「シネマトグラフ」を上映したときとされる。覗き箱のなかで動画を見せる「キネマトスコープ」はあったが、発展性に乏しかった。このパリでの成功を聞いたトーマス・エジソンも、翌年に映画を製作し、興行化していった。

　ナチス・ドイツのアーノルド・ファンクと伊丹万作の共同監督で『新しき土』が製作され、原節子がドイツでも人気を博した。一方で、朝鮮や満洲、台湾での製作活動や共同製作も盛んだったが、日本人だが中国人として育てられた李香蘭（山口淑子）が空前の人気を日本でも中国でも得た。

　戦争中は軍に協力した戦意高揚映画が多く製作されたが、『五人の斥候兵』（田坂具隆）はヴェネツィア国際映画祭で入賞した。山本嘉次郎の『ハワイ・マレー沖海戦』や『加藤　隼戦闘隊』では、円谷英二が特撮を担当し話題となった。

　戦後は、映画はGHQの下部組織CIE（民間情報教育局）によって管理され、国家主義、愛国主義、自殺、仇討ち、残忍な暴力などを描くことが禁止され、これで時代劇は製作不可能になった。また、戦前の映画の多くが上映禁止になり、川喜多長政、根岸寛一、城戸四郎など戦意高揚映画に関わったとして映画人が追放された。

　『わが青春に悔なし』（黒澤明）、『大曾根家の朝』（木下恵介）などは戦前の体制批判をテーマにしたものと受け取られた。谷口千吉『銀嶺の果て』は山岳映画で、三船敏郎のデビュー作であり、『ゴジラ』などで知られる伊福部昭の映画音楽初作品。

　『安城家の舞踏会』（吉村公三郎）は家族の没落を描き、今井正『青い山脈』は地方都市における新時代を描き、伊藤大輔『王将』は、時代劇が禁止されるなかで阪東妻三郎に活躍の機会を与えた。

　1950年に『羅生門』（黒澤明）が翌年のヴェネツィア国際映画祭でグランプリを取ったことは国民を勇気づけ、さらに溝口健二の『西鶴一代女』『雨月物語』『山椒大夫』は同映画祭で3年連続受賞を果たした。さらに黒澤の『七人の侍』もヴェネツィアで銀獅子賞、衣笠貞之助の『地獄門』（日本初のイーストマン・カラー作品）がカンヌ国際映画祭でグランプリを受賞した。黒澤のほかの作品で『蜘蛛巣城』『椿三十郎』。

　一方、小津安二郎も『麦秋』『東京物語』『彼岸花』『晩春』『早春』『秋刀魚の味』など盛んな活動を続けていたが、このころ海外で受けたのは古典ものであって、国際的な人気が爆発するのはもう少しあとのことだった。

　新藤兼人『原爆の子』、今井正『ひめゆりの塔』は、占領が終わって米軍批判ができるようになった時代を象徴する。また、『二十四の瞳』（木下恵介）、『ビルマの竪琴』（市川崑）など戦争をテーマとした映画が解禁され、『戦艦大和』（阿部豊）、初めて天皇を俳優が演じた渡辺邦男『明治天皇と日露大戦争』といった保守層にも受ける映画もつくられた。

教養への扉　羅雲奎『アリラン』は民族主義の高揚に貢献し、アリランを国民歌に押し上げた。『金色夜叉』の翻案で李慶孫『長恨夢』、李明雨による最初のトーキー映画『春香伝』は人気を得た。1937年に満洲映画協会（満映）が設立されて李香蘭が活躍し、また、自由な創作が可能だったので木村荘十二や内田吐夢など日本人監督も渡満した。

日本史に残る映画100選③
1958年にピークを迎えた映画黄金時代

　このころ新作2本立てを映画館の維持のために必要とし、『新諸国物語 笛吹童子』のような子ども向け映画、森繁久弥出演の『三等重役』などサラリーマン、社長、駅前シリーズが大量生産され、集客力を高めた。

　各社別に見ると、東映では市川右太衛門、片岡千恵蔵、中村錦之助、大川橋蔵など主演の時代劇も大盛況だった。東宝系では稲垣浩『無法松の一生』がヴェネツィアでグランプリを獲得したほか、成瀬巳喜男『浮雲』『晩菊』『流れる』、岡本喜八『独立愚連隊』、黒澤明『生きる』『隠し砦の三悪人』、本多猪四郎『ゴジラ』（写真）、豊田四郎『夫婦善哉』、中川信夫『東海道四谷怪談』など。松竹では大庭秀雄『君の名は』、小林正樹『人間の條件』、木下恵介『カルメン故郷に帰る』『野菊の如き君なりき』『楢山節考』など。

　日活は若い人向けの映画に定評があり、とくに石原裕次郎が古川卓巳『太陽の季節』や中平康監督『狂った果実』で大スターとなった。川島雄三『幕末太陽傳』はフランキー堺主演の日本映画史屈指の名作。大映映画では市川雷蔵、京マチ子、山本富士子、若尾文子などが活躍した。さらに、独立系の名作に、山本薩夫『真空地帯』、今井正『真昼の暗黒』があった。

　1960年代に入ると、東映では鶴田浩二、高倉健、藤純子らによる『博徒』『日本侠客伝』『網走番外地』『昭和残侠伝』『緋牡丹博徒』といった任侠、東宝では植木等主演の無責任、加山雄三主演の若大将、大映の『座頭市物語』、日活では小林旭の渡り鳥などのシリーズが人気を博し、松竹では1969年から山田洋次監督と渥美清による『男はつらいよ』シリーズが始まった。

　松竹では大島渚『青春残酷物語』、吉田喜重、篠田正浩『心中 天網島』（松竹から独立後の作品）などヌーヴェルヴァーグと呼ばれた若手監督が活躍した。

　日活では吉永小百合、浜田光夫、高橋英樹、渡哲也、山本陽子、和泉雅子、松原智恵子による青春ものが主流となったが、代表作は浦山桐郎の『キューポラのある街』である。

　このほか、小林正樹『切腹』、工藤栄一『十三人の刺客』、内田吐夢『宮本武蔵・一乗寺の決斗』『飢餓海峡』、今村昌平『赤い殺意』『にっぽん昆虫記』、勅使河原宏『砂の女』、新藤兼人『裸の島』などがこの時代の名作。

　『鉄腕アトム』は1963年にテレビで放送開始し、劇場ではその翌年から。テレビの人気シリーズで劇場でもヒットしたものとしては、『クレヨンしんちゃん』『未来少年コナン・名探偵コナン』『ドラえもん』など。

教養への扉　映画の製作本数は1960年に547本に達したが、カラーテレビの普及もあって急速に凋落していった。観客動員数は1958年の11億人が最高である。

日本史に残る映画100選④

テレビの普及で苦難の時代となった1970～1980年代

　1970年代には大映や日活が経営破綻し、俳優は映画会社所属ではなくなった。一方、角川春樹が映画製作に進出し、メディアミックスによる大作映画の製作に乗り出し興行的には成功した。

　角川映画としては、市川崑『犬神家の一族』『人間の証明』『野性の証明』、1981年のものだが、相米慎二『セーラー服と機関銃』などがある。また、『宇宙戦艦ヤマト』『銀河鉄道999』がアニメとして空前の大ヒットとなった。

　任侠ものの延長で実在の暴力団をテーマにした実録ものが盛んとなり、深作欣二監督で菅原文太主演の『仁義なき戦い』シリーズはヒットした。一方、フリーとなった高倉健は山田洋次『幸福の黄色いハンカチ』で新境地を開いた。

　森谷司郎『日本沈没』『八甲田山』などパニック映画も流行った。松本清張の最高傑作を映画化したといわれる野村芳太郎『砂の器』、久々の大型時代劇といわれた深作欣二『柳生一族の陰謀』、半村良の小説の斎藤光正『戦国自衛隊』、大藪春彦のハードボイルド小説による村川透『蘇える金狼』、原発をテーマにした長谷川和彦の『太陽を盗んだ男』、藤田敏八『赤ちょうちん』など。

　日活はロマンポルノに転向し世間的には非難囂々だったが、これが若手監督を育てるほとんどただひとつの場となった。神代辰巳『一条さゆり 濡れた欲情』が代表作。また、大島渚の『愛のコリーダ』も話題になった。

　1980年代は、さまざまなジャンルの有名人を監督として起用することが流行った。伊丹十三は有名監督の息子であり、本人も俳優だが、『お葬式』や『マルサの女』の大ヒットで映画界に好ましい刺激を与えた。その後、さまざまな分野の有名人が監督になったが成功した人はあまりいない。

　ほかに鈴木清順の『ツィゴイネルワイゼン』、小栗康平『泥の河』、黒澤明『影武者』、原一男『ゆきゆきて、神軍』、深作欣二『蒲田行進曲』、相米慎二『台風クラブ』、森田芳光『家族ゲーム』、篠田正浩『瀬戸内少年野球団』、熊井啓『サンダカン八番娼館 望郷』、今村昌平『復讐するは我にあり』、大林宣彦『時をかける少女』、大島渚『戦場のメリークリスマス』、北野武『その男、凶暴につき』などがあった。

教養への扉　アメリカから持ち込まれた製作委員会方式では、その作品だけで製作コストに見合う配給収入を見込まなければいけないため、作家、監督がつくりたいものより、ポピュリズム的に大衆に迎合したものになりがちだった。複数プロダクションの合意形成が必要なこともその傾向を助長している。CGアニメ、CGの発達で、どうしても安定した結果が望める原作ものとかシリーズ化が優位になった。

日本史に残る映画100選⑤
邦画が洋画を上回った1990〜2000年代

　1990年代はシネマコンプレックスが増えて、映画の上映機会は増えた。製作委員会方式によるリスク分散の手法により、映画製作の幅が広がったが、確実な収益を上げることにこだわる傾向も出てきた。

　明るい話題としては、国際映画祭の受賞が増えたことで、北野武の『HANA-BI』はヴェネツィア国際映画祭で40年ぶりの金獅子賞を獲得し、世界的に大監督として認められている。今村昌平の『うなぎ』がカンヌ映画祭のグランプリ、河瀬直美『萌の朱雀』でカメラ・ドール（新人監督賞）を受賞などもあった。

　宮﨑駿は『ルパン三世 カリオストロの城』を手始めに、『もののけ姫』『千と千尋の神隠し』『ハウルの動く城』など世界的なヒット作を連発している。ほかに中原俊『櫻の園』、崔洋一『月はどっちに出ている』、周防正行『Shall we ダンス?』、深作欣二『バトルロワイヤル』など。

　21世紀に入ってからは、洋画の不振もあるが、邦画の成績が相対的によい傾向がある。地方自治体が観光政策も兼ねてロケを誘致する「フィルムコミッション」が各地にできて映画界にとっては追い風になっている。

　主な映画祭では、カンヌでは是枝裕和『万引き家族』がグランプリ、審査員特別グランプリに河瀬直美『殯の森』、ベルリン映画祭では『千と千尋の神隠し』がグランプリに選ばれている。

　ほかに、黒沢清『回路』、青山真治『EUREKA ユリイカ』、山田洋次『たそがれ清兵衛』、是枝裕和『誰も知らない』、井筒和幸『パッチギ!』、石井克人『茶の味』、山崎貴『ALWAYS 三丁目の夕日』『永遠の0』、今敏『パプリカ』、若松孝二『実録・連合赤軍 あさま山荘への道程』、滝田洋二郎『おくりびと』、西川美和『ゆれる』、中島哲也『告白』、塚本晋也『KOTOKO』、細田守『おおかみこどもの雨と雪』、草野なつ『この世界の片隅に』、庵野秀明・樋口真嗣『シン・ゴジラ』、新海誠『君の名は』、窪塚俊介『花筐／HANAGATAMI』。

　なお、2020年公開の外崎春雄『劇場版「鬼滅の刃」無限列車編』は、『千と千尋の神隠し』を抜いて、国内で上映された映画の歴代1位を記録した。

教養への扉　①2019年の映画ベスト3……「キネマ旬報」＝『火口のふたり』『半世界』『宮本から君へ』。興行収入＝『天気の子』『名探偵コナン』『紺青の拳』『キングダム』。②2020年の映画ベスト3……「キネマ旬報」＝『スパイの妻〈劇場版〉』『海辺の映画館－キネマの玉手箱』『朝が来る』。興行収入＝『劇場版「鬼滅の刃」無限列車編』『今日から俺は!!劇場版』『コンフィデンスマンJP プリンセス編』。

　テレビの画像を映し出すための「ブラウン管」は1897年に発明されており、テレビ放送技術の先駆者のひとりである高柳健次郎は1926年に「イ」の字を送受像することに成功している。1929年にはイギリスで試験放送に成功、1940年に開催予定だった東京五輪に合わせてテレビ放送が予定されていたが中止となった。

　1939年にはNHKが試験放送を実施したが、本格放送は1953年から始まった。そして、1960年にはカラーテレビ本放送開始。1963年には日米間の衛星中継ができるようになった。日本における放送局の特徴は、ヨーロッパ的な公営放送とアメリカ的な多くの民間放送が同居し、また、民間放送が新聞社とともに系列を形成していることである。

　テレビ局の番組は、ドラマ、バラエティ、情報、報道、スポーツに大別される。バラエティは音楽、クイズ、お笑いなどに分かれ、ワイドショーは情報や報道との境界で番組ごとに性格はさまざまだ。

　ニュース番組では、当初はラジオと同じようにアナウンサーが原稿を読み上げていたが、キャスターが主体になるものが出現し、とくに報道記者出身の磯村尚信が1974年に『ニュースセンター9時』でフランスのテレビ報道番組のスタイルを持ち込んで成功し、さらに、久米宏が『ニュースステーション』で自由奔放なスタイルを持ち込んだ。いわゆるワイドショーは、1964年に『木島則夫モーニングショー』が開始されたのが最初。

　音楽番組としては、1978年にTBSの『ザ・ベストテン』が久米宏と黒柳徹子の司会で開始され、テレビならではの特性をフルに発揮した番組として成功した。『紅白歌合戦』『NHK素人のど自慢』は国民的娯楽。オーディション番組では『スター誕生!』。

　スポーツでは野球と相撲が人気。紀行番組としては『新日本紀行』『兼高かおる世界の旅』などが人気を得た。バラエティでは『私は誰でしょう』『夢で会いましょう』『てなもんや三度笠』『コント55号の裏番組をブッ飛ばせ!』などが初期の名番組。特殊なところでは『料理の鉄人』『開運!なんでも鑑定団』。

　ドラマでは刑事ドラマでは石原プロの『西部警察』、時代劇では『水戸黄門』『暴れん坊将軍』『銭形平次』。NHK大河ドラマは『花の生涯』が予想外の成功を見せたのち定着し、視聴率では『独眼竜政宗』が最高。ほかに『おしん』『岸辺のアルバム』『3年B組金八先生』『渡る世間は鬼ばかり』『やまとなでしこ』『半沢直樹』など。

　特撮番組では『月光仮面』『少年探偵団』『鉄人28号』『ウルトラマン』『仮面ライダー』。アニメでは、『鉄腕アトム』『鉄人28号』『ちびまる子ちゃん』『サザエさん』など。

教養への扉　高視聴率ベスト10……①第14回紅白歌合戦 (1963)、②東京五輪女子バレー決勝、③2002FIFA W杯日露戦、④プロレス:力道山対デストロイヤー、⑤ボクシング:ファイティング原田対エデル・ジョフレ、⑥おしん、⑦ついに帰らなかった吉展ちゃん、⑧ゆく年くる年 (1963)、⑨旅路 (朝ドラ)、⑩ザ・ビートルズ公演 (ビデオリサーチ。同分野は重複させていない)。

日本史に残るスポーツ選手100選①
夏季オリンピックで活躍したアスリートたち①

日本のスポーツ史を「オリンピック」「プロスポーツ」「武道・格闘技」の3つに分け、各分野で活躍した、もしくは影響を与えたアスリートに焦点を当て100選も選定していこう。

まずは「オリンピック」についてである。スポーツを分類するうえで大きな括りとして、「プロ」か「アマチュア」かという違いがまず大きくあり、アマチュアスポーツを考えるうえで、オリンピックは外せない。

テニスや野球、バスケットボールなど競技によっては出場するのは、もっぱらプロ選手というものもあるが、プロ選手については、のちほど論じたい。

最初に、オリンピックと日本の歴史をたどりながら紹介したい。第1回の近代オリンピックは1896年開催のアテネ大会だが、これには日本は参加しておらず、日本が初めてオリンピックに参加したのは1912年の第5回ストックホルム大会である。

日本は近代オリンピックの父であるピエール・ド・クーベルタンと柔道家の嘉納治五郎の働きかけによって参加できるようになった。初参加時はマラソンの金栗四三を含めた2人のみの参加だった。2019年のNHK大河ドラマ『いだてん』をご覧になっていた方は役所広司演じる嘉納と中村勘九郎演じる金栗は印象深いのではないだろうか。

日本が初めてメダルを獲得したのは1920年アントワープ大会でのテニスの**熊谷一弥**で銀メダルだった。熊谷は柏尾誠一郎と組んだダブルスでも銀メダルを獲得している。

次いでパリ大会では内藤克俊がレスリングで銀メダルを獲得した。女子選手では1928年のアムステルダム大会で**人見絹枝**が陸上の800m走で銀メダルを獲得した。

そして、金メダルを日本に初めてもたらしたのはアムステルダム大会での陸上三段跳びの**織田幹雄**で、同じ大会では平泳ぎの**鶴田義行**も金メダルを獲得した。鶴田は1932年ロサンゼルス大会では日本人初のオリンピック連覇者となった。また、水泳では、合計5個の金メダルを得て、とくに背泳ぎでは金、銀、銅を独占した。この水泳王国大躍進の陰に、水連会長だった田畑政治の活躍があったことは、『いだてん』でも描かれたとおりである。

また、同大会では**南部忠平**が三段跳びで金メダル、走り幅跳びで銅メダルを獲得、**西竹一**が今日まで含めて唯一の馬術競技のメダリストとなった。さらに、ホッケーでも銀メダルを獲得し、団体競技で初のメダル獲得となった。

1936年ベルリン大会では**前畑秀子**が平泳ぎで日本人女性初の金メダリストとなり、男子水泳でも3個の金メダルを得た。マラソンでは朝鮮出身の孫基禎が日本代表として金メダルを獲得した。

教養への扉 ベルリン大会の棒高跳びでは、西田修平と大江季雄が同成績だが、年長者の西田に銀メダル、大江に銅メダルが渡された。2人はこれを2分割してつなぎ合わせて分けた。

日本史に残るスポーツ選手100選②
夏季オリンピックで活躍したアスリートたち②

　日本人の活躍によりオリンピック人気が高まり、1940年の紀元2600年祭を記念して東京でオリンピックを開くことになっていたが、日中戦争の勃発で中止された。その次の1944年大会は第2次世界大戦の影響で中止となった。

　戦後、初の開催となった1948年ロンドン大会では、戦争責任の観点から日本はオリンピックの参加は認められなかった。このとき日本では五輪と同時刻に水泳選手権を開催し、「フジヤマのトビウオ」といわれた古橋広之進選手が五輪での優勝者に大差の記録で優勝している。

　再び参加が認められたのは1952年ヘルシンキ大会からである。同大会では、レスリングの石井庄八が唯一金メダルを獲得している。レスリングでは、八田一朗が日本レスリング協会会長を37年間務め、在任中に金メダル21を獲得するレスリング王国を築き上げて君臨したのが特筆される。

　この1950年代から1960年代にかけて、最も国際的に活躍したスポーツ選手といえば卓球の荻村伊智朗で、世界選手権でシングルス2回を含めて合計計12個の金メダルを獲得した。

　1956年メルボルン大会からは、体操競技での活躍が目立ち、鉄棒で小野喬選手は、1960年のローマ大会も含めて2大会連続で金メダルを獲得した。

　そして、1964年東京オリンピックが日本初開催となった。本大会では日本の金メダル第1号となった重量上げの三宅義信、監督の大松博文に率いられた"東洋の魔女"として圧倒的な強さを見せたバレーボールの主将・河西昌枝、団体総合、個人総合、種目別で計3個の金メダルを獲得した体操の遠藤幸雄、国立競技場に日の丸を唯一掲げたマラソンの円谷幸吉（銅メダル）、日本レスリング史上最強といわれる渡辺長武、ボクシングで日本人初金メダルを獲得した桜井孝雄が活躍した。2012年に村田諒太が金メダルを取るまで実に48年間、アマチュアボクシングで唯一の金メダリストとなる。

　この大会から柔道が正式種目となり、無差別級ではオランダのアントン・ヘーシンクに敗れて金メダルを逃したが、重量級の猪熊功ら4種目中3種目で金メダルを獲得した。

　1968年のメキシコ大会では、サッカーで銅メダルを獲得した。

　1972年ミュンヘン大会では日本人最多メダル獲得数を誇る加藤澤男が個人総合で2連覇、松平康隆率いる男子バレーボールが金メダルを獲得した。このとき以降、日本男子バレーボールは一度も表彰台に上がっていない。

教養への扉　柔道は1964年東京オリンピックでは正式種目となったが、メキシコでは外され、ミュンヘンから復帰した。

日本史に残るスポーツ選手100選③
夏季オリンピックで活躍したアスリートたち③

1980年モスクワ大会はアフガニスタン戦争を理由にアメリカのジミー・カーター大統領がボイコットを呼びかけ、日本も同調した。このときの金メダル候補に柔道の山下泰裕やマラソンの瀬古利彦がいた。

1976年モントリオール大会では女子バレーボールでエースの**白井貴子**の活躍もあり金メダルを獲得した。白井はしばしば女子バレーボールでの最強選手といわれる。

幻のモスクワ大会で金メダル有力といわれ、203連勝の記録を持つ**山下泰裕**は次の1984年ロサンゼルス大会で金メダルを獲得した。同大会では射撃の**蒲池猛夫**が日本史上最年長の金メダルを獲得している。また、アーチェリーで銅メダルを獲得した**山本博**はその20年後の2004年アテネ大会で銀メダルを獲得している。

重量級の山下に対して、軽量級で活躍した柔道選手として1992年バルセロナ大会で金メダルを獲得した**古賀稔彦**がいる。また、柔道では全競技通して1996年アトランタ大会からアジア人初の3連覇を果たした**野村忠宏**がいる。バルセロナ大会では、**有森裕子**が人見絹枝が獲得して以来64年ぶりに日本女子陸上競技界にメダルをもたらした。

2000年代に入ってからの五輪は記憶に新しいところだが、2000年シドニー大会で日本女子陸上界初、かつ戦後初めて日本陸上界に金メダルをもたらしたマラソンの**高橋尚子**、同じく2004年アテネ大会で金メダルを獲得した野口みずき、現スポーツ庁長官でアテネ大会のハンマー投げ金メダリストの**室伏広治**など陸上競技での活躍が画期的だった。

アテネと北京では、金メダル2個含む5個のメダルを獲得した柔道の**谷亮子**、水泳平泳ぎでアテネと北京2大会連続で計4個の金メダルを取り、メダル獲得後の"名言"も有名な**北島康介**、レスリングではアテネから五輪3連勝、世界大会16連覇で霊長類最強女子の異名を取る**吉田沙保里**、女子個人として史上初オリンピック4連覇の**伊調馨**、体操では個人総合2連覇と日本の団体総合金メダル獲得にも貢献した**内村航平**が挙げられる。

さらに、2008年北京大会で、ソフトボールで金メダルを取った投手の**上野由岐子**、フェンシングの**太田雄貴**、2012年ロンドン大会で銀メダルを獲得（W杯は金メダルを獲得）した女子サッカー主将の**澤穂希**、卓球で2016年リオデジャネイロ大会に団体で銀メダル、個人で銅メダルを取った**水谷隼**、日本史上初のバドミントンで金メダルを取った**高橋礼華**、**松友美佐紀**、カヌーの**羽根田卓也**がいる。

同大会では**桐生祥秀**らが4×100mリレーで銀メダルを獲得し、88年ぶりのトラック競技での銀メダルとなった。また、水泳の400m個人メドレーでは**萩野公介**が平成生まれの初金メダリストとなった。

教養への扉　モントリオール五輪のクレー射撃には、のちに総理大臣となる麻生太郎（写真）が選手として参加している。

日本史に残るスポーツ選手100選④
国民的スポーツとしてのプロ野球とメジャーへの進出

日本で最も人気のあるスポーツは野球であろう。これには高校野球人気という基礎がものをいっているという面もある。

プロ野球第1号のスター選手は、ベーブ・ルースやルー・ゲーリッグを抑えた**沢村栄治**である。戦後では、その剛腕で日本プロ野球史上唯一の400勝投手の**金田正一**、鉄腕投手で西鉄（現・埼玉西武）3連覇に貢献した**稲尾和久**、捕手として三冠王に輝いた**野村克也**、通算本塁打の世界記録を持つ「世界の王」こと**王貞治**、ミスタープロ野球の**長嶋茂雄**、シーズン奪三振記録を持つ**江夏豊**、日本プロ野球史上唯一となる3度の三冠王を獲得した**落合博満**がいた。

MLBへの本格進出に成功したのは、トルネード投法の**野茂英雄**であり、MLBシーズン最多安打記録、10年連続200安打で将来殿堂入りが確実視されるのが**イチロー**だ。また、MLBで最多勝利と最多奪三振賞を獲得した**ダルビッシュ有**も歴代名選手として入れたい。さらに、**大谷翔平**は数字としての実績は今後のことになると思うが、日本プロ野球、メジャーリーグで二刀流を実現していることは歴史的な価値があると思う。

サッカーでは、メキシコ・オリンピックで活躍した**釜本邦茂**、欧州でのプレーの先駆者**奥寺康彦**、Jリーグ創設からその人気を牽引した**三浦知良**あたりが世界への先駆者。

W杯初出場に導いた監督の**岡田武史**、マイアミの奇跡の立て役者の**川口能活**、セリエAで活躍し世界トップレベルで戦えることを証明した**中田英寿**、チャンピオンズリーグで決勝トーナメントに進出した**中村俊輔**、J1史上最多の出場回数を持ちAFC優勝の**遠藤保仁**、W杯3大会連続ゴールを決めた**本田圭佑**、セリエAのインテルに7年間所属しサイドバックとして活躍した**長友佑都**、ブンデスリーガ優勝の中心選手として活躍した**香川真司**など。

競技人口が1億人を超えるといわれるテニスでは、世界ランキング4位まで上り詰めた**錦織圭**、アジア出身の女子初のトップ10入りの**伊達公子**、グランドスラムで通算4勝を挙げた**大坂なおみ**がいる。

ゴルフでは日本ゴルフツアー通算94勝などの記録を持つ**尾崎将司**、日本人で初めてPGAツアー優勝を果たした**青木功**、女子だとアメリカ人以外では史上初のLPGAツアー賞金女王になった**岡本綾子**がいる。

ラグビーでは選手としては神戸製鋼で活躍した**平尾誠二**。そのほかだとバスケットボールでは、日本人初のNBAプレイヤーの**田伏勇太**、ハンドボールの知名度を上げた**宮崎大輔**、アメリカンフットボールでは、NFLに最も近づいた日本人とされる**木下典明**、世界自転車選手権10連覇の競輪の**中野浩一**が挙げられる。**松山英樹**がマスターズ、渋野日向子が全英オープンで優勝した。

教養への扉　平尾誠二は監督としては外国人選手を積極的に登用しており、ニュージーランド出身のリーチ・マイケルが主将を務め、日本が初めて決勝リーグに進出した2019年ラグビーW杯での躍進の礎をつくったといえるだろう。

日本史に残るスポーツ選手100選⑤
武道・格闘技の始まりと、国技としての相撲

　武道・格闘技は現代のスポーツとの境界が曖昧で、"一競技"として一緒にされることもあれば、"スポーツと格闘技"と別物として扱われることもあるが、スポーツの歴史の元をたどれば、最古のスポーツは狩りの場での弓術であったり、神事の儀式としての要素が強い相撲になったりするのではないか。

　平安時代から鎌倉時代にかけての武士の繁栄によって流鏑馬や犬追物など競技性が付与されるようになってきた。そして、江戸時代には余暇を楽しむ娯楽として一般化されていき、明治維新以降、学校教育の一環として取り入れられたことにより現代のより大衆化された文化としてのスポーツが醸成されていく。

　この経緯を考えれば、武道・格闘技は間違いなくスポーツである。ただ、その競技としての選手を追うとなると難しいところがある。

　たとえば、剣道は有名な流派や剣豪は多くおり、"剣聖"と呼ばれ、剣術史に比類なき影響を与えている上泉信綱は武将であるので選手、アスリートとはいえない。選手としては"平成の剣豪"と呼ばれ剣道史上最高の戦績を残した宮崎正裕が挙がる。

　柔道、剣道、空手と並び21世紀の日本において代表的な武道の創始者である合気道の植芝盛平や"弓聖"こと阿波研造、あるいは、空手の大山倍達もあくまで武道家であるが、競技選手ではなくても、身体運動の習熟者という意味ではアスリートでもある。

　「国技」とされる相撲では、江戸時代に雷電為右衛門という伝説的な力士がいたというが、近代相撲では通算1045勝の千代の富士、昭和の大横綱の大鵬、その大鵬が持っていた優勝記録を抜いた白鵬などが歴代名力士として挙がる。

　明治から昭和にかけては、相手の攻めを受けてから勝ついわゆる"横綱相撲"を取った常陸山、突き押しを得意とした太刀山、歴代最長の69連勝記録を持つ双葉山、戦後の黄金期をつくった栃錦、若乃花、"若貴フィーバー"という平成初期の一大相撲ブームを起こした貴乃花がいる。

　プロ・ボクシングでは、日本初の世界チャンピオンになった白井義男、現在の17階級に分かれ、かつ主要4団体ごとにチャンピオンがいる状況とは異なり、全8階級で各階級にひとりのチャンピンしかいなかった時代に日本人初の2階級制覇(フライ級、バンタム級)をなしたファイティング原田、13回の世界王座防衛をした具志堅用高、スーパーウェルター級で日本人初の王座を獲得した輪島功一がいる。

　プロレスでは、戦後の国民感情も相まって人気を得た力道山、彼の死後人気を支えたアントニオ猪木、ジャイアント馬場がいる。

　武道から派生している意味で競馬の有名選手だと通算4000勝の武豊が間違いなく挙がる。

教養への扉　五輪種目になる前の柔道については、草創期の名選手だった三船久蔵と史上最強ともいわれる木村政雄の名を挙げておこう。

日本史に残るスポーツ選手100選⑥
冬季オリンピックで活躍したアスリートたち

冬季大会の初開催は1924年シャモニー大会である。この年は夏季大会であるパリ大会も行われており、当初は夏季大会と同じ年に冬季も行われていたのだ。そこから第16回まで夏季、冬季大会ともに同年に行われ、第17回の1994年リレハンメル大会が初めての冬季単独開催の年となった。

日本人初の冬季メダリストは1956年コルチナ・ダンペッツォ大会アルペンスキーの**猪谷千春**である。そして、日本人が初めて金メダルを獲得したのは日本での開催となった1972年札幌大会である。**笠谷幸生**ら日の丸飛行隊が表彰台を独占した。

その後、なかなか日本はメダルを獲得できなかったが、1992年アルベールビル大会でフィギュアスケートの伊藤みどりなどの活躍により冬季最多のメダル数を獲得した。その2年後に行われたリレハンメル大会では、ノルディック団体で金メダルを獲得した。そして、国内2回目の日本開催となった1998年長野大会ではスピードスケートの**清水宏保**、日本人女性として初の冬季大会金メダルを獲得したモーグルの**里谷多英**、ジャンプの船木和喜らが活躍し、冬季オリンピックとしては初の2桁メダルを獲得した。

フィギュアスケートでは、アジア人初の金メダリストの**荒川静香**、金メダルは取れなかったが国民的な人気者の浅田真央、ソチと平昌で2連覇し、最年少国民栄誉賞受賞者の**羽生結弦**がいる。

冬季の日本最年少メダル保持者はスノーボードハーフパイプ**平野歩夢**。また、女性スピード・スケートでは、1992年アルベールビル大会で、現東京五輪組織委員会会長の橋本聖子が銅メダルを取っている。

さらに、2018年平昌五輪では、**小平奈緒**、髙木菜那・美帆姉妹らが3個の金メダルを取り、ジャンプの**髙梨沙羅**、カーリング女子もメダルを獲得している。

近年の日本スポーツでは、前述の大谷翔平やバスケットボールでNBAドラフトにおいて1巡目指名を受けた**八村塁**や、幼いときからFCバルセロナの下部組織に所属し、現在スペインのチームに所属する**久保建英**など、若いときから海外のレベルの高い環境でプレーする選手が増えてきている。その変化は経済や政治的に海外との交流が、より身近なものとなったことも要因としてあるだろうが、やはり先人たちの果敢な海外挑戦があってこそだと思う。

また、いまも昔も人々は世の中を明るくするスター選手を望んでおり、現在のコロナ禍ではより求められている存在なのではないだろうか。

教養への扉 本稿執筆時点では状況が不透明な2020年東京大会では、お家芸の柔道の複数メダル獲得はもちろん、バトミントンの桃田賢斗や、追加種目であるスポーツクライミングにおいて、世界選手権で圧倒的な力を見せている楢崎智亜などが新たな五輪スターの候補だ。

日本史に残る建築100選①
平安時代まで——仏教とともに大陸の建築技術が伝来

伊勢神宮は弥生時代の様式をある程度は維持。仏教建築の黄金時代は奈良時代で、平安時代には寝殿造の住宅が文化の中心になった。

縄文時代の人々は竪穴式住居に住んでいた。「北海道・北東北の縄文遺跡群」として世界遺産に登録が勧告された青森県の三内丸山遺跡には復元と称するものがあるが、想像図のようなもの以上のものではなく、あまり意味があるとは思えない。

弥生時代や古墳時代には、穀物を貯蔵するためにも、床がある倉庫も出現した。**伊勢神宮**や**出雲大社**の白木造の神殿は、それを継承したものだと認識されている。伊勢神宮は遷宮で、同じものを復元してきたというわけだが、美しく磨き上げられた材木や、華麗な金具はそれほど昔からのようでないし、鬱蒼とした森も江戸時代からのものだ。

また、佐賀県の吉野ヶ里遺跡などでも想像力たくましい復元にすぎないが、そこを割り引いてなら、弥生人が暮らした時代に思いをめぐらすことは無益ではない。

仏教の伝来は、寺院を建設するための技術を同時にもたらし、それは宮殿の建築にも応用されていった。法隆寺は推古天皇の607年、薬師寺は天武天皇の680年、東大寺は聖武天皇の758年の竣工であり、それぞれ飛鳥、白鳳、天平時代の典型的なスタイルだといわれたこともある。だが、法隆寺は天智天皇の時代に焼失し、7世紀の終わりごろに再建されたのが、現在の**法隆寺西院伽藍**、**薬師寺東塔**などは710年の平城遷都ののちの新築だと見られている。東塔はそのときのもので、金堂などは東塔のデザインを参考に再建したもの。

しかし、復古的なスタイルで元のデザインに近い形で再建した可能性がないかといえば、ないわけではない。ただ、少し硬さが残る飛鳥時代、軽妙で秀麗な白鳳時代、重厚な奈良時代という流れはたしかに存在するようだ。推古天皇の時代の建築はさらに生硬さが残ったということを、法隆寺の玉虫厨子から推察して、より直線的なフォルムで再建されたのが四天王寺の伽藍であるが、本当にそうだったのかはわからない。

平城宮の宮殿建築も、唐招提寺の講堂が朝堂院を転用したものとされるほか、礎石などしか材料がないが、跡地には大極殿が復元された。

このほか、奈良時代の建物としては、**唐招提寺金堂**、**法隆寺夢殿**、東大寺法華堂、**正倉院**、模型か建築か微妙だが海竜王寺五重塔などがある。

平安時代の前期は奈良時代の延長だが、百済の影響が少なくなり唐から直接、同時代のものが取り入れられるようになり、さらに柔らかい和風のものなっていった。室生寺金堂・五重塔など9世紀、醍醐寺五重塔は10世紀、宇治の**平等院鳳凰堂**は11世紀、流造の**宇治上神社**は11世紀、**中尊寺金色堂**は12世紀の建築である。

平安建築としては、ほかに石山寺本堂（滋賀）、鶴林寺太子堂（兵庫）、三千院阿弥陀堂（京都）、投入堂（鳥取）、白水阿弥陀堂（福島）、富貴寺本堂（大分）などがある。

教養への扉 とくに宇治上神社の建築は、最も『源氏物語』の世界に私たちを誘ってくれる空間といえる。また、★平安神宮は平安京大内裏、★京都御所は内裏を当時の学問水準でではあるが復元したものであり貴重だ（★は100選に含む）。

鎌倉と室町時代には宋、元、明の様式も導入され、それを従来の和様と融合させて日本的な建築が完成した。

　源平時代には平清盛が南宋と交易するなど、再び中国との交易が活発化した。とくに東大寺や興福寺の再建の際には、入宋経験豊富な重源が中国の、それも福建省方面の様式といわれる豪快な大仏（天竺）様式を導入したが、東大寺の**南大門**や浄土寺本堂（兵庫県小野市）に純粋な形で残る。ただ、日本人好みの穏やかで繊細なものでなかったので廃れた。

　一方、禅宗の導入に伴い、禅宗様（唐様）と呼ばれる、屋根の反りが強い様式が導入された。**功山寺仏殿**（山口）など初期の例であり、安楽寺八角三重塔（長野）、室町時代のものだが円覚寺舎利殿（鎌倉）、不動院本堂（広島）などがある。

　ただし、ほとんどの建築は平安時代の和様のままで、天竺様や唐様も影響が部分的にあるというのが主流となった。奈良では興福寺は和様で復興され北円堂が残る。三十三間堂は平家が建立したものだが、鎌倉時代に再建された。

　各地の寺院で鎌倉時代のものが残っているものは多い。**石山寺多宝塔、西明寺金堂**（ともに滋賀）などは和様の秀作であり、室町時代のものだが、**観心寺金堂**（大阪）は折衷様式の代表。住宅は寝殿造が継続し、地方でも池に屋形船を浮かべるなどしていたようだ。

　平安時代以来の寝殿造では間仕切りがなく、板の間に畳を部分的に置いたりしていた。それに対して、室町時代に始まり、江戸時代に完成した書院造は床の間、棚、付書院があって、間仕切りで数室に分けられ、畳を全面に敷き、明障子や襖がある。

　そして、この変化の中間に主殿造ともいわれるような様式がある。日本でいちばん古い住宅建築といわれる**銀閣寺東求堂**（銀閣に隣接）は小型の書院造だが、それに次ぐクラスの古さで関ヶ原の戦いのころにつくられた**園城寺光浄院客殿**（滋賀）は主殿造の典型だ。

　庭に面した廊下で部下の報告を受けたり、客間には上座の間と次の間があって殿様が人と会ったりする空間になっている。この光浄院は織田信長も宿舎としたところであり（現在の建物はそれより30年ほどあとのものだが）、NHK大河ドラマで出てくる戦国武将の生活空間そのものといってもいい。それに比べると**金閣寺舎利殿**は、より寝殿造に近い、さらに過渡期的な空間だ。代表的な禅寺の方丈建築として**大徳寺大仙院本堂**を挙げておく。

　このほか、室町時代の建築としては、**興福寺五重塔**は和様の五重塔として美しく、高さも江戸時代の東寺五重塔に次ぐ。山口の**瑠璃光寺五重塔**は少し禅宗的だ。

教養への扉　神社は国宝指定が極端に甘いと思う。さほど古くないもの、特色のないものでも国宝になっている。しかし、そのなかで特徴のあるものを別の箇所で挙げたもの以外で様式別にひとつずつ挙げるなら、住吉造の住吉大社、大鳥造の大鳥神社（ともに大阪）、春日造の円成寺春日堂・白山堂（奈良）、日吉造の日吉神社（滋賀）、八幡造の宇佐八幡宮（大分）。

日本史に残る建築100選③
安土桃山、江戸時代——城郭建築から寺社建築に

安土桃山時代には全国で築城ブームが起こり、全国の県庁所在地のほとんどもこの時期に建設された都市だ。地方でも徐々に立派な民家がつくられたが、全国の城下町の立派な建物は、ほとんどが明治以降のものだ。江戸、京都、大坂の3都には立派な町家もあったが大火や戦災で残っていない。

室町時代にあって武士たちが住んでいたのは、ヴィラというべきもので、それほど堅固な防備はなかった。城下町もなく、買い物は定期市で済ませていた。もう少し物騒になると、平地が広い谷間に住んで背後の山をもって防備とした。戦国末期には山城に住んだりしたし、寺内町のように周辺を堀や土塁で囲んだりした。

織田信長が安土城を建設し、豊臣秀吉は小高い丘の上か平地に石垣を高く積み上げ、堀をめぐらせた城に住み、さらに家臣や商人をまわりに定住させ、外郭で囲んで城下町を建設した。人口密度が低いと効率的でないので、ウナギの寝床式の細長い住宅となり、農地は追放された。聚楽第の城下町として大改造された京都の町が典型だ。

城は別項を設けるが、**姫路城、彦根城と城下町、大坂城とその石垣、熊本城**を挙げておく。城には大広間があるが、大政奉還の場ともなった二条城二の丸御殿が代表。

豪壮な城とは対極にあるのが侘び寂びを追求した茶室で、千利休自身の作品である**妙喜庵**(待庵)と織田有楽斎の如庵(愛知県犬山市)を挙げておく。そして、茶室の感覚を取り入れた住宅が数寄屋造で、**桂離宮**や**西本願寺飛雲閣**が初期の名作だ。

秀吉や家康は神になろうとし、豪華な霊廟を兼ねたりする神社が造営された。秀吉の豊国神社は失われたが、都久夫須麻神社本殿や**大徳寺唐門**はその遺構かもしれない。また、豊臣秀頼によって造営された北野天満宮は権現造の傑作であり、やがて、より派手な**日光東照宮**が建立された。

権力者たちは競って豪壮な寺院を建てたが、**園城寺金堂**は大型の金堂建築の頂点にある。そのほか、修験道の聖地・金峯山寺蔵王堂、大仏さまを加味した東寺金堂、清水寺本堂、延暦寺根本中堂、**知恩院山門**(写真)、東大寺大仏殿、地方では高岡市の瑞龍寺、長野市の善光寺本堂などが著名だ。

鎖国のもとで中国風で異彩を放っているのが、黄檗山萬福寺と長崎の崇福寺。浦上天主堂は南蛮人渡来時代ではなく、幕末になってフランスの19世紀建築のスタイルで建設。

学校建築として珍しいのが、池田光政が創建した閑谷学校で国宝になっている。

教養への扉 白川郷・五箇山の合掌造農家群は世界遺産。飛騨高山には多くの良質の町家が残っている。今井郷(奈良県)にも今西家住宅など多数。武家屋敷群としては松江市の塩見縄手など。京都の町家はほとんどのものが明治以降。

明治時代に活躍した日本人建築家の多くは、鹿鳴館を設計したことで知られるお雇い外人のイギリス人ジョサイア・コンドルに教育された人たちだった。

維新ののち皇居は江戸城西の丸御殿が使われ、各省庁も大名屋敷をとりあえず使った。しかし、洋風の建築への需要もあり、外国人建築家に設計させたもののほか、それを日本人の大工が真似たりした擬洋風建築もある。

前者としては、世界遺産となった富岡製糸場とか、大阪造幣局関係の建築が残っている。後者としては、旧開智学校（1876、現・松本市立博物館）とか、山形県で三島通庸が命じて建設した西田川郡役所（鶴岡市）など一連の建築がある。

西南戦争が終わったあたりから、不平等条約改正を目指して豪華な公共建築が建てられるようになり、コンドル設計の鹿鳴館はその典型だったし、華麗な第一国立銀行（現存せず）なども話題となったし、札幌の時計台もこのころのものだ。

明治中期になると、片山東熊がネオ・バロック様式の旧東宮御所（1909、現・迎賓館）を設計した。東京駅も設計したことで知られる辰野金吾は、ネオ・バロック様式だが壁面にはルネサンス様式の日本銀行本店（1896、現・日本銀行本店旧館）を、国立ベルギー銀行を参考に設計した。濃尾地震を教訓にして建物上部を軽量化し耐震性を高めた。長野宇平治は辰野の弟子でイギリスのクイーン・アン様式をモデルとして辰野がアレンジした「辰野式」が採用された初期の建造物である旧日本銀行京都支店（1906、現・京都府京都文化博物館別館）や旧小樽支店（1912、現・日本銀行旧小樽支店金融資料館）などを設計した。

創業時の帝国ホテルの設計で知られる渡辺譲は、ネオ・バロック様式の旧竹田宮邸宅（1911、現・グランドプリンスホテル高輪貴賓館）を木子幸三郎と連名で設計した。

妻木頼黄は古典主義様式の旧横浜正金銀行本店（1904、現・神奈川県立歴史博物館）を設計した。矢橋賢吉は妻木の片腕で、国会議事堂（1936）や旧総理大臣官邸（1929、現・総理大臣公邸）を設計した。国会議事堂はほぼ左右対称のシンメトリーでネオ・クラシシズム建築。建設まで17年の歳月がかかった。

関西建築界の父といわれる武田五一は、京都高等工芸学校（現・京都工芸繊維大学）図案科や京都帝国大学工学部建築学科を創立し後進を育てた。山口県庁舎、京都大学本館のほか多くの橋や平安神宮大鳥居（1929、設計顧問）のようなモニュメントも多く設計した。

中條精一郎は曽禰達蔵とともに建築事務所を主宰し、赤煉瓦と花崗岩による壮麗な外観を有したゴシック様式洋風建築の慶應義塾大学図書館（1912）や岩崎家熱海別邸のほかに講談社ビルや明治屋ビルなどオフィスビルを中心に多くを設計した。

教養への扉　皇居については、洋風への反対論もあり、外観は京都御所を継承し、室内はシャンデリアに椅子という洋館の明治宮殿（戦災で焼失）が1888年に完成した。皇居新宮殿は吉村順三、京都御苑内の和風迎賓館は日建設計の作品。訪日した各国首脳からの評価は高い。京都の名匠たちが協力し、また、都心にありながら近代的なものは何も見えない設計。

日本史に残る建築100選⑤
大正、昭和戦前——好景気でモダニズム建築ブームに

関東大震災など多大な被害を受けたことから、耐震性の関心が高まった。鉄筋コンクリート造、鉄骨造の耐震・耐火の建築物が建てられるようになった時期だ。また、ヨーロッパの建築運動の影響を受けて、モダニズム建築へとつながる。

大正のはじめのころから、日本でも欧米に負けない大型建築が建つようになっていた。たとえば、横河民輔設計の**三越日本橋本店**（1914）だとか、のちに紹介する帝国ホテル、大阪では、**大阪市中央公会堂**がコンペでの岡田信一郎案に基づき、辰野金吾、片岡安が実施設計をして建築された。

西本願寺の東京拠点である**築地本願寺**（1934）はインドの古代仏教建築の様式を取り入れた石窟寺風の寺院で、平安神宮や明治神宮などを設計した伊東忠太が設計した。RC造一部SRC造だ。正面の蓮の花の飾りや窓の形、柱の飾り、どれも独創的なデザインで、伊藤による寺院建築の傑作である。

近代主義建築の住宅の代表例として、フランク・ロイド・ライトのもとで学んだ土浦亀城の自邸**土浦亀城邸**（1935）が挙げられる。一部は補修しているがほぼ当初の状態をとどめている。ライトのつくりだす空間構成とモダニズムの合理性を日本の風土に合わせて建てられる現存する極めて貴重な住宅である。昭和初期のモダニズム建築を代表する一作として当時逓信省の吉田鉄郎が設計した東京中央郵便局（1931）がある（低層棟を残し超高層ビルとなっている）。モダニズム建築で保存状態がよいものなら安井武夫の**大阪瓦斯ビルヂング**（1933）がある。**和光**（1932、旧・服部時計店）は渡辺仁の設計。渡辺の作品のスタイルは歴史主義様式のほか帝冠様式、初期モダニズムなど多岐にわたる。てっぺんの時計塔が目立って、銀座のシンボル的存在として映画などの作品に多く登場している。

明治生命館（1934、岡田信一郎設計）の構造設計は内藤多仲。外観はコリント式列柱が並ぶ古典主義様式に則ったデザイン。昭和の建造物として初めて重要文化財指定を受けた。改修後、明治安田生命保険の本社屋として現役利用されている。ヨーロッパの建築様式を簡素化したデザインの**髙島屋百貨店東京店**（1933、東京日本生命館）の髙橋貞太郎設計は重要文化財だ。恩賜銀時計受領者であり宮内省技師等を務めた高橋は上高地ホテル、川奈ホテルなどのホテル建築や邸宅建築を得意とした。

帝冠様式を代表する建築のひとつで、2020年に大規模リニューアルした**京都市京セラ美術館**（1933、前田健二郎設計、旧・京都市美術館）は、関西を代表する公立美術館として知られる。

教養への扉 1930年代には日本で独自に帝冠様式が展開され、庁舎建築にも採用された（後述）。軍人会館（1934、現・九段会館）も代表作だが東日本大震災で損壊したので取り壊して外観保存の予定。渡辺仁設計の東京帝室博物館（1937、現・東京国立博物館本館）も典型的な帝冠様式。

戦後は丹下健三、黒川紀章、磯崎新、安藤忠雄などスター建築家が国際的にも活躍し始めた時代だった。

　丹下健三は、東京五輪のときに設計した**国立代々木競技場**は斬新なデザインで話題となった。ル・コルビュジエやアントニン・レイモンドのもとで学び、モダニズム建築の旗手だった前川國男。その代表作は**東京文化会館**（1961）といえよう。本格的なクラシックホール音楽のコンサートホールとしては初期のもの。
　逓信建築の先駆者でモダニズム建築を実践した山田守は永代橋や聖橋でも知られるが、**日本武道館**（1964）は東京オリンピックの柔道競技会場として建設された。ザ・ビートルズの来日コンサート以来、音楽の殿堂にもなった。モチーフは法隆寺の夢殿。
　広島の**世界平和記念聖堂**（1954）は、関西を中心に和風の感覚を生かした村野藤吾の代表作といわれる。京都のウェスティン都ホテルも村野の設計。
　国立京都国際会館（大谷幸夫、1966）は日本で最初の国立の会議施設で、国による公開コンペによって選考された。合掌造がモチーフになっている。**旧大分県立図書館**は大分市出身の磯崎新によって1966年に建設された。皇居に面して建つ**最高裁判所庁舎**（岡田新一、1974）は公開設計コンペを経て設計された。外壁と内壁ともに稲田石（花崗岩）。**スパイラル**（1985）は槇文彦の設計の複合文化施設。日本のポストモダン建築を代表する建築物のひとつとして国際的に広く知られている。
　女性建築家の草分けの林雅子は、住宅設計を多く手がけて一連の住宅が女性として初めて建築学会作品賞を受賞した。高知にある**竜串貝類展示館 海のギャラリー**（1966）など。
　「コンクリート打放し」デザインを完成させたといわれ、国際的にも高い評価を獲得した安藤忠雄は住吉の長屋など小型の作品で出発した。大型のものとして**表参道ヒルズ**（2006）は青山同潤会アパートを一部残して商業施設と調和させた。ほかには六甲の集合住宅、光の教会など。
　黒川紀章の初期の代表作は銀座に建つ**中銀カプセルタワービル**（1972）である。メタボリズムの代表的な作品。カプセル型の集合住宅で、老朽化のため建て替えの話もあるが、いまだに入居希望者があとを絶たない。ほかに広島市現代美術館（1988）、国立新美術館（2006）など。
　菊竹清訓は客室階である5、6階を大梁から吊り下げるという大胆な構造形式を取っている**東光園**（1964）や自邸のスカイハウス（1958）を設計した。

教養への扉　「打放しコンクリート」「狭小住宅」の先駆けの東孝光は都市型住宅を多く手がけた。初期の代表作として★塔の家（1966）がある。わずか6坪弱の敷地にRC造5階建てでトイレも浴室にも扉がなく間仕切りもない住宅だ（★は100選に含む）。

　バブルの興奮のなかで平成の時代は始まった。世界の先進的なトレンドが東京に集約したが、いまや中国やアラブに主戦場は移っている。

　現代日本を代表する女性建築家・妹島和世が西沢立衛とSAANAという集団名で設計した**金沢21世紀美術館**（2004）は兼六園の近くにある都市型の現代アート美術館である。まるびぃ（丸い形状の美術館）の愛称で呼ばれる。

　伊東豊雄設計の**せんだいメディアテーク**（2000）は図書館、イベントスペース、ギャラリーなどを持つ公共施設であるが、構造とデザインが秀逸で仏・ルモンド紙に「伊東豊雄のせんだいメディアテークで有名な仙台」と記述された例もあるほどだ。千葉学の、場所と人に新しい関係を見いだし、それを創造する「デザインは関係をつくること」を機軸に思考と実践を練り上げたというのが**日本盲導犬総合センター**（2006、現・盲導犬の里 富士ハーネス）。盲導犬を訓練する施設がおおむね「閉ざされた場」であるのに対して、盲導犬の活動を広く伝える、地域に「開かれた場」にすることが求められたなかで設計されたという。

　阪神大震災をきっかけに木材を多用するようになったのは隈研吾で、スターバックス太宰府天満宮 表参道店（2011）、**浅草文化観光センター**（2012）が話題を呼んだ。後者ではそれぞれの階に杉の不燃材製の縦のルーバーが取りつけられている。敷地が広くないため浅草の町並みに合うように平屋を積み重ねたデザインにしたと述べている。

　ポストモダンの建築家として注目されて、大胆な造形で知られる六角鬼丈設計の**東京武道館**（1990）は菱形のモチーフを積層した外観で、光の角度とともにタイルの色が変化する。**公立はこだて未来大学**（2000）は山本理顕の設計。構造体がすべてプレキャストコンクリートとなっており、教室と廊下の間仕切りはガラス張りで授業が面白いと思ったら入って参加もでき、先生も学生も自由に中に入れる。

　ニコラス・G・ハイエックセンター（坂茂、平賀信孝、2007）は銀座に建つスウォッチ・グループ・ジャパン本社ビルとショールームで、銀座にはない緑を取り入れたという。ビルのひとつの壁面が完全に緑で埋め尽くされている。

　京都大学稲盛財団記念館（櫻井潔＋廣重拓司、2008）は南北に100mを超えるファサードを持ち、建物が西に開いているので、庇と電動の外づけルーバーを組み合わせて室内の日射を防いでいる。**パナソニックスタジアム吹田**（2015）は、大阪の万博記念公園にあるサッカー専用スタジアムで設計は竹中工務店。

教養への扉　この時代に起きた建築界を揺るがす話題は2つあった。入札制度問題と構造計算書偽造問題、いわゆる姉歯事件だ。前者によってそれまで行われていた金額の事前調整が難しくなり、価格競争の比重が高まったり、コンペや海外参入が多くなったりした。後者は大臣認定の構造計算ソフトの計算結果が改竄され、それを行政や民間の指定確認検査機関が見抜けなかった。建築基準法に定められた耐震基準を満たさないマンションやホテルが建設されていた事実が人命や財産にも関わることであることから、大きな社会問題になった。

日本は地震大国であるがゆえ耐震技術向上に力を入れている。建築とは意匠の熟考は重要だが構造設計も疎かにはできない。

超高層ビルという用語は日本において初めて高さ100mを超えた**霞が関ビルディング**（山下設計、1968、147m、三井建設・鹿島建設JV施工）に対して用いられた。大阪キタに建設された凱旋門のような巨大ビル**梅田スカイビル**（原広司、1993）は独特な形状から大阪のランドマークになった。地上173mでも屋外に出られる空中庭園があり眺めは絶景で、世界的によく知られた建築だ。

1000フィート以上の特別に高い超高層ビルをスーパー・トールと呼んでいるが、現在日本で最も高い施工済みの建築物は高さ300m超えの**あべのハルカス**（竹中工務店、ペリ・クラーク・ペリ・アーキテクツ、2014）で国内では1棟のみ。ちなみに代表のシーザー・ペリは琵琶湖ホテル、中之島三井ビルディング、大阪歴史博物館、倉吉パークスクエアなどを設計する人気アメリカ建築家だ。**東京スカイツリー**（2012）は日本で最も高い構造物。設計は日建設計で安藤忠雄、彫刻家・澄川喜一が監修。人工の建造物としてはブルジュ・ハリーファの828mに次ぐ世界第2位。自立式の鉄塔としては世界一。地上450mの天望回廊からは、関東一円を見渡す広大なビューが楽しめる。

建物の耐震性では構造設計が重要だが、耐震工学に重きを置いた日本の構造設計の基礎を築いたのは佐野利器で、関東大震災後の都市復興、都市計画などに務めた功績は大きい。多くの公共建築の構造設計に関わるが、震災後に建築された震災復興建築の**学士会館**（1928）は佐野利器、高橋貞太郎の設計。

建築構造、都市計画、文化財修復など多くの業績を残した内田祥三は関東大震災後の東京帝大構内の復旧を主導し、**東京大学大講堂**（安田講堂）を弟子の岸田日出刀と共同設計した。建築構造学者の武藤清は霞が関ビルディングの計画が具体化されると鹿島建設に招かれ、設計・建設を指揮。地震エネルギーを吸収する柔構造を採用した。五重塔（上野寛永寺）の耐震性の高さに触発された。**京王プラザホテル**（1971）を設計。当時としては世界一の超高層ホテルとして建設された。**東京タワー**（1958）や名古屋テレビ塔（1954）など、とくに鉄塔の設計を多く手がけた建築構造学者の内藤多仲は「塔博士」とも呼ばれた。

1980年代より槇文彦、磯崎新、安藤忠雄ら著名建築家の作品の構造設計を手がけた木村俊彦はその主要作品として、京都国立国際会館、優良ホール100選にも認定された**千葉県文化会館**（1967）、梅田スカイビル、公立はこだて未来大学などがある。

教養への扉 関東大震災後、昭和初期にかけて鉄骨造などの柔構造支持派と鉄筋コンクリート造などの剛構造支持派による柔剛論争があった。地震が起きた場合、耐震設計としてどちらがよいかを論争したもので、データが十分にない当時の状況では基本的に決着はつかなかったが、どちらの技術もその後の建築構造設計に多大な影響を与えた。

県庁所在地庁舎は1877年あたりから城跡などを中心に新しい庁舎が建設される機運が出てきて、近代化のシンボルとしての意義づけも与えられた。

丹下健三の**香川県庁舎本館**（1958、現・東館）は鉄筋コンクリートの近代建築に和風建築の意匠を加味した。広々としたピロティを持ちコンクリート打放しの美しさを世に知らしめた丹下の若いころの代表作だ。新旧の東京都庁舎も設計し、ノートルダム寺院風の新庁舎は新宿のランドマークになった。倉吉市庁舎は建築学会賞を取っている。

黒川紀章も庁舎は得意だ。**沖縄県庁舎**（1990）は沖縄の伝統と現代の共生を目指して地域の特性を織り交ぜた。福岡県庁舎（1981）も九州を代表する建築となっている。大阪府新庁舎も設計したが維新府政でお蔵入りになってしまった。

現存で最古は明治村にある木造の旧三重県庁舎（1879）で、煉瓦造では北海道旧庁舎（1888）。ルネサンス様式の京都府庁旧本館（1904）、山口県旧庁舎、山形県旧庁舎（ともに1916）は重要文化財。**山口県庁舎**（1916、現・山口県政資料館）は妻木頼黄、武田五一らの設計で煉瓦造後期ルネサンス様式。

1930年代の日本での伊東忠太、佐野利器、武田五一らによる帝冠様式は、鉄筋コンクリート造の洋風建築に和風瓦屋根を置いた。**神奈川県庁舎**（1928）は小尾嘉郎原案で成富又三が設計。スクラッチタイルと幾何学的装飾模様がライト風の建築様式である。**愛知県庁舎**（1938）と名古屋市庁舎（1933）はいずれも昭和天皇御大典の記念事業として建設された（写真は同じ記念事業で1933年に建設された京都市美術館）。愛知県庁舎は基本設計が西村好時、渡辺仁が行い、工事顧問は佐野利器。名古屋市庁舎は平林金吾の設計をもとにした。中央にそびえる時計塔の頂上には鯱を載せている。隣接しているため、互いに、また名古屋城との調和も配慮された。この2つは100選のうちのひとつに数える。

1937年からの鉄材消費抑制のために戦前最後となった大規模鉄筋コンクリート造は**滋賀県庁舎**（1939）で設計は佐藤功一。ルネサンス様式でステンドグラスと階段壁面のテラコッタ装飾が特徴である。建設省時代に安田臣が手がけた大分県庁舎（1962）や**島根県庁舎**（1959）はいずれも現役。島根県庁舎はモダニズム建築の代表的作品。

羽島市出身でコルビュジエに師事しモダニズム建築を実践した坂倉準三が設計した羽島市庁舎（1959）。1階バルコニーには手すりを設けず、前面の池に浮かぶように見える。建て替えが決定した。建築音響工学の先駆者でもある佐藤武夫は旭川市庁舎（1958）を設計した。老朽化のため建て替え検討。象設計集団アトリエ・モビルの設計案の**名護市庁舎**（1981）は沖縄の気候や風土を捉えて、最上階の土による断熱や夜の放熱の工夫など地域の持つ潜在的な資源を活用して、市民に対して開かれた庁舎であるよう心がけられている。

教養への扉 戦後は高層化が進み、鉄骨造や鉄骨鉄筋コンクリート造の高層建築になった。1978年の宮城県沖地震を契機に「新耐震基準」が定められ建築物は耐震性が向上した。

日本史に残る建築100選⑩
日本でも楽しめる海外の著名建築家の作品

　日本の近代建築は明治政府主体の建設活動によってより拡大していくが、その初期においては、西洋建築は外国人建築家がその役目を担った。

　ジョサイア・コンドルは工部大学校建築学教授として多くの日本人建築家を育て、鹿鳴館など数多くの官庁の建造物の設計監督にあたった。イギリス17世紀のジャコビアン様式を基調とし内部装飾はイスラム的なモチーフが随所にある旧岩崎家茅町邸や綱町三井倶楽部、ミハイル・シチュールポフとの共同設計のビザンツ様式の**ニコライ堂**（1891）など。

　ウィリアム・メレル・ヴォーリズはキリスト教伝道施設建設から活動を広げ、教会、学校、住宅などを設計。滋賀県近江八幡市の諸建築のほか、**神戸女学院**（1933）、豊郷小学校など。日本の気候を考慮してスパニッシュ・コロニアル様式を取り入れた。

　2018年の高架橋モランディ橋崩落事故の建て替え設計にポンピドー・センターで知られる建築家レンゾ・ピアノが「1000年持つ橋」をコンセプトに名乗りを上げたが、**関西国際空港旅客ターミナルビル**（1994）やメゾンエルメス（2001）が彼の設計である。

　モダニズム建築の巨匠であるル・コルビジエは上野に**国立西洋美術館**（1959）、フランク・ロイド・ライトは**旧帝国ホテル**（1921、明治村で部分保存）や旧山邑家住宅（ヨドコウ迎賓館）を設計した。明治中ごろから昭和初期にかけての中禅寺湖は各国の大使館をはじめ多くの外国人別荘が建てられ、国際避暑地として発展した。そこにアントニン・レイモンドは**旧イタリア大使館日光別邸**（1928）を設計した。内装外には日光市の職人によって杉皮張りの多様な装飾が美しく施されている。

　有楽町の東京都庁舎跡地には**東京国際フォーラム**（1996）がラファエロ・ヴィニオリによって設計された。東京の代表的国際コンベンションセンターのひとつになっている。

　建物の外側に鋼鉄フレームの太い構造をむき出しにした「香港上海銀行・香港本店ビル」で名声を高めたノーマン・フォスターは、**センチュリータワー**（1991、現・順天堂大学11号館）を設計した。

　プラダ・ブティック青山店（2003）はスイスの建築ユニット、ヘルツォーク＆ド・ムーロンの設計。建物の外壁全体が数百のガラスからなる窓で、凹凸面に透明ガラスや鏡もはめ込まれ、絶えず変化する店内と街の双方の情景を楽しむことができる。

　滋賀県甲賀市の**MIHO MUSEUM**（1997）は、ルーブル美術館のピラミッドで知られる中国系アメリカ人イオ・ミン・ペイの代表作のひとつとして知られ、ミシュランの旅行ガイドでも3つ星にランクされている。浅草のアサヒビールスーパードライホール・フラムドール（1989）はフィリップ・スタルク設計で金色のオブジェは聖火台の炎だ。異彩を放つ形状は隅田川のランドマークになっている。

教養への扉　「アンビルドの女王」と呼ばれたザハ・ハディドの設計が初めて実を結んだのは日本で、札幌にある「ムーンスーン」というレストランの内装だといわれるが現存しない。新国立競技場設計コンペでは勝ち抜いたものの建設は実現しなかった。

日本史に残る美術100選①

飛鳥時代まで――大陸から伝来した仏像と仏具

　世界美術史を語るときに、その最初に挙げられるのは、2万年以上も前に残された絵画や彫刻であって、スペインのアルタミラと『ラスコーの洞窟画』の洞窟画や石器の彫刻である。それでは、日本美術の歴史はどこから始まるのか。

　日本列島でも旧石器文化が存在したことは、岩宿遺跡（群馬県）の発見以来、明らかになっているが、造形芸術と呼ぶべきものは存在しない。いわゆる美術品の範疇に入るのは、縄文時代のものからだ。

　縄文時代の人々は、狩猟、採集、漁業によって生活していた。この時代の木製や繊維製品は残っていないが、土器は非常に優れたものが残されている。放射性炭素測定年代での測定では、世界のほかの地域では見つかっていない1万年以上前のものが多いという。世界最古クラスの土器だ。

　国宝になっているのは長野県、東北地方、北海道で発掘された土偶が5点と新潟県十日町市で見つかった土器群である。十日町の出土品のうち華麗な『火焔形土器』と、長野県茅野市出土の『縄文のビーナス』など。

　やがて、弥生時代になると、農業社会らしく温和でシンプルな造形が好まれるようになった。この時代には青銅製品が普及するようになったが、使用方法などすべてが謎のままである「銅鐸」が最も個性的だ。神戸市灘区桜ヶ丘で発見された銅鐸14個のうち『桜ヶ丘5号銅鐸』（神戸市立博物館）、そして、いわゆる『漢委奴国王 金印』（福岡市博物館）は歴史的価値を含めて超国宝のひとつ。

　前方後円墳など大規模な古墳は、4世紀の終わりから5世紀にかけて最も盛んに建設された。そこで、副葬品として大事だったのが埴輪であって、群馬県太田市出土の『武装男子立像』（東京国立博物館）が最高傑作だ。

　飛鳥時代は、552（あるいは538）年の仏教伝来のあたりから、天智天皇のころまでを指す。このころには、百済から大量の漢族技術者が来日して、硬さが残る大陸文明を伝えた。奈良県斑鳩の法隆寺にある玉虫厨子、百済観音、釈迦三尊、救世観音（夢殿）や隣接する中宮寺の菩薩半跏像、それから京都太秦の広隆寺・弥勒菩薩半跏像がこの時代を代表する。

　それ以降、平安遷都までを奈良時代といったり、前半を白鳳時代、後半を天平時代といったりもする。この時代は、仏像や仏具によいものが多い。白鳳時代というと薬師寺を思い起こすが、法隆寺にせよ薬師寺にせよ、仏像の正確な製作年代はほとんど不明であるが、山田寺仏頭（興福寺）、薬師寺の薬師三尊、聖観音などが白鳳時代の遺産といわれ、少なくとも平城遷都ののち早い時期までに製作されたものだろう。

教養への扉　藤原京にあった薬師寺や飛鳥寺などの建築や仏像が、平城京に移ったのかどうかは一律ではなかったと見られる。元の寺院も維持されたが、飛鳥寺の系統を引く元興寺の現存の建物からは、法隆寺より早く伐採された古材も発見されている。

　天平時代といわれる奈良時代の中期ごろの大事件は大仏の建立と開眼だった。現座の大仏は治承年間（1177〜1181年）に平重衡によって焼かれたときに台座を残して失われ、その後に再建されたものであるが、多くの仏像や工芸品が当初の姿をとどめている。

　東大寺では、三月堂や転害門のほか、戒壇院の**四天王立像**、三月堂の**不空羂索観音立像**と**日光菩薩**、大仏殿前の**金銅八角灯籠**などが残っている。

　正倉院には聖武天皇や光明皇后の愛用の品々が残されている。**伎楽面酔胡従**、『**象木臈纈屏風・羊木臈纈屏風**』（正倉院）、『**鳥毛立女屏風**』（正倉院）、『**螺鈿紫檀五絃琵琶**』など大仏開眼の際の国際色豊かな芸能披露の道具などがある。

　興福寺には**阿修羅像**など、唐招提寺の**毘盧遮那仏**、**千手観音**、**鑑真和上像**、新薬師寺の**十二神将像**、薬師寺の**吉祥天画像**といったところも天平時代の傑作群である。

　正倉院御物は光明皇太后が聖武天皇の遺品を整理して正倉院に収納したものだ。

　平安時代は、平城京からの平安遷都の794年から1185年ごろまで、8世紀末から12世紀に至る約4世紀にわたる時代である。美術史では、遣唐使が廃止された894年あたりを境にして、以前を平安時代前期、以後を平安時代後期（藤原時代）と呼ぶことが多い。彫刻史では平安時代前期を貞観・弘仁時代と呼ぶこともある。

　平安時代に入っても唐の文化の流入はやまなかった。しかし、唐も最盛期を過ぎ、遣唐使の派遣も頻繁に行われなくなると、仰々しさが減じて繊細さとか四季の移ろいを楽しむなどという国風文化が生まれてきて、それは『古今集』が編纂された900年ごろから『源氏物語』が書かれた1000年ごろに頂点に達した。

　平安の密教美術について見ると、空海が持ち帰った『**両界曼荼羅**』の写本が教王護国寺（東寺）にある。高野山にある仏涅槃図、広く信仰された**不動明王**については、大津三井寺の**黄不動**、京都青蓮院の**青不動**、高野山別格本山明王院の**赤不動**が3不動尊として知られ、いずれも名品である。**普賢菩薩像**（東京国立博物館）も名品だ。

　彫刻では**東寺講堂諸仏**、**木造如意輪観音坐像**（観心寺）、**木造薬師如来立像**（神護寺）、木造薬師如来坐像（新薬師寺）、**木造八幡三神像**（薬師寺）、**十一面観音像**（法華寺）、菩薩半跏像（宝菩提院）、滋賀県長浜市の向源寺**十一面観音像**が名品だ。

教養への扉　平安時代のはじめには、むしろひとつの流れとして、南朝、百済の影響がどんどん薄れ、純粋にその時代の唐の最新流行がもたらされるようになったといってもよいかもしれない。空海、最澄、円仁らが唐に渡航し、密教がもたらされ流行した。

宮廷行事では四季折々の行事が大事にされた。源氏物語を見れば総理大臣（太政大臣）のはずの光源氏は行事にしか関心がなく政治には無頓着だ。

藤原道長や頼通の時代に活躍した定朝は、穏やかな藤原彫刻の象徴的存在で、**阿弥陀如来坐像**（平等院鳳凰堂）が残っている。平等院の**十二天像・水天**も美しい。**普賢菩薩騎象像**（大倉集古館）、京都の三十三間堂には**千一体千手観音立像**が並ぶ。南宋からの渡来ものだが、泉涌寺の**『楊貴妃観音』**は最も美しい仏像のひとつ。地方にも美しい阿弥陀堂が営まれたが、その頂点は中尊寺の金色堂であり、**臼杵の磨崖仏**だ。

この時代に絵巻物がもてはやされ、**鳥獣人物戯画**（高山寺）と**源氏物語絵巻**（徳川美術館）が最も印象的だ。ほかに、**伴大納言絵詞**（出光美術館。もとは若狭国にあった）、**信貴山縁起絵巻**（朝護孫子寺）などが現存。**平家納経**（厳島神社）には平清盛の願文もついている。工芸品として**『片輪車蒔絵螺鈿手箱』**を挙げておく。

墨跡は、正倉院にある**『楽毅論』**は光明皇太后が王羲之の墨跡を模写したものだが、嵯峨天皇は、宮城の文額をみずから書くとともに、空海と橘逸勢にも書かせた。この3人を「三筆」と呼ぶ。また、平仮名が誕生したのもこの時期で、少しあとの時代の小野道風、藤原佐理、藤原行成の3人を「三蹟」と呼ぶ。墨跡については320項で論じたいが、とりあえず空海の**『風信帖』**と藤原行成の**『白氏詩巻』**を100選に入れておきたい。

平氏滅亡は1185年で鎌倉幕府ができたのは1192年だが、治承年間（1177～1181年）の1180年に平重衡による南都焼き討ちで東大寺と興福寺が焼失した。東大寺の再建は、宋に渡ったこともある重源により、新建築様式の大仏さまが導入された。一方、興福寺は従来の和様で再建された。

奈良仏師たちが大活躍し、興福寺の**無著菩薩立像**、快慶と合作の**東大寺金剛力士像**はとくによく知られる。興福寺の木造維摩居士坐像や**金剛力士像**は定慶の作品。

鎌倉幕府の武士たちは、承久の乱のときに上皇側から漢文の手紙が届いたらほとんど誰も読めなかったというくらいだから、文化には縁が遠かったので独自の見るべきものはあまりない。**『蒙古襲来絵詞』『一遍上人絵伝』**は地方の様子もよく伝える名品である。

そんななかで、禅宗では中国から僧も来日して、徐々に新しい文化が伝えられ始めた。美しい武器や刀剣については平安後期から鎌倉時代にかけて絶頂期を迎えるが、それらは316項とする。源平合戦の華やかな甲冑の代表として春日神社の**『赤糸威大鎧（梅鶯飾）』**は天下五剣といわれる名刀のうち**『童子切安綱』**をひとつずつ100選に入れておく。

神護寺にある**『源頼朝、平重盛、藤原隆信像』**は日本の肖像画史上の最高傑作だが、モデル、時代ともに議論がある。亀山天皇が愛蔵した**『那智瀧図』**は高水準の風景画。仏画では**『山越阿弥陀図』**（禅林寺）。

教養への扉 奈良の大仏殿は戦国時代に松永久秀によって再び焼失したが、大仏は頭部のみが落ち、木造で修復し、露座のままだった。豊臣秀吉は京都に方広寺を建立してもっと大きな大仏をつくった。しかし、徳川幕府はこれを壊して、その代わりに東大寺を再建した格好だ。

歴史教育でもあまりよく扱われない室町時代だが、経済は発展したし、日本の生活文化を完成させたのはこの時代だ。そして黄金の日々は安土桃山時代。

　南北朝時代ののち、3代将軍・足利義満の時代の北山文化、8代将軍・足利義政の時代の東山文化が栄えた。臨済宗の五山が京都と鎌倉に置かれて、奈良時代の総国分寺の機能を果たし、各地の安国寺は国分寺の機能に似て宋、元、明の大陸文化受け入れの文化センターとなった。

　禅宗を媒介に、貴族的な伝統文化と武士の気風、そして、宋、元、明の中国文化が受容され、それが現在、われわれが日本的な生活様式と考えるようなものを生み出した。書院造や枯山水の庭園などもこの時代が生み出した。また、婆娑羅大名といったものが現れて傾く風潮も盛んになった。そうした背景で、茶道、華道、書道といったものが確立したのもこの時代である。芸能では能や狂言が生まれた。

　建築では書院造が生まれ、日本的な生活様式が確立した時代といえよう。

　『瓢鯰図』は4代将軍・足利義持が出した禅問答に基づくもの。明に留学した雪舟は日本史上最大の画家のひとり。『山水長巻』『秋冬山水図』『破墨山水図』『天橋立』など秀作ぞろいだ。水墨画の周文、雪村、土佐派の中興の祖・土佐光信（『百鬼夜行絵巻』）なども知られる。土佐派の画家による『日月四季山水屏風』（天野山金剛寺）は最近、話題になることが多い日本的前衛の魅力。

　禅宗は仏像を必要としなかったので見るべきものはない。室町時代を代表する彫塑というと『孫次郎』（三井文庫）のような能面（写真）になるのだろうか。

　室町幕府が滅亡したのは1573年だが、戦国末期である16世紀になると、伝統的な勢力の弱体化と町衆や戦国大名の勃興のなかから、室町時代の文化の伝統を尊重しつつも、ダイナミックな文化が生まれ、それは南蛮文化の影響で活力を与えられた。

　信長、秀吉、家康の時代には、安土城、大坂城、聚楽第、伏見城、江戸城などの華麗な城郭が営まれ、豪壮な障壁画で飾られた。また千利休の出現で茶道が確立され侘び寂びが強調され、陶磁器によいものが多く出てきた。

　狩野正信に始まる狩野派は、ルーベンスのようなルネサンスの巨匠のような大工房を構え大量で豪華な城郭や寺院の襖など多様な注文に応えた。『聚光院花鳥図襖』『檜図』『洛中洛外図』『唐獅子図屏風』などはその工房の代表作である。

　その狩野永徳の挑戦者だったのが、能登国出身の長谷川等伯で『松林図屏風』『楓図襖』が代表作。ほかに長谷川久蔵、海北友松、狩野秀頼、狩野探幽、狩野山雪など。洋画に挑戦した人もいて、西洋の武将たちを書いた『泰西王侯騎馬図屏風』（神戸市立博物館）などは敢闘賞もの。日本画としての南蛮屏風も多く残る。

教養への扉　南蛮船の到来は、西洋文化だけでなく、それまで疎遠だった華南地方や東南アジアやインド、中東の文化も一緒にもたらして日本文化を豊かにした。また、文禄・慶長の役は朝鮮の文化が流入するきっかけとなった。

日本史に残る美術100選⑤
江戸時代──上方の寛政・元禄文化、江戸の化政文化

江戸時代の武士たちは文化的素養が低く、見るべきものを生み出さなかったが、文化人たちの才能は町民たちのために優れた大衆文化に向けられた。

　江戸時代に入って幕府が江戸に移ると、京都では琳派が栄えた。京都の富裕な商人の出身だった本阿弥光悦、俵屋宗達、尾形光琳らが絵画だけでなく工芸にも腕を振るい、いわば宮廷文化がブルジョア化された寛政文化の花を咲かせた。

　ひな人形の風俗とか皇族の髪型として知られる御垂髪はこの時代に生まれた。光悦のものでは『舟橋蒔絵硯箱』、宗達のものでは『風神雷神図屏風』など、光琳の作品では『紅白梅図屏風』『燕子花図屏風』『八橋蒔絵螺鈿硯箱』など。また、遊里での風俗を描いた逸品が『彦根屏風』と『松浦屏風』だ。

　狩野派は幕府の絵師となったが革新性は見られず、むしろ破門になった久隅守景（『納涼図屏風』）とか英一蝶に見るべきものがある。土佐派は土佐光起が宮中に復帰し、江戸に移った同系統の住吉派では住吉如慶が活躍した。戦国武将・荒木村重の子の岩佐又兵衛が描いた『洛中洛外図（舟木本）』は狩野永徳の上杉本に次ぐ評価。

　18世紀後半になると京都に円山応挙（『雪松図』など）が現れて、高い写生力に裏づけられた画風で京都画壇の祖というべき地位にあった。その応挙ののちの京都画壇の中心になったのが呉春である。京都錦通の八百屋だった伊藤若冲（写真は生家跡）は抜群の写生力で『動植綵絵』などを描き、近年大ブームとなっている。

　素人が墨で描いた文人画も流行し、浦上玉堂（『凍雲篩雪図』）、与謝蕪村（『夜色楼台図』）、池大雅『瀟湘八景図』などはその典型。

　江戸では浮世絵が流行した。その始まりは菱川師宣（**見返り美人図**）あたりで、その後、葛飾北斎（『富嶽三十六景』）、東洲斎写楽（『市川鰕蔵』）、歌川広重（『東海道五十三次』）などを輩出した。

　また、茶道の流行を背景に陶磁器に優れたものが多くなった。陶磁器は318項で書くが『色絵藤花図茶壺』を代表的なものとして挙げておく。

　工芸品では、すでに紹介した琳派の『舟橋蒔絵硯箱』と『八橋蒔絵螺鈿硯箱』を挙げておく。

教養への扉　浮世絵以外にも江戸時代から明治にかけてB級芸術的なものに優れたものが多い。彫刻では独特の感覚の仏像を彫った円空の仏像がある。絵馬や提灯絵で知られる土佐の絵金、いまでいえばスポーツ新聞か写真週刊誌というべき錦絵では月岡芳年などが挙げられる。

日本史に残る美術100選⑥
幕末〜明治時代——西洋化とともに伝統の再評価も

　明治維新から20年ほどは疾風怒濤の西洋化の時代である。しかし、明治も中ごろになると、道徳観などでも芸術文化でも伝統の再評価も進んだし、また、世の中が豊かになるにつれて、建築、工芸などの分野でも江戸時代とは比べものにならない高度なものがつくられるようになった。

　西洋の影響ということでいえば、すでに幕末において、司馬江漢の眼鏡絵などでの遠近法の追究、さまざまの銅版画があったし、葛飾北斎も洋画風の作品に取り組んでいた。また、渡辺崋山の『鷹見泉石像』など西洋画の影響が濃く見られる秀作であった。

　しかし、明治になって外国人の教師が来日し、海外に渡航する日本人も増え、さらに貧乏だった日本にとって外国人による買い上げが非常に魅力的になることで、日本の美術は大きく変わっていった。

　日本が開国したころには、ヨーロッパでは万国博覧会がブームで、そこに出品された日本の美術工芸品はその精緻さとエキゾティシズムで大好評だった。とくに陶磁器や象牙の彫刻などが人気だった。

　ただし、美術品というより工芸品というように取られ、政府はヨーロッパの「ファイン・アート」（純粋美術）を導入したいと考え、工部美術学校が開校し、アントニオ・フォンタネージらお雇い外国人による西洋美術教育が開始された。

　それに対して、1887年ごろには文明開化が一段落し、日本の伝統的なものが再評価されることになったが、その運動の中心になったのが、アーネスト・フェノロサや岡倉天心であって、今度は東京美術学校から洋画などが排斥されるほどになった。

　また、富山県高岡出身の天才的な美術商である林忠正はフランスに渡り、日本美術を海外に紹介し販売する一方、印象派の画家たちに影響を与え、さらに新しい西洋美術を日本に紹介した。フランス留学から帰った黒田清輝は裸体画で衝撃を与え（『湖畔』）、浅井忠は後進の指導にとくに大きな功績がある。

　こうしたなかで、京都画壇のなかから出てきた竹内栖鳳『班猫』などのほか、ヨーロッパを外遊してその風景も描いた。『生々流転』『屈原』などの横山大観、下村観山、橋本雅邦らの手によって西洋の影響も得た新しい日本画が確立されていった。このころの名作としては、狩野芳崖『悲母観音』、菱田春草『落葉』なども挙げられる。1907年には政府による初めての公募展、文部省第1回美術展覧会（文展）が行われた。

　彫刻では、仏師の家に生まれた高村光雲が、木彫りの『老猿』や上野公園の『西郷隆盛像』など日本の彫刻界に新風を吹き込んだ。朝倉文夫、荻原碌山、竹内久一等も挙げられる。イタリア人のヴィンチェンツォ・ラグーサは工部美術学校で西洋の彫刻を教えて大きな影響を与えた。

教養への扉　幕末のどんど焼きや禁門の変で焼けた京都の町家などは、ほとんど明治から昭和初期のものであるし、呉服なども黄金時代は大正から昭和初期だ。川越は「小江戸」と呼ばれるが、土蔵造は明治の大火以降で、ミスリーディングも甚だしい。

日本史に残る美術100選⑦
昭和～令和時代──世界標準のアーティストが登場

　大正期に入ると、雑誌『白樺』で前衛的な西洋美術や文学の新潮流が紹介され、フォーヴィスムやキュビズムなど前衛画風が好まれ、一方では、日本的な美の探求もより盛んになった。また、昭和の戦争では、戦意高揚のため、多くの画家が戦争画を描いた。戦争協力として嫌われるが、芸術としては優れたものが多い。

　日本画では、土田麦僊（『舞妓林泉』）、速水御舟（『炎舞』）、福田平八郎（『漣』）、上村松園（『序の舞』）、河鍋暁斎、富岡鉄斎、川合玉堂、浅井忠、小林古径、竹久夢二、前田青邨、安田靫彦、伊東深水など。

　洋画では、青木繁『海の幸』、安井曾太郎、梅原龍三郎『紫禁城』、藤田嗣治『カフェにて』、岸田劉生『道路と土手と塀』、佐伯祐三『テラスの広告』、関根正二、小磯良平、須田国太郎、山下清、奥村土牛、小倉遊亀、版画では『釈迦十大弟子』などの棟方志功らが代表的な画家である。

　また、陶芸、工芸では富本憲吉、河井寛次郎、濱田庄司などが現れたが、これは319項で紹介する。

　前田青邨は大和絵を学びイタリア中世絵画のセンスも取り入れ『洞窟の頼朝』などで日本画に新境地を開いた。入江波光らとの『法隆寺金堂壁画模写』は、それ自体が芸術作品だ。その弟子に『シルクロードを行くキャラバン』などシルクロードを題材とした絵で人気を博し中国との文化交流にも貢献した平山郁夫がある。東山魁夷はドイツに留学した変わり種で、日本的とも無国籍的ともとれる風景を『道』などで精神性高く表現した。

　戦前には大原美術館などで限定的にしか西洋の本物の絵に触れられなかったが、戦後は外来の美術展が盛んに開かれた。「マティス展」はその最初の成功例だが、小倉遊亀などはそれに強く刺激されたものだろう。女流画家としては片岡球子の力強さは日本画の世界で斬新なものだった。また、戦後の最大の人気画伯は岡本太郎で、大阪万博の『太陽の塔』はひとつの時代のシンボルだ。

　最近では画家というような枠にとらわれない、ポップな芸術が主流だが、そのなかで世界的にも高い評価を確立しているとなると、以下の4人であろうか。

　村上隆は琳派、浮世絵、アニメなどからインスピレーションを取って日本美術のある意味での集大成的な芸術をポップアーティスト、映画監督などとして展開する。ベルサイユ宮殿での展示、『五百羅漢図』などでも話題となった。

　かつて「前衛の女王」といわれた草間彌生は、幻覚、幻聴を絵にしたといい、香川県直島にある『かぼちゃ』など水玉模様の空間などよく知られている。奈良美智は、アクリル絵の具等による人物画の『Knife Behind Back』で知られ、写真家の杉本博司は『海景』など大判カメラを使って地平線などを表現する。

教養への扉　このほか、現存の人気作家としては、会田誠、千住博等がいる。彫刻では、佐藤忠良、透明なガラスビーズを立体物の全面に貼りつけた作品で有名な名和晃平、舟越桂などが人気作家だ。

315

365

日本史に残る工芸家10選
文化勲章を受章した工芸作家たちの世界

　美術（ファインアーツ）と工芸の境界は、美術史を語るにおいて非常に難しい課題である。また、工業的な量産品と工芸作家の作品の線の引き方も難しい。そこで、ここでは書蹟、陶磁器、武具・刀剣は316項としつつ、残りの分野については、文化勲章受章者を中心に名工たちの世界を俯瞰する。

　工芸分野での受賞は、1953年に鋳金の香取秀真が受賞したものだが、その後は、1976年の松田権六までない。香取は鋳金工芸作家であるとともに歌人であり、研究者としても実績がある。重厚な置物で動物をモチーフにしたものも多い。千葉県出身。

　やはり鋳金の蓮田修吾郎は、建築空間を飾る青銅や白銅によるレリーフや、大型のモニュメントなどを得意とした。石川県出身。

　彫金の帖佐美行は、暮らしのなかの「用の美」を重んじ、鳥や植物などをモチーフに置物や透かし彫りを作成。同じ鹿児島県出身の稲盛和夫が創設した「京都賞」のメダルも作成した。

　松田権六は、「漆聖」といわれた蒔絵師。日本の蒔絵の伝統の延長線上に高度な芸術性を創造し、また、後進の指導などにも功績が大きい。石川県出身。

　佐治賢使は岐阜県出身で、伝統的な漆工芸の技術に加え、鋭い現代感覚を兼ね備え、デザインや線描にこだわり、現代感覚あふれる作品で漆芸の世界に新境地を開いた。

　髙橋節郎は、長野県安曇野市出身の漆芸家で、シュルレアリスムを思わせる幻想的で雄大な気宇にあふれた世界を漆黒と黄金で表現した一方、晩年は柔らかい形態の造形を好んだ。都営地下鉄大江戸線汐留駅の陶壁レリーフ『日月星花』を作成。

　繊維系では、世界的なデザイナーとして森英恵と三宅一生が受賞。

　森英恵は蝶々をモチーフにしたデザインで、最初に国際的に成功したデザイナーとなった。島根県出身。

　三宅一生は当時としては珍しい洋裁学校でなく美術学校出身のデザイナーで、高い美術性を持ったデザインで注目された。柔道着の刺し子のような日本の材料を世界に問うことでも評価された。

　志村ふくみは、滋賀県出身の染織家、紬織家で、多様な草木から染め出した色糸を使い、紬織に即興性を加え、「絶え間ない自然との交感と思索によって人間存在を自然のなかに織り成す柔らかな思想」を表現。農家の普段着を洗練された境地に昇華させた。

　奥田小由女は大阪生まれで、広島県三次市で育った人形作家。愛や平和の祈りを形にした女性を表現することを得意とする。人形を超えた大型のレリーフも手がける。夫は同じ三次市出身の日本画家の奥田元宋で文化勲章の受章者。

教養への扉　繊維系では、京友禅の森口邦彦、染色の芹沢銈介、染織の山鹿清華が文化功労者となっているが、全般的に他分野に比べて冷遇されている印象がある。国際的なデザイナーとしては、髙田賢三、コシノジュンコなど多くの日本人が成功している。

日本史に残る武具10選
世界的に見ても大変美しい日本の武具

　武家の表芸として剣、弓、馬、槍があり、総称して「武芸四門」という。江戸幕府では、100石取り以上は槍持ちと草履取り、200石以上になると、それに馬と馬子、供侍に挟箱持ちが加わる。500石以上から立弓が加わるので、ここからが武芸四門に通じた、名のあるお武家さまということになる。

　日本の弓は、外国の弓のような蒲鉾形の湾曲ではない独特の美しい形を持っている。もともと日本の弓矢に対する見方は、武器というより神器に近い。弓矢の威光をもって、敵を平定するという考え方である。そのため宮中には、古代から鳴弦、引目などの行事が伝承されている。

　鳴弦とは、弦だけを引き鳴らすことだ。これにより悪魔や妖気が祓えると信じられた。引目は、鏑矢を引くと高い音を響かせることから、こう呼ばれる。天下泰平、魔障退散の祈りとしての意味を持っていた。

　古代には、桑、槻（ケヤキ）、檀などの木を削って弓をつくっていたが、12世紀になって、木の外側に竹をあてるようになり遠くの的を射ることができるようになったのだ。矢羽は鷹、鷲の羽根を最良とするが高価だったので、白鳥、鳶（トンビ）などを用いた。

　日本に騎馬の風習が伝えられたのは、4世紀の末ごろといわれている。鎌倉武士のあいだでは流鏑馬、笠懸、犬追物の、いわゆる馬上三物が愛好されるようになった。

　馬具としては正倉院御物のうち『騎馬のための座具の一式』が美しい。鎌倉時代のもので、『時雨螺鈿鞍』は螺鈿意匠の黒漆塗りの鞍で細川家の「永青文庫」所蔵で国宝。久松家に伝わる『芦穂蒔絵鞍・鐙』は豊臣秀吉が使った鞍と鐙のセット。高台寺の『鳥獣文様陣羽織』は、秀吉の所望でペルシャのカシャーン地方で製織された絨毯を材料にしている。

　源平の戦いの絵巻物でひときわ目立つのが美しい甲冑（鎧兜）である。最も美しいといわれているのが、春日大社の国宝『赤糸威鎧』で源義経奉納と伝えられる。愛媛県大三島の大山祇神社には8つの国宝甲冑がある。青森県の櫛引八幡宮所蔵の『白糸威褄取鎧』は、南部信光が後村上天皇から下賜されたと伝えられる。

　武器の進歩で実用性を失い、戦国時代には槍や鉄砲を前提にした当世具足といわれるものが主流となり、上級武士の家では、正月には飾っていた。伊達家の『黒漆五枚胴具足』とか、井伊家の『朱漆塗桶側胴具足（赤備え）』は軍団のユニフォームとして機能した。

　槍は南北朝期に出現し、戦国時代には歩兵の集団戦闘の主力になった。しかし、江戸時代には上級武士の家門の象徴のようになって槍術の流派もたくさん出現した。

　天下三名槍は、『黒田節』に出てくる日本号（福岡市博物館）、結城晴朝（秀康の養父）のもので結城家の祭祀を継いだ前橋藩松平家が所有していたが、戦災で焼けた御手杵、本多忠勝のもので、とまった蜻蛉が真っ二つになった蜻蛉切（三島市・佐野美術館）。

教養への扉　騎馬と武士とは、切っても切れないこととして語られるが、騎馬の風習を衰えさせたのは、なんと5代将軍・徳川綱吉の生類憐れみの令である。

日本刀はその美しさと実用性の高さから日本からの輸出品としても重要だったほどだ。そのなかで、国宝などから10選を選んでみる。このほかに、徳川に禍をもたらす妖刀・村正とか、近藤勇の長曽禰虎徹、土方歳三の和泉守兼定、沖田総司の菊一文字則宗といったものは有名だが、名刀というわけでもないので外した。

しばしば「天下五剣」とされるものがある。童子切安綱は源頼光が丹波国大江山で酒呑童子の首を切り落としたものとされる。足利将軍、秀吉、家康らを経て津山藩主に受け継がれ、現在は東京国立博物館にある。

鬼丸国綱は、鎌倉時代の刀工・粟田口国綱の手になり、北条時政、足利将軍、秀吉、家康を経て後水尾天皇に献上され御物となっている。三日月宗近は平安時代の三条宗近の作で直刀から刀身に鎬と反りのある日本刀となる過渡期のもの。北政所から徳川家に渡り、近代になってから流出し、特殊鋼の権威だった渡邊三郎から東京国立博物館に寄贈された。

大典太光世は、平安時代末期に筑後国で活躍した刀工である三池典太光世によってつくられたとされる。足利義昭から秀吉を経て加賀前田家に渡り、現在も前田育徳会の所有である。

数珠丸は、平安末期から鎌倉前期に備中国で活躍した青江恒次によってつくられたとされる刀で日蓮が所有し、現在では尼崎市の本興寺にある。

そのほか大包平は平安時代に活躍した古備前派の包平の作で岡山池田家が所有していたが文部省が買い上げ、東京国立博物館に寄託されている。

山鳥毛は備前国長船の名品で、米沢の上杉家に伝えられてきたが、岡山の収集家を経て、2020年に製造地の瀬戸内市がクラウドファンディングを実施して購入した。

鎌倉時代から南北朝にかけて鎌倉で活躍した正宗は伝説の名工で秀吉が愛好したが、無銘のものが多く真作かの判断が難しい。日向正宗は秀吉から石田三成に渡され紀州徳川家に伝わった。三井美術館蔵。南北朝時代に活動した山城国の刀工である長谷部国重のへし切長谷部は、信長が茶坊主を隠れていた棚ごと圧し切って成敗したことに由来。福岡市博物館。

薙刀は鎌倉時代から室町時代にかけて流行した武器で、『薙刀 銘 備前国長船住人長光造』（三島市・佐野美術館）は唯一の国宝だ。

江戸時代の中ごろの一般的な刀と脇差の刀身は、刀の刀身が2尺3寸（約70cm）前後、脇差の刀身が1尺8寸（約55cm）前後である。刀と脇差は特殊な事情、たとえば拝領したとか、先祖伝来とかの事情がない限り、2つでひとそろえにする。つまり作刀も外装も同じで、長さだけが異なっている。

教養への扉 漆塗りにした木製の鞘の先端に鐺という金具をはめ、刃区の部分に金属の鍔をつけ、柄には、鮫皮を張って、その上に糸などを巻く。鞘には栗型という金具をつけて、下緒を通す。鞘の口の部分は鯉口と呼び、鯉口にかみ合う刀身側の金具を切羽と呼ぶ。ここの手入れが悪いと、いざというときに刀が抜けず、「切羽詰まる」わけだ。

日本史に残る陶磁器10選
縄文土器から江戸時代までの陶芸

　日本列島で最も古い焼き物は青森県大平山元で出土した1万6500年前のもので、いまのところ世界最古である。弥生土器（紀元前2世紀〜紀元後3世紀）は、縄文土器より薄くて均整の取れたシンプルな土器である。

　次に灰黒色で硬い須恵器がつくられた。7世紀の後半からは、人為的に釉をかけた緑釉陶がつくられ、8世紀になると3色の釉をかけた奈良三彩となった。瀬戸という産地につながる猿投窯での須恵器に続き、9世紀には天然の草木灰を材料とした高火度釉をかけ灰釉陶器が尾張国を中心として生産された。

　10世紀後半には、猿投窯では焼成方法も還元炎から酸化炎へと転換し、白い焼き上がりの陶器が出てきた。12世紀ごろからは、無釉の浅い碗型の鉢や皿など山茶碗が大量生産できるようになり、『秋草文壺』（慶應義塾）は国宝に指定されている。

　鎌倉時代から室町時代にかけて、瀬戸では中国の製陶法を入れて、施釉陶器がつくられた。六古窯と呼ばれる愛知県の常滑窯、瀬戸窯、福井県の越前窯、滋賀県の信楽窯、兵庫県の丹波窯、岡山県の備前窯など各地で製陶が盛んになった。

　安土桃山時代には、茶の湯の流行で焼き物は多彩なものになっていった。瀬戸黒や黄瀬戸、織部、志野が発展し、**志野茶碗「卯花墻」**（三井記念美術館所蔵）は国宝である。京都では長次郎が楽焼を創始し茶の湯に向いた作品が出てきた。『黒楽茶碗・銘俊寛長次郎』（三井記念美術館）が代表作。

　文禄・慶長の役ののち、朝鮮半島から来た陶工によって新技術が輸入され、西日本各藩はこれを保護し、唐津焼、萩焼、薩摩焼、高取焼、上野焼などが発展した。日本では陶石を砕いて原材料とする磁器は中国から輸入し、16世紀には景徳鎮窯の白磁と青花磁器が大量に流入していた。ところが、慶長の役で日本軍とともに行動したことから、佐賀にあった李参平が有田の泉山で陶石を発見し、磁器がわが国で初めてつくられた。このときは藍色が主体だが、有田の酒井田柿右衛門が乳白色の素地に赤絵技法を樹立し、色絵磁器が生産されるようになった。

　磁器の製造技術が各地に広がり、京都、九谷、砥部、瀬戸といった産地で磁器が焼かれるようになった。京都では野々村仁清（『色絵藤花図茶壺』MOA美術館、『色絵雉香炉』石川県立美術館）や尾形乾山（『銹藍金絵絵替皿』根津美術館）が色絵陶器の名品を焼いた。本阿弥光悦の『白楽茶碗 不二山』（サンリツ服部美術館）も国宝。

　上記で太字にしたもののうち、志野茶碗と尾形乾山の作品以外は国宝。ほかに輸入もの9点が指定されているが、そのうち、**曜変天目**（静嘉堂文庫所蔵）、**飛青磁花生**（東洋陶磁美術館所蔵）、**喜左衛門井戸**（大徳寺孤逢庵所蔵）の3点を挙げておく。

教養への扉 1659年からは、伊万里港からヨーロッパに色絵磁器が輸出されるようになり、伊万里では鍋島焼も焼かれた。

　明治になると、有田に来たお雇い外国人のゴットフリード・ワグネル（ドイツ）により石炭窯での焼成や着彩技術が導入された。さらに、石膏型、機械ろくろ成形、連続窯（トンネルキルン）など多様な技術が導入された。そして、碍子、タイル、水回りなどの西洋文明の取り入れに不可欠な分野でも、日本の陶器産業の底力は大いに生きた。

　一方、沈寿官らの薩摩焼や並河靖之らの七宝焼が世界的な人気を博した。また、大正になると分業体制に頼らない陶芸家と呼ばれる個人作家が登場する一方、柳宗悦らによって民芸運動も起こった。そんななかで、まず文化勲章を受章した10人の陶芸家を紹介しよう。

　濱田庄司（益子）は民芸運動の旗手であるとともに、いわば「高度な民芸陶器」を作品とした。

　板谷波山（茨城）はアーティストとしての訓練を受けた陶芸家の草分けで、この分野で最初の文化勲章受章者。

　島根県に生まれ、京都で窯を持った河井寛次郎（島根）は、中国古陶磁に影響された華麗な作品でデビューし、やがて暮らしに溶け込む「用の美」を追究した。

　奈良生まれで文筆家としても知られる富本憲吉（奈良）はイギリス留学ののち色絵に加えて金銀を同時に焼きつける華麗な作風で人気を博した。

　荒川豊蔵（岐阜）は桃山時代の志野焼の復興を目指した。楠部彌弌（京都）は、釉下彩磁といわれる手法で華麗な作品を展開した。浅蔵五十吉（石川）はメリハリのある九谷焼の新境地を開いた。青木龍山（佐賀）は有田にありながら漆黒の天目釉の魅力を追究した。大樋年朗（石川）は飴色の楽茶碗など伝統のなかに斬新さを追究。今井政之（広島）は象嵌を組み込んだ作品で新境地を開いた。

　それ以外で、何人かしばしば話題になり、特色ある作家を紹介しておく。賀茂神社社家に生まれた北大路魯山人（京都）はグルメとしても知られるが、食事の器のあるべき姿を探求し成功した。金城次郎（沖縄）は沖縄を代表する工芸品である壺屋焼の進化に貢献した。

　このほか、物故作家としては、石黒宗麿（石川）、加藤土師萌（愛知）、金重陶陽、小山富士夫（ともに岡山）、加守田章二（大阪）、八木一夫、清水卯一（ともに京都）、14代酒井田柿右衛門（佐賀）、藤原啓（岡山）、三輪休和、三輪壽雪（ともに山口）など。

　また、現存の人間国宝には、伊勢崎淳（岡山）、伊藤赤水（新潟）、井上萬二、14代今泉今右衛門（ともに佐賀）、加藤孝造、鈴木藏（ともに岐阜）、原清（島根）、福島善三（福岡）、前田昭博（鳥取）、吉田美統（石川）。（写真は一般的な京茶碗）

教養への扉　大樋年朗の子の年雄や15代、16代の楽吉左衛門のように自由な発想で国際的に活躍の場を広げている陶芸家もいる。戦後は立体造形「オブジェ」の誕生や「伝統工芸」概念の成立と展開、実用陶磁器では量産のための多様な生産システムや「陶芸デザイナー」という概念が確立。また本格的な女性作家の登場や大型の陶芸、装飾的造形の新展開や表現としての「うつわ」の多様化など、さらなる広がりを見せている。

美術

日本史に残る書道家20選①
平安時代の三筆、三蹟から始まった日本の書道

　漢字圏の美術史を語るときに、「墨跡」は絵画と並ぶほどの重要分野である。それに比肩するのは、偶像崇拝の禁止で絵画が発展しなかったイスラム圏くらいだろう。

　日本に神代文字といわれる独自の文字があったという人もいる。それを一概には否定しないが、いまのところ証拠はないし、それほど普及したとは思えない。

　この国に漢字で書かれたものが到来したり、漢字を解する移民がやってきたりしたのは、紀元以前に遡るだろうが、日本でつくられた銘文が書かれた遺物は4〜5世紀のものからだし、そののちも、読み書きができたのは漢族系帰化人にほとんど限られ、支配層に読み書きが普及したのは7世紀ごろのようだ。

　漢字の字体は、始皇帝のころは「篆書」で垂直水平で左右対称のものだが、書くのに時間がかかるために、やがて「隷書」になり、さらに楷書に進んでいったが、その過渡期あたりのものから日本人はスタートした。

　普及のきっかけは仏教を広め、また、写経などをするためで、記念碑的な文書が聖徳太子によって記されたと伝えられる『法華義疏』である。

　さらに、聖武天皇や**光明皇后**は、写経を行う「写経所」も設立したし、光明皇后は『杜家立成』や王羲之作品の模写である『楽毅論』など見事な作品を残している。唐において王羲之が神聖化され、晋代の書法が主流だったのが日本に伝わった形だ。

　平安時代初期には、**嵯峨天皇**（光定戒牒）、**空海**（風信帖、灌頂歴名）、**橘逸勢**（伊都内親王願文）が、後世において「三筆」と呼ばれるようになる。

　やがて、カタカナに続き平仮名も発明されると、それに合った書法が求められたこともあり、流麗な書風が盛んとなったが、この時代を代表するのが**小野道風**（智証大師諡号勅書、屏風土代）、**藤原佐理**（離洛帖）、**藤原行成**（白楽天詩巻、白氏詩巻）の三蹟である。その家系は行成が建てた寺にちなみ世尊寺流と称され、書道の主流となった。

　平安時代末期は装飾写本が流行したが、『西本願寺本三十六人家集』はとくに立派で、藤原道子、藤原定実、藤原定信ら20人が分担している。

　室町時代になると、藤原行成以来の世尊寺流から法性寺流、青蓮院流、持明院流などが分かれて各流派が競うようになった。とくに宋の流儀も取り入れた**尊円法親王**（伏見天皇の子）による青蓮院流は、のちに「御家流」という流派となって日本書道の主流をなした。

　一方、鎌倉時代になると、禅宗様といわれるようになる宋代の書風が入ってきた。蘇軾、黄庭堅、米芾、張即之などに学び闊達でダイナミックなスタイルで、日本の書道のひとつの流れとなった。こうした中国書法による筆跡を書蹟という。

教養への扉　書院造の普及に伴って、書を床の間に飾って鑑賞することも盛んになったのも室町時代からのことである。

　彦根藩出身の日下部鳴鶴は「日本書道の父」と呼ばれ、六朝書道の独占的地位を固めた。もともと大久保利通側近の官吏だったが青山霊園にある「大久保公神道碑」は1字の大きさは5.5cm角で2919文字という大作で、近代日本書道の記念碑的作品である。

　江戸時代初期には、形式主義に飽き足らない寛永の三筆といわれる**近衛信尹**（源氏物語抄）、**本阿弥光悦**（蓮下絵和歌巻）、**松花堂昭乗**（長恨歌）などが活躍し、近代以前の書道文化の最後の花を咲かせた。

　他方、臨済宗や新しく伝わった黄檗派の禅僧によるものを墨跡という。宋だけでなく元や明の書風を取り入れたものである。鎖国によって、中国の墨跡を手に入れるのが難しくなるなかで、黄檗僧の隠元隆琦、木庵性瑫、即非如一らの書は大いに珍重された。

　日本人でも、北島雪山が唐様を確立し、細井広沢などの手で唐様が大いに普及した。池大雅も書家としてはこの流れに属する。

　ところが、明治になると、政府の文書担当部局は、唐様の人々が占拠するようなことになり、宮中府中の文書は唐様とされた。さらに、1880年に楊守敬が来日し、中林梧竹が留学し、ますます清の書風の影響が強くなった。彼らの書風を六朝書道といって中国の北魏などの系統のものをいい、南朝から唐の字体を晋唐書道という。

　とくに巻菱湖の欧陽詢風の明朗な書体は人気を集め、千蔭流の仮名を組み合わされて公文書に使われ、巻菱潭が習字教科書を執筆することで教育の場でも地位を固めた。

　日下部鳴鶴、中林梧竹、巖谷一六を明治の三筆ということがある。

　その後、茶道や華道と同じように各流派が成立し、展覧会や雑誌で競い合う風潮は現代に至るまで続いている。とくに日下部鳴鶴や西川春洞が教育者として実績を残した。

　戦後にあっては、日展に書道部門が創設され、また、前衛書道が市民権を得た。

　現代の書家については、平成以降に文化勲章を受章した大家ということでいえば、以下のとおりだ。**金子鷗亭**は日本語詩文の表現を重視することを提唱実践した。**青山杉雨**は清朝の書家のスタイルを取り入れたが、その弟子である河東純一が官房長官によって発表された平成、茂住修身が令和を揮毫したことでも知られる。**村上三島**は明末以降の流儀を取り入れた。**杉岡華邨**は王朝風の仮名文字を得意とする。**小林斗盦**は篆刻家でもある。**髙木聖鶴**も気品ある仮名文字で定評がある。

　近年の人気作家では、相田みつを、武田双雲、矢部澄翔、紫舟などもいる。

教養への扉　GHQに廃止させられた書道教育が、1951年に復活された。

日本史に残る神社100選①

八幡、伊勢、天神、稲荷……よく見る神社名の由来とは

日本各地の神社に祀られている神様は、明治以降に神様になったものも多いし、『記紀』に由来が書いているのもあるが、起源不明とか、異国に起源があるものもたくさんある。天神さまが典型だが、怨霊を恐れて罪人だったはずの人を神様にすることもある。

全国に八幡神社は4万社もあって、応神天皇（誉田別命）の神霊である八幡神、神功皇后、比売神（モデル不明）が八幡3神として祀る。清和源氏の氏神でもあるが、八幡神は、『記紀』などに登場せず、**宇佐八幡宮**（大分初詣1位）も九州のローカルな神社だった。

ところが、奈良時代の藤原広嗣の乱での戦勝祈願を機に「予言」がよく当たる神様とされ、大仏建立の守護神として招請され、藤原恵美押勝が新羅討伐計画のときにも祈願の対象とされた。道鏡事件では、和気清麻呂に「わが国は開闢このかた、君臣のこと定まれり。臣をもて君とする、いまだこれあらず。天つ日嗣は、必ず皇緒を立てよ。無道の人はよろしく早く掃除すべし」と神託を与えて権威が増し、応神天皇と同一視され始めた。

平安時代には、**石清水八幡宮**が山城国の八幡市に創建され、伊勢と並ぶ第2の宗廟となり、元寇でも霊験あらたかとされ軍神として信仰を集め、戦後も厄よけの神様だ。鎌倉の鶴岡八幡宮は源頼義の創建。

「古へ吾れは震旦国（中国）の霊神なりしが、いまは日域鎮守の大神なり」とかいう伝承もあれば、当地の豪族に新羅から渡来したものがいるから関係あるかもと想像力たくましい人もいるが、お告げがよく当たるというので人気が出て、源氏の氏神となったから広まっただけで、もともと外国に起源があっても、そんなことは誰も意識していなかった。

上記の八幡神社に次ぐ2番人気は、**伊勢神宮**（三重）の系列で天照大神が祭神、第3位は天神さまで**北野天満宮**と**太宰府天満宮**（福岡1位）、第4位は**伏見稲荷大社**（京都1位）だが秦氏系の神社で、稲作の神様として711年創建、東寺とともに発展した。宇迦之御魂神という伊弉諾の子ないし孫を祀っているが、漢族系の帰化人の秦氏との関係は後づけだ。さらに、出雲、春日、熊野というふうに続く。

春日大社（奈良1位）は藤原家の守護神で、天児屋命（藤原氏の祖神）とその妻・比売神、それに武甕槌命（茨城県**鹿島神宮**）、経津主命（千葉県**香取神宮**）の4神で後2者は大国主命のもとに下って国譲りを説得した神である。東国経営の過程で中臣氏が武甕槌命を活用したのだろうか。平安時代になって急に熊野詣が流行し始めたが、熊野本宮大社（和歌山県1位。熊野速玉大社、熊野那智大社とともに**熊野三山**という）の祭神も家都美御子大神というよくわからない神様で、浄土信仰と絡んで全国的な人気を得たらしい。

教養への扉 各地の神社の祭神も、天孫降臨の日向一宮・都農神社の祭神が、出雲の大己貴命（大国主命）であるくらいで、何か深い意味があると説明しようとすることは無意味だろう。歴史のどこかでよその神様がよさそうなので勧請しただけだ。カトリックの聖地でも、スペインのサンディエゴ・デ・コンテスポーラに聖ヤコブが、フランスのルールドに聖母マリアが現れた伝説があるが、古代ユダヤとこれらの地に縁があるわけであるまい。

日本史に残る神社100選②
1ページでわかる日本の有名神社

　まず、主な神様の総本社的なものを挙げ、次いで47都道府県の初詣1位（寺院の場合は主たる神社を最低ひとつは記載）、そして、それ以外の注目すべき神社という順だ。

　全国の神社の数で上位の八幡、伊勢、天神、稲荷、熊野、春日、鹿島、香取は、前項で説明したとおり。ほかでは、諏訪系では**諏訪大社**（長野）。祇園系では**八坂神社**（京都）。白山系では**白山比咩神社**（石川）。日吉系では**日吉大社**（滋賀）。火の神様の愛宕系では**愛宕神社**（京都）。琴平系では**金刀比羅宮**（香川1位）。えびす系では**西宮神社**（兵庫）。氷川系では**氷川神社**（埼玉1位）。浅間系では**富士山本宮浅間大社**（静岡）。東照宮系では**日光東照宮**（栃木）。ヤマトタケルを祀る大鳥系では堺の**大鳥大社**（大阪府）。水天宮系は**久留米水天宮**（福岡）。御嶽系は木曽の**御嶽神社**（長野）。秋葉系は**秋葉山本宮秋葉神社**（静岡）。貴船系では**貴船神社**（京都）。弥彦系は**弥彦神社**（新潟1位）。多賀系は**多賀大社**（滋賀1位）。厳島系では宮島の**厳島神社**（広島）。大山祇系では大三島の**大山祇神社**（愛媛）。宗像系は**宗像大社**（福岡）。猿田彦系は**椿大神社**（三重1位）である。

　上記以外の都道府県初詣1位は、北海道は開拓神を祀る**北海道神宮**。青森は**善知鳥神社**。岩手は**盛岡八幡宮**。宮城は**竹駒神社**。秋田は**太平山三吉神社**。山形は**護国神社**。福島は伊勢系の**開成山大神宮**。茨城は**笠間稲荷神社**。栃木は佐野厄よけ大師。群馬は達磨寺。千葉は成田山新勝寺。東京は**明治神宮**。神奈川は川崎大師。富山は**日枝神社**。石川は前田利家を祀る**尾山神社**。福井は九頭竜寺。山梨は武田信玄を祀る**武田神社**。長野は善光寺。岐阜は**伊奈波神社**。静岡は**三嶋大社**。愛知は草薙の剣を祀る**熱田神宮**。大阪は**住吉大社**。兵庫は**生田神社**。鳥取は**宇倍神社**。島根は出雲大社。岡山は**最上稲荷**。広島は**護国神社**。山口は**防府天満宮**。徳島は**大麻比古神社**。愛媛は石手寺。高知は**潮江天満宮**。佐賀は**佐嘉神社**。長崎は**諏訪神社**。熊本は**藤崎八旛宮**。宮崎は**宮崎神宮**。鹿児島は島津斉彬を祀る**照國神社**。沖縄は**護国神社**。

　そのほか、**塩竈神社**（宮城）、**出羽三山**（山形）、**二荒山神社**（栃木）、**貫前神社**（群馬）、**靖国神社**、**乃木神社**、**神田明神**、**日枝神社**、**松陰神社**（東京）、**鶴岡八幡宮**（神奈川）、**諏訪大社**（長野）、**氣比神宮**（福井）、**大神神社**、**石上神宮**、**大和神社**、**吉野水分神社子守宮**、**丹生川上神社**、**橿原神宮**、**吉野神宮**（奈良）、**近江神宮**、神仏習合で弁天さまとされていた竹生島の**都久夫須麻神社**（滋賀）、**平安神宮**（写真）、**松尾大社**、**上賀茂神社**、**下鴨神社**、**平野神社**、**梅宮神社**、**吉田神社**、**豊国神社**、**安倍晴明神社**、**白峯神社**（京都）、**水無瀬神宮**（大阪）、**伊弉諾神宮**（兵庫）、**吉備津彦神社**と**吉備津神社**（岡山）、**赤間神宮**（山口）、**香椎宮**、**筥崎宮**、**英彦山神宮**（福岡）、**阿蘇神社**（熊本）、**霧島神宮**（鹿児島）。

教養への扉　官幣大社としてほかに、安房神社（千葉）、建部大社（滋賀）、廣瀬大社、龍田大社（奈良）、枚岡神社、生國魂神社（大阪）、廣田神社（兵庫）、竈山神社、日前神宮・国懸神宮、丹生都比売神社（和歌山）、鹿児島神宮（鹿児島）、鵜戸神宮（宮崎）、さらに台湾神宮、樺太神社、朝鮮神宮、扶余神宮、関東神宮、南洋神社。

324
365

日本史に残る寺院100選①
宗派別に選んだ日本の有名寺院

　伝統仏教には13宗派という大括りがあるが、内部対立が激しく、有力寺院が勝手に独立して新宗派を設立するようになった。ここでは伝統的な枠組みで本山と見なされているところがどこかを見ていく（末寺数で30位までは載せた）。

　南都仏教では、法相宗（日本の開祖は玄奘の弟子である道昭）の本山は、薬師寺と興福寺である。華厳宗（良弁）は東大寺。律宗（鑑真）は唐招提寺（以上はすべて奈良）。

　天台宗（最澄）は延暦寺だが、寺門派は園城寺（三井寺）を本拠にする。中世にはこの両寺の対立が朝廷の最大の頭痛の種だった。真盛派は西教寺（いずれも滋賀）。

　真言宗（空海）は高野山の金剛峯寺（和歌山）と教王護国寺（東寺、京都）だが、智山派は智積院（京都）、豊山派は長谷寺（奈良）、醍醐派は醍醐寺（京都）、御室派は仁和寺（京都）、善通寺派は空海が生まれた善通寺（香川）が本山だ。

　浄土系の融通念仏宗（良忍）は大念仏寺（大阪）。浄土宗（法然）は知恩院（京都）だが、西山浄土宗は光明寺（京都）、西山禅林寺派は禅林寺（紅葉の名所・永観堂、京都）、西山深草派は誓願寺（京都）。浄土真宗（親鸞）は本願寺派が西本願寺、大谷派が東本願寺（京都）だが、高田派は津の専修寺（三重）、仏光寺派は仏光寺（京都）、興正派は興正寺（京都）、木辺派は錦織寺（滋賀）だ。時宗（一遍）は遊行寺（清浄光寺、神奈川県藤沢市）。

　禅宗では、臨済宗（栄西）はたくさんの派があるが、末寺が多い順では、妙心寺、南禅寺（ともに京都）、建長寺（神奈川）、大覚寺、東福寺（ともに京都）、円覚寺（鎌倉）、大徳寺（京都）。曹洞宗（道元）は、永平寺（福井）と総持寺（神奈川）。総持寺は能登国にあったが明治時代に鶴見に移転し、能登国は総持寺祖院と称している。黄檗宗（隠元）は万福寺（京都）。

　日蓮宗（日蓮）は、身延山久遠寺（山梨）だが、日蓮正宗は大石寺（静岡）、法華宗本門流は4本山制だが、いちばん有名なのは本能寺（京都）だ。本門佛立宗は宥清寺（京都）。

　天台宗や真言宗には皇族や摂関家から住職を迎えた門跡寺院があった。そのうち延暦寺、園城寺、興福寺、東大寺など大寺院の塔頭的なものを除くと、天台宗の山門派（延暦寺）では、青蓮院、三千院、妙法院（三十三間堂）、毘沙門堂、曼殊院（以上は京都）、日光山輪王寺（栃木）、寛永寺（東京）など。

　寺門派（園城寺）系では、聖護院、実相院、平等院（いずれも京都）など。真言宗では、上記の仁和寺や大覚寺などのほか随心院、勧修寺（京都）など。同じく、皇族などの女性が入る（比丘尼御所、尼門跡）こともあって、有名なところでは総国分尼寺だった法華寺、中宮寺（ともに奈良）、人形の寺として知られる宝鏡寺（京都）、瑞龍寺（村雲御所、滋賀）などがある。

教養への扉　100選にあっては、観光だけの視点でないため、文化財があるとか花がきれいだということだけでは選んでないので、少し観光視点の選択とは違うものになっている。

日本史に残る寺院100選②
地域別に選んだ日本の有名寺院

全国の寺院数は7万7206寺。京都市内には神社が800、寺院が1700ある。海外の旅行案内書には、1700ものパゴダがある町と紹介され、かつてはタバコ店より寺が多いといわれた。

千年の都だけあって京都の寺院は格式が高く、建築も仏具も庭も隅々まで磨き上げられている。前項で紹介したほかに、臨済宗系では**建仁寺**、**天龍寺**、**相国寺**といった五山の一角の巨刹（五山は時期によって変化）、それに**西芳寺（苔寺）**、**鹿苑寺（金閣寺）**、**慈照寺（銀閣寺）**、**龍安寺**、**高台寺**、**一休寺**といったおなじみの寺院。密教系では**鞍馬寺**、**神護寺**、**高山寺**、**二尊院**、**広隆寺**、**泉涌寺**、**法界寺**、**浄瑠璃寺**、**海住山寺**。浄土系では**法然院**（イラスト）、**金戒光明寺**、奈良仏教系では**清水寺**、**清凉寺**、**壬生寺**など。

奈良は南部では**法隆寺**、**飛鳥寺**、**當麻寺**、**室生寺**、**金峯山寺**、**安倍文殊院**、**矢田寺**、**岡寺**。北部の平城京周辺では、**元興寺**、**新薬師寺**、西大寺、般若寺、秋篠寺、帯解寺。

滋賀は**西明寺**、**金剛輪寺**、**百済寺**の湖東三山、**善水寺**、常楽寺、長寿寺の湖南三山は、いずれも天台宗寺院で国宝建築物も多く、紅葉の名所でもある。紅葉なら永源寺、教林坊、鶏足寺も名所だ。大阪は**四天王寺**、**観心寺**、葛井寺といったところ。和歌山は**青岸渡寺**、**根来寺**、道成寺、粉河寺。兵庫は**浄土寺**、鶴林寺、円教寺。

鳥取は投入堂のある**三佛寺**。島根は一畑寺。岡山は**最上稲荷山妙教寺**、広島は尾道の**浄土寺**。山口は萩の東光寺、山口の瑠璃光寺五重塔、長府の**功山寺**。四国は八十八箇所はまとめてひとつ。愛媛は松山の**石手寺**。福岡は久留米の梅林寺。長崎の中国風の崇福寺。熊本は加藤清正ゆかりの**本妙寺**。大分は国東半島の**富貴寺**に中津の羅漢寺。南九州が空白なのは明治初年の廃仏毀釈が徹底したためだ。

東日本では、青森は弘前の**最勝院**。岩手の**中尊寺**、毛越寺。秋田の蚶満寺。山形の**立石寺**。宮城の**瑞巌寺**。福島の白水阿弥陀堂。茨城の薬王院。群馬の達磨寺。千葉の**成田山新勝寺**、日蓮の真筆が多い**正中山法華経寺**、日蓮の誕生寺。埼玉の喜多院。東京は**浅草寺**、**増上寺**に**池上本門寺**、築地本願寺、柴又の帝釈天。神奈川は**川崎大師**、鎌倉では**報国寺**、**東慶寺**のミシュラン3つ星は解せないが、外国人にどうしたら受けるかのヒントにはなる。それに**鎌倉大仏**、杉本寺、長谷寺、明月院。新潟は新発田の長徳寺。富山は高岡の**瑞龍寺**の堂々とした伽藍は江戸時代の傑作、砺波の**瑞泉寺**は真宗王国にふさわしい。石川は**大乗寺**。福井は小浜の**明通寺**。山梨はぶどう寺ともいわれる**大善寺**。長野は**善光寺**に八角三重塔がある安楽寺。静岡は方広寺。愛知は豊川稲荷。岐阜は横蔵寺。

教養への扉 寺院で崇拝の対象とされるのは、基本的には、如来、菩薩、天、明王である。如来は悟りを得た人で釈迦、薬師、阿弥陀、大日、弥勒などがある。菩薩は悟りを得るために修行中の人で、観音、地蔵など、天は仏教に帰依した神々で信仰のために人々を守る護法に尽くすもので帝釈天、毘沙門天、弁天、大黒天など。明王は如来の教えに従わない者を救済するために現れるもので不動明王、愛染明王などだ。

　日本的な美しさの神髄は、箱庭的で四季折々の変化が豊かな自然と、人々の営みが仲よく共存しているところから生み出されたものである。そうした日本文化の粋が、都市の中心にたたずむ美しい城を生み出したといえるのでないか。

　東京にしても、1周5kmもあって深い緑に包まれた巨大な皇居が、世界最大級の都市の真ん中にあり、そこに世界最古の帝王がひっそりおわすのだから、外国人からすればずいぶん神秘的な光景であろう。

　城というのは、戦いのときに籠もるための施設として古くからあったが、それらは人里から離れたところにあった。政治の中心である都市の真ん中に城があるという城下町の出現は、戦国時代も終わりごろになってからのことであって、しかも、天下泰平の終焉とともにほぼ打ち止めになったから、わずか数十年の時期に集中しているのである。

　この空前の建設ブームの背景には、高い石垣を築き、深い水堀をめぐらせるといったことで、平地にも防御性の高い城を築くことを可能にした土木技術の進歩があった。城下町の建設ということでも、河川の合流地点や河口部などの低湿地に排水工事をして、都市建設をすることが可能になったのもこのころである。

　城の華というべきは天守閣である。現在、江戸時代以前から残っているのは12であって、そのうち5つが国宝に指定されている。**姫路城**（兵庫）、**犬山城**（愛知）、**松本城**（長野）、**彦根城**（滋賀）、**松江城**（島根）である。そのほか、**弘前城**（青森）、**丸岡城**（福井）、**高梁城**（岡山）、**丸亀城**（香川）、**松山城、宇和島城**（愛媛）、**高知城**（高知）である。

　太平洋戦争の前には、**名古屋城**（愛知）、**岡山城**（岡山、写真）、**広島城**（広島）、**和歌山城**（和歌山）、**大垣城**（岐阜）、**福山城**（広島）、**松前城**（北海道）のものも残っていた。そのうち、松前城は戦後の火災で焼失したが、それ以外は戦災で焼かれた。名古屋、岡山、広島は残っていたら国宝級だった。いずれも戦後復元された。

　城郭建築で国宝になっているのは、天守閣以外では**二条城**（京都）の二の丸御殿だけで、文化庁の関係者はお城ファンが少ないらしく国宝指定が寺社に比べても少ない。

　天守閣がなくなってしまったが、昭和になって鉄筋コンクリートなどで再建したものも多い。そのなかでデザインなどでかつての姿の復元といえるものをやや甘い基準で挙げると、上記のもののほか、**会津若松城**（福島）、**小田原城**（神奈川）、**新発田城**（新潟）、**掛川城**（木造、静岡）、**岡崎城**（愛知）、**岐阜城**（岐阜）、**大洲城**（木造、愛媛）、**熊本城**（熊本）、**島原城**（長崎）ということになる。

教養への扉　西洋では都市全体が厚い城壁に囲まれ、そのなかに豪奢な宮殿や高い尖塔を持つ教会があるが、日本の城下町では、高い石垣や深い堀に囲まれた城のまわりに都市がある。

　幕末にいくつ城があったかというと、私なりの基準で計算すると185である。幕末には**廃城**になっていたが、それなりの遺構があるもののなかから、100名城を選んで紹介する。

　大阪城は、昭和天皇の即位記念に市民たちの寄付で建てた。そのときに徳川時代の天守台（だい）の上に、豊臣時代のデザインをもとにしたものの黒い下見板張（したみいたば）りだったのを白壁に置き換えて建てたが名建築だ。**伏見城**（京都）は本丸跡が明治天皇伏見桃山（ももやま）御陵になっているので、城跡の別の場所に建てた。デザインは復元ではないが、桃山風で良心的。**今治城**（愛媛）と**小倉城**（福岡）はもとの城が飾りの破風（はふ）を伴わないものなので寂しかったらしく破風を加えて華やかにした。

　このほか、いちおう天守閣がもともとあったかどうかは別にして城跡に建っていて良心的なのは、**白石城**（宮城）、**白河城**（福島）、上山城（山形）、**忍城**（埼玉）、関宿城、久留里城、大多喜城、館山城（千葉）、**富山城**（富山）、大野城（福井）、浜松城（静岡）、郡上八幡城（岐阜）、**伊賀上野城**（石垣は全国最大級、三重）、**長浜城**（城下町が評判、滋賀）、福知山城（京都）、洲本城、**尼崎城**（兵庫）、岩国城（山口）、**唐津城**（建築、立地ともに美しい、佐賀）、**平戸城**（長崎）、**中津城**（萩城のデザイン、大分）、**杵築城**（勘定場（かんじょうば）の坂の風景、大分）といったところだ。もともと何もなかったところに建っているものも多いが、熱海城（静岡）、勝山城（福井）、お菓子の壽城（米子城を復元、鳥取）、清洲城（もとの城とは無関係な場所、愛知）などは堂々たるものである。

　それ以外は幕末に城だったところで、それなりに良好に石垣などが保存されて、場合によっては建物もあるのは、**五稜郭**（北海道）、**盛岡城**（岩手）、秋田城（秋田）、**仙台城**（宮城）、**山形城、鶴岡城、米沢城**（山形）、**水戸城**、土浦城（茨城）、**宇都宮城**（栃木）、**前橋城**（群馬）、**川越城**（埼玉）、**江戸城**（皇居、東京）、小諸城、**上田城、松代城**（長野）、**高田城**（新潟）、**甲府城**（山梨）、**金沢城**（石川）、**福井城、小浜城**（福井）、**苗木城、岩村城**（岐阜）、**駿府城**、田中城（静岡）、吉田城（愛知）、**津城**（三重）、膳所城、**八幡山城**（はちまんやまじょう）（滋賀）、**淀城**、福知山城、舞鶴城（京都）、郡山城、**高取城**（奈良）、**竹田城**（天空の城として知られる）、**篠山城、明石城**、出石城、**赤穂城**（兵庫）、**鳥取城、米子城**（鳥取）、**津山城**（岡山）、**津和野城**（島根県）、**萩城**（石垣と城下町は良好）、山口城（山口）、**徳島城**（徳島）、**高松城**（香川）、**福岡城、久留米城、柳河城**（福岡）、**佐賀城**（佐賀）、福江城、厳原城（長崎）、八代城、人吉城（熊本）、**府内城**、佐伯城、臼杵城、岡城（大分）、延岡城、**飫肥城**（宮崎）、**鹿児島城**（鹿児島）だ。

　幕末に廃城されていたところで遺構があるのは、近世的な城では、**安土城**（石垣は非常に良好、滋賀）、**名護屋城**（佐賀）、それにすでに挙げた伏見城あたり。戦国時代的な城では、六角氏の**観音寺城**、浅井氏の**小谷城**（以上は滋賀）、上杉氏の**春日山城**（新潟）、毛利氏の郡山城（広島）、中世的な守護の館としては**躑躅ヶ崎城**（山梨）、**一乗谷城**（福井）など。

教養への扉　沖縄の城（グスク）は本土の城とはコンセプトが違うが、世界遺産に一括して指定されているのは、首里、今帰仁、座喜味、勝連、中城の5つの城跡である。

日本史に残る風景100選①
死ぬまでに行きたい「新日本百景」・東日本編

『新日本百景』としては、1958年の『週刊読売』の読者投票のものがよく知られるが、ここでは外国人と日本人の両方を同じ程度に比重を置いて一生のうちに訪れておくべき場所を選んでみよう。

　北海道からは、『札幌と雪まつり』はまさに北の都。『摩周湖と釧路湿原』は神秘的で壮絶な強い自然の力を感じさせる。「旭山動物園と美瑛」「富良野」は、北海道らしい風景の典型。「知床半島」は自然と生き物たちの楽園。「小樽とニセコ」はレトロな町並みと世界的なリゾート。「函館の夜景」は日本3大夜景。サミットが開催された「洞爺湖」もある。

　「青森とねぶた祭り」だが、ねぶたの類似のものとして弘前のねぷたと五所川原の立佞武多がある。縄文遺跡の三内丸山遺跡も。『十和田湖と奥入瀬渓谷』は、湖は秋田との県境にあり、そこから流れ出す渓谷の紅葉はすばらしい。奥州藤原氏3代の栄華のあとが『平泉と中尊寺金色堂』。「三陸海岸」は典型的なリアス海岸。東日本大震災の爪痕が生々しい。

　「仙台と松島」では、七夕祭りと日本3景のひとつの風景が楽しめる。伊達政宗が残した瑞巌寺なども見どころ。「修験道の聖地・羽黒山」の白木造の五重塔と山伏たちの姿が印象的。「会津若松と磐梯山」では、テーマパークとしてよく整備された城下町と荒々しい山容、そして裏磐梯の湖が美しい。「角館とかまくら」は東北の小京都と雪国の風情。

　東京は、『皇居と首都・東京』と「浅草寺と東京の下町」に分けておく。いずれもお金をかけて磨き上げられている。「横浜と三渓園」の港とその周辺の風景、関西から移築した建築がある三渓園も東京近辺で伝統風景を楽しむなら悪くない。「鎌倉」では大仏のほか鶴岡八幡宮など。『日光と華厳の滝』の東照宮の派手さは否定すべき悪趣味ではない。「尾瀬沼」は群馬県と福島県にまたがる貴重な湿原。「浅間山と草津温泉」は火山と温泉が両方楽しめる。「東京ディズニーランドとディズニーシー」は説明の必要はなかろう。

　『富士山と三保の松原』と『富士五湖』は静岡県側と山梨県側で分けた。河口湖に近い久保田一竹美術館はミシュラン3つ星。甲州盆地の夜景も人気。信州では、「北アルプス」『松本城と上高地』「軽井沢と信州の避暑地」「長野市と地獄谷野猿公苑」も説明の必要はなかろう。「中山道の宿場町」は長野の妻籠宿、岐阜の馬籠宿から滋賀県の草津本陣まで。「伊豆半島」は温泉と穏やかな自然に海の幸。「箱根」は旧街道も魅力。

　「新潟港と佐渡」で新潟港の夜景は秀逸。『立山連峰と黒部ダム』は日本を代表する山岳風景。「金沢と兼六園」は北陸新幹線開通で外国人観光客も増えた。「能登半島と棚田」は半島の魅力のすべてが凝縮。「永平寺」は禅の魅力を体感できる。「勝山と恐竜博物館」は子どもたちに大人気。『白川郷と五箇山の合掌造』『飛騨高山の町並みと曳山祭』は古き日本を感じさせる超一級の環境が保たれている。「名古屋城と金の鯱」は、本丸御殿も復元されて観光価値上昇。「犬山城と明治村」もおすすめ。『伊勢神宮と志摩半島』はサミット会場ともなって世界的知名度も上昇。

教養への扉　だいたい都市とその郊外というのを単位にしてみた。太字のものが100選である。『　』がついているものは、そのなかでも上位クラスで全部で25ある。

　最近の傾向としては外国人観光客の増加、インスタ映えといった映像にしたときの印象重視、ネットでの評判がものをいうので評価の上がり下がりが早いといったところか。

　京都はきりがないので『千年の都・京都』で一括する。世界でこれほど多彩で密度の濃い都市はなく、世界を代表する観光都市として評価を確立。『アジアで人気の大阪とUFJ』としたが、大阪が世界的観光地になるとは少し前まで想像できず、「かつての国際都市・神戸と南京町」の文化程度の高さは相変わらずだが、外国人観光客には見向きもされない。『大唐帝国を偲ばせる奈良』は努力が実ってようやく真価を発揮し始めた。

　「彦根城と城下町」は日本で最高の城下町、「竹生島と湖北の紅葉」は自然と歴史的景観のバランス良好。「伊賀・甲賀とMIHO MUSEUM」は忍者と陶器とミシュラン3つ星美術館。『近江の天台宗寺院』は緑のなかの国宝群。「安土城と近江八幡」「石山寺と瀬田の唐橋」『宇治と源氏物語』「天橋立と伊根の舟屋」『法隆寺と飛鳥』『吉野山と関西の桜』は説明するまでもない。『那智と熊野街道』「高野山」「仁徳天皇陵と古墳群」もいいが、「白浜のパンダ」はもっと日本人は見に行くべきだ。『姫路城』は城だけなら日本一。

　「明石大橋と淡路島」から四国に渡る『鳴門の渦潮と大塚国際美術館』。ヨーロッパに旅行に行く前や行ったあとにここに行くと知識の深まりが半端ではない。「阿波踊りと吉野川」が徳島名物だが、祖谷では平家落人伝説を実感できる。「高知」は龍馬の町。「土佐の海岸と四万十川」は手つかずの自然の魅力。「高松と瀬戸大橋」はアートで知られる直島と讃岐うどんも魅力。そして、「四国八十八箇所と金毘羅」「松山城と道後温泉」。

　但馬から境港までの「山陰海岸と鳥取砂丘」「松江と大山」「出雲大社と石見銀山」と山陰の可能性は非常に大きい。「岡山藩の遺産」では後楽園に閑谷学校がある。「倉敷」は大原美術館に水島コンビナート。「尾道からしまなみ街道」はサイクリングも人気。『平和都市・広島』はいまや知名度も抜群。外国人観光客に一番人気の『宮島と岩国錦帯橋』はワンセットが便利だ。「萩とその周辺」では元乃隅神社の鳥居と角島大橋も人気。大内氏の「山口と秋芳洞」、そして津和野まではSLで。「関門海峡」を挟むのは下関と門司。

　令和で話題になったのが「大宰府と福岡」。「有田と唐津」では竜宮城のような唐津城と名護屋城跡。「佐世保とハウステンボス」『長崎と雲仙』、弥生遺跡の「吉野ヶ里と水郷・柳川」も近い。「熊本城」は地震で壊れたが再建中。『阿蘇からやまなみハイウェイで別府』の周辺は黒川や湯布院など温泉が多い。「宇佐八幡神宮と耶馬溪」は近い。「宮崎」は南国ムードでかつて新婚旅行で人気。「鹿児島市と桜島」は高い確率で噴火に出会う。薩摩半島南端の「開聞岳から知覧」「屋久島と縄文杉」。沖縄では「那覇市と南部戦跡」。「恩納リゾートと美ら海水族館」の近くには嘉手納基地があって隠れた人気。離島では石垣島や竹富島、西表島を含む『八重山諸島』が古くから人気。

教養への扉　選外の重要地域で福岡県の神秘の島である★「沖ノ島」、秋田・青森県境の世界遺産・★「白神山地」、★「小笠原」などは一般人の旅行が難しいので省いた（★は100選に含む）。

インバウンドによる外国人観光客が増加し、日本人に人気の観光地と外国人の好みの違いが際立っている。外国人の行動範囲が偏っているからでもあるが、それだけではない。

有名観光地で外国人にも人気は、広島県の宮島、京都の三十三間堂、金閣寺、清水寺、奈良の東大寺、奈良公園、日光東照宮、富士山、姫路城、松本城などで当然だろう。

宮島人気に引っ張られた形で、広島の原爆資料館、縮景園、山口県の**元乃隅神社**（写真）、それに香川県の**直島**、小豆島、栗林公園、鳴門の渦潮、**大塚国際美術館**、淡路島など瀬戸内海の人気も高まっている。

京都では、**稲荷大社**が断トツの人気で、嵐山の竹林、永観堂、錦市場から京都駅ビル、京都鉄道博物館、嵐山モンキーパークいわたやまあたりも人気。逆に京都御所などの人気はもうひとつ。苔寺、銀閣寺、大徳寺、京都国立博物館、桂離宮などもミシュランの3つ星であるが、ヨーロッパ人はともかく、中国人などにはもうひとつ受けがよくない。

全般的に国宝などが多い寺社は、工夫が足りない。とくに近くに来てだんだん期待が膨らむような演出がないとダメだと思う。逆に、修学院離宮が2つ星で文化財的価値がない**新宿御苑**や**明治神宮**が3つ星という現実を厳しく反省すべきだと思う。

東京では東京都庁、国際フォーラムも人気が高く、ミシュランでも3つ星だ。浅草寺、豪徳寺、六本木ヒルズ、渋谷、歌舞伎町なども好評。郊外では、**鎌倉報国寺（竹寺）**、**東慶寺**、高尾山などが意外な人気。東京ディズニーランド、ディズニーシーは当然。

大阪は関西空港から便利で、なんばCITY、**黒門市場**、心斎橋、**道頓堀**といったように狭い地域にコンパクトにまとまっているのも人気の理由。大阪城は展示内容の水準の高さも含めて人気。海遊館、**梅田スカイビル空中庭園展望台**なども。

外国人には地方の美術館、博物館に人気のものがある。ミシュランが3つ星をつけているなかには、滋賀県の**MIHO MUSEUM**、山梨県の**久保田一竹美術館**、飛驒高山美術館もあるし、箱根彫刻の森美術館、**金沢人形ミュージアム**も人気。飛驒高山や白川郷も好評。

長野県では**地獄谷野猿公園**。富士山を望む風景としては、富士吉田市の**新倉山浅間公園**「**忠霊塔**」が桜と五重塔と富士山の組み合わせで知られる。

中国人には北海道が大人気。どこの観光スポットというより、どこにでも出没。**ニセコ**は中国人憧れのスキーリゾートになった。沖縄でも**美ら海水族館**や珊瑚礁が中国で人気だし、新潟県の**妙高市**も同様だ。

教養への扉 関西の桜や紅葉も人気。既存の花見の名所にこだわらずに、ネットで情報を交換して知名度に頼らず実質的に優れた景観を見つけ出している。サムライ剣舞シアター（京都）、マジックバーフレンチドロップ、RORコメディー（大阪）といったミニシアターも人気ランキングに入っている。

歴史ファンのための旅行案内。このうち庭園と橋については、現代のものを含めて選んだ。最近、全国各地にインスタ映えする美しい橋が続々登場。

◎旧石器・縄文。弥生の遺跡20選

三内丸山（縄文、青森）、亀ヶ岡（縄文、青森）、上高森（捏造された最古旧石器人、宮城）、岩宿（群馬、最初に発見された旧石器）、大森貝塚（縄文、東京）、長者ヶ原（縄文の翡翠産地、長野）、和田峠（黒耀石産地、縄文、長野）、登呂（弥生、静岡）、大岩山（最大銅鐸、弥生、滋賀）、纏向（弥生、奈良）、池上・曽根（弥生、大阪）、荒神谷、加茂岩倉（銅鐸と銅剣、弥生、島根）、土井ヶ浜（人骨発見、弥生、山口）、吉野ヶ里（弥生、佐賀）、平原（伊都国、弥生、福岡）、板付（最古級の水田、福岡）、原の辻（一支国、弥生、長崎）、上野原（火山噴火で埋没、縄文、鹿児島）、港川（旧石器人骨、沖縄）。

◎歴史的町並み20選

角館（秋田）、大内宿（福島）、川越（埼玉）、金沢（石川）、中山道（長野）、高山（岐阜）、白川郷と五箇山（岐阜、富山）、坂本の里坊、八幡堀、長浜黒壁（滋賀）、清水寺の産寧坂と祇園、上賀茂神社の社家（京都）、北野異人館（兵庫）、今井寺内町（奈良）、津和野（島根）、倉敷（岡山）、萩（山口）、杵築（大分）、知覧（鹿児島）、竹富島（沖縄）。

◎歴史景観に映える花と紅葉20選

弘前城の桜（青森）、偕楽園の梅（茨城）、千鳥ヶ淵の桜、外苑絵画館前の銀杏並木（東京）、明月院の紫陽花（神奈川）、長等の桜、湖東三山と日吉大社など近江の紅葉（滋賀）、平安神宮・醍醐・御室など京都の桜、嵯峨野竹林の道、太田神社の杜、永観堂、東福寺・二尊院・高雄など京都の紅葉、東林院の沙羅双樹、城南宮の藤、三室戸寺のツツジと蓮と紫陽花、長岡天満宮のツツジ（京都）、吉野の桜、談山神社の紅葉、矢田寺の紫陽花（奈良）、姫路城の桜（兵庫）。

◎日本の橋20選

鶴の舞橋（青森）、皇居・二重橋（東京）、猿橋（山梨）、萬代橋（新潟）、夢の吊橋（静岡）、瀬田の唐橋、日吉三橋（滋賀）、通天橋、嵐山・渡月橋、宇治橋（京都）、錦帯橋、角島大橋（山口）、明石大橋（兵庫）、瀬戸大橋（香川、岡山）、祖谷かずら橋（徳島）、西海橋、眼鏡橋（長崎）、通潤橋（熊本）、九重"夢"大吊橋（大分）、伊良部大橋など宮古の橋群（沖縄）。

◎日本の庭園20選

桂離宮、修学院離宮、仙洞御所、無鄰菴、野村別邸、大仙院書院、天龍寺、金閣寺、龍安寺方丈、銀閣寺、西芳寺、三宝院（京都）、六義園、旧古河庭園（東京）、兼六園（石川）、鎌倉報国寺（神奈川）、足立美術館（島根）、後楽園（岡山）、広島平和記念公園（広島）、栗林公園（香川）。

教養への扉　庭園はいわゆる公園は対象としていない。また、旅館や個人邸宅も省いた。

日本人と宗教①
本当は日本の人口より多い宗教団体の信者数

NHK放送文化研究所では、10年ごとに日本人の宗教意識について調査をしているが、2018年の調査では、仏教が36％、神道が3％、キリスト教が1％で、信仰している宗教はない、が62％だった。これは10年前とほとんど変わらない。

ただ、傾向として信仰心は薄くなり、神仏を拝む頻度は減り、「お天道様が見ている」「自然に宿る神」といった感覚は後退している。

一方、宗教団体の自称信者数は、①神社本庁、②幸福の科学、③創価学会、④浄土真宗本願寺派、⑤浄土宗だそうだ（『週刊ダイヤモンド』による2009年聞き取り調査）。上位2者はあまり意味がないと思うが、③は実数から極端には乖離せず、④は檀家の人数という意味だろうか。

宗教施設の数では、神社も寺院も約8万ずつあるが、主要コンビニ3社の店舗数が5万店だから、それより多い。

神道は動植物や自然地形とか現象にも神の存在を見るアニミズムで、中国の道教など世界各地にあるものと根本では変わらない。仏教はもともと絶対的な存在への服従を説くのでなく、生活実践上の教えが中心である。

物部氏らが仏教を排斥したのは外来の神だからで、教義上の問題ではなかった。それでも中国では道教と仏教は併存しただけだが、日本では「日本古来の神々は仏教の仏菩薩がわが国の衆生を救うために出現した姿」だという「本地垂迹説」を生んだ。

こうして「神仏混淆」「神仏習合」が一般化したが、日蓮宗と浄土真宗では完全に排斥したわけでないものの、かなり否定的だった。また、日蓮宗はほかの宗派に対して批判的な姿勢を明確にした。

やはり中国から伝来した儒教が「宗教」であるかどうかは議論があるが、「宗教」でないとはいえない。とくに沖縄におけるように先祖を祀る祭祀を仰々しくやるなら、仏教が宗教で、儒教はそうでないということは難しい。

〈「天」の「命」を尊ぶこと、祖先から子孫へと受け継がれる命の連続を尊ぶこと、儀礼によって聖性を付与された秩序を尊ぶことなどに宗教性を見る立場がある。また、東アジアでは「道」という言葉が西洋由来の「宗教」にあたる言葉だと考えられる。17〜18世紀の日本人にとっては、仏教も儒教も人に「道」を教えるものであった〉と宗教学者の島薗進はいう（nippon.com『日本人と宗教—「無宗教」と「宗教のようなもの」』）。また、その意味で、武道とか茶道なども濃厚に宗教に近い要素がある。

江戸時代には、仏教各派は埋葬や先祖供養を公的に行う存在になって檀家制度ができて信者は固定化され、布教の自由もなくなった。

教養への扉 道教は日本には入ってこなかったが、陰陽五行説が伝わった陰陽師・安倍清明も出現して占いや呪術として発展し、戦国時代からは、易の流行もあって現在でも広く人々に影響を与えている。風水術も近年は盛んだが、平安時代まで遡って影響を論じるのは行きすぎだ。

日本人と宗教②
「葬式仏教」の虚をついて躍進した新宗教

日本人の多くが神社で初参りをし、キリスト教の結婚式をし、仏教で葬式をする。キリスト教も世界観などと関係なく、仏教と同じく生活実践上の規範と受け取ってのことであろう。

明治になって神道のほうからこの関係を絶ったが、それでも互いに強く排除するものではなかったし、キリスト教が自由化されて入ってきても、多くのキリスト教徒は神社に詣で、仏教の墓に入るのであって、これでは儒教と同じような役割だ。

一方、幕末以降に結成された新宗教は、葬式仏教化した既成仏教が失った宗教らしい性格を持つもので、教祖さまもいる。まず、天理教（江戸末期）、黒住教（1814年）、金光教（1859年）など主に神道系の諸宗教があり、昭和初期ごろには大本教、生長の家などが生まれた。いずれも、都市化が比較的に進んだ関西や瀬戸内などの社会的状況が生んだ宗教だといえよう。

日蓮宗系の霊友会は1920年に創立され、法華経の先祖供養を重視し、先祖の成仏が子孫の幸福に深く関わっているという考えで、そこから、立正佼成会などいくつもの団体が分派している。

日蓮正宗の信徒団体から発展したのが創価学会である。「創価」とは価値創造を意味し、その価値の中心は「生命の尊厳」の確立に基づく「万人の幸福」と「世界平和」の実現を目標とする。〈仏法の実践を通して各人が人間革命を成就し、真の幸福境涯を確立するとともに、生命の尊厳を説く仏法哲理を基調として、豊かな文化、人間性あふれる教育の創造を推進し、人類社会の向上に貢献することを目的としています〉と説明されている。

教育活動が出発点であり、教育問題の重視と平和探求を特色とし、海外での布教にも成功している。会員同士の助け合いが農村共同体から離脱した都市住民など庶民をメインターゲットにしたことで実質的に日本最大の教団となり、また、ヨーロッパでの教会とキリスト教民主主義政党に似た関係を持つことで公明党を成立させた。他宗派に対する厳しい攻撃が反発を招くことがあるが、これは日蓮宗系の一般的な特徴というべきであろう。

幸福の科学、阿含宗、エホバの証人など1970年以降に成長した「新新宗教」はメディア戦略で成功し、インテリ層に強いが、生活のリアルな苦悩より虚しさや生きがいの欠如に対する回答を求める。幸福の科学は1986年に設立され、イエス・キリストや孔子などの偉人、宗教家が教祖の口を通じて語ると称しているのは、その象徴といえよう。

キリスト教の信者は、カトリックが44万人、プロテスタント各派を入れても全体で人口の1%とされる。

教養への扉 寺院数が1000を超える宗派は、①曹洞宗の1万4604を筆頭に、②浄土真宗本願寺派、③真宗大谷派、④浄土宗、⑤日蓮宗、⑥高野山真言宗、⑦臨済宗妙心寺派、⑧天台宗、⑨真言宗智山派、⑩真言宗豊山派、⑪真言宗醍醐派である。

明治初期の人口は約3300万人で、それが現在では約1億2000万人となり、急激に減少に転じている。

人口調査らしきものが初めて行われた奈良時代には、日本の人口は600万人あまりだった（良民550万人）。それ以前は、考古学的推計になるが、縄文時代の初期で2万人。縄文時代の中期の最盛期には20万人以上で人口の中心は東北である。

しかし、氷河ではないが、小さな寒冷期が来た縄文晩期には数万人だったと見られ、とくに西日本はひとつの県に数百人くらいしかいなかったようだ。そこに稲作技術が来たら、とくに中国江南地方の移民が小規模でもやってきたら、北九州には稲作適地はいくらでもあったから、爆発的に人口が増加したことは容易に想像できる。

もちろん、それは征服民族としてきたわけではないので、何回もの小さな波の繰り返しで、比較的大きい波のひとつがいわゆる弥生時代の始まりだ。また、国内でもなだらかに広まったのでなく、九州から畿内に到達するのに1世紀以上もかかったりしているし、いったん広まったのち後退したりもしている。

有史以降も、沖縄では平安時代に南九州から移民の波があって農業が盛んになったことがわかっているし、東北開発にもいくつかの転換点があるのは明らかだ。

その後は漸増して、戦国時代が終わるころには1200万人以上。さらに戦国時代に水攻めなどで象徴されるように軍事土木が進歩していたのが江戸時代に農業などにも適用されて新田開発が進み、8代将軍・吉宗のころには2500万人を超した。

太閤検地と明治初年の石高上位10国は、太閤検地のときは陸奥国、近江国、武蔵国、尾張国、伊勢国、美濃国、常陸国、越前国、上野国、大和国であるが、1872年には陸奥国、出羽国、武蔵国、越後国、常陸国、越中国、近江国、肥後国、信濃国、尾張国と様変わりしている。

近江国や尾張国のような土木先進地域では、江戸時代にほとんど石高が増えていないのに、日本海側など数倍になったところもあるわけで、越後国は14位から4位、39万石から115万石に急増だ。濃尾地方出身の大名が来て低湿地の水田化に成功したからだ。

地域の盛衰を示しているのが、人口重心の移動だ。日本の人口の2等分線ということになると、だいたい浜松と直江津あたりを結ぶ線だが、九州などの人口密度が高く北海道は低いので、加重平均を出すと、2010年の国勢調査では日本の人口重心は、岐阜県関市である。明治時代から戦争直後までは北東に進んだが、戦後は東南に移動している。

教養への扉 人口重心の変化を歴史的に見ると、縄文早期は南アルプスあたり、縄文前期は群馬県東南部、中期は妙義山あたり、後期は長野県佐久地方あたりの群馬県境、縄文晩期は長野県下水内郡付近、弥生時代は滋賀県の大津付近、奈良時代は京都市西部、平安時代前期は琵琶湖東岸、平安末期は伊吹山を超えて岐阜県内、戦国時代末期は滋賀県に戻り、江戸時代前期は東に移動したが、後期は西に戻り、幕末は琵琶湖の西岸の高島市（拙著『「東京集中」が日本を滅ぼす』講談社、鬼頭宏『図説 人口で見る日本史』PHP研究所などによる）。

日本の災害20
坂本龍馬も遭遇していた南海トラフ地震

　日本列島は火山活動がまだ活発で造山活動も盛んであり、また台風の通り道にあるために、地震、火山噴火、台風が世界でも深刻な被害を及ぼす。さらに、疫病も島国なので普段は安全だが、いったん流行が始まるとそれまで免疫が少ないだけに深刻な結果をもたらす。稲のモノカルチャーであることが冷害や干魃を深刻化させる。

　日本列島に人類が住み始めてから最大の火山噴火は、旧石器時代の2万9000年前の**始良カルデラ噴火**で、鹿児島湾北部全体が火口となり、関東でも10cmの降灰があった。桜島はその派生物だ。次いで、縄文時代の6000年ほど前には、大隅半島沖合で**鬼界カルデラが噴火**し、南九州は火砕流に呑み込まれ、琵琶湖でも数cmの降灰があった。

　富士山は富士五湖や青木ヶ原の樹海を今日のような姿にした**貞観噴火**と、宝永山から噴火して江戸にも降灰があった**宝永噴火**がよく知られている。1783年の浅間山噴火は天明の飢饉の一因となり、1792年の**島原大変肥後迷惑**といわれる雲仙普賢岳の噴火では津波も含めて1万5000人の死者を出した。明治になってからでは1888年の磐梯山、1914年の桜島噴火がよく知られている。

　いわゆる南海トラフ地震と津波は天武天皇の時代に記録があって以来、1世紀ごとに起きているが、とくに1498年の**明応地震**では浜名湖が海とつながり、津が遠浅になった。前々回は安政地震で水戸学者の藤田東湖らが圧死し、高知の下町が浸水して坂本龍馬が遭遇した。前回は1946年。

　東日本大震災（2011年）とよく似た地震と津波は**貞観地震**があって多賀城などが大きな被害を受けた。三陸地方では津波が多く、1896年の**明治三陸地震**のほか、南米を震源地とする1960年のチリ地震津波でも多数の死者が出た。

　関東地方では数十年に一度、大地震に見舞われているが、とくに1923年の**関東大震災**は火災がひどく10万人を超す死者があった。また、断層型の直下地震は頻繁に起きているが、1596年の**慶長伏見地震**、1891年の濃尾地震や1995年の**阪神・淡路大震災**は人口密集地だけに大きな被害を出した。

　地震以外を原因とする火災では、1647年からの**応仁の乱による火災**、1657年の江戸における**明暦大火**、1788年に京都の市街地をほとんど焼いた**団栗焼け**、第2次世界大戦における空襲によって各地で起きた火災等が知られる。

　疫病では奈良時代に藤原4兄弟が死んだ**天平の疱瘡（天然痘）流行**や、日本人の4割が感染し、39万人が亡くなった1918年の**スペイン風邪**などがある。コレラは開国後にたびたび流行したが、1910年からのものはとくに深刻だった。

教養への扉　飢饉としては平家と木曽義仲を滅ぼした★寛喜の飢饉（長雨、鼠など）、干魃と虫害による★享保の飢饉、東北で膨大な餓死者を出した★天明の飢饉（1782〜1788年）などが著名である（★は20に含む）。

日本の食と平均寿命の歴史
バブルの時代から本国の次においしい海外料理が登場

すっかり長寿国のイメージが定着した日本だが、江戸時代に鎖国のために世界的な経済や科学の発展から取り残されて以来、日本の平均寿命は欧米より数年ほど短かった。

それが1960年代の前半にアメリカ、後半にイギリスやフランスを抜き、1980年代に北欧より高くなった。もともと健康維持に熱心といった素地はあっただろうが、国民皆保険が1961年に開始されたことが大きい。東洋医学を評価する人もいるが、東洋医学が衰退するとともに寿命は延びている。

和風の食生活に長寿の原因を求めるのも、平均寿命の推移を見れば、食生活の洋風化とともに平均寿命は延びてきた。地域比較でも、伝統的な和食が主体の地方の平均寿命が長いという相関性はない。男性首位の滋賀県は、牛肉、菓子パン、バターの消費金額が2位で洋食化が日本でいちばん進んだ地域だ。肉食偏重の欧米人は、日本食を取り入れると健康によいが、糖尿病が多い日本人は、ご飯を控えて肉を食べるのが正解なのだ。

東南アジアから日本までの稲作地帯の料理は、ご飯を主食にする。牛や羊は米作地帯では大規模な牧畜が不可能なので共通して少ないが豚や鶏は多い。日本にも豚が渡来したらしいのだが、日本でだけ僧たちにより排除され、やがて野生動物も嫌われて食べなくなり鶏も少なくなった。理由は謎である。

しかも、64項でも書いたが、年貢の対象が米だったことから、為政者は米以外の栽培を嫌った。江戸時代の日本人は、米の生産が人口ひとり平均で1石なので、庶民でも5合程度のご飯を貧弱な副食物と食べていた。玄米でなら栄養バランスは極端には悪くない。貧しい地域では「かて飯」といって稗など雑穀、芋がら、サツマイモや野菜を混ぜていたが、庶民はみんなそうだったなら、米の生産と人口からして計算が合わない。

煮豆、切り干し大根、漬け物、野菜などが入った味噌汁とかで、たまに地域によって違うが魚介類がごちそうだったくらいだ。今日の食事へのいい影響かもしれないのは、食材が貧弱だったのを補うために「だし」という知恵が生じたことくらい。また、江戸では白いご飯を庶民も食べていたが、脚気になる人が多く江戸の風土病と間違われた。

明治になって中華料理や西洋料理が入ってきたが、ご飯が主食という基本には影響せず、西洋料理がカレーライスや揚げ物などご飯に合うものに変容して「洋食」が生まれた。中華料理も、本来の水餃子でなく焼き餃子に変化したのもご飯に合うからだ。パンといっても、ご飯の代わりになるようなタイプのパンが好まれた。

その日本人の食が大変化したのはバブルのころで、海外経験がある日本人が増えたこともあって本場物のフランス料理やエスニックも受け入れられるようになり、いまや日本は世界で本国の次においしいフランス料理（写真）やイタリア料理が食べられる国になった。

教養への扉 『料理の鉄人』（フジテレビ）の放送と『ミシュラン・ガイド』の登場は、老舗などブランド偏重の日本の料理界に競争原理を持ち込み、日本の食は飛躍的においしくなった。

中国では騎馬民族に征服されて馬に乗って弓などが使いやすいズボンと短い袖の中国服になっていったが、その前は和服に似た服装で「漢服」と呼ばれて最近復興している。

時代劇に出てくる侍というと、チョンマゲ、羽織袴、大小の刀といった姿が目に浮かぶ。『忠臣蔵』に出てくる浅野内匠頭のような、烏帽子を着けて、手も隠れてしまう大きな袖と、踏んづけてひっくり返りそうな長い袴をはき、短刀だけを差した姿は江戸城の殿中で行われる式典のときだけの例外だ。

江戸時代の侍の髪型をチョンマゲというのは、髷の形が「ゝ」の字に似ているからついた俗称で、明治以降に旧弊に対する揶揄を込めていったものだ。

チョンマゲが一般化したのは、戦国時代のことである。それ以前は、男性の頭の上には烏帽子が載っていて、風呂に入るときすら着けていた。ところが、武士は戦場では鎧兜を着けるが、兜のなかが蒸れる。そこで、月代を剃るのが流行った。月代はだんだん大きくなり、頭全体の3分の2以上にもなり、烏帽子を着けるという習慣は廃れた。

そして、明治4年7月14日（新暦1871年8月29日）の廃藩置県の翌月の8月9日（同9月23日）になって断髪令が出た。朝鮮では断髪令で政府が倒れたが、日本ではそこまでではなかった。

武士の正装、現代でいえばスーツ姿にあたるのは、肩衣、半袴、つまり裃であった。さらに、ここに大小の刀を着けた。窮屈で動きにくく、姿勢がよくないとさまにならなかった。シルクハットのイギリス紳士と同じで、凛々しさが演出された。

日常生活では、家のなかでは現代の和服につながる小袖の着流し、外出するときには袴を着け、カーディガンにあたる羽織を着けることもあった。幕府の規定では、100俵取り以下の勤務でも羽織袴でよいとしていた。幕末になると忙しくなったので、上級武士でも登城のときも羽織袴でよくなった。

洋服は1870年に長崎海軍伝習所で初めて採用され、1870年に官吏の服装、陸海軍の制服を洋装とすることを決めた。

一方、女性の服装は、鹿鳴館のようなところではデコラティブな洋装が正式になり、昭憲皇后が率先して着られたが、1887年に昭憲皇后が洋服の着用を奨励する「思し召し書」を出されている。

ただし、女性の洋装化はなかなか進まず、1925年に銀座で観察したところ、男子の洋装が67％に対して女子は1％だったそうだ。さらに、その8年後には18％まで上がっていたが、それは女子学生などの制服などで押し上げられたもので、成人女性はわずか3％だったそうだ。ただし、かつての着物は、現在よりゆったり着るのが普通だったことも付け加えておこう。

教養への扉 正座も江戸時代になってから普及したもので、千利休の時代は、茶室でも片膝立てか、安座（あぐらに似ているが両足の足の床につける）だったということである。

日本史に残る人物100選①
現代日本への影響力だけで選んだ100人・近世以前

仏教の伝来と隋唐文化の流入、禅宗とともに宋、元、明の文化が入り、朱子学をもとに300年の停滞があり、文明開化と米軍占領で無宗教のまま西洋化が進んだ。

　日本国家を成立させたのは**崇神天皇**だが、その起源となった小国を橿原につくったのは紀元前後の**神武天皇**。同時期に九州で栄えたクニの王で漢帝国と交流したのが**奴国王某**で、崇神天皇より少し前に九州にいたのが卑弥呼。大和朝廷は**ヤマトタケル**らの活躍で発展し、仲哀天皇と**神功皇后**のときに日本を統一し、天皇の死後に半島に進出した。

　雄略天皇は強力な大王だったが、その死後に弱体化し、半島の領土を失った。そこで仏教を採用して新しい国づくりを主導したのが**聖徳太子**であり、豪族を排除して天皇中心の体制に転換したのが**天智天皇**で、その娘の**持統天皇**らが律令制への道を開き、**光明皇太后**と**藤原恵美押勝**の時代に最盛期を迎えた。しかし、律令制は高コストなので**桓武天皇**からは現実との調整が課題となり、やがて、荘園制など小さな政府の時代になった。

　最澄と**空海**という留学僧が新時代の仏教を伝えた。文芸の中心は漢詩から和歌に移ったが、和歌の確立者は**柿本人麻呂**で、完成させたのが**紀貫之**、**紫式部**は源氏物語を書いた。

　天皇の外祖父としての摂関政治は**藤原道長**において絶頂を迎えたが、天皇の父親による**白河法皇**の院政がこれに取って代わった。しかし、上皇同士の争いの末に**平清盛**、次いで源頼朝が政権を取ったが、実質的に権力を握ったのは関東武士の**北条泰時**らの一族だった。鎌倉幕府は、元寇襲来は撃退したが、恩賞を出せず弱体化し、**後醍醐天皇**が親政を目指したが、南北朝の混乱後に足利氏が政権を取り、とくに**足利義満**は独裁者として君臨した。

　末法思想の時代にあって鎌倉新仏教が勃興した。**法然**、**日蓮**、栄西らが宗派を創始した。親鸞も活躍したが、大教団に発展したのは戦国時代の**蓮如**が出たからだ。また、室町時代には禅の影響も受けた文化が誕生し、**世阿弥**、**雪舟**が活躍し、**足利義政**は偉大な文化の保護者だったが政治は混乱し、戦国時代に突入した。

　戦国の争乱を終わらせたのは、**織田信長**の事業を継いだ**豊臣秀吉**で、**石田三成**という補佐役を得て近世国家の枠組みを完成させ、対外戦略を活発化させた。この時代は豪奢な文化が栄え、**狩野永徳**や尾形光琳が出る一方、**千利休**の侘び寂びの文化も確立した。秀吉のあと天下を取った**徳川家康**と保科正之などその後継者たちは鎖国を行い、**林羅山**を登用して朱子学に基づく厳しい身分差別と変化を拒否する社会を実現した。それでも商業化は徐々に進み、**三井高利**は代表的な商人であり、荻原重秀は経済政策に革新をもたらした。

　徳川吉宗は幕政の中だるみ是正に成功し、田沼意次は近代化を目指したが、**松平定信**ら守旧派の巻き返しで反動化した。**上杉鷹山**ら開明的な名君も登場した。洋学は禁圧されたが、杉田玄白が医学を突破口に蘭学を隆盛させた。漢文の読み書きが普及し、**中江藤樹**のような儒教系の新思潮が生まれたり、**本居宣長**らが国学を起こしたりした。

教養への扉　高尚な文化は衰えたが、★松尾芭蕉や★葛飾北斎は、庶民的な文化を花開かせた。また、★近松門左衛門は偉大な劇作家で日本のウィリアム・シェークスピア的存在だ（★は100選に含む）。

なまくらな幕府への反発から明治維新と文明開化が生まれたが、昭和の日本はわずか10年で大国としての地位を台無しにし、戦後の繁栄も平成30年の怠惰で雲散霧消か。

ペリー来航時に**阿部正弘**の事なかれ主義に反発したのが**徳川斉昭**で、水戸学と尊王攘夷思想は一世を風靡した。薩摩では**島津重豪**は偉大な革新者で、**島津久光**は文久の政変で幕藩体制を骨抜きにし、**西郷隆盛**と**大久保利通**を生んだ。長州では、**吉田松陰**が教育した高杉晋作などや木戸孝允、近代的な兵学を独学で学んだ**大村益次郎**が続いた。大村は広瀬淡窓と**緒方洪庵**に学んだが、この2人は幕末で最高の教育者だった。

大日本帝国憲法の骨格は井上毅の知識に基づき、**岩倉具視**が主導し、**伊藤博文**が完成させ、官僚制度と陸軍は**山県有朋**の功績。日露戦争を勝利に導いた**乃木希典**と**東郷平八郎**は軍神とされた。**明治天皇**は調停者として国家を安定させ、**昭憲皇太后**は女性の地位向上に貢献した。**板垣退助**と**大隈重信**が政党政治を主導した。

福沢諭吉は文明開化を主導したが、**新渡戸稲造**、徳富蘇峰、北一輝、岡倉天心らは、それぞれの立場で日本の伝統と独自性への評価にこだわった。**夏目漱石**や森鷗外が近代的な文学を確立し、**嘉納治五郎**はスポーツ、北里柴三郎は科学の先駆者。経済は岩崎弥太郎、渋沢栄一（写真）、**豊田佐吉**ら。**平塚らいてう**、田中正造、松本治一郎、武藤山治は社会の近代化に、**高橋是清**や後藤新平、教育の**箕作麟祥**は統治の近代化に貢献した。

桂太郎は大正時代を支えるべき指導者だったが早死にし、**原敬**は暗殺され、人材を欠いたまま昭和を迎えた。昭和の悲劇は軍内部の無秩序だが、**石原莞爾**と統帥権干犯を政治問題化した**鳩山一郎**の責任は大きい。戦争につき**近衛文麿**、**東条英機**、松岡洋右らの責任は重いが、**リヒャルト・ゾルゲ**事件も世界史を変えたほどの意味を持つ。**ダグラス・マッカーサー**の占領方針は日本人に支持され、**昭和天皇**との役割分担で国体維持にも成功した。そして、**吉田茂**、**岸信介**、池田勇人らの手で戦後日本の枠組みができた。

大平正芳が描いた将来像は正しかったようだが、それを守らずにバブル経済を起こした**中曽根康弘**以来、日本は奇抜な経済政策を繰り返して坂道を転げ落ちている。野党政治家で**美濃部亮吉**と**土井たか子**は、地方分権、環境、女性問題などに影響を与えた。平成の政治は**小沢一郎**が混乱させ続けたが、**安倍晋三**のもとでいちおう安定し、優れた外交を展開した。

葬式仏教、国家神道の残滓から伝統宗教界が低調ななか、現代的な新宗教が生まれたが、**牧口常三郎**、戸田城聖、**池田大作**が築いた創価学会がその代表。日本のマスコミはテレビを含めた系列化と日本と敵対する国家への擦り寄りが特異だが、それぞれの流れの代表は読売の**正力松太郎**と朝日の**広岡知男**。

教養への扉 輸出型日本経済を牽引した★松下幸之助、盛田昭夫、本田宗一郎。世界を魅了したアニメとゲームの世界を代表して手塚治虫、宮﨑駿、★山内溥、科学では★湯川秀樹、スポーツでは★イチロー、映画では小津安二郎と★黒澤明を挙げておく（★は100選に含む）。

中世以前の教育

教育後進国・日本で学校の穴を埋めた寺院

　江戸時代の識字率は高かったとか、藩校は現代の大学院クラスだったなどという神話が語られ、信じている人がいる。しかし、それが都市伝説であることは、73項で説明した。中国や韓国では科挙があったから、日本の武士の低い学力の敵ではなかった。ここでは、もう少し詳しく日本の教育史を説明していきたい。

　残念ながら日本における学校の設立は、諸外国に比べて遅かった。日本の支配層は世襲が主流であるが実務は苦手で、実務は専門職がこれまた世襲で引き継いだ。律令制で大学などがつくられたことはあるし、科挙も試みられたが、定着しなかった。

　それでも、平安貴族は教養豊かな人々だったが、武士はそれすらなかった。『吾妻鏡』によれば、承久の変のとき、北条泰時のところに上皇からの使いが院宣を持ってやってきたので、「院宣が読める者がいるか」とたずねたところ、誰もいない。しかし、上皇方の使者が「武州男衾郡の藤田能国なら、読めるはずだ」というので、泰時は能国を召し出して、院宣の内容をようやく知りえたという。

　室町時代には幕府が京都に開かれ、公家社会と境界がなくなったから、将軍も京都在住を強いられた守護たちもそこそこ教養人になったし、地方にいる武士たちも文化的素養を求めるようになった。戦国の世も京都の文化人たちが小づかい稼ぎに地方を回ったので、『源氏物語』が全国の人たちの琴線に触れ、武将たちは連歌を楽しんだ。

　長く学校として機能したのは、寺院である。高僧たちは戦国大名の秘書官、外交官、法律顧問として活躍し、武将たちの子どもは寺院に預けられて教育を受けた。

　薩摩島津氏中興の祖といわれる島津忠良は、当時、明との貿易港として栄えた坊津一条院の末寺である海蔵院の僧・頼増和尚によって教育され、のちに、いまも薩摩で愛唱される『いろは歌』を自作した。「いにしへの道を聞きても唱えても　わが行いにせずばかひなし」に始まる覚えやすいもので、近衛稙家にもほめられた。

　徳川家康は駿府で人質生活を送ったので、名軍師でもあった太原雪斎から教育を受けた。それがなければ、三河国の田舎大名で終わっていたはずだ。豊臣秀吉はまともな教育を受けていなかったが、秀次や秀頼は第一級の公家から教育をされている。

　徳川時代になると、僧に代わって儒者が重んじられたが、武士は無学になった。将軍もろくな教育を受けていない。学があったのは5代将軍・綱吉くらいで、6代将軍・家宣も新井白石という家庭教師がいたのに成果はなかった。しかし、2人とも将軍になる予定でなく、勉強以外にすることもなかったから、まだいい教育を受けていた。

　どうも将軍や大名に本格的な学問などいらないと考えられていたらしい。現代の2世代議士の多くがあまり勉強しないのと同じである。トップは人当たりがよければ知識などなくてよいと世間が考えているのは、この国の伝統らしい。

教養への扉　江戸前半にも池田光政が岡山に花畠教場（1641年）を開いたりしたが、その死後は規模が縮小されるなど、全国的にも散発的な動きで終わっていた。

藩校

江戸時代末期の上級武士しか入れなかった藩校

江戸時代の後期、寛政年間（1789〜1801年）あたりから藩校の設立がブームとなった。寺子屋も増えてきて、天保年間（1830〜1844年）あたりには全国的なものとなったが、一般化したのは、天保年間以降だ。私塾もこのころになると増えてきた。

江戸時代の18世紀の終わりごろから、全国的に名君が多くなった。この時代の改革は、だいたい4点セットで、財政再建、殖産興業、人材登用、そして藩校の設立である。

米を年貢として納めさせ、農民に労力奉仕をさせ、戦国時代と同じ兵制と軍備で、商工業には関心なく、先祖代々のお役目を引き継いでいたから、武士の子どもの教育は親が教えたり、知り合いの家塾のようなもので勉強したりするだけでよかった。

ところが、年貢だけでは財政がもたず、労力奉仕は嫌がられるようになった。異国船も来るので兵力の近代化も必要となり、新しい税収源として特産品を開発・販売する必要が出たので、人材登用する必要が出た。出版などが盛んになって学問から得るものも多くなれば、上級武士もそれなりの教育を受ける必要が出てくる。

そこで、学校でシステマテックに人材養成をする必要が出て、細川重賢による時習館（1755年）の成功が評判になって藩校ブームが到来した。1790年には老中になった松平定信が、林羅山から世襲だった湯島聖堂を「昌平坂学問所」としたことも刺激になった（朱子学しか教えなかったのはお粗末だったが）。

薩摩藩では島津重豪が「郷中教育」のような徒弟奉公的な教育が近代化の妨げになりかねないと旧制第七高等学校につながる「造士館」を設立した。時代は下るが、鍋島閑叟（直正）は、藩校・弘道館での成績が一定に達しないと親譲りのお役目にもつけない制度をつくった。薩長土肥が明治維新の主役になったのは偶然ではない。

藩校は一般に、それなりの上級武士しか入れないところが多かった。しかし、上級武士でもそこで学ぶことは義務であることは少なかった。庶民が入れることは非常に少なく、武士以外がいまでいう中等教育以上を受けようとすれば、家庭教師につく以外にはほとんどなかった。

そんななかで、豊後国日田に広瀬淡窓がつくった咸宜園は全寮制のハイスクールというべき希有な存在で、1805年に創立されて4800人を育て、そのなかには高野長英、大村益次郎、清浦奎吾、上野彦馬（カメラマン）、横田国臣（司法官僚）、松田道之（内務官僚）などがいる。

教養への扉　実務官僚を学校で養成する考え方は、この時代に世界的な流れとして生まれた。フランスでは法学部、文学部、理学部、医学部といった分野からなる大学は中世からあったが、土木学校を皮切りに陸軍士官学校が革命前に創立され、技術将校養成のための国防省理工科学校がナポレオンによって設けられるなどして各国の模範となった。

学校の始まり

京都町衆がつくった「番組小学校」に福澤諭吉も感嘆

藩校で何が教えられていたかだが、**基本は四書五経に代表される中国の古典や史書である。武芸が加わることもあるが、近代的な兵学ではない。数学も含めた自然科学系は皆無か、それに近い。細川重賢は藩校内に算盤を置くことすら禁止した。**

武士というのは軍人であり、行政官であるはずだが、九九もできないのでは、まったく職業教育として役に立たない。磯田道史『武士の家計簿 「加賀藩御算用者」の幕末維新』（新潮新書）の主人公である幕末の加賀藩用方だった人物も藩校で学んでいないし、中津藩勘定方の家に生まれた福沢諭吉も藩校では学んでいない。

ただし、藩校がまったく無意味だったわけではない。まず漢文ではあるが国語力の向上には役に立った。国語能力が高ければ、めいめいが読書によって知識を広げることは可能になったし、欧米の書が翻訳されたとき、広く読まれて文明開化に資した。

それに加えて、中国の歴史書を読むことは、国際的な視野もある程度は持つことにつながった。廃藩置県にしても「封建制から郡県制へ」という周王国から秦帝国への変化と同じようなものとして多くの武士たちは理解したのである。

もうひとつの遺産は、組織としての学校運営についてのノウハウの蓄積だろう。建物などハードとしての施設から、備品の調達、教師や生徒の管理など運営面でのノウハウは、のちの旧制中学などの設立や運営に大いに貢献したのである。

明治の中学校は文明開化のなかで「洋学」を学ぶためのものとして創立され、最初は外国人教師を高額の給与で招いたりしている。このために、現在の高校で江戸時代の藩校の系譜を引くものは形式的にはもちろん実質的にもないに等しい。

むしろ、明治政府によって設立された近代的な中学校を、あとになって旧藩校と関連づけ、その精神を引き継ぐことを標榜したケースが多い。私の母校の滋賀県立膳所高校は、1898年になって滋賀県立第二尋常中学校として発足したものなので、膳所藩校・遵義堂とは校地が旧藩校跡だというだけである。

明治になり、大学、中学校、小学校それぞれの設立が試みられた。小学校については、1869年、京都で64小学校が市民主導で開校した（「番組小学校」といわれる）。〈民間に学校を設け人民を教育せんとするは余輩積年の宿志なりしに、今京都に来り、はじめて其実際を見るを得たるは、其悦恰も故郷に帰りて知己朋友に逢ふが如し。大凡世間の人、この学校を見て感ぜざる者は、報国の心なき人といふべきなり〉（京都学校の記）と感嘆させたほどの成果を上げていた。翌年には京都や東京で中学校が設立され、あるいは藩校が中学校を名乗ったりした。

だが、全国的制度としての位置づけは、1871年の廃藩置県による藩校の一律廃止を経て、1872年の「学制」の制定を待たねばならなかった。フランス法学者で文部少博士兼司法中判事となっていた箕作麟祥が中心にあったので、その内容は極めてフランス的なものだった。

教養への扉　このときに全国を8大学区に分け、各大学区に大学校1校を置き、1大学区を32中学区に分け、1中学区を210小学区に分けて、全国に大学校8、中学校256、小学校5万3760を置くとした。

学制
師範学校の付属校が多かった初期の旧制中学校

「学制」が1872年に定められたものの、明治政府が最優先としたのが小学校教育の普及であり、わずか3、4年のあいだに2万6000ほどの小学校が設置された。一方、大学や中学校の設置は構想どおりには進まず、とりあえず代替物で間に合わせるしかなかった。

そこで従来の藩校などがカリキュラム不備のまま中等教育を行うものを「変則中学」としたり、免許を持つ教師が私的に教える「中学私塾」、免許を持たない教師による「家塾」も認められたりした。

多くの県で採用されたのが、師範学校に中学校を付置する方法だった。何しろ小学校を大量につくったものの先生が足りない。そこで師範学校は急速に整備された。1872年、東京に官立の師範学校が設立されたのを皮切りに、その後、日本各地に設置された。

たとえば滋賀県では、1874年に初代県令・松田道之（のちに東京府知事）が呼びかけて大津仮伝習所を設置して、これが滋賀師範学校となった。また、ここにモデル授業をするために付属小学校を設けたが、これが私の母校の前身だ。

師範学校は全国に設けられたが、ここに教員志望でなく、ほかの上級学校を志望する者のための学級が設けられ、これがのちの一中の淵源であることが多い。

こうして、中学校の校数は1879年には公立107校、私立677校と増加し、生徒数は4万人を超えた。女子生徒だけの中学校、外国語学校もできた。しかし、小規模なものが多く、レベルもまちまちだったので、1886年に「中学校令（一県一尋常中学令）」が出されて、旧制高校にあたるものが高等中学校となり、各府県に1校の尋常中学校が設立され、それ以外は官費の支出を禁じられた。これらが、いわゆる「一中」とのちに呼ばれるようになる。

このとき、県庁所在地にない一中があり、現在の弘前高校、安積高校（福島県郡山市）、松本深志高校、彦根東高校、郡山高校（奈良県大和郡山市）、姫路西高校、首里高校がそうだが、これは当時はまだ士族以外は進学意欲があまりなかったからである。

だが、向学心は武士以外にも高まり、1891年には尋常中学を土地の実情に応じて複数校設置することが認められるようになった。1897年に学校数156校のうち、国立1校、府県立116校、郡市町村立12校、私立27校であった。名称は、高等中学が高等学校となったこともあって尋常の文字が外れた。

旧制中等教育機関として忘れてはならないのは、農学校、商業学校、工業学校などの実業学校である。これらの卒業生は、すぐに家業を継いだり、就職して中堅社員として活躍したりしたのみならず、ナンバースクールなど旧制高校へは進まなくとも、高等専門学校に進むことも多かった。

教養への扉 戦後も1960年代までは、旧一中など進学校に合格できても、商業・工業高校などを選択する生徒も多かった。

1872年の構想では、フランスやドイツの制度にならい、全国に8つの総合大学をつくって、単位の互換性も認めるのが理想だったが、予算も教師もなかった。開成所（蕃書調所、洋書調所）のほか、神田お玉ヶ池種痘所に遡る医学所、昌平坂学問所（昌平黌）も東京大学の源流ともいえる。

1877年に東京開成学校と東京医学校が合併して東京大学。1886年に帝国大学、1897年には京都帝国大学の開校に伴い東京帝国大学となった。一方、京都大学は洋学校、大阪舎密局などをルーツとしながら、1886年に第三高等学校になった。3年後には京都に移転、そして1897年に京都帝国大学に昇格した（写真は京都大学）。

札幌農学校から始まった北海道以外は医学部が起源。東北帝国大学（1907年）は仙台藩校「明倫館養賢堂」、九州帝国大学（1911年）は黒田藩の賛生館、大阪帝国大学（1931年）は緒方洪庵により設立された適塾、名古屋帝国大学（1939年）は廃藩置県直後に設立された名古屋県仮医学校である。大阪大学では1724年に町人たちがつくった懐徳堂もルーツとしているが、連続性は認めがたい。大阪、名古屋に先立ち、京城（1924年）と台北（1928年）にも帝国大学が設けられた。

このほか、戦前の国公立大学は、現在の名称でいえば一橋（商科）、神戸（商科）、筑波（文理科）、広島（文理科）、東京工業、皇學館、それに新潟、岡山、千葉、金沢、長崎、熊本の医学部。京都府立医科大、大阪市立大学（商科）であった。

私立大学は1920年に、慶應義塾、早稲田、明治、法政、中央、日本、國學院、同志社が認可された。また、旧制高校と同じレベルの高等専門学校と呼ばれる学校が多くあり、現在の大学のルーツとなっている。分野としては、商業、工業、農業が最も多く、ほかに医学、歯学、薬学、獣医、鉱山、水産、芸術、宗教、それに女子高等専門学校などがあった。師範学校は小学校教員養成だが中学校教員養成のためには高等師範があった。

旧制高校は、明治初期に講義の多くが外国語で行われたので、その準備をする語学学校として出発した。旧制第一高等学校（一高）は、1877年に官立東京英語学校と官立東京開成学校普通科（予科）が合併して東京大学予備門となり、1886年に第一高等中学校となった。さらに第一高等学校となったのは、1894年のことである。

高等中学は全国を5学区に分け、1校ずつ設けられた。三高は第3学区の高等中学校で設立順序ではない。四高は加賀藩の藩校・明倫堂、熊本の五高は一高の分かれ、六高は岡山、七高は鹿児島、八高は名古屋に置かれた。コースは文系と理系、そして第1外国語で甲（英語）、乙（ドイツ語）、丙（フランス語）に分かれ、高度なリベラル・アーツ（一般教養）を磨かせた。

教養への扉　陸軍士官学校、海軍兵学校も時代にもよるがナンバースクールに比肩する難関だった。卒業生のうち幹部候補生は陸軍大学、海軍大学に進んだ。

男女別学
なぜ長らく共学は実現しなかったのか

戦前の中学は男子校である。また、帝国大学もわずかの例外を除いて女子の受け入れをしなかったが、高等女学校や高等女子専門学校が設けられた。現代的にはひどい男女差別だが、欧米でも参政権も、高等教育の機会均等も、早くから男女平等が実現したわけでなく、日本だけが特別に遅れていたとはいえない。

早くから女子中等学校を設けたのはキリスト教関係で、立教（りっきょう）、フェリス、同志社など現在も女子大などとして続く学校のルーツが成立している。

京都では、1872年、新英学級及び女紅場（じょこうば）が設けられ、イギリス人女教師が英語や裁縫手芸を教え、英女学校となって算術や習字も教え、1882年には京都府女学校となった。現在の京都府立鴨沂（おうき）高校である。

県立の女学校では栃木女学校が1875年の創立である。現在の栃木県立宇都宮女子高校である。

東京では、1872年に官立の東京女学校を置いたが、これを廃して東京女子師範学校に移し、1882年に東京女子師範学校付属高等女学校とした。現在のお茶の水（ちゃのみず）女子大学附属高校である。

そして、1891年に高等女学校を「尋常中学校ノ種類トス」という規定が中学校令に盛り込まれ、1899年に「高等女学校令」が制定され、このころには全国に高等女学校が創立された。

また、戦後改革で男女共学化が図られたが、必ずしも貫徹はされず、とくに東日本ではいまだ公立で男女別学も見られる。一方、共学化された都道府県では、女子でも優秀な生徒はかつての男子校に進み、旧高女でトップクラスの進学校であり続けているのは、通学区域などに恵まれた特殊なケースに限られる。

また、戦後、多くの中学や高女が合併したり、また分離したりしたことも多く、場合によっては、かつての高女の継承校がどこであるか特定しがたいことも多い。

以上のような歴史的な展開の標準例として、滋賀県を例に取ると、滋賀県女子師範学校（1882年）→女子師範学科（1886年）→廃止（1888年）→滋賀県私立教育会（知事が会長。現滋賀教育会）による大津高等女学校（1889年）→大津市立に（1899年）→滋賀県師範女子部と県立大津高等女学校に分離。

戦後は、1948年に市内の中等学校5校が大津高校として統合されたが、1958年までに、大津東高校（のちに膳所高校）、大津西高校（大津高校）、大津商業高校に再編された。このような経緯なので、継承関係は微妙なのである。ただ、校地が膳所高校は膳所中学、大津高校は大津高等女学校の跡にあるので、それぞれを継承していると見られることが多い。こうした関係は全国で見られる。

教養への扉　大阪では戦後、北野（きたの）中学と大手前（おおてまえ）高女のあいだで教師も生徒も半分ずつ交換したという歴史があり、それも大手前高校が屈指の進学校として生き残った理由だ。

戦後の教育改革
中高一貫制の私学が人気を集めた理由

終戦後は進駐軍の指令のもと、学校制度も根本的な見直しを迫られた。これを「民主化」だと手放しで肯定的な評価をする人と、「押しつけ」で歴史や伝統を軽視したものとして毛嫌いする勢力に二分されがちである。

たしかに敗戦しようがしまいが、戦時中から進学率が上昇しており、それに対処するために思い切った制度改変が必要であった。あるいは男女共学や女性が大学教育を受けることができるようにするのも世界の流れであった。

だが、ほかの戦後改革もそうだが、GHQの要求がしばしば仏独などヨーロッパ大陸の制度を輸入して形成された戦前の制度をアメリカ流に変更させるものでしかなく、「民主化」とは関係なかったのも事実で、制度改変に伴うデメリットばかりが目立つことも多く、占領終了後に元に戻ったことが多いのも当然である。

一方、戦後改革で見直しを根本的にした結果、進学率の増大に応じる態勢ができた。1960年代の終わりにフランス五月革命に代表される学園紛争がヨーロッパの教育の根本改革をもたらしたのに対して、日本ではそれほど大きなうねりとならなかったのは、戦後改革のおかげである。

戦後改革の最大のものは、小学校のあとに新制中学校を設け、これを義務教育とし、新制高校については、学校格差をなくすための学区制、男女共学制および普通校と実業学校をひとつの学校のなかの学科としようという総合制が目指された。

新制中学の教師は半数が小学校からの横滑りで、残りは旧制中学や青年学校（戦時中に中学校等に進まない子どもは青年学校に進ませた）の教師があてられた。

一方、新制高校は1948年に旧制の中学、高女、実業学校が合併して生まれた。だが、高校進学希望者の増加に対応できず、徐々にもとの学校が復活することが多かった。校名もかつての名が復活したことも多い。通学区域についても、戦前のように全県ではなかったが、都道府県を数個に分けた学区制が標準となった。

1962年あたりからはベビーブーマー世代に対応するために新設高校が多く創立され、また、高校受験競争の激化に批判が高まり、今度は通学区域を狭くする傾向も見られた。京都の総合選抜制、東京の学校群はその典型だ。

しかし、このことで公立進学校の通学範囲が限られ、私立受験校、とくに中高一貫制の有利さが際立つようになって、制度の狙いとは違って所得による格差、地域による格差を極大化してしまった。

このことから、平成に入っての新自由主義の波に乗って通学区域の自由化、公立高校も含めての内容の多様化、中高一貫制の導入などが進んでいる。

教養への扉 中高一貫制などの私立校は、受験に役立たないことを切り捨てすぎているように見える。日本人ノーベル賞受賞者27人（受賞時にアメリカ国籍だった2人を含み、日本の学校を出ていないカズオ・イシグロを除く）のうち、私立校出身が灘高校の野依良治、同志社高校の江崎玲於奈だけで、ほとんどが西日本の公立高校出身というのは何を意味するのだろうか。

つめ込み教育、ゆとり教育
生徒側でなく学校側の都合で制度を決めるのが問題

　日本の教育は「つめ込み型」の教育だとされ、そのアンチテーゼとして「ゆとり教育」が提唱された。個人のペースに合わせて授業を進めるという教育で、1980年代から取り入れられ、2002年度からエスカレートした。

　しかし、何ごとも目標を低くして、それが完全クリアしてから先に進むという方式が賢いとは限らないわけで、ある程度わかったら先に進むほうが楽しいし、少し課題が残っていても、もっと難しいことに挑戦するなかで解決することが多いのである。

　それから、実際的な体験を通じて学ぶという総合学習の考え方がうまくいくためには、先生の質が問われる。たとえば、私の子ども時代に学んだ教育学部の付属小・中学校は「自由研究」に力を入れていることで全国的に有名だった。しかし、それが可能なのは、県下で選りすぐりの先生を集め、児童生徒も高レベルだったからだ。

　型にはまった教育は理想的でないが、多くの場合、効率的だ。日本の教育体制で欧米に比べて問題が多いのは、大学であって初等中等教育への評価が高いのに、その長所を否定しすぎるのもいかがかと思う。先にノーベル賞受賞者の大部分が古典的な公立学校での教育から出ていると書いたが、それは象徴的だと思う。

　また、子どもや親の判断に任せたら、それは短期的な楽さに傾く。英数国の学力など、すぐにそれが役立つことは少ないが、長期的にはそういう基礎がないと伸びない性質のものであり、それをどう学ぶかを子や親の選択に任せていいことはあるまい。

　一方、私は日本の教育の最大の問題は、「試験」のずさんさであると思う。中国の科挙は何日も自炊しながら答案を作成した。フランスのバカロレア（大学入学資格試験）は、数学でも口頭試問をやったりするし、筆記試験でも試験時間が長い。試験官も膨大な時間と人数がそれに従事する。だから、試験でいい点を取れるように勉強すれば、たとえばいい大学生になれることを保障している。

　ところが、日本では入試センター試験に限らず、〇×式などの安直なものが多いのは、試験をするほうのコストを重視しすぎるからだ。フランスのバカロレアは高校（リセ）の先生が大量動員されて試験官をして、それは教員たちにとって、年間の仕事のうちのかなりの部分である。日本もそうすればいいのである。

　忙しくてそんな時間はないと文部科学省はいうが、いい試験をできるなら授業時間数をかなり減らしても総合的に高校卒の教育水準は上がるし、試験をする大学ももっと試験に力を入れれば、講義時間を減らしてももとが取れるはずだ。

　消費者より供給者側の都合で日本の社会は動くといわれるが、教育の世界ほどその言葉が当てはまる分野はないと思う。

教養への扉　2021年度から導入予定の英語民間試験の導入が見送られた。「読む、書く、聞く、話す」の4技能を測るための改革だったが、守旧派の抵抗に屈した。いろいろ理由はあるが、英語の教師が4技能向上の教育をする自信がないだけ。なんで日本だけが特殊な英語学習方法にこだわるかといえば、教師が自信がないだけのことだ。

　人間にとって、教育を通して成長していくことは、ほかの動物とは違った存在であることの証（あか）しのようなものである。また、国民が等しく良質な教育を受けることは民主主義社会にとって基本的な条件でもある。

　だが、平均的なレベルの青少年を前提にした教育だけでは、優れた才能を伸ばすこともできないし、普通の教育にはついていけない子どもたちを切り捨てることにもなりがちだ。

　公教育の重要性はいくら強調してもし足りず、過度の自由化には賛成でないが、平等に見える画一的な教育が、エリートと問題を抱える子どもの両方を切り捨てかねない。

　同じタイプの子どもを集めたら教育は効率がいい。しかし、多様な子どもへの対処のためには時間がかかる。少人数教育と教師を雑務から解放することが大事だ。また、教師のITリテラシーと学校でのIT環境の向上は、漸進的な改善でなく大鉈（おおなた）を振るう蛮勇を持って断行すべき問題だ。

　日本では、専門的知識や技能は親代々で家業として引き継ぐシステムが取られてきたと127項で書いたが、さらに、現代の企業ではオン・ザ・ジョブ・トレーニングで人材育成をしたがる。この方法は、最低限の人材を安いコストで育成するメリットはあるが、向上は望めなくなる。江戸時代の日本が世界から後れを取ったのは、世襲制度に頼りすぎていたのが原因だし、現代の企業が革新性を失っているのも、仕事をしながらの習得が原因でもある。

　もちろん、ここでいう優れた才能であるとか、エリートであるとかいうのは、オールラウンドで学力に優れ、東大、京大など有名大学に進学することだけではない。スポーツや芸術をはじめ、さまざまな分野においても同様に見いだすべき優秀な才能がある。

　タレントになりたいといった希望も、多くの都道府県で極めて困難であることが、アイドルたちの出身県を分析すれば明らかだろう。高校生が英語以外の外国語を学びたい、といったことも、大都市以外では非常に難しい。

　あらゆる分野において、日本中どこで生まれようが、最大限に才能を伸ばせるシステムを用意すべきだが、公立高校のレベルの平準化や私立高校の台頭、さらには中高一貫校の隆盛のなかで、有名大学への進学は親の所得が高いとか大都市に住む子どもたちにとって圧倒的に有利なものになってきている。とくに女性の場合、それが深刻だ。

　また、教育は明治政府にとっては、それが国家の命運を左右する最重要の政策のひとつだった。ところが、今日では与党の関心は愛国心とか道徳に偏っており、経済政策の重要なツールであることが忘れられていることは残念だし、それでは日本経済の復権は難しいだろう。

教養への扉　学術会議の委員の人選とか大学の学部の新増設に政治がどこまで介入できるか、どこまでアカデミズムに任せるべきか議論が盛んに行われたが、日本では細かい分野ごとに硬直的な既得権益が支配しており、それを大局的な判断から革新していくことは誰がイニシアティブを取るべきかは別として不可欠であろう。

学歴社会
優秀な人材の医学部集中が日本社会を弱体化している

　いまの日本の学歴社会の構造は、「どこの大学に入ったか」ばかりを問題にする仕組みになっている。海外では大学は一般教養と専門分野の基礎を学ぶにとどまり、大学院レベルで本格的に職業につながる勉学をすることが多い。

　また、大学院への進学は同じ大学の同系列学部からが主体ということもない。一度社会に出てから大学院に入ることも多い。アメリカの大学院もフランスのエリートが学ぶグラン・ゼコールもそういうものだ。

　日本では文科系は学部だけで就職するのが普通で、戦後の日本におけるエリートサラリーマンの標準的な経歴は、有名大学の法学部や経済学部を出て大企業や官庁に就職し、働き始めてから企業派遣などで海外の大学院に留学することであった。

　しかも、就職活動が3年次から始まり、大学での成績なども重視されていないから、ますますどこの大学に入ったという基準が就職にも結婚にも異様に重い意味を持つ。

　これを改善するためには、3年次からの中途入学や学士入学の枠を拡大することも大事である。また、企業も大学院からの採用を増やすべきだし、海外に自費や奨学金で留学した者に給与水準、号俸、契約金の形で報いることを制度化してほしい。

　専門職はロースクールなどの形で、大学院段階で職業教育を担当させる方向に動きつつあるし、それが主流となるべきだが、絶対に根本改革が必要なのが医学部である。

　医師は収入、社会的地位、気ままな自由人的人生設計、居住地域の選択幅の広さ、さらには、異性からモテるという楽しさが保証される安全有利な職業である。しかも、この職業には、18歳で医学部に入れば、よほどバカなことをしなければ確実に免許が取れる。そして、ほかの学部からの途中参入は極めて困難である。

　医師免許があればすべての医療行為が可能である一方、医師によって独占されている医療的行為が国際的に見て異常に広い。新型コロナワクチンの接種など欧米では薬剤師はもちろん、失業者を短期研修させて投入しているのに日本は医師と看護師だけ。

　いずれにせよ、諸外国に比べて極端に優秀な才能が医学部に集中する。とくに理科系では極端で、経済発展にとって重要な分野への人材供給を妨げ、著しく国力を低下させている。他方、医師という職業に積極的な興味を持たない若者が医師の仕事に向かない、情熱もないのに医学部に進学し、本当に医学に情熱と適性を持っている若者を排除している。また、医学部生はほかの学部の学生との接触も少なく、リベラル・アーツの習得にも熱心でなく、医学においても基礎研究の水準が上がらない原因にもなっている。

　コロナ問題では、欧米の数十分の一の感染者で「医療崩壊」するから経済活動を止めるように医療界から要求があり、政府はそれに従って傷口を広げた。

　医学問題というのは、日本の教育制度の問題をすべて集約した感がある。

教養への扉　1960年代前半は、医学部が他学部より最低点が高いことはなかったが、数十年にわたり、うなぎ登りで難関化して、地方大学の医学部でも東京大学等のほかの学部並みであり、受験ジャーナリズムでも東京大学や京都大学の合格者と並んで医学部合格者を重視している。

　各都道府県の最初に出ているのが、一中的な旧制中学の伝統を引き継ぐ高校で、（　）内はひとりずつ代表的な卒業生を挙げた。

　東京では**日比谷**（谷崎潤一郎）が一中。二中は立川、三中は両国だが四中の**戸山**（東条英機）がスパルタ教育で日比谷のライバルだった。五中以下は、小石川、新宿、隅田川、小山台、北園と続く。**西**（堤清二）は十中だが郊外住宅地で学校群以前には日比谷のライバル。**筑波大学附属**（鳩山一郎）、**筑波大学附属駒場**（野田秀樹）、東京学芸大学附属（茂木健一郎）は国立付属の御三家。

　私立進学校では40年連続東京大学合格者1位の**開成**（武見太郎）、**麻布**（橋本龍太郎）、武蔵（宮沢喜一）が御三家。海城、駒場東邦、巣鴨を新御三家ともいう。私大付属では、早稲田大学系では**早稲田大学高等学院**（出井伸之）は直営、早稲田、早稲田実業は系列。学習院高等科は、皇族方も学ばれている。女子進学高の御三家は、**桜蔭**（菊川怜）、**雙葉**（水谷八重子）、**女子学院**（今井通子）。豊島岡女子学園、吉祥女子、鷗友学園を女子新御三家ともいう。雅子皇后陛下は田園調布雙葉に在学され、美智子上皇后陛下は聖心女子学院。白百合もカトリック。フランス系の暁星は歌舞伎役者が多く、青山学院は小学校が芸能人御用達。**創価**（栗山英樹）は宗教団体の信者中心だが宗教色はそれほど強くない。

　神奈川では希望ヶ丘が一中だが**湘南**（石原慎太郎）が優勢。二中は小田原、三中は厚木。私立進学校ではドメニコ会の**栄光学園**（養老孟司）、**聖光学院**（田中伸男）、浅野、桐蔭学園など。私立付属では**慶應義塾**（石坂浩二）、**フェリス女学院**（中満泉）、**日本女子大学附属**（平岩弓枝）。

　茨城では**水戸第一**（山口那津男）が一中だが、筑波研究学園都市の立地で**土浦第一**（色川幸太郎）が東京大学合格者では上回っている。栃木では**宇都宮**（枝野幸男）は日本で最初に修学旅行に行った。二中は栃木。作新学院（江川卓）は船田一族が経営する日本最大級の高校。群馬の**前橋**（萩原朔太郎）と**高崎**（中曽根康弘）は前高（まえたか）・高高（たかたか）定期戦を秋に開催。埼玉の**浦和**（若田光一）はクイズ選手権でも活躍。二中は熊谷。浦和第一女子（小沢遼子）は東日本に多い公立女子の代表格。**千葉**（宇津井健）は旧一中では珍しく中高一貫を導入。二中は佐倉、三中は木更津。**渋谷教育学園幕張**（平野拓也）は国際人養成に成果。

　山梨では甲府第一が一中だが**甲府南**（中沢正隆）が戦後は優勢。二中は日川。長野では**松本深志**（田中康夫）と**長野**（猪瀬直樹）がライバル。二中は上田、三中は飯田。新潟では**新潟**（南場智子）のほか高田や長岡が地域の名門高校。

教養への扉　高校の選択は拙著『日本の高校ベスト100』（啓文社書房）でのものを継承。1886年の尋常中学校令で旧制中学が各県ひとつになったので、その系譜を引くものを一中といい、2番目の創立のものを二中と記した。そういう名称を名乗ったことがない場合もある。

各都道府県から公立の進学校は必ずひとつ記載している。進学実績は現在だけでなく過去も加味して総合判断。さまざまなタイプの高校から各分野で1校ずつは全国から記載している。

北海道では1895年に**札幌南**と函館中部が同時に設立。札幌北も札幌南と大差ない。私立のトップは函館ラ・サールに代わり札幌の**北嶺**。小樽潮陵、旭川東も地域の名門。

青森では**弘前**が一中。青森、八戸と3校が進学校。岩手では軍艦マーチを校歌にする**盛岡第一**が断トツ。宮沢賢治や石川啄木の母校だ。一関第一が二中。宮城では**仙台第一**（吉野作造）より、**仙台第二**（西澤潤一）のほうが通学区域の有利さもあり優位。三中は古川。石巻も受験実績がある。秋田では**秋田**（東海林太郎）が断然有利。二中は大館鳳鳴、三中は横手。横手は石坂洋次郎が赴任していたこともあり、『青い山脈』のモデルともいわれる。秋田北も有力。山形では**山形東**（小磯国昭）が一中だが、米沢興譲館（我妻栄）は藩校との連続性が比較的高い。二中は鶴岡南、三中は新庄。福島の一中は郡山の安積だが、**福島**（平沢勝栄）が進学実績はやや上。会津（伊東正義）は明治天皇からの下賜金で創設。磐城も地域の名門。

富山では富山、**富山中部**（田中耕一）、**高岡**（正力松太郎）が御三家。富山中部が優勢なのは立地によるところが大きい。石川では**金沢泉丘**（八田与一）と**金沢大学附属**（島薗進）が双璧。二中は金沢錦丘、三中は七尾。金沢には戦後滑り込みで高等師範が設立されたので付属高校がある。福井は**藤島**。卒業生に歌人の俵万智がいるが最寄りの駅も田原町。二中は若狭、三中は武生。高志は理数系や中高一貫で健闘。

愛知の**旭丘**（河村たかし）は、維新後に創立された尾張藩の洋学校を引き継いだ。市内の公立高校にはほかにも高水準のものが多いが、東京大学進学数などでは二中だった**岡崎**のほうが優位。ほかに、**明和**、一宮、刈谷、時習館などがコンスタントに進学実績を上げている。私立では浄土宗系の**東海**（黒川紀章）や繊維会社のオーナーが創立した滝。**金城学院**（山田満知子）はセーラー服の制服を採用した最初の学校といわれる。

静岡では**静岡**（齋藤孝）と静岡商業がライバル。「しずこう vs. せいしょう」という。**浜松北**の卒業生にNHK大河ドラマ『いだてん』で知られるようになった日本水泳競技の父・田畑政治がいる。浜松工業（木下恵介）はベンチャーの町・浜松を支えた。三中は韮山だが、沼津東が公立進学校としては3番手だ。

岐阜では**岐阜**（平生釟三郎）の三中だった大垣北が追う。二中は白線流しで知られる斐太。三重県では津が一中だが、進学実績では二中の**四日市**（岡田卓也）が上位。甲子園優勝経験あり。三中は上野。私立の**高田**は浄土真宗でも初期には教団としては本願寺より力があった高田派の経営。

教養への扉 旧制中学のナンバースクールで、県内の順序と市内の順序が混乱している場合がある。上記のように、たとえば神戸一中は「兵庫県一中」でなく「兵庫県立神戸一中」である。一方、元プロ野球選手・中西太の母校「高松一高」は高松市立第一中学が前身。

　大阪府などでは、私立の中高校に**教育行政**が冷たく、それが森友問題の背景であり、また、隣接県で大阪府に近いところに大阪の子どもを念頭にした有力私立が多い。

　京都では**洛北**（写真）は京都一中で湯川秀樹、朝永振一郎という日本人ノーベル賞受賞者の最初の2人を出した。中高一貫の導入で復活。京都二中だった**鳥羽**は、第1回甲子園の優勝校。鴨沂（山本富士子）は京都府立第一女学校で「新英学級及女紅場」として創設された日本最初の女学校の系譜を引く。**市立堀川**（市田ひろみ）は公立復興の模範例として注目される。私立では、カトリック系の**洛星**（浅田彰）が進学校として成功。その洛星を進学実績で上回るのが東寺の境内にある**洛南**（桐生祥秀）でバスケットの強豪。**同志社**（千玄室）は東京の慶應義塾と青山学院の中間的なイメージ。

　大阪では**北野**（橋下徹）が一中だが**天王寺**（岡田武史）が分離され、戦後は市立第一高等女学校だった**大手前**（福井俊彦）と北野が再編成された（345項参照）。二中は堺の**三国丘**（川淵三郎）、三中は八尾、四中は川端康成が出た茨木。**大阪教育大学附属**（山中伸弥）は天王寺、池田、平野に校舎を持つ。私立では**清風**（具志堅幸司）と**清風南海**、星光、高槻、大阪桐蔭、**四天王寺**（女子校で石川佳純などスポーツ選手も多い）などが進学校。

　兵庫では一中は**姫路西**（高田賢三）で、**神戸**（村上春樹）は二中だが、神戸一中というのは、県内でなく市内での一中。三中は豊岡。**灘**（野依良治）、**甲陽学院**（西和彦）、六甲。**神戸女学院高等学部**（谷岡郁子）は女子大付属だが進学校としても女子の灘的存在。大学合格者数を発表していない。甲南は関西の学習院を目指して設立。小池百合子は甲南女子。

　滋賀では**彦根東**（田原総一朗）が一中だが、進学実績では二中の**膳所**（長戸大幸）が優位。京都大学進学数では最上位のひとつ。八幡商業（塚本幸一）は近江商人の士官学校といわれ、土井晩翠作詞の校歌は世界への夢を歌う。和歌山の**桐蔭**（竹中平蔵）は夏の甲子園で連続優勝。中高一貫制コースも開設。各地の同名の私立学校とは無関係。**智辯学園和歌山**（西川遥輝＝プロ野球選手）は奈良県の智辯学園の姉妹校。二中は田辺、三中は新宮。

　奈良は全国有数の教育県で、郡山、**畝傍**（嶋中雄作）、奈良が公立で競う。畝傍は藤原京跡にあるレトロ校舎が異彩を放っている。**奈良女子大学附属中等教育学校**（松本紘）はかつての女子高等師範の付属。最近、受験は低迷気味。**東大寺学園**（北岡伸一）は総合教育的発想の模範生。**西大和学園**（佐藤啓＝参議院議員）はきめ細かい受験指導で急成長。

　鳥取は鳥取西（鬼塚喜八郎）、米子東、倉吉東がそれぞれの地域の名門。島根では**松江北**（河井寛次郎）が旧制一中だが松江南と拮抗。二中は浜田、三中は大社。岡山では学区制のために**岡山朝日**（仁科芳雄）だけでなく岡山操山などにも分散。二中は津山、三中は高梁。兵庫の白陵の姉妹校である岡山白陵が躍進中。

教養への扉　灘校は造酒家たちがつくり、初代校長に有力蔵元一族だった嘉納治五郎をあてた。東京大学合格者トップは開成に譲ったが、理科Ⅲ類や京都大学医学部では1位をキープ。私立。

明治初年にはほとんど士族しか旧制中学に行かなかったので、旧制の一中や二中は城下町に置かれることが多かった。

広島は公立から難関校は無理という状態が続いた。広島国泰寺は不振のままで、新設の広島中等教育学校に期待が集まる。二中は福山誠之館、三中は池田勇人の忠海。**広島大学附属と附属福山**は、後者は地域的に空白地帯で優位。私立では**修道**（平山郁夫）、カトリック系の**広島学院**（風見しんご）、ノートルダム清心など。山口は**山口**（岸信介）が伝統校だが、分散型なので下関西、徳山、宇部などそれぞれに実績を上げている。

香川は教育熱心で知られ、**高松**（三原脩）は公立学校の雄として知られた。ライバルは二中の丸亀だ。徳島では徳島**城南**（大川隆法）が交通不便で、徳島市立と徳島東にも分散。私立では**徳島文理**（住友真世＝フリーアナウンサー）はとくに医学部に強い。二中は脇町、三中は富岡西。高知は総合選抜で公立から難関大学は難しい。高知追手前も不振で、**土佐**（公文公）、土佐塾、高知学芸などが優位。二中は高知小津、三中は安芸。愛媛では『坊っちゃん』の舞台である**松山東**（大江健三郎）は藩校の跡にあり連続性がある珍しい存在。二中、三中は西条と宇和島東が同時設立で区別がつかない。**愛光**（玉置泰）はカトリック系で西日本各地から広く生徒を集めている。

福岡では**修猷館**（広田弘毅）は、殿様の援助で創立され、旧藩校の名前を拝借した。福岡市内で福岡、筑紫が鼎立している。**小倉東**は甲子園に連覇し、福嶋一雄投手が甲子園の土を持ち帰った元祖。私立では**久留米大学附設**（孫正義）が九州屈指の進学校に。ほかに西南学院、明治学院、筑紫女学園など。二中は小倉藩が幕末に移転していたみやこ町の育徳館。

佐賀では**佐賀西**に続き、二中は鹿島、三中は唐津東。長崎では**長崎西**（草野仁）、長崎東、長崎北陽台が拮抗。二中は大村、三中は諫早。佐世保西も名門。私立では青雲学園が躍進。

熊本の**済々黌**（古葉竹識）は藩校と関係ありそうだが、熊本では時習館が保守派の巣窟になって力を失い、関係ない。地元では済々黌が強いが、**熊本**（宮崎美子）のほうが進学には有利。天草、鹿本、八代は同時設立。

大分では**大分上野丘**（磯崎新）のほか、同時に設立された臼杵、竹田、杵築、それに中津南、佐伯鶴城など各地に伝統校がある、私立では岩田、大分東明が健闘。宮崎では**宮崎大宮**（福島瑞穂）と宮崎西が拮抗。延岡と都城泉ヶ丘は同時設立。

鹿児島では**鶴丸**（東郷茂徳）のほか、七高の低学年が分離した甲南と、どちらが造士館を引き継ぐのかという論争もあるが、造士館は七高に引き継がれたというのが正しいだろう。二中は川内、三中は加治木。カトリック系の**ラ・サール**（ラサール石井）は全国的な名門。

沖縄では首里（漢那憲和）と那覇（仲井眞弘多）が戦前からライバル。私立の沖縄尚学、昭和薬科大附属、県立の開邦などが進学校を目指すが決め手がない。

教養への扉　佐賀西高校では、雅子皇后陛下の高祖父の江頭嘉蔵が用務員を務め、曽祖父の安太郎が卒業生だ。また、紀子秋篠宮妃殿下の曽祖父の川嶋庄一郎は教員、祖父の孝彦は卒業生。

柿本人麻呂は、歌人として最初期の人であり、最大の存在でもある。その彼は「しきしまの倭の国はことだまのたすくる国ぞまさきくありこそ」（やまとの国は言葉の霊力が物事をよい方向に動かしてくれる国です、どうか無事に行ってきてください）とうたっている。

　日本人は独自の文字を持たず、漢字が伝来してからも、主に漢族系の帰化人が実用のために利用していただけで、それで文学をつくろうという発想はなかったようだ。

　聖徳太子が著したといわれている『三経義疏』などは外来の思想である仏教を理解しようとするためのものだったが、徐々に国家や氏族の言い伝えを文字にして残そうという試みもされるようになった。

　天武天皇によって稗田阿礼が散逸している資料を勉強し覚えるように命じられ、それを、元明天皇の命を受けた太安方侶が文字化したのが、『古事記』である。

　『日本書紀』のように、編集委員会が組織され査読されたものでないが、歌謡が110首以上紹介されている。記憶だけによるので不正確かもしれないが、古い時代の人が祭りや神への祈りなどのときに歌った言葉の一端を知ることができる。

　「八雲立つ　出雲八重垣　妻ごみに　八重垣作る　その八重垣を」はスサノオが結婚したときのもので和歌の始まりとされ、「倭は　国の真秀ろば　たたなづく　青垣　山籠れる　倭しうるはし」は、ヤマトタケルが遠征先で故郷を思いうたったものとされる。

　750年代には日本人による漢詩集である『懐風藻』を淡海三船が編纂し、それより少しあとには、大友家持がまとめたとされる『万葉集』が完成している。

　前者に収められている最古の漢詩は編者の父である大友皇子（弘文天皇）のものであり、万葉集には天皇、貴族から下級官人、防人、芸人、農民など、さまざまな身分の各地の人々が詠んだ歌が収められている。

　また、代表的な万葉歌人としては、柿本人麻呂、額田王、山上憶良、山部赤人らがいる。大伴家持の父である大友旅人の歌から「令和」の年号は取られた。

　この時期、各国で『風土記』が編纂された。残っているのは『出雲風土記』など5つだが、ほかの国の分からの引用は多くの文献に残る。

　平安時代に入っても遣唐使はしばらく続けられたが、円仁の『入唐求法巡礼行記』はエドウィン・ライシャワーによって『東方見聞録』『大唐西域記』と並ぶ世界3大旅行記と喧伝されて再評価された。

教養への扉　仮名は正式な文字とされたの漢字を真名というのに相対する。ひらがな、カタカナ、万葉仮名（真仮名）がある。ひらがなは万葉仮名の草体化から生じ、カタカナは仏典、漢籍の訓読のための記号として万葉仮名の字画が省略されて生まれた。10世紀ごろに確立。

日本史に残る思想と文学100選②
宮廷の女性の自由な創作活動が生んだ『源氏物語』

　長編小説『源氏物語』は西暦1000年というミレニアムがちょうど始まったころに成立した日本文学史上の最高傑作である。石山寺に参籠して構想を練り、中秋の名月を眺めながら、経典の裏に「今宵は十五夜なりけりとおぼし出でて、殿上の御遊恋しく」と書き始めたと伝えられる。

　平安時代のはじめのころは、漢詩全盛で和歌の暗黒時代だった。『凌雲集』は嵯峨天皇の勅撰である。しかし、9世紀の後半に仮名の発明もあって和歌の時代になる。

　紀貫之らによる『古今和歌集』（905年）は最初の勅撰和歌集であり、その後、明治に至るまであるべき和歌の規範とされた。『土佐日記』は、紀貫之が土佐守から京に帰任したときの仮名による日記である。さらに『伊勢物語』や『大和物語』のような歌物語の傑作群が登場した。『竹取物語』『落窪物語』『うつほ物語』のような物語も時間をたつにつれて伝奇性から脱して写実性を増していった。

　摂関政治が全盛のころ、宮廷では女性たちが主役となって、仮名を使って自由な創作活動を展開したが、『源氏物語』はその頂点にあり、ほかのものが霞んでしまっている。また、『蜻蛉日記』『枕草子』『紫式部日記』『更級日記』といった日記が盛んに書かれた。

　『日本書紀』『続日本紀』『日本後紀』『続日本後紀』『日本文徳天皇実録』、それに光孝天皇までの時代を扱った『日本三代実録』を「六国史」というが、それ以降は正史の編纂がなくなった。

　そこでその穴を埋めたのは『大鏡』に代表されるような歴史物語であり、『御堂関白日記』や『小右記』に代表される日記となった。また、仏教的な説話集のなかで『今昔物語集』は芥川龍之介らに影響を与えた。

　古代からの神事や儀式、饗宴のためにさまざまな歌謡が歌われた。また、漢詩や和歌にメロディーをつけて朗詠することが流行し、それを集めた優れた選集が藤原公任によって選定された『和漢朗詠集』である。

　歌謡では、大衆的な謡い物として今様が流行し、後白河院はとくにこれを好み『梁塵秘抄』を撰した。

　仏教書では比叡山横川に隠遁していた源信が『往生要集』を書いて、浄土信仰の流行に大きな影響を与えた。

教養への扉　貴族の日記は、私的な文学でなく、前例を調べるための公的資料となり、その継承は摂関家などで相続争いの重要な内容となった。前例を調べられる側に権威があったからだ。

武士が政権を取ると彼らの好みに合わせた軍記物などの文学も登場してくる。また、庶民や地方での文化活動も盛んになるが、宮廷文化への憧れもまた強かった。

鎌倉時代に入っても、文学の中心はあくまでも宮廷文化の継承だった。後鳥羽院の撰による『新古今和歌集』はその『古今和歌集』以来の集大成だったといえ、本歌取などの技法を駆使し、象徴的、情緒的、物語的だといわれる。

藤原俊成・定家の父子は幽玄、妖艶、有心を目指し、彼らの子孫は冷泉家となって正統的な和歌の伝統を現代まで伝えている。定家が撰した『小倉百人一首』は広く国民的な支持を集め続けている。

そんななかで、鎌倉幕府の3代将軍・源実朝は『金槐和歌集』で関東の風土と新しい武家の世の意気を詠んだ。また、連歌が流行し南北朝時代の二条良基は『筑波問答』を著した。その頂点に立つのが『水無瀬三吟百韻』で知られる戦国時代の宗祇だが、戦乱のなかでも、連歌は武将たちの最大の娯楽であり、教養を磨く手段ともなった。

宮廷の女性たちの日記も戦乱のなかで弄ばれる女性たちを描くものが出てくるが、『建礼門院右京太夫集』は最高峰。『十六夜日記』や『とはずがたり』は旅の様子や生々しい愛欲を綴って新しい時代を感じさせる。

一方、源平の争乱のなかで、出家したり諸国を遍歴し無常観を語ったりしたものが出てくる。鴨長明の『方丈記』や西行法師の『山家集』がそうだ。南北朝時代には『徒然草』のように、無常を嘆くよりそこに美学を見いだす姿勢が出てくる。

一方、軍記物としては、『保元物語・平治物語』『平家物語』などが和漢混淆文で現れた。『平家物語』は琵琶法師によって語られ、字が読めない人々にも文学の楽しみを教えた。また、室町時代の『義経記』は判官贔屓を発露させ、『曽我物語』は仇討ち物として人気を得た。南北朝の争乱を描いた『太平記』は江戸時代に講釈師によって人気を得た。

より真摯な歴史物語としては、擬古文による『増鏡』、武家の世の現実を貴族の立場から容認した『愚管抄』、勤王の論理を確立した北畠親房の『神皇正統記』がある。

大衆化した中世の仏教では説話が好まれたが、『宇治拾遺物語』がとくに知られる。仏教論としては、法然『選択本願念仏集』、親鸞『教行信証』、日蓮『立正安国論』、道元『正法眼蔵』などが編まれた。蓮如は手紙形式の『御文』で大衆強化を図った。仏教説話としては『沙石集』がある。

芸能では能が確立され、世阿弥の『風姿花伝』は優れた理論書であり、能の名作としては世阿弥の子の観世元雅の『隅田川』などがある（写真は河村能舞台）。同じ時代に喜劇として発展したのが狂言で『瓜盗人』などがある。歌謡では小唄が流行し『閑吟集』などが編まれた。

教養への扉 『山家和歌集』は「願わくは　花のしたにて　春死なむ　そのきさらぎの　望月の頃」など、『方丈記』は「ゆく河の流れは絶えずして、しかももとの水にあらず」の書き出しで知られる。

　戦国時代には、公家などが地方を回って文化の伝道師となり、さらに南蛮船がやってきたり、日本人が海外に進出し、文禄・慶長の役があったりして、怒濤のように新しい文化が入ってきた。

　一方、豊臣秀吉の朝鮮遠征の捕虜として来日した学者や、明の滅亡を嫌って来日した官僚や学者によって朱子学が本格的に伝えられた。ただ、そのあと鎖国で漢籍の輸入も少なくなり、良くも悪くもガラパゴス的発展を遂げることになる。

　江戸時代というのは、支配層である武士の文化的素養がひどく劣化した時代である。政治の中心が京都を離れ、武士たちが京都を訪問する機会もなかったがゆえである。このために、高尚な文化は需要が減り、そのケガの功名で大衆文化に文化人が向かった。

　一般向けの読み物としては、戦国時代から流行していた御伽草子が爆発的なブームとなる。『一寸法師』『文正草子』などが一例で、仮名草子、さらに近世的な小説である浮世草子に発展した。そして、木版印刷技術の進歩は大衆読み物の普及を大いに助けた。

　浮世草子の巨人が大坂の商人から出た『好色五人女』『世間胸算用』などの井原西鶴であり、それがさらに深化したのが『雨月物語』などの上田秋成であり、江戸にその中心を移した時代の第一人者が『南総里見八犬伝』の滝沢馬琴である。遊里を舞台にしたのが洒落本で山東京伝が代表。滑稽本は十返舎一九の『東海道中膝栗毛』のような作品で、式亭三馬の『浮世風呂』などが続いた。

　俳諧は連歌から派生したもので、滑稽さの追求、遊戯性が強かったが、松尾芭蕉の登場によって短い語句のなかで「さび」「しをり」「ほそみ」と表現されるような鮮烈な情緒を読み込むことに成功した。『奥の細道』は紀行文と一体化することによって高い境地を実現したものだ。その後、天明期（1781〜1789年）になって画家としても知られる与謝蕪村はみずみずしい美しさを表現した（『蕪村句集』）。小林一茶は農民の暮らしに根ざした『おらが春』などで人気が高い。川柳は『柳多留』という句集が好評で名づけられた。和歌に滑稽な要素を織り込んだ狂歌も流行した。

　演劇では人形浄瑠璃が流行し、竹本義太夫からの依頼で近松門左衛門が『冥途の飛脚』『仮名手本忠臣蔵』『国性爺合戦』などを創作した。その後も『菅原伝授手習鑑』『義経千本桜』といった名作が出現した。

　歌舞伎の始まりは、出雲の阿国などの女歌舞伎で、次いで若衆歌舞伎を経て野郎歌舞伎となり、初代市川團十郎や坂田藤十郎のような名優が出現した。浄瑠璃の演し物などを取り入れていたが、独自の脚本としては文化・文政期の鶴屋南北の『東海道四谷怪談』、幕末の河竹黙阿弥の『三人吉三廓初買』などが人気を博した。

教養への扉　南蛮からの書物では、『伊曽保（イソップ）物語』が翻訳されたり、『日葡辞書』が編まれたりした。それ以上に衝撃だったのは、キリスト教の教えそのものだろう。ただ、天下統一から鎖国までの期間が短すぎたので、文学にまで影響が深化するには時間が足りなかった。

日本史に残る思想と文学100選⑤
江戸時代に国教化した儒学に対抗して生まれた国学

中世には、最高のインテリは僧侶で、寺院は教育機関であり、比叡山は宣教師たちから大学だと報告された。神仏混淆で神道的なものも仏教に取り込まれたような状態だったが、江戸時代には儒学の枠内で扱われることになった。

文禄・慶長の役で捕虜となった官僚・姜沆から藤原惺窩が教えを受け、その弟子の林羅山が幕府に採用されたことから、大名たちの家庭教師、秘書の地位が僧侶から儒者に入れ替わった。朱子学の高い論理性は、それに賛成しない人々にも思想といえるようなものを形成するきっかけを与えたことは評価できる。朱子学は、人間の身分の上下は天地に上下があるようなもので、身分秩序に合った生き方を心がけることを要求した。

対して古学は朱子学など中国の儒学者たちの抽象的・観念的解釈を廃し、周公や孔子の考え方に立ち戻ることを主張した。伊藤仁斎（『論語古義』）は、孔子の教えの根本は仁であり、その本質は愛であるとして、仁愛の実現のために誠を重視し、荻生徂徠（『弁道』）は、儒学は経世済民の学問だとして政治理論として好評を得た。中江藤樹（『翁問答』）は陽明学を紹介し、人を愛し敬う心による孝を重視し、人には善悪を正しく判断できる良知が備わっており、行いとして表す知行合一が大切だと説いた

一方、中国・朝鮮伝来の儒教全盛に反発する形で国学が台頭した。契沖、荷田春満を経て、『万葉集』を研究し、男性的な「ますらをぶり」を理想とした賀茂真淵などを経て、人の自然な感情を重視し、『古事記伝』『源氏物語玉の小櫛』などを書いた本居宣長が出た。平田篤胤は、天皇の絶対性と日本の優越性を説き、尊王攘夷運動を刺激し、水戸では『大日本史』が編まれ、吉田松陰によって倒幕のエネルギーに火がついた。

儒学者の著作者のなかで、新井白石（『折りたく柴の記』）は、フランス文学者の桑原武夫から国際的に通用する思想家として激賞された。佐藤一斎は昌平坂学問所の塾頭を務めたが、『言志四録』は西郷隆盛の愛読書としても知られる。頼山陽の『日本外史』は名文による史書として志士たちに愛された。

藩校は上級武士のみが普通で、武士以外が学べる学校は存在しないに近かったが、カルチャーセンター的な私塾が開かれ、そこから封建秩序への批判も出てきた。

石田梅岩は商人の仕事を肯定的に位置づけ好評を博した。安藤昌益は自給自足的に生きることこそ理想とした。大坂では山片蟠桃のような町人学者が出たし、陽明学の大塩平八郎は島原の乱から久々の幕府への反乱を実行した。海保青陵は初の経済学者といえる。

西洋文献の輸入は原則禁止されたが、やがて医学書などは許され、前野良沢と杉田玄白は『解体新書』を著した。林子平、高野長英、渡辺崋山は鎖国政策を批判して弾圧された。

教養への扉 儒学者はまとまった著作をあまり書かなかった。中江藤樹の紹介本としては林田明大『新装版・真説「陽明学」入門』（ワニ・プラス）がいい。吉田松陰の名言集としては、拙著『吉田松陰名言集 思えば得るあり学べば為すあり』（宝島SUGOI文庫）もある。

　明治初年の文学としては、開国と維新の現実世界のドラマティックな展開に文学はついて行けない感があった。翻訳物以外では、江戸時代的な戯作の流れで仮名垣魯文『西洋道中膝栗毛』、そして、矢野龍渓『経国美談』といった政治小説が明治初期の目立ったところだ。

　1885年に坪内逍遙が『小説神髄』でリアリズムへの道を開き、その2年後には、二葉亭四迷が『浮雲』で言文一致を実践して見せた。森鷗外が『舞姫』を発表したのもこのころだ。しかし、明治20年代に入ると国粋主義の高揚のなかで尾崎紅葉（『金色夜叉』）や幸田露伴（『五重塔』）、女流文学者の草分けの樋口一葉（『たけくらべ』）が現れる。島崎藤村は日露戦争後に自然主義の流れのなかで『破戒』『夜明け前』を書き、田山花袋（『蒲団』）、徳冨蘆花（『不如帰』）、徳田秋声、島村抱月が続いた。

　そして、イギリス帰りで帝国大学教授の職にあった夏目漱石（『坊っちゃん』『吾輩は猫である』『それから』、写真）と陸軍軍医としての頂点を極めた森鷗外（『阿部一族』『高瀬舟』）が作家活動を本格化して、国際的な視野、日本の伝統への深い理解、世間的には成功者であるなかでの自我の葛藤を投影した重厚な作品群を発表するに至って、明治文学はその黄金期を迎えた。

　大正期には耽美主義的傾向が流行り、永井荷風（『濹東綺譚』）に続き、谷崎潤一郎（『細雪』『春琴抄』）で頂点を迎えた。さらに新時代のエリート・ジュニア世代から、白樺派と呼ばれる、志賀直哉（『暗夜行路』）、武者小路実篤、有島武郎などが現れた。また、新現実主義の流れからは、芥川龍之介（『羅生門』『河童』）、菊池寛（『恩讐の彼方に』）、泉鏡花（『夜叉ヶ池』）、宮沢賢治（『銀河鉄道の夜』）などが出た。

　大正末年から昭和初期は、関東大震災と復興や世界恐慌の時代だが、小林多喜二（『蟹工船』）らによってプロレタリア文学が生まれ、それにある意味で対抗する形の芸術派として川端康成（『伊豆の踊子』『雪国』『古都』）、さらに、井伏鱒二（『山椒魚』）、堀辰雄（『風立ちぬ』）などが出た。

　満洲事変以降の戦争の時代に入ると、菊池寛が『文藝春秋』を1923年に創刊し、1935年に芥川賞と直木賞を創設したことは、文芸の興隆に大いに力になった。また、小林秀雄（『無常という事』）は近代的な文芸評論の創始者となった。

　戦争を描いた文学はものによっては士気を高めると軍部が評価したこともあって、『麦と兵隊』（火野葦平）に始まり、多くの作家が軍部によって戦場に送られて作品を書き、「国策文学」と呼ばれた。

教養への扉　初期の翻訳物としては、イギリス人エドワード・ブルワー・リットンの『花柳春話』、フランス人ジュール・ヴェルヌの『八十日間世界一周』といったあたり。中江兆民は『社会契約論』を『民約論』として出した。森鷗外のハンス・クリスチャン・アンデルセン『即興詩人』の和訳は原書より見事か。

日本史に残る思想と文学100選⑦
昭和戦後〜平成の小説を中心とした文学

ノーベル文学賞を誰が取るかが注目され、谷崎潤一郎、三島由紀夫等も候補といわれたが、川端康成が栄冠を得た。その後、大江健三郎とイギリス国籍だがカズオ・イシグロが受賞した。

戦後になると、谷崎潤一郎『細雪』のように大作家たちが戦時中に発表できなかった耽美的な作品を発表したり、『斜陽』『走れメロス』の太宰治、織田作之助、坂口安吾のように、既存の文学に反発する新戯作派の作家たちが出たりした。また、新しい世相を描いた『青い山脈』（石坂洋次郎）、『肉体の門』（田村泰次郎）などが歓迎された。

戦後派（アプレゲール）と呼ばれる作家群では、野間宏（『真空地帯』）、大岡昇平（『レイテ戦記』）、三島由紀夫（『金閣寺』『潮騒』）などを発表した。第3の新人と呼ばれたのは、安岡章太郎、吉行淳之介、阿川弘之、曽野綾子、遠藤周作、井上靖などである。

昭和30年代には戦後が終わったといわれ、石原慎太郎の『太陽の季節』はその象徴的な作品。『砂の器』の松本清張、『砂の女』の安部公房、大衆歴史小説の『宮本武蔵』などの吉川英治、同じくひとつの歴史観を形成したといわれる司馬遼太郎（『竜馬がゆく』）、山本周五郎（『樅の木は残った』）など。

昭和40年代以降は、北杜夫（『楡家の人々』）、辻邦生（『安土往還記』）、五木寛之（『青春の門』）、渡辺淳一（『失楽園』）、丸谷才一（『笹まくら』）、村上龍（『限りなく透明に近いブルー』）、中上健次（『枯木灘』）、宮尾登美子（『序の舞』）、田中康夫（『なんとなくクリスタル』）、森村誠一（『悪魔の飽食』）などが活躍した。大江健三郎（『万延元年のフットボール』）は、ノーベル文学賞を受賞するなど海外では人気が高い。

山崎豊子（『白い巨塔』）、有吉佐和子（『複合汚染』）、石牟礼道子（『苦海浄土』）、塩野七生（『チェーザレ・ボルジア』）、向田邦子（『阿修羅のごとく』）、河野多恵子（『一年の牧歌』）、野上弥生子、宇野千代、倉橋由美子、瀬戸内晴美（寂聴）など女性作家群が活躍した。

平成の文学は、さまざまな意味でボーダーレスになった時代の産物である。村上春樹（『ノルウェイの森』）や吉本ばなな（『キッチン』）の作品が世界的に読まれ、アニメの世界では印刷物でもそれ以上に動画の世界で普遍的に受け入れられている。両親が日本人のイギリス人カズオ・イシグロ（『わたしを離さないで』）が英語作品でノーベル賞を取ったし、外国語を母国語とする人で、日本語で文学作品を書く人も増えている。

ほかに浅田次郎（『蒼穹の昴』）、渡辺淳一（『失楽園』）、百田尚樹（『海賊とよばれた男』）、東野圭吾（『白夜行』）、湊かなえ（『告白』）、市川拓司（『いま、会いにゆきます』）、片山恭一（『世界の中心で、愛をさけぶ』）、有川浩（『阪急電車』、現・有川ひろ）、池井戸潤（『下町ロケット』）、宮下奈都（『羊と鋼の森』）、恩田陸（『蜜蜂と遠雷』）、又吉直樹（『火花』）など。

教養への扉 LGBTが市民権を得たことに象徴されるように、恋愛や家族のあり方も激変しているし、男女も恋愛というよりは同士的つながりに傾き、セックスへの貪欲さも減退している。

日本史に残る思想と文学100選⑧
詩、和歌、短歌──土井晩翠から秋元康まで

1887年ごろから新体詩、与謝野鉄幹・晶子の和歌、正岡子規の俳句が出て、日本の近代詩歌の世界は全盛を迎えた。しかし、人気は低迷し、曲がり角に。

　明治初期までは「詩」といえば漢詩のことだった。だが、1882年の『新体詩抄』で西洋的な詩を日本語で書くことが提唱され、七五調の新体詩が生まれた。土井晩翠の『荒城の月』の「春高楼の　花の宴　巡る盃　影さして」が典型。上田敏『海潮音』の「山のあなたの空遠く　幸い住むと人はいう」のようにフランスの詩の訳でも七五調は守られた。島崎藤村もこの時代の代表的な詩人だ

　近代自由詩は、北原白秋（『邪宗門』）や『赤とんぼ』の三木露風、室生犀星、石川啄木を経て、髙村光太郎（『智恵子抄』）や萩原朔太郎（『月に吠える』）で完成した。

　昭和に入ると、中野重治、堀口大学、西脇順三郎、草野心平、中原中也、三好達治、戦後は、鮎川信夫、田村隆一、谷川俊太郎、吉岡実、大岡信、吉増剛造、石垣りん、辻井喬、寺山修司が代表的な詩人だ。

　しかし、むしろ音楽の作詞のほうが詩人の活躍の主戦場のように私には見える。ボブ・ディランがノーベル文学賞を取ったのだから何もおかしくない。CD売り上げでは、阿久悠（『津軽海峡・冬景色』）、阿木燿子、松本隆、織田哲郎、秋元康、小室哲哉、桑田佳祐、松本孝弘、稲葉浩志などがよく売れた作詞家であるが、さらに、永六輔（『上を向いて歩こう』）、川内康範、なかにし礼、岩谷時子、中島みゆき、松任谷由実。

　明治初期の和歌は伝統的なものが中心だったが、与謝野鉄幹・晶子（『みだれ髪』）夫妻が、浪漫主義的な詩で一世を風靡した。さらに正岡子規、石川啄木（『一握の砂』）、若山牧水、佐佐木信綱、伊藤左千夫、島木赤彦、斎藤茂吉（『赤光』）などが出た。

　戦後は釈迢空、土屋文明、木俣修、宮柊二など、さらに俵万智の『サラダ記念日』はメガヒットとなったが、それが大きなムーブメントにつながることはなかった。

　俳句は正岡子規（句集『寒山落木』）の写生重視で言葉の遊びから脱却し、弟子のなかで河東碧梧桐は自由なスタイルを目指したが俳句らしさから遠ざかって支持は広がらず、高浜虚子が17音と季語を重視することで支持を広げた。その門下からは主観派の水原秋桜子と客観派の山口誓子が台頭し、秋桜子のもとからは中村草田男、加藤楸邨が出た。戦後になって桑原武夫の『第二芸術』が出たものの、大衆の教養娯楽としては隆盛を続け、海外でも「HAIKU」が流行しているが、文学としては決め手を欠いている。

教養への扉　メールが普及し始めたとき、若い人がやりとりを電話でなくメールでやることを嘆く風潮に対し、私は和歌のやりとりで意思疎通した日本文化の伝統の復活だと反論した。SNSは日本の短詩の復活の場であるはずなのだが。

維新の当事者たちの証言として『西郷南洲遺訓』とか『氷川清話』などが流行ったが、渋沢栄一編『昔夢会筆記 徳川慶喜公回想談』はオーラルヒストリーとして貴重。

坂本龍馬の『船中八策』や由利公正が起草した『五箇条の御誓文』の思想の淵源は横井小楠にあるといっていい。福沢諭吉は独立自尊、実学、官民調和、脱亜などをキーワードに、欧米的な文明を受け入れていくにあたって国民が取るべき立ち位置を適切に指し示し（『学問のすすめ』）、中江兆民はジャン＝ジャック・ルソーを翻訳紹介して理想主義の旗手となった。

天皇親政や藩閥による権力独占を主張する勢力も侮りがたかったが、現実の政体にしても、『教育勅語』に集約された道徳観においても、西欧の常識と保守派の心情を両立させることを実現したのは井上毅だった。

憲法施行後には、明治後期から大正期にかけて護憲、普通選挙、政党内閣制を求める声が高まったが、そのイデオローグは吉野作造だった。また、1911年に平塚らいてう（『原始女性は太陽であった』）が青鞜社を立ち上げ、女性解放への動きが強まった。

徳富蘇峰、岡倉天心（『東洋の理想』）、北一輝、柳田國男、折口信夫、西田幾多郎（『善の研究』）、和辻哲郎、安岡正篤など広い意味での反欧米ないし国粋主義的な思想も流行した。新渡戸稲造（『武士道』）、内村鑑三（『代表的日本人』）は日本の伝統的価値観のなかにキリスト教徒としての居場所を探し、幸徳秋水や河上肇など社会主義者も登場した。

戦後はGHQが、「日本国憲法」をバイブルとして与え、戦前の天皇絶対主義と軍国主義は悪の権化とされ、天皇制維持、民主主義、非武装で行けといわれ、日本人も歓迎した。しかし、冷戦の開始によって前提が崩れ、逆に再軍備と米軍駐留を条件に講和が実現した。

55年体制のもとでは革新勢力は政権獲得を狙わず、国会で3分の1を確保して憲法改正を阻止し、あとはなんでも反対してみることだけが存在価値となった。その時代に戦前からの思想状況をわかりやすく説明し、戦後の現実を半ば肯定したのが丸山眞男（『現代政治の思想と行動』）で、言論界主流を代表し、宮沢俊義は「八月革命説」で戦後体制に経緯とは遊離した左派的な解釈を与えて保守派に憲法の正統性に疑念を生じさせた。

言論界では、ブルジョア新聞である『朝日新聞』が最も左寄りという不思議が続き、『天声人語』は大学入学試験にしばしば出題され、それが購読者数維持の支えになった。岩波書店の出版物にも異常な権威が認められた。丸山眞男のほか、清水幾太郎、久野収、家永三郎、野間宏、阿部知二、大江健三郎などが言論界のスターだった。

言論界では、いずれ社会主義が勝利すると期待したり、西側陣営から離脱すべきとしたりする左派が優位だった。江藤淳がそれをGHQによるWGIP（戦犯裁判、広報、計画）だとしたのは無理があるが、政財界では公職追放が短期で解除されたのに、学会・言論界ではあまり復権できなかったので左派優位のまま歪になったのは事実だ。

教養への扉 ソ連への幻滅、高度経済成長で旧来型左翼は権威を失い、世界的な反戦と大学紛争のなかで新左翼が台頭し、吉本隆明、高橋和巳らが出たが、影響は限定的にとどまった。

日本史に残る思想と文学100選⑩
昭和戦後～平成を代表する思想

冷戦終結後には社会主義や非武装主義を名乗ることが難しくなり、左翼が本来違う意味のはずのリベラルを自称することになった。また、中国、北朝鮮、韓国による日本批判に同調することが反保守の証しのようになり、慰安婦や南京事件についての報道はその一例だが、対日批判の震源地が日本のマスメディアの捏造や誇張であることすら多い。

吉田茂など保守本流の政治を理論化したのが高坂正堯（『文明が衰亡するとき』）だった。高坂など京都学派は、適度に斜交いの視点で好評を博したが、桑原武夫、梅棹忠夫（『文明の生態史観』）、梅原猛は三羽がらす的存在だった。同時期に大阪では小松左京（『日本沈没』）や山崎正和（『柔らかい個人主義の誕生』）が活躍した。

ポストモダンの流れのなかでは浅田彰（『構造と力』）、中沢新一、東浩紀あたりが人気を得たことがあるが、影響力は限定的にとどまった。また、このころには日本人論、日本社会論が盛んにされ、中根千枝『タテ社会の力学』、土居健郎『甘えの構造』、養老孟司『バカの壁』などが大いに受けた。日本人の回顧録は客観性に乏しいが、日本経済新聞の『私の履歴書』は虚飾が少なく貴重。経営者の経営哲学・人生観談義は後づけの美化が多いが、松下幸之助（『私の行き方考え方』）の諸著作は他の追随を許さない。

著名なエコノミストは、下村治（『日本経済成長論』）、吉野俊彦、高橋亀吉、大来佐武郎、下河辺淳、竹中平蔵など数多いが、日本的な現象として著書が少ない、あるいは皆無の人もおり、例外は堺屋太一（『知価革命』）と大前研一、宇井純（『公害原論』）くらいか。宗教家の著作もよく読まれているが、20世紀を代表するのは池田大作『人間革命』である。

細川政権でハプニング的に自民党永久政権が崩れ、1996年からの小選挙区制度のもとでは民主党政権が実現して二大政党制が実現するかと見えたが成果を上げられず、一方、保守サイドでは、小泉政権の「新自由主義と親米」、安倍政権の「穏健化された戦後レジーム克服路線」が政治的に大成功して55年体制が再現されたのが現状だ。

その間、言論・思想界の不毛は惨憺たるもので、自称リベラル派の現実逃避は救いがたいし、一方、政権を支える側に回った保守派は、しばしば欧米で極右に分類されるような主張をすることに無頓着にすぎる。現実から遊離しないまともなリベラルも、世界に通用する穏健保守の言論もいずれも少なすぎる。

政治家の著作の質の低さも日本の特異現象だ。本当の意味で注目されたのは、田中角栄の『日本列島改造論』くらいか。

教養への扉 環境や健康へのこだわり、女性問題についての問題提起は、1960年代から一貫して存在感を保ち続けている。また、日本の女性運動が「家制度」からの解放から出発したからでもあろうが、離婚後の片親と絶縁状態にさせる方向に与するなど家族のつながりを欧米などに比べても破壊してしまう方向に流れがちなのも不思議な現象だ。

令和日本の幕開け、新型コロナ禍
平成の低迷から立ち直るかに見えたが……

　経済の不振と大災害に見舞われた平成の30年間だったが、令和日本の幕開けは華やぎ、世界における日本の評価も改善が見られ、日本の復活を予感させた。しかし、新型コロナ騒動の経済的打撃は大きく、中国との差はまた大きくなった。

　第2次世界大戦の終了から70年あまり、世界は長い平和と繁栄を享受してきた。最大の試練だった「オイル・ショック」を乗り切り、東西冷戦の終了という出来事もあった。グローバリズムの進展も、世界経済の発展と自由の増進にプラスのほうが大きかった。

　21世紀に入って、9・11同時多発テロ事件やリーマン・ショックもあったが、人々の生活を根本的に脅かすものになることはなかった。中国やインドの人が、貧しい生活と前近代的、あるいはソ連東欧型の社会主義による自由の束縛から逃れるめどもついたように見えたことだけとっても、世界はよりよい時代になったように見えた。

　環境への配慮、少数民族や女性といったマイノリティーなどへの人権の尊重も進み、世界の移動の自由も高いレベルに達し、さまざまな変化はインターネットの普及で加速された。しかし、新型コロナウイルスの蔓延（まんえん）は世界の人々の命を脅かし、人々の国境を越えた動きもほとんど停止させ、世界経済をズタズタにした。

　その激動を日本は当初は比較的冷静に受け止めることに成功した。都市のロックアウトをせずに済んだし、人口あたりの死者は最低水準だから絶賛に値する数字だった。得体の知れない相手に対して、政府と国民、医療機関等が一体となった「協力」「曖昧（よくいえば中庸）」戦略が機能し、「非常によく振る舞って」いた。

　だが、新型コロナの流行には、第2波がやってくる可能性が大きいことなどわかっていたことである。喉元過ぎれば忘れてしまったらしい。医療体制の改善はほとんど行われず、なまくらな医療界はこれまでどおりの体制でしか対応せず、第2波、第3波、第4波が来たら、欧米の1割以下の感染者で「医療崩壊」するからと緊急事態宣言をさせ、人々の社会経済活動を止めることだけで処置させた。

　困っている人がいるというので、一律10万円給付などを所得が下がっていない人にまでバラマキをしたが、自粛続きで使い道もないので、ムダに貯蓄を増やしただけだった。

　感染者や死亡者は欧米各国の10分の1以下であるにもかかわらず、GDPの落ち込みは同程度のレベルとなり、もともと大きかった財政赤字がますます膨らんだ。

教養への扉　「令和」は『万葉集』巻五の「梅花の歌三十二首 并せて序」（うめのはな）にある「初春の令月にして気淑く風和ぎ（れいげつ）（やわらぎ）」から取られ、「人々が美しく心を寄せ合う中で文化が生まれ育つ」という意味。外務省は英文で「Beautiful Harmony」と説明するよう在外公館に指示を出している。

日本復活のヒント
日本が真似るべき「最高のモデル」とは

「禍を転じて福となす」「新型コロナは千載一遇のチャンスだ」という気持ちを持つ者こそがコロナ戦争の勝者となる。

　歴史家としていわせてもらえば、一刻も早く"戦後"を構想し、嬉々として青写真を描いた者だけが真の勝者となれるのは自明の理であった。あらゆる災難や不幸は、打撃であると同時にチャンスでもある。関東大震災のときに復興の先頭に立った後藤新平は、これを「千載一遇のチャンスだ」といって復興に臨み、見事な帝都復興事業を成し遂げた。

　第2次世界大戦では、敗戦国の日本やドイツのほうが、社会システムの改革に取り組んで経済的には勝者になった。

　災害も疫病も大きな禍をもたらすが、大きな改革をするチャンスである。戦後日本は長い平和と安定ゆえにインフラや経済・社会システムの老朽化が進んでいるのだから、チャンスとして利用すべきだと、私は阪神・淡路と東日本大震災のときにも、今回も、袋叩きになるリスク承知ですぐに書いた。

　ところが、日本人はそのチャンスを逃してきた。根本改革は落ち着いてからだというのである。しかし、大改革はどさくさでしかできないものだ。韓国や台湾を見ればマイナンバーカードの義務化とか一元管理がいかに危機にあって強いかわかったのだから、2020年中に断行すべきだった。

　学年の9月開始など絶好のチャンスだった。医療についても、民間病院も含めた重症者用ベッド数の確保や全国の医師の動員体制を組むとか、広すぎる医師独占分野の縮小をしておけば、2021年春の悲惨な医療崩壊は回避できたし、ワクチン接種が打ち手が足りないので遅れるということは起きなかった。

　しかも、ワクチン接種で医療従事者480万人を最も危険な高齢の施設入居者などより優先するとか、権益死守のためにワクチンの承認が遅れるといったひどい話もあった。

　しばしば「経済成長が大事な時代は終わった」とか、「日本に真似るべきモデルはなくなった」などと無反省にいう人がいるが、何十年も世界最低クラスの成長しかできない国民がいう言葉でないし、あらゆる分野で日本が真似るべきモデルは世界にある。

　マイナンバー制度の問題など、なんなら韓国のを丸ごとモデルにして、どうしても困るところだけ変更したほうが早い。中国の見事な再流行の抑え込みを見れば、中国の人に民主主義はいかに優れているかを誇っても説得力ゼロだ。

　こういう当たり前のことを正しく反省してこそ、日はまた昇るのである。

教養への扉　中国との比較でいえば、日本が鎖国し清が成立した1630年代から1世紀半は日本では停滞し飢饉で餓死者が続出して人口は停滞し、中国では飢饉もなく人口は4倍になった。アヘン戦争や黒船来航があった1840〜1850年からの1世紀半は中国は眠れる獅子で日本は昇る太陽だった。さて、新しい1世紀半はどうなるのだろう。

皇位継承図

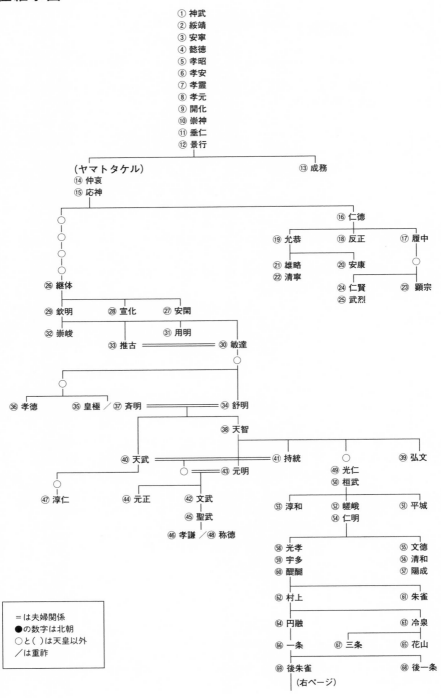

① 神武
② 綏靖
③ 安寧
④ 懿徳
⑤ 孝昭
⑥ 孝安
⑦ 孝霊
⑧ 孝元
⑨ 開化
⑩ 崇神
⑪ 垂仁
⑫ 景行

（ヤマトタケル）
⑭ 仲哀
⑮ 応神

⑬ 成務

⑯ 仁徳
⑲ 允恭　⑱ 反正　⑰ 履中
㉑ 雄略　⑳ 安康
㉒ 清寧　㉔ 仁賢　㉓ 顕宗
㉕ 武烈

㉖ 継体
㉙ 欽明　㉘ 宣化　㉗ 安閑
㉜ 崇峻　㉛ 用明
㉝ 推古 ＝＝＝＝ ㉚ 敏達

㊱ 孝徳　㉟ 皇極／㊲ 斉明 ＝＝＝＝ ㉞ 舒明
㊳ 天智
㊵ 天武 ＝＝＝＝ ㊶ 持統　㊾ 光仁　㊴ 弘文
㊼ 淳仁　㊸ 元明 ＝＝＝　㊿ 桓武
㊹ 元正　㊷ 文武　㊹ 淳和　52 嵯峨　51 平城
㊺ 聖武　54 仁明
㊻ 孝謙／㊽ 称徳　58 光孝　55 文徳
59 宇多　56 清和
60 醍醐　57 陽成
62 村上　61 朱雀
64 円融　63 冷泉
66 一条　57 三条　65 花山
69 後朱雀　68 後一条
（右ページ）

＝は夫婦関係
●の数字は北朝
○と（　）は天皇以外
／は重祚

376

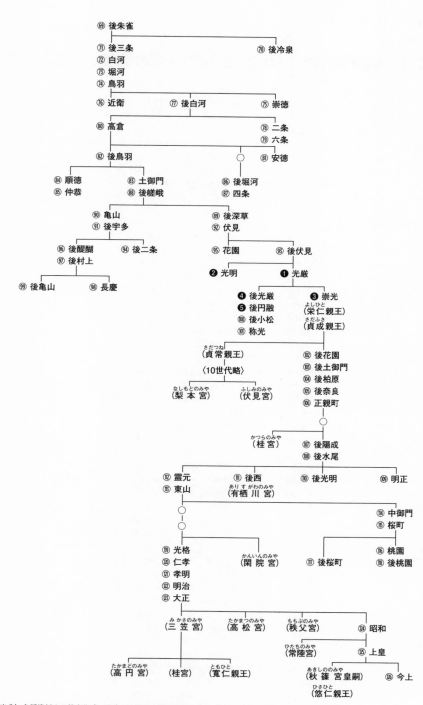

〈出典〉各種資料より筆者作成。天皇の在位年と諡号の読み方は112〜114項を参照。

都道府県別データ

●人口の変遷
（人）

*1960年の沖縄は米軍施政下。2021年は4月1日現在。

順位	1920		1940		1960		1980		2000		2021*	
	全国	55,963,053	全国	73,114,308	全国	94,301,623	全国	117,060,396	全国	126,925,843	全国	125,781,803
1	東京	3,699,428	東京	7,354,971	東京	9,683,802	東京	11,618,281	東京	12,064,101	東京	13,971,109
2	大阪	2,587,847	大阪	4,792,966	大阪	5,504,746	大阪	8,473,446	大阪	8,805,081	神奈川	9,214,151
3	北海道	2,359,183	北海道	3,272,718	北海道	5,039,206	神奈川	6,924,348	神奈川	8,489,974	大阪	8,817,372
4	兵庫	2,301,799	兵庫	3,221,232	愛知	4,206,313	愛知	6,221,638	愛知	7,043,300	愛知	7,541,123
5	福岡	2,188,249	愛知	3,166,592	福岡	4,006,679	北海道	5,575,989	埼玉	6,938,006	埼玉	7,343,453
6	愛知	2,089,762	福岡	3,094,132	兵庫	3,906,487	埼玉	5,420,480	千葉	5,926,285	千葉	6,281,394
7	新潟	1,776,474	神奈川	2,188,974	神奈川	3,443,176	兵庫	5,144,892	北海道	5,683,062	兵庫	5,438,891
8	長野	1,562,722	新潟	2,064,402	静岡	2,756,271	千葉	4,735,424	兵庫	5,550,574	北海道	5,212,462
9	静岡	1,550,387	静岡	2,017,860	新潟	2,442,037	福岡	4,553,461	福岡	5,015,699	福岡	5,106,774
10	広島	1,541,905	広島	1,869,504	埼玉	2,430,871	静岡	3,446,804	静岡	3,767,393	静岡	3,618,972
11	鹿児島	1,415,582	京都	1,729,993	千葉	2,306,010	広島	2,739,161	茨城	2,985,676	茨城	2,854,131
12	福島	1,362,750	長野	1,710,729	広島	2,184,043	茨城	2,558,007	広島	2,878,915	広島	2,794,862
13	茨城	1,350,400	福島	1,625,521	福島	2,051,137	京都	2,527,330	京都	2,644,391	京都	2,568,427
14	千葉	1,336,155	茨城	1,620,000	茨城	2,047,024	新潟	2,451,357	新潟	2,475,733	宮城	2,292,690
15	神奈川	1,323,390	埼玉	1,608,039	京都	1,993,403	長野	2,083,934	宮城	2,365,320	新潟	2,199,746
16	埼玉	1,319,533	鹿児島	1,589,467	長野	1,981,433	宮城	2,082,320	長野	2,215,168	長野	2,034,145
17	京都	1,287,147	千葉	1,588,425	鹿児島	1,963,104	福島	2,035,272	福島	2,126,935	岐阜	1,974,142
18	熊本	1,233,233	長崎	1,370,063	熊本	1,856,192	岐阜	1,960,107	岐阜	2,107,700	栃木	1,932,091
19	岡山	1,217,698	熊本	1,368,179	長崎	1,760,421	岡山	1,871,023	群馬	2,024,852	群馬	1,926,370
20	長崎	1,136,182	岡山	1,329,358	宮城	1,743,195	群馬	1,848,562	栃木	2,004,817	岡山	1,882,356
21	岐阜	1,070,407	群馬	1,299,027	岡山	1,670,454	栃木	1,792,201	岡山	1,950,828	福島	1,830,114
22	三重	1,069,270	山口	1,294,242	岐阜	1,638,399	熊本	1,790,327	熊本	1,859,344	三重	1,767,615
23	群馬	1,052,610	宮城	1,271,238	山口	1,602,207	鹿児島	1,784,623	三重	1,857,339	熊本	1,735,901
24	愛媛	1,046,720	岐阜	1,265,024	群馬	1,578,476	三重	1,686,936	鹿児島	1,786,194	鹿児島	1,587,342
25	栃木	1,046,479	栃木	1,206,657	栃木	1,513,624	長崎	1,590,564	山口	1,527,964	沖縄	1,458,839
26	山口	1,041,013	三重	1,198,783	愛媛	1,500,687	山口	1,587,079	長崎	1,516,523	滋賀	1,412,415
27	山形	968,925	愛媛	1,178,705	三重	1,485,054	青森	1,523,907	愛媛	1,493,092	山口	1,341,506
28	宮城	961,768	山形	1,119,338	岩手	1,448,517	愛媛	1,506,637	青森	1,475,728	愛媛	1,326,487
29	秋田	898,537	岩手	1,095,793	青森	1,426,606	岩手	1,421,927	奈良	1,442,795	奈良	1,322,970
30	大分	860,282	秋田	1,052,275	秋田	1,335,580	秋田	1,256,745	岩手	1,416,180	長崎	1,310,660
31	岩手	845,540	青森	1,000,509	山形	1,320,664	山形	1,251,917	滋賀	1,342,832	青森	1,230,535
32	青森	756,454	大分	972,975	大分	1,239,655	大分	1,228,913	沖縄	1,318,220	岩手	1,212,201
33	和歌山	750,411	和歌山	865,074	宮崎	1,134,590	奈良	1,209,365	山形	1,244,147	石川	1,130,159
34	石川	747,360	宮崎	840,357	富山	1,032,614	宮崎	1,151,587	大分	1,221,140	大分	1,124,983
35	富山	724,276	富山	822,569	和歌山	1,002,191	石川	1,119,304	秋田	1,189,279	山形	1,064,954
36	島根	714,712	石川	757,676	石川	973,418	沖縄	1,106,559	石川	1,180,977	宮崎	1,063,759
37	香川	677,852	島根	740,940	佐賀	942,874	富山	1,103,459	宮崎	1,170,007	富山	1,034,670
38	佐賀	673,895	香川	730,394	香川	918,867	和歌山	1,087,012	富山	1,120,851	秋田	952,069
39	高知	670,895	徳島	718,717	島根	888,886	滋賀	1,079,898	和歌山	1,069,912	香川	948,801
40	徳島	670,212	高知	709,286	沖縄*	883,122	香川	999,864	香川	1,022,890	和歌山	914,055
41	宮崎	651,097	滋賀	703,679	高知	854,595	佐賀	865,574	山梨	888,172	佐賀	808,821
42	滋賀	651,050	佐賀	701,517	徳島	847,274	高知	831,275	佐賀	876,654	山梨	806,210
43	福井	599,155	山梨	663,026	滋賀	842,695	徳島	825,261	福井	828,944	福井	762,679
44	山梨	583,453	福井	643,904	山梨	782,062	山梨	804,256	徳島	824,108	徳島	721,269
45	沖縄	571,572	奈良	620,509	奈良	781,058	福井	794,354	高知	813,949	高知	689,785
46	奈良	564,607	沖縄	574,579	福井	752,696	島根	784,795	島根	761,503	島根	666,941
47	鳥取	454,675	鳥取	484,390	鳥取	599,135	鳥取	604,221	鳥取	613,289	鳥取	551,402

順位	●面積 (km²) 2021		●GPP (県内総生産、百万円) 2018		●1人当たりPI (県民所得、千円) 2018		●市区町村数 (2020年10月) 市町村数	政令市	市	特別区	町	村
	全国	372,973.34	全国	561,523,371	全国	3,304	全国 1,741	20	772	23	743	183
1	北海道	78,421.39	東京	106,238,222	東京	5,427	北海道 179	1	34	-	129	15*
2	岩手	15,275.01	愛知	40,299,791	愛知	3,685	長野 77	-	19	-	23	35
3	福島	13,784.14	大阪	40,069,967	栃木	3,413	埼玉 63	1	39	-	22	1
4	長野	13,561.56	神奈川	35,589,833	静岡	3,388	東京 62	-	26	23	5	8
5	新潟	12,583.96	埼玉	23,431,055	群馬	3,325	福岡 60	2	27	-	29	2
6	秋田	11,637.52	兵庫	21,328,823	富山	3,319	福島 59	-	13	-	31	15
7	岐阜	10,621.29	千葉	21,106,928	茨城	3,306	千葉 54	1	36	-	16	1
8	青森	9,645.64	福岡	19,679,224	滋賀	3,290	愛知 54	1	37	-	14	2
9	山形	9,323.15	北海道	19,430,141	福井	3,265	熊本 45	1	13	-	23	8
10	鹿児島	9,187.06	静岡	17,277,470	山口	3,258	茨城 44	-	32	-	10	2
11	広島	8,479.65	茨城	13,808,427	神奈川	3,227	大阪 43	2	31	-	9	1
12	兵庫	8,401.02	広島	11,790,821	千葉	3,193	鹿児島 43	-	19	-	20	4
13	静岡	7,777.35	京都	10,799,617	大阪	3,183	岐阜 42	-	21	-	19	2
14	宮崎	7,735.22	宮城	9,463,930	広島	3,167	兵庫 41	1	28	-	12	-
15	熊本	7,409.46	栃木	9,151,331	三重	3,111	沖縄 41	-	11	-	11	19
16	宮城	7,282.29	新潟	8,994,381	徳島	3,091	青森 40	-	10	-	22	8
17	岡山	7,114.33	群馬	8,970,434	埼玉	3,067	奈良 39	-	12	-	15	12
18	高知	7,103.63	長野	8,441,677	京都	3,018	宮城 35	1	13	-	20	1
19	島根	6,707.89	三重	8,227,235	香川	3,018	山形 35	-	13	-	19	3
20	栃木	6,408.09	福島	8,063,692	山梨	2,973	群馬 35	-	12	-	15	8
21	群馬	6,362.28	岡山	7,813,184	福島	2,971	静岡 35	2	21	-	12	-
22	大分	6,340.76	岐阜	7,768,874	兵庫	2,966	高知 34	-	11	-	17	6
23	山口	6,112.54	滋賀	6,533,239	石川	2,962	岩手 33	-	14	-	15	4
24	茨城	6,097.39	山口	6,413,148	宮城	2,944	神奈川 33	3	16	-	13	1
25	三重	5,774.49	熊本	6,059,584	長野	2,940	新潟 30	1	19	-	6	4
26	愛媛	5,676.19	鹿児島	5,504,459	山形	2,923	和歌山 30	-	9	-	20	1
27	愛知	5,173.07	愛媛	5,149,797	福岡	2,888	三重 29	-	14	-	15	-
28	千葉	5,157.57	石川	4,676,061	新潟	2,873	山梨 27	-	13	-	8	6
29	福岡	4,986.51	岩手	4,651,238	岐阜	2,849	岡山 27	1	14	-	10	2
30	和歌山	4,724.65	富山	4,584,089	岡山	2,839	京都 26	1	14	-	10	1
31	京都	4,612.20	長崎	4,575,751	和歌山	2,797	宮崎 26	-	9	-	14	3
32	山梨	4,465.27	大分	4,509,963	岩手	2,772	秋田 25	-	13	-	9	3
33	富山	4,247.58	青森	4,443,200	愛媛	2,741	栃木 25	-	14	-	11	-
34	福井	4,190.52	沖縄	4,414,093	大分	2,710	徳島 24	-	8	-	15	1
35	石川	4,186.21	山形	4,266,962	秋田	2,699	広島 23	1	13	-	9	-
36	徳島	4,146.75	香川	3,845,915	北海道	2,682	長崎 21	-	13	-	8	-
37	長崎	4,130.98	宮崎	3,762,915	高知	2,650	愛媛 20	-	11	-	9	-
38	滋賀	4,017.38	奈良	3,695,047	佐賀	2,630	佐賀 20	-	10	-	10	-
39	埼玉	3,797.75	秋田	3,563,010	熊本	2,613	石川 19	-	11	-	8	-
40	奈良	3,690.94	和歌山	3,473,335	奈良	2,600	滋賀 19	-	13	-	6	-
41	鳥取	3,507.14	山梨	3,431,756	長崎	2,571	鳥取 19	-	4	-	14	1
42	佐賀	2,440.69	福井	3,323,602	島根	2,553	島根 19	-	8	-	10	1
43	神奈川	2,416.11	徳島	3,156,884	鹿児島	2,492	山口 19	-	13	-	6	-
44	沖縄	2,282.59	佐賀	2,945,222	青森	2,490	大分 18	-	14	-	3	1
45	東京	2,194.03	島根	2,472,927	宮崎	2,487	福井 17	-	9	-	8	-
46	大阪	1,905.32	高知	2,429,454	鳥取	2,485	香川 17	-	8	-	9	-
47	香川	1,876.78	鳥取	1,896,663	沖縄	2,349	富山 15	-	10	-	4	1

＊北方4島の6村を除く。

日本をさらに客観的に知るために

　この本は非常に中身が濃密な本である。最初の120項目ほどは、日本史の謎といわれるようなテーマについて、文学的な陰謀史観を排する一方、考古学者や文献学者の仲間うちの論理に振り回されない正攻法で明らかにして、骨太にこの国の成り立ちを描いている。

　たとえば、「聖徳太子架空説」というのがあるが、厩戸皇子は実在なので誤解を招く。生前に呼ばれていた人名や名称でなければ使わないという一般方針が貫徹されるなら、「昭和天皇」も「藩」も「太平洋戦争」も、その当時はそんな呼び方はなかったはずだ。「邪馬台国」や「卑弥呼」なども不確かな海外での伝聞に基づく呼び名にすぎない。

　教科書では古代の天皇の存在や諡号が紹介されていないが、皇室が公式の歴史としているものを紹介もせず無視するのはいかがなものか。あるいは、歴史人物の仮面を剥ぐのに熱心だが、重要な歴史人物がなんの魅力もない人物であることは普通はない。

　それに、歴史学者の「通説」は、新しい発掘や文書発見のたびに大きく変わりすぎだ。新発見の値打ちを増やすための行きすぎに見える。頻繁に変わるのが予想されるものに振り回されたくない。

　考古学者、文献学者の仕事や文学者の勘を軽視するつもりはないが、私は政治や外交の専門家としての視点で歴史を見ている。歴史はさまざまな立場から検討されてこそ真実に近づけるものであり、最

終審判者など存在しない。

　残りの部分は、「読む事典」という性格を持たせている。私の歴史分野での原点のひとつは、『江戸三〇〇藩 最後の藩主』(光文社新書)だが、それまでの幕末物が佐幕藩と勤王藩の両極端だけを描いていたのに対して、300藩すべての動きを紹介し、日和見藩がほとんどだったことを明らかにしたことを評価していただいた。

　全体像を語りたいなら、目立つところだけ論じてはダメだ。そこで、歴代天皇を2ページで説明するとか、1700ほどある市町村をすべて説明して位置づけを与えている。

　また、日本史に残る100選は類似の試みは少ないのだが、できるだけ広い人の評価を踏まえている。ただ、国際的な、世界の人々の評価に堪えられるという私自身の判断もできるだけ加味している。また、世の中への影響を重視したので、大衆受けするものも選んだ。あまり誰もしたことがない100選も多いと思うので、いろいろな人が自分の選択を発表するきっかけになればと期待している。

　これは姉妹編の『365日でわかる世界史』と同様、留学と勤務で5年間を過ごしたフランス的なセンスだ。ミシュランのガイドブックは、たとえばフランス全土のレストランを読者やモニターの協力でひとつのもれもなく網羅的に調査したうえで掲載する店を決める。本書はそれにならったものだ。

八幡和郎

◎ 参考文献などについて

　各種事典、ホームページのほか、主要人物の生没年、在位、読み方などについては、『歴代天皇・年号事典』（米田雄介編、吉川弘文館）、『歴代皇后人物系譜総覧』（別冊歴史読本）、『角川日本史辞典』（高柳光寿・竹内理三編、角川書店）、『日本史諸家系図人名辞典』（小和田哲男監修、講談社）、『日本史要覧』（日本史広辞典編集委員会編、山川出版社）などをとくに参考にした。

　市町村合併の状況については、総務省や自治体のホームページ、日本史広辞典編集委員会『日本史要覧』（山川出版社）、石田諭司『地理データ集』（http://www.tt.rim. or.jp/~ishato/tiri/geodata.htm）、『全国町村合併現況図』（自治庁行政局振興課）、『全国市町村名変遷総覧』（日本加除出版）、吉崎正松『都道府県名と国名の起源』（古今書院）など。

　個別分野の著作で、非常に参考になったものとして、『日本の美術百選』（朝日新聞社）、四方田犬彦『日本映画史110年』（集英社新書）、岩崎稔・成田龍一・上野千鶴子『戦後思想の名著50』（平凡社）、辻原康夫『「日本100選」旅案内』（トラベルジャーナル）。

　さらに、拙著のうち『令和日本史記 126代の天皇と日本人の歩み』（ワニブックス）、『江戸300藩 県別うんちく話』（講談社＋α文庫）、『消えた都道府県名の謎 意外と知らない「ふるさとの成り立ち」47の物語』『消えた市区町村名の謎 地名の裏側に隠されたふるさとの「大人の事情」』『消えた江戸300藩の謎 明治維新まで残れなかった「ふるさとの城下町」』『江戸全170城 最期の運命 幕末・維新の動乱で消えた城、残った城』（イースト・プレス）は本書と関連した内容を含む。

　なお、本書のうち下記の部分については友人各氏や家族に執筆をお願いしたが、文責は著者（八幡和郎）にある。科学技術（240〜251）は中野幸紀（京都大学工学博士、合同会社ジフティク代表、元通商産業省）、金融（252〜257）は有地浩（人間経済科学研究所代表パートナー、元財務省）、祭り（260〜265）は西村正裕（元地域計画研究職、民族芸能ライター）、芸能（266〜277）は臼井喜法（同志社大学及び花園大学非常勤講師、京都学・古典芸能論）、音楽（278〜285）は斉田才（音楽評論家、ライブハウスhillsパン工場店長、元大阪芸術大学講師）、スポーツ（292〜297）は下松長光（スポーツライター）、建築（298〜307）は八幡衣代（建築研究家）。

◎写真クレジット

　本書の制作にあたっては、筆者のFacebookの友達である小高洋一、後藤剛、清水和佳、大楽真之、高橋美智子、東海直樹、遠山和雄、藤田亨、Yuichiro Miyamoto、Mie Matsuoの各氏（五十音順）と、西谷剛毅、木下茜（河村能楽堂）の両氏にイメージ写真の提供をいただいた。また、45.51.261.325のイラストは河田マサヒロ氏の作品を提供、240.241.242.246.248は中野幸紀氏提供、人物の肖像はパブリック・ドメイン、その他の写真は筆者提供である。

365日でわかる日本史
時代・地域・文化、3つの視点で「読む年表」

2021年7月15日　第1刷発行

著　者　八幡和郎

ブックデザイン　福田和雄（FUKUDA DESIGN）
地図作成　　　　大平年春
本文DTP　　　　友坂依彦
編集協力　　　　井上久義

発行人　畑 祐介
発行所　株式会社 清談社Publico
　　　　〒160-0021
　　　　東京都新宿区歌舞伎町2-46-8 新宿日章ビル4F
　　　　TEL：03-6302-1740　FAX：03-6892-1417

印刷所　中央精版印刷株式会社
©Kazuo Yawata 2021, Printed in Japan
ISBN 978-4-909979-18-6 C0030

http://seidansha.com/publico
Twitter @seidansha_p
Facebook http://www.facebook.com/seidansha.publico

清談社
Publico